本書獲國家社會科學基金規劃項目"基于百種白話報刊的清末民初白話詞匯研究（1897-1918）"（14BYY106）資助

本書獲國家社會科學基金規劃項目"基于大型數據庫的清末民初白話報刊語法研究（1897-1918）"（22BYY124）資助

本書獲山東省一流學科山東師範大學文學院中國語言文學學科建設經費資助

清末白話報刊語料選校

張文國 ◎ 選校

中國社會科學出版社

圖書在版編目(CIP)數據

清末白話報刊語料選校／張文國選校． —北京：中國社會科學出版社，2023.12
ISBN 978-7-5227-2190-3

Ⅰ.①清… Ⅱ.①張… Ⅲ.①白話文—報刊—研究—中國—清後期 Ⅳ.①G219.295.2

中國國家版本館 CIP 數據核字(2023)第128198號

出 版 人	趙劍英
責任編輯	郭曉鴻
特約編輯	杜若佳
責任校對	師敏革
責任印製	戴　寬

出　版	中國社會科學出版社
社　址	北京鼓樓西大街甲158號
郵　編	100720
網　址	http://www.csspw.cn
發 行 部	010-84083685
門 市 部	010-84029450
經　銷	新華書店及其他書店
印　刷	北京明恒達印務有限公司
裝　訂	廊坊市廣陽區廣增裝訂廠
版　次	2023年12月第1版
印　次	2023年12月第1次印刷
開　本	710×1000　1/16
印　張	33.25
插　頁	2
字　數	564千字
定　價	179.00元

凡購買中國社會科學出版社圖書，如有質量問題請與本社營銷中心聯繫調換
電話：010-84083683
版權所有　侵權必究

目　錄

序 …………………………………………………………………（1）

幾點說明 …………………………………………………………（1）

1900 年 ……………………………………………………………（1）
　　覺民報 ……………………………………………………（1）
　　中西教会报 ………………………………………………（34）

1901 年 ……………………………………………………………（45）
　　杭州白話報 ………………………………………………（45）
　　蘇州白話報 ………………………………………………（60）
　　圖畫演說報 ………………………………………………（77）

1902 年 ……………………………………………………………（81）
　　大公報 ……………………………………………………（81）
　　大陸 ………………………………………………………（99）
　　杭州白話報 ………………………………………………（101）
　　女學報 ……………………………………………………（112）
　　啟蒙通俗書 ………………………………………………（119）
　　啟蒙通俗報 ………………………………………………（122）

1903 年 ……………………………………………………………（124）
　　大公報 ……………………………………………………（124）

· 1 ·

杭州白話報 ………………………………………………………（128）
江蘇 ………………………………………………………………（136）
京話報 ……………………………………………………………（140）
甯波白話報 ………………………………………………………（144）
新小說 ……………………………………………………………（148）
繡像小說 …………………………………………………………（151）
智群白話報 ………………………………………………………（157）
中國白話報 ………………………………………………………（161）

1904 年 …………………………………………………………（168）
安徽俗話報 ………………………………………………………（168）
白話 ………………………………………………………………（172）
大公報 ……………………………………………………………（176）
福建白話報 ………………………………………………………（178）
湖州白話報 ………………………………………………………（180）
江蘇白話報 ………………………………………………………（183）
京話日報 …………………………………………………………（186）
甯波白話報 ………………………………………………………（192）
女子世界 …………………………………………………………（196）
四川官報 …………………………………………………………（198）
吳郡白話報 ………………………………………………………（201）
繡像小說 …………………………………………………………（204）
新小說 ……………………………………………………………（207）
中國白話報 ………………………………………………………（212）

1905 年 …………………………………………………………（216）
安徽俗話報 ………………………………………………………（216）
北直農話報 ………………………………………………………（220）
大公報 ……………………………………………………………（222）
第一晉話報 ………………………………………………………（228）
江蘇白話報 ………………………………………………………（232）

目 錄

京話日報 …………………………………………………（239）
四川官報 …………………………………………………（245）
新新小說 …………………………………………………（247）
訓兵報 ……………………………………………………（251）
直隸白話報 ………………………………………………（256）

1906 年 ……………………………………………………（258）
北洋官報 …………………………………………………（258）
北洋官話報 ………………………………………………（263）
北直農話報 ………………………………………………（269）
第一晉話報 ………………………………………………（273）
海城白話演說報 …………………………………………（276）
京話日報 …………………………………………………（283）
競業旬報 …………………………………………………（289）
四川官報 …………………………………………………（294）
繡像小說 …………………………………………………（297）

1907 年 ……………………………………………………（303）
北洋官報 …………………………………………………（303）
吉林白話報 ………………………………………………（306）
競業旬報 …………………………………………………（317）
申報 ………………………………………………………（324）
神州女報 …………………………………………………（328）
順天時報 …………………………………………………（330）
四川官報 …………………………………………………（337）
中國女報 …………………………………………………（341）

1908 年 ……………………………………………………（344）
安徽白話報 ………………………………………………（344）
白話報 ……………………………………………………（347）
白話小說 …………………………………………………（352）

北洋官報 …………………………………………（357）
滇話報 ……………………………………………（364）
河南白話演說報 …………………………………（369）
河南白話科學報 …………………………………（374）
惠興女學報 ………………………………………（379）
競業旬報 …………………………………………（383）
申報 ………………………………………………（386）

1909 年 ………………………………………（389）
安徽白話報 ………………………………………（389）
白話報 ……………………………………………（394）
河南白話科學報 …………………………………（397）
華商聯合報 ………………………………………（403）
惠興女學報 ………………………………………（405）
競業旬報 …………………………………………（414）
申報 ………………………………………………（418）
揚子江白話報 ……………………………………（422）

1910 年 ………………………………………（431）
北洋官報 …………………………………………（431）
長沙地方自治白話報 ……………………………（432）
大公報 ……………………………………………（439）
湖南地方自治白話報 ……………………………（445）
華商聯合會報 ……………………………………（452）
教育今語雜誌 ……………………………………（454）
甯鄉地方自治白話報 ……………………………（461）
仁錢教育會勸學所宣講稿 ………………………（465）
四川官報 …………………………………………（467）

1911 年 ………………………………………（471）
北洋官報 …………………………………………（471）

目　錄

大公報 …………………………………………（474）
法政淺說報 ……………………………………（482）
少年 ……………………………………………（489）
仁錢教育會勸學所宣講稿 ……………………（501）
星期小說 ………………………………………（503）

後記 ……………………………………………（515）

序

　　清末民初是中國近代歷史發展進程中最爲特殊的一個時期，由於内憂外患，當時的中國社會正在經歷着"數千年來未有之變局"。語言和社會是一個共變體，清末民初的這種社會劇變必然會反映到語言中來，就使得中國社會的語言——漢語發生了明顯的轉向，並使之成爲漢語變動最爲劇烈的時期之一。

　　具體地説，由於甲午海戰的失敗，"天朝帝國"的狂妄自負在一瞬間受到重創；庚子之變又導致中國百姓陷入水深火熱的境地。時局的艱難使得當時的有識之士不得不去認真思考如何才能救亡圖存、富國强家這樣一個嚴峻的現實問題。最後他們不約而同地得出同一結論："師夷長技以制夷"，從而引起了西方學術思想向古老中國的傳播，即近代西學東漸。隨着西學東漸之風的再次發生，且日漸强烈，西方國家先進的科學技術以及社會文化觀念大量湧入中國，相應地，漢語詞彙系統與語法系統中也增加了大量能够反映中西語言接觸的歐化成分與現象，表現出外來文化對漢語系統帶來的巨大影響。但是，欲要取法西學，實現國家富强的目標，則首先需要開啓民智，普及文化，使廣大民衆參與到當時的社會改革中來；而欲要"識字者十不得一"的民衆合羣愛國，支持維新，則首先需要"崇白話而廢文言"（裘廷梁語）。基於這種樸素的愛國情懷，清末白話文運動便應運而生，而且成爲五四新文學運動的先聲，更直接誘發了後來的國語運動，對現代漢語系統的形成產生了很大影響。

　　總之，由於受肇始於清末的白話文運動和西學東漸帶來的中西語言接觸内外兩種力量的影響，清末民初的漢語發生了一個非常明顯的轉向，從而具有了鮮明的時代特徵，成爲漢語發展歷史上非常重要的一段。王力先生認爲該時期是近代漢語到現代漢語的過渡階段，也有人認爲是現代漢語的前發展階段。而無論哪種看法，都説明該時期的白話是現代漢語的直接源頭，對現代漢語的形成帶來了巨大的影響，有着很高的漢語史研究價值。

但是，對於近代漢語與現代漢語相銜接的清末民初白話，學界却没有給予足够的關注。迄今爲止，學界的研究主要集中在以白話爲載體的白話文及其存在形態即白話報刊上，具體體現在文學、史學、新聞傳媒學等三個領域，而且成績斐然。前者主要研究白話成爲與文言鼎足而立的書面語言系統後對文學，尤其是文學體式帶來的影響，如夏曉虹、王風等《文學語言與文章體式——從晚清到"五四"》（2006）等。次者主要研究白話報刊的啓蒙方式與成效，如李孝悌《清末的下層社會啓蒙運動：1901—1911》（2001）等。後者主要研究其辦刊思想與傳播方式，如胡全章《清末民初白話報刊研究》（2011）等。而從語言學角度展開的研究却很少，且大多零散地出現在相關論著中，内容也較爲單一，主要是對清末民初的白話在漢語史——尤其是古白話發展史上的地位及其語料價值的確認。這就使得本時期的語言研究成爲漢語史研究中最爲薄弱的環節之一。

造成這種尷尬局面的原因有很多，但不可否認的是，語料問題是其中一個重要因素。刁晏斌《試論清末民初的語言及其研究》（2015）一文認爲，該時期的研究語料有報刊語料、翻譯文本、遊記及考察記録、文學作品以及各類時文等。各種語料數量衆多，且性質不同，各有各的獨具特色的語料價值，但總起來看却是"語料龐雜，面目生疏"。相比而言，報刊語料中白話報刊的語料價值則尤爲顯著。原因就在於：（一）數量衆多。據統計，從1897年創刊的第一份白話報刊《演義白話報》起，到五四白話文運動前夕的1918年，短短的二十多年間就出現了370餘種白話報刊，另外還有大量的白話附張、白話專欄、白話文稿、淺說報、蒙學報、白話小説雜誌等。可見，白話報刊能够爲該時期漢語的研究提供數量充足的語料。（二）連續性强。部分白話報刊如《京話日報》《少年》以及《大公報》《順天時報》等文言報刊的白話附張或專欄，從創刊到停刊都横跨了整個清末民初時期，甚至時間更長。（三）真實性高。白話報刊要麽標明年份期數，要麽標明出版日期，時間明確，大的可精確到年份，小的可精確到日期，語料可靠，非常宜於統計分析。（四）典型性强。作爲白話文的主要實踐方式，這些"爲老百姓辦的"（胡適語）白話報刊大多採用"那刮刮叫的官話"，務求"明明白白"（《中國白話報》1903年第1期第3頁），因此，它們大都是"我手寫我口"（梁啓超語），話怎麽説就怎麽寫，口語化程度很高，基本上做到了言文合一，很好地反映出該時期白話的整體面貌，成爲研究清末民初漢語難得的重要語料。這一點不僅是同時代其他語料不能與之相比的，也是其他任何時代的絕大部分語料所不能具有的特點。

有鑒於此，文國教授採用當時的白話報刊編寫了一套讀本：《清末白話報刊語料選校》和《民國白話報刊語料選校》。這裏是清末部分。書中以年份爲綱，選錄了從 1900 年到 1911 年共 12 年的白話報刊語料，其中，每個年份在三萬字左右。本書對白話報刊做了大量的整理工作，主要包括文字錯訛、斷句空格的脫漏、標點符號的衍脫等，在一定程度上提高了語料的準確度。另外，作者對涉及的白話報刊均以腳注的形式進行簡要的介紹，內容主要是白話報刊的創刊及停刊日期、出版週期、出版地、發行人及編輯者、主要欄目等。可以說，本書爲清末漢語的研究提供了一個可靠而忠實的讀本，能夠促進該時期漢語的進一步研究。另外，從漢語史研究的語料建設角度來看，無論是上古漢語、中古漢語，還是近代漢語，每個階段都已有相應的讀本，上古漢語階段自不必說，中古漢語階段有王雲路、方一新的《中古漢語讀本》，近代漢語階段則有劉堅的《近代漢語讀本》，但獨獨佔有重要地位的清末民初時期尚沒有讀本問世。從此角度說，本書又是一部彌補不足之作。

通讀本書後，我們就會發現，白話報刊中很多特殊的語言現象與我們對該時期白話漢語的已有認識是多麼地不同；無論是詞彙，還是語法，抑或是用字，都表現出明顯的過渡性、動態性的特點。下面就以其特殊的詞彙現象爲例，簡要說明一下該時期白話報刊的語料價值，也算是閱讀本書後的一些認識。

首先，單音詞與雙音詞並存並用，能夠反映漢語詞彙雙音化的演變進程，如"埃及是世界上最古的國"（《杭州白話報》1902 年第二卷第十六期第 3 頁）中，單音名詞"國"出現在定語標誌"的"後作中心詞，用法與雙音名詞"國家"相同。相反，"必須辦成功纔肯罷手"（《覺民報》1900 年第六十一期第 6 頁）中，雙音動詞"成功"出現在動詞"辦"後作補語，用法與單音動詞"成"相同。以上二例說明當時的單、雙音節詞還沒有一個明確的分工，漢語詞彙雙音化的進程還沒有全部完成。

其次，存在着大量的異形詞，即同一概念意義的不同詞形並存並用，如"把法國人很很的一打"（《江蘇白話報》1905 年第一期第 11 頁）中，

"很很"義同"狠狠"。而在"那興水利的法子也狠多"中,"狠多"則又義同"很多"。說明"很"和"狠"是一組異形詞,二者是義同形異,即當時的詞形還未完全穩定。其他再如"保母[→姆]、出板[→版]、作[→做]事、化[→花]錢"等。

再次,雙音節詞表示四字成語的意思,二者並存並用,如"就要百計的想法"(《杭州白話報》1901年第二期第17頁)中,雙音節詞"百計"就是四字成語"千方百計"的意思。這種現象在當時的白話報刊中相當普遍,反映出部分雙音節詞一詞多義的特點。再如"[青紅]皂白、[銅牆]鐵壁、落花[流水]、和顏[悅色]、和衷[共濟]"等。

復次,透明詞和半透明詞並存並用,在音節上多表現為二音節和三音節的對立,如"家裏舉行一個跳舞會"(《智羣白話報》1903年第一期第11頁)中,透明詞"跳舞會"和半透明詞"舞會"並存並用。其他再如"[火]輪船、[乾]淨土、電[氣]車、賭[博]場、頑石[頭]、公審[判]"等。這些現象均表現出當時構詞法的過渡性特點。

最後,部分動賓式離合詞還有相應的動賓短語與之並存並用,表明離合詞在當時還不穩定,如"亂風俗,造謠言"(《啓蒙通俗書》1902年第一號第3頁)中,動賓短語"造謠言"與動賓式離合詞"造謠"明顯對應。說明當時離合詞的動、賓兩個部分之間的關係還不是很緊密,能夠表明漢語離合詞的發展軌跡。其他再如"犯法[律]、成材[料]、發瘋[顛]、造[幸]福"等。

當然還有很多特殊的詞彙現象也能説明白話報刊的語料價值,在此不再一一贅述。由此可以看出,作者以白話報刊來編寫讀本的做法還是很有學術眼光的。但是,唯一不足的是,個別年份如1900年由於受白話報刊數量不足的限制,《讀本》只好酌情收錄了部分摻有少量文言成分的通俗文,在某種程度上影響了語料性質的一致性,希望作者能夠隨着新白話報刊的挖掘而做進一步的完善。

文國於1987年考入廣西大學隨我攻讀碩士學位,是年他纔二十歲。三年讀書下來給我留下的最深印象是"訥於言而敏於行"。平時他寡言少語,甚至可以説是不善言辭,但是學習刻苦,勤於思考,年紀輕輕却能坐得住冷板凳,耐得住大寂寞,畢業時在漢語言文字學專業知識的學習方面已取得了很大進步。參加工作之後,無論是教學還是科研,文國都取得了驕人的成績;1997年被破格評為副教授,2000年又被破格評為教授。作為導

序

師，我是由衷地爲他感到高興的。現在，文國把他的國家社科項目"基於百種白話報刊的清末民初白話詞彙研究（1897—1918）"的結項成果之一《清末白話報刊語料選校》寄來，請我作序，我也是很樂意爲之的。在此，我衷心希望文國能早日把《民國白話報刊語料選校》編寫出來，爲清末民初的漢語研究提供完整的語料支持；更希望文國能在清末民初白話漢語的研究方面，再接再厲，取得更多更好的新成果。

是爲序。

林仲湘

2020 年 12 月 26 日

幾點説明

一、本書以年份爲經，以白話報刊和其中的選文爲緯編寫而成。

二、本書中，清末是指 1900 年八國聯軍入侵北京到 1911 年清朝滅亡共 12 年的歷史時期。

三、根據所見白話報刊的數量，每個年份大多採用二至十份的白話報刊，選文的字數總和則在三萬字左右。

四、本書的白話報刊不僅包括單純的白話報刊，還包括文言報刊裏的白話附張和專欄等，分別如《大公報》《順天時報》等。

五、個別年份如果單純的白話報刊數量不足，則酌情收録少部分摻有少量文言成分的通俗文。

六、本書對涉及的白話報刊均以脚注的形式進行簡要的介紹，內容主要是白話報刊的創刊及停刊日期、出版週期、出版地、發行人及編輯者、主要欄目等。

七、選文首先列出標題，其次説明出處。出處説明主要有兩種格式：一是"年份（＋卷數）＋期數＋頁碼"，如"1900 年第十六期第 5 頁"。一是"年份＋月份＋日期＋版次"，如"1902 年 06 月 22 日第 4 版"。

八、爲展示行文格式的發展演變情況，本書選文除把當時報刊的豎行排版改爲横行排版外，其他一律保持原貌，未作其他改動。

九、選文中的"［X］"表示上面一段文字在白話報刊中的頁碼；有時一個頁碼有兩欄時，讀本采用［X.1］［X.2］的格式，其中，1 和 2 分別表示上欄和下欄。如果 X 是一、二、三……此時則表示版次。

十、本書以脚注的形式對白話報刊做了一些必要的校勘整理工作，主要包括文字訛誤、斷句空格的脱漏、標點符號的衍脱等。

十一、爲便於排版，本書除把白話報刊中字右的標點符號改爲字下外,"。"改爲".","."改爲"＿","、"改爲"﹏","＿"改爲"……"。

十二、白話報刊中字跡模糊不清的文字均以"□"代替,有幾個字就有幾個"□"。

1900 年

覺民報[①]

爆竹易肇火災說

（1900 年第十六期第 5—6 頁）

俗例每當歲暮　有送灶送年之舉　到了新年　又有接灶接財神事情　紅燭高燒　香烟繚繞　三牲福禮　羅列滿案　而人則衣冠整肅　拜跪庭除　到得送神之時　除焚錠帛　則必放以爆竹　自夜至天明　畢剝之聲不絕　耳根竟被他震塞　無論居家舖戶　在這送臘迎年的時候　無一家不敬神　又無一家不放爆竹　在他們的意思　不放爆竹　不算虔誠敬神　習俗相沿　牢不可破　上海租界　雖不准施放爆竹　違者罰洋　捕房只管禁　他們只管放　並不想爆竹這件東西　是容易引火的　倘餘燼未息　被風刮到引火之物上頭　那是就要禍生不測　連全份家私都爲敬神之物　況且臘底春初　人人有事　就是那精神強健的人　也是忙不過來　祀神之事既完　人都勞倦　放了炮竹　總說事已畢了　閉戶安寢　那有心思想到星星之火　可以原燎的　且古人制這炮竹　原把他來震驚山魅　驅逐厲鬼　因那陰霾之氣　游蕩之魂　一聽到震厲的聲音　無不冲散［5］　在這制炮竹的人　這個理原是不錯的　後人不知道他的用意　把他來謬用　將這驚山

[①] 1899 年 11 月 18 日創刊於上海，創辦者是李伯元，由上海遊戲報館發行，不定期，每月逢三、逢八出版，採用白話，主要欄目有"中外要聞""中外瑣聞""新演小説""論説"等，另刊有各號告白、彩單、章程。停刊於 1900 年。

魅逐厲氣的物件　用在敬神的時候　這是不是敬神　反去慢神　吾恐他神不來　火神到先來了　何以居家舖戶　學何人的樣　牢守舊法　好像不放炮竹　一則神明不來　一則不稱熱鬧　把那謹防火燭的心　都忘懷了　豈不愚麼　有人問道　不放炮竹　火患固可以沒有了　只怕神不來饗　你將怎麼樣呢　我說財神不來　是怕炮竹　如家家不放炮竹　神必歡喜來的　並可使你們發財[6]

各省製造局亟宜整頓議

（1900年第十九期第5—7頁）

中國創設製造局　已有三十多年　糜費未嘗不鉅　用人不爲不多　不曾聽得創一新機　造一新器　這是什麼緣故呢　無日省月試的工夫　有冗工濫食的弊病　況天下事情　無論他大小　總要得人爲主　而人又不能　一概而論　警①如大鵬振翼　可蔽雲霄　叫他捕鳥雀　反不如鷹鸇　這是何故呢　有能處就有不能處　猛虎在山　百獸見他都怕　叫他搏鼠兔　反不如犬貓　這又何故呢　有習過有不曾習過　今把素來未曾學習製造的人　圖不曉得怎樣畫的　價不曉得怎樣估的　勾股不曉得怎樣測量　汽機不曉得怎樣運用　物質不曉得化合化分　材料不曉得是粗是細　竟委任了大權　試問何能勝任　甚至硬乞情面　縱用私親　不聽見舉一賢才　以供臂助　要製造有起色　能彀的麼　外國辦理機器製造　自總辦以至工役人等　沒有不由藝學出身的　又是包工給價　並沒有一定的薪水　那好的增他的工價鼓勵他　那劣的減他的工價懲儆他　故人人勤力[5]工作　不敢草草做事　一切製造物件　都有考驗的法子　以別精粗　如收驗雷艇　先在岸上設置木表　水面豎了浮椿　相隔約有一邁許　把開戰時候的器具　裝配船上　行駛兩椿中間　順流行了三匝　逆潮行了三匝　派人在木表上記明時刻　合法之後　仍命他開足汽機　行三點鐘　用水程表計算　試他每點鐘　能走多少里　如其原約不合　扣他的價錢　或工作草率　則退還原物　責令加工重造　這等認眞　那有不價廉物美的麼　今中國如要整頓這件事情　必先照外國謹愼用人　並須改了舊章　凡造汽機槍砲船艦器具　都令估定價值　逐件分包　造成之後　也照西法考驗　精的

---

①　"警"當爲"譬"。

犒賞　粗的懲罰　賞罰分明　人心就肯奮勉　考驗旣嚴　器具自然精工　收效也遠了　惟中國官塲習氣　牢不可破　雖有了好法子　怕的也不能行　如果要籌最好之策　把他改歸商辦　其利更宏　製造本屬商業　商局佣官人　情形旣不熟悉　行事又多掣肘　若改商辦　大家都以血本攸關　誰人不是精心擘畫　設或工有未實　料有未堅[6]　雖要賣那好價錢　終不可得的　所以官辦不如商辦　商廠勝于官廠　然内地居民　不諳製造的法子　又無此大力量　是應招回出洋的華商　辦各省製造局事　按照公司條例實力奉行　官府不去過問　造成的物承件　一年之内　任憑運到什麽地方　免了釐稅　以廣招徠　國家如要槍砲等物　即責成商廠　加工製造　照西法查驗　優的于所訂的之價以外　多給了數成　如不合用退還　令他重造　這等辦理　不獨國家一年省了數百萬經費　且利源旣不溢于外洋　藝手也可日進一日　豈不是剔弊的良法麽　豈不是興利的要策麽[7]

中外要聞

（1900年第十九期第9—16頁）

　　廣州灣近事
舊年法人索取廣州灣地方　地方上的居民不伏　因此與法人開戰　毀壞房屋甚多　近日事已平妥　當由大憲特派委員　查明被毀各村　分別撫邺　經候補通判　方通守政　查得黃畧村共毀房屋一千五百零三家　應給邺銀一千九百餘兩　又傷斃各人埋葬銀四百兩　新坡阜東兩村　共毀房屋一百三十五家　邺銀一百四十餘兩　其餘文車羊石等村　也有被害的甚多　逐一均有邺銀　俱交局紳王澤領去　轉行酌給　在各村民雖然得不償失　然已一個個歡聲雷動矣
　　彗星又見
上年九十月間　湖北一帶地方　夜間曾見有彗星一顆　雖然不甚明亮　却有一丈多長　入冬之後　忽然隱去　今年正月初旬　此星又見　其色白而帶紫　不知講究天文的人　說他主何吉凶也[9]
　　建造砲台
去年兩江總督劉制台道出吳淞　察勘形勢　議在南石塘邊　添造砲台一座　尚未動工　制軍卸任　近聞署理督憲鹿芝帥　亦以爲然　特委幹員到淞　會同防營統領班軍門　勘定基址　即日起造　故日來軍門已諭令勇

丁　挑挖泥土　以便安置砲位了

　　密拿統領

浙江統領省防新軍　記名副將吳春和　自從上年奉浙江巡撫調統到今　半年多了　他的來歷如何　外人多不曉得　不料日前署理臬台世廉訪　接到南洋大臣密札　內開副將吳春和　實已故世　現有大胆匪徒竟敢頂冒當差　近據吳姓家屬　來轅呈控　應即嚴拿究辦云云　廉訪當即密稟撫憲　奉飭杭州府會同仁錢兩縣　將該統領傳至臬轅問話　統領不慌不忙　把各案的保札公文　一一呈案　堅稱並非假冒　廉訪也不再問　飭發府尊看管　一面電稟制憲　請示定奪　想必有水落石出的一日也[10]

　　擬鑄大錢

廣東近來百物昂貴　市上所用的錢文　其價逐漸加增　一日貴于一日　大憲因擬仿照京師當十大錢之法　開鑄大錢　每個計重二錢有餘　以資周轉　但不知于何日開爐也

　　調兵剿匪

廣東惠州府屬　陸豐歸善兩縣　近有三點會匪　騷擾地方　勢焰甚盛　經地方官與紳士等　共赴督轅　稟請調兵徃剿　兩廣總督李傅相　准如所請　札委鎮台黃金福　帶領本部的信字營兵　星夜出師　先由陸豐登岸　會同陸路提督劉軍門　及哲字營大兵　分赴各鄉　相機進剿　想那跳梁小醜　不難一鼓而擒也

　　議探南極

傳聞德國政府　開單請議院人員　籌措德金二垓二億馬亥　分作五年發出　作爲徃探南冰洋的用度　此費倘然籌定　不日即派木質船起程　不[11]但不怕被冰損壞　而且免得船中鐵力　吸動指南針的度數　或致有誤　其船自本歲一千九百一年開行之後　不計時日　務要到了南極方止　倘有水路不通之處　改用冰車　以鮮卑地方所產的猛犬拖行　並隨帶氣球一個　以備升至半空　察探一切　想來此舉若成　日後必有許多見所未見　聞所未聞的事　報紙上出一個不了也

　　定抽人稅

暹羅國內　中國人在彼處做生意的甚多　向來看待一切　甚是公道　近來忽然改變　往往藐視華人　現聞政府裏頭　要抽中國人的人稅　不論士農工商　每人每年　抽洋八元　統計常年所入　約有二千萬元左右　不曉得中國人如何議覆也

馬賊淫兇

滿洲一帶　向來馬賊甚多　近更兇橫的了不得　聞說日前有賊匪一隊　闖入高麗國內的咸境道地方　大肆刧掠　後來又有匪目多名　竟到甲山[12]郡等各處　強姦婦女　無所不爲　臨行時復被刧去美貌男女一十二人　後來被韓官知道　派人追趕　奪回六人　餘六人已不知下落　想已刧出境外去矣

　　日本人數

日本報上說道　去年十二月內　日本政府　清查全國人民戶口　共有男女四千四百七十三萬三千三百七十九人　比上年增了七十五萬四千八百八十四人　也算是多的了

　　揭帖宜禁

紹興府該管沿海一帶的居民　向來是不種田地的　都靠那捕魚度活　性情甚是強悍　近來更糾了去年那些被災的頑民　硬向有錢的人家乞賑　或是告貸　稍有不遂他們的意　就搶奪衣飾銀米　竟與強盜一般　刻又私張匿名揭帖　假稱是因饑寒所迫　如果地方上的官紳　不趁早給糧　把他們解散　那是定要生出事來　更有那不經的話頭　鄉民聽了　甚爲[13]害怕

　　日人被毆

有東洋人三名　隨身帶了護照　來遊江西　新正初間　由廣饒行至進賢縣離城十里的地方　天已晚了　因那裏沒有客店　就在路旁某姓家　說明他們的緣由　請借一宿　不料那裏的人　因聽得去年通省傳說　省中大吏是是惡洋人的①　因此一見洋人　心中大怒　就將三人痛打　三人都受了重傷　到了第二日　又有來遊歷的東洋人二名　也到了這個地方　聽得這事　甚是驚駭　就回到省中　電請駐滬領事設法相救　領事接到這個電信　即電達江西撫台　轉電進賢縣保護　現經縣官把這三人接到衙門裏頭　請外國醫生調治　不知道怎樣的了結

　　藥稅加增

上年戶部各堂官　爲了庫欵支絀　擬有籌欵的章程三條　一條是加抽土藥捐稅　大約是照先前的舊章　每百斤抽收捐稅釐各二十兩外　如今再[14]要各加六兩　共計七十八兩　這條章程　聽得已蒙　朝廷允准　通行各直省一體照辦

　　保護教堂

近日金陵地方　有一種匪徒　四處匿名揭帖　說道某月某日　定要把某處

---

① 此處應刪一"是"字。

的教堂燒毀云云　這話爲江督鹿制軍聽得了　只怕匪徒藉端騷擾教堂　卽飭洋務局率同標防營伍　妥爲保護

　　西人被害

天津國聞報上說道　山東高密縣地方　有外國人六名　被匪徒殺了　萊州知府　已赶徃查辦　這個信息　不曉得確否

　　會匪被戕

會匪頭目洪秀三　曾在鄂省聚衆鬧事　官府早已想訪拿他的　總不曾拿住　近日洪又在長江一帶開堂放票　圖謀不軌　有鹽梟頭目徐老虎　聽得他這等妄爲　定要釀成巨案　帶累於他的　因密遣人把洪秀三誘到七[15]濠口地方　暗用洋槍把他擊死　這是本月初九日的事情

　　德索借款

湖廣總督張制軍　前任兩江的時候　曾向德國借得銀子八百萬　當時訂立合同　以光緒四十年爲限　子母併歸　按年由兩江籌撥付還　本月十三日午後　忽來了德國白色雙煙筒的兵艦一艘　停泊在南京下關江心　船上外國人　乘了杉板上岸　進城拜謁江督　鹿制軍請他們進花廳　談了多時　握手而別　聽說德人這回來甯　是索此欵　帶便游歷長江

　　匪勢甚盛

台州黃岩縣東南鄉　自去臘以來　匪徒的聲勢甚盛　頭目皮背搭等數人　各人都有黨羽數十百人　常時出來搶掠　居民受苦了不得　不曉得地方官　怎樣的設法去緝捕他們[16]

紀上海龍華寺寺景中

（1900年第二十八期第5—7頁）

上期報内　已把那龍華寺的寺景　說到天王殿了　現在就要說那大殿的景緻　那個大殿氣象　畢竟又是不同　一個大院子　當中一條甬道　兩旁兩根旗桿　抬頭一看　眞正是複廟重檐　巍樓傑閣　香烟繚繞　燈燭輝煌　簷下懸着兩塊匾　一個寫着大雄寶殿四個字　一個寫的是大彌宇宙四個字　大殿正中　供的是我佛如來　兩邊有許多天兵天將　羅漢彌陀　以極後面的南海觀音①　裝塑的甚是玲瓏精緻　再說這個大殿上　排列着幾十個蒲

---

①　"極"應爲"及"。

團　預備廟裏的和尚　早晚好做功課　那些進香的人　這一個月內　自早至暮　絡繹不絕　有的是老的少的　男的女的　村的俏的　黑壓壓堆了一屋子　擠亦擠不開　不要說是葱薑臭　汗酸臭　把人薰的站脚不住　就是那人聲嘈雜　烟霧迷漫　我佛在西天是清淨慣的　到了此時　恐怕也要薰的頭腦子疼　逃走不迭　那還有工夫來受人家磕頭呢　閑話休題　現在再說那大殿的東廂　這東廂是個客堂　無甚出奇[5]之處　隨又到了西廂　這西廂供的是地藏王菩薩　香火也不十分興旺　東西兩廂既然無甚玩耍　隨又依着廻廊　到了大殿後面　這大殿後面　又是一個大院子　上面正中是一座三聖殿　供着三世尊佛　都是立像　佛案前有紅栅欄隔住　燒香的都要到這栅欄裏面去磕頭　那些看熱鬧的閑人　都站在栅欄外面　朝裏觀望　却亦人頭簇簇　擁擠不開　前面幾個殿　前後都走得通　單單這個三聖殿　是不開後門的　只得依舊出來　到那東邊廂房探望　原來是一個齋堂　門前懸着一塊匾　寫着量彼來處四個大字　是俞蔭甫先生寫的　屋裏擺列着幾十條長桌板凳　是和尚們吃飯的地處　隨又到了西邊　西邊又是供的白衣大士送子觀音　原來這觀音娘娘秉性最是慈悲　見人家沒有兒子　只要有人家來他求　他就抱一個送去　凡到這裏燒香的　大人家的宅眷　倒也居其大半　都是因爲沒有兒子　所以來此燒香祈禱的　亦有感驗菩薩靈驗　前來還願的　那堂子裏的倌人　雖說不是來求兒子　因爲菩薩籤詩靈驗　亦到此求一[6]張籤　問問終身　所以這個觀音殿　比那大殿還更熱鬧多哩　梁上的匾　掛着有幾十塊　記亦記不清　廊下的游人　都站滿了　隨又沿着廻廊　轉到後面　這後面亦是一正兩廂　正中檐下懸着一塊匾　上寫著方丈兩個大字　東廂有時有幾個裁縫在那裏做僧衣　西邊却是一個廚房　轉過廚房　尚有景緻甚多　但是說到廚房　在下說了半天　肚皮裏亦有些餓了　等我吃了飯　慢慢的再談　寫在下期報內[7]

中外要聞

（1900年第二十八期第9—16頁）

　　大内近聞
京中日來消息甚安　本月初七日　皇太后本有偕同　皇上　駕幸頤和園之說　後來忽作罷論　不知何故　又接電傳初五日的　上諭　内有本月初七

日　　進內在事當差之王公文武大小官員　　均穿蟒袍補掛　　不知有何大典　　京外的人　　無從臆測　　容探續錄

官場記要

欽差巡閱長江大臣李鑑堂欽使秉衡　　於上月二十九日抵鄂　　本月初二日起行　　陝甘總督陶制軍模　　傳聞有告病之說　　安徽巡撫王中丞之春　　現已出京　　於初六日行抵天津　　杭州某監司大員　　風聞被御史參尉　　江蘇糧道羅少耕觀察　　定期初十左右北上　　松江府知府舒太守　　因丁艱卸任　　現奉憲委張子虞太守預署理

巨匪正法[9]

巨匪金坤秀　　即去年在周浦鎮聚賭鬧事的光蛋頭目　　後在新場鎮被官兵拿獲　　解到蘇州　　訊實口供　　於本月初四日上午　　恭請軍令　　在大校場斬首　　署蘇州府濮太守　　諭將首級　　暫放在木桶之中　　聽候委員押赴犯事地方　　懸竿示衆　　想來此後光蛋的凶橫　　或有可以稍減也

奸細擊斃

英脫二國交戰　　英國有水軍戰船　　某日道經打蠻港口　　此處向有燈塔高約三百英尺　　英軍望見塔頂上頭　　彷彿有旗帳搖動　　進港以後　　立即將情　　報知有司　　暗地派人密訪　　始知那看守燈塔的人　　每有英船進口　　塔頂必升一旗　　通報消息　　附近有座高山　　山上有個脫人　　在彼瞭望　　此處拽旗　　彼處即見　　所以英國一舉一動　　脫人無一不知　　然此守塔的人　　分明是個英人　　年六十歲　　家有一妻一子　　妻子也不知他私通脫人　　做此奸細的事　　後經英官把他拿下　　子細審問　　供出脫人先曾給銀七百磅①　　約定暗通信息　　且每次尙有酬銀六十磅　　現存銀行等語　　英官命[10]人到銀行查問　　果有存銀五千餘磅　　英官大怒　　即照軍法施行　　將此人縛於戰船之中　　立刻用槍擊斃　　見者人人稱快　　說見法京太晤日報

探敵利器

英脫二國　　在南非洲用兵　　英國用氣球探敵　　徃徃失事　　近有一個博士　　製了一副新式的照相器具　　其形好似火箭一般　　可以升到半空裏頭　　然後擊動電線　　把那箭尾散開　　宛如一頂大傘　　抵住空氣　　慢慢的落將下來　　其中另有機括　　力小而鬆　　下去的時候　　機括轉動　　內中藏着的藥紙　　乘勢下垂　　便將敵營中山川形勢　　一一印在紙上　　絲毫不爽　　因此

---

① "磅"應為"鎊"。下同。

比了氣球的功用　更是十倍神奇　況且費用又省　携帶又便　故經國家試驗得法　即命在軍營中試用矣

　　盜案駭聞

離蘇州澱山湖六七里遠　有個小鎮　名望思塘　居民一百多家　平時也甚熱鬧　本月初二日午刻　鎮上到了五六十號小船　船上有光蛋二三百[11]人　各人手拿刀械　一擁登岸　一連搶刼了十數家的金銀衣物　砍死了鎮上的壯丁十二人　被傷的更不計其數　臨行復被擄去男女六人　并將沿河房屋　一齊放火燒毀　始大模大樣的呼哨下船　開徃澱山湖而去　因爲這日正值對河南村地方　在那裏演戲賽會　鄉民聞了這個警信　紛紛逃避　擁做一堆　以致踏死婦孩二十多人　後經鎮人投赴崑山縣具報　縣令因這案情重大　立刻稟詳上憲請示　不知將來如何辦法　容俟探聽明白　續記後册報上

　　制軍新政

兩江總督鹿制軍　日前親徃製造局察看機器物件　偶然問到某某事　應該用料若干　用資多少　他人竟不能回答　只有郭月樓觀察　說得最爲詳細　鹿制軍因稱他狠能辦事

金陵的銀元局　每年約鑄銀六百萬　數年以來　人言嘖嘖　因此制軍亟欲根究　有人勸道　現在的局員　已一律更換　前番的弊端　可以革除[12]　制軍聽了　就作罷論

近來龍圓的銷路甚滯　制軍頗想整頓　有人獻策道　這事應託劉聚卿觀察　在商務局代銷　不知這話准否

銀元局現在正當整頓的時候　故定下了規條　不准工匠著套褲　及衣上的荷包　各工匠不肯　甚至因這事罷工　現訪拿爲首的數人　各匠纔見了懼怕　仍舊一律到工

　　被糸確耗

浙江布政司惲方伯　現在被河南道監察御史奏糸　奉　旨交浙江巡撫查明　據實覆奏　聽說那原糸摺內　有牽涉幕友及吳朱施等州縣多員

　　電催臬司

聞得浙江巡撫衙門　現有要緊公事　即需商辦　故昨日電催新簡的榮廉訪①　速即來浙　聞得已有覆電　擬赶十二日接印

---

① 原文中"新"與"簡"之間有空格，這裏是編者所改。

要電照譯[13]

昨日下午兩點鐘　北京訪事發來專電道　中國政府　爲義和拳的事情　與各國交涉　恐有決裂　原因中國內地的各官　非但不設法保衛洋人　反有意慫恿匪徒　與洋人爲難　因此英美德法四國的公使　各奉了本國政府之命　聯名照會總理衙門　逼他亟卽設法　把那仇恨洋人的義和拳匪　限二個月內　掃盪一空　如再要遷延　他們四國就要調派水陸各軍　從沿海各口登岸　整隊馳入內地　以便自已保護洋人財產性命　現在各國的兵船　停泊大沽口的爲數甚多　以助各公使之威力　務要中國總署允他們的請　而中國官場　因這事莫不驚惶失措　大爲震動云　這話譯捷報

絲市起色

紹興的絲市　素來爲商務中一大宗生意　近年做這生意的人　都獲厚利　故絲棧繭行　日漸振興　刻由某富商　創興大絲行三家　近日聘雇夥友　宴請同業　甚爲熱鬧[14]

倒閉又見

連日漢口的錢店　屢有倒閉　市面都被他牽動　晉太元牛皮行　也是同時倒閉　聽說虧空人家的　有數萬金之多

稅司更調

聞得粵海關的稅務司許尼克君　現有把他調到江海關爲稅務司　以代雷樂石君之說　至粵海關那一缺　已派保羅金君前去接辦了

意艦北上

意大利國的尼爾巴　及立古利亞兩巡船　前日忽然奉到急命　叫他速卽起椗　駛往大沽　今已鼓輪北上　幷聞得有美國水兵二十五人　也起行進京　以保衛美國的使館

民團誅梟

上月初頭　離甯國府城不遠的某鄉鎮　有私梟數百人　成羣結隊　強賣私滷　甚至姦淫婦女　毆辱夫男　於是人人恨他　有金堡寨某練總　年[15]已七十多了　素來人皆敬服的　而私梟竟恨他　他有孫子年少而勇　私梟更是懼怕　近日私出賞格　說道把某練總拿住　賞洋四百元　拿住他的兒子　賞洋七百元　拿住他的孫子　賞洋一千元　幷揚言約于某日要打刧他的家產　練總得知　就暗底聚集少年子弟預爲防備　初二晚間　私梟的頭目　果然率衆持械而來　敲練總的門　練總開門出應　用鐵尺擊中梟酋之足　當場獲住　子弟婦女　當時也一齊動手　與梟衆戰鬥多時　擒獲二十

七人　其餘都逃走了　這練總所部的民團　共有二十八堡　以二十堡留防　以八堡護解那所獲的到府　聞桂太守把那爲首的正法　餘都入監　內有一梟　狀貌魁梧　說話也明達　太守十分憐他　擬寬宥他　使他改過自新[16]

中外瑣聞

（1900年第二十八期第17—19頁）

　　侏儒遺類
西字報上說　印度洋中　有一小埠　名晏打文　所產的人　爲地球上最短最小之處　合計通埠人民　極長的祇有英尺三尺九寸　極大的祇七十磅　如要比他再長再大　却沒有了　古人向稱短小的人　叫做侏儒　此埠的百姓　或者竟是侏儒遺類　祇怕有些意思的

　　樟腦獲利
樟腦一物　向爲台灣的土產　自從台地割與日本　其價漸漲　近來日人與歐洲人　紛紛攬買　已有二十餘家　橫濱地方的台灣商務公司　去年增充資本　已至銀一百兆元　可見生意之大　然聞福建上游各府　樟腦樹亦頗不少　惜乎無人講求製鍊的法兒　竟把這有用的東西　不能變錢出賣　亦是一樁恨事也

　　水面書畫[17]
有一西人　名俄爾弗　近來造一機器　在水面上能書能畫　其法用硫強水少許　放在鐵器當中　器口設一個皮管　管末有個龍頭　用火把器底燒熱　那硫強水化爲汽水　從龍頭中滴出　就把這種汽水　在水面上寫字作畫　點畫分明　機致生動　不沉不散　眞奇觀也

　　連殺四命
福建人陳金屋　向充人義火船主　去年回閩　帶了家眷　遷居檳榔嶼火車路橫巷第二號門牌　與同籍人侯四合住一屋　侯妻吳氏　岳母張氏　十餘歲之姪女霧娘　又一新產小孩　共計一家五口　日前陳因向妻取銀　要到外埠貿易　不知何故其妻不允　又索金鐲典質　妻亦不許　不料陳自此以後　精神恍惚　方寸頓亂　妻爲求神禱佛　終不痊愈　某日妻由鄰舍人家　取來食物一椀　遂與其夫　其夫食畢　呼喚茶水　妻遂泡了一椀茶來　陳忽手執利劍就是一劍　適中頭顱　大喊一聲　頓時身死　鄰婦某

氏　聞信趕來　侯四的姪女霧娘　其時在樓　見此情形　嚇得[18]徃下直逃　跌折一足　他還陳說陳金屋行凶的形狀　鄰婦大驚　急扶霧娘遠避　陳金屋竟緊閉大門　把侯四的岳母　與那新養的小孩　一併殺了　侯四的妻房吳氏徃救　也被砍傷　昏暈地下　左右鄰聽得喧鬧不休　心知有異　急喊巡差到來　趕報捕房　捕頭因聞連傷數命　必是瘋癲無疑　立刻率領捕役　各帶洋鎗　用長梯上屋　揭開瓦片　開槍把陳擊斃　始敢破門入內　則見莊張二氏　與一小孩　多臥血泊裏頭　氣絕巳久　惟侯妻尚能挣札①　當即抬送醫院救治　詎料受創已深　延至明日亦死　一人連殺四命　雖然出自瘋癲　然亦駭人聽聞　幸喜的是巡捕開鎗　急把陳金屋打死　否則恐怕尚有旁人被害也

　　誤中魚毒

潮州人劉永珍　寓檳榔嶼井水港內　日前道出萬山地方　見賣魚的人甚多　劉因賣②了數尾回去　囑令家人烹煮　又買了幾斤美酒　邀得好友二人　吃了一個盡醉　大家昏昏睡去　不料直到明日　尚未醒回　家人大[19]驚　紛紛呼喚　見三人身軟如綿　不知人事　因急奔告鄰居　設法施救　時有福建人溫某　向來捕魚爲業　聞此消息　同徃看視　始知中的是醉魚毒　立書藥方一吊　購藥煎服　漸漸蘇醒　溫乃細言所食之魚　名醉柔魚　狀與柔魚相似　惟魚尾有淺紅色可辨　多食令人醉死　若使時候過久　也難醫治　劉等聞官　如夢初覺　乃向溫再三叩謝救命之恩　并以洋蚨數元爲酬　溫言我非醫生　不受而去[20]

論金價昂貴出末緣由

（1900年第三十七期第5—7頁）

通天底下　有五大洲　有個國度用金子　有個國度用銀子　銀價一貴　那用金子的就吃虧　金價飛漲　那用銀子的亦不上算　這個裏頭　彼此是互相牽制的　然而金子的出產　一天少似一天　金子的價錢　却是一天貴似一天　於人身上毫無益處　加以外國磅價③　時有漲落　這裏頭却又吃虧

---

①　"札"應爲"扎"。
②　"賣"應爲"買"。
③　"磅"應爲"鎊"。

不少　然而講到吃虧　到了今日　却也是到了極頭田地了　查中國從中以來　金子出產的多　價錢之公平　本來是全地球之冠　不數甚麼美國的舊金山　英國的新金山　所以歷代賞賜功臣　動不動的不是一千斤　就是一萬斤　亦就不算得少了　漢文帝賞周勃　多至五千斤　宣帝賞霍光　多至七千斤　武帝把公主嫁欒大　給他一萬斤　漢書上又說是十萬金　衛青在邊外　立了功勞回來　總共賞他到二十萬斤　等到王莽將敗的時候　庫裏常存有六十櫃　計萬金爲一櫃　共有六十萬斤　若拿現在的兩數計算　則合九百六十萬兩光景　再拿現在的銀數合算[5]　則合三百幾十兆光景　當時金子價錢甚是便宜　每兩祇合到　銀子三五兩　一直到了唐朝宋朝　那價錢纔慢慢的貴起來　元史食貸志說道①　至大三年九月　赤金一錢　已漲到十換　明初原是四換　永樂年間　添至七換　萬歷②中　又添到八換　崇禎末年　更添到十換　到了本朝　一點一點的價錢漲大起來　有加無減　然而亦不過只有十幾換　到了近來十幾年前　價錢還只有十八九換　慢慢的漲到　二十幾換　又漲到三十幾換　算他頂貴的時候　曾漲到四十幾換　現在畧平了些　亦總在三十五六換左右　這是甚麼緣故呢　只因從古以來　出產旣多　出口貨少　到如今出產旣少　出口反多　你說這金子價錢　如何不一天不貴似一天呢　考從前唐朝時候　通天底下　出金銀的地處　大小共有五十八處　宋朝天聖年間　登萊二郡　已經一年　獨出金子好幾千兩　現在　四川　兩廣　湖南　湖北　東三省等處地方　出的金子　却也比別處都旺　然而除漠河一處以外　別處都沒有人　肯竭力的經營　只又何怪　金子的[6]出產　一年少似一年呢　況且自從通商以後　出口的又一年多似一年　當光緒十五年分　運往各國金價　共值關平銀一百六十二萬五千六百餘兩　十六年分又添出一百七十八萬三千二百餘兩　十七年分又添到七百三十三萬二千多兩　等到光緒二十三年上　除以洋金進口抵除外　那赤金出口實數　又添到八百五十一萬一千七百兩有零　你看出口的數目　有如此之多　而且又如此之快　如果再不想個法子　把那來路　竭力的經營　中國地方雖大　那裏有這些金子　供人家剝削　此所以中國的金價　萬不能再平的了[7]

---

①　"貸"應爲"貨"。
②　"歷"應為"曆"。

中外要聞

（1900年第三十七期第8—13頁）

　　警蹕將還
皇太后　皇上在頤和園駐蹕　已將一月有餘　近接京師來信　聞有擇吉四月十七日　起駕入城　仍駐西苑之說　所以步軍統領衙門堂官人等　已傳知各官廳弁兵　把街道打掃平坦　以免臨期延誤了
　　匪徒蜂起
本埠官塲接到南省文書　聞得廣東廣西貴州湖南各省　皆有匪徒謀亂　必須發兵剿撫　並聞山東直隸兩省的義和團匪　更是猖獗得了不得　字林西報上所說如此
　　天津大火
天津估衣街地方　最爲店號林立之地　日前忽然失火　燒去房屋二百餘家　內有大絲行甚多　又皮貨老店二三家　布莊數十家　有開設至二三百年的　其餘各種店舖尚多　不及細錄　亦鉅刧也[8]
　　欽憲抵甯
欽差巡閱長江大臣　李鑑堂欽使秉衡　于本月十四日三點鐘　乘保民兵輪　駛抵金陵　各官俱徃迎接　現在八旗會舘駐節
　　梟犯被刼
本月十四日早晨　有鹽梟重犯六名　從鎮江解至湖北　道出金陵南門外的銅井地方　忽被匪徒五六十人刧去　解差與營兵等　飛報營縣　派人追捕　俱已遠颺　不知下落
　　福州患疫
福建近來疫症流行　十分之中　核症居六　熱證居三　時邪居一　死亡相繼　因此那些愚夫愚婦　紛紛的抬了兩個神道　每夜出巡　神像一高一矮　據說多能驅瘟逐疫　然而畧有見識的人　曉得他無濟于事也
　　盜案駁聞五誌
蘇州崑山縣屬望思塘盜案　槍斃首犯董大恒等　斬首示衆　四誌前報[9]
　　北極金礦
西字報上說道　美洲北極之下　近來有人探得金礦一個　產金甚多　但此地出路極遠　與孤戀低相隔數千里之遙　離英國的根拿打也有二千多里　刻

下歐美兩洲的人　紛紛前去開采　已有五萬餘人　所惜氣候極寒　山上終年積雪　惟有春末夏初這三個月　得見太陽　雪可略化　餘時雖有天光　並無日影　因爲太陽已被地球遮掩之故　然凡采金的人　必須見了太陽　方可上山工作　否則冷風刺骨　使人血脈凝滯　殭凍欲死　所以一年裏頭　倒有八九個月　住在山腳下土窟之中　不能作事　該處工資物價　俱比美洲貴至百倍　約計火腿雞蛋　須八絲零　麵包一件　須四絲零　牛肉每磅四絲零　荷蘭薯每百粒銀二磅　剃鬚一次　約四絲零　剪髮修容一次六絲零　洗衣一件三絲零　倘雇一切粗傭工匠　每一點鐘　須六絲零　馬車每一點鐘　租銀二磅　更可慮的是物價既甚昂貴　有時美洲各貨不到　竟苦無處可買　所以各人尤須預爲提防　目下[10] 美人已把這地　取了一個名字　喚做急那美的便是　想日後如果開采得利　去的人更當一日多似一日也

　　藩臣退位

暹羅國所屬宋卡方地　執政的向來是個華人　彷彿唐朝藩鎮一般　傳子傳孫　幫着國家辦事　那開基的第一個人　姓吳名喚中興　漳州海澄縣人　由暹王親賜勅書　封爲總督　命他掌管一方　至今已經七代　近來暹王從歐洲遊歷回來　看見宋卡政事疲玩　因此心上甚不喜歡　特命另選能員接辦　所有吳督子孫　當今移居內地①　此後所有政事　一概並不與聞了

　　拳匪幻術

義和拳匪　勢甚猖獗　已屢載上數期本報　聞得近來更有至本省　招人入會的意思　因有拳匪十餘名　近由湖北省到上海　不久要往內地各城　今已有人看過他們引誘民人入會的幻術　說道火彈刀槍　均不能傷[11]　并有一拳匪　當大眾觀看的時候　手上拿了六門槍　裝足藥彈　口中念起眞言　把自己的衣服脫去　向胷膛連放六槍　竟毫無疤痕　看的人都以爲奇怪

　　平靜如常

漢口訪事人來信說道　蘆漢鐵路鬧事這件事　現在已經了結　兩湖總督張制軍　特派兵三百人　前去彈壓　今已平靜如常　那在工的各洋人　也都回到做工的地方了

　　派售商報

上海商務局　自從出印商務報以來　已費去有二千餘金　銷塲還是不廣　現由兩江總督安徽巡撫行文兩江三省的各州縣　大缺派銷報册十二分中之八

---

① "今"當爲"令"。

分　小六分共討報資　可得七八千元　由各州縣解申該管的藩司　如一時解不出　就由藩司除扣他的卷廉銀　墊解到上海　以應緊要之用[12]

　　審案嚴密

本月十一號　澳門來信說道　經蓮珊太守這宗案件　現在還沒有審明　太守所請的見証　共有七人　內有一人　卽是澳門英副領事西敦君　所有各人的口供　因審問時候　嚴密得狠　公堂各處的門戶　盡行封閉　故不曉得所供的什麼話[13]

中外瑣聞

（1900年第三十七期第14—17頁）

　　毀屍滅跡

本邑西鄉二十六保十五圖曹家橋地方　有個農夫叫王阿生　年廿九歲　本月十二夜間　不知爲了何事　被族人王關福等七人　將他殺死　並把洋油澆灌屍身　架起柴草　用火燒化　到了明日　屍妻王陳氏得知其事　立刻到上海縣控告　署理縣尊戴子邁明府准詞　于十五日下鄉相驗　驗得屍身手足不全　頭存半個　的是生前殺斃　死後燒化無疑　幸而地保已將兇手王關福王阿和王金奎王海咸王杏卿及王咸春等拿到　明府親提訊問　同供因王阿生不安本分　時向族中借擾　稍不遂意　動輒行兇　屢次送官究辦有案　本月初十晚上　又糾光蛋多人　蜂擁至王阿和家　搶去英洋五元　小洋七角　以及衣服布疋等物　合族因此將他訓斥　不料非惟不聽　反敢出言不遜　故用草繩將他捆縛　扛至祖墳　每家出稻草二捆　活活燒死是實　內中惟王咸春一名　年已六十四歲　九歲時[14]出繼本城大南門外　此事並未在塲　大令得供　以王阿生犯合族之怒　平日的行爲可知　然族中出此不肖　理合送官究辦　何得私自下此毒手　判將衆犯帶回署中　于十七夜覆訊一次　始念王咸春實未動手　着卽取保釋放　其餘五人　一併釘鐐收監　因尚有王阿英王長慶二犯未獲　俟拿到後　再行嚴訊擬辦

　　京師得雨

京師于本月初九日　得雨一陣　午後微落冰雹　幸而不大　刻下田間可望播種　時疫亦能漸息　民心因此大定

　　號衣何用

甯波海神廟側　某新衣舖　日前有個湖北口音的人　定做元色呢背心二千

件　中間多用圓補　寫的是一個處字　彷彿軍營中號衣一式　限期兩日做齊　付銀取衣而去　及至提署訪聞飛派幹員追究　奈已蹤跡杳然　不知要做此種衣何用　真令人事有可疑也[15]

水燈新製

台南內地沿岸漁戶　每年所費漁火的薪料　約有英洋二百萬元　深苦並無別火可代　因此耗費甚鉅　近有西人名廣瀨新　創了一種漁業電燈　又有一個尼子久成　也創了一種水面洋燈　多是把燈然點明亮　沈在水中　使那些魚蝦見了　多向燈光所照之處　圍裏攏來　以便捕魚的人　察看明白　好向魚多處下網的　實是見所未見　將來此燈通行　漁人獲益非淺　想當爭先購買也　說見台南新報

西醫捕蛇

星加坡美芝律地方　有個瓊州會館　那會館的左近　有所獨脚樓外國酒店　乃是西人所開　本月初一黃昏時候　西崽某甲　端了一盤咖啡茶　正要上樓　忽有毒煙一團　劈面衝來　西崽大驚　倒退數步　將盤放下　點火照看　但見有一條大蛇　長約二丈有餘　蛇腹有木桶大小　在那裏張口吐氣　因急報知西人　立往巡捕房中　請得西醫到來　設法捕捉[16]　西帶有藥水一瓶　向着蛇頭潑去　那蛇頓時不動　然後用鐵鋏夾起　分付跟來的夥伴　扛往醫院而去

老僕遇騙

廣東人劉某　留在鎮江差委　有好多年了　現因資斧不繼　因命老僕回廣東去拿錢　不料老僕拿得洋錢匯票　由香港附輪返鎮　被同船的人看見　暗底下把鳳茄花放在茶裏　請老僕吃了　登時昏迷不知人事　及至船到得碼頭纔醒轉來　檢點枕箱中所藏的洋百十元　已被攫去　幸虧匯票藏在身邊　沒有失落[17]

治滬芻言

（1900年第三十八期第5—7頁）

四月二十三那一天　是新任上海縣汪瑤庭大令接印的日子　查汪知縣是在江蘇做過多少年的官了　歷任大缺　狠有名望　從前春秋時有位葉　百姓的愛戴他　如同父母一樣　靠着汪知縣的聲望　又處這狠難治的地方　我狠望他一切辦事　總以嚴厲爲先　好叫人家害怕　自此以後　人人都改過

遷善　所以本館要著一篇論　等汪知縣看見　可以知道這上海的一切情形　替你們除暴安良　辦幾椿有益於百姓的事情　你說可好不好呢　從前春秋時　又有一個鄭子產　在鄭國是個狠有聲望的　孔聖人當時說他　有君子之道四樣　這話出在論語上　諸公是讀熟的　亦不用在下說了　單說那鄭子產　有一天告訴子太叔說道　子太叔亦是一個有名的人　當日子產向他說道　天下總要有德行的人　方能穀以寬厚待民　叫百姓服他　第二樣莫如用猛　總要嚴厲的　百姓方纔怕他　查子產的做人　孔聖人嘗稱讚他是惠人　說他這個人　是能穀有恩惠及人[5]的　然而子產說的話　又是教人家用猛　這說豈不大相反背麽　咳　該個道理　有誰知道呢　只因到了春秋時候　人心不古　變詐多端　那寬大二字　實是誤人不淺　逢①着了壞百姓　若是再不給他們點怕懼　以後還有王法　在他們眼睛裏麽　現在拿這猛字治上海　確實在是對病下藥　只因上海這個地方　本是五方雜處　良莠不齊　又加以華洋交涉的地方　租界裏面　有西人主政　不是中國官所能干預的　於是一班壞百姓　就在這裏頭生心　鬧出事來　卽便神出鬼沒　躱閃的法子確也不少　縣裏正想出票子拿他　已經逃徃租界上去了　就是歸到臨了　把他拿到　中國官會同外國官　行文書　請簽字　領事簽字　捕房簽字　中國差役　也算是極狠的了　到了這個時候　也只好依着租界上的章程　到了捕房　會同了中西包探巡捕等人　方能把人拿到　就是繳倖未曾把他跑掉　亦費盡九牛二虎的氣力了　又加以上海這個地方　又狠出名　不知道的人總說　這個地方　銀子是好弄的　飯是容易吃的　四路八方　無[6]論有事業的　與無事業的　都想到上海來討飯吃　等到到了這裏　仍舊一無所就　再加嫖吃逍遙　盤川用盡　流落在這裏　此輩旣一無生路　只好趨入流氓一道　成羣結黨　作惡爲非　現在流氓的兇燄　已經一年利害似一年　如果不急急懲辦　一二年以後之事　更不可問　諸如此類　你說那做地方官的　到底好做不好做　如果只徒博取仁愛的聲名　以後養癰成患　上海的地方　還可以托足麽　我今狠望汪知縣　雷厲風行　振作一畨　那纔是小民之福呢[7]

---

① "逢"應爲"逢"。

中外要聞

（1900年第三十八期第9—15頁）

定期閱軍

江蘇巡撫鹿芝帥　在署理兩江總督任時　親赴鎮江揚州等處　大閱各軍　本報屢經詳記　後來因爲劉宮保回任兩江　芝帥仍回巡撫本任　所以尚有蘇松等處　未曾查閱　現聞定期五月初六日　先閱蘇地各營陣式　初七日看各員弁打鎗　初九日出轅看常州松江等處　想必又有一畨賞罰　容再訪明錄報也

欽憲赴蘇

欽差巡閱長江水師大臣李鑑堂欽憲秉衡　于二十一日道經本埠　未並登岸　即徃蘇州進發　在八旗會館駐節

邑尊接印

調補上海縣知縣　汪瑤庭大令懋琨　于二十三日接印任事

王法須知[9]

江蘇臬憲陸春江廉訪　前在護理蘇撫任內的時候　因見民間犯法日多　半由不知王法利害之故　所以刻了刑律圖說數百張　上面寫明凌遲斬絞的各種罪名　札飭各屬一體張掛　要使百姓們見了　一個個觸目驚心　不敢犯法　近日此圖發到上海　共計七十五張　上海縣當即飭差分掛各處　倘然看見的人果能感化　也是做官的莫大善政也

貴人癖性

從來大貴旳人　徃徃多有癖性　所以古人裏頭　王濟有的是馬癖　杜預有的是左傳癖　和嶠有的是錢癖　諸如此類　書上也記不得許多　然而起居飲食以外　有等極貴的人　另有一種奇癖　大半由于習慣自然　近有某西人遊五大洲回來　說起英國太子　與人說話的時候　每每閉其左眼　英太孫赫都華　倘使有人問話　每以一個指頭　在下頦上一再搖動　德王味□而莫　無事的時候　自捋其鬚　狠是用力　意王宏伯而多　不時也要捋鬚　却又用力甚輕　奧王方濟各若瑟　每逢閉口的時候　必[10]要自鼓其氣　幾乎把髭鬚多豎了起來　俄王與人偶語　必把手自遮其額　埃王于說話時　左腿搖動　彷彿讀書人出神模樣　英后維多利亞　最喜歡的是聽樂工作樂　德國王后亦然　希臘國王最喜的釣魚　並喜泅水　比利時王喜走

快路　好像追風逐電一般　蒲加王極好博考各物　瑙威國王最愛做詩　據說多是親眼見的　事載一百七十八號匯報　乃知一人有一人的癖性　正是人各不同也

　　海線告成
由本埠至日本長崎電報　須從海線經過　近來此線已造成了　如有欲發電報的人　每一個字　定價三角五分　真是非凡便捷　節譯文匯西報

　　蠶訊誌略
今歲四月以來　天氣寒煖不調　因此蠶事不甚起色　卽以江浙兩省而論　江蘇蘇州等處　月初落了一次黃沙　桑葉上受積甚多　若把這葉被蠶吃了　多致殭斃　所以養蠶各家　無不用水洗淨　又向日中晒乾　然後[11]方可飼蠶　不知費了多少人工　而且將來吐絲　聞得尙難充足　浙江杭州等處　桑葉價錢大減　每擔衹賣錢一千四百光景　實因蠶汛欠佳　葉多蠶少的緣故　看來日後新絲上市　亦未必能十分興旺也

　　那威新令
那威國的政府　近來新頒一令　凡有國中女子　熟悉紡績等一切女工　或者能精烹庖各事　必須要到政府領了文憑　方准配人出嫁　否則不許私行擇配　男人如要娶妻　亦不准私娶未領文憑的女子　如或已給文憑　偶然失落　此女必須親到政府報明　並請妥人作保　方可再行發給　否則將來配親的時候　卽以未領科罪　不知何故立此新章　把那女子弄得如田房屋產一般　須得領有契券　真想不出其中的用意也

　　團匪近耗
直省義和團匪　近來聲勢更甚　由保定府至京師的一帶路上　日前有匪與教士為難　傷斃了數十餘人　並敢沿途放火　燒毀房屋甚多　幷又焚[12]斃多人　中西各報上頭　皆有此事　又聞京中有等童男　年紀約在廿歲以內　十六歲以外　每日三個一羣　五個一隊　操練拳法　到處皆有　地面官雖曾出示嚴禁　竟如不曾看見一般　可算得是胆大妄為的了

　　鐵路交涉
保定至山西太原一帶的鐵路　自從政府議定歸了俄國承築之後　俄國就派了工程師到處查勘　現已快將要動工　山西巡撫毓中丞　因這個地方　民情狠為強悍　恐日後鬧出事來　且成路之後　也未必定可獲利　要想改歸中國自來建築　先前所用去的費用　照數償還　俄商不允　乃說早有成議　何能半途變卦　就把這情形稟知駐京俄國的公使　向中國政府理論

西報閒談

前任山東巡撫毓中丞　恨洋人的心　人人得知　近任山西巡撫　他心裏頭　似要與北京有限公司有意作難　日前福公司　禀請開辦某處的礦務[13]　中丞批飭不准　說道那裏地方山路崎嶇　諸多不便　故不允准　這等推諉的話頭　頗與從前長江各官相同　因有某洋人　從前要在宜昌上遊行走輪船　那長江一帶的地方官　都說輪船斷難通行　因川湖兩旁邊　都是高山峻嶺　山上猿猴甚多　輪船徃那裏經過　難免不被他抛擲石塊　或有傷壞船隻　及損人性命的事情　但目下已有了輪船行走　却不曾看見被猿猴所傷

領事私販軍火

北京訪事來信說道　聽得雲南的官吏　刻下電致總署　乃查得駐滇法國領事　近來有私販軍火至省情事　自被關卡及地方官訪到之後　人人害怕　雲南撫台　更是驚駭　怕的法領事私販軍火　通同康有爲作起亂來　現已命駐法國的裕使臣　向法廷速請把這領事撤回

事勢可危

義和團匪　近在離保定府七十英里的來順村内　把一村的天主教民　殺[14]了一個盡淨　所有詳細情形　至今尙未曾接到　只曉得被殺的　共七十三人　這村莊已無餘類了　京中人聞得這個信息　都爲驚怕　以團匪如此之多　如不趁早剿辦　恐不免也被他蹂躪　原來京中團匪　目下已難數計　雖迭次出告示嚴禁　他們非但不怕　反敢在城中各處操演　前日英法美三國使臣　陸續到總署責問　不應聽憑匪徒在京中如此作爲　總署答他容再出告示嚴禁操演　那順天府尹　因他們人數甚多　不肯拘捉　雖應允出示嚴禁　也不過紙上空談　並沒有用處　如果眞要把他們除滅　極應從嚴辦理　纔有濟事　現聞得美國使臣康格君　已調得砲船一隻來津　以備緊要時調兵進京保護使館　日下北京的情形　十分可危　所以各國的使臣　要把婦女小孩　送到妥當的地方安頓　一面調兵進京保衛[15]

中外瑣聞

（1900年第三十八期第16—19頁）

螽斯衍慶

西字報上說道　歐洲各國之中　子孫最多的人　目今要算英后　計后有子

女七人　孫子三十三人　曾孫三十四人　合了英后自己　共有七十四人之多　眞非常的人瑞也

　　破腹醫腸

有個英國女醫　寄寓在台南省城　身體甚是壯胖　一日偶開藥櫥　用力太過跌倒地上　不料從此上下隔住　一息奄奄　因請醫生尉士梅氏　與著名女醫宋氏　一同駿治　駿得實因小腸卷轉的緣故　無藥可醫　二人商議良久　竟用悶藥將病人悶倒　然後用小刀將肚皮劃開　把小腸重新排過一次　排畢用蔴線縫固　漸漸醒來　毫無痛苦　刻下這病竟是好了　古人刀圭神駿　首推三國時的華陀　然而照此看來　倘使華陀復生　那本事當亦不過這樣也［16］

　　蛇作貓聲

廣東南海縣屬官窰對河　有個小鎮　俗名爲草塘村　村外義塚最多　近來塚中常有貓叫的聲音　却又不見有貓　居人大是詫異　前日有一周姓蛇丐　走過此地　見有異蛇一條　頸是白的　渾身乃是黑的　長約三尺有餘　設法捉住　取了回去　不料一倒晚上　此蛇忽作貓聲　叫了一夜　周丐大駭　明日携了這蛇　到市上去求售　看見的人　莫不個個稱異　然聞從此以後　義塚邊的貓叫　却就不聽得了　大約塚中袛有這一條蛇　所以就此絕跡也

　　古塔入畫

通州北門外頭　有一座舍利塔　乃是唐太宗貞觀七年建造　明萬曆三十八年重修　高大非凡　實爲東京第一古跡　前日聞得有個教士　帶了照相器具　來到塔邊　拍了一張照片　又再三把玩一畨而去　西人的搜求古跡　多是這樣　比了中國人千筆萬筆畫成一幅圖兒　尙是不能相像［17］　眞覺大不相同也

　　拐風又熾

近來漢口地方　拐風又甚　失孩的事情　常有所聞　顯係地方上有拐匪匿迹　不知道官員能豰嚴行緝辦否

　　兇犯解府

川沙廳把犯婦朱吳氏　姦夫朱金潮　解到松江府　這二犯就是謀死親夫朱炳元案內的正兇　日前經張太守午堂提勘　據犯婦朱吳氏姦夫朱金潮供認謀死不諱　當時就把這二犯分別監禁　罪擬凌遲處死　張太守又因案情重大　未便草草了事　想朱金潮旣與朱吳氏通姦　平時難道沒有人

曉得　何以見証也沒有一人　故移請川沙廳補提朱炳元之父　及朱金潮的妻子到案　再爲研訊

　　　騙取茶禮

上海楊樹坤　假將王殿卿的女兒　替包大柱作伐　騙去英洋一百元爲茶[18]禮等費　近來包已擇定十二日爲迎娶之期　不料楊已避匿不見　包知受他的騙　即投捕房控告　把楊拘獲到公堂請辦　翁太守問了　與白繙譯相商　判楊押交王姓到案再訊[19]

靖謠說

（1900年第六十期第1—3頁）

時逢離亂　風鶴心驚　消息不通　謠言蠭起　杯弓蛇影　將信將疑　加以烽火連天　人心惶惑　一班不得志的小人　以及流氓之輩　流言散布　海市蜃樓　不但無識之徒　被他搖的心思撩亂　就是稍有主見之人　聽見那些市井無稽之言　亦不免心中輾轉　好像有十五個吊桶一般　七上八下　鬧個不定　所以現在的情形　總以禁止謠言爲第一要義　自從義和團鬧事　擾亂京津一帶　殺教士　燒教堂　焚衙署　斷鐵路　砍電桿　星星之火　居然可以燎原　近且中外失和　砲台失去　統看時勢　居然成了個不可收拾之勢　那些朝廷上的大官　憂國憂民　固已昕夕不遑　至於闤闠小民　讀書種子　似乎可以各安其業　無事驚惶　乃好事之徒　偏喜造言生事　津津樂道　一若信而有徵　一天到晚　聚在茶館煙間　恐嚇愚夫愚婦　以資笑樂　說到拳匪　則以爲天兵天將　無有他的本事　祇毀教堂　則污穢不堪　甚且指斥宮闈　說是已有了非常之[1]變　以致民情駭懼　合埠不安　居民都想避地圖存　行商益覺束手無計　至西人之僑居於此者　更惴惴焉有朝不保暮之勢　其實據我看來　斷斷不必憂慮　團匪在天津起事　離此有三千餘里之遙　遠隔重洋　斷不能插翅飛渡　況且還有一說　當他起事之時　中西官兵都不防備　所以一任他長驅直入　行所無事　現在外國調齊了大兵　替我們中國　剿滅團匪　彼等烏合之衆　諒不難一鼓盪平　至於怕他們由旱路上來　京津到清江浦　尚有十八站路　七八天水路　斷非幾天之內　可以趕到　況且一重重的官兵擋住　就是到了清江浦　亦無人替他預備船隻　這是斷斷乎可以不必慮的　我今奉勸你們大家　各自安居無恐　各人幹各人的營生　與平時一樣　就是聽見了謠

言　亦與不聽見的一樣　不必去理會他　俗語說的好　見怪不怪　其怪自敗　正是這個道理　那些流氓等人　見造的謠言　大家都不相信　他以後也就不造了　況且我們這上海租界上防備的何等警嚴　不日還有外國的大兵到來　四面紮住　那是斷斷[2]可以不愁的　你們倘若不信　還要搬家避地　將來設或路上遇見強盜　那纔是眞正的自尋苦惱呢[3]

中外要聞

（1900年第六十期第4—10頁）

　　記義和團匪竄擾京津五月二十前後至二十五前後情形
義和團匪在天津京師起事　本報自第三十九冊起　至上屆四十三冊　已把焚毀教堂　殺害教民　拆壞電線　毀斷鐵路　與放火焚燒直隸總督衙門　西人調動大隊兵艦　公佔大沽口砲台等事　按日排記的了　近有從天津避難來申的人說起　各團匪係河間府人居多　年紀均在三十以內　二十以外　也有纔祇十數歲的　爲首的有人說他姓韓　有人說是姓李　名喚來中　陝西人氏　其聚處多在陳家溝子西窰窪郭家閣南門外獅子林等地　裝束皆用紅帶纏腰　脚上一律薄底快靴　也有頭帶紅色或黃色斗篷的　那便是個頭目　各匪呼爲師兄　又有那些無恥女子　身穿紅衣紅褲　手中拿着紅燈　招搖過市　這便是紅燈照的邪術　計自起事之後　四處布散謠言　說津地大難將臨　惟有門插紅旗　竿掛紅燈　身藏紅布　可以解免　並能不受鎗砲　不怕火燒　種種妖言　哄動愚夫愚婦　信[4]從他的甚多　十八日有匪四百多人　揚言要拆老龍頭車站　乘勢直撲法國租界　事爲近處商人聞知　花了好多金銀　方纔得免　十九夜放火焚燒教堂　火起的地方　同時竟有十四處之多　但見紅光四照　甚是駭人　直至二十午後　始漸息滅　其時街上已絕少行人　極熱鬧的所在　竟攪擾到這般地步　實是意想不到　這日京中有位山東省的官員　因有要緊公事　專差出京　至二十二日到津　說起在京動身以前　京城中尚還安靜　不料纔出前門　忽有團匪放火燒房　也是幾處同時火起　差官因爲急欲趕路　不敢停留　忽忽冒煙突火而出　不知以後若何　路上有人說起保定一帶　團匪也甚猖獗　有馬隊官兵前往彈壓　被匪捉去十七名　乃統領邢長春軍門部下之人　保正鐵路　已被燒毀　清苑南鄉張登東閭村謝莊　姜莊營頭村黃塢附近村莊　有教民與大股團匪死鬪　彼此互相損傷　此二十以前　京

津各處的匪耗也　及至二十一日　大沽口停泊的各國兵船　要大沽守砲台的華官　讓出砲台一用　鎮守砲台淮軍宿將[5]羅耀廷軍門不允　于夜半時開砲轟擊　各國兵船紛紛還砲　彼此互攻至六七點鐘左右　有日本兵船兩隻　馳至砲台後面開砲　砲台上分兵對敵　日本兵棄舟登岸　奮勇直撲砲台　殺死華兵甚多　踞得第一座台　拔去中國旗號　換立日本國旗　當時羅軍門見大勢危甚　統領大軍　同來搶救　尙望克復　日本兵抵死迎敵　鎗林砲雨裏頭　又被踞得第二座台　各國兵亦次第登岸　華兵大潰　英兵奮力踞得第三第四兩台　並奪得滅魚雷艇四隻　俄兵踞了五六七三台　德兵踞了第八座臺　法兵美兵踞了第九第十兩臺　回看羅軍門部下各兵　自始至終無不拚命効力　並無奔逃的人　所以同文滬報上說　自從中東一役之後　實所未有　惟他報皆言大沽炮臺失守　乃在二十一日　獨滬報言係十九晚與二十日之事　不無略異　然報中譯述　是日有人乘新豐輪船　從唐沽出口　適遇驚變　停輪炮臺左近　故得目覩情形　且言初開炮的時候　因團匪先曾徧告居民　令按戶納洋兩元　每人給付符籙一道　佩帶身旁　可以鎗炮不[6]入　夜間再掛紅燈一盞　房屋可保不焚　故這一夜大沽左近村落之中　紅燈纍纍　恍如天上的繁星一般　及至炮臺已經失守　人口大半死亡　那村中掛的千百紅燈　尙有未經息滅之處　令人眞覺可慘等語　所言甚爲詳細　當非子虛烏有之談　至于各國的死傷人數　字林西報上說道　英國死一人　受傷四人　法國死一人　受傷一人　德國死三人　受傷七人　俄國死十六人　受傷的四十五人　日本死傷未詳　某華字日報言約死五人　受傷二人　又文匯西報上說　有英國兵船二隻　俄國炮船一隻　皆受重傷　又云有德人七名擊死　英官二名　英兵二名　同時受傷　字林西報傳單又說　有英國的滅魚雷炮艇灰登受傷　氣鍋裏頭　有開花炮彈一個　幸而未曾炸裂　現已開徃長崎修理　此各國公踞大沽炮臺確情　本報第四十三冊上　雖曾記過　尙未詳細者也　西兵旣把炮臺佔踞　各國軍隊領袖提督　發電滬上各國領事　說各領事應照會中國各省督撫　及地方宮①　聲明各國現在北方所用兵力　不過要抵制團匪　以及袒[7]護團匪的人　援救各國西人的宗旨　但是砲臺旣爲各國所佔　照例中國輪船　此後不能進口　所以上海招商局于廿三日　改掛英美德的三國旗號　其時途中有廣濟輪船一隻　裝運毛瑟鎗開赴

---

① "宮"當爲"官"。

天津　行至大沽口外　當被各國兵船扣住　後經兩江總督　發電至煙臺調回　此各國佔踞砲臺以後　宣示他的用兵宗旨　與招商局暫改旗號原由也　然大沽雖有西兵佔踞　而團匪仍在天津耀武揚威　二十三日又放火燒毀天津電報局房屋　泊頭電報局　亦于此日被焚　唐沽地方　向有貨棧甚多　多被匪徒拆毀　搶去貨物不計　各輪船公司　定議暫停津班　大約一因亂耗太甚　一因貨棧遭焚　一因津地人民離散　即使再有貨物進口　不但無人購買　且亦難覓扛夫扛運的緣故　可見津地已鬧得個不可收拾　不料二十五日　城中忽放四十磅旳開花大炮　轟打租界　霎時英美領事衙門　與高林洋行等一切房屋　多成灰燼　此種放砲的人　不知究竟是兵是匪　令人無從捉摸　然界中遭此炮火　不知中西死傷之人　共有多少　祇因電[8]報不通　一時無從查悉　本埠怡和洋行洋東　聞此消息　曉得北方避難的人　必定甚多　故于二十六日　發了一封煙臺電報　飛着景星輪船　于二十七日一早　開徃唐沽　搭救中西各人　正是功德無量　此五月二十五日天津地方的大亂情形也　若說京中　近日的消息如何　滬上一無確信　雖某報有十九日被匪徒焚毀日領事署　某報有某親王及軍機大臣等　奏請遷都陝西之說　似皆未可盡信　惟十九日有　上諭一道　着兩廣總督李鴻章　迅速來京　又着袁世凱帶兵入京　乃交直隸總督裕祿　分別轉電　由六百里加緊　故聞李傅相有六月初一日　坐公司輪船起行之說　京中這樣的電　召重臣　想來風聲未必不緊　所幸北方雖然如此　日來長江上下　頗甚平安　皆因中西官員　無不竭力戒備之故　本埠更得關道憲余觀察及駐滬各國領事官工部局巡捕房等　嚴密巡防　愈覺安如磐石　居民大可安居樂業　不必慌張　本報命名覺民　正應大聲疾呼　告訴閱報諸君　故爲附記數語于末　至于以後的匪耗若何　西兵擧[9]動若何　朝廷剿辦的若何　容再一一錄登下期報上　請續看第四十五册可也[10]

中外瑣聞

（1900年第六十期第11—14頁）

巨竊定罪

蘇州巨竊陳少山　及同夥人張某　專用藥物迷人　搶劫人家財物　本年三月某日　被開恒豐客棧的湯以香拿住　解到吳縣衙門　經縣主田大令迭次研鞫　現已訊實口供　擬定陳是絞罪　張是永遠監禁　不日就要解司覆勘了

漢皋紀事

漢口地方　現當青黃不接的時候　湘潭所來的穀米　已漸漸稀少　米價因此稍貴　煤價也是天天加漲　每擔須三百二三十又①　惟菜蔴油甚賤　每斤只值錢六十餘文　至於錢價　還是有增無減　銀洋每元　不過換錢八百八十文

又上月廿三夜　四更時分　忽聽得警鑼亂鳴　打聽是大王廟河下陳姓的茅蓬裏頭　因燈花爆裂　致兆火災　把左右茅篷二三十戶　燒一個乾淨[11]　當火燒的時候　漢陽協鎮　及本鎮的文武官員　均督率多人　到塲彈壓灌救

　　納涼墜樓

蘇州人王小生　在上海甯波路開成衣店過活　母親某氏　年已老邁　前晚在樓上乘涼　偶不小心　飄然跌下　登時血肉模糊　昏暈不醒　王驚駭失措　急倩人抬到仁濟醫院求救　醫生察得腦壳受傷　恐難保性命

　　失孩奇聞

九江地方　近來走失小孩之事　日有數起　於是有人造了謠言　說有匪人把藥搽在手掌心　拍入小孩頭腦　孩即昏迷　跟他同去　不知地方官聽了　怎樣的辦法

　　夏蠶又壞

今年常州武陽兩屬的春繭　年歲祇有六成　因之鮮繭價錢　五十元左右　昨有人來說道　夏蠶的收成　也是減色　因近日來天氣寒冷　蠶多瘟[12]病之故

　　騎馬傷人

松江友人來信說道　日前有一無賴人　騎馬在西門外飛跑　有一幼孩不及避讓　竟被踏傷　旋即斃命　現在稟報婁縣　屈吉士大令　即飭緝拿究辦　未知能拿得到否

　　繅絲開局

湖北的繅絲官局　近來收買鮮繭甚多　將於日內開機繅絲

　　醫局開診

常州城內　每逢②夏令　各善堂設立醫局　施送醫藥　以便那些窮苦小

---

① "又"當爲"文"。
② "逄"當爲"逢"。

民　　刻因已交夏至節　所有醫局　定於本月十六日　一律開診
　　　調辦要事

蕪湖洋關的大寫　名叫甘斯臘　是意大利國裏的人　奉調來蕪　不過五禮拜之久　日前復奉總稅務司赫德君　電促晉京　調辦要事[13]
　　　廈設巡捕

鼓浪嶼於四月間　已設了巡捕　上月初六日　廈門道台出了告示一道　上面寫道　廈門爲中外通商一大海口　洋人接踵而來　生意繁盛　亟應仿照上海　沿街安設巡捕　以便往來梭巡　保護地方云云[14]

論美國創開尼瓜拉河

（1900年第六十一期第5—7頁）

從前歐羅巴洲　同亞細亞洲　連界的地方　有海頸一條　兩處徃來　必須繞越　狠形不便　自從那年法國的人　名字叫做類賽登者　在海頸那邊　把他來開了一條河　名曰蘇彝士河　從此西人到我們中國　就可省了不少路程　眞眞是極大的功勞　那南亞非利加洲　同北亞非利加洲　連界的地方　同那歐亞連界處　一樣生法　中間亦有一個海頸　橫亙大西洋太平洋的中間①　南北徃來　也必須繞越　現在小呂宋各島　已爲美國有所②　祇因呼應不靈　必要在中間開一河道　但中間尚有幾個小國　若要開河　必須由他們的地方經過　所以目下美國政府　已與尼瓜拉國　商量明白　准其借道開河　聽見說此河歸美國人一手經理　他國不得干預　已撥欵二百兆元　作爲開河經費　約計十年的工夫　可以完工　此眞是大作爲　大功勞了　本來泰西各國　都造鐵路　遇有貨物轉輸　還是以船載爲便　美人開了此河　將來運道的權利　必然興旺　南洋的[5]鬧市　不久必歸寂寞　況且運河的好處　不獨有利於商賈　就是美國新領那些屬地　亦借此可以聯絡　其利更是無窮　從前德國境內　有溪耳維耳河　北接俄境　南聯英法　其中隔有一條旱道　必須繞過那丹麥流口　然後相通　自從那五年前　把河身鑿通　然後防海兵船　一隊可當兩隊的用　今美國新撫斐律賓各島　與本洲

---

　　　①　"亙"當爲"亙"。
　　　②　"有所"當爲"所有"。

相隔狠遠　如有兵事　除了舊金山艦隊　可以爲應援外　那內地的軍艦　必借道出歐洲海口　轉輾至東　曠日廢時　屬地防務　致多梗阻　若此河疏通　美艦可從大西洋　一徑出太平洋　直達其新屬各處　駛行極便　氣脉亦相連絡　後來效驗　可以操券而知的　此外航船歧路尚多　若暹羅海灣　墨西哥半灣　日後都是想開闢　至於我們中國　那膠萊舊河　有識見的　也說便於水師　或者將來亦復開辦　也未可知　但是須有力的人　方能辦理　這句話不知要到幾時了　總之外國人做事　有始有終　無論什麼大小事情　必須辦成功纔肯罷手　中國人倘能效法他　何愁利源不闢　商務不興[6]　吾願中國人勉力爲是[7]

中外要聞

（1900年第六十一期第9—16頁）

　　　　記團匪擾亂後十月上旬至中旬各路消息
北京　十月初五日接北京發來要信　內說京中的文武百官及兵丁等　自從兵燹以後　薪糧無着　困苦異常　慶親王與李傅相　擬向華商借銀一百萬兩　按照本年秋季俸銀　減半發給　兵丁每名先給口糧銀二兩　已經戶部衙門　專摺具奏　惟戶部辦公的房屋　已被燒毀　故在東四牌樓報房胡同法華寺內　暫行辦事　現因不敷居住　擬遷移到地安門外冰窖庫地方　前玉崑蘭□抄的房產內去　又說中城兵馬司正指揮　沈鈞如指揮　經管練勇餉銀八千數百兩　本存庫中　聯軍攻城的時候　恐怕有失　搬至對門義學堂內暫寄　不料近被洋兵搜去　日前沈指揮稟明巡視中城察院陳伯蒼侍御請示　陳侍御說　此銀若在署中失去　却是因公　如今在義學內失去　反多未便　大約須要設法賠補的了　這到是因小心誤事的　可見做官的難也不難　初六日又接北京來信　說各國聯軍　現在[9]紛紛預備過冬　計德兵七千五百名　英兵五千五百名　法兵五千名　日兵四千名　意大利兵二千五百名　美兵一千七百五十名　奧大利兵二百五十名　共二萬六千五百名　初九日又接來信　說八角琉璃井養正義塾及趙姓的住房　九月二十日被洋兵放火　延燒六點多鐘　共毀去房屋二百多間　又孫公園興勝寺廟宇房屋　二十二日　亦被放火燒毀　共屋九十多間　按此事天津的直報上　也是這般說法　不知洋兵有何緣故　初十日西字報上說　接北京初八電報　駐紮張家口的德

國統領約克君　于初六日因中煤毒而死　十二日新聞報上說　慶親王與李傅相　已于十一日在北京與各國使臣　開議和局　十三日新聞報上又說　尚書啓秀　現在暫拘日本兵營裏頭　飲食一切　甚是精潔　並准在旁屋中看書　絕不略加羞辱　侍郎李昭煒　因爲寓所已毀　暫寓在某會舘對門屋內　某日有街上無知小孩　拖擲磚石　打中會舘內某國兵的頭額　某國兵帶領多人　到李侍郎寓所　搜尋此孩　後因不見　把侍郎痛擊　侍郎逃至御河[10]橋　跌仆受傷　遂致咯血　後來告訴了李傅相　傅相叮囑他惟有自己小心　侍郎無可奈何　也就罷了　是日某西報說　從北京到楊村的鐵路　現已完工　大約下禮拜一　即十九日　可以開行　又說駐紮張家口的德國統領約克君　因中煤毒故世　現在這一枝兵　已派盖而君接統　聞于初九日在明陵近處　燒毀團匪所住的村庄三處　堂塲殺死團匪二十三名①

陝西　初七日接西安電報內有　上諭一道　浙江巡撫劉樹堂中丞　着開缺另候簡用　所遺浙江巡撫員缺　着惲方伯祖翼補授　按劉中丞忽奉開缺　大約即因衢州匪亂的緣故　所以後來李傅相與盛京卿　傳聞有發信各國　請將浙江教案　即日可與惲撫台議結的事　初十日又接西安電傳　上諭　內有一道　係漕運總松漕帥椿　着開缺另補　張方伯人駿補授漕運總督　按松漕帥開缺緣由　翌日新聞報上曾說　因爲漕帥的公子　曾于六七月間　雇用團匪六十人　由京護送南下　近來有人奏糸　故此特　旨開缺　大約是不爲無因的　十一日又接西安電傳　上諭　所有[11]聖駕經行的潼關華陰華州渭南臨潼咸甯各廳州縣地方　本年錢糧　一概豁免　現在駐蹕　長安　長安縣的錢糧　應徵應免　着藩司岑方伯　分別辦理　仰見　聖恩浩大　十三日又接西安電傳　十月十二的　上諭　甘肅提督董軍門福祥　因爲不明交涉　遇事鹵莾　本來要嚴辦的　祇爲甘肅地方緊要　寬恩着革職留任　看他日後如何　按董軍門革職一事　新聞報說軍門所統的兵　原有三十一營　後奉　聖旨裁去十一營　改爲廿營　駐紮潼關　現又奉　旨革留　調赴甘肅　祇怕後來尙有　上命　也是說不定的　十四日新聞報又說　十三接西安電報　長安現在修造行宮　估計須銀三十萬兩　皇上恐有不實　故派王中堂核辦

天津　初五日天津來信說　統領范天貴鎭軍　奉直隷總督之命　到板家窩

---

① "堂"當爲"當"。

攻剿拳匪　被匪開槍擊傷　已于九月初身故　又說保定府屬的完縣地方　經某國聯軍前去剿匪　居民紛紛逃散　洋兵因爲縣主王大令有心縱匪　即將大令及捕廳高二尹　一併殺死　又說九月念八日清早　東浮橋[12]有德國軍隊一千多名　隨帶砲車十多部　向懷鹿縣剿匪　又說二十九早　有德兵一枝　約共步隊三百多人　馬隊百餘人　軍裝及糧餉車一百多部　由南門進城　向北段攻剿團匪　初七日接初五天津電報　說初四夜有馬隊團匪多名　攻擊津沽中段軍糧城的俄國鐵路衛隊　現有聯軍一隊　從天津前徃追剿　初八日接天津初六電報　北倉上面的北河　已經凍合　大沽夜間　略見薄冰　十二日又接初十津電　內述日本現在推廣租界　北至閘口　西至北門　中有城墻一道　現擬拆去　街道有低陷的　現擬一律填平　統計以後日租界的地址　約有二百萬方畝　合四百三十英畝　約中國地三千多畝

宣化　初五日某西報說　有德國統領所帶的聯軍一隊　前赴開化　並無攔阻　宣化向有馬何兩軍門所統華兵　已向西南洋河一帶而去　聯軍發兵徃剿　並有炮兵一營同去　九月二十七日　從宣化向懷來縣進發　半路與華兵相遇　混戰一塲　華兵多用槍刀短劍　不能得手　死三十名[13]　德兵並未受傷

高密　山東高密友人來信報稱　高密現已平靜　前助沙渦鄉團匪　與洋兵爲難的人　刻下多由西官罰銀示儆　各處逃難的人　俱已漸次搬回　匪徒多已散去　商民各安生□

牛莊　初八日接牛莊友人來信　說牛莊自從五月到今　商務甚壞　各水道中盜賊甚多　海關及山海關一帶鐵路　多由俄國人掛旗保護　民間的一一訟事　現由俄人請奉天府府丞兼學政陳石蓀文宗　代爲辦理　惟仍須俄官從中叅議

廣東　初五日字林西報上說　本埠官塲接到廣東來信　內言法國人因三合會在粵省起事　法水師曾助官兵剿捕　因中要向兩廣總督　索取沙面地方　作爲租界　日本人聞此消息　也要索取一地　不知總督如何回覆　十三日接粵友來信　說惠州府屬的大股會匪　近來連被官兵戰敗　逃至和平縣地界　水師提督何軍門　陸路提督鄧軍門　會同各營　協力搜[14]剿　各匪紛紛退入內山　甚難得手　故大憲已電飭石玉山遊戎　就近馳赴勤辦　又說順德縣各鄉的教案　現由縣尊王大令　訪拿爲首滋事的匪徒　押解到省　與洋官商辦　議明賠洋三十七

萬五千元　後把爲首的二匪　于上月念八日　從法國亞剌①加砲船　裝到甘竹方地　斬首示衆

厦門　厦門友人來信說　今年七月裏頭　厦門有教堂十三處　被匪拆毁　現在已由厦門道台　與領事官合訂公約　不日即可了結　其公約共有四條　一是須將各處拆毁教堂的匪目　從嚴治罪　二是造還各教堂學堂住宅　與未毁以前一樣　或由中國賠銀　自行修造亦可　三是毁失的無論公產　或是本地教民的東西　均須一一賠償　四是由中國官立據簽押　保護日後各教堂教民房產　并爲出示曉諭　送各處教堂張掛

浙江　金衢嚴道鮑爵觀察鶴年　因縱容衢州土匪擾亂　故奉革職　又被已故西安縣吳大令的夫人冉氏　赴撫轅上控　觀察縱匪戕官　以致夫死非命　並誣其夫通匪　妄想卸罪等情　浙江巡撫劉中丞准詞　因飭撤任[15]調省　不料鮑觀察自知不了　星夜脫逃　劉中丞得知消息　立即派員追趕　並行文各省嚴緝　鮑乘戴生昌輪船過蘇　換舟欲向常州進發　護理江蘇巡撫聶中丞聞信　于上岸時密飭委員拘獲　十一日三鼓後押解到蘇　奉派小火輪押送赴浙　聽候革訊核辦

本埠　九月初五日　協和輪船到滬　救濟會從天津裝到被難官民　共計一百七十一人　分別暫住名利長春　各客棧內　設法資遣回籍　初八日新聞報載　大理寺正卿盛杏蓀京卿　在滬購辦皮衣二十四套　派委李仲平觀察毓森　督解赴陝西　行在　進呈　御用　十三日安平輪船到申　救濟善會又裝□北地被難官商　共七百十五人　內有六十五人　俱從烟台上船　同日又有愛仁輪船到埠　救濟會裝有被難官商二百三十人[16]

中外瑣聞

（1900 年第六十一期第 17—20 頁）

瀛眷先回

開缺浙江巡撫劉中丞　已於十八日到了蘇州　聽得中丞擬在蘇小作勾留　把瀛眷卽於日內先行遣回雲南原籍

---

① "剌"應爲"剌"。

修整房屋
京師東交民巷一帶　破廢的房屋　現已由某西人督工修理　漸漸的整齊了　又前門內東至崇文門　北至馬市一帶　從前是歸俄國管轄　現已歸意國管轄了

淫戲罰洋
木埠寶善街新開的春仙茶園　與開在三馬路口的桂仙茶園　近來又扮演淫戲　如賣胭脂等劇　做得個醜態畢見　實是敗壞風俗　被包探查悉　稟請公堂飭傳　念三日早晨　傳得春仙園主李春來　桂仙園主王心記到案　張司馬訊問之下　以違禁私演淫戲　實屬不合　判罰洋五十元充公[17]

飭拿票匪
聞得上海道余方伯　日前奉到李傅相的札子　因富有票的匪首　匿跡在長江一帶　尚屬不少　訪明姓名數十人　開了清單　札上海道轉飭沿江沿海一帶的各州縣　嚴密緝拿　余方伯已遵照辦理

集資郵災
蕪湖長街三條巷　浙江會館後面　前月燒去草瓦屋一百七十餘家　查得住居那地方的　均是一班窮苦小民　現值天寒　沒有地方安身　實為可憐　刻經本地錢布兩業　捐資六百餘金　飭該段的地保挨戶給散　可說得好行其德

修葺試院
蘇州長元吳三首縣　奉府憲的札子　定試期於十一月初二日考試　茲悉三縣考試　本來是在雙塔寺前　蘇州試院扃試　應行修葺牆垣　搭蓋棚廠　裱糊窗棚　這些事情　現已由三縣的辦差丁役　雇工修理　近來那[18]班辦事的人　狠為忙碌

示禁私歷
蘇垣布政司理問廳傅承霖糸軍　遵造辛酉年的時憲官書　已於月初分送各衙門　因歷年憲書告成的時節　有奸商販賣私歷　及翻刻石印通書　裏頭錯誤不少　殊干例禁　故糸軍除分設官書局　元都文昌宮這幾處外　並會同長元吳蘇王田三大令出示禁止

聖廟重修
江西省府學大成殿等處的屋宇　年久沒有修理　已牆坍壁倒　前委胡明府欽督匠勘估　因胡奉檄赴任　現又委了潘明府紹誼監修　已興工動

土了

  飭停夜工

南京機器局 前奉劉制台飭添工匠一百名 加作夜工 幾個月以來 赶造軍裝不少 目今各處的防軍 器械子藥 都已充足了 月前又奉劉制[19]軍的諭 飭停做夜工[20]

中西教会报①

浪子論
武昌省富瞿氏譯
（1900年第六卷第六十三期第17—19頁）

先年在大英國有一小女姓李名美麗年紀甚幼父母都亡過了可憐一個孤哀女無人撫養幸他有個舅爺姓魏年雖三十有餘且還沒有娶親美麗之母臨終的時候寫信兄弟請將外甥女接於他家撫養[17.1]好像是自己的姑娘一樣美麗之母寫完了信就叫美麗的老媽來向他說我死了你當拿這封書信帶着小姐到魏老爺家裏一走住在那裏等小姐長成人了便可老媽一聽此言就說太太的病未必這樣重只望太太快快好了罷美麗之母嘆息了一聲便說我曉得今日必要死了我很願離世上天在那裏有　上帝有　救主還有美麗的父親我在天堂必定享福只是可憐我的一個小女兒了老媽你當好好教養於他你明白　上帝的道理就當講於他聽叫他從小敬愛　天父信靠　救主好善惡惡如此行來久而久之也能進入天堂我在那裏再能見他的面了美麗之母說完了這些話就祝福美麗說願　上帝安慰保佑我的小女兒了說完就發昏醫生看脈說不好太太已經歸天了美麗哭泣不止心裏難過得很老媽拉他的手細聲說天堂比這裏好得多

---

 ① 1891年2月創刊於上海，月刊，屬於基督教刊物，英文刊名爲"The Chinese Christian Review"，由林樂知、衛理、高葆真等編輯，上海廣學會出版發行。主要欄目有"講檯語文""喻道要旨""道腴雜俎""天國景象""播道事並清單""益智會""論說""論說雜著""淺說類附""婦孺要說""教會新聞""新聞""教務通聞""時事摘要""時事雜載""時事畧譯""時務摘要""時事選要""學塾要則""主筆雜誌""文筆記言""家庭共賞""雜事"等。1893年停刊，共出三十五冊。1895年1月復刊，冊次重起。1917年2月停刊。

· 34 ·

了太太不再生病不再覺疼於今見　上帝之面福氣完全了美麗哭說是的我不是要娘回來受苦只是我也就該快死與娘親同享天堂的福了老媽說你生前學你母親的榜樣依賴　耶穌信從　上帝自然有這指望了只要等　上帝叫你的時候纔能升天老媽日日這樣安慰美麗的心送葬以後就帶他到舅家裏去舅爺看見外甥姑娘就想起他的母親不能不哭問老媽太太如何生病請甚麼醫生幾時去世老媽一一答明且將太太書信送呈魏老爺台前他看了書信心下甚不平安然又不能推辭且想我往日不喜小孩們吵鬧今日外甥女來家怕他也是一樣但無可奈何接他在家誰知美麗來家並不吵鬧天天每日在樓上跟着老媽或在花園找狗[17.2]子玩耍只是魏老爺吃了晚餐每天命老媽引美麗下樓陪他吃些菓子或在別處遇見他就叫他到老媽那裏去不要在這裏吵煩我了〇一日魏老爺在花園閒玩見美麗從樹下跑出來抓那狗子的喉嚨將他打倒地下狗子大聲一叫起來美麗也被他打倒了魏老爺不知何故就叫美麗你做甚麼快來告訴我呢美麗前來說我要閉死了狗子舅爺不知他是個獅子我是大僻他來是要吃我的羊子所以我要殺他魏老爺說這是那裏的話呢美麗說舅爺不記得聖經的話說大僻王打死了獅子救了羊子嗎我今日玩就是這樣了魏老爺說你不可這樣玩怕狗子咬你呢你這裏還有甚麼玩法美麗說舅爺看那科樹枯乾的我當他是坷利亞用石頭打他好像大僻打死了那長子一樣魏老爺問你戲耍都是殺死人物嗎美麗笑說不是的舅爺看那科樹呢有時我是一個浪子出門浪費資財在外受苦就坐在那科樹下心裏悔罪想回家去舅爺又看那科有紅葉子的樹那是父母的家我跑到那裏說我得罪了父求寬恕我我就坐在那裏吃餅子心裏快樂得很魏老爺問你的戲耍都是從聖經來的嗎美麗說我很喜聖經上的古事老媽天天講與我聽我頂愛的就是浪子囘頭舅爺豈不喜那古事嗎魏老爺不答應退步進屋裏去心裏不平安因想前幾年他也喜歡看聖經日日禱告只是發了財外物的情慾遮被了道就不能結實了雖然每逢禮拜到堂裏去敬　上帝在屋裏且不看聖經也不禱告好像將　上帝忘記了一樣今日聽見美麗的話心裏就想我也是個浪子離開天父了到底他還是不肯認罪歸服[18.1]　上帝了所以心裏自不平安美麗並不知道舅爺是這樣他的話不是故意說的但是上帝能用這小孩子的話使魏老爺的心慢慢的醒悟過來了〇美麗來的時候舅爺不很喜歡他只是漸漸的變了心反疼愛他了雖然如此一日發怒罵他這是爲甚麼呢是這個緣故美麗引狗子在屋裏玩耍美麗打毬叫狗子找那毬轉在櫃子後頭狗子趕毬撞着櫃子將一個古時頂貴的花餅推倒地下打碎了魏老爺聽見碎物之聲就從書房出來看見是那花餅打碎了就發大氣詈罵美麗美麗戰戰兢兢的賠個不是

往日沒有聽見這樣的怒罵就嚇不過了魏老爺罵完了進書房去美麗卽跑到花園樹下睡在草上哭泣說舅爺不疼我那花缾不是故意打碎可惜我沒有親爹娘巴不得有一個父親好像那浪子的父親一樣他不是這樣發氣的心裏就想還有天父恒心愛我並不看錯了動氣美麗就默禱告心裏受安慰了未久老媽來找他美麗說媽媽這裏沒有甚麼人愛我只是 上帝曉得他不發怒了老媽說我也是疼你的美麗拉他的手說不是媽媽在這裏我很憂愁那晚美麗進大餐房陪舅爺吃菓子心裏不平安怕他還是發怒但他只說美麗你今天打碎的花缾是貴得很你再將我的東西打碎了我必要重重的罰你美麗低頭說知道了從今以後我再不敢在家裏打毬過了幾天魏老爺坐在書房聽見有人打門就叫他進來看是美麗開了門就好希奇因爲往日沒有准美麗進書房所以嚴聲問你何故來此豈不知我不許小孩子到我書房來吵煩我呢美麗說今天我不能不來有頂可憐的事來告訴舅爺魏老爺[18.2]驚問是甚麼事美麗說我又是打碎了舅爺的東西問是甚麼東西呢說是個花盆我在花園玩將盆子戴在狗子頭上他搖頭將花盆丟到地下就打碎了魏老爺看花盆是不要緊的東西就笑說後來不要用花盆玩耍罷了現在你可以到花園去我有事不要你在這裏吵鬧美麗不動反說舅爺妄記了前幾天說我再將東西打碎必要重重的罰我呢魏老爺因爲這個小小東西不願罰他到底他不肯食言就說是的你不小心把東西打破了是該罰的老媽怎樣罰你呢美麗說老媽好久沒有罰我往日他叫我站在房角不動但那不是重重的刑罰舅爺是個小孩子的時候受了怎樣的罰呢魏老爺說我父親打了我美麗問是不是好像舅爺打狗子呢魏老爺說是的美麗驚嚇得很問舅爺想那樣罰我嗎魏老爺說你是個小小的姑娘我不情願打你美麗平安些說舅爺不知道怎樣罰我呢聖經提起好幾樣的重罰舅爺不記得嗎有個先知不聽上帝的話被獅子吃了又有一個人被石頭打死了又有一個變爲癩子了還有兩個人扯謊忽然死了這都是重罰倘若舅爺把個重字丟了只說罰我這可不可呢魏老爺說花盆不是貴物刑罰輕些就可以了美麗說謝謝舅爺我有個主意今晚我早上牀不陪舅爺吃菓子這樣罰我可不可呢魏老爺說那可以你出去不要在這裏擾我從今以後也不可再將東西打破了那晚魏老爺自己一個人吃菓子心裏想雖然先前我不要那個小女子來今晚我寔在捨不得他了　　未完[19.1]

續浪子論二
富師母譯

（1900 年第六卷第六十五期第 20—21 頁）

過了幾天是禮拜聖日魏老爺纔要到堂裡去美麗下樓問說舅爺肯不肯帶我一同到堂我十分想去魏老爺說只怕你不能靜靜的坐到呢美麗說舅爺帶我去一定不動也不出聲了魏老爺就准他去美麗歡歡樂樂的上樓換衣戴帽拿了聖經舅爺攜手帶他到堂裡去美麗在堂裡學舅爺樣子站坐跪都不錯了那日牧師的題目是路加第十五章第十八節云我必起來到我父那裏去向他說父阿我得罪了天又得罪了父從今以後我不配稱爲你的兒子美麗曉得是浪子回頭的題目就很歡喜定眼望牧師且用心聽雖然講了半點鐘美麗不動也不睡只是專心聽罷了出了禮拜堂美麗說今天牧師所講的我差不多都懂得只是牧師說有人要離開 上帝這是甚麼意思舅爺想有這樣的人沒有魏老爺說這樣的人多得很美麗說 上帝愛人人爲甚麼想離開 上帝呢魏老爺問那浪子爲甚麼要離開父母呢美麗說怕他要離世界要自己爲主但是人離開 上帝是不同沒有 上帝保佑沒有 上帝照顧是可怕得很舅爺阿我能不能離開 上帝這是我頂怕的①魏老爺說莫怕你一定不離開 上帝[20] 但不必這樣談論我要從樹林回去就可到那看守樹林的人的屋裏去了到了那屋有一個老婆婆請他們進來那婆婆姓馬就是守林的人的妻子美麗往日沒有到這樣的小房子今日纔看見就

---

① 原文中"的"下無點，這裏是編者所加。

好歡喜看東瞧西和馬婆婆說話等到魏老爺的事完了他進來找美麗看他坐在小椅上抱着貓子輕輕的摩他的頭見舅爺進來就起來謝謝馬婆婆跟隨舅爺出去對他說這房子好得很馬婆婆也待我頂好請我明天再去和他吃茶舅爺准不准呢魏老爺說你回家問老媽他准你就可以去但我問你為甚麼喜歡這屋子呢美麗說是小是巧且四方有美樹舅爺看風吹樹動聲響好像唱詩我想他們都是讚美上帝了到了家美麗跑到老媽那裡告訴他馬家的好處且說馬婆婆叫我明天去吃茶老媽准不准呢老媽說馬婆婆是我的老朋友他是個好人我明天要帶你去呢　　未完[21]

續浪子論三
武昌省富師母譯
（1900 年第六卷第六十六期第 18—19 頁）

第二天從馬家回來晚上陪舅爺吃菓子美麗說今天馬婆婆待我頂好把好餅子我吃那個貓子頸子戴了紅帶子還有一副畫掛在牆上就是浪子回頭父親接待他我對馬婆婆說我頂喜歡那副定要積錢買那樣的掛在我的房裏馬婆婆說他愛那副有個緣故但是他叫我不告訴別人他不是怕舅爺知道衹不要舅爺告訴別人罷魏老爺說莫怕我不漏出密事了美麗就細聲說馬婆婆有個活浪子我們看畫的時馬婆婆流淚告訴我說他有一個兒子名叫多瑪前九年出門了他不寫信也沒有回家他的[18.1]母親不曉得他在那裏住只怕他吃苦心裡就難過得很了我說那浪子在遠處吃苦放猪就想回頭惟願多瑪也是如此馬婆婆就抹淚說我安慰了他的心就拿一塊冰糖把我吃後來馬爹爹送我回家我路上問他多瑪回家認罪肯不肯饒恕他呢他說不只是饒恕他還是歡歡喜喜的接待他了我聽見這話就想父母這樣疼兒女可憐我沒有娘也沒老子有時夜裏睡不着傷起心來我就禱告　上帝心裡好像聽得　上帝說放心我是你的父了昨天牧師說　上帝有浪子我想道這是好希奇舅爺看見沒有這樣的浪子呢魏老爺只說不要多嘴你多多的說話是叫我頭疼美麗就不出聲默然坐到未久魏老爺說你喜歡再到馬家去就可以只是不要帶狗子一路去林裡有野鷄怕他捉拿呢美麗說謝謝舅爺我頂喜歡去從今日我要天天為多瑪禱告求　上帝感動他快回來舅爺肯不肯這樣禱告呢魏老爺說你為他禱告就夠了罷美麗說那樣舅爺為上帝的眾浪子禱告可不可呢魏老爺說是八點鐘①你應當上樓睡著罷美麗走

---

① 原文中"鐘"下無點，這裏是編者所加。

了魏老爺想那個小女子不曉得我是離開　上帝的浪子他爲甚麼常常題起這些事呢〇過了幾天老媽要進城上街買東西去因爲是二十里路這麼遠就坐馬車問美麗要不要一路去呢美麗說要去好久巴不得上街去呢就問舅爺要我買甚麼不要魏老爺說你替我買筆買紙就可以我要怎樣的我就寫在這張紙上給你你拿把那舖家看他自然明白給你不錯這裡有一塊金子錢叫他換那剩下的銀子你自己用就可以美麗拿了金錢說多謝舅爺我往日沒有得這樣多多[18.2]的錢今天可買好多東西了美麗就快快樂樂的跟從老媽坐車子了過了好半天魏老爺看那馬車回來美麗臉上有淚痕老媽也有個不平安的樣子魏老爺問緣故老媽說都是美姑的錯處他不聽話跑走了我辛辛苦苦找他好半天跑來跑去傘荷包都不見了他呢就是坐在小巷裡高高興興的和一個光棍談話魏老爺說這好希奇我不明白美麗你可以到我書房來把這件事講給我聽美麗抹淚跟舅爺到書房去說我不曉得老媽不要我和那個人說話到底老媽怒得很罵我美麗就再哭起來拿出手帕子抹眼淚魏老爺安慰他說莫哭只要明明白白的有次序的告訴我了美麗就說是這樣老媽在舖子裏買東西准我站在外頭看熱鬧叫我不動好等他出來忽然我看見一個窮人來了衣服都破得很慢慢的走好像頂軟弱我想是多瑪回家裡去我就將老媽的話都忘記了前走問他的名子是不是多瑪他笑說不是我再問他是不是一個出門的浪子他說又不是父母不在了好幾年我就問他離開了　上帝沒有他說恐怕是的我就說他是　上帝的浪子應該回頭認罪我們一路走一路說話到了一個小巷子就坐在階級上我問他的姓名他說姓李名約翰是個小孩子的時候守禮拜看聖經敬　上帝父母雖然不在還有一個叔叔是個好人在倫敦城有舖子要他幫忙但是他要自己爲主所以不肯前幾個月他患病不能作工就窮得很了我對他說離開　上帝自然吃苦呢魏老爺說人離開　上帝未必窮了有些財主遠離　上帝多發財了美麗說這好希奇但是他們自然心裏不平安我就勸李[19.1]約翰悔改到他叔叔那裡去他說路遠人不好走不得不能去了我就將荷包打開看還有三塊銀子就拿出來借他做盤費魏老爺說那個光棍拿你的錢嗎美麗說我喜歡借給他他問我的姓名住處說到了倫敦城做了幾天工他必要還給我先他不信　上帝愛他我告訴他說　上帝一定是愛他因聖經說　上帝愛衆人要衆人得救了未完[19.2]

續浪子論㈣
武昌省富師母譯

（1900 年第六卷第六十七期第 7—8 頁）

魏老爺說你和他談的話不必都說出來老媽在那裡找見你呢美麗垂頭說我還是坐在那階級上老媽來了①臉紅如火忙拉我起來罵說好半天辛辛苦苦的找我誰知我安然坐在巷裡和花子高興談話呢他說我頂不好舅爺想我的罪大不大呢魏老爺說不聽老媽的話跟隨那樣的人是不應該的美麗再問　上帝發怒不發呢魏老爺說小孩子不聽話　上帝自然不喜歡了美麗流淚問我在這裡跪下求　上帝饒恕我可不可呢魏老爺說可以美麗就恭恭敬敬的跪下說我今日不聽老媽的話求　上帝饒恕還是求　上帝祝福李約翰②感化他的心叫他歸服天父得救了美麗禱告完了起來了魏老爺說現在你可以上樓到老媽那裡去美麗就上去了賠個不是老媽攬他的手說莫哭我甘心[7.2]饒恕你了〇過了十幾天美麗受了信就是從李約翰來的函內有個三塊銀票魏老爺講信的意思給美麗聽說約翰到了倫敦城叔叔好接待他叫他在自己的舖子幫忙他戒了酒守禮拜依賴　救主定意爲善人且說叔叔有朋友是個教師約翰將多瑪的事講給他聽他應許說必用心找他了美麗聽完了就歡喜得很魏老爺說你想那個人是靠得住的是不錯了他心裡暗想　上帝用美麗的幾句話救那個人是好希奇且想那花子受感動得救我爲甚麼還沒有歸服　上帝而得了救呢〇那日下午魏老爺騎馬出去玩下那馬忽然被物驚嚇逃跑魏老爺落鞍頭撞着樹根就發昏了馬跑走魏老爺不知不覺睡在那裡過了一點鐘有人御車到了那裡看見有人睡在路旁就下車看看認得是魏老爺就輕輕的抬他上車趕馬到老爺家裡去醫生來看說三個肋條破了頭也受傷不知好歹美麗聽見了就哀哭要進舅爺房子但是醫生不准說頂要緊是安靖了小孩子吵是可怕的等老爺好些就可以進去罷過了十幾天老爺果然好些就准美麗進去只叫他不多說話呢美麗歡喜得很拿一包兒進去輕輕的走到牀邊看見魏老爺臉瘦得很頭用白巾裹好美麗定眼看他說我天天想來照顧舅爺只是老媽不准但我多多的禱告求　上帝救舅爺的病好　上帝聽見我很喜歡今日得來我有一個包兒要孝敬舅爺現在打開可

---

① 原文中"了"下無點，這裏是編者所加。
② 原文中"福"下有點，"翰"下無點，這裏是編者所改。

以不可以呢魏老爺細聲說可以美麗就將包兒打開拿出一幅畫放在牀脚上請舅爺看魏老爺看時就見畫中有一個白頭的老人滿面快樂接一個破衣的幼年人畫底下有幾個字云我將反就父曰我獲罪於天及於父前魏老爺看了就知道是浪子回頭的畫了美麗走了老爺還是定眼看那幅畫心裡想美麗並不知我是　上帝的浪子他爲甚麼拿來給我呢到底越看越愛想　上帝是天父要接回頭的浪子我爲甚麼不回頭呢再想我好幾年違背　上帝的命令怕他不肯接待我呢且想現在病好些未必快死到底末了的一定要死死後必受　上帝的審判呢天父這樣愛人我不過辜負他的恩典應當受何刑罰呢天天這樣想心裡難過得很了過了幾天他問老媽美姑在那裏這幾天沒有看見他呢老媽說我怕他嘈他每日要來我是不准了老爺要他我就去叫他來呢美麗歡歡喜喜的進來問舅爺的安魏老爺問你這幾天做甚麼呢美麗說昨日我到[8.1]馬家那裡去看見一個兎子被籠絡死了那個姓馬的說是窮人設籠要擒野鷄可憐兎子被擒馬爹爹發怒說樹林是舅爺的閒人免入若是他看見人在那裏設籠必要捉拿他問罪我心裏怕多瑪回來他老子不認得當他是來擒鷄子就不接待他了我又想歸服　上帝比歸世上的父就好得多魏老爺問爲甚麼呢美麗說因爲　上帝並不認錯魏老爺又說人好久離開　上帝怕他回頭遲了　上帝不肯接他呢美麗說那是不能的　上帝愛衆人只要他們回頭纔能饒恕他們了魏老爺不答應美麗就說昨日我問馬太婆多瑪回來他有好衣服給他穿沒有他就帶我上樓將箱子打開我看看裏頭有褲子褂子帽子都豫備好了他說多瑪暗走的那一天沒有將這些衣服拿去這九年他就保守了每逢禮拜六日都拿出來抖灰求　上帝叫多瑪快回來了我問他有戒指沒有他說沒有了魏老爺問爲甚麼要戒指呢美麗說舅爺不記得浪子回頭父親將戒指套在他的指頭上嗎舅爺有一个把多瑪沒有魏老爺發笑說多瑪是个窮人並不要戒指了美麗麼額好像失了望樣子老爺看見就說等他實在回來再提罷美麗見他前幾天所送的畫掛在牆上就問舅爺喜歡那幅畫嗎我一看見就快樂了老爺問爲甚麼快樂呢美麗說想浪子到了家豈不是快樂事從遠方來不知他在路上幾時呢　上帝的浪子回頭舅爺想要多少時候纔能歸服　上帝呢老爺慢慢的說好久了美麗問幾多時候呢是半天是兩天是一个禮拜嗎老爺說恐怕離　上帝好遠回頭是難哪美麗說人怎能離開　上帝呢我問老媽他就說　上帝是無所不在並沒有離開他們只是有人要將　上帝忘記了不肯和他們相交因爲他們愛做惡事了魔鬼進了他們的心所以　上帝不能在他們的心裏住舅爺想有這樣的人沒有老爺細聲說恐怕有些美麗又問他們認罪要　上帝要做好人　上帝喜歡饒恕他們好像那父親抱着兒子的頭嗎

魏老爺說不要多嘴叫我頭疼了美麗就起來靜靜的開門上樓去了[8.2]

續浪子論五
武昌省富師母譯

（1900年第六卷第六十八期第10—11頁）

魏老爺漸漸的堅壯些美麗天天來坐在牀邊談話不多日老爺能起來穿衣在書房坐着一天美麗進來滿面□□舅爺呵①他來了老爺問那个來呢美麗說多瑪回來了老媽纔告訴我了我要到馬家去但是老媽說晚了太陽□□我不好出去求舅爺准我去浪子回家總要宰小牛舅爺有肥牛我去叫他們宰可不可呢魏老爺說這是糊塗□□不錯晚上你不好出去且萬不可拿我的牛宰了因爲這个浪子回來了美麗流淚說我好久望他回頭現在他□□吃喝快樂我不在那裏呢老爺說你明天去可以現在到老媽那裡去不要在這裡嘈美麗掃了興無法只要退□□心裡不住的想馬家如何快樂只是不知有那個吹樂呢第二天吃了早飯老媽送美麗往馬家去馬婆歡歡喜喜□待他們問老媽小姐今日在這裡玩陪我們吃中飯可不可呢老媽准了②說自己要回去有事呢美麗就跟馬婆婆□去老媽回家到了下午就打發人接美麗回來到了屋裡就快上樓去有多多的話要告訴老媽了老媽聽了幾□□可以到書房去老爺要你在那裏談話呢美麗就下樓扣書房的門老爺叫進來他就開門見舅爺坐在火爐邊的□子他叫美麗坐在小凳上問他今天做了甚麼事美麗說到馬家那裡舅爺要不要聽多瑪回家的事呢魏老爺□□給我聽罷美麗就高興開口說吃了早飯我快快的到他屋裡去馬太婆看見我來了急忙開門我說可眞多瑪回來嗎他微笑說眞眞的回來了就流淚拉我的手引我進屋裡去進了就看見多瑪在那裏吃飯他看見了我就不吃飯站起來不作聲他穿了他老子的一件外衣我想他和老子一樣長了我對他說好久望你回家他先不過意但我□□[10.1]幾句他就告訴我這幾年所做的事他到遠方去到底他沒有喂猪他過海到美國去在那裡放羊幾個月後來住在一個大城裡先有事做但事患了病③錢用完了苦得不得了病好了在船上帮忙過海回英國來還是不想回家所以在倫敦城住了好幾年可憐在那裡有許多要不得的人

---

① 原文中"呵"下無點，這裏是編者所加。
② 原文中"了"下無點，這裏是編者所加。
③ "但事"的"事"當爲"是"。

誘惑他吃酒做惡事替人趕車一日喝醉了酒趕錯了馬那車□撞了牆撞壞了魏老爺說他一切的惡事你不必都告訴我了美麗說他是個浪子自然要不得的他也說不敢回家□要等到悔改了做了好人纔可以回來但是一日有人在街上傳教勸罪人歸服　上帝他心裡就不平安那時也遇□一個人舅爺猜是那一個呢老爺說倫敦城裏人多得很我猜不到了美麗喜笑說是李約翰舅爺記得我叫他找多瑪回來誰知他找着了約翰聽見他是姓馬的就問他叫麼名字曉得是多瑪就將家裡的事告訴他說父母爲兒子傷心天天望他回來多瑪先說不配再見父母的面但是約翰勸他快去說父母肯饒恕他實在是望他回家雖然如此多瑪耽誤了半個月豈不是糊塗呢魏老爺說寔在是糊塗得很美麗說我將這事告訴老媽他說世上的浪子多得很是這樣□曉得天父肯饒恕他們還是耽了工夫要等自己改了過就要歸服　上帝舅爺想　上帝的浪子是不是這樣呢老爺說恐怕是的美麗又說多瑪告訴我定意回家不是容易我好希奇但是他立定主意就坐了火輪車直到本鄉來約翰的舅爺給他路費但我想坐車不如走路我望他跑回來老爺問爲甚麼不要他坐車是快得多呢美麗說聖書沒有□火輪車只說浪子走回去罷老爺不忍大笑說怕你失了望了到底多瑪到了家是怎麼樣呢美麗說下半天到了家□見老子站在門口磨光鳥鎗呢我問了多瑪老子抱他的頸項沒有他說沒有只是拉他的手大聲叫馬太婆出來□婆婆是在後頭洗衣服聽見丈夫叫他就手一扭用圍裙抹乾前來了看見多瑪就哭起來一身打戰多瑪攜娘的手引他□屋坐下就說娘我不配回家裡來我做了惡事辱了父母他的娘不罵他只是抱他的頭疼他說我的兒落難蒙羞回□老子受安慰豈不是應該的麼多瑪告訴我這些話他就流淚我也不得不哭我往日想浪子回頭必定歡樂但是多瑪傷心了舅爺想他爲甚麼哭呢魏老爺不出聲只望爐裡的紅煤默想呢美麗說恐怕我的話太多舅爺辛苦罷老爺□[10.2]我不辛苦你只說就可以美麗就說馬太婆看見我們哭就叫來吃中飯我問是不是浪子回家的筵席她笑說是的□們就坐到我看看不是牛肉是豬肉但馬老夫先說聖書上的話他就叉手好像是感謝　上帝而說我們可以吃□樂因爲我這個兒子是死而復活失而復得的他說完了馬太婆說誠心所願我們就吃飯了多瑪望這邊看那邊□□嘆息我勸他說應當快樂些他說不是不快樂只自恨這幾年糊塗不回家呢我看他的衣服不是馬婆婆把我□□那幾件他說小了不能穿上但是老子要替他買新的我說少了吹彈歌舞的聲音但馬太婆說心裏作樂是頂好的舅爺想那是甚麼意思呢老爺說心裏快樂就不用作樂呢美麗說我們都是快樂得很巴不得天下的浪子都回頭□□享福阿魏老爺說只怕有些浪子的父母不如馬家的美麗說那是可憐

但天父的浪子回來是頂好的那李約翰□□　上帝我心裏歡喜得很恐怕有人不信　上帝肯饒恕他們所以是不來的我頂願意看見　上帝的浪子回頭魏老爺說多瑪回來了現在要做甚麼事呢美麗說他的老子要明日來見舅爺請舅爺把工夫他做呢魏老爺叫美麗到書房那裏去自己往睡房心裡不平安得很站在那幅浪子回頭的畫底下默想我要歸服　上帝但寔在是難求　上帝□憫我①叫我回來呢如此默想到了夜中就上牀深睡了第二天早晨那姓馬的果然帶兒子拜見魏老爺求他請多瑪□助老子看守樹林多瑪說雖然名聲不好我已經悔了罪歸服　上帝渴想做好人懇求老爺給我這個機會徵驗□□在改過了魏老爺就說可以講定工錢勸他幾句父兒感謝不盡而走了魏老爺心裏想我不如那個多瑪了他已□回頭我爲何不歸服天父呢天父的慈愛豈不比馬家的大些麼爲甚麼怕　上帝不饒恕我呢[11]

---

① 原文中"憫"下有點，而"我"下無點，這裏是編者所改。

1901 年

杭州白話報[①]

論看報的好處
宣樊子說
（1901 年第一期第 1—2 頁）

諸位你看　現在天下　也算得四通八達了　鐵路電線火輪船　造了許多　隨便有什麽事情　立刻送把人家曉得　我們生在這個時候　也算得便宜極了　只可憐那不識時務的一班人　都說道洋人做的東西　我們中國　不該學他的樣　諸位是明白的人　請你聽一個現成的譬喻　譬如孔夫子不曾帶家眷　單身到浙江來　做個撫台　他的父親　在山東家裏　忽然生了要緊的病　那時候没有電報便罷　若有電報　那伯魚〔孔子的兒子〕是立刻打電報通知孔子呢　還是因爲恨這洋人的東西　情願由驛站寄信　誤了日子呢　又如孔子回去看看父母　是由水路坐火輪船　由旱路坐火車去呢[1.1]　還是因爲恨這洋人的東西　情願坐帆船　坐驛車　慢慢的回山東呢　果然如此　那孔子伯魚就不算孝順子孫了　諸位想想　孔子伯魚　是不是這樣拘泥的人　還有一層　鐵路電線火輪船　雖然是極快的　我想諸位　一定不能

[①]　1901 年 5 月創刊於浙江杭州，最初爲月刊，後來依次改爲旬刊、週刊、三日刊、日報。主持編務者先後有林獬、孫翼中、陳叔通等。主要欄目有"中外新聞""北京紀聞""地學問答""論説""雜文""俗語指謬""俗語存眞""益智録""知新録"等。1904 年 1 月停刊。

夠天天去打電報坐火車坐輪船　打聽外頭的信息　所以外國人　又想出開報館的法子　這個法子　最便我中國的士農工商四等人　中國讀書人　大半窮苦　那裡有許多錢來買書　現在皇帝又要變法　這八股是一定要廢的　一面要開學堂　一面用策論取士　我們讀書人　若不是看報　那裡能曉得外頭的許多事情　不說別的　只說我們想中舉人進士的　向來最喜歡打聽外頭有什麽新出的書　現在各省是[1.2]什麽風氣　有了報看　自然一目了然　大家也好預備趨風氣的法子　古人說的　秀才不出門　能知天下事　想不到這兩句說話　到如今纔應哩　就是那農工商三等的人　能多看報　都有好處　譬如務農的　新買了幾畝的園地　不曉得種那樣東西　將來好多趁銅錢　有了報看　就曉得廣東新會縣的橙子　近來銷路最多　種法又容易　工本又輕　便好把這園地種起橙子來　這種的話　報裡頭時時說的　譬如釘書印書兩種　我中國向來是用人工的　有了報看　便曉得近來新法用機器的　好省許多工夫　何等便快　能夠照樣做起來　這工藝的生意　就暢旺的了不得了　若說做生意的人　全靠消息靈通　沒有報看　那裡能都曉得[2.1]呢　以上的話　都不過舉其一端　還有各樣便宜的地方　諸位大概也算得到　不必我們多說了　所以我朋友們商量想開報館　又怕那文縐縐的筆墨　人家不大耐煩看　併且孔夫子也說道　動到筆墨的事情　只要明明白白　大家都看得懂就是　從前日本國　有個大名士　名叫貝原益軒　他一生也是專門做粗淺的小說書把人家看　不過幾年　那風氣就大開了　國勢也漸漸的強起來了　因此日本維新的根基　大家都說是貝原益軒一個人弄起來的　諸位此刻還未必十分相信　到看了各種的報紙　纔曉得我們並不是造謊呢[2.2]

中外新聞

（1901年第十期第1—3頁）

育材書社　廣東紳士劉鶴林等　要捐集洋銀數萬元　在省城河南香港三處地方　開設育材書社　要急急開設的緣故　却因香港地方　有兩個猶太國人　猶太國　只因自家國裏的人不好　被羅馬國勦滅　猶太人沒有地方居住　各處跑散　一喚依利士　一喚嘉道理　當着大眾演說　大畧說現在的中國　被外國瓜分　已在眼前了　這等危險時候　通國四百兆人　還是睡夢一般　不知道提起精神　商量個自立的計策

1901 年

<u>中國自家立住不把別人推倒</u> 想是中國人安逸享福慣了　不知道亡國的苦呢　如同我門猶太人　有幾百萬幾千萬家財的狠多　但是祇有錢財　沒有權勢^{權是權柄勢是勢耀}　不論什麼事　都要靠着別人　自家没有國　寄住在別人國裏　便是有錢　別人那裏瞧得起我們　唉　亡國的苦[1.1]　不是親身受過　那個知道呢　我望中國人　趁現在外國不曾動手瓜分的時候　把四萬萬人睡夢　都喚醒來　個個同心合意　學本領　保中國　纔不至同我們猶太一樣　要學本領頂要緊是開學堂　我們兩個人先捐銀四萬兩　送貴國人做學堂經費　好麼　廣東人聽猶太人說得淒涼　又見他有義氣　便打動了恐怕亡國的心腸　要各處開設育材書社　好叫學堂裏出些人材　唉　這也算是中國的一件好事了

|書報公社|　江蘇省通州地方　開設一個書報公社　社裏有書有報　看的人都說便當得狠　正是辦得高興　誰知道通州地方官　得着這個消息　勃然大怒　立刻行文查拿　公文裏面　大略說本州訪聞有人設立書報公社　取章程來一瞧[1.2]　竟是一派胡言亂道　便是筆墨也不甚出色　本州瞧過幾次　心裏實在不懂　不知說些什麼　你們可知道立社是犯禁的事麼　朝廷取士　專重文章　你們只要做文章罷了　士子們應該安分守己　那裏可做這等搖惑人心的事　本州既然管理地方　合行急急查拿云云　唉　這也算是中國的一件笑話了

|醇親王到檳榔嶼|　六月十五日　醇王到新嘉坡　怎樣熱鬧情形　七期報表過不提　卻說十六日德國公司輪船起椗　十七日到檳榔嶼^{在南洋英國屬地}　卻好新嘉坡總督　已先在嶼避暑　得知醇王駕到　忙喚中軍官用小火輪到馬頭迎接　并把自己坐的雙馬轎車　前去伺候　中國前任新嘉坡總領事[2.1]官張弼士道台　現任副領事謝夢池知府　又前任副領事張榕軒知府　也用小火輪來接　醇王登岸　早有廣東福建兩幫幾個爲首的商董　衣冠整齊　挨次站立　其餘商民　老的少的　男的女的　人山人海　挨挨擠擠　足有一萬多人　都要來瞧瞧醇王　是怎樣一位金枝玉葉^{皇帝家裏的人喚金枝玉葉}　醇王坐雙馬轎車　先去拜會總督　巡捕官坐小馬車　當先開道　總差幾名　坐腳踏車一路護送　直到總督府第　談了好多時天　茶罷　再到行臺^{官員來往住的地方喚行臺這個行臺就是謝領事府第}　紳商人等　也有上條陳的^{條陳便是章程把辦事的法子一條一條陳說}　也有說

頌颺話的　醇王多用好言回答　茶點已畢　仍舊坐馬車出門　紳商一直送至馬頭　瞧着醇王下船　方纔作別　這一[2.2]日華人開設鋪戶　家家升掛中國龍旗　那歡笑的聲音　眞如打雷一般　比到新嘉坡　卻還要鬧熱幾分　這也算是千載奇逢的一段佳話呢　後事如何　下期再說

三記京城工藝局　北京工藝局　本報上已經兩次說過　中外日報上又說　有一個京裏朋友　來一封信　說開辦工藝局的緣故　卻因京城裏乞丐太多　英國人瞧得太不像樣了　用一角公文　照會華官　請華官想個法子　禁止乞丐　不准在街上沿門喊叫　原來外國街上　乾淨得狠　並沒有一個乞丐　自然瞧見這種野蠻世界　看不過了　但是中國地方　要街上沒有乞丐　有什麼法子呢　地方官想來想去　總沒有計策　因此黃思永學士　便創辦這個工藝局　現[3.1]在試辦一個多月　已有效驗　不但閒空沒事的工匠　不去做乞丐　多在局裏學習本領　便是富貴人家　兵亂後沒有飯啜　也到局裏學些手藝　將來好賺錢糊口　唉　黃學士辦的這件事　我越想越要佩服他了

中國第一件喜事　中國第一件喜事　是什麼呢　看官　你不知道七月十六日　朝廷已經降　上諭　把那考文的臭爛八股　考武的笨重刀石　從明年起　一概丟去不用麼　考文的用什麼呢　用策論　不論考童生考秀才考舉人考進士考翰林考試官　多要出時務題目　做策論　那考武已一律停止　將來議定凡秀才舉人進士　多要從武備學堂裏學過　纔能有個出身　列位　這不是一件天大的喜事麼[3.2]

記南潯龐氏開學堂事
謞者演
（1901年第十四期第1—2頁）

卻說湖州南潯地方　有錢的人家多得狠　內中只有一家姓龐的　向來肯拿出錢來　做些事體　前幾天報上　又說道龐姓號清臣　拿許多錢　在南潯地方　獨開一個學堂　聘定幾位有名的人　商量一切辦法　現在已有人到上海或南潯去報名　明年正月　便可開學　這件事也算是難得的　列位想想　中國要強起來　那個不說開學堂這件事　頂要緊呢　但是戊戌八月以後　除上海葉氏澄衷學堂外　不要說沒人開學堂　便是已開的　也都閉歇了　那閉歇的緣故　卻有兩種　那兩種緣故呢　一種是末有銅錢的人　開

一個學堂　全靠到學堂裏來讀書的人　一日多一日　出些飯[1.1]金　出些脩金　那開學堂的人　便可拿來做學堂的開銷　到了戊戌後　八股試帖　白摺大卷　一概都復轉來了　那裏還有人　肯到學堂裏來讀書呢　末有人到學堂裏來讀書　那開學堂的　本是没錢的人　那裏能支撐得住　這一種閉歇的緣故　眞正可憐　是應該原諒他的　還有一種人　不是没有銅錢　只是歡喜跟着風氣走　戊戌那年八月以前　風氣大開　便拿出許多銅錢　開個學堂　出一個頂通時務的聲名　還可得　皇上家獎賞　八月後風氣閉歇　他想想學堂再開下去　也末有什麼好處　還要被那一班守舊的人　唾罵幾句　這也不值得　不如趕緊閉歇　省進幾個銅錢　少聽幾句罵聲　唉　這便是有力無心的人了　我且[1.2]按下不提　現在那南潯龐氏的開學堂　便是開風氣的人　不是被風氣所開的人　爲什麼我要說龐氏是開風氣的人　原來龐氏開學堂的時候　還没有看見開學堂的　上諭　實在是一片熱心　只要於世界上有些益處　便是多出些銅錢　多賠些精神　也是情願　那裏還想到　自己身上　有什麼好處呢　唉　中國有錢的人　同那龐家一樣的　還有光景比龐家好的　也不曉得有多少　只是不肯拿出來　情願嫖賭喫着　把錢用得精光　再不是積起來把子孫　那知道子孫有了錢　還是隨便亂用　到不如趕早拿些出來　烈烈轟轟　在世界上做件事體　何等光耀　那怕　上諭上說道開學堂　官開的將來自然不少　其實城鄉各鎭　學堂[2.1]愈多愈好　官的力量　看來也是有限　也開不出許多學堂　總要通國的人　齊心合力　私開學堂　到處都是　不過幾年　民智自然大開了　外國現在的學堂　也有是官開的　也有是私開的　現在中國不怕末有官開學堂　只怕私開的學堂　同那龐家一樣　以後不見得陸續開出來　所以我把龐家開學堂這件事　說把列位聽聽　列位要曉得學堂多一個好一個　只要有人肯出來辦學堂　便是同那龐氏一樣熱心　不是龐家開了學堂以後　就有人開學堂　也算不得是熱心人　況且學堂以外　應辦的事　也多得狠　如開報館　開譯書局　把東西各國頂有用的書用中國文字翻出來　一切等事　都可一齊辦起來　我這一番說話　有錢的人聽着　道我不錯　這便是中國要興旺的好消息了[2.2]

俗語指謬序

（1901 年第十二期第 1 頁）

這一部書　名喚俗語指謬　爲什麼喚俗語指謬　原來中國人俗語　有道理

的狠多　没道理荒謬^{荒大也謬錯也 荒謬作大錯講}　也是不少　那荒謬的話　從千百年流傳下來　人做小孩子時候　早經聽爹娘常常講說　年紀大了　親戚朋友來往　也常常有這種話灌進耳裏　日長月久　便深深印入腦中　永遠不忘　居然信奉俗語　同聖經一般^{孔夫子做的書 喚聖經}　每每遇着談天做事　便要引用俗語　做個憑據　可憐中國四萬萬人　不知有多少人　中了俗語的毒　還是懵懵^{音猛}懂懂　昏天黑地做人　害了自己　又害別人　又害國家　唉　那第一個造出俗語來的人　真正是作孽呢　這部書　把種種荒[1.1]謬的俗語　一一指點出來　指着他的謬處　逐句批駁　因此喚俗語指謬　做書的是杭州人　書裏卻都是杭州俗語　但是有幾句俗語　外府外省　也是有的　就是没有　卻也不過調換幾個字面　意思原是一樣　只要意思一樣　不論那一府那一省人　都可以看了這部書　不去信那荒謬的話了　若是看書人　不說俗語荒謬　反說這部書荒謬　反說做這部書的人荒謬　這是他腦子裏　受毒已深　這個法子　不能拔他的毒　還有什麼法子　拔他的毒呢　但是我料中國人　聰明得狠　起初不過没有人把那種荒謬的話　指點一番　一經指點　有不心裏忽然明白的嗎

　　光緒辛丑八月醫俗道人自序[1.2]

俗語指謬卷一
醫俗道人撰
（1901年第十二期第1頁）

|閒事不管　飯喫三碗|　|多管閒事多喫屁|

按這三句俗語　是勸人不要去管別人　只顧自己　荒謬極了　因有這幾句俗語　便叫中國四萬萬人　心腸冰冷　百事不做　只要自己有飯喫　別人没飯喫　不去管他　只要自己有衣穿　別人没衣穿　也不去管他　除出自己　除出妻子　看天下人都是閒人　除出自己的事　除出妻子的事　看天下事都是閒事　這一種人　第一件毛病是心腸冷　第二件毛病　是膽子小　第三件毛病　是看得銅錢太重　但是說他心腸冷　他卻不肯認錯　偏說我是材力不及　說他膽子小　他也不肯認錯　偏說我是[1.1]做事謹慎　說他重銅錢　他更不肯認錯　偏說我是力不從

心　件件不認錯　卻件件多是錯　若是不錯　爲什麼不管閒事的人　有時候也要去管呢　他管的閒事怎麼樣　一不當干係　二不賠半文錢　三人人都說好　四暗地裏好趁此機會　發一注財　五指望天有報應　福及兒孫　若是没有這幾種緣故　那就斷斷不管了　照此看來　那不管閒事的人　要說不是心腸冷膽子小重銅錢　便是一百張嘴抵賴　賴得去嗎　醫俗道人說　天下的事　有私事公事兩界　私事算不得公事　公事卻就是私事　所以只好算天下的事　只有公事一界　私事算不得公事怎樣講　我且講說與大眾聽　譬如一個人　五更天大早起牀[1.2]　未完

俗語指謬卷一（續）

（1901年第十三期第2—3頁）

忙忙碌碌一天　到夜裏燈光底下　還是擺着一架算盤　手不住的算　賺來的錢　買田買地買屋子　自己卻還捨不得用　勞碌一世　多要留把兒孫享受　這是的確私事　好算公事的嗎　做私事的人　自以爲頂聰明　實在是頂呆笨　你看他勞碌一世　何曾享得一天半天福　眼睛一閉死了　可憐一個土饅頭　走過墳前的人　並没有一人稱讚好　還要冷笑他　怨罵他　他的兒孫　也不想祖父賺錢　怎樣辛苦　錢到手裏　胡亂瞎用　不多時漸漸敗下來了　唉　那心腸冷膽子小重銅錢　不管閒事的人　到頭來結果　都是這般　這不是頂呆笨嗎　公事就是私事怎樣講　我再講說與大家聽　譬如一條街上　垃[2.1]圾　溺糞　穢水　堆滿街道　行路的人　都要捏着鼻子　急忙跑過　不管閒事的人　只要自家門前打掃乾淨罷了　街上是鄰里公共的　管他什麼　若是有一個人　拿出錢來　僱用幾個小工　分派在街上隨時打掃　這是做的公事　那知有一天起了瘟疫　別處不打掃乾淨的街道　挨家挨戶死人　這一條街　因沒有穢氣薰蒸　平安無事　那僱工打掃的人家　費錢不多　卻保了全家性命　這不是公事便是私事麼　譬如鄉鎮地方　沒有好教書先生　百十個小孩子　沒處讀書　有人出來　籌經費　聘教習　開設學堂　這是做的公事　但是學堂辦起　自家的兒孫　也好在學堂裏學習本領　這不是公事便是私事[2.2]嗎　大眾明白這個道理　便知道天下的事　件件多是公事　實在件件多是私事　斷斷沒有閒事　必要看天下的人　同家人一般　都不是閒人　看天下的事　同家事一般　都不是閒事　事到我身上　我盡心去做　事不到我身上　我也要去尋

事來做　中國四萬萬人　人人肯管閒事　中國就好興旺了　若是人人不管閒事　畢究天下事　讓那一個去管呢

　今朝不知明朝事　　過一日算一日

按這兩句俗語　也是不喜歡做事　沒有志氣　沒有精神的話　荒謬極了　一個人不是未卜先知　明朝的事　自然不知道　這也何消說得　知道明朝事　打算怎麼樣[3.1]　不知道明朝事　打算怎麼樣　今朝有明朝　過了明朝　也有明朝的明朝　天天有明朝　過三百六十個明朝　便是一年　過三千六百個明朝　便是十年　過三萬六千個明朝　便是一百年　上等壽數一百　活一百歲的　有幾個呢　下等壽數五十　中等壽數七十　人生七十古來稀　活七十歲的　已是十個裏揀不出一個　唉　人生在世上　光陰如箭　日月如梭　一寸光陰一寸金　眞是値錢得狠　應該做的事　急急忙忙去做　還怕來不及　管什麼今朝明朝　今朝有今朝的事　明朝有明朝的事　做一日人　總要做一日事　若說過一日算一日　轉眼已是一年　年復一年　幼的壯了　壯的老了　老的死了　這一[3.2]

俗語指謬卷一（接第十三期）

（1901年第十四期第4—5頁）

種人　也算是世界上沒用的廢人　醫俗道人勸大眾　千萬不可這樣　那年老的　不必去說他了　凡是少年人　總不可依這些荒謬的俗語　都要立定志向　提起精神　大眾細細想　醫俗道人的話錯麼

　是非只爲多開口　　煩惱都因強出頭

按這兩句俗語　同閒事不管飯喫三碗一樣意思　照這兩句話做人　杭州地方　喚陰司秀才　又喚好好先生　世界上人　都是怕惹是非不開口　怕惹煩惱不出頭　天下的事　請那一位開口去說　請那一位出頭去做呢　百件事沒有人說　沒有人做　還成個世界嗎　天下原有一定不移的是非　但是不明白公理　也沒有公是公非了　這[4.1]一個說是　那一個偏說非　那一個說非　這一個偏說是　是是非非　任憑別人胡說　我只開我的口　說我的話罷了　是非愈顚倒　愈要開口辨個明白　好把人知道世界上有個公是公非　若是怕惹是非　不論什麼事　憑他天翻地覆　總是押着一張嘴　一句話也不說　裝聾做啞　好像是個死

人　天下要這等死人　作什麼呢　煩惱兩個字　這是人生在世　必定有的一件恨事　世界原來是煩惱世界　既在世界上做人　有腦子自然要想　<small>人的思想都是腦子作主　向來說心裏作主　是說錯的</small>　有眼睛自然要看　有耳朵自然要聽　有手足自然要動　有嘴巴自然要說　既然要想要看要聽要動要說　那煩惱便從此生出來了　要沒有煩惱[4.2]　只有死的一法　若是要活　只好在煩惱世界做人　不能彀跳出煩惱世界　煩惱到身上　有什麼法子呢　若說煩惱是強出頭的緣故　爲什麼不出頭做事的人　也有煩惱呢　我常常看見永遠不敢出頭的人　要想他出頭做事　用千方百計去哄他　勸他　激他　休想動得他分毫　他只怕一出頭便有煩惱　不出頭　好在家裏清清淨淨快快活活做人　這樣做人　應該沒有煩惱了　偏是煩惱要跟着他　閉門家裏坐　禍從天上來　反不如出頭做事的　放着大膽做去　並沒有十分凶險　怎不是煩惱都因強出頭　這句話大謬麼

退一步天空地闊[5.1]

按這一句俗語　是勸人要心平氣和的意思　聽來極像有理　實在是一句大謬的話　凡是一個人　不論什麼事　中間沒有站立的地步　不是向前進　便是向後退　向後退甚是容易　向前進甚是繁難　急急勸人進步　還怕那不肯爭競的人　<small>競音勁　也是爭的意思</small>　步步退讓　若再說退一步天空地闊這種話　不知要退到什麼地方去了　譬如現在的中國　窮也窮極了　弱也弱極了　主權也沒有了　<small>靠人保護的　喚半主國　不靠人保護的　喚自主國　凡是自主國　各樣事都有自家主張的權柄　這便是主權</small>　中國名喚自主國　實在主權已在外國人手裏　唉　中國人若再不把主權爭回來　還算是個人嗎　外國人今朝說要瓜分　明朝說要瓜分　險也險極了　若是退一步想　中國雖是窮弱　沒有主權　畢竟目前不曾被外國瓜分[5.2]

俗語指謬卷一（接十四期）

（1901 年第十五期第 6—7 頁）

比那猶太印度波蘭　好得多呢　若是進一步想　不但要奪回主權　不但要保守土地　并且要勝過外國　纔見得天空地闊　不是如此　好說天空地闊嗎　譬如現在的人種　白種智　黃種愚　白種強　黃種弱　若是退

一步想　黃種雖是趕不上白種　畢竟比那紅種黑種棕色種　好得多呢　若是進一步想　不但白種人的本領　黃種人要件件能幹　并且要勝過白種　纔見得天空地闊　不是如此　好說天空地闊嗎　總歸是一句話　有爭競心的人　一步進一步　沒有爭競心的人　一步退一步　一步進一步　纔見得天空地闊　萬路皆通　一步退一步　勢必至山窮水盡　無路可走　這個道理　甚是明白　不知道[6.1]爭競是個公理　百件事只是退讓　到那山盡水窮時候　中國亡了　黃種滅了　這是退步的結果　也算是勸人退步的功勞

四書熟　秀才足　五經熟　舉人足

按這四句俗語　是中國讀書人的秘訣　卻是害中國讀書人的毒藥　何以見得是毒藥　醫俗道人且把他的謬處　一一説來　秀才應該讀的　不止四書　舉人應該讀的　不止五經　只說四書五經　教人除四書五經以外　旁的書都可以不讀　以致秀才舉人　肚子裏空虛　沒有實學　世界上情形　都不明白　大謬一　書不在讀得爛熟　只要講得清楚　不重講解　專重熟讀　以致秀才熟讀四[6.2]書　四書的大義微言　不曾知道　舉人熟讀五經　五經的大義微言　不曾知道（大義微言　是書裏頂重大的道理　是書裏頂微妙的説話）不知道大義微言　便是讀得稀泥爛熟　有什麼用處　大謬二　讀四書五經　是要明白做人的道理　並不是爲秀才舉人　自有了這幾句話　好像讀四書是爲騙秀才　讀五經是爲騙舉人　做父兄的　只把這兩句話哄騙子弟　做先生的　也只把這兩句話哄騙學生　因此讀書人自小到老　只知道四書五經　旁的都不知道　只知道秀才舉人　由秀才舉人　再想進士翰林　旁的也都不知道　功名富貴四個字　牢牢記在腦子裏　常常放在眼睛裏　竟養成了一個做官發財的普通性質（普是普遍　通是通行　普遍　是遍天下人通行的）[7.1]　大謬三　有這三件大謬　這幾句話可說他不錯的麼

書中自有黃金屋　書中自有顏如玉

按這兩句俗語　同四書熟那幾句話　是一個意思　那幾句不過是哄誘人發做官的思想　這兩句話　竟是明明白白　教人貪財好色　更荒謬了　自有了黃金屋這一句話　因此讀書人　只把將來怎樣飛黃騰達　怎樣得好缺優差（優差是好的差使）　怎樣賺錢　怎樣起高大屋子　怎樣住在黃金屋裏　兒女團圓　種種貪財的思想　不知腦子裏　一天要轉過幾十百次　自有了顏如

玉這一句話　因此讀書人　又把將來怎樣中狀元　娶一位富貴人家的嬌妻　怎樣發大財　娶一個相貌標緻的美妾　怎樣住在黃金屋[7.2]

俗語指謬卷一（續）

（1901年第十六期第8—9頁）

裏　和嬌妻美妾　吟詩作賦　享受豔福　種種好色的思想　不知腦子裏　一天又要轉過幾十百次　這兩種思想　不讀書的不必說　凡是讀書人　個個是這樣　姿質聰明的　卻還要加重幾分　貪財好色四個字　又做成中國讀書人的普通性質了　唉　現在的中國將亡了　可知道嗎　中國亡　中國人都要做外國人奴隸了　可知道嗎　還要說什麼黃金屋　顏如玉　真正是糊塗呢

不聽老人言　喫苦在眼前

按這兩句俗話　是老年人造出來　壓服少年人　好叫少年人　一言不發　一事不做　躲在老年人脅肋底下　莫想動得分毫　做成一個死人　中國的衰敗　中國人的無[8.1]用　暗地裏受這兩句話的害處　真是不淺　若是不把這兩句話批駁一番　少年人真個聽老年人的話　件件事怕喫苦　專去做那快活不喫苦的事　喫苦的事　畢竟讓那一個去做呢　醫俗道人批駁這兩句俗語　並不是一定說老年人的話　都是錯的　不過老年人同少年人　兩相比較　性情行為　實是不同　大概老年人常常想過去的事　少年人常常想將來的事　老年人想過去的事　因此有留戀心　留戀是捨不得的意思　少年人想將來的事　因此有希望心　希望是盼望的意思　老年人有留戀心　因此百件事都要保守　少年人有希望心　因此百件事都要進取　進取是直望前去做事　老年人要保守　因此百件事都喜舊　少年人要進取[8.2]　因此百件事多喜新　老年人喜舊　因此百件事都要照例　少年人喜新　因此百件事都要破格　破格是不依着古老規矩的意思　老年人要照例　因此常覺得天下事　沒有一件可做　少年人要破格　因此常覺得天下事　沒有一件不可做　性情行為　有這幾處不同　因此老年人總教少年人不要多開口　不要多做事　這是老年人千百年傳下來的秘訣　違拗了他的秘訣　他心裏不舒服　便要在暗中想法子阻止　好叫事做不成

功　若是成功　他只是不做聲　若是不成　他便把鬍子一抹　冷笑道　我本來教你不要去做　你偏要去做　不聽老人言　喫苦在眼前　這不是你自討苦喫嗎　那有熱心的少年　立定腳跟　自然不去聽[9.1]老年人的話　依舊要拚命去做　要是熱心差的　便有些心灰意懶了　唉　我奉勸少年人　做事要不怕苦　天下做事　沒有快快活活　一做便成的理　做一件事　每每有多少苦處　要能殼耐得住苦　纔算是英雄好漢　一塊金　若不是經過烈火　便不成器物　一個人　若是不經過風浪　也不成英雄　眼前原是喫苦　等到事做成功　那時苦盡甘來　趣味好得狠　吃得苦中苦　方爲人上人　這兩句俗語　甚是有理　少年人能殼吃得苦中苦　自然將來好做個人上人　萬萬不可只顧眼前　不顧日後　這是醫俗道人奉勸少年人的一片苦心呢

嘴上無毛　辦事不牢[9.2]

俗语指谬卷一（續）

（1901年第十七期第10—11頁）

按這兩句俗語　同上兩句意思　大畧相同　實在又是荒謬無理的話　一個人辦事的牢不牢　要看辦事人見識怎麼樣　材力怎麼樣　志氣怎麼樣　管什麼嘴上有毛沒毛　若說嘴上有毛的老年　辦事果眞牢靠穩當　我卻要問他　現在世界上的事　有見識看得準嗎　有材力做得到嗎　有志氣站得定嗎（站音暫）我不敢說老年人　定是沒有見識　沒有材力　沒有志氣　但要說年老人多是有見識有材力有志氣　年少人多是沒有見識沒有材力沒有志氣　這是豈有此理的話　從前古時候　卻還可講得　現在的世界　是古時候沒有的世界　現在世界上的事　也是古時候沒有的事　古今情形不同　辦事的情形　也是不[10.1]同　只怕嘴上無毛的　比嘴上有毛的好呢　總之辦事只論有沒有見識　有沒有材力　有沒有志氣　最要緊是看他有沒有公心　年紀大小　管他什麼　年紀大的　有會辦事　儘有不會辦事　年紀輕的　有不會辦事　儘有狠會辦事　必定說嘴上無毛的人　辦事不牢　這是什麼話呢

衣裳欲新人欲舊

按這一句俗語　衣裳不過一個比方　舊字是指年老的人　人欲舊　便

是說年老的人好　老年人大半守舊　因此守舊的　便拿這一句話做個憑據　若是不把這一句話駁倒　那不明白時勢的　必定要聽信守舊的說話　佩服[10.2]守舊的做人　中了舊毒　受害真不淺呢　現在中國有一種人　守舊的喚他是維新黨（黨是同類的意思）因此維新的也喚守舊的是守舊黨　這兩黨起初原是一黨　不過維新的喜歡看新出的報　看新出的書　看過新報新書　自然漸漸知道些外國的新政　外國的新學　便覺得中國的舊政舊學　件件都不合時勢　不肯去守那個舊政舊學　要改變過來了　維新的肯改變　守舊的偏不肯改變　不但不肯改變　暗地裏還要說維新黨的壞話　造維新黨的謠言　說壞話　造話言　這也不必去管他　但要問現在的中國　窮到這等地步　弱到這等地步　外國人今朝說要瓜分　明朝說要瓜分　中國人今朝說要做奴隸（中國被外國瓜分以後　中國人便[11.1]要做外國人的奴隸）明朝說要做奴隸　國家敗壞到這樣　畢竟是守舊黨弄壞呢　維新黨弄壞呢　必定是守舊黨弄壞的了　守舊的不必定是老年人　老年人不必定是守舊　但是通共結個總數　畢竟維新的大半是少年　守舊的大半是老年　如此兩相比較　年少的好呢　年老的好呢　這也不消說得的了　俗語說衣裳欲新人欲舊　衣裳自然要新　若說人是要舊　那雙目不見　兩耳重聽　昏瞶糊塗的八九十歲老翁　不是格外好嗎

女子無才便是德

按這一句俗語　不通到極處　荒謬到極處　中國自從有了這種死不通的話　以致二萬萬個女子　不讀書　不識[11.2]

俗語指謬卷一（續）

（1901年第十八期第12—13頁）

字　不不受教化①　同阿非利加洲的黑人　亞美利加洲的紅人一般　不講究女學　便沒有胎教　沒有胎教　產的兒女　便沒有好種　并且不會教育兒女　蒙童七八歲以前　未曾受過母教　一生的學問　便沒有根基　這幾種害處　都於人種的強弱　國家的衰旺　大有關係　不是那平

---

① 此處應刪一"不"。

常没要緊的事　可以比得　若說在家庭的害處　不讀書不識字的女子　總比那讀過書識過字的格外不懂道理　只要把小家女子　和那大家女子　兩相比較　畢竟撒①潑的女子　出在小戶人家多　出在大戶人家少　這是什麼緣故　原來小家女子　個個是不讀書不識字　大家女子　十個人裏面　總還有幾個讀書識字　可見讀書識字[12.1]　是有益的事了　凡是一個人　不論是男是女　讀書識字是做人的本分（分音問）　人會讀書識字　畜生不會讀書識字　所以人比畜生貴重　若是人不讀書不識字　也算不得貴重了　女子和男子一般是個人　爲什麼女子不要讀書識字呢　必定說女子讀書識字　便要有才　有才便要做不正經的事　這也罷了　但是中國十八省　知縣衙門裏姦情案子一年不知有多少起　串通姦夫　謀殺本夫　抵命剮死的　一年也不知有多少人　試問那一班女子是有才的呢　還是無才的呢　果眞都是讀書識字有才的　那沒有說了　偏是犯着姦淫兩個字的　大半是不讀書不識字的人　可見得女子有才　只有好處　沒有害處了　好[12.2]處怎麼樣　一明白道理　二來往信札自己會寫　三兒女幼小時候　自己會敎　這不過讀過幾部書　識過幾千字　小小有一點才　已經有這許多好處　若能同外國女子一般　從小進女學堂　學習各種本領　那更要好到了不得　外國的女子　除出鍼䘑（䘑音致　縫衣叫做䘑　刺繡也叫做䘑）烹調以外（烹調是做菜蔬）　如同醫學音樂　會得的狠多　上一等的　還要懂得格致化學　頂下等的　也要會得看報　若照女子無才便是德這一句話講　那外國女子　必定是個個沒有德了　必定個個都要幹不正經的事了　唉　大家若把外國的風俗　細細查考明白　纔知道中國女子　實在比不過外國呢　世俗上見識　總把才德兩字分講　這是頂沒有道[13.1]理　凡是人有才必定要有德　有德必定要有才　有才沒有德　便算不得是才　有德沒有才　也算不得是德　我常常看見有一種婦女　未曾出嫁時候不言不語　除針線以外　一事不管　本家親戚　沒有一人不說好　及至出嫁　孝順舅姑　恭敬丈夫　和睦姌娌　不搬弄是非　不講究衣食　本家親戚　也没有一人不說好　這可以算得有德的了　但是沒有才　一個字也不識　一件事也不會做　心裏更是糊塗　只信那泥塑木雕的菩薩　可憐千辛萬苦　積聚下來的命錢　捨不得喫　捨

---

①　"撒"應爲"撒"。

不得穿　偏甘心情願去孝敬那頭皮光光的和尚　有了兒女不會教訓　有丈夫的　兒子大了　還有丈夫去管　若是丈夫死過的[13.2]

俗語指謬卷一（續）

（1901年第十九期第14—15頁）

白白害了兒子一世　兒子不好　家道便倒下來了　這多是女子無才的害處　才德兩樣　好分開說的麽　中國人稱讚女子　總說某家的女兒賢慧　某家的媳婦賢慧　賢慧兩字怎樣講　賢便是德　慧便是才　可見才德兩樣　本來原是不分　若是俗語所說女子無才便是德　那鄉村人家的黃臉婆兒　以及在人家裏服役的奴婢　毫沒有才　好說他有德的麽　這也見得這一句俗語狗屁不通了　相信這一句俗語的人　必定看過小說唱本　見那金釵玉釧　私定終身　都是才女做的勾當　深怕自己的女兒　也因有些才情　鬧出風流罪過　敗壞家風　因此便說女子無才便是德　叫好女兒不讀書不識字　做成一個呆笨[14.1]人　免得有意外事情　其實要姘人的總要姘人　不姘人的總不姘人　上海的娘姨大姐　天天在馬路上尋姘頭　試問他有才沒有　爲什麽沒有才也要姘人呢　姘人好說有德的麽　小說唱本　都是編造出來哄人　並不是實在有這件事　相信他什麽　漢朝有個女子　姓班名昭　他是女子中頂有才有德的人　曾經代哥子班固續做漢書_{續是接續　哥子未曾做完　妹子接續下去}　又做女誡七篇　都是說做女子的道理　這是史書上載得明明白白　不比那小說唱本　胡言亂道　爲什麽不相信史書　要相信小說唱本呢　世界上還有一種人　他並不眞心相信這一句俗語　只固他的女兒①　實在是沒有才　深怕人憎嫌他　沒有人來說媒　又怕[14.2]嫁過夫家去　有人說他　女兒不能幹　不出色　因此把這一句俗語　做個證據　好叫旁人不得批評　又有一種人　他自己本是黑漆肚皮　一點兒不通氣　偏是討的老婆　知書識字　廣有才學　拙夫配着巧妻　巧妻自然瞧不起拙夫　男的不好意思　羞答答難爲情　惱羞變怒　便又把這一句俗語　擡出來壓倒女的　好叫女的不得自家稱能　看以上我所說這幾種人　可見世界上相信

---

① "固"應爲"因"。

這一句俗語的　有心裏眞相信　也有嘴上假相信　總之大家不要去相信他罷了
卷一終[15]

蘇州白話報[①]

國家同百姓直接的關係
吳興君演說
（1901 年第一期第 2—7 頁）

今日是蘇州白話報第一次的議論　吾要把吾們中國第一緊要的道理　演出來講與大家聽聽　那一樣是緊要的道理呢　就是我題目上表明的　國家與百姓有直接的關係便是　你們看這白話報的　自從小的時候　都聽着父兄老輩的說話　他們見了國家兩個字　便要說道　我們是小百姓　與國家不干涉　他們見了國家的政事　便道這是官長的職役　我們小百姓是無分的　雖則是謹愼小心的意思　然而講到那眞道理便大錯了　大家要曉得國家究竟是甚麼物事做起來的呢　便是合攏那些小百姓做起來的　倘若除去了小百姓　便那裏去尋出國家來　我今把國家譬喻個人的身[2]體　百姓便是肌肉　便是骨頭　便是筋血手足　我這譬喻　豈不懇切眞確麼　所以做了那一國的百姓　便要愛惜那一國的國家　還要愛惜百姓自己的名分　還要大家愛惜自己的百姓　怎樣大家愛自己的百姓呢　要曉得我們中國的境象　現在已經險得極了　有如一隻破船　飄在大海之中　看看將要反轉　須要大家發心　合做一条性命　管舵的把住舵　管篷的管好篷　撑篙的撑篙　搖艣的搖艣　纔好望得到岸呢　再不可胡爲的了　去年義和拳匪　只爲錯用了心思　闖出這樣大禍來　賠了許多銀錢　害了國家　就是害了我們百姓　但可叫做妖民　斷不可稱他忠義　不明白天下的大局　不曉得西國的利害　胡亂妄爲　自送了性[3]命　但看中國的醇親王　到德

---

① 1901 年 10 月創刊於江蘇蘇州，主筆人有吳興君、包山子等。周刊，逢星期一發行，主要欄目有"論說""新聞""演報""歌謠雜錄"等。停刊時間不詳。

國去謝罪　他們外國的百姓　都是歡歡喜喜　恭恭敬敬的接待　便曉得他們的百姓　是恭而有禮　我們的百姓　是蠻而無禮了　但是那愛國的話　也不是空說便罷了　要實實在在的做起來　你們也不曾多讀過通透外國事情的書　我也一時說不盡許多出來　但要明白那有益大衆的事　總要竭力去做他　有害大衆的事總要竭力去除他　損人利己的事　總不能做得長久　大家若存私的心腸　天下的事　便弄懷①了　我中國不及外國的緣故　就在大家只顧自己　不顧別人呢　就現在而論　那迎神賽會無益的事　少去做些　甯可把這些錢　湊起來立幾個小學堂　或者藏書樓　演說會　工藝局等輩　請明[4]白的讀書人　敎子弟們通透中外的事情　大家得空也講究講究　聽明白的人演說　曉得了中國的壞處　外國的好處　各就本分上做起來　便就是大家愛惜自己的百姓　愛惜我們百姓自己的名分　愛惜國家的眞憑實據了　大家也都曉得外國是利害到了極處　難道獨是鎗礮的靈便麽　輪船的堅固麽　還不止這個　他們的心思學問　比鎗礮輪船更利害些　他國裏皇帝官長百姓　都是一氣貫通的　百姓也愛國　婦女也愛國　連小孩子也都愛國　你道那是好惹的麽　你們若不相信　我再講幾件外國的故事你聽聽　四五十年前　那德國被法國打敗了　土地也割去幾處　國裏的兵也限住他不許多　其時德國的小孩子們　聽了唱兵敗的[5]歌曲　便伏在地下嗚嗚的哭泣　聽了唱報仇的歌曲　便喜笑跳舞　後來果然整頓了國內的政事　殺到法國的京城　得了賠欵十五萬萬佛郎克^{即法國的銀錢}　那法國敗到這樣田地　可不是永無反身麽　卻又不是這樣說　有幾個有名的人物　把兵敗的情形　畫做油畫　給全國的人觀看　激動他們愛國的心腸　便把賠欵一齊湊出　給還德國　不等他算利錢　然後把國內的事情細細整頓　不多幾時　仍舊成了世界上有名的强國　豈不是事在人爲麽　大家又要曉得法國激動了愛國的心　何故不同德國再打狠仗　反把賠欵給他呢　只爲自己國內的政事不曾完善　斷不能同外國爭長短的　所以如此　我中國也須要忍耐些　大家盡心竭力　把[6]道理講究明白起來　把事情整頓完善起來　不論官民　不論貴賤　都是有分的　我中國便有一日興盛　有名在世界之上　若徒然昏昏沈沈　偸活性命　就永無翻身之日了　所以我說　百姓同國家有直接的關係　只要大家努力些[7]

---

① "懷"當爲"壞"。

富強起源
長鳴子演

（1901年第一期第14—17頁）

這書原名　喚做佐治芻言　一個英國人名傅蘭雅　同一個中國人名應祖錫　兩個人翻譯出來的　這裏頭的話　讓我慢慢的講與列位聽者

　　總論

第一節　列位　你們要曉得天生一個人在世界上　天旣付他一個形體（形是形狀 體是身體）天旣付他一個性情　一定同地面上的事情　物件　是統有關係　并且互相配合的　譬如衣食兩件事　單靠了人　天沒有產出來　這是一定不行的　單靠了天　沒有人去弄他　也是不成功的　這就有關係有配合在裏頭了　因爲天旣生了人　他的意思　一定要叫許多[14]人　個個能穀吃飽着煖　大家好幫着辦事　又要從小孩子的時候　一直到老　沒有一點兒欠缺　所以他安排就了　要教人自己去尋　自己去做的

第二節　人生在世界上　不論他所處的境地　或是狠快樂的　或是狠艱苦的　總要淡淡的不可驕奢　亦不可卑鄙　并且一定要從所處的境地裏頭　想出進步（就是一步好一步的意思）有益的法子來　方不爲窮富的境地帶累　如此說來　一個人無論窮富　斷斷乎不可怠惰的了　只是這個人　一生一世　吃辛吃苦　太覺得乏趣了　所以這快樂的事　也是人生不可少的　但是這快樂的事　不是立刻可以得着的　要用他的身體　心思　勞乏了許久　方始可以到得後來安樂的地[15]步　所以人說的　一個人多麼一分患難的事情　就多長一分見識　在這個患難裏頭　要拿我的　身體　心思　同患難去爭鬪一般　到得同這患難爭鬪得長久了　自然在這裏頭有大大的進境

第三節　上古的時候　有許多地方統沒有開闢　當時的人　還沒有懂格致的學問（把不拘什麼事情　物件　要大家通通的考究起來　就叫做格致）凡一個人　應做的事情　應盡的職分　還沒明白透澈　不過從大家日用　不能缺少的　同各人心裏情願做的　立幾個公共法子　大家遵守着　後來就不知不覺　定了各處的風俗　規矩　章程　就在國裏行起來　這時候　到覺得大家說道狠便　後來慢慢的　又從各國的法度裏　得了一種[16]最合公用的格致學問來　自從這格致學問出

來了　那各國的政治　漸漸的興旺起來　百姓　漸漸的富强起來了　現在像各國所行的政令　雖不能到頂好一部地位　然而也狠難爲他們　這好幾年裏　行了有益大衆的事　并且有益到將來後世的事　狠也不少　況且他們　難道就這樣　就肯罷手不成　日日的講求新法　力求進步　沒有一步　退在人家後頭的　但是這新法的事　也是狠不容易的　一定要把現在的時勢　現在的人心　通盤籌算　什麽樣方能無弊　若執了我一個人的私見　違背了大家的心　公共的道理　這就是行不去的　那事情不但沒有益處　并且大大的有害呢[17]

富强起源（續）

（1901年第二期第15—18頁）

第一章　論室家的道理

第四節　一個國裏的政治　他的根原是從一家起的　爲什麽呢　天生了人　就分別一個男女　那男女配合起來　就成了夫妻　既成了夫妻　自然有家室　隨後就生下兒女來　做爺娘的把兒女撫育起來　到孩子們長大成人　方可離開了爺娘　自立家室　從此一代一代的接續下去　就成了大族了　把幾個大族合攏來　便成一個國家　所以現在雖然說他是一國　起先原是一家　你若不信　把各國的世代　考究起來　一國的起頭　從一家起的　慼慼可考　就是有的年代久遠了　不能深考　然而看他一個國裏的人　相貌形狀　以及性情舉動　統較別國人兩樣的　這就可以知[15]道　起初原是一家的人了

第五節　男女配合這件事　本來是天地間自然的道理　要順了這個道理　沒有一個人　可以逆他的　譬如飛禽走獸　他初生的時候　斷斷乎不能自己飛　自己走的　就是一飲一啄　也要那老的哺養了好多時候　方才可以漸漸的自己顧憐自己　那禽獸的哺子　不過暫時罷了　至於一個人　他做小孩子的時候　更爲頓弱　什麽事全要爺娘作主　要到了二十歲　方始可以自立　這樣瞧起來　可見得男女不相配合　不但不能穀生兒女　就是撫養起來　一個人也狠不濟事呢

第六節　唉　做了爺娘　沒有一個不愛兒女的　這也是出[16]於天性　所以你看不拘什麽人　他同外人在一處　總有一點私心　到了他自己的兒女　不但沒私心　并且格外的保護　調養　爲了兒女　費了多少心血　費

了多少氣力　勞乏得了不得　那身歷其境的　他倒說不覺得什麼樣苦　他同外人在一處　就要百計的想法　只顧自己便宜　人家吃了虧　他就不管了　到了他家裏　就沒有這種意見　并且自己吃虧　也不要緊　將來地面上　各國的交涉　統要歸到這步田地　方纔到太平世界呢　照這樣說　天地間沒有男女婚配這件事　那裏有這爺娘的愛兒女來呢

第七節　夫妻大家和睦　成了一個家道　這狠像天然的立了一個小會　一兩個人　是這個理　幾十個人　也是這個[17]理　推到一族　一府　一國　都是這個理　就像那禽獸　雖未必個個都有配耦①　但是你看他游玩飲啄的時候　也是成羣作對的　大家狠有快樂的樣子　可見喜聚不喜散　就是物類　也有這個情的　什麼樣一個人　有的出了家　親朋斷絕　他仿彿同人家沒有往來的了　住在深山裏頭　以爲第一等的高人　不到幾年　也就枯瘦死了　這有什麼好處呢

第八節　凡聚了許多人　成了一個會　不論這會的大小　必定有一個公共的性情　公共的意見　大家以爲是　大家以爲非　這就是公共的性情意見了　然後往來交接　大家可以合宜　倘使這個會中　另有一種性情意見　只能彀合一兩個人　多至數十人　那不[18]

富強起源（續）

（1901年第三期第17—20頁）

能同大衆合一的　這會就因了這個緣故　要漸漸的離散了　所以一個會中　人多了　總不免有意見不同的地方　以爲我是人非　我直人曲　大家不肯相讓　這個會就永遠不能和睦　所以會中的人　不拘什麼事　大家總要各讓幾分　這就可以大家和氣　沒有事了

　　第二章　論一個人職分中應該做的事

第九節　天生了人　又付了一副材力給他　教他自己去求衣食　可以保全自己的性命　這是天的意思　極好的了　但是有了這一副材力　一定自己用力去做　自盡職分　這就狠好　倘使不能彀自主　自己可以做主的意思　并且不能做事　那就白白的有這材力了　所以不論什麼國度　什麼種類的人[17]　大

---

①　"耦"當爲"偶"。

家有身體　大家就能自主　沒有一點可以讓給人家的　倘使這個人　並沒有犯什麼罪　做什麼歹事　那就是朝廷同官長　亦沒有可以奪他自主的本分的　譬如有一個窮人　同一個人訂一紙合同　議定多少時候　替他做工　那所議的年限　一定是不能過分　不能違例　并且在這限裏　雖然不能不幫人家工作　但是這身體　仍舊是自己做主的　所得的工資　也是歸本人自己享用　他家裏的事　也是歸本人自己經理　那用他做工的主人　不能與聞的　所以國家所定的法律　章程　都准人人可以自主　不過有一等不守法的人　害了人家的自主　那就可以用刑罰治他了

第十節　凡一個國裏　所設立的律法　要教大家都得好處[18]　這就要國裏的人　不分貴賤　一例看待　方始可以沒獎端　所以小孩子　乞丐　他們的性命　也是同壯年的人　富貴的人　是一樣看待的　一樣慎重的　就是窮人家　極少的產業　同了富貴人家　極多的產業　一樣國家應該保護　不能在這裏頭分輕重的　所以無論何種人　極應該自己立定主見　做什麼事業　可以度日　做什麼樂事　可以養身　在上的人　應該聽其自然　要教人人得着這自主的好處　雖然呢　天生的人　那能彀把他的材力　境地　一概而論　或有的是貧窮　或有的是富貴　或有的是有權柄　他可以管束人的　或有的是沒有權柄　他要被人家管束的　但是這管束人　同受人家管束　亦仍舊上下一體的[19]　不過各人盡各人職分罷了　同這自主的權限　應該自管的產業　是沒有一點碍事的

第十一節　凡一個人在國裏　旣有他應該得着的權利　就有他應該所做的事情　第一應該做的　是什麼呢　就是衣食兩件事　因為這衣食兩件事　是一個人最不可少的　須要預先打點　方可免得飢寒　不教人家來賙濟你　那要人賙濟　就是累了人家了　再有一件　一國的人　他旣受了國家的保護　那國裏所有的法律章程　就應該要守住的了　倘使一味要國家保護　自己做了一個游手好閑　連正正當當的衣食　也不能彀自謀　這叫做什麼　這叫做欺誆國家　及本國的人　一個國裏　有了這種人　終不能興旺了[20]

富強起源（續）

（1901年第四期第13—16頁）

第十一節　一個人旣有應該得着的權利　就有應該所做的事情　第一件應

該做的　就是衣食　因爲這衣食　是一個人最不可缺少的　必定要預先安排好了　方始可以免得身上的冷　肚裏的餓　方始可以免得人家來賑濟你　來周恤你　再有一個國裏人　既受了國家的保護　自然要謹守國家的章程　法律　勤勤健健　自家學些本事　做些事業方好　倘使一味的要望國家來保護　自己一點事業不做　成功了一個游手好閑　終日遊蕩　連自已的衣食也不能自謀　這個人就叫欺騙國家　欺騙國家　就是欺騙本國一國的人　一個國裏　倘有了這種欺騙國家的人　這個國恐怕就有些不能長久的根子　種在裏頭呢[13]

第十二節　現在譬如有多少人　聚成功了一個會　或一個國　要把他的有利的事　都興起來　有弊的事　都除掉他　各事都要完善　那必定要教個個人　可以自主　個個人都有事業　方能殼富強起來　然而一個會一個國的裏頭　不論大小　總不免有種人　他不能殼做事的　全要靠人家周濟了　方始可以度日的　或者是他有疾病的人　不能勞苦的　或者他是個殘疾　不能做什麼的　還有實在愚笨　不能做事　他不得不求人家資助一點　所以身體强壯　同這有本領有事業的人　亦不能殼不想法子　幫助他一點　那幫助的法子　或者聽各人隨意捐助捐助　把在會裏算賙濟有病的沒有錢的　一筆費用　受用這錢的人　也教出[14]於無可如何　這也不算什麼羞辱的事　并且不但這樣　會中的人　亦有年紀强壯　本領亦高　自己並不貪懶　情願盡心竭力做事的　忽然碰到一件意外的事　以至於暫時失業　或者沒有可做的事情　這也是不得已事　也並不是他一個人的錯處　同會的人　要把他視同弟兄一般　盡我的心　幫助他些　然這是權宜的計策　若講到一個會的常行道理　那是一定要教各人　認眞做事　大家刻苦　就是度日的費用　也一定要靠各人自己的工夫　自己的產業　不要求別人幫助　這個章程方好　這個會方能長久的興旺呢

第十三節　上節所說的話　也狠懇切的了　列位　你想一個人生在世界上　那個人沒有身家　那個人沒有要養生的[15]道理　自從有一種懶惰不肯做事的人出了　會裏的人　不能不格外的辛苦　多做一點事　方好補他的缺　日日所得的工資薪俸　就要在裏面　分出多少　供給分潤這一種人　如此說來　懶惰的人　倒可以坐享其成　教這勤儉的人　倒不能殼全有工資了　大凡懶惰的人　往往喜歡說謊　到處說鬼話[說鬼話就是欺騙 蘇州的俗語]　要人相信他　就說情願做事　可惜沒有事做　其實他閑蕩已慣的了　沒有事情

肯做　没有事情做得慣　所以我說一個會裏　倘有了這種人　說這種話的　本會的人　也不必替他代謀事情　只好當他是一個無賴的弟兄　大家周恤他就是了　要自己情願　自己尋出來的　方始有用　方爲合式　若是別人替他尋出事來[16]

富强起源（續）

（1901年第五期第16—19頁）

他一定不肯認真　也不能合式的　所以一個會裏　有了這種人　不但是不必去照料他　就罰他受些刑法　也不能算太覺苛刻的
第十四節　凡有許多人　在一個國裏　這一個國裏的章程　律法　自應該恪守　要曉得幸而一個人　生長在文教的國裏　比了生長在野蠻國裏的　已經天差地遠　十分安樂的了　然而要享文明國的安樂　利益　必定要守文明國的章程　倘使住在文明國的　做了有害文明的事情　他的行爲　同野蠻一樣　這個人就不配住在有文明教化的國裏　只好仍舊用治野蠻的法子治他　所以有懶惰的人　必定治他一個罪　教國裏的人　不敢學他的榜樣　治這種人[16]有幾個法子　輕的　凡遇見了這種人　大家不要去睬他　不要當他是我們一類的人　這個人沒有一個人瞧得起他　也就毀用了的了　重的　就用官法去處治他　或監禁他起來　叫他做苦工　或者發往學習工藝的地方　勒令做工　這種法律　現在各國已有行過的了　所以許多百姓　成了一個國家　那百姓就應該帮了國家　行這個警戒懶惰的法子
第十五節　一個國裏　凡前人所定的法律　在當時定的時候　自然是斟酌得非常的好　等到傳了幾代　事情也漸漸的更換了　這個法恐怕就有弊端　然而這國裏的人　不曉得變通　那時候的百姓　也只好暫時照常遵守　等他更改　要曉得法律這件事　百姓的身家性命　靠他保護的呢[17]　倘使一定要同上頭爲難　那時這害狠亦不小　所以這國裏有不便的法律　議院裏就該把他的利弊查一查　倘使有弊無利　就要早些更改　或者竟廢掉了他　方始大家允洽

　　第三章　論文明教化
第十六節　我們考各國的史書　曉得起先統是野人　後來從野人漸漸的開通起來的　野人的國裏　他們的人類　大半性情暴戾　強横的人　他就有

權柄　作威作福　忠厚謹慎的人　往往他的勢頭孤弱得狠　他們的風俗　男女不像是有婚配的　人家婦女　往往視同奴婢一般　就如他們的老子待兒子　束縛得不像個樣子　所以往往強的欺侮弱的　弱的就放出這巧詐奉承的法子　因此彼此都有猜疑　終[18]不能定一個公共的法子來　故所以這國紊亂異常　百姓亦極困苦　若說有文明教化的國　那就不同了　倘使有一種強橫的人　就有法子制伏他　使得他不敢爲害　性情溫良的　大家并且要推重他　把他做一個榜樣　至於男女　是夫婦敵體　一樣看待　不是像野蠻國裏的如同主僕一般　弱的就有強的保護他　不是像野蠻國裏的要欺侮人　一個國裏　大家和睦　有獎就改掉他　有利就興起他　家家富足　戶戶豐盈　什麼事不好呢　查野人能彀在曠野山林裏　隨意游玩　不比有文教的人　倒有父兄官長去約束他　所以愚昧的人　往往倒羨慕野人　可以自主　不曉得野人的自主　無非終日閑蕩　不做事業　將來餓死　就在後[19]

富強起源（續）

（1901年第六期第13—20頁）

頭呢　否則打搶人家的財帛　殺戮人家的性命　沒有人去問他的罪罷了　你想這個風俗　是文明國可以有的麼　所以要振興文教　立了個公允的法律　教大家心悅誠服　上下都可以安然　那纔算實實在在的可以自主呢

第十七節　有人說道　野蠻雖然不好　却自天賦的　文教出自人做的　我以爲這話不通　就是文教亦未必不是天賦　所以起初雖然野蠻　一經變化　亦就見爲文教中人了　這就是他未嘗不有文教的性情　至於有種人　雖是常久在文教國裏　依然不能開化　這個人必定另有一種性情　出於野蠻之外　使他不能變化的　亦不必全關天事了　要明白這個理　可以把野蠻國的身體　同他們的居住地方查察[13]　就可以曉得了　你們瞧他們本來是污糟不堪的　然而到了文明國裏　瞧見別人　多是齊齊整整　他就曉得也要自己修飾　不肯過於齷齪了　這喜歡潔淨　厭恨污穢　本來是人的常情　他們雖是向來不潔淨慣的　然而他們的心裏頭　究竟見了潔淨　未嘗不愛的　如此說來　怎樣可以說文教全是人做出來的呢　不過野

蠻未開化的人　這個喜歡潔淨的念頭　藏在裏面　不能發出　如同小孩子們　亦具有知識　一時不能就開這知識罷了

第十八節　野蠻國中　亦有一種陋習　行了多年　遂成功了風俗　就像他們　人家生下兒女　往往用平板一塊　縛在小孩子的頭上　把他的額角壓平　以爲好看　但是這種[14]陋俗　自稱爲文教之國　也有不能免的　就像中國女人的纏脚　西洋女人的束腰　這就在文教的裏頭　顯出不能極盛的景象　到了文明極盛的時候　斷斷乎没有這種事的

第十九節　有文教的人　都是性情温厚　識見明白　他們自己合羣_{合羣是合了許多人做事　像開學會立公司等事}　自己興學_{興學是興起學問　開學堂設藏書樓等事}　爲國裏開利益的源　至野蠻國的人　那就不能了　我們把他所居的土地　照他的面積算起來_{地面總共多少里路　這是論地的面積}　地多人少　大約每一平方英國的里_{一英里合中國三里　一平方英里合中國周圍十里}　止能養活一人　因爲他們的地　都是荒地　出產不多　不是像文教國　没有一塊土不耕　没有一樣物不種　樹木茂盛　六畜肥壯　又能振興各種的工藝　使得一[15]個國裏　没有一個不做事　不出力的人　所以這土地　一平方英里　可以養活二百五十個人　這個數目　還是個中數　并且這野蠻國裏的人　都是苦惱貧窮　又没有好法子　保護小孩子　同年老的人　所以這種人　往往夭壽的多　若能興起文教　那人壽的中數　自然可以漸漸加多　像英國人近年來的人壽　比了一百年以前　已經增了多少了　若比了二三百年前　那不知又增了多少呢

第二十節　英國是自稱爲文教之國的　但是看他國裏的事　很有同文教不符的地方　恐怕只可稱半文教之國罷　因爲不讀書不明理的人尚多　他的識見聰明　未必高出在未開化人的上頭　所以常有絶不幹事業　終日遊蕩　以致做[16]出不端的事情　犯了大衆的法　自投羅網　還有一種　住在深山當中　荒僻的地方　守牢祖宗的舊法　一天到晚　没有什麼事情　過了一天　就算兩個半天　偸懶一刻　以爲得計　這種各國都有　中國最多　從他的外面觀了　狠像亦有些文明氣象　其實同野人没有兩樣　近年以來　各國的人　大家都興起學問來　已經認眞的考究　務要一國的裏頭　人人讀書　人人考究工藝　從此進步　万始這文教可以到極盛一步呢①

---

① "万"當爲"方"。

第二十一節　各國裏頭有兩種弊端　一種是文教國裏　勢所必有的事情　一種是因爲有了這個弊端　遂做成了許多不便的事情　然而只要把文教振興起來　這個弊端　也可[17]以漸漸的銷除的　即使偶然有弊　亦可以想法子彌縫　把這不便的地方　終教他大家稱便　就像文教國裏　富家大族　家產狠多　往往有所居地方　好歹不一　以至於有偷竊打刼許多事情　或有的因爲國裏的各種工藝　統有了新式的機器　他們的做生意各種事務　亦時時有改了舊法　更用新法的　所以百姓　往往因此失業　沒有事做　也是常有的　只是大家就應該要曉得文教的根源　就不至於因此作亂了　并且還要教他各種便百姓的新法　使得各色人　仍舊有工藝　給他們做　不至失業　那就他的心思　材力　統有用處　不至於遊手好閒　闖禍滋事了　總之無論文教興到什麼地步　工藝做到什麼精巧　凡是能殼認眞辦[18]事的人　不憂沒事做的　這話就可以包括了

　　第四章　論各人的名位

第二十二節　前說一國的人　無論貴的賤的　都應該一樣平等看待　所以各人的身家性命　以及他們自主的權　國家都應該一律保護　這個理不差　但是一個人的性情　才力　那是不能一樣的　爲什麼呢　一國的人　有强的　有弱的　有精明靈巧的　有糊塗愚笨的　有安分認眞做事的　有不安分歡喜偷懶的　這裏頭　也智愚不等　一年裏所生的人過了十年　就各有分別了　若過了三十年　這就分別得遠了　所以這裏頭　有一朝發達　自己可以立事業的　亦有自暴自棄的　不但此來　倘使有兩個人　一天生下[19]來的　他們小孩子時節　性情　智識　都差不多　那一個就教養得法　一個教養不得法　不到幾年　就大不相同了　再過幾年　愈加不同　這兩個人從此　好的愈加好　不長進的　終究是不長進了

第二十三節　賢的愚的　貴的賤的　從古以來都有的　所以從古時節　到了現在　總有這人類的分別　這也不曉得　天的生人　爲什麼分個高下呢

第二十四節　凡有一個人　他的才識出衆　肯出來替地方上　興辦善舉像開學堂等事皆是　使這地方上　得着實惠　那國家自然應該　或者給他官爵　獎勵他的辛苦　旣可鼓勵本人　還可以教人家瞧了　大家高興辦事　現在英國地方　像[20]

富强起源（續）

（1901年第八期第19—22頁）

這樣章程　雖然沒有　然而他見了別國人　爲了勤勞辦事　他們的國家獎勵了他　心裏也狠有羨慕的　可見得一個人好了　國家獎勵他　也是個公理上極應該的了

第二十五節　國家待有功勞的臣子　凡是生前給他什麽官爵　這個人死了以後　亦有的許他後代　承接下去　仍舊讓他有這個爵位的　但是這裏頭　有一種人　得了祖父的餘蔭　非但不做事情　并且聲名狼藉　故所以有許多人　都議論這世襲的一樁事　未免太濫　然而各國中　大半有這個非常特典　想來也是國家　看重這有功勞的人　與其薄待　甯可厚待的意思

第二十六節　凡一個人生前　積了許多的資財　等到臨死[19]的時候　一絲一毫　不能帶得去　所以這就不能不給他的子孫　教他世世相傳　也是自然的理　據這樣瞧起來　這官爵傳給子孫　也沒有什麽不合的地方

第二十七節　然而講到起初　自然必定先有功勞　後有官爵　到得後來　承襲以後　可以有了官爵　沒有功勞了　所以人都說這承襲的事　並不是個正理　然而人的看重這官爵　並不分別本人同後代　并且還有的人　以爲幾十代傳來的爵位　愈覺可貴　把此種品級　以爲先朝遺下來的　不能令人不貴重　就如百姓同國家　他的立國越長久　這一國的人　愛國越深　譬如有一個宰相　他的才幹又大　待百姓又極好　統比當時的國王的爲人好　倘使教他去[20]做了這國的皇帝　一定是辦理極好的了　然而教他登了王位　恐怕人心不屬他　就有變亂起來　蓋一個國君　能幹才力　固不可少的　然而也要歷代傳下來的聲望　方可以使得這一國的人　心悅誠服　所以有文教國的國君同大員　歷代相傳的狠多　這書呢　也不敢說　治國的法子　一定要承襲下去　傳給子孫的　但是這件事　實在有這個理　也並不是我的創論呢

　　長鳴子說道　以上兩節　照這原書演出來是這樣說　但是據我瞧起來　第二十六節說的　資財可以傳給子孫　官爵也可以傳給子孫　這說就有些毛病了　這就是外國貴族政體的病根子　列位要分別看　至於第二[21]十七節說的　文教之國　都是歷代相傳的話　你瞧美

國　他們是個民主國　立國也有好幾年了　也並沒有什麼亂事　難道他不算文教國　指他是個野蠻不成　這話似乎說不過去了　總之看書的人　也要把他前後想一想　這書上的話　就能分別了
　　第五章　論國人做事　應該大家有爭先的意思
第二十八節　一家的人　自然是互相親愛　逢着事情　大家相讓　不肯敎親愛的人　吃一些虧　一個家庭裏頭　沒有什麼爭名奪利　至於同外頭的人　有了交涉　那就不然了　因爲人人各有事業　就人人大家出力　巴望這所做的事情成功了　所以一個國裏　倘使沒有彼此可以比較的事[22]

富強起源（續）

（1901年第九期第15—20頁）

那用力做事的人　既沒有益處　這有益衆人的事　必定有許多人不肯做的了
第二十九節　一個人　大家應該用力爭先　各求他的利益　可以養活身家性命　這話委實不錯　然而亦不可故意的損壞了別人　專圖利己　譬如把珍寶的東西　放在許多的野人面前　這許多的野人　一定要跳得起來　互相搶奪　互相爭鬭　力弱的跌在地下　力強的壓在上面　勢必至於兩敗俱傷　這也是一樣的大家爭先　要想得着這珍寶的東西　照這樣說來　這珍寶有什麼益處　所以文教的國裏　士農工商　各守各人的行業　必不肯做損人利己的事情　像野人的行爲　一個人得了利　敎大衆受害　甚至有盜賊[15]打刼的許多事　以致於好百姓　倒不得安居樂業　雖是名利兩字　一個人一定要爭的　亦要忠厚待人　取得有道理　倘使只想自己得利　損了人家的事業　這樣的事情　大不合公理　況且也不能享長久的
第三十節　取利的法子　有兩個　一個是用我的權力勢力　搶奪人家所有的利　以爲自己的利　一個是自己用了力　規規矩矩　正經的做生意　得着這自然的利益　借了權勢取利的人　必定要多備器械　使他兵強力足　方始能彀敎人家怕他　所以文教沒有興的國裏　一個人得利　要許多人受累　甚至於往往興兵動衆　搶奪國度弱的財物　以爲己有　或者就侵伐他的土地　好自己的土地加多　擄掠[16]他的人民　以爲奴僕　像這樣的　皆不是自然取利的道理
第三十一節　古時節　東方有許多國　他的百姓　不敢有富戶的名目　因

爲這時候的皇帝　是掌握全權　同國裏的大員　統是貪暴得狠的　若然他曉得百姓們　有了資財　不但是立時就要搶奪他的　并且要殺害了有錢的人　絕他的口　像當時的猶太人　在歐洲各國裏　數百年以前　這國裏有大諸侯　管理國裏的公事　百姓既没權柄　可以做什麼事情　只有積蓄幾個錢　圖個快活　然而也是狠苦　有了錢　又不敢顯露出來　恐怕被他們殺害　所以有錢的人　亦裝做没錢的樣子　仿佛是窮困不堪的　然而那裏瞞得過　仍舊被人家瞧破了　能免的不過十個裏一個　這[17]時候的諸侯　橫暴異常　他以爲寬和的風氣　是一定不能治國的　所以凶橫刻毒　凡百姓農工商賈的財物　仿佛是他自己的一般　可以隨時奪他　就奪他的　幸虧得近來　這風氣已經改變了　各國都把章程改定　革掉了諸侯的重權　百姓們亦可以畧安了

第三十二節　倘使文教的國裏　也有了像上節的事情　大家紛爭　強的就欺了弱的　這國裏上下就不得安逸了　凡一個人的性情　漸漸終可以變化的　倘使不可以做的事　能彀禁止了　不可以做的事　能彀興起來　那就像上節所說的貪暴的事　就可以漸漸的改了　況且文教一興　一個人用力做事　能彀獲利　就個個人可以受他的惠　要曉[18]得這個人所取的利益　並不是奪了人家的利　就算是他的利　況且若把工藝興起來　人家亦可以大家幫助　這事就大家都得利益了

第三十三節　我們考究外國人　他們能彀做一個格致的專家　同製造的專家　便能享着大利　得着大名　其實他做的事　實在有功在世界不少　那時候有個瓦得　創了機器　有個司替分孫　創了鐵路同瀛車　有個哈格來佛　同了這亞格來得　創了紡織機器　其餘又有創設各種工藝製造的人　或發爲議論　撰成一書　以教後世的人　這書出了　名利兼全　不但是這樣　并且教天下後世　大家受這利益　還有一種　在本人倒不甚獲利　而這個國裏　隱隱都[19]受他的益處　列位試想　這工藝格致的事　豈不是大大的有益人家的事麼

第三十四節　但是文教的國裏　亦不免有一種狡詐的人　不肯勤苦做事　自己養活自己　見了人家有錢　就要千方百計　要想侵奪了他　纔肯安逸　這種人　雖然亦有因了這個　居然可以致富的　然而這個人　終被文教國裏的人　輕賤鄙棄　若被國家覺察　并且要加他一個重罪　就使一時被他漏網　然而所做的事情　既不妥善　自己亦覺得終身不安[20]

學問的世界
吳興君演說

（1901年第三期第3—8頁）

大凡一個人　生在世界上　極長的也難得到一百年　不過幾十年罷了　若然這幾十年裏　昏昏沈沈　糊糊塗塗　一些道理也沒有明白　一些學問也沒有長進　這個人雖則穿衣喫飯　其實同那飛禽走獸　渾毛扁毛的畜生　有甚麼分別　所以人生一世　總要有些學問　有些用塲　方纔不虛了做一個人呢　但是你們看見這有學問的人　也不是狠多的　我今開口出來　不論智的愚的　貴的賤的　都要叫他長些學問　被那守舊的人聽了　豈不是要說我們大言欺人麼　然而現在新世界的道理　卻要換一句講了　從前我們中國人　在世界上本是最有學問的人種　而且比別國開得[3]更早　不曉得甚麼時候　把學問兩個字　偏重到文章詩賦一道上去　那聰明的人　都用心在咬文嚼字　吟風弄月的事業　把眞實有用的學問都拋荒了　別人不知底細　因爲他才情狠大　不敢去比傍他　把學問二字死了心　都道這是讀書人的本分　我們要學問何用　咳　只這一句話　便造出無數頑蠢不靈的百姓來　直到今日受了大害　總是這民愚的緣故呢　卻不道西國在這一百年中　窮思極想教百姓的法子　都要人人識字　個個知書　不知不覺的學問就大興起來　各國的教法　雖略有些不同　大約每一千人中總有八百個人　能彀讀書作文　寫信通算　有幾國教化好的　還不止此　而且不論男女　都有學問　天生女子　本[4]同男子一樣　不知何故卻把他看輕了　有一句不通的話　卻說女子無才便是福　可不是大悞蒼生麼　這也是我中國的病根　大家都要曉得的　且道世界上　甚麼是學問呢　上等的名人學士　考究得精深微妙　有那些哲學名學天演學等類　我也不用去講他　但那日用起居　必不可少的　事事都有學問在內　人有了一個身體　總要去保護他　使他不生病痛　就叫做衛生學　西國人人講究的　所以他們健旺的多　近來的人　比從前壽長了許多　可不是這學問的效驗麼　田裏的稻麥　種出來人人靠他活命的　便有人想出新法則　新器具來　事事要比從前更精更巧　就叫做農學　西國的田畝　收成比五六十年前　加了三四倍　可[5]不是農學的效驗麼　居住的房屋　總要通風透氣　又要通光　行走

的道路　總要乾淨寬暢　又要種樹　方免疫氣　便有那工程的學　開採金銀銅鐵　攻究富國的道理　尋看礦的苗頭　講究地的脈絡　便有那礦學　攻究地上的山河道里　人物戶口　就有那地理學　攻究地裏的石層地殼　物類變遷的痕迹　便有那地質學　講天文的　推算行星的軌道　便有天學　又喚做星學　用電氣的　造電綫可以通信　製電箱可以醫病　又可以做成燈　照得極遠　其餘一切用場狠大　也說不盡　總名就是電學　講算法的　就有算學　做兵將的　講究那行軍布陣　測量繪圖　演砲駕船　風濤沙綫　總名就叫兵學　攻究法律的　就有律學　明白律[6]學的人　考取了便是律師　慣在公堂上申辯冤枉的　做生意的人　也要明白從古至今通商的源流　貨物的漲落　銷路的變遷　便有商學　做官的　便要考究民情風俗的好壞　公平偏私的道理　便有政治學　講兩國交涉的道理　便有公法學　行醫的　便要立醫院　合醫會　設醫學堂　就喚做醫學　攷究物類的本性　用藥水火力去化分化合他　可以造出一切用物來　便有化學　講人物傳種的道理　孕育的緣故　便有生學　講究空氣燥濕的變動　風雨雷電的預兆　便有氣候學　講究國家的用度　收支的法則　便有理財學　又叫計學　又叫富國學　做先生的　便攷究教孩童的道理　就叫師範學　這學問也許多許多　不過說其大[7]略罷了　沒有一事無學　沒有一人不學　況且學問沒有盡期的　一日精一日　一年精一年　我中國一些也沒有　可不是蒙蔽極了　好在天意要開通我的百姓的知識　把中西大通起來　正好趁此機會　大家長些學問　把已有的學問更加精些　沒有的學問再想起來　聰明的正好用這聰明　欠些聰明的也不必退縮　只要多識幾個字　便好就性情相近的做他　有名有利　都在這裏　男也須學　女也須學　總是一樣的　難道沒有及了西國人的一日麼　難道沒有比西人更精的一日麼　若不然　生在學問的世界　一些也沒有長進　可不羞殺了人麼　這是天開的文明　人類的進步　所以吾叫這世界做學問的世界[8]

論讀書不專爲求功名

包山子演說

（1901年第四期第3—6頁）

列位　你們要曉得　讀書這一件事　是個個人的本分　不論男女　不論貴

賤　不論農工商兵　没有一個可以離掉他的　現在我們中國　要科名的讀書　不要科名的就不讀書　這讀書就爲了科名起見　他不過借這讀書的力量　可以謅一個功名到手　倘使謅不到功名　他就不讀書了　謅到了功名　他又可以不必讀書　所以人家譬喻他　像一塊敲門的磚頭　把門敲開了　就丟掉了　唉　爲了這個緣故　中國的讀書人　一點志氣都没有　爲了這個緣故　中國衰弱到這步田地　都是這讀書專爲求科名的壞處　現在在下兩句話可以包括　第一句是什麼呢　要曉得讀書是自己求[3]學問　不是揣摩人家　謅取功名的　第二句是什麼呢　要曉得將來不讀書　不能彀在世界上　同人家爭活的　列位不信　我再細細的講給列位聽　大凡一個人　爲什麼要讀書呢　不過是要明白道理　讀書不明白道理　這就不必讀了　中國同外國的盛衰　就在這一點子上分別　外國人因爲能彀明白這個緣故　所以他們農有農學　工有工學　商有商學　兵有兵學　醫有醫學　女有女學　没有一件事　没有學問　没有一件學問　可以不讀書的　他曉得這件事　是要實實在在的考究起來　不是糊糊塗塗混得過去的　不然　他們也没有科名　也没有個個人做官　爲什麼他們讀書的人　比了中國　多好幾倍呢　我們中國人　不明白[4]這個緣故　以爲讀了書　將來可以博取科名　一生一世的喫着不盡　所以從小孩子的時節進了學堂　他的父兄　要獎勵他　無非用這些中狀元點翰林的話　那小孩子聽慣了　他腦筋裏裝滿這許多話　一心要取科名　他們就以爲他有志氣　於是把眞實的學問　一筆勾銷　把這精神　專弄到八股文裏去了　那其餘的學問　雖是狠要緊狠有用的　因爲不能取科名　就不去用功　所以有許多人　名爲讀書　其實一點道理都不明白　統害在這個上頭呢　所以我說讀書是求自已的學問　我們爲商的　考究我們的商學　爲農爲工的　考究我們的農學工學　其餘的學問　一一考究起來　總求我們的實在學問　學問好了　不中狀元　不點[5]翰林　有什麼要緊　學問不好　一個狀元　一個翰林　有什麼稀罕　你們瞧瞧　現在狠有科甲出身的　只曉得幾句爛八股　一點經濟學問都没有　倒不及一個商人　他倒能明白大義　捐資開學堂　教人家子弟讀書　唉　本來是明白不明白　原不在科甲不科甲　況且還有一說　就把鄉試而論　一千個人中十個　難道這九百九十個　都不及這十個麼　我想換一個主考　這十個未必全中　我想換一個題目　這九百九十個未必没有一個中　唉　一個人至多活了七八十歲　應考究的學問又狠多　一輩子鑽入科名裏頭　跳不出了麼　除了求科名

的　其餘就一點學問沒有了麼　待我下期　再把這將來不讀書不能爭活的
理　告訴列位[6]

圖畫演說報①

圖畫演說報第五益聞門演說
信陵騎客演
（1901年第一期第30—33頁）

緣起

現在地球萬國。②也算是開通極了。說是陸。便有鐵路。說是水。便有輪船。此來彼往。真是熱鬧得很。因此我們耳朵裡。眼晴裏。又多出一番奇事新聞來。就中益人智慧的。也復不少。中國向來風氣。專主閉塞。鄉鎮地方的人。一些兒不知道外聞的事。咳。可憐呵可憐。如今立這益聞的主意。就是教人曉得些奇事新聞。大家觀感觀感。從此見多識廣。那些迂腐的情形。都改變乾淨。就是胡鬧的事。自然也不做出來了。我且逐條演去。列位聽者。[30]

德皇游廠

德國有一所大廠。名叫克虜卜。（看第一圖。）專造軍器。這廠周圍數十里。做工的人。足有幾萬。連那運重貨的駝馬。也有幾千。那日德皇出游。到這廠內。看了各樣機器。滿口稱讚道好。後來走到一個大廳。廳當中掛著一個鐵錘。足有千萬斤重。德皇見了甚是稱奇。那時廠主人克虜卜君答道。算得什麼稀奇。管理這錘的人。名叫屋家民。他能將手指墊在錘下。那錘放下來。剛剛差著一分。他纔把手指移開。倘然遲一點兒。這手指便打爛了。德皇聞奏大喜道。有此絕技。我要一試。但是手指是血肉之體。不可兒戲的。隨即解身上所帶的時辰表。付屋家民道。你可拿這件東

---

① 1901年11月創刊於浙江，石印，月出一册，刊期不詳。內容分"宗教""內史""外史""時事""益聞""物理""歌謠""女學""蒙養"等欄目，但繪圖質量較粗劣。

② 該報中，"。"用在行中，特此說明。

西。顯你的本[31]領。屋家民接表在手。如法演試。果然那錘鐵下來。不高不低。剛剛離表只差得一分。那表依然不壞。德皇大喜。便把表賞了屋家民。屋家民稱謝而退。做書的人說道。我想外國。尊貴到皇帝。尚且於這些小事。親自到廠試驗。所以民間的情形。無一不知。就推到天下的事。也是如此。因此國中沒有一個懶惰頑固的人。現在德國要算天下第一強國。誰敢正眼看他一看。咳。我們中國的皇帝。是向例深居簡出。不能行動自由的。再則商民是萬萬不能見皇帝一面的。

各國禮節

世界上有不同的國。便有不同的禮節。我們中國人見了尊長。或是作揖。或是磕頭。西洋人行禮時節。或是捏手。或是[32]脫帽。這是我們常見的。不足為奇。如今我說許多稀奇禮節給大眾聽聽。亞拉伯國人見了客。他便將自己的臉。對客人的臉。磨擦幾下。印度人見了客。便忙將身子伏在地上。捧了客人的腳。沒命的嗅。（看第二圖。）緬甸國人見了客。便跑上前去。嗅客的臉。口中說道。好香阿。說畢。又請客嗅自己的臉。新金山土人見了客。兩人都把舌尖吐出來。你舐我。我舐你。亞美利加南海。有一種土人。那見客的禮節。尤其可笑。你道是怎麼樣。原來這種土人。遇著了家裏的人。或者是親戚。或者是最要好的朋友。若是出外幾年。方才回來。一見了面。主人就預備一盆水。提起來望著客人來了。便連盆帶水擲過去。澆得那客人渾身水淋。[33]

圖畫演說報第六物理門演說
山陰傅四郎演

（1901年第一期第36—39頁）

緣起

這一門名為物理。何謂物理呢。是把天下的事物。一一說出個道理來。且都有實在用處。不是憑空說笑的。記得小時候讀大學。那頭一章第五節。有道物格而後致知。那些老輩先生解說道。物格者。物理之極處。無不到也。致知者。吾心之所知。無不盡也。如此說來。凡人要曉得天下的事。須先曉得天下的物。要曉得天下的物。須先曉得天下的物理了。不料中國人能說不能行。單問他那天上的太陽。是什麼東西結成的。任你翻破了四書。十三經。念四史。也尋不出個的確解說來。但[36]聽得人人說是活菩薩。唉。堂堂中國。連這天天出來人人看見的。都不去理會他。其餘更不必提了。那知外國恰日日考究。人人考究。所以富強到如此。我們還不趕緊看看樣麼。如今我就揀那要緊淺近的。一類一類畫圖演來。先把些舊說撇去。再將新理層層推究。愈推愈精。就是富強的根本了

第一節說日〇你看這門第一圖上是一片汪洋大海。湧著個如球的太陽。必定說是旭日初升的景象。那知開口便錯了。地理家早經考明。說太陽是從來不動的。因人立在地上。不知地球在那裡轉動。每天由西到東。（地球的理後面另說。）所以看起來。反像太陽會東升西沒似的。有的說中[37]國書上有日出扶桑的話。不是實在憑據麼。唉。可曉得扶桑是何處。就是現在日本國。日本人在中國的甚多。你去問問。太陽究竟是出在他們國裡不是。但是我方才所說太陽不動的話。有什麼證據呢。譬如我們坐在船中。船在那裡行動。恰不覺得。反看見岸上的房屋樹木在那裡行動。這個比方。就和人在地上不知地動的理一般。中國出了四千多年太陽。這個理總沒明白。其實太陽是一顆離地最近的大星。但近雖近已有二萬七千九百九十萬英里。若問太陽星多大。將他的直徑。穿心量起來。有二百五十五萬一千四百零一英里。其餘太陽的性質功用。以後細細再演

第二節說月〇我們向來看月。有說一兔子在桂樹下搗藥[38]的。有說是嫦娥住的。這些笑話奇談甚多。如今有人聽說太陽是不動的星。就歡喜道。這樣月一定也是不動的星了。豈知太陽不動。月亮恰動得一刻不停。也不是一顆星。你看第二圖上幾道大圈。右邊另有一小圈。這小圈就是月亮轉的路。小圈之中還有一極小圈。就是我們住的地球。月在地球外面。二十八天轉一回。大約世上剛過了一月。這就叫月繞地球。其實月也是個地球。離我們這地球恰有七十五萬里。其餘以後再說。[39]

論君臣父子之別

傅四娘郭華來稿

（1901 年第一期第 56—59 頁）

拿父來比君。拿子來比臣。是讀書人掛在嘴角上的常話。他心下能否依著做。我也不知道。不過像那甜嘴的小孩子。哄哄爺娘。得些糖果子吃便了。誰知一哄兩哄。竟哄掉了幾百代的江山。這可不寃嗎。咳。讀書的

人。該懂得書中道理。論語書上說道。君使臣以禮。臣事君以忠。你道這兩句怎麼解說。是教那些做君的人。命臣子們去幹事。必定要恭恭敬敬。不比養犬馬。用得著便用。用不著便殺。如此。那臣子去幹事。也沒有不忠心的了。孟子書上又說道。君之視臣如手足。則臣視君如腹心。這也沒別的意思。不過比孔子說得親[56]切些。若是父子。那兩種書上。鄒反覆說個盡竭。只有教兒子該盡孝。沒有教老子該盡慈的話。就有也只父子不責善一句。却又是兩面都重。不像君臣。處處專重君那面。這不是外國人說。君臣講義分。（音份。下同。）父子講性分的道理麼。我今更把義分性分的道理。解說出來。給大衆聽聽。什麼叫做義分呢。譬如一國之中。像個大大公司。百姓是開公司的股東。拿出錢來。請個總理。經理公司一切事務。這就像國中的君上了。總理所不能辦的事。再請幾個買辦。分做分做。就像那些臣子了。倘公司開得興旺。這總理自然永遠請下去。連那些買辦也不更動了。若是不能賺錢。做得聲名大壞。那總理還能彀享福麼。買辦更不必說了。如此看來。[57]買辦和總理。都是不能含糊的。臣子和君上。也是一般。這便叫作義分了。什麼又叫作性分呢。譬如爲父的是高山上的一縷泉。爲子的是平地上一條江。泉水流到江裡。不管是清是渾。江總不能不受。猶如爲父雖昏。兒子斷不能撇開。別找個不昏的父。這不是天生的性分嗎。咳。現今的人都把君臣比父子。說道無君便是無父。不臣便是不子。列位想。這兩句話究竟通不通呢。有一個道。這班念書人。拿君臣比父子。也並不是憑空捏造的。書經上所說如喪考妣。如保赤子。孟子上所說民之父母。幼吾幼以及人之幼。不是現成証據麼。我想了一回。這些話又講錯了。須知這些都是比方話。不過因做君的親愛臣民。臣民感受不盡。猶如兒子想父母[58]一般。所以說出這個比方。難道可以當眞的嗎。若可當眞。我所說的股東總理買辦。日後也變成古典了。你道可笑不可笑。總之一個人。天生成有眼。有耳。有手。有足。有腦。有嘴。應該能看。能聽。能做。能動。能想。能說。爲什麼有眼不看。有耳不聽。有手不做。有足不動。有腦不想。有嘴不說。據我看來。是被這班念書人嘴上的毒藥迷住心了。到像我們女流。被裹足布縛住了脚。不能行動。一樣事也做不起來。咳。可嘆也。

此稿已完[59]

1902 年

大公報[①]

講看報的好處

（1902 年 06 月 22 日第 4 版）

從前我常說　我們中國可憂慮的　不在乎貧窮　不在乎軟弱　可憂慮的單單是糊塗　因爲什麼糊塗呢　就是因爲不念書的緣故　也是因爲中國書難念　所以平常人家的小兒　不過念上三年兩載的書　也就作個營生去了　那無力之家連學房也不進的　既然不念書　怎麼能明白呢　那些沒有營生作的　不過游手好閒　喫喝玩樂　有一等好學的　不過聽上些瞽兒詞　胡云亂扯　雖然也有講說忠孝節義的　到底裡頭奸盗邪淫狠多　從小兒聽了　記在心上　不是才子佳人　便是上山學道　呼風喚雨　撒豆成兵　什麼綠林豪傑　坐山爲王　這些個不合正理的事　一代傳一代　風俗越來越壞　直不知真假是非　前年鬧出義和拳這樣笑話　差不多把國鬧丢了　還是沒一點省悟　最可歎的　到如今還有人信老團沒有出來　若老團出來　一定不怕鎗砲　能滅洋人的　這等人的糊塗真是可憐　總因爲沒有人化導的緣故　要知道外國人富足強盛的根子　並不在乎鎗砲利害　在乎通國一心　不論男女　從小兒的時候　個個都入學堂　不論士農工商　沒

[①] 1902 年 6 月 17 日創刊於天津，由英斂之任總理，方守六任主筆。1936 年 7 月底停刊，1945 年 12 月 1 日復刊，1966 年 9 月 10 日停刊。該報爲日報、文言報刊，但設有白話專欄，早期以白話"附張"的形式隨報刊行。1905 年"附張"中刊發的文章被該報館重新結集成册，並被冠名爲《敝帚千金》單獨刊行，成爲該報館不定期出版的白話附刊，1907 年停刊。

人不識字的　更因爲報館最多　人人都喜歡看報　中國古語說　秀才不出門　能知天下事　這話靠不住　要說常常看報的人能知天下事　那真是不錯的　有人說　知道天下事　有什麼用處呢　我說這話太糊塗了　世上的糊塗事　爲非作歹　都是不懂事人作出來的多　那有一個明白人　肯瞎胡鬧呢　所以　看報的大好處　還不在乎單單知道天下事　更能毀長人的見識　增人的學問　那一樣好　那一樣歹　什麼有益處　什麼沒有益處　往大裏說　治國安邦　往小裏說　養家費已　各事都可以比較比較　考察考察　人的見識　越經歷越高　人的能幹　越磨練越大　最苦的是我們中國文字眼兒難懂　所以有許多明白人　如今開了許多白話報館　爲的是叫識字不深的人　也能明白　有人勸我　在大公報上　也要添上點兒白話　我不敢偷閒躲懶　以後得了工夫　就寫幾句　這是我們開導人的一片苦心　也是眞正京話　不要拿着當耍貧嘴呀

講愛德爲同羣大有關繫

（1902年06月29日第4版）

噯呀　這個愛德　是我們中國如今最缺少的一樣要緊的事情　人沒有愛德　就如同花草沒有水一樣　自然就枯乾了　人有愛德　就是大公的心　我得了好處　也願意別人一齊得好處　別人的苦楚　也如同我的苦楚一樣　大家都有這個意思　中國怎麼會不强呢　比如中國現在敗壞的緣故　是因爲彼此不相通　你不管我　我不顧你　但圖自己合事就完了　其實大家都苦　你一人獨甜　那也是長久不了的　比如前年　鬧出這義和拳的奇禍　起首不過是幾個乖張愚頑的人　縱起來的這事　到了收園結果的時候　通國都受了大害　有冤無處訴去　落得外國人罵我們中國人　不如野蠻　任意輕漫凌辱　你說我是中國的明白人　狠有體面　狠有勢力　那也不中用的　古人講同舟共濟的這句話　就是這個意思　比如大家都在一條船上　那船要壞了　誰也脫不了　只可是誰有能幹保護這條船　盡力而爲　不是單保護別人　也是救了自己　到了大家得就的時候①　誰不感念你的恩典　及至你爲大家喪了命　自然人人感激你的義氣　比感念父母的恩還不在以下呢　前頭已經說過　中國的大病　在人人不明白　如今有明

---

①　"就"當爲"救"。

白的人　就是想法子開他們的智識　文話常說　當仁不讓　見義勇為　果真人人不要退縮　弄這個假謙遜　能盡多少力　便努力的振作　不怕艱難　不怕世俗人的譏笑　這樣人不但是英雄豪傑　我直拿他當開創的聖賢恭敬　不但我小小的一個人恭敬他　想天下的明白人　也沒有不佩服的　要知道沒有熱愛的人　萬作不出這些個事來　從前有一個外國人　家財豈止萬貫　但是沒有兒子　有人勸他　該當找個如心的兒子　接續後代　他說那有什麼用處呢　與其給他一人浪費　不如我立個大學堂　栽培本國的子弟　豈不更好呢　這個學堂　世世代代記①念我　豈不比有兒孫記念更強呢　這是何等的通達明白　果然到如今這學堂裏　立了他的像　各國來游的　都讚美佩服他　有些個人說　為圖名行善　也是私心　并不算真德行　我說評論人如此刻薄　一定沒有好心　為什麼你們大家不圖名呢　不單不圖名　但是見了點利　連名聲也不要了　所以古語說　三代以下的人　但怕他不好名呢　凡人作事　就看他的熱心輕重　誠意如何　要是熱心重的人　他必不因為一點小阻擋　一點小囉唆　就拉倒了　不論有權無權　有位無位　總要作些事情與世人有益處　那纔不枉稱是個人

再講愛德

（1902 年 06 月 29 日第 4 版）

這個愛德是狠有好處的　想中國人沒有不以為然的　到底中國作出來真正愛同羣的事情狠少　這是什麼緣故呢　這個緣故狠多　從前北京城裡的富商王子江　設立了許多義學　雖然是照着中國的舊法子念書　不過是但講訓蒙學作八股　然而比官中學堂有名無實的強遠了　後來就有一個御史要訛詐他　王子江不肯拿出銀子來奉呈　御史就遞了一個摺子參他　把各義學歸了官中　一歸官中　立刻學中功課等事大不如從前了　再拏近日的工藝局說　這個意思未嘗不是培養國本的根苗　鬧出來許多口舌　到如今還沒有弄清　凡是願意創作點好事的　那個波瀾阻擋不知有多少　所以把有志氣的人　都弄灰心了　誰也不敢自尋煩惱　樂得作個好好先生呢　這是不能愛羣的一個緣故　又有一等自以為高明的人　高談闊論　不是安邦治國　就是變法自強　說得洋洋得意　及至細細考查去　不過都是些個現成

---

① "記"當為"紀"。

話　空高無用的言語　叫他作一點什麼　一樣也不中用的　他還說大人不親細事　大家不拘小節　他無事時　不過傍觀冷歡　譏誚怒罵　這個不好　那個不是　及至他得了地步　其實比別人更不好　怎麼呢　因爲他絕無仁愛的心腸　全是刻薄的性情　焉能毂好呢　據我愚想　萬丈高樓從地起　沒有小事作不好　大事能作好了的　諸葛孔明那樣的事業　也不過是從小心謹愼出來的　古來誠然有些個大家不拘小節的　到底你沒有大家的本領德行　你單學那不拘小節　這有什麼可取呢　所以許多的高明人　受這病狠深　決不肯虛心下氣　想作一點與世人有益處的事　這又是不能愛羣的一個緣故　一等平常人　他又說了　在上有王公大人　連他們還不肯出頭作這個善事　我們平民更不敢了　也沒有這個力量　俗語說善門難開　你要作個好事　大家必要指說你　不是沽名釣譽　就是假公濟私　私圖肥己　白饒費了精神　耽悞了工夫　還受大家譏笑　這是何苦呢　所以有這些緣故　要不是血性過人　百折不回的英雄　怎麼作得成點事呢　如今我先勸在上的人　不可單知道利己　但圖自己有錢就完了　其實不能常久享用　你看那明朝末了時候　大臣中有家私百萬的　叫他拿出些來幫助軍餉　他是不肯的　及至李自成進了城　給他上上腦箍　他把銀子一五一十的都獻出來　性命還是難保　比如他們都肯破家救國　國也失不了　他的富貴倒能保住了　及至不保　不過一死　這樣死比那樣死　豈不是天地懸隔呢　有權有位的人　肯作這愛羣的事　自然上行下效順水推舟了　所以我苦苦饒舌　就是禱告懇求在上的人　快快設法救我們中國　也就不必連三幷四對那在下的人講了

廉頗　藺相如①

（1902 年 07 月 22 日第 4 版）

戰國的時候　趙國裡有個大臣　名叫廉頗　他爲國家打仗出力得勝　後來封了他上卿的官　他的義氣勇敢　是狠出名的　又有一個大臣　名叫藺相如　起首是在宦者令繆賢手下當差　那時候趙國得了一顆璧璽　就是如今常說的那傳國至寶　當時秦國聽說了　狠喜歡這個東西　打發使臣來到趙國說　願意拿十五座城的地方　換這個寶貝　趙王就合衆大臣們商量說　秦

---

① "蘭"當爲"藺"。

國最是沒有信義的　要是把這寶貝給了秦國　恐怕他不給那十五城的地方　若是不給他　又怕他倚仗着兵多將廣　來打仗　大家沒有主意　宦者令繆賢說　臣家中有一人　名叫藺相如　他足可以去這個差使　趙王問他　你怎麼知道他能彀呢　他就一五一十的　把藺相如從前的事　說了一遍　又誇讚他有勇有謀　趙王就立刻召見相如　問他這個寶貝　是應給不應給　相如說　秦國強大　我們趙國弱小　不可不給他　趙王說　秦王若是收了璧璽　不換給我們城　怎麼好呢　相如說　那就是他無理了　我們寧可送去　我們先占這個理　他不給城　是他無理　我必能叫原璧歸趙　如今寫文話送還人物件　常說奉璧　歸趙　就是這個典故　簡斷捷說　藺相如拿着這璧璽　到了秦國　秦王見了大喜　立刻叫他的衆妃嬪來看　相如看那神情　秦王是沒有給城的意思　他就心生一計　說那璧上有一塊瑕　算是有毛病的東西　拿來我指給你們看　秦王果然叫拿璧來看　相如接過來　往後退了几步　怒髮冲冠　瞪眼高聲的說道　我們國中　都說秦國沒有信義　恐怕收了這寶物　不給城池的　我說平常一個人　還都有信義　何況一個堂堂大國　那裡有昧良心的理呢　我們國王這纔沐浴齋戒五日的工夫　打發送這個寶物來　如今大王得了這寶物　併沒有恭敬的意思　又沒意思給城　那是不成的　你們要是逼迫我　我立刻合這璧璽　一齊碎在這裡　相如說完了　就舉起這璽來要跌碎　秦王怕他壞了這寶貝　立刻叫人快攔住他　說我必給城　相如說　那也不中用　必須也要齋戒五天　秦王無奈　只得依從　相如回在公館　暗中打發人　把璧璽送回本國　後來相如見了秦王說　你們貴國自古以來　沒有好好守過約條　我怕你們哄了我　我已竟把璽送回去了　你們這等的一個大國　打發一個使臣　到了我們小國裏　取這東西　焉有不給之理　到底要先把那城池的地方　分清了　交界　屬我國管理　秦王又是無可奈何　只可放他回國　相如回了國　趙王大喜　就封了他上大夫的官　位分還在廉頗以上　後來廉頗狠不悅服　說我南爭北戰　得了這個官　相如他就憑花言巧語　而且他出身還是貧賤　如今爵位在我上頭　實在叫我不甘心　後來遇到一處　我必要羞辱他　相如聽見這話　後來設法躲避他　不敢合他較量　他的底下人　都替他氣不平　說如今廉頗　到處給你說壞話　爲什麼你這樣怕他　可惜你這等爵位　反不如平常人有骨力氣兒了　相如說你們想想　廉將軍比上秦王的威風如何　那樣赫赫烈烈的秦王　文武滿前一個個氣昂昂的　我都毫無畏懼　任意叱呼　如今我雖然老邁無能　又何至於

怕廉將軍呀　但則有一件　我想現在各國　不敢欺負我們　也不過因爲有我合廉將軍鎮着他們　如今我們若是兩虎相鬭　必有一傷　別的國可就如了心了　如今我所以不同他較量　是先顧國家的大體　我們的私仇又算了什麼呢　廉頗後來聽人傳說這個話　自己愧悔的了不得　找了親友帶着他　光着膀子　頂着荊條　跪在相如的門前　請罪求赦　兩個人從此親愛和睦至極　定了個名兒　叫作刎頸交　說的是　你爲我　我爲你　都肯舍了腦袋的　噯呀　這一個故事　念書的人都知道　到底在我們現在的時候　眼前的光景　實在是個頂門的針　對症的藥　現在的人　能彀屈己從人　舍私爲公　可有几個　自古來　悞國害民的事　都在這結黨營私四個字上頭　就拿如今這個新黨舊黨說　你罵我　我攻你　勢不兩立　鬧来鬧去　一點眞心爲國家也沒有了　全全弄成了私仇　纔把中國禍害的這樣　倘或有人像藺相如這樣的居心行事　也不至到這步天地　所以我盼望在位的人　不要妄自分門別戶　彼此攻擊　自相殘害　要以大公爲懷　以仁愛存心　大家合羣出一個公力　把中國壞風俗都要變化好了　中國所受的病患　要設法把他去了　怎麼能彀開民的明智　要設法引導　那自然不愁國富民强了　不要叫世人評說　自古來就單有一個藺相如　我們人人都可以效法藺相如

西班牙修髮匠

（1902年07月26日第4版）

西洋古來有個故事　在西洋人聽着　狠有意思　不知道中國人聽着怎麼樣　如今我說一說　在三四百年的前頭　西班牙國狠强盛　許多的小國都屬他管　那個皇上的威風光榮　也就可想了　在這國裡　有一個狠大的隱修院　因爲西洋另有一宗人　不貪世上的功名富貴　專以修德克苦爲主　就大家立了一會　隱在清淨地方　天天養性修眞　不問世上的事情　叫作隱修會　這個隱修會裡　出了許多的聖明人　作出來許多書　人人都喜歡看　這一天　西班牙皇上　特意來到了這隱修會裡　故意難他們　就說我聽見你們貴會裡頭　高明人狠多　如今我請問你們三件事　若是答對得好　後來我還要入你們這會呢　大家請問是什麼事　皇上說　第一件我問地中心在那裡　第二件我問我的身價值多少錢　第三件我問你們想我現在思想什麼　你們大家思索思索　我先去別的地方游玩游玩　等我

回來　要答對我　皇上去了　大家一想　這豈不是故意的難人麼　這可用什麼法子答對呢　（說到此處　我請看報的大家想想　該當如何答對）　正在大家爲難的時候　有常來這裡的一個修髮匠　（就如同中國剃頭的一樣）　說這有什麼難處呢　把你們隱修的衣裳　借我一件穿上　我替你們答對　大家說這可不是鬧着玩的事情　他說那是自然　我若沒有這金鋼鑽　我也不敢攬磁器　說話之間　皇上回來了　就問他們　想好了沒有　這修髮匠上前來　鞠躬行禮　說已竟想好了　第一條　皇上問地中心　從前我國皇太后　曾派過人　探查海道　後來知道地是圓的　既然是圓的　無處不是中心了　到底皇上你是總王　誰也比不了你的光榮①　你在那裡站着　那裡就是地中心　這麼一奉承　皇上喜歡的了不得　說這一條答對的可以　第二條呢　修髮匠說　若論皇上的身價　倒也有限　大概不過值上二十九塊②錢罷了　說的皇上立刻變了顏色　大家修士　都要過來打他　他說不要忙　我還沒說完呢　你們想想　從前耶穌　他纔賣了三十塊錢　難道皇上還要比耶穌多值麼　不過纔差一塊錢罷　皇上合大家聽了　都說有理　皇上又問第三條呢　他就反問皇上說　皇上你想我是個隱修人麼　皇上說不錯　他說既然說不錯就好了　他立刻把衣裳脫下去　他說我是個修髮匠呀　招得皇上合衆人都大笑起來了　後來皇上把這修髮匠召到朝中　賞了他一個官

四樣動物談

（1902 年 08 月 09 日第 4 版）

有一個人　名叫哀時客　他在屋裡閒躺着　聽見隔壁有張王李趙四個人　在那裡講動物的話　哀時客側耳細聽　姓張的說　從前我游過日本國的北海道　合那捕鯨魚的在一塊兒　常聽他們說　有個鯨魚　不知道有多少里大　那魚脊梁露出在海水面上　就有三里的地方　許多捕魚的人　刨那魚的肉　住在那魚上　天天在那上頭喫　在那上頭睡　白天拿魚的肉就當作飯　夜裡拿魚的油就點燈　像這樣子　有五六家　除此以外　魚鱉蝦蟹　四周圍喫他的　又不知道有幾千幾萬　那鯨魚一點也不自覺　還是逍

---

① "你了"當爲"了你"。
② "塊"當爲"塊"，后同。

遙自在　自己想我是海中王子　我就說　這是因爲他太大的緣故　雖然天天傷害他　也損壞不了什麼　打魚的人說　並不是　他是因爲沒有腦氣筋的緣故　過不了幾天　也就到了我們魚市上去了　姓王的又說　從前我到過義大利國　那國裡有個立卑多山　山裡有個大溝　名叫烏結　暗無天日　什麼也看不見　那溝裡的水　有十幾里寬　水裡另有一種瞎魚　孳生的狠多　從前懂得格物學問的人說　這一種魚　原來不是瞎的　這水從前合外頭的水也相通的　後來因爲火山崩塌　把這個地方壓在底下　年深日久　那些魚眼睛　也沒有用處　故此所生的小魚　也就沒有眼睛了　這幾十年以前　因爲開礦　把這個地方開通了　這裡頭的水　忽又合外頭的水　連在一處　那些瞎魚　合那不瞎的魚　混在一塊兒了　你們想想　那瞎魚爲求喫食　爲躲避害處　那一樣也不如有眼睛的魚了　所以一天少似一天　如今差不多這一種瞎魚　快絕滅了　未完

續動物談

（1902 年 08 月 10 日第 3 版）

姓李的說　從前我到過法國巴黎京都的地方　那街上的繁華體面　在西洋算第一了　有屠戶專以賣羊肉爲生的　他們宰羊　乜不用繩綑　也不用刀殺　另有一個電氣機器　那機器巧妙無比　專能把羊吸進去　從這邊進去　從那邊出來　羊的皮毛也退①淨了　骨肉五臟各歸各類　分了個狠清楚　一大羣羊　一會的工夫　一個一個　全都骨肉分離　七零八碎了　旁邊看着的人　沒有不替那羊可憐的　沒有不替那羊歎息的　那些個羊　一個緊跟一個　高高興興往上走　並不知道是身入死地呀　姓趙的說　我從前在英國倫敦的時候　有一天　朋友約我到了一個博物院　院裏有人製造的一個怪物　如同獅子的模樣　在那裏臥着　朋友告訴我說　你不要輕看了這個東西　他肚裏有機器　一上那絃　他就張牙舞牙②　擺尾搖頭　雖然有千人的力量　也收拾不住他　英國人叫他佛蘭金仙　從前曾侯出使外國的時候　翻譯他的名字叫作睡獅　我聽了就過去上絃　試試那機器的力量怎麼樣　那兒想到　他那力量還沒有發作　裏頭機器戛崩的一聲就壞

---

① "退"當爲"褪"。
② "牙"當爲"爪"。

了　還是把我手搯的狠疼　什麼緣故呢　皆因這個物件廢了年久了　銹也長滿了　輪子也糟透了　又有別的東西橫梗在裏頭　若是不換新機器　不重新修理　可惜這麼大的一個物件　白白的糟塌①了　哀時客在那裏聽這四個人　各講一段故事　裏頭都狠有意思　從頭一想　那鯨魚天天受人的割　不自覺是沒有腦氣筋的緣故　瞎魚受別的魚殘害　是沒有眼睛的緣故　羊歡喜送死去　是不知道的緣故　那睡獅子　可惜一個狠好的物件　是因爲年久不動　長滿了銹　又有東西在裏橫梗着　一動就壞了　噯呀　這四段故事　該當快快的告訴我們中國四萬萬人　要驚心動魄的猛省發奮　不要落在這步天地呀

說看報的好處

（1902 年 09 月 02 日第 3 版）

俗常有一句話說　秀才不出門便知天下事　我當初狠不信這句話　怎麼不信呢　我想秀才不出門　竟坐在屋子裏看書　那書上所記的全是古時的事　即或是新作的書　也不過是前些年的事　那能就知道現時的事合現時各國的事呢　如今我纔信這句話是不錯的　怎麼如今又信了呢　我因爲看報信的　報上所記的全是現時的事　或是某國有什麼事　或是偺們中國某處有什麼事　或是那一個官好　或是那一個官不好　報上全都說的明白　我從前無論什麼事全不懂　要是有人問現在中國是怎麼個情形　我還疑惑着是太平世界　絕不知道偺們中國壞的如此樣子　要是問我外國的事　更不明白了　我直不知道中國以外還有許多的國　就像當時下那些渾人一般　如今我比從前漸漸的明白一點　不像從前那樣糊塗了　我也不知道是怎麼明白的　翻開書本子看　所明白的事　多不出在書上　細細的想來　實是看報的好處　看起來這個報是不可不看的了　我勸大家　全當買幾分看看　要是錢方便的呢　可以多買幾分　要是錢不方便的呢　也當從朋友處借看　人要看慣了報　就如同走遍了天下一般　無論什麼事全可以知道　不但是秀才不出門便知天下事　凡是認得字的要是看報　就可以知道天下的事　每月費錢不多　便能長許多的見識　這不是痛快事麼　我常聽見人說　報上最愛罵人　人家有什麼事　他一點兒也不給瞞着　動不動

---

① "塌"當爲"蹋"。

的就給現了醜了　那知道這纔是報的好處呢　人要是有好處　報上也必表白出來　可以教本人好更加好　也可以教別人學好　人要是有錯處　報上也必實說出來　可以教本人改了　也可以教別人不敢作壞事　再說報上也不能無故的罵人　不過是照實說理就是了　還有一等人說　報上竟是一面之詞　不可信的　咳　這更不是明白人的話了　凡是報上的話不敢說全是公道話　到底報館裏的人他要是徇私　別的報館一齊就要分辨起來　我絕不是奉承開報館的　我憑着我自己的公心　看報上所說的公理　從來少見報上有逞一人的私心胡論的　凡是看報的人　萬不可因爲這等人的話就把報看成不要緊了　還有一等人說　這樣報好　那樣報不好　那樣報好　這樣報不好　據吾看全好　怎麼全好呢　我想一個人知道一件事　十個人就知道十件事　這一樣報上所記的事　或是那一樣報上沒有的　那一樣報上所記的事　或是這一樣報上沒有的　那個報錯了　這個報能更正　人要平心細想　可以知道誰是誰非　所以我說全好　可是有一節　惟獨那肯說實話不奉承人不諂媚人的　那算頂好　人要看慣了這樣報　他心中自然就能分別人的好歹合事的美惡　不致於糊糊塗塗的像隨風倒的一般了

無愛德

（1902 年 09 月 03 日第 3 版）

如今中國世道人心　敗壞到這步天地　那裡頭的緣故　不止一端　我一言超百總下一句斷語　就是無愛德三個字　這個話　我想不以爲然的人狠多　聽我畧畧的講一講　在上的人若是有愛德　看見天下有一個人不得其所　他心裏着實的不安　一定要想法子教他不受饑寒　不受痛苦　推廣這個不忍的心　凡是與民有益處的必要設法興起　有害處的必要設法絕除　有視民如傷的心　刻不容緩　如坐針氈　那忍得但圖自己的舒服　不管別人的苦惱　凡是興利除弊　除害安良　沒有不盡心竭力的　作官的有愛德　怎麼忍得貪贓受賄　徇私枉法　刮削地皮呢　看看那黎民百姓　早作夜勤　焦身枯面　啼飢號寒　兒黃女瘦　枵腹攢眉的那些光景　豈有不心痛鼻酸的　若是不但不設法救他們　還要害禍他們　這等人眞是不如禽獸了　比方我們中國　若是人人有個眞愛德　自然就該當想法子振作要強了　有人說　你說的這些話誰不懂得呢　到底中國　地方這麼大　人口這

麼多　從那裏振作起呢　作官的就知道享福發威　在家裏錦衣玉食　歌兒舞女　出來人馬山集　前呼後擁　他怎麼會懂得百姓的苦惱呢　念書的算是一鄉之表了　聽他們講的之乎者也　非理卽文　也不知道說的是些什麼　平常聽他們批評　這個官作的不好　那個事辦的不對　拍手頓足　揚眉吐氣　倒彷彿狠有良心　狠有血性似的　有幾個後來漫漫的作了官　細考較他所辦的事　所說的話　合從前就不同了　居然又另是一個人了　餘下那些個作買賣的　種莊稼的　作手藝的　沒有不是自私自利　但圖自己合式　不管別人喫虧　你擠我　我軋你　鬧來鬧去　纔成了這個癱瘓病的中國　你整天的拿着管筆　講道德　說仁義　竟擺弄這些現成的話　難道那就算官也不貪了　民也不詐了　也就沒有水旱刀兵了　這些無倚無靠瘸老病瞎的窮民也算有了安生之處了麼　眞是你門這些念書的人　專會講大話　挑斜眼　有什麼用處呢　說的我一時無言可答　就是連告訴他說　無愛德　無愛德　未完

再講愛德

（1902年09月05日第3版）

人合禽獸不同　就在乎愛德　禽獸也有愛　到底不是德　因爲他沒有思想　沒有情理　故此不能齊全　不能溥遍　獨單人　要是有眞正的愛德　他那好處　能傳遍了衆人　遺留到後世　所以稱他是德了　一家人沒愛德　就不成一個家　一國人沒愛德　就不成一個國　我所講的愛德　不要想錯了是那婆婆媽媽兒的假仁假義　是要推己及人　愛人如己　要如同古人所說的　爲生民立命　爲萬世開太平　說到這裏　未免過高了　到底你們要知道　孔夫子說過　見義不爲　無勇也　又說當仁不讓於師　我們中國大壞處　就是自私自利　見了一件正經事　就退縮推諉　比方有一個人想辦一件狠好的事情　到底狠難　又一回思我要出頭　豈不是自尋煩惱麼　誰又知情感恩呢　莫若等着別人辦罷　那一個人　也是這樣想　四萬萬人　都這麼想　你們大家想想　這世界怎麼能好的了呢　要是人人想　我旣然是個人　便爲萬物之靈　該當愛人如己　要是不作愛德的事情　不如禽獸　人人有這個志氣　國家怎麼會不強呢　不要說　我是小小的一個平民　那裏有這個權衡力量呢　我說不然　就怕你的愛德不純　志氣不篤　倘若要有個眞誠熱切的心　總是有濟的　雖然一時不能成　將來

也是必成的　你們看從前美國　苦虐那黑奴　慘無天日　有一位批茶女子　大發惻隱憐痛的心　作出一本書來　說的情景可慘　大大感動人心　不一年的工夫　這個書翻譯了許多國的文　傳流了幾百萬本　後來果然就把賣奴的風俗改了　你們細想想這個緣故　豈不是從愛德裡發出來的效驗麼　現在有翻成了中國文的一部書　名叫黑奴籲天錄　大家可買來看看　我就盼望我們中國　現在出來批茶女子這樣一個人　中國可就好了　底到我極驚心裂胆的害怕　千萬不要到了那黑奴的地步　像那書上說的光景　到那時候　後悔也就晚了

講中國文法太深的弊病

（1902年09月29日第3版）

昨天有一位朋友他說　我們中國　可眞要富強了　我問他從那裡看出來的呢　他說我看近來下的上諭　貼的告示　各學堂□所訂的章程　都說得斬釘截鐵　我看偺們中國的大局　或者有點轉機　旁邊有位老者　嘻了一聲說道　那一年不說得這麼好聽阿　自從我十幾歲的時候　就常聽見什麼勵精圖治　什麼痛除積弊　什麼臥薪嘗胆　什麼因時制宜　什麼防微杜漸　什麼開誠布公　再不然就是革面洗心　奉公守法　激發天良　力圖報稱　涓滴歸公　因地擇人　哎呀　就是這些俗套子　我聽的都不愛聽了　近來一二十年　說得更好聽了　不但合折　而且壓韻　在舊套子外頭　又加上新花樣了　甚麼深知愧奮　情有可原　精通西文　熟諳洋務　相機因應　才堪任使　通達時務　將才難得　哎呀　文法越好　實事越少　不但言行不相顧　簡直的拏着撒謊騙人　文過飾非　當作了固然應有的學問了　一下筆　就是這一套門面話　習以為常　恬不為怪　你們再看那督撫兩司到任謝恩的奏摺　恰賽刻了板的一樣　這個是整躬率屬　那個是杜絕苞苴　這個破除情面　那個就勤政愛民　哎　紙篇上越好看　實事上越糟糕　筆墨越工　心術越壞　我這幾十年　留心體驗　說的一年比一年好　辦的一年比一年壞　說到目下　實在無可再壞了　那筆墨也無可再好了　若論目下這紙篇子上說的　不但中國人聽的不愛聽　連那外國人也都笑的不愛笑了　你們要拏他們說的當眞情實話　你可眞上當了　以後不必淨聽他們說　還要暗地留心　在他們辦事上考察考察　興衰成敗都可以考察出來的　我們要打算救我們的滅亡　也就說辦就辦罷　不要終日的

白話溜舌了　那朋友又問老者說　中國言不顧行行不顧言的毛病　究竟從那裡所起呢　老者說　這個毛病　由於文法太深　學生自幼上學　他父兄師傅　就不教他力行　總是出個題　做一篇詩文　祇要平仄調　句法好　就算是好學生　總不在躬行實踐上教訓他　故此長大時　除去空言搪塞　妄言欺人　實在沒別的本領　就是那做官的念書的　坐定了談論學問　也是尚講誰的論好　誰的文章好　誰的詩賦好　誰的字寫的好　要遇見那有經濟學問能辦事的　實事求是處處認真的　他們反說是沒學問沒身分的人　再不然就說他是沽名釣譽　噯呀　拿空談當學問　拿辦事當沒身分　拿因循無能當道德　拿振作有爲當小器　這都是偺們中國人思想中的壞處　必要把這些習氣　都反過來　中國纔能強呢　要緊的一樣　是把文法改淺近樸實了　最是目下救弊病的頭一件事　怎麼辦的　教他怎麼說　怎麼說的　就責備他怎麼辦　若是一差樣兒就嚴嚴的辦他　甯可失於樸陋　不可失於浮文　那外國的強　就在這個　我們要轉弱爲强也在這個

歎津俗
一斑生來稿

（1902 年 10 月 24 日第 5 版）

天津本是個勝地名區　老前輩也出了些個上等人物　文的有做過學院的　武的也有做過提鎮的　至於那翰林舉人　文武秀才　更是數不盡的了　富商巨賈　也不止一家　而且都是樂善好施　見義勇爲　故此這天津一處　善舉是數不盡的　既有這些位人物維持風俗人心　故此天津人　到了外方　沒有不高看一眼的　哎　不料這數年以來　把個天津字號　做的太壞了　天津人走到一處沒有不躱的　一聽見天津二字　人家都皺皺眉頭子　難道天津人都不好麼　不過是一馬杓壞一鍋罷　你們再看這天津本城的風俗　還睜得開眼睛麼　這是怎麼個緣故呢　大概是有好人纔出好事呢　好人越少　壞人越多　壞人越多　壞事也多　壞事越多　好事越少　日積月累　簡直的沒好事了　衆位想想　滿街不淨是不好事　年輕的耳濡目染　也就都學壞了　故此風俗人心　越趨越下　越來越壞　紳士商人　也不是五十年前紳士的商人了　於這風俗人心上　也沒有絲毫的維持　更有火上澆油的　實在的令人可歎哪　我在津住了多年　我隨時留神

查考　現在天津有幾樣極壞的風俗　實在可慮　頭一樣是狡詐好訟　第二樣是械鬥羣毆　第三樣是習尚奢華　第四樣是嫖賭太盛　這四樣惡俗　別處也免不了　不過是天津太利害罷　要是再待二三十年　此地的風俗人心　還不知變個什麼樣兒呢　要不是越弄越壞　我可就不多說少道的了　皆因是實在的可怕　我故此細細的說說　怎麼叫狡詐好訟呢　皆因此地人　多有愛打官司的　這個愛打官司的風俗　可是老前輩開的端　當初鹽商富戶　都有幾個糟錢兒　要是合人成了訟　他不論花幾千花幾萬　他非贏①了官司不可　也不論理之是非　事之大小　就專好逞這個能　那做官的　既使了錢　不能不叫他占上風　假如遇個清官　不給他使喚着　他必買出大人情來　挾制承審的官　要是不受挾制　他必用大車載上銀子上京　必要把這個清官　買的調開本任　故此那做官的　都知道有錢的勢力　爲什麼人財兩空呢　假如遇上個扎手的對頭兒　可就不聽官斷了　不論你有多少錢　你買通了地方承審官　你還買通了皇上麼　不論承審官如何壓制斷結　他必要上控的　上控不准　他再叩閽　决意死戰　也是非翻案非贏官司不可　假如贏②了官司　這親友們就推他爲好漢子　做親的也來了　送衣裳送大米的也來了　就把這人　架弄起來了　俗語說　騎虎難下　既架弄起來　就不能退後　故此時常的就得走跳衙門　交幾個書吏　認識幾個衙役　書吏衙役做他的耳目　他也給書吏衙役做爪牙　外面那些不讀書不識字的愚人　還知道什麼是非邪正麼　一見打官司露了臉　又有飯又時興　又有人敬又有人怕　他也就照樣兒學　一天的沒事找事　必跟有頭有臉的打塲官司　纔算露臉揚名呢　故此這毒氣流至今日　成了這健訟的惡風俗　今年七月十二　收還地面之後　天津縣那一天不收幾十張呈子呀　眞受曲含寃的　也有幾個　邢砌詞妄控③　借端訛詐的　也實在不少　前者出告示　說的是誣控反坐　這是最知道天津風俗的　這個辦法極好　若以愚見揣度　辦理未免太輕　不如詳請府道　稟明督憲立案　以後再遇逞刁誣控　挾嫌妄告的　一經審虛　即照反坐例　加等治罪　每年必把這事　編出白話告示來　粘貼幾次　下一任的官　也要接着辦　有犯必懲　或者這健訟的

---

① "贏"當爲"贏"。
② "贏"應爲"贏"。
③ "邢"應爲"那"。

風氣　也須好些　　　未完

歎津俗（續前稿）

（1902年10月24日第5版）

昨日說的是狡詐好訟　今天再說這械鬥羣毆　天津的土匪　動不動就打羣架　每到打羣架的時候　多者數百人　少者數十人　兩造約期開仗　刀槍並舉　棍棒齊施　輕者兩造受傷　重者必出幾條人命　若是地面汛官出來彈壓　這些土匪也不聽勸　必容他們打完了　然後投案打官司　哎呀　每年死的那些人實在不少哇　愚人們總不醒悟　總以敢打仗爲榮　這個風俗　從何處而起呢　有因爭行市而起的　如魚肉瓜果等行　起卸貨物的車行脚行　鍋匪之中　也有因在侯家后　爭做護花廳的　總而言之罷　所爭的不止一樣　而械鬥羣毆的　萬沒有好人　皆因以上這些事業不但好人不肯辦　而且不能辦　敢辦能辦的也就是這些無業的游民　既把行市爭到手裡　狐羣狗黨　也是一窩蜂似的　故此這行市頭目　侯家后拏錢的混混　鍋夥裡的首領　都是挨過蟒鞭　站過站籠　打過羣架　充過大軍　犯過人命重案的　況且吾們中國　又是個不講教化的國　無業游民是多的　一天吃喝嫖賭　挨靠匪人　花的沒錢　不由的就入夥了　一入夥　三個一羣　五個一夥　約會約會　就開逛吃麵了　那位說　什麼叫開逛吃麵哪　這天津混匪的規矩　是有願入夥的　就到鍋夥內說明　這就叫某人開逛　大家一同吃一頓麵　吃完了　那匪首必問他合誰有讎　開逛的袖必藏洋槍利刃　帶上一兩個混混　找向讎人去打仗　打完之後　必再到侯家後找出錢來　然後這纔算是個名角　鍋夥越立越多　人也越聚越衆　就是那十來歲的小孩子　於玩耍時　也必效混混叫罵打架的樣兒　你們看這惡俗　可憐不可憐呀　當初李文忠公　奏過此事　部裡也立過案　天津的混匪　照會匪一律正法　後來殺了幾個　地面就安靖了好些日子　那年王中堂做直隸督的時候　混混又聚起來了　河北打羣架　竟敢砸毀舖面民房　有位天津府叫李蔭梧　這李公祖是位疾惡如讎的好官　辦混混是最嚴的　河北旣出了這案　就趕緊派勇把兩造拏了幾個來　一造殺了一個爲首的　這羣毆的風俗又好些　前二年羣毆的又多了　破城之後　西人治理地面安設巡捕　慢說羣毆　就是在街上拌嘴揪扭　也必拏到兵官處罰充苦力的　誰想到　匪膽如天　白晝

不打　黑夜打　也有白天在僻處打的時候　河東脚行打了不是一次　侯家后也打過好幾次　洋兵看見就開槍　他們始終不怕　刻下地面收回　這個禍害可要預先防備的　仍是奏明立案　多粘白話告示　別落個不教而誅　出示之後　再有羣毆械鬥的　巡警兵就趕緊喝阻　將兩造拘案懲辦　輕者責罰扛枷　重者罰苦工若干月　責罰滿日　再問兩造曲直　倘巡警連喝三聲不聽或不服拘拏　或被拘逃脱　準巡兵開槍轟擊　擊斃勿論　匪人羣毆　行路的急速躲避　倘敢在旁駐觀喝采　巡捕開槍時　誤擊莫論　聲明此條　防範匪人被擊後　不認爲械鬥之人　他說他是行路的　他必挾制兵官　可就不好辦了　既嚴辦械鬥　還得嚴辦游手　凡見有大鬆辮穿花鞋　橫行凶惡的　看着不像安分的　就把他拏去罰苦力　必如此　這械鬥的風氣　纔能盡絕呢　不但保護軟弱的良民　也保全無數的性命　這個辦法　絕不苛刻呀　仍未完

歎津俗（再續前稿）

（1902年10月30日第3版）

頭次說的是禁健訟　二次說的是禁羣毆　這兩樣　官府都能辦到　惟獨這習俗奢華　可不能繩以王法的　這個責任在本地紳士身上　既是做官讀書　就有轉移風俗的責任　要是做官與讀書的　也隨着鬼混　這風俗可就沒人轉移了　我們中國人最沒熱力　念書的人更是不多事的　慢說本國本省本鄉的事　就是他那本家的事　他也必分出彼此來　與他本身無干係的　他也不管　這是我們中國讀書人極大的身分　我不是讀書人　我也沒官職　我也沒經濟學問　我不敢說轉移風俗哇　這四個字我實在說不起　不過生個人來　盡我們爲人的心罷　衆位看　近來這幾年　天津浮華的什麼分地了　也不論士農工商　高矮貴賤　洋布都沒人穿了　做買賣的　也講做濶　洋貨局錢舖的夥友　也穿一身寗綢　若到夏天　都是官紗紡綢　夏布哆囉蔴　都不穿了　秋令都是夾紗　貴州綢也沒人買了　也要抽鴉片煙喝外國咧酒　哎　綾羅綢緞　不是不許穿呀　可也得量量家當呀　也得看看自己的營運哪　果然是世家子弟　家財萬貫穿出來　也沒人笑話　我們每年賺不了二百吊錢　身上也要穿幾十塊錢的衣裳　那買賣焉能不關門呢　錢鋪焉能不坑人呢　市面的商務　焉能不空虛呢　再說不論什麼進項　都坐一輛包月的東洋車　一個人拉的　每月就得十四五塊　兩個人三個人一輛的更得加倍

了　果然有正經事　也不要這麼濶呀　何況沒有正事　一天的浪濶呢　衆位若不介意　請到估衣街鐵橋宮南北①　畧站一刻　就看出來了　再說這住家戶兒　婦女們也都不講究過日了　近來就有點笑破不笑娼的意思了　吃喝穿戴　無一不濶　一件衣服上　沿的綉花辮子　就值幾兩銀子　綉花的不解恨　還要平金的　婦女還可以　那少年的男子　也必沿些平金　那衣裳的裡子面子　還不值幾個錢麼　至於那婦女們的打扮粧束　也是貧學富　富學娼　道理全無　任情揮霍　哎　豐年不積蓄　荒年焉能不爲非做歹呢　再說那娶聘的罷　也是爭强鬥勝　眞有娶一次媳婦　聘一次閨女　弄得買賣虧空家資告罄的　哎呀　這是何苦呢　至於慶壽日賀滿月　也必叫幾個歌妓到家來　常有慶賀一個生日　花銷幾百塊的　遇上喪葬的大事　那奢華更不用說了　必要雇多少和尚道士　必要念幾七的經　必要全分執事儀仗　常有辦一次喪事　弄得過不了的　噯呀　這果然就算孝心麼　這街面兒上果然就算露臉麼　怎麼正經事不爭强鬥勝　專在這一過兒　不要緊的上　鬥奢華呢　古人說過　喪葬稱家之有無　那喜慶的事更不用說了　北京城的莊戶人家買賣人家　都是極儉樸的　都講究辦完了事　沒有窟窿　沒有討賬的　除非那官宦人家　有這奢華的惡習　皆因做官的錢　來的太易　他們也得颺場似的花　他們把錢要都聚起來　這手藝人買賣人可就苦了　我們爲士的　爲工的　爲農爲商爲賈的　這錢財來的實不容易　我勸衆位　亟早拿定主意　不論是小掌櫃濶大爺②　也不論是居家是鋪戶　千萬都要低頭想想　別一天的昏吃悶睡了　年頭兒不好　別有多少花多少　倘有個湊手不及　可就露馬腳了　等到出了醜　一定是沒人接應你們的　到那時候　我怕連洋布也穿不上　連棒子麪也抓不上阿　古人說得好　常將有日思無日　莫待無時想有時　又說勤儉生富貴　奢華生貧賤　又說貴自勤中得　富從儉裡來　這都是濟世良言　衆位可別不醒腔　還有一樣兒　衆位可要分清了　要遇上當辦的好事　可要破費一點纔好　我常見一種刻薄成家的人　生一個敗家子來　一花就是好幾百吊好幾千吊　他在他父母身上　骨肉近親身上　反倒一毛不拔　要有混星子訛他　一訛就一百塊二百塊　要遇上舊日的朋友受了困　或遠親近隣被了難　他反一味的粧窮　他要到了小班子　落子館　一賞就是好幾塊　他可在老師的束脩上打算盤　還嫖賭債他有錢　還米麪布疋

---

① 原文中"請到"前無空格，這裏是編者所加。
② 原文中"不論"前無空格，這裏是編者所加。

的債他就沒錢了　地面若出了義舉　親朋一見他　他就皺起眉來了　他要見了什麼銀福金鳳金翠玉環的　不怕一遞就二百塊　他也絕不心疼　目下這個樣兒的人　實在不少哇

欺津俗（再續前稿）

（1902年11月02日第3版）

賭錢是件極沒出息的事　賭錢的人　六親不認　輸急了就須做賊　怎麼總禁不絕呢　皆因辦的太輕　況且那局頭就是箇壞根子　不賭錢的　他也能勾引的賭了錢　就不用說有賭癖的了　禁止的法子　就是取兩箇法子　一箇是洋兵抄家的法子　一箇是袁宮保禁私錢爐的法子　前年去年　洋人治理天津的時候　最恨賭博　要知道誰家賭錢　就把他一齊拴走　不但從重責押　還要多罰他的銀錢　此地的婦女　最愛賭錢　也有在家內賭的　也有遇親友家喜事　聚在一處賭的　洋兵的辦法是一概而論　也不論是男是女是老是少　也不論是喜事不喜事　內宅不內宅　巡查的一巡着賭博了　就帶上兵　把女人們揪着走　揪到巡捕房　多少塊錢贖一箇　不然就看押起來　河北梁家嘴　有一家辦喜事　女眷鬬牌　被洋兵查知　把五箇穿珠帶玉的女人　揪向街上走　有一箇羞愧難當跳了河的　洋兵全不介意　仍把那四個揪了走　後來聽說是拏錢贖回來了　河北關上　東門裡　閘口　河東都出過婦女被揪的事　洋兵辦的極合理　絕不為過　皆因我們中國人　太無知了　雖然辦的這麼嚴　你們當是不賭麼　噯呀　那男男女女還是照舊的賭哇　不過比從前留神些　不在臨街的房裡賭　門口兒總留一個人瞭望　噯　你們看看　僧們中國人還有心麼　目下我們中國官　要打算禁賭　不能照洋兵辦理　可就照袁宮保禁私錢爐的法子罷　也是先出白話告示　設局抽頭的什麼罪　賭錢的什麼罪　街隣不舉報的什麼罪　製造賭具的什麼罪　首告賭博因而拏獲者　有何賞　巡捕境內無賭博的有何功　每月貼他一次　時時刻刻　派人嚴密訪察　自然賭風就息了　仍未完

大陸[①]

魯賓孫漂流記
英國德富著
（1902年第一期第1—5頁）

第一回　違慈訓少年作遠遊　遇大風孤舟發虛想

一千六百三十二年。我生於約克城。我父有三子。我其季也。平生不知營生爲何事。惟好動的思想裝滿腦中。常踴踴躍躍不能自已。我父常教我學合宜的學問。我既受家庭[1]的教育。又常到自由學堂讀書。我父時常勸我學法律。但是我的性情。總不相近。平生無他思想。常想孑身航海。乘風破浪。想到這箇情景。我便心思頓發。我父見我如此。大不以爲然。常把他身所經歷的事教訓我。說我不要輕易冒險。有一早晨。他教我入房去。那時他正患脚風。臥在床上。不能行走。我見其顏色。比平時更加慈善。對我說道。你自今後必要改去不好的妄動脾氣。若不聽老人良言。將來陷於患難。後悔無及。我父說話之時。眼淚墮下不止。停一會。嘆了一口氣。又說道。聽不聽由你。我再沒話說的了。任你這種脾氣將來陷於患難。那時纔想着我的語。已是遲了。且我年紀已老。不久死去。你再想有個人愛你勸你的。也恐怕難得呢。當時我母親在旁。也對我說道。魯賓孫。你父親的話。皆是他經歷過來的。你須記着不可動那冒險的念頭了。我聽了二老一番言語。心中自然大爲感動。退出房來。便想道我也不想再冒險遠遊了。在家守住我的父母。盡點孝順罷了。過了數日之後。漸漸忘却老父的言語。又過了幾個禮拜之後。雄心勃勃遠遊冒險之志。又一發而不可遏止了。從倫理學上講來。大凡一個人在世界上。有對自己的義務。有對家庭的義務。有對社會的義務。有對國家的義務。人生幼時。受父母的教育。自然有孝順感謝的義務。但是對國家上。自己便是一個國民。對

[①]　1902年12月創刊於上海，第一、二卷爲月刊，從第三卷起改爲半月刊。該刊的編輯兼發行者主要是留日回國學生元丞、楊廷棟等；撰稿人有秦力山、楊廷棟、雷奮、陳冷、[英]德富等。主要欄目有"譚叢""外國紀事""中國紀事""雜俎""小說""史傳""學術""論說""外交""匯論""雜錄""歷史"等。約1906年1月停刊。

社會上。自己便是一部機關。大凡年紀已長的人。便要挺身做國家社會上的公事。要使我的國家。爲堂堂正正不[2]受侵害的獨立國家。要使我的社會爲完完全全不受破壞的自由社會。這纔算得个人。若終身守住父母。不出門庭。囂囂然以爲盡孝道。一任自己的國家。被別國侵害。失了獨立也不管。一任自己的社會。被別種破壞。失了自由也不管。雖然父母二人說我好。一二無知識的鄰里鄉黨說我能盡孝道。也是無味。這等脾氣。是那東方病夫國中人民的脾氣。是世界上第一等壞脾氣。我益格魯薩克遜民族。是以這等脾氣爲最下流的。這是閒話。不必多贅。卻說我有一天。在<u>嚇爾</u>地方（嚇爾 Hull 在倫敦北方）遇着一個舊時朋友。他平素曉得我有遠遊的志氣的。向我說道。我現在乘我父親的船。要去倫敦。若是你想去。你可即時搭我的船去。我不要你出船費。我聞此言大喜。便隻身下船。也不和我父親母親商量。也不送一字的信與他。我豈是這等忍心的嗎。蓋凡事皆當審度輕重。我的志向在冒險。自以達我的志向爲重。我的志向不錯。其餘小節。就可以不拘了。若要告訴了二老。他必定阻我遠遊。那時若不聽他的言語。心中反覺難過。方寸一亂。尚能幹得甚麼事來。這沾滯猶豫的毛病。無論幹甚麼事。都當痛戒。況冒險的事嗎。此時一股勇氣。也不暇想及去後如何情形。如何結果。下船之日。正是一千六百五十一年九月初一。我自信少年行事。一往直前。要顧什麼後患。怕什麼險阻呢。雖然有什麼險阻。把我少年的勇氣向他一冲。他不破開。也就避退了。下船不多時。遂啓椗直向倫敦。行到<u>喊泊</u> Humber [3] 地方。忽然海風大起。那波浪左左右右。雪山也似的向船打來。一起一跌。這船便搖盪欲翻。好不可怕。我自出世以來。這回航海是第一次。覺得頭大發暈。胸前作逆。欲吐。甚覺難過。不能起身。睡在床上。想起我在家時父親如何流涕勸我。母親如何望我做人。屢次諄諄教訓。到此時一一想起。心裡好不難過。便漱漱眼中吊①下淚來。又想起父母不見我。又不得我一字告知行踪。此時不知急成什麼樣兒呢。想了片時。那波浪更加大起來。其聲颼颼。這隻船左右前後亂搖。一切雜物都在艙板上滾來滾去。更有幾個人把持不定。也就在艙板上反側打滾的。此時我也無他思想。也不念父母了。專等住一個大浪來。把這船吞沒了去。我們這一船的人。一起同死。也就狠快活。凡人莫不有一死。前此無量刼。後此無量刼。誰人能免一死。孟德斯

---

① "吊"應爲"掉"。

鳩說道。莫向死人哭。但向生人哭。人死則已矣。何必哭呢。人生則事端正多。可哭的亦正多。有幾多人癡生一世。糊糊塗塗不知八星爲何物。不知五洲爲何狀。你道可哭不可哭。又有一等暴君污吏。壓制人民自由。作惡一世。不如早死。若幸而遇着人民革命。被人民殺死。罪刑相抵。也還罷了。有些不幸的人民。偏又愚蠢。不知革命爲何物。君吏暴虐一世。死了之時。還有些臣民叫他做什麼太祖太宗。仁慈神聖。雖然一時榮幸。後世不知彼幾多辱罵。只恐地球雖毀。他的惡名。還踐踏□地球的破碎原質。被第二個星球吸入。又傳惡臭之氣。入第二個星球呢。倒不如大[4]丈夫獨徃獨來。無掛礙。無恐怖。可生則生。以多做國家社會上一些義務。到了當死之時。甘心赴死。乾乾淨淨。皎皎潔潔。豈不勝於糊塗偷生。借生行惡的人幾千萬倍麼。我終夜如此想去。也不覺得頭暈了。也不覺得船搖了。安然過了一夜。到了第二天。那波浪漸漸平息。船身尚微微有點搖動。比之昨天已好多了。及至晚上。那天氣十分晴爽起來。風也全息了。斜陽欲落。還在海天一角。被海水反射。其光四映。一角全紅了。次日天氣清佳。海面平靜。習習微風。偶一吹來。時有時無。眞是我生長至今從未見過的妙景呢。航海後第六日。到了雅卯司 Yarmouth 路。那逆風又對面大吹起來了。

欲知後事如何。且聽下文分解。[5]

杭州白話報①

少年呀

瞑盦

（1902 年第二十八期第 1—2 頁）

少年好　少年好　萬事都要少年了　蹉跎復蹉跎　一覺十年人已老　呵呵　列位曉得今日的中國嗎　不痛不癢　如醉如癡　好像一位老者模樣　外邊來了三五個少年　此如虎　彼如狼　東奔西突　掃蕩殆盡　我聽

---

① 簡介見第 44 頁。

這一班少年說道　偌大一個老大中國　不瓜分他　更待何日　我聽了這番話　嚇得我半晌①兒說不出話來　回想道　這老大中國四個字　怎麼解呢　哦　是了　中國人向來是重老輕少　說是老成持重　又說不聽老人言　喫苦在眼前　有了這幾句話　便把一個堂堂中國　凡是緊要地位　都被老者佔踞去了　如今我把這老者性情　略說一二　一喜靜　凡百事體[1.1]　省一件　是一件　二好舊　舊和老本是相連的　既如此做　便不改變　三自信　別人說話　總不肯聽　四妒嫉　少年有才　最犯他的忌諱　有了這四種原因　便現了一個結果　結果爲何　適纔所說的老大中國便是了　我如今冷眼看來　無論中國外國　老大的國度去　少年的國度來　法國拿坡崙以前　是一個老大法國　出了一班少年　轟轟烈烈　立了大功　如今變了少年法國了　日本明治以前　也是一個老大日本國　又出了一班少年　轟轟烈烈　立了大功　如今變了少年日本國了　單是我們中國　還是這個老樣兒　現在有些少年　談起國家的事　怨恨的也有　唾罵的也有　有的說　中國必定能興的　有的說　中國必定不[1.2]能興的　我把這一輩人　這一番話　較量較量　自想道　現在所見的少年　也算不得少年　少年人第一事便是志　如今少年自命有志的　大半是嘴上空談　空談中什麼用　第二事便是氣　可憐現在少年的氣　也是散漫得狠　氣已散漫　如何做得事　列位可不是將來少年中國的少年麼　既然是個少年　那志氣兩件事　眞是要用些功夫　要鍊得和銅牆鐵壁一般　任他千軍萬騎　休想動我分毫　呵呵　今日還是少年蓄力的時候哩　世變日甚一日　外患日迫一日　不上幾年　便要請諸位少年上競爭場了　那競爭場上　可還是家中一樣嗎　我強些兒　便是勝　我弱些兒　便是敗　中國興　是今日少年的功　中國亾　是今日少年的[2.1]罪　列位可知道齊武國的故事麼　這國內有個學堂　學堂裏面　有十四五個學生　這學生年紀　都不上十三四歲　內中頂有名的　名叫巴比陀　這且不表　後來齊武國被人滅了　這班少年　東奔西走　要想把故國復轉來　果然不上幾年　又成了一個簇簇新新的齊武國　原來少年兩個字　也有一個等級　廿幾嵗也是少年　十幾嵗也是少年　廿幾嵗和十幾嵗的　已是性情不同　你想巴比陀這一輩人　都不上十三四歲　眞是年紀愈輕　越發強過前人哩　咳　中國可不是將滅的齊武國嗎　那巴比陀有沒有　我也不能曉

---

①　"响"應爲"響"。

得　我深望後來少年　個個都是巴比陀　便將這一副老大中國的擔子　託付了他罷[2.2]

世界亡國小史
黃海鋒郎演
（1902年第二卷第十五期第1頁）

緒論

呵呵　縱橫九萬里　上下五千年　那一個國度　能够子子孫孫　永保萬年的基業呢　我常讀那中外古今的歷史　所說的　無非是些列國興亡盛衰的事蹟　我看到那列國興盛史　不覺得雄糾糾　氣昂昂　笑一回　歌一回　我看到那列國衰亡史　不覺得聲嗚嗚　淚汙汙　哭一回　恨一回　這副喜怒哀樂的感情　我也不曉得從那方來的呢　列位可曾曉得這興亡盛衰的原因麼　大凡一國的興亡盛衰的原因　不由天命　不關劫數　卻要看那國度旳政治學術人民文化的優劣　優的興　劣的亡　優的盛　劣的敗　這是一定[1.1]不移　千年不變的至理　我且把世界亡國的事蹟　演成一部小史　願我同胞　把那亡國過去的事蹟　比較中國現在的情形　纔好抖擻精神　造就未來的中國　唉　我演到那亡國慘痛情形　不覺得嗚嗚悒悒　哭得和淚人兒一般　我料諸君看到那亡國慘痛情形　也要嗚嗚悒悒　哭得和淚人兒一般　但是國貴自立　事在人爲　就是合攏幾千萬人的眼淚　也不能够補救國家　這卻要仗諸君愛國的熱心　保國旳羣力了

　第一章　埃及
　　第一節　埃及的歷史
埃及在阿非利加的北部　中央有條尼羅河　地土肥沃　開[1.2]

世界亡國小史（續）
（1902年第二卷第十六期第2—3頁）

化最早　在那上古時代　算是個開天闢地的文明國呢　要知埃及的歷史　當分爲三期　第一期　叫做古帝國　第二期　叫做蠻民時代　第三期　叫做新帝國
　　一　古帝國

從西歷紀元前二千七百年　到西歷紀元前二千一百年的時候　叫做古帝國　年代相隔太遠　這個時候的事蹟　卻難詳細考求　但是學問技術商業工藝　已是興盛　這時候埃及　分做兩處　一叫上埃及　一叫下埃及　下埃及有一地方　名叫門非司　是埃及權力最大的都會　後來國土分裂　大權漸漸的移到上埃及達攀地方　也叫做達攀時代　達攀時代　事業狠多　早有文明氣象　可惜小國競爭　不能[2.1]統一　有一班游牧人種　名黑克沙司　趁着埃及內亂機會　從北方侵入　古帝國不能抵擋　竟服從了黑克沙司　這件事大約在西歷紀元前二千八十年的時候

　　二　蠻民時代

卻說黑克沙司　由敘利亞　阿剌比亞　侵入埃及　滅了門非司　征服了達攀　設了一个王國　但是黑克沙司　原是游牧蠻民　無知無識　不能夠組織文明　這時候卻像一個昏天黑地的世界　怎麼有文明事業　可以傳述呢

　　三　新帝國

這新帝國時代的埃及　算是個烈烈轟轟的國度了　內則獎勵技術　外則擴張版圖　西歷紀元前一千五百年時候　更[2.2]出了一位賢王名叫脫脫美司　是個敢作敢爲的君主　征服腓尼基等國　是要恢復埃及的主權　建設動物園植物園　是要啟發國民的智慧　創造華美的碑塔　是要振興一國的工藝　脫脫美司土死後①　王子拉美沙司二世立　也是敢作敢爲的君主　開闢運河　製造軍艦　開設圖書館　獎勸建築物　這時候的埃及　可算得個文明世界　誰料數百年後　有退步　無進步　竟做了他人的屬國呢

　　第二節　外人干涉爲埃及衰亡的發端

埃及是世界上最古的國　變遷狠多　起初被波斯攻略　後來又做過馬其頓及羅馬的屬地　又被亞剌伯人征服　後來竟臣服了土耳其　自從臣服土耳其之後　埃及已沒有自主[3.1]權　竟像個没自由權的奴隸　服從土耳其命令　政治一切　不能自由　到一千八百二十七年時候　有一個頂天立地的英雄　名叫謨罕麥德阿梨　想恢復埃及的主權　造成一個自立的國度　又長於治術　善於用兵　爲人豪邁英毅　敢作敢爲　有子名叫威武刺蝨夢　也是個磊磊落落的奇男子　屢次用兵　開疆拓土　竟成了地中海一個烈轟轟的强國　後來屢次立功　讒人妒忌　慾恿土帝　暗殺阿梨　阿梨聞說此報　又搜着土帝派來的刺客　便呼呼的大怒道　我披肝瀝膽　報效

---

①　"土"字應刪。

土國　並没有虧負土帝　何以土帝猜疑　一至於此　呵呵　大丈夫頭戴天　腳蹈地　豈能够永生永世　做他人旳臣僕麽　我現在管領着偌大地方　還不能[3.2]

世界亡國小史（續）
（1902年第二卷第十七期第4—5頁）

够恢復我的完全獨立國麽　於是起兵同土耳其開戰　阿梨的兵士　人人奮勇　個個爭強　土軍屢戰屢敗　土帝見此情形　想望他國幫助　便求援英國　英國不肯　那時候如虎如狼的俄羅斯　正要耀武揚威　舉兵南下　聞得土帝求援外國　正是絕妙的機會　便派精兵一萬五千　風馳而至　幫助土國　攻打阿梨　這是俄羅斯干涉埃及第一次　卻說那英吉利　法蘭西　因爲俄助土國　是要掌握實權　於是慫恿土帝　聽阿梨獨立　割某某等地　讓把阿梨　唉　英法兩國　可眞是愛阿梨助埃及麽　不過藉此買結人心　留一個後來擴張權力　分割埃及的地步　這是英法干涉埃及第一次　俄國虎狼的狠心　已被英法看破　便另圖計策[4.1]　不肯干休　於是對土帝說道　英法兩國　反覆無常　決不可靠　謨罕默德阿梨　實爲賣國的奸賊　爲貴國計　最好是同敝國聯盟　敝國願發兵數萬　助貴國勦滅阿梨　土帝聽從其言　訂立攻守相援的條約　這是俄羅斯干涉埃及第二次　阿梨最講富國之策　振興製造　獎勵工商　重稅入口　竟壓倒了外國的入口貨　掌握東方的商務權　英人大起妬心　便强迫土帝　命埃及廢關稅　阿梨猶豫未決　英人對土帝說道　阿梨不奉土帝的命　就是叛逆的臣子　今日還不趕速討平　他日後悔無及　土帝便奪了阿梨官爵　派兵攻打　這是英國干涉埃及第二次　兵戰既開　阿梨的兵士　勇氣百倍　漸迫土京　英國於商務上　已經猜忌[4.2]阿梨　更怕埃及勢力日增　蠶食土國　所以不願埃及獨立　更要把本國兵力　迫埃及臣服土耳其　這是英國干涉埃及第三次　奧太利亦怕埃及獨立　倡自由立憲　不利於奧國　亦主張埃及臣服土耳其　這是奧國干涉埃及第一次　俄國料想埃及獨立　必定掌握土耳其的大權　便無異築了一座萬里長城　阻擋俄國南下的路　也保全土國　壓伏埃及　這是俄國干涉埃及第三次　普魯士也要派兵　助土耳其　勦伏埃及　於是英國　奧國　俄國　普國　四國聯盟　在英京倫京　訂立條約　要用兵力　保護土耳其　禁止埃及獨立　阿梨以一人的力

量　不敵四國的聯軍　竟把個獨立基礎　弄得來烟銷雲滅　從此埃及　便永遠臣服土耳[5.1] 其　土帝便下了一道勅令　大畧說道
- 一　封阿梨爲埃及侯　從前所屬的土地　歸他管轄　且准他子孫　世襲侯位
- 一　世襲侯位　須要嫡子　倘或沒有嫡子　便由土帝命人傳受
- 一　埃及侯的爵位與土國宰相同
- 一　埃及當奉行土國與列國所訂之條約
- 一　埃及當遵守土國所制定之法律
- 一　埃及貨幣　須照土國定例　刻土帝的御名
- 一　埃及每年發兵四百名　保衛土京
- 一　埃及海陸軍官　自少將以上　須得土廷許可[5.2]

世界亡國小史（續）

（1902年第二卷第十八期第6—7頁）

　　一　製造軍艦　非得土廷許可者　不得製造
　　第三節　埃及衰亡原因於民族
國家是合民族而成　一國的興亡　全看民族的愚智　那國的民族　如果有智識　有法律　有政治思想　有國家思想　便能夠同德同心　保全國家　要是愚昧無知　利己忘國　那國就要做他人的屬國　那民族就要做他人的奴隸　哦　我看埃及的族民　眞是個利己忘國的民族呢
埃及民族　視國家如路人　視國事如兒戲　所以政治思想狠薄　並沒有一個舍身愛國的人　國家是合民族而成　民族不擔任國家的事　還待誰來擔任呢
埃及民族　歡喜遊戲　好唱歌謠　頑固守舊　不肯求新[6.1] 所以保守性質狠重　並沒有一個肯爲天下先的人　天下無不變的事物　要是保守不敢進取　那國家的運命　必定有退無進呢
埃及民族　無遠大的志趣　祇曉得團聚一家　抱子生孫　爲無上的快樂　所以埃及人民　一生足跡　不出村外數十里的狠多　這怎麽能夠輸進文明　增進智識呢
埃及民族　最怕當兵　以從軍爲苦事　兵是一國的精神　民族怕當兵　那國就沒有精神　還能夠保存於世界麽
　　第四節　埃及衰亡原因於官吏

官吏是代國家辦事的人　所以國家政治的好歹　全在官吏的優劣　那埃及的官吏真是腐敗極呢[6.2]

埃及官吏　俸銀極少　但有一缺　必定有無數官吏　極力鑽營　雖然得了一個芝蔴菉荳的官兒　也以爲榮耀到了絕頂　所以埃及的官吏　日多一日　都是全無心肝的人　並沒有一個是爲民爲國的

埃及官吏　最善逢迎　能够得了上司的歡心　便可永遠的哼來喝去　以致高官顯爵　都是親戚門生　狗黨狐羣　都要通同一氣　那有才幹的　想得一官半職　眞同癩蝦蟆想吃天鵞肉呢

埃及官吏的宗旨　是要攫取民財　剝削脂膏　無所不至　所以俸銀狠薄　一得官職　不上數月　便面團團作富家翁了[7.1]

埃及官吏　苟且偷安　祇曉得目前小事　如其遇了國家大事　便要互相推諉　不肯擔任　以致事務積滯　沒有一人肯任其勞

英人某評埃及官吏　譬如一個着金色的烏鴉　因爲外面狠文明　裏面卻極野蠻　這個譬喻　眞是把埃及官吏　描寫得窮形盡相呢　你想官吏如此　國家那得不亡

　　　第五節　埃及衰亡原因於教民

埃及國教　崇信光明　因爲世界萬物　倚賴光熱二力的居多　所以尊信太陽　自西教侵入　人心一變　歸西教的大都崇拜歐洲人　唾罵本國教　假教會的權力　欺侮同胞　唉　一國民　一種族　所倚賴以成獨立的　就是愛國心[7.2]

世界亡國小史（續）

（1902年第二卷第十九期第8—9頁）

怎麼埃及人　不能發自己的愛國心　振興自己的國度　反要借他人的權力欺侮自己的弟兄呢

　　　第六節　埃及衰亾原因於借外債

埃及自開通蘇彝士河以後　國庫支絀　不得不借外債　歐洲列國　正是工業振興　商務繁盛的時候　各資本家大都懷金無用　恰遇着埃及募集外債　這眞是空前絕後的好機遇了　一千八百六十三年　借一千八百五十萬弗（每弗合墨西哥銀二元）　一千八百六十四年　又借二千八百五十二萬弗　取利狠

重　更有中人費　其實埃及政府所得　不過十分之七　其時忽進巨款　興盛一時　埃及國王威斯明流　開心得狠　更於一千八百六十六年　借三千餘萬弗　一千六百六十八[8.1]年　借五千四十五萬弗　一千八百七十年　更借三千五百七十一萬五千弗　後又借三億六千萬弗　統計前後　埃及外債　已多至五萬萬三千二百餘萬弗　從此債主愈多　國庫愈空　埃及財政　竟至一敗塗地　不可收拾　可憐埃及處此民窮財盡時候　還不知道講求生財的大道　祇知道乞憐債主　展寬限期　後來英法二國　強迫埃王　設管理財政局　由英法二國人主持　從此埃及的財政權　全歸英法人的掌握中了

　　第七節　埃及衰亡原因於用客卿

　　英法二國人　既主持埃及管理財政局　於是作威作福　無所不爲　埃及戶部大臣　因與英法人　議論不合　竟處以[8.2]死刑　從此埃及　便命外人監督歲入　管鐵道　掌關稅　埃及財權　竟不能自主　其餘工部尚書　是法國人　戶部尚書　是英國人　陸軍參謀長　是美國人　還有顧問官　書記官　國債委員　鐵路局　郵政局　按察官　都歸外國人管理　統計埃及客卿　用外國人做官叫做客卿　共有一千三百二十五人　客卿俸銀　共計一百八十九萬五千二百八十弗　客卿的威權　竟在埃及王權之上　一國的大小政治　除客卿外　不能參議　埃及竟成了一個外人權力世界　上自國君　下至庶民　竟是個沒自由權的奴隸了

埃及既成了一個外人權力世界　於是外人肆行無忌　敲剝埃民　裁減兵士的口糧　是要埃及不能夠有衛國旳軍隊[9.1]　增加貴族的租稅　是要埃及不能夠有反抗的強豪　清查全國田畝　是要埃及農民　不能安逸　竟使埃及全國土地　大半歸歐洲人管業　埃民賣妻鬻子　困苦流離　眞眞是苦到了生不如死的情形　後來客卿　竟廢埃王　雖有志士　想舉義旂　復國權　無奈寡不敵眾　大志未成　反被英人勦滅　埃及的生機　從此遂絕　可哀呀　可哀呀[9.2]

堂堂大丈夫
宣樊子

（1902年第三十一期第1—2頁）

哈哈　與列位久違了　一晌好麼　我們幸叨列位的福氣　所以到如今還活

在世界上　今年已虛度三十歲的光陰了　咳　只可惜一事無成　所以不喜歡多說話　去年五月初五日頭一期本報的論說　題目是論看報的有益　便是我做的　幸蒙列位聽我的說話　要看這報的人　一日多一日　如今銷數越廣了　這個豈不是列位相信我的憑據嗎　我自從去年做了第一期的論說　以後就做那演書的一門　這論說多是朋友們做　如今過了好久的日子　並沒有和列位們談談　只好再借筆墨　當作面談一般　列位且再聽聽我的說話罷　這回題目叫做堂堂大丈夫　列位可曉得這五個字[1.1]是什麼解說呢　原來現在中國的人　要分兩種　那壞的一種　不必說了　就將好的一種說來　大概安分守己　一生並沒有經過險難　遭過屈辱　平平常常的過去　你說他不明白事理　他也滿口是什麼學堂時務一派的新話　但是他一生做人　多不過是小廉小信　愚忠愚孝的行爲　他治家也狠勤儉　做事也狠牢靠　出言吐語也狠老成　只是他自己愛惜自己　不肯熱心出力　去辦些有益於人的事　現在的中國　這種人那怕有了千千萬萬　也用他不着了　大凡做人的道理　總要在世間能有益於人　不可自己只顧自己　并且要大有益於人　這種小小的好處　那裏算得上我所說的堂堂大丈夫　列位試看那一隻雞　一隻狗　他也能有[1.2]益於人　雞每夜到五更時光　鼓起兩翼　喔喔的叫個不住　沒有一天誤了時辰　這個便是信字　狗見了自己的主人　便搖尾乞憐　倘然遇着生客　他就狂吠個不住　並且主人翁夜裏安安舒舒的睡覺　他替着主人守夜　一毫不敢偷嬾　這又豈不是忠麼　但是□□有這樣的忠信　到底人當他是個畜生　不能當做人看待　這是何故　因爲他的有益於人處　究竟有限　若是論到人的益處　想來也不是這般便算了　列位但看世界上從古以來　出了多少大聖大賢　和那卓卓有名的英雄豪傑　講了多少大學問　做了多少大事業　纔能夠有今日的一個局面　若但是個拘拘謹謹　只顧着自己一人　說道天下事與我有什麼相干　這種見解安[2.1]放在肚裏　要想做個堂堂大丈夫　這是萬不能夠了　列位可曉得如今世界上　列國競爭　那弱的便把強的壓住　或是吞滅　若再不出幾個堂堂大丈夫　烈烈轟轟的做出一番事業　那便要顧着自己一人　也恐怕未必能夠　列位可相信得過嗎　孔夫子常說道　當仁不讓於師　我們若遇着應做的事　便放膽下手去做　不肯讓把別人　大家如此　天下事那有做不成的道理嗎　從來做大事業的人　總是一般熱心熱力　不怕冒險　那老成持重的四個字　原是頂没才幹　没志氣人的口頭禪老套話　自己怕事　膽小　没見識　樂得退避　這一種

· 109 ·

人　世界上要他何用　列位如果要做個堂堂大丈夫　且把我以上所說的　仔細想想是不是[2.2]

中外新聞

（1902年第二卷第二十九期第1—3頁）

各處白話報踵起　自從戊戌那年　無錫白話報停辦以後　那兩年內　沒有繼起的報章　等到辛丑五月　我們杭州同志　便興了一個杭州白話報　不上數月　蘇州又出了一種白話報　我們快活得狠　都說道我們有了同志了　可惜不上一年　仍舊停辦　孤另另賸了一個杭州白話報　也覺毫無興致　去年以來　做報的人　或是出洋讀書　或是別有事情　不能專心做這白話報的文字　因此這報也衰敗下來　這是我們萬萬對不住閱報諸君的　但是這幾月以內　卻有一件極高興的事情　便是我的同志　一日多似一日　如同紹興有一種白話報　甯波有一種甯波白話報　這數日內[1.1]　上海要開一個中國白話報　潮州又要立一個潮州白話報　那紹興白話報　已經出了多期　甯波白話報　那第一期已經見過　我們真佩服得狠　便是中國白話報　潮州白話報　雖然沒有見過　但是據我想來　也一定是頂好的　現在中國不識字的人　比到識字的人　也不知相差多少　只有我們這幾種白話報　算是誘他識字的一件寶貝　諸君啊　莫非見了寶貝　還要丟掉他不成麼

杭州藏書樓記事　杭州下城菜市橋地方　向來有一個東城講舍　也是專課八股的　後來開了一個求是書院　把講舍所存的公款　移作求是書院的經費　這間講舍的房屋　也便空了下來　前兩年　改了一座藏書樓　但是地方太偏[1.2]　看書的人　因此也不甚多　近來張變鈞學台　立意要推廣這件事情　因籌了一萬多款　另在大方伯地方　買了一座洋房　作爲藏書樓的地方　計買屋已費去八千餘元　還要修改修改　這種款項　也已留存無多　但是學台意思　以爲向來藏書樓所備的書籍　遺漏尚多　現又撥款添購書籍　聽說學台還想在各地方推廣開來　因又通飭各府　諭令一體仿行　毋得以經費不足　故意延緩　唉　現在中國讀書的人　也是眞正太少　內中有一個緣故　苦人太多　讀不起書　因此便把少年子弟　就擱下來　此番張學台要推廣藏書樓的意思　大約也是爲此　不過藏書樓這個名

目　還有一點不大妥當　爲什麼呢　因爲買了這些書籍　總想[2.1]有人來看的　若是叫做藏書　豈不是重在藏的一邊麼　并且跟著藏的意思　那買書的人　自然好買些宋刻明版　裝潢得和古董相似　這卻大背了開設藏書樓的本意了　我想張學台的意思　或者不是這樣的呢

西遷傳聞　據中外日報說道　昨得蘇友專函　內說道　前日蘇州恩撫台　接到北京遞來的要電一封　據官場中人說　這封密電裏面　確說東三省的事情　現在更加棘手　皇太后　皇上頗有預備西遷的消息　飭令蘇州恩撫台　趕即挑選上等的兵馬　帶往北京　因此恩撫台諭傳統領太湖全軍提督劉岐山軍門　蘇防營統領松秀峰觀察　飭令挑選軍士　豫備即日點驗　這個消息　也不知道確也不確[2.2]　但是東三省的事情　一日加緊一日　兩宮住在北京　那裏還將就得過　看來西遷這個消息　總有一日應驗的　列位且睜著眼睛看看罷

德人自盡　中外日報又說道　近來有一個德國人　叫做朱臻仕　他身住中國　將近三十個年頭　前七八年　他充當南京鎮江江陰吳淞四路砲臺的總教習　一向住在南京　安心教授　不在話下　近來他想到中國的時事　越發敗壞　各國的人　你占這一塊土　他占那一塊地　看來中國這個地方　沒有一片乾淨土了　因即氣憤成病　忽於十月初二日　拿了手鎗自擊　轟然一聲　嗚呼哀哉　聽說他未死時節　留著一封書信　這信係交某君的　內說道　我係因事[3.1]自盡　本國的人　不得藉端要索云云　咳　我看了這一節新聞　神癡目呆　不知道過了多少時候　纔漸漸的轉過氣來　列位想想看　這朱臻仕本來是一個德國人　中國的亡不亡　和他什麼相干　他不過住在中國久了　一向又充當南京等四路砲臺的總教習　因爲有了這一點感情　他便看了中國的事情　和了他自己國裏的事情　毫一無二　一時氣憤不過　便走向自盡這一條路去了　咳　我們中國的人　號稱四百兆　內中一二品的大員　也不知還有多少　現在中國的情形　也算危險得狠　他還是看戲叉麻雀　再不然　擁妻抱妾的過著日子　若是把朱臻仕這件事情　和這班官員比起來　你道慚愧不慚愧　你道羞死不羞死[3.2]

女學報①

西方美人

楚南女子

（1902 年第四期第 1—4 頁）

　　我今年看見一部書是譯他們西國的名字叫世界十女傑是說的各國女豪傑的事蹟有的姊妹想也看見過但是不看見的人多得狠併且有年紀小的不能看那深奧的文法所以我將這十個女豪傑的事編做白話既可以與諸位姊妹消消悶又可以曉得我們女子中的人物倘然看得合式就可以學他也做一个女豪傑出來豈不是件有益的事麼姊妹們以爲是否
　　美世兒
却說法國有一个女子名字叫美世兒生在陸輪斯城外極荒野的地方性情十分[1]慈善待禽獸蟲豸也像待人一樣倘然看見別的小孩捉了小鳥小蟲玩戲就對他們說道他與我們是一樣的動物他又不要依靠我們怎麼可以捉了來這樣惡待他常常拿好玩的物件來換他們的放去有的小孩不肯換與他美世兒就強奪來放了對別人說我爲公共的事正義的事就得罪人也只好得罪的了咳我們中國人爲了一身一己的事隨便什麼得罪人的話肯說隨便什麼得罪人的事肯做等到逢着國家公共的事要想多聚幾個人議論議論提倡提倡却沒有人肯出來得罪人了咳凡係這種人聽見美世兒這句話豈不要慚愧死麼
美世兒的祖父從前是法國共和軍亳下的將②年紀老了就退居在陸輪斯城外極疼受這孫女美世兒③常常抱在膝上與他指天畫地談巴黎的遺事（法國京城叫巴黎）有一天正在講的時候美世兒忽然圓睜秀目倒豎蛾眉有像悲痛有像氣憤的聲音說道我爲什麼不早生數十年也可以洒一點熱血替國民洗出一點光明他祖父聽了這話心上暗暗稱奇却更是疼愛他美世兒最喜歡讀盧梭

---

① 1902 年創刊於上海，是上海最早的婦女月刊《女報》的又名，主編陳擷芬，主要欄目有"論説""女界近史""演説""譯件""尺素""詞翰""專件""雜俎"等。1903 年停刊。
② "亳"當爲"麾"。
③ "受"當爲"愛"。

（法國有名的人他著了多少書都是開通風氣法國的百姓的了無數的益處）學說讀[2]了細細的想細細的考究又常常的學習動植物科學學問見識一日一日的長進有時空閒的時候同了他的哥哥齊歐盧唱女權歌斬了幾根竹子將他做成笛子一樣唱歌的時候就一人吹笛一人唱歌又想法去借了幾畝荒地做一个戲場聚了多少同伴唱起戲來諸位姊妹試想想看一個小小的美貌女孩子演的戲總不過是文文弱弱游戲的事体罷了那裏曉得却是演的驚人快目法國全國民黨男男女女打破黑暗大獄生出異色奇彩在魯意王十六時候革命的事体（這一段事体就叫巴黎遺事另外有一種書敘得狠詳細有趣諸位姊妹看見了一定看得不肯放手）手裏執了長鎗短刀結束得像個女將軍女兵士的模樣唱到破大獄的時候許多女孩子齊聲的唱自由萬歲！！！（自由萬歲！！！這自由兩字有許多好處在裏面說起來一時也不能說盡大畧的意思是一个人有一个人的自由權做的事体只要是不錯富的不能管貧的大的不能管小的但是倘然做錯了事就是我們中國所說的那頂大的皇帝也要受小百姓的管）差不多的年紀相仿的面貌一個個精神滿足在那戲場上飛舞盤旋本來是件有趣的事被一班愛國小女子[3]演起來更是異樣的有趣左近的人聽見他們演得熱鬧都來觀看看到演得好的地方禁不住一齊拍手的喝彩道好革命軍好革命軍我們也要起革命軍了諸位姊妹想想這美世兒奇怪不奇怪有趣不有趣咳美世兒從此以後就沒有一天不是呼天飲血捨命忘身在那腥風血雨中過日了要曉得是怎樣的情節我這一回紙也完了墨也乾了下回再告訴諸位罷[4]

做學生的快樂

楚南女子

（1902年第四期第3—6頁）

我在上海的時候①常常要想將女學生所處的境遇告訴告訴沒有進過學堂的姊妹聽聽近來到了日本看見他們女學堂裏的女學生也有許多有趣的地方所以先演說出來與諸位姊妹曉得曉得日本從前女學也是不講究比我們中國還不如後來他國裏行了新法女學就一年年的振興現在遍處都是女學堂每一日早晨[3]倘然是坐在窗口裏看只看見頭上挽②着雲髻腰間束着玫瑰花顏色

---

① 原文中，除句末爲"。"外，其他位置均爲"◎"，這裏是爲排版方便而改的。

② "挽"應爲"綰"。

的絳裙手裏拿着一個書包一行一行的過去面上沒有一個塗脂抹粉都是白淨本色還有一種年紀小的頭頂上結一個蝴蝶結是彩緞帶編成總根的地方還有一個蝴蝶結蝴蝶結底下的頭髮都是散披在背後這個樣子更是好看到了學校沒有上功課的時候幾十個同學女朋友聚在一處在那碧草叢中有携手一淘走的有拍球的有唱歌的碧色的草絳紅的裙風吹得飄飄飛舞真是映得好看體操的時候幾十個人排得一樣齊每一个凝神聚氣都看着教習怎樣就都跟了怎樣（咳我想我們中國現在那些大帥大將練的兵恐怕還不如這些女學生多呢）學生固然好然而教師待學生也像慈愛的父母愛兒女一樣所以學生愛教師也像愛父母一樣（我們中國那些先生師長自己學問一點都沒有專拿些做奴隸的法子來教學生還要作威作福自尊自大將學生視如奴隸最可痛恨的是打學生一件事他自己做了一個教師還沒有明白這教育是怎樣講法教育是要體驗學生的質性耐煩任勞教育成功學生的人材原是一件不輕容易的事豈有只要打打罵罵作[4]威作福就可以麽然而苟然能毂教育出來許多人材也是一件最有樂趣的事那些不要臉的師長先生天東地西還沒有曉得配做什麽教師我真是替他們羞愧）那體操的時候腳步一樣齊手足的一起一落都沒有一毫參差彈琴的聲音和那唱歌的聲音調合在一處音韵的抑揚頓挫手足的上下疾徐那一付情形令人看了真覺得起羨慕的心我看到好看的地方恨不得同了二萬萬姊妹都來看等到體操完畢了許多學生也有拉着先生手的也有拉着先生衣服的就像多少螞蟻扛了一樣東西簇捧着一路的歡歡樂樂的去了放了學同學朋友中間來來往往真有無窮無盡的樂處諸位看到這裏中間必定有人說女子應該要姣姣弱弱婀娜苗條的身體好了一定就有粗俗氣再去練了體操放大了脚豈不做了一個女强盜麽咳諸位沒有曉得身體好了另外有一種好看不必說外國異種的遠話單說現在上海幾個女學堂的女學生諸位如不相信都可以去看的一個個神清氣爽磊落大方臉上潔淨本色頭鬠梳得光亮也不揷花朵布帛衣衫纖塵不染底下束了黑裙鞋子亦有着皮鞋的也有着圓頭鞋子的在那一帶綠陰裏一對一對的[5]走脚步都是一樣身體沒有一點灣曲好似春天的修竹一樣的細直這一種文明的好看真是如雪之潔如水之清比那種塗脂抹粉一步三扭的小脚伶仃的樣子真是天地了比方有兩朵花一朵是乾枯憔悴枝軟瓣垂一朵是水汪汪精神滿足①諸位是喜愛那一朵又比方寫兩個字一個字寫得像描花一樣一灣三扭一個字寫得龍飛鳳舞墨跡淋漓諸位是喜愛那一個字我想

---

① 原文中"足"下無點，這裏是編者所加。

總是喜愛有精神的花有氣勢的字

諸位姊妹倘然個個都拿腳放大了進了學堂願意到上海學堂自己本國的更好倘然到日本來留學也好不到幾個日就可以改變一個樣子改變的樣子就是從枯憔改到有精神從描花改到有氣勢諸位姊妹倘然進了學堂連出來都不想出來我再不說謊話我是從學堂裏讀過出來我是纏了小足後來放大樣樣都是經驗過來再告訴諸姊妹並不是口頭禪說說的望我同胞姊妹總不要失了做學生的日子隨便什麼事都還可以一生缺少一樣獨有做學生的事要是錯過了真是可惜呢[6]

元旦問答

陳擷芬

（1902年第二卷第一期第5—9頁）

新正初一日我一个人坐在房內忽然來了一个朋友去年是在同學堂讀書的他看見我就說恭喜你換了一个新年但是年却換了一个新的你的人換了些新的學問新的議論沒有我說學問議論我却不曉得換了新的沒有境遇却真是改新了去年是學堂裏讀書今年是在報舘裏辦報豈不是大大的改變了麼那朋友說你的報呢今年要換新式不換我說怎麼不換呢去年是薄紙一面印今年是厚紙兩面印叫做洋裝又添了畫圖改了面頁恰恰說到這裏那朋友便截住說道我是問你的論說新聞誰來管你的紙張裝訂這些都是外面的事我[5]是要問你裏面的事我說這裏面的事我不能預先說的若是我現在先說我的報上加添了許多新學問新議論的話我的人添了許多新見識後來報出來了看的人說這報仍與從前一樣怎麼他自己說添了許多新學問新見識的話呢既然他做的報沒有加添新的議論他的人自然亦沒有加添新的見識了你想若被人這麼一說豈不自愧麼所以我不如將外面人人可以相信的改變說說却是無碍的至於裏面的新不新只要等二月初一出報看報的人自然曉得若是新了他們必定說新了若是不新他們自然說沒有新這是出在他們看報人的口裏不是我自已講的至於我的見識學問新不新只要看報上就曉得更不必自己講了好像有些人滿口說新滿口說文明做出來的事却今年如此明年還是如此一年如此十年還是如此他雖說得熱鬧我想也沒有人信他也沒有人看得起他所以總要做出事來真真的一天新一天自己不說看的人自然曉得那朋友說你這期報要到二月初一再出麼我想太遲了你雖然設了一个報[6]舘於看的人並沒有什麼益處出報倒

因此遲了一月你有設報舘的經費不如把報的紙張裝訂格外精緻些豈不比這有名無實的報舘勝些麽我說你的話雖說得不錯但是可惜你沒有曉得我設報舘的意思你旣然不要去熱鬧新年我就何妨與你講講這做報的一件事不比做文章做詩做賦只要照自己意思做去做得好就是了做報就不能單照自己的意思做的要叫別人看得喜歡勸人的話要勸得人相信他纔肯改激勵人的話要激勵出人的精神興致他纔肯出來做事出來學學問痛切的話要說得人悲憤塡胸他纔能立定宗旨罵人的話要罵得人刺心鑽骨他纔慚愧改過所以不能不專心致志體貼人情怎樣可以使人服從怎樣可以使人精神奮發怎樣可以使人悲憤怎樣可以使人慚愧改過爲了這緣故所以我一定要設立報舘我曉得你一定要駁不設報舘難道不可以專心致志體貼人情麽却是實在不可以比方一个人心上要學英文若是住在一个法國學堂裏一日有許多法文功課又有別的事纏繞他雖然騰出[7]些工夫來學英文他的心却是分的這英文怎麼學得好呢若是改住了英國學堂雖然夾着別的功課但着重的總是英文了這英文的進境比在法國學堂裏就大不相同了我這報舘也是一樣的雖然設了報舘也有別的事體但我旣然在女報舘裏住這女報就是着重的功課旣然是着重的功課我的精神心力必定專注於此精神心力旣然專注於此這件事辦出來就總要好些外面看看設報舘不設報舘與報毫無相關實在有大大的益處此外還有許多比方譬如吃茶的人一定要到茶舘裏去難道他家裏沒有吃茶的地方麽吃酒的人一定要到酒舘裏去難道他家裏沒有吃酒的地方麽再如唱戲的人爲什麽要在戲臺上唱當兵的人爲什麽要在營房裏住戲脚下了臺就改了臺步當兵的出了營他就沒有枕戈待旦的精神這就是一句俗話說先擺了架子再說只不過架子不要是空的就是了還有个最好笑的比方我把我的魂附在一塊石頭上或是一株樹上我還能夠做人做的事麽你想錯不錯那朋友立起來笑了笑說道聽[8]你今年的議論比去年眞是改變了些但不曉得報到底怎樣我也就笑起來說怎麼不改變呢去年只有演說今年却有演說問答了那朋友一面走一面說我來與你講頑話你倒拿去登在報上怪不得那些守舊的人不敢和報舘裏人親近眞眞是不錯的我要走了你去做你的演說問答罷[9]

學問要和歲月爭
陳擷芬
（1902 年第二卷第一期第 9—13 頁）

諸位姊妹我們又過去一年了已老的又老了一歲已長的又長了一歲就是幼小的也離那長和老近了一年咳我們年歲長得這麼快學問見識也要長得這麼快纔好若是歲月一年一年的過去人的學問見識仍舊如故豈不被這歲月所笑麼我想我們一定不要讓歲月獨自的快想一個法子來與他爭一爭這個爭的方法我現在說出來與諸位聽聽諸位不要笑我說痴話這歲月是個無影無蹤的怎麼和他爭呢但是我們的精神都被這無影無蹤的收去的俗話說歲月不待人這句話諸位想想可怕不可怕可恨不可恨他不待我我所以要一定[9]要和他爭爭用什麼方法呢只有不知足三個字可以爭得過這歲月這不知足三個字我們中國人差不多人人都有我怎麼曉得呢因爲有許多證據諸位請看做官的人做知縣的時候想升官發財升了官發了財又想升更大的官發更多的財了這是做官人不知足的證據做商人的起初開了一個小店的時候想開大店開了大的店又想再開大的這是商人不知足的證據讀書人鄉試的時候想中舉人中了舉人想中進士點翰林中了進士點了翰林又想放學臺放主考了這是讀書人不知足的證據還有一種讀書人叫做名士他倒不把這做官發財中舉點翰林的事放在心裏但是他看得名聲比他們的升官發財還要重些若是一縣曉得他是一個名士他總想一省曉得他是名士等到一省曉得又想一國曉得了這是名士不知足的證據還有那些無行業的下等人①在遊戲場中賭博市口他們的誇多鬥靡爭踰贏奪財利那一種不知足的心比以上所說的更是利害這些都是一種一種人的證據我雖然不敢說人人都有這不知足[10]的心然而實在有的多沒有的少以外還有許多證據女人的着衣服打首飾梳頭裝飾無一不是精了求精好了求好就是頑耍小事大家也都有爭強奪勝不知足的心這不知足三個字移在學問上來這學問長進就不可限量了不但可以和歲月爭到得業成名立自足千秋這歲月再快也與我無干了我想我們彼此存一個心把這歲月當做一個同學同班的人他一天多一天我們也要一天長進一天這法並不難一年不過三百六十日我們只要一天多一個見識添一種

---

① 原文中"等"下有點，而"人"下無點，這裏是編者所改。

智慧就不讓這歲月了再要能一天多幾個見識添幾種智慧處處當心時時留意更是無窮無盡的長進總不要讓一日一日的過去以爲不要緊沒有什麽可惜豈不曉得一日一日的過去就是一月一月一月的過去就是一年豈可讓一日輕輕過去我們的學問不長進麽我常常聽見人說一個人在世上不過幾十年何不尋些快樂爲什麽一定要尋苦尋難的鬧學問這種人我不是講罵人的話實在算不得一個人他這話誤盡了天下蒼生天生一個人有靈性有思想[11]有四肢百骸是叫一個人做一個人的事盡一個人的義務若是終日尋快樂豈不是與禽獸一般何必要算人是尊貴禽獸是卑賤不過是因爲人有靈性有思想能彀做事的緣故一個國是家與人積成的人人都存了尋快樂怕艱難的心怎麽有強盛的家興盛的國呢況且學問也是極快活的一件事耐着心學越學越有味看得自己一天長進了什麽學問長進了什麽見識自慰自樂比到那種終日頑笑東遊西蕩的快樂眞是天壤之別了再試一想他們東洋西洋各國通國的人都能識字能看報比到我們中國又是天壤了我並不稱讚外國他們也不算稀奇因爲他們從小教育好又有各處的學堂通國的人不論窮富都進學堂去學所以他男女都識字讀書我們既然沒有許多好的學堂沒有力量的人雖然要學也不能學這是人生最可傷的一件事但是自己苟然要學隨處可以學的像前面講的一日只要學一件一年就是三百六十件十年就是三千六百件了我做這篇演說就和與諸位姊妹的一封信一般以後看報的做報的大家[12]都要存一個心和這個歲月爭總不要被他一年一年的長起來我們的學問見識仍舊這麽長這麽短這就要被他笑了再把不知足的三個字移在學問上來精了還要求精好了還要求好譬如馬車已經算快還要想出電氣車洋燈已經算明亮還要想出電氣燈他們外國人能彀勝過我們中國人也是不知足三個字不過他們是用在有益處的事上我們從今日起到十二月三十日止到了三十那一日拿了自己的日記簿與這歲月來比較比較到底是那一個勝今年爭了明年再爭幾年的比較就把學問成就了幾十年的比較就把人成就了好不好呢諸位姊妹想一想[13]

啟蒙通俗書[①]

啟蒙通俗書的章程

（1902 年第一號第 1—3 頁）

一這個書的用處　是專爲小孩子起見　所以叫做啟蒙　又爲平常百姓　字墨不深的人起見　所以叫做通俗　又爲中國風氣未開　小孩子不知道學好　俗不可耐的人　不知道世界上的事情　做老師的　不知道教徒弟的法子　做父兄的　不知道教子弟的方子　我們才出這個書　立世道人心的根基　使孩子們　看了這個書　便知道古今的事迹　時下的經濟　便尋出用功的路子　有用的學問來[1.1]

一這個書　只要認得幾個字的　都自己看得過　不要老師講解　都自己講得過　無論何等人　都可以看得講得

一這個書的主意　因爲時下各報　都是談國事　論時事　莫有專講學問的　我們恐怕誤人子弟　敗壞風俗人心　才立此書　以正蒙學

一這個書　原來叫做訓蒙新法　一時刻不出來　才照報的章法　按月刷印　使人早些看好用功

一這個書的章法　一回載幾篇論說　載幾篇中國史事　載幾篇西國史事　載幾篇西國新事　載幾篇[1.2]時下新書　後來都可以抽出　分開訂成書本

一這個書　一月出兩本　一年有二十四本　有閏月的年歲　多加兩本　每月取錢一百六十文　全年取錢一千九百二十文　省外買主　每份每年　另加郵費錢二百文　有替我們賣書的　一百文錢　我們照九十文收　都要先交了錢　才能夠囬囬送看　外省的郵費　照章另加

一這個書　不沾涉地方上的事件　上面演的書籍學問　都是從東西洋的

---

① 1902 年 3 月創刊於四川成都，傅崇榘主編。第一期名爲《啓蒙通俗書》，第二期始改爲《啓蒙通俗報》。初爲半月刊，後改爲月刊。主要欄目有"論説""中國白話史""西國白話史""蜀中新事""外國新事""訓蒙圖書""雜録""告白"等。1904 年停刊，終刊期數不詳。

箸①作　演出來的　照書演成白話　演話不演義　所演各種文字　就是講書的[2.1]一般　把他講清楚　使個個孩子　不要師傅都曉得　雖是一種俗言俗語　莫得半句是要唱耍的　盡是實在情形　看這個書的人　要曉得各人的口氣不同　各省的口白不同　各方的字眼不同　切莫說他句法　有些生澀　有點鄙俗　若要筆法好文理妙　就失了這個書的本來面目

一這個書　亦有登來稿的體例　凡有正世道人心的人　演有訓蒙通俗的書　或是論說　送交前來　都可以代爲刻上去　但不要壞人心　亂風俗　造謠言　惑世道的　專要有益於人的話　信錢務須[2.2]已先付清楚　我們不接莫有先付信錢的信[3]

論看報才知時務

（1902年第一號第1—5頁）

我們這些人　生在古人後　今天要考古人的事蹟　見古人的心思　雖然隔了幾千多年　尚有法子　可以曉得古人的事　知道古人的心　無非多看些書　就可以一一清楚了　若要不出門　能知天下事　實在艱難　如何的難處　因爲天下的事變太多　我們一人的耳目有限　莫說是　用一個人的耳目　要曉得天下的事　就是曉得一州一縣的事　也就難了　若是曉得一國的事　更見難了　還說要曉得各國的事　在自己家中　與讀古人的書　曉得古人的一般[1]　能乎不能　自從開有報館　見識淺的人　看了報　他遂添了許多的見識　就是那見識廣的人　看了報　他更長了許多的見識　不必出門　即在家下　天天看報　不怕幾萬里的事　樣樣曉得　你看快樂不快樂　有益不有益　這報館才開的時候　原來從歐州起頭　不過刻些新聞　平常雜事　到後頭來　一張比一張的好　一年比一年的妙　並且精緻詳細　無論皇上的新政　百好的新事　各國的新法　只要有益於民的　有關於教養富強的　一齊報上　看報的人　有士有農有工有商　知道各處要緊的事[2.1]　盡是莫有聽見過的　所以個個說有益　人人都愛看　大家都開起報館來　到如今　德國的報　有五十六樣　英國有一百六十九樣　法國有一百二十八樣　意國有一百零五樣　比國同荷國　一共有

---

①　"箸"應爲"著"。

九十四樣　還有些小國　共有二百五十樣　算歐羅巴洲各國的日報　足有一千三百多樣　每一樣報　一回要賣七八千張　美國同南美洲的報　亦有一千多樣　還有教會各樣報　以及小孩子所看的報　尚不在內　報有這樣的多　不是有益於世上　他能有這樣的暢消呢　外國的人　見聞從此廣了　智識從此開了[2.2]　學問從此進了　全靠報的功勞　自從通商以來　西人到我們中國地方　常來常往　中國的風氣　漸漸就開了　香港　廣東　福建　上海　漢口　天津　那些碼頭　先先後後　都有報館了　有月報　有日報　有公報　有七日報　算來也有幾十樣了　上下的情　漸漸通了　中外的事　漸漸知了　看報的人　從此曉得有五大部洲　有二十三省　又曉得有如此大的世界　有多少稀奇事情　有許多的好處　試說一說　第一是增見聞　大凡人的耳目　多半不廣　除了出門　不曉得他國的事　如今有報　把往[3.1]天莫有看到的　莫有聽到的　一齊領會在心裏了　第二是識時務　古人說得好　識時務的　便是俊傑　如今外國　個個好強　火輪船　開花礮　一天比一天的新色　一樣比一樣的不同　你派欽差到我國　我派欽差到你國　來來往往　總不斷絕　如今世界　要當天下一家看了　看了報　就把各國的新政要事　全然曉得　看他國的強弱　我就可以早些打主意　第三是便商人　大凡做生意的　總要信息靈通　不要別人占了便宜　看了報　就知某處的貨物貴　某處的貨物缺　才好運載銷售　使物價漸平[3.2]　百姓亦占些利益　第四是益學問　一切新印書籍　新得學問　新出法子　看了報　就可以感動興起　并可以補我不足　這四件　都是看報的好處　其餘好處尚多　說不完　中國的報甚少　就現在洋商立的各報　將四百兆人數算來　看報的人　一千個中　未曾攤有一個　如今的報　有滙報　一年一百張　萬國公報　一年十二本　華美報　畫圖報　新報①　月報　成童畫報　都是一年十二本　中外日日報　順天時報　新聞日報　滬報　申報　都是一天一張　又有新出的外交報　專講交涉的事　選報　專摘[4.1]各報的精髓　蒙學報　專講啟蒙的方法　杭州白話報　專說淺言　開通百姓　都是一個月出三本　又有譯書彙編　一個月出兩本　專翻譯外國的好書　成都算學報　月出一本　專講藝學　這些報　都不可不看　又不可全看　看那開風氣　廣見識的報　莫看那造謠言　壞人心的報　如今輪船鐵路　業已開行　郵政信

---

① 原文中"畫圖報"和"新報"間無空格，這裏是編者所改。

局　到處都有　就是成都　亦已設了　一切的新書報章①　都能託郵局帶來　價錢亦不貴　有一等欠通的人　看了幾篇時下書　便自家誇口　說是時務功夫好　那曉得時務是時下之務　今[4.2]年今月今日出的　才叫時務　書上載的　是過了的事　不是才出來的事　叫個掌故　報上載的　眞正才叫時務　才出的新鮮事　書上又莫得　如其不看報　如何算得知時務　讀書是知古的學問　看報是知今的學問　我願有志氣的人　每天在讀書外　看點有學問的報　把從前迂拘的見識　頑固的習氣　一概除了　整頓精神　操練功夫　作有用人材　豈不好麼[5]

啟蒙通俗報②

夏朝史事

（1902 年第三期第 5—7 頁）

夏禹王治水　在外八年　當入河的水引入河　當入海的引入海　當入江的入江　當入漢的入漢　水有去路　人才有平處居住　才有陸路通達　禹王又開水運　驅蛇龍　又定九州的貢賦　九州是揚州兗州青州徐州雍州冀州梁州荊州豫州　萬國的諸侯　四方的蠻子　都來朝貢　祇有一種苗子　不服王化　禹奉舜的命令　用兵打他　苗種遂不敢反叛　舜帝崩駕　禹受舜的位　稱元后　號夏后氏　卽位西元[5.1]前二千二百有五年　京城在安邑　安邑就是如今山西省的夏縣　那個地方　不稱帝改稱王　從此三代後的天子　都一齊稱王　禹又挈九牧貢的金造了九個傳國的寶鼎　鼎的上面　鑄得有鬼怪百物　那些形象　禹的太子　名叫啟　又賢又好　那像堯舜的太子　丹朱商均　兩個不成器　做不得天子　禹王見他這太子　能繼父業　他崩了天　遂把天下傳與啟去　從此天下　改爲傳受　不是堯舜讓位的樣子　啟卽位　在西元前二千一百九十七年　那時有一個侯國　名叫有扈氏　爲君無道　啟用兵問罪　在[5.2]扈國的城外　名甘的那個地

---

① 原文中"新書"前有空格，這裏是編者所改。
② 簡介參見第 117 頁。

方　打了一個大仗　把他滅下　扈國在如今陝西省西安府屬　鄠縣那個地面　啟的兒子　名叫太康　卽位西元前二千一百八十八年　爲君無道　祇貪耍　不理事　遷都到河南死了　他的兄弟仲康　卽位在西元前二千一百五十九年　仲康死後　仲康的太子立位　太子名相　卽位西元前二千一百四十六年　國運從此漸衰　朝政從此漸亂　中閒有四十年　莫得天子　因爲后羿　把相驅逐　他遂代理王政　羿是窮國的君　窮國在如今山東省濟南府德州　羿用寒促①做宰相　羿愛射[6.1]箭　出外打獵　忘起回國　寒促趁這個機會　專權行事　人心尚服他　羿遭家衆殺死　寒促便占了羿的家室　生了兩個兒　一個叫澆　一個叫豷　促命澆帶領兵馬　把斟灌斟尋二國打滅　又把夏王相殺了　相的后妃　有奶氏　身子有胎　逃回娘家　生一太子　就是少康　長成了人　在虞國做庖正官　多少有點田　有點人　偏會興家立業　把百姓待得好　不久竟自中興起來了　滅促②　滅澆　滅豷　少康崩駕　他的太子季杼立位　少康立位　在西元前二千零七十九年　季杼立位　在西元前二千零五十[6.2]七年　從杼卽位後　又過了六世　六世是　槐芒泄　不降　扃　厪　到了孔甲的時候　夏朝又亂起來　孔甲卽位　在西元前一千八百七十九年　又過了兩世　到三世才到桀名下　桀卽位　在西元前一千八百十八年　暴虐無道　聽妹③喜的言語　又不愛民財　不惜民力　關龍逢是個忠臣　奏諫桀王的不是　桀立殺他　官民不服　商王成湯　才把桀滅了　夏朝的王　傳了十七代　共有四百多年[7.1]

---

① "促"應爲"浞"。
② "促"應爲"浞"。
③ "妺"應爲"妺"。

1903 年

大公報[①]

說合羣

（1903 年 03 月 01 日第 3 版）

我們中國的土地不是不廣　人民也不是不衆　出產也比歐美各國不在以下　怎麼我們中國人總在人之下呢　皆因我們中國人　不善合羣　人家各國來到中國　都是一個整體來的　你看他們國雖小人雖少　他那鋒刃可是極銳的　故此無敵不破　無堅不摧　我們中國地面雖大　人民雖衆　細細的一想　原來是個散體的國　就好比一座沒有主人的大宅院　居住的都是賓客　沒有與這宅院關心的　誰偷誰就偷　誰拏誰就拏　並無一人攔阻　也沒有人查問追究　故此我們地是空大　人是空多　做官的關心民事的少　百姓們關心國事的更少　你不愛我　我不憐他　故此纔由着人家的性兒橫行　說到目下　我們中國的主權　就算失了多一半了　要說整頓好了　也實在不是一句話的事　也不是一二年就能見效的　然而也不能因爲不好辦　就拋下了不辦　要打算向好處辦　該怎麼辦呢　頭件要緊的　就是合羣　這合羣二字　可不是說了一年了　怎麼總合不上呢　據我看來　其中有個緣故　這合羣二字　最是個成事的材料　也不但是一國大事　就是喒們親戚隣里中　要打算辦成一件事　也是非合羣不可　衆位說合羣　說的是當合的理　我如今說合羣　說的是合的法子　據我看來　合

[①] 簡介見 83 頁。

羣是強國保種的第一關　這忠恕二字　又是合羣的第一關　事到今日　我們中國上上下下的人　若不都存一個忠恕的心　這箇羣萬也合不上　譬如我們就是羣裏的一個人　喒們向人合去　人家未必喜歡與我合　人家向我合來　我亦未必喜歡與人合　彼此之間　就有許多的難處　何況千百萬人呢　譬如我們家庭之內　辦一件事　家長以爲是　衆人未必都以爲是　卑幼以爲是　家長又未必以爲是　必要你替我想　我替你想　商量計較　不決裂不狡詐　然後纔能把事辦成呢　兩三個人合夥做買賣的　也是這樣　古人說過　三人同心　力能斷金　假如要是沒涵養　沒容讓　沒擔當　這個人有點兒小過錯　那個人就吹毛求疵　那個人有點兒言語不周　這個人就得理不讓　管保做不了一年的買賣　就得關門　焉能辦大事　焉能得大利呢　我說這合小羣的樣子　就是合大羣的比例　我們中國要打算不爲萬國的屬國　就是合羣　要眞心合羣　就是大家都存個忠恕的心　　未完

說合羣（續昨稿）

（1903 年 03 月 03 日第 3 版）

大家都存一個忠恕的心　難道就能合上羣了麼　我說不能不能　這不過說的是個理　要說做出眞忠恕眞合羣的效驗來　可就全仗着我們中國的各報館了　這話怎麼講呢　皆因是衆人心裡忠不忠恕不恕　誰也不知道　誰也不能無故的找人合羣去　這報館好比是引線　維持大局的力量最大　轉移人心的力量也最大　我们合羣的法子　當從報館發出來　不但感動的容易　而且傳播的也寬廣　我故此說　中國人要合羣　莫若報館先合羣　報館合羣　也是先以忠恕爲主　這一二十年以來　我們大衆沉睡　被報紙喚醒了不少　愚頑的人被報紙化明白了也不少　大惡巨憝　被報紙勸懲過來的也不少　於這國計民生上　不可謂不忠　然而立言間有過激的　律人也間有太嚴的　未免有失於不恕的時候　我知道中國的事　不是一年壞的　也不是一個人壞的　要打算整頓　也不是一天半天的功夫　必要沉心降氣　審勢揣情　我們既當這挽回國脈的責任　我們就應當想這挽回國脈的辦法　古人說過　兔死狐悲　物傷其類　我們大家總要存一個憐憫中國的心　當體貼官場辦事的難　當體貼愚民無知的可憐　當體貼處處掣肘的難辦　當體貼沒眞錢要辦眞事的

難　當體貼用人待人不能周到的難　就遇着那可恨的官長　我們也要含而不露的勸他　要知道大事不是罵成了的　越激越固執　反到教那小心謹愼的不敢出頭了　好人不出頭　小人就多向前　小人越多　大局就不能挽回了　故此我們報紙上　第一要保全君子的名節　第二要包涵小人的短處　第三要獎助一切義舉　第四要設着法子敎通國一心　遇着我們中國的好處　我們極力的褒揚　遇着我們中國的短處　我們含蓄着指點　總以不起內亂不興大獄　上下宗旨合一爲要緊　總要感化得中國人　知道保全中國人　知道關心中國事　這纔是合羣的作用　旋轉乾坤的手段　若是七言八語　從裡往外揚　就是那歐洲的強國　也架不住　何況我們破了氣的中國呢

勸政府宜勒令不許纏足議

（1903 年 03 月 28 日第 3 版）

婦女纏足的害處　已竟說過不是一次了　已竟裹成了的　就不必說了　單說這未裹脚的幼女　衆位可千萬別再裹了　其實都不裹脚　與我也沒有什麼便宜　都裹脚　與我也沒有什麼傷耗　我爲什麼苦口的勸衆位呢　皆因這件事情　在天理人情上　實在有不能不勸的理　我嘗見醫書上說　麻木不仁四個字　我看着就納悶　怎麼個人身上　就有不仁呢　這不仁二字　怎麼講呢　後來我一想　我悟出意思來了　原來痛癢不關心　就叫不仁　故此那得了癱瘓病的人　你就把他的肢體　用刀割下去　他心裏絕不知道疼痛的　我們中國人的壞處　就應了這兩個字了　不論大小事　總是痛癢不相關　絕沒有一點眞仁心　肯說幾句與衆有益的話　肯辦一件與衆有益的事　肯出一個與大局有益的主義　我們中國人　實在不仁到極處了　譬如這婦女裹脚罷　幾歲的小姑娘　嬌嫩的筋骨　這無知的父母　偏要把他的兩隻脚裹折了　我嘗見街坊隣家給女孩兒裹脚的時候　一個人按着孩子　一個人咬着牙的用布條子使勁的勒　把個孩子　勒的直哭直喊直央告　勒緊之後　還要用針線縫上　那野蠻父母　必還說幾句不得已的話　孩子呀寶貝兒呀　你的脚若裹不好　你長大的時候兒　受氣招笑兒　可別怨我呀　衆位你們聽聽　這話縠多糊塗　我嘗見那初起裹上脚的小姑娘　疼得眼淚汪汪　不敢把裹脚條子放開　疼的無處擱　無處放　坐不下　站不起來　到晚間睡的時候

兒　　總得頭向牀裏　　得把這兩隻膿血糢糊筋折骨斷的脚　　亮在牀沿外邊　　過過涼風兒　　纔能睡着　　等到下次再裹　　那血跡粘的脚上　　揭也揭不下去　　硬要把兩雙天然有的脚　　裹的脚心朝天　　究竟有什麼道理　　有什麼好處呢　　不過是供人翫具　　落一個娘家手藝高罷了　　哎　　我們中國人　　可實在是沒仁心了　　　　未完

勸政府宜勒令不許纏足議（續昨稿）

（1903 年 03 月 29 日第 3 版）

至於裹成之後　　病可不能離身了　　腰腿疼數月不能下地的　　兩肋疼的　　面黃肌瘦的　　氣串前後心的　　兩隻胳膊抬不起來　　心跳四肢無力的　　午後發燒咳嗽咯血的　　喫完了飯就倒飽的　　病有百數樣　　全由於血脈不流通的毛病　　死的死廢的廢　　沒病的實在是百裏拔一　　自初裹至裹成　　不知害了多少良女子　　天降大災於人　　必是疾病死喪　　或假手於盜賊水火刑獄　　不料降災於中國女子　　偏假手於本人的父母　　豈不是一件怪事嗎　　家家是一座刑部　　這還不甚可怪　　可怪的是拿這麼一件不仁的大事　　竟會沒人禁革　　勒捐不准抗　　抗捐的爲亂民　　平亂民的剿洗幾座村莊　　殺戮幾千百姓　　政府都不以爲虐　　我們何不把勒捐的手段　　用在勒令不許纏足呢　　假如有敢抗的　　就是殺戮幾千人　　也是極仁的事情　　何況沒人敢抗呢　　這件事　　就求一位仁慈的大臣　　快快的奏上去　　一道旨意　　幾千張告示　　立能出民水火　　登之衽席　　若說不合政體　　難道開捐賣官開賭賣彩票　　都合政體嗎　　裹成了的　　聽其自便　　將纏的趕緊放　　未纏的不許纏　　年年下旨意　　年年貼白話告示　　各處再派人扛上木牌告示　　沿街敲鑼　　沒有辦不好的　　果然要有位大人出頭　　我必勸大家給他建生祠的　　我又嘗聽見一種混賬人說　　事揀大的辦　　這纏足不纏足　　算不了什麼要緊的　　哎　　你把我們中國的大事指出來　　你們能辦何事　　也都指出來　　據我看　　事無大小　　當辦則辦　　好事成一件是一件　　不好事去一件是一件　　自要天天辦　　自要天天去　　沒有不能自立的　　譬如那積錢的　　不愛惜一個的　　終久也積不了十個　　不愛惜十個的　　一輩子也積不了千百個　　這纏足的惡俗　　是我們中國人一件極大的害處　　怎麼還說是小事呢　　　　已完

杭州白話報[①]

外國的風俗（續）

（1903 年第十期第 4—5 頁）

道路是行人往來的地方　不是遊人遊玩的處所　西洋各國　凡是官街大道　那來來往往的　腳步沒有不急　身子沒有不直　眼瞧着　便知道市面上都是有事業的人　好像似非常繁碌的模樣　即如小孩兒出外走路　他的父母　也預先告訴他不要在路上閒逛　便是隨意遊玩　也是到附近的公園裏面　或是坐坐　或是走走　從沒有一羣一羣在路上逛着不願回去的　若說到我們中國　那在街道上走路的人　倒是有事情的人少　沒事情的人多　列位祇遠遠望着　那迎面來的　三三兩兩　前前後後　長長短短　男男女女　身子左一歪　右一側　眼睛前一張　後一望　腳步兒一步高來一步低　一羣兒一個前來一個後　轎子來了　担子[4.1]來了　馬來了　車來了　磕頭碰腦　處處是人　好一比　比如經摺兒一左一右　一右一左　再沒有沿着直路　一直向前行走的　夏天晚間　更不得了　那下等人家　竟全然把一家的老老少少　男男女女　都搬到街上來了　做生活也在街上　吃飯也在街上　三四歲的小孩兒　連腳步還不會跨的　也是在街中心逛來逛去　碰倒了他　便是哭　哭了他父母便是罵　鬧得滿街囉唕　左鄰搭一句　右隣插一嘴　咳　你道討厭不討厭　原來人口多的地方　總要有幾處遊園　即如杭州地方　本來是個省城　地面也大　人數也多　至今要有七八個大大小小的遊園　有了遊園　自然要遊玩的人　不在街上遊蕩了　況且杭州人家　天井都是[4.2]狠小的　天井還是如此　那裏還留着餘地做花園麼　弄得昏頭搭腦　悶着便到街上去游蕩　中國游民太多　這也是一種緣故

街道上最要緊的是個乾淨　莫說撒尿撒糞[②]　固然可厭　便是吐痰哼鼻涕　也是街道齷齪的一種　西洋人衛生學問　凡起居飲食　都狠講究　所

[①]　簡介見 46 頁。
[②]　兩個"撒"均應爲"撒"。

以痰吐甚覺稀少　他家裏面每處房間　總有一個痰盂　至于街上行走　從没有隨處吐痰的　那生肺病的人（肺病便是中國的癆病）　時時要咳嗽　時時要吐痰　所以西洋人生肺病的　每遇出外行走　身邊總帶着一個小瓶　瓶裏放着消毒的藥水　要吐痰了　便卽吐在瓶裏　他以爲自己生了肺病　要是傳染開來　在道德上狠是說不[5.1]過去的　因此隨處隨時　總是刻刻留心　咳　你們試拿着中國比較起來　沿路上一堆糞　一堆痰　雞屎不像雞屎　狗屎不像狗屎　杭州人有句說話　擺狗屎攤兒　便是中國街道上的絕妙比喻了

西洋各國　凡是大都會　大市場　那電車馬車腳踏車　往往來來　正是和織梭一般　這種情形　若說移到中國　不消一日半日　也不知要碰傷多少人　西國地方　警察最是完備　凡是十字路口　這部車望這邊來　那部車向那邊去　那警察一手指揮　叫他慢便慢　叫他停便停　無論王公貴人　都要聽警察的號令　日本警察　也是辦得甚好　沿路看顧招呼　眞是周到　列位到了西洋的　到過日本的　[5.2]

外國的風俗（續）

（1903 年第十一期第 6—8 頁）

諒早已親眼看見　我不必說　便是沒有到過西洋日本的　諒來上海總是到過　你看那上海馬路上來來往往　正是熱鬧　爲什麼從沒有危險的事情呢　便是沿街沿巷　都有警察的緣故　不過西洋日本的警察　人人是願意服從他　上海的警察　人人是怕着他　這個分別　一由於曉得道德　一由于不曉得道德

外國人在路上行走的時候　或是碰着老年的人　幼年的人　或是碰着婦女　都存着一個敬重他保護他的心思　走路讓他先走　倘然有了意外危險　總是竭力招呼　他以爲我敬重他保護他　是我應該做的事情　我們中國人呢　不但是不敬重他保護他　還要取笑他欺侮他　若是碰着婦女[6.1]任情取笑　前前後後　圍繞着不肯走開　中國人道德缺少　竟弄成到這種樣子　豈不可憐

外國人街上走路　也有偶然彼此衝撞的時候　但是彼此撞了　各人自己說自己不好　說自己粗忽　還要自己謝罪　若是說到中國　兩個人彼此一撞　也不問誰錯誰不錯　便是破口大罵　那所罵的說話　穢也穢到極處　俗也俗到極處　再不然　便扭結攏來　大家一頓亂打　這種情形　我

在日本從沒有看見過的　中國還有一輩人　叫做什麼青皮　光混① 　流氓　他不但不肯讓人　還要故意的去撞人　你要和他講理　也是講不清楚　這一輩人　現在越出越多　眞是風俗上的大害處哩[6.2]
凡是官街大道　最要緊的兩旁都有樹木　據書上說　中國周朝時候　那街道狠是寬闊　街道兩旁　都種樹木　從前孔夫子周游列國　看見陳國的街道上面　樹木狠不整齊　便說陳國將亡　一樹一木　便算是不曾整齊　何至于說到亡國　原來平治道路　修整樹木　都是市政上注重的事情　市政不講究　國政必定是不能講究　所以孔夫子那句說話　也是極有道理的　那知良風美俗　幾千年來　倒反傳到西洋　西洋各國　凡是街道兩旁　都是種的菓樹　沿路幾千株幾萬株　也難數得清楚　春天時節　紅紅白白　一望無際　到了秋天　菓子纍纍下垂　彷彿和花園一般　這菓子成熟以後　便有人採去發賣　得了銅錢　仍充地方上[7.1]公共的費用　據一個日本人說　他說我從前到過德國　偶然在田舍走過　兩旁菓樹成行　眞是非常繁盛　大路旁面　還有一個小學堂　斗然看見一輩小兒　內中有一個在裏面哭着不休　這日本人便過去問他什麼事情　那一班小兒答道　這小兒因誤拾道旁菓物　大家都責備他　說他不應該誤拾公共的菓物　他自己也非常懊悔　因此在那邊哭泣　咳　一個菓物　算得什麼事情　況且是個小兒　小兒喜歡菓物　也是通常脾氣　便算偶然誤拾　也是時有之事　如今照這班小兒的意思　彷彿這菓樹是地方上公有的物件　既然是公共物件　無論大材大料　固然大家應該保護　便是小小一個菓子　也是大家應該保護　現在這小兒不但[7.2]不保護他　倒反誤爲己有　違背公德　莫此爲甚　因此都來責備　那一個誤拾菓物的小兒呢　起初拾菓時節　不過出于無心　後來被大家你一句　我一句　說得他羞愧無地　覺得自己十分差錯　沒有別法　便哭起來了　咳　這種公德　若說到我們中國　不但是小兒裏面　沒有這種人品　便是昻然七尺　自稱爲大丈夫的　也是一萬個裏面檢不出一個　中國街道上面　固然是沒有樹木　走到城外　走到鄉下　那桃樹梅樹　也是間或有的　若說是結菓時節　路上走過的人　那一個不望而生羨　隨便採喫幾個　也沒有什麼稀奇　差不多喫個不了　還要藏些回去　倘然這菓樹有主人的　到了結菓時候　連日連夜　都要派人守護[8.1]　一眼疏忽　便偷去了　便算是看見了　不過是

---

① "混"應爲"棍"。

受一頓罵　中國人的臉皮　老得和筍殼相似　罵他幾句　也沒有什麼要緊　這還說有菓子的　那沒有菓子的樹木　應該可以保存了　但是中國人的脾氣　兩手最是好閑　隨便看見一株樹木　大的折枝　小的拔根　總要蹧得來不成一個樣兒　纔覺得心滿意足　有人管着的樹木　還是如此　那沒有人管着的　不消幾日工夫　竟可以一片錦繡　弄得七零八落　只看杭州西湖　那蘇堤白堤一帶去路　照書上看來　真是柳綠花紅　異常繁盛　而今東一株樹　西一株樹　一點兒景致也是沒有　試把上面所說的小兒那件事情　比較起來　中國人羞死不羞死[8.2]

外國的風俗（續）

（1903年第十二期第9—11頁）

　　第二節　馬車　電車　人力車

水路上的船　陸路上的車子　都算是交通上的利器　文明各國　交通愈便　那這些輪船火車　自然也愈加發達　中國向來不主交通　不必說到外國　便是本國地方　那二十一個行省　儼然是二十一個國度　且不必說到外省　便是本省地方　那浙江十一府七十二州縣　也是非常隔絕　且不必說到別府　便是本城地方　那上城中城下城　也覺得往來不便　水路姑且不說　陸路上面　最要緊的是車子　北方多用騾車　又笨重　又不穩　杭州沒有騾車　用的是轎子　各處轎子　沒有杭州擡得好　轎子快得時節　也是趕得上馬　但是一人坐　兩人擡　多的三個人　再多的叫[9.1]做四轎八轎　四轎四個人擡　八轎八個人擡　四轎八轎　祇有官府可坐　平民總是三人轎兩人轎　但是一個人坐　要費去兩三個人的氣力　已見得平民生計艱難　國裏工業不振　這且不說　轎子走一里路　必須一二百文轎錢　價錢貴　走得慢　所以杭州坐轎的人　狠是稀少　轎子稀少　交通自然稀少　若說西洋各國　沒有用人的車子　一種叫做馬車　係用馬拉着車走的　一種是電車　係用電氣引着車走的　日本除去馬車電車　還有一種人力車（又叫東洋車）　係用一個人拉着車走的　馬車電車　走的非常快速　人力車稍稍慢些　恰比到上海所用的東洋車　不知要快到多少　列位到過上海的　請看一部馬車　一部東洋車　一乘轎[9.2]子　那一個快　那一個慢　便知道中國交通上面的器具　正要大加改良哩

德國哈拉地方　英國倫敦地方　那鐵道馬車　電氣車　眞是異常熱鬧　往來的人　幾乎都是坐車　車子上面　只有一個御車的人　他專管運轉車輛　其餘收錢取價這些事情　他都不來兼管　卻另外又沒有人來管的　車子一路走去　上車的也有　落車的也有　聽憑坐車的人　上上落落　眼梢兒也不來瞧你一瞧　列位看到此處　我料列位必然同聲說道　這車子走來走去　不收車錢　決定是做好事的　是了　我當初也是如此想　但是再把書看下去　我的神呆了　我的舌頭　拖出來幾乎一寸長　半响也縮不進去　爲[10.1]什麼呢　原來這種坐車子的人　一萬個裏面　也沒有一個坐白車子的　他自己上了車　坐了多少路　便拿錢放在那收錢筒內　一百是一百　五十是五十　斷斷乎不肯應該付一百的　他只去付他五十　這種信義　那管車的屢試屢驗　因此索性不去向坐客取錢　聽憑他自己去付　其餘日本各處　雖然不能如此　那收錢時候　再也沒有爭執的　若是說到中國　倘然一部車子　沒有人來收車錢　竟可以走了一日　不收到一個銅錢的　不但是要人收錢　并且要在車子沒有到的時候　預先收起錢來　那還可以收得清楚　否則車子一到　大家爭先下車　他竟把車錢賴去　也是沒法奈何他　這種分別　總關於國民公德的程度　國民公德[10.2]的程度高了　他自然沒有卑賤苟且這些事情　若是程度低微的國民　莫說是任他所爲　便是十目十手　去監督他　去管束他　也是不相干的　如今我們中國的百姓　說到公德兩字　竟一點兒影響也是沒有　自然是做得事情　都趨到卑賤苟且一路上去了

外國的馬車電氣車　大的可坐二十幾個人　小的也可坐十幾個人　那客人上了車子　彼此非常客氣　互相節制　凡是一個人　總祇坐一個人的地位　人數少的時候　一個人或是寬坐些　一有人到　便卽讓坐　下雨時節　自然有人帶傘　但是上車時候　那人必定非常小心　防恐自己傘上的沿水　滴在別人身上　等到收傘以後　也是非常小心[11.1]　防恐自己的雨傘　碰在別人的膝上　人數多了　總是請老的　小的　以及婦女們去坐　自己卻離位直立　再沒有和別人搶位爭坐的這些事情　中國這種車子　本來沒有　也無從去獻醜相　但如同坐航船　便可以窺見一二　大家爭先落後　只求搶到一個好坐位　罵也來　挨也來　甚至于打也來　那後到的人　自然聽他直立　再不肯自己讓位的　偶然在這些地方　碰到老的　小的　以及婦女們　坐呢　是沒處去坐　挨呢　是挨人不過　害得這輩人氣吁肺喘　叫苦連天　再看到戲文場上　竟有挨來擠去　把老的小的以及婦女們挨壞的　還不打緊　一班流氓　趁這時搶竊笑謔　一點兒愛情還是沒有　還說什麼公德[11.2]

外國的風俗（續）

（1903 年第十三期第 12—14 頁）

西洋國人　到那上車時候　若說有好幾個人同時上車　他一定先讓老者　再是婦女　再是小兒　自己總在最後　下車時候　也是如此　若是說到中國　只要力氣大　人生得强橫　管他是什麼老者婦女兒童　只要上車時我先上車　下車時我先下車便是了　因爲這個緣故　生出一種討厭的事情　原來你要爭先　我也要爭先　大家擠在一塊兒　連一口氣也調換不過　冬天還沒有什麼　若在夏天　立刻可以發痧　可以致死　這總由沒有公德的緣故　外國地方　列位或沒有去過　外國人總看見過的　列位可看見外國人和人挨擠麼

大凡一件東西　莫說是最尊重的　最寶貴的　便是零星損[12.1]壞　算來不值幾文錢的物件　無論是我的　是你的　是別人的　都應當小心保護　中國人有一種脾氣　凡是我的物件　不許別人来蹧蹋我一點兒　若說是別人的東西　便是我偶然蹧蹋他些　自家也覺得沒有什麼要緊　這樣東西被我蹧蹋壞了　別人也不免說幾句閒話　我聽了他這幾句閒話　反說他小氣　說他猴　說他當面把我下不去　不錯不錯　他果然是小氣　果然是猴　果然當面把我下不去　我試問我爲什麼要蹧蹋他的東西呢　他的東西　他自然總有用處　我給他蹧蹋壞了　叫他拿什麼東西來用　他說幾句閒話　也是應該的　莫非還是我蹧蹋他的東西　算是不錯麼　我還有一句話　別人的東西　我可以蹧蹋他　爲什麼[12.2]我的東西　不許人家蹧蹋呢　良心總是一樣　我如此　別人也是如此　一個人能彀將心比心　自然這種壞處沒有了　這還是一個人的東西　我給他蹧蹋壞了　不過是一個人受害　若說是公衆的東西　我給他蹧蹋壞了　那受害的也不知有多少人　所以看待公衆的東西　比看待一個人的東西　還要小心　還要鄭重　唉　我說到此處　心中彷彿有無限淒涼　一時說不出話來了　爲什麼呢　原來中國人的脾氣　倒是弄壞一個人的東西　比弄壞公衆的東西　看得鄭重　弄壞一個人的東西　總還有些兒慚愧　父母要罵他　朋友要責備他　便是那個人不說閒話　我臉上總有點兒難爲情的樣子　或者我還要賠償他　說幾句賠罪的說話[13.1]　此種人　在中國算是規矩人　原是好的　原是不錯的　但是我又要問　爲什麼弄壞了公衆的東西　連這一點兒

也沒有呢　公衆的東西　隨處都有　我一時也說不得這許多　小而言之　比如花園的树木花卉　各種祠堂廟宇裏的桌椅板櫈　花園裏的樹木花卉　我採了他一朵花　折了他一根樹枝　固然沒有什麽要緊　但是花園的樹木花卉　是種着給各種人看的　我採了一朵花　折了一根樹枝　人家便沒得看　我便對人家不住　再說這花園的樹木花卉　被別人蹧蹋得乾乾淨　試問這花園裏面　我高興不高興去了　各種祠堂廟宇的桌椅板櫈　是擺着給各種人坐的　我給他蹧蹋壞了　試問我願意不願意去坐　再如西湖的游船　城内[13.2]各處的轎子　游船和了轎子　他不是專爲我一個人要坐　纔去造這一隻船　這一乘轎子　所以我坐在裏面　總要和自己的船自己的轎子一樣　這不過是小小物件　小小事情　論起來　已自應該如此　那比他大的更不必說了　西洋國人　凡是坐在車子裏面　這車子便是和自己的車子一樣　那馬車電氣車裏面　不止坐一兩個人　多得二三十個　他坐在裏面　刻刻小心　卽如喫煙一層　他們喫的是紙煙　或是雪茄　喫儘管喫　卻不會把煙灰隨地亂散　中國是喫皮絲煙　喫淨絲煙　喫旱煙　那煙底敲在地下　竟可以消停半响①　還是燃着　弄得地板上多是燒痕　中國房屋　或在車子裏面　向來是蹧蹋慣的　便是有了幾點燒痕也[14.1]還沒有什麽要緊　那外國的房屋　和了車子　和了各種地方　地下都是狠乾淨的　被我蹧蹋壞了　豈不可恨　再是外國人在車子裏面　不肯亂吐痰　不肯亂揩鼻涕　大家要走要坐的地方　東一堆痰　西一堆鼻涕　列位且想想看　這種情形　難受不難受　討厭不討厭　所以我總要勸列位　隨時改去爲是　此種事情　都歸在公德上說的　一個人沒有公德　那裏還有什麽交際的道理　徒然把外國人看不起　說我們野蠻　說我們卑污齷齪　列位再仔細想想看　我犯得着還是犯不着

前回已說過外國有幾處地方　那馬車電氣車　沒有收錢的人　聽憑坐客自己　把應該付的車價　放在錢筒裏面　再[14.2]

外國的風俗（續）

（1903年第十四期第15—17頁）

也不會錯的　因爲這箇緣故　那車子上省了一箇收錢的人　省了一箇收錢的

---

① "响"應爲"晌"。

人　便省了一箇人的工價　旣然省了這一筆工價　那該這車子的人　卻並不把這一筆錢隨便用去　他車子上省下來的錢　仍舊用在車子上　什麼用法呢　比如車子做得格外講究　裏面的鋪設一切　做得格外新鮮　車子的價錢　定得格外便宜　車子慢　想法子叫他快來　車子少　想法子做他多來　車子一日改一日　一日快一日　一日多一日　那車價又一日便宜一日　自然坐的人一日多一日　生意也一日興旺一日　久而久之　自然通國皆然了

　　第三節　汽車[15.1]

汽車就是火車　因爲用火燒水變作汽　用汽的力去推動車上機關　輪子轉動　車便向前走去　叫做火車　不如叫汽車的當　現今西洋各國　在陸地上行用　都是以此爲主　這國通到那國　那國連到這國　日日夜夜　時時刻刻　往來不絕　那地上布置的軌道　比蛛蛛的網還要多　那車子趕的路程　比鳥雀飛的還要快　往來之人　豈不快活　我們中國　有幾省也有的了　跑道兒的人　坐過的想已知道這車子好處　不過據我看起來　中國汽車是有的　中國能管汽車的人　能坐汽車的人　實在沒有　何以見得呢　且把我所經歷過的事　同我所聽人說的情形　一一比較過來　那就知道了　管汽車這件事　第一要清潔　要勤緊　要[15.2]信實　清潔兩箇字　是從勤緊上做出來的　不要當做是講究　外國的汽車　雖同中國一樣　有頭等二等三等的分別　但是他們收拾車子　是不論等次　都是一般　未開車以前　無論這部車　是新是舊　或者一日內已經用過沒有①　所有機關車（是裝機器的第一車）　客車　貨車　裏裏外外　凡開一回　總須結結實實的擦抹數次　所以一經上車　覺得光滑滑的地板　亮晶晶的門窗　頓棉棉的坐位　走到那便所處在　不但毫無臭氣　還有一股自來水在那便桶裏打旋渦兒　洗手的地方　手巾雪白　水盆清脫　鏡子光亮　下了窗門往前面一瞧　□子汽管　光滑非常　看到後面貨車　整齊排列　毫不淩亂　忽然汽笛一聲　如飛而去　清風拂拂　好不[16.1]開爽人也　這還是初上車的景象　就是開車以後　那車內的夫役　也時常掃　將近下車　還要把客人衣帽上的灰塵　箇箇刷過　他自己身上　那是不必說了　中國的汽車　內中布置　卻也與外國一樣　那種齷齪　卻同外國成箇反對　痰唾　鼻涕　煙灰　紙片　弄得到處皆是　大小便的房間　臭氣撲人　糞桶沿上　更是不

---

①　原文中"舊"後無空格，這裏是編者所加。

消說得　一半是坐客不好　一半是管車人懶惰　眼上就是看不過去　要想偷閒　也就聽憑他不去管帳　若是碰到下雨的日子　那車子裏爛泥　直成箇糊漿　乾淨鞋子　眞正扯不下去　這還成箇樣子麽

汽車憩腳的地方　叫做停車場　這箇地方　是客人上下[16.2]　貨色裝卸　最忙亂　最鬧熱的　管理人若是沒有條理　粗心暴氣做去　那有不鬧亂子的　但是說到外國人　管理這種事件　我又要佩服他的手腳靈活　心思細密了　何以見得呢　停車場裏最容易攪亂的事　是賣車票這時候　你挨我擠　各想爭先　賣票的不過一兩箇人　買票的多到幾百箇　幾千箇人　若是手腳滯鈍　心思粗暴　不是弄錯　便來不及　他們的賣票地方　先把一等　二等　三等分開　另外又有錢鋪子　專兌銀錢　客人要坐那一等車　要到那裏去　先把車價自己約略計算停當　一箇一箇接着腳步的走到賣票處　一手將錢渡進去　向那人說聲什麽票　什麽地方去　賣票的人因爲錢找頭狠少　計算自然容易　那該[17.1]找的錢同那車票就一手渡出來　接二連三的挨次開發　客人雖多　一煞時便完事了　從來沒有算錯　沒有失落　那像我們中國　錢價上落　貼水掉換　鬧得箇落花流水呢　這還是賣票　若講到行李過磅　更是亂得箇不成事體　欺大悔小　是不必說　客人行李　還要客人自己照呼上車　託人管着　所以明明是貨車①　又像裝人了　外國不是這樣　行李過磅以後　點明件數　交把管理人收管　上車下棧　狠是妥當　到埠後儘可隨便託人　拏憑票去領出來　無論貴賤的東西　也不會失誤一項　這箇原是信實　但是也要辦理得有次序　纔能到這步田地呢[17.2]

江蘇②

破裂不全的小說

（1903 年第一期第 115—121 頁）

我好小說我欲作小說然而我不能作小說迺於每日晚間記其日間之所遇

---

① 原文中没有空格，此處空格是編者所加。

② 1903 年 4 月創刊於日本東京，月刊，由江蘇同鄉會幹事編輯並發行，撰稿人主要有蕭魯士、太孟、張景光、哈華司頓等。主要欄目有"圖畫""社説""學説""譯篇""時論""小説""記言""記事""調查録""雜録"等。本報爲文言報刊，但也設有白話專欄。1904 年 4 月停刊。

以學作小說兹摘其一二以相連續名之曰破裂不全的小說
　第一回献上　說同洲譯書作記念　談性質吠狗感同情
看了一看那人的頭恰如一個毛芋兒眉目不甚分明都促在上半部上鼻梁骨稍露三角尖形鼻子邰漸漸低下一隻四方口口邊鬚根兒簇簇看來郤有二十五六歲的光景祇聽那人與文伯通道姓名方知道他姓離名克是個中學校的生徒今年纔不過一十八歲輕騎正在聽着想忽見那離克將臂膀一撂向文伯道我的臂膀粗大麼因又接着問道儞們槃斯包兒會麼文伯道會的又問道攤納斯呢文[115]伯道這郤不會又道擊劍呢文伯道這也不會文伯乃問道老兄呢離克笑道我是都能的我的身體狠強壯所以都能的況且我的擊劍是狠有名聲的說罷歪着嘴笑頗有得意的樣式大家正在說話時忽聽推屏門一響進來了一個人問道真兒在家否文伯忙上前答道在家現在樓上睡着那人道還早呢爲什麼就睡着文伯道他有病那人道他是什麼病文伯道他是發熱的病輕騎聞那人說話又向那人看了一看祇見那人生得軀幹偉大一個大四方面孔一撮倒捲鬍鬚上唇的鬚色甚是濃密年紀約在四十餘歲身上穿着藍墊細花的綿袍光着頭赤着脚手内携着一條毛巾包着一個洋肥皂盒兒看他光景似乎新洗了澡那人見了輕騎便問文伯道他是新來的嗎文伯道不差他是上月纔來那人上來與輕騎畧施了一禮問輕騎道儞是幾時來日本的輕騎道我是去年九月間來的那人又問道一向在那裡輕騎道在大坂那人道在大坂什麼學校輕騎是那人這樣便答道沒有學校不過念念日本話罷了那人又道儞到這裡來做什麼輕騎答道也沒有做什麼不過來玩玩罷了那人聽了這話便不言語忽回頭見了離克便斜著眼瞧了一瞧[116]離克問道儞是什麼人是住在那裡的離克見問忙垂下兩手正立答道我是住在山崎町的是這裡葛家的親戚我姓離名克說着也不敢少動一動那人聽了也不甚理他便向後坐下伸手而袖底裡取出一匣香烟來取火吸烟便又問輕騎道儞是中國那一處的人輕騎方欲回答祇聽後面推屏門一響又進來了三個人第一個就是本家的主人台得那兩個迺章氏兄弟三人見了那人讓了坐

台得便與那人對坐談論說到那滿洲蒙古等地方台得便問輕騎道現在蒙古一帶屬地貴國政府尚不留意經營應①輕騎答道不差那人又問輕騎道現在貴國是那幾省有日本武官輕騎道我卻也不甚清楚大概有的省多罷那人聽後又說了的間活便告辭而去台得送了那人出門便進來對輕騎道那人是姓下谷名田是第六聯隊的大尉那是我的朋友他是來談談中國話想要到貴國去的輕騎歎道貴國的人眞眞難得做了這麼大的官遠是這樣勤懇②自己的國旣張了氣遠都想幫着敝國辦事③台得道這也說不得什麼我們亞洲的人自然是幫着亞洲的並且我是最恨那白種人的強橫我們中日兩國總湏協力抵禦他纔好老兄到敝國來的目的是想［117］學那一門學問的輕騎道我現在尚不一定並且我能留學不能留學也尚不能一定有錢我便留學沒有錢我便回去所以學得了什麼便什麼留得了幾時便幾時台得忙問道儞的學費是從那裡來的呢輕騎道那是譯書來的所以有人要時便有錢沒人要時便沒錢台得聽了這話便沉吟道儞譯書是什麼價值輕騎道高低郤也不等大概是一錢一字輕騎說了這話向枱上時辰鐘一看忙說道呀十一點鐘了晚了睡覺罷一宿無話到了明日早起輕騎起來見台得早往學堂裡上課去了便約了文伯到章氏兄弟處去問談④到了門首見關著窗階下擺着皮靴二双聽着房內似有兩人爭論輕騎便向窗外地板上一指輕輕對着文伯道我們且坐在這裡聽聽祇聽那一人說道儞不說起我們中國人的性質也罷說起了中國人的性質纔是傷心呢這一人的聲音卻似朱蒼又聽那一人說道有什麼傷心不傷心不過是奴隸罷了這人的聲音是章雄又聽那末蒼道⑤那裡是奴隸呢我怕由着這樣的性質連奴隸都做不過去的章雄道這也說得太甚了朱蒼道儞還不信呢我說給儞聽聽我們中人的性質最是個怕強欺軟的怕的時候是怕到無天無地的［118］欺的時候是欺到無盡無休的況且不怕的時候便欺不欺時候就便怕又沒有一點畏忍耐力所以識得我們性質的人是沒有一個不要欺侮的並且沒有一個敢不欺侮的所以別人家奴隸遇了慈善的主人還可以稍得的造化我們這種奴隸是萬萬不能殼的況且又有一種希圖徼倖的習慣不管那時勢不管那道理專想那得寸則寸得過且過的方法況且又有一種虛張聲

---

① "應"當爲"麼"。
② "遠"當爲"還"。
③ "遠"當爲"還"。
④ "間"當爲"聞"。
⑤ "末蒼"當爲"朱蒼"。

勢的習慣有了一千說了一萬得了針說着了棒所以弄得人家防備的方法更加周密而其寔我一點也沒有這麽儞想想是不是呢章雄道儞說的就是那些無智識的下等人罷了未蒼①道這郤不然就是那些最有學問最思想的人據我看來也絲毫沒有脫離這種性質儞看那些有名望的人爲什麽吸雅片烟的儘管雅片烟討小老婆的儘管討小老婆的可知要脫離習慣是②人生最難的一件事況且那種習慣的傳染性又是最有力量不是我要說句得罪人家的話我們中國的狗就是我們中國人的肖照章雄道這話什麽講我郤倒要聽聽朱蒼咳了一聲嗽復大聲說道儞看那種瘦弱疲軟的形狀這不就是我們身體的肖照麽那種見了人來他便狂吠見了人走他便追逐[119]見了人立住他便不敢動見了人追逐他便退走這不就是我們怕強欺軟的肖照麽譬如遇見了外來的生狗他便高聲狂吠拿腔作勢其大如虎倘或那狗比他稍強或者那狗窮極反咬他便倒尾低頭忘命奔逸其小如鼠這不就是我們希圖徼倖虛張聲勢的肖照應③那一天我到了野外去游散遇着了一個外國人帶了一隻外國狗到了一處村庄那村庄裡的狗見了那外國狗都出來了前後左右離開了二三丈遠昂頭掉尾往來馳逐似夫那義和團攻打公使館的光景這外國狗郤全然不以爲意及見了那外國人嗾了他一聲他便狠命往中國狗裡追去那中國狗便如烟消霧散影迹無蹤了這不就是我中國人的性質與那外國人的性質相遇的肖照麽輕騎聽到這裡便突然將那窓一開跳進去喝道胡說胡說儞們說到我們中國人這樣不堪可惡可惡四人遂讓了坐又說的閑話吃了飯又同去洗了澡輕騎仍然同了文伯別了兩人回去那時見台得已從學堂裡回來台得見了輕騎便問道今天儞又譯了這麽書輕騎道今天玩了一天却沒有譯這麽台得道儞到底是不是一錢一字譯英文書呢輕騎道英文書價錢稍大一字可值兩錢台得道[120]那麽我們譯英國書罷輕騎道什麽台得道④昨夜我睡着想我個兩人⑤相好了一塲設有記念不知合譯一書做個記念罷輕騎道這樣甚好但是什麽樣合譯呢台得道我從英文譯了日文儞從日文譯了漢文豈不好麽但是譯那種書好正在大家議論祇聽外邊有人喊道郵便郵便輕騎忙出去看時祇見有東京來的明信片一張擲在地板上拾起看時只見上面寫着

---

① "未蒼"當爲"朱蒼"。
② 原文"慣是"二字下面有點,"習"下無點,這裏是編者所改。
③ "應"當爲"麽"。
④ 原文"麽台"二字下面有點,"什"下無點,這裏是編者所改。
⑤ 此處似誤,當爲"我兩個人"。

天賜黃金十萬兩外附千里鏡一付

欲知這明信片是何意思是何人所寫且待我查明再說[121]

京話報①

論創辦這京話報的緣故

（1903 年第壹回第 1—2 頁）

試問喒們中國。四萬萬人。這裏頭。那一個不是喒們大清國的百姓。既作了喒們大清的百姓。可就要知道這忠君愛國的四個字怎麼講。你們大家伙想想。喒們 太后同 皇上。現在到了陝西。吃也沒（讀作減）有好的。穿也沒有好的。爲了這些百姓。惹下這麼大的亂子。帶累他們母子二位。吃了多少的苦。嘔了多少的氣。還（讀作孩）要替人家賠錢賠禮。你們到底知道不知道。這是誰的不是咧。我告訴你們說罷。喒們從前跟洋人打仗。打的不是一回。都可以說是洋人的不好。[1.1]來欺負喒們。惟獨這回子的錯。却是都在這邊了。你想去年個四五月的時候。人家外國人。並沒有惹著喒們。鐵路是 皇上家造的。電線也是 皇上家安的。做工的洋人是 皇上家雇來的。怎麼就借此爲由。燒了鐵路。毀了電線。殺起洋人來咧。這還不要緊。又造了許多的謠言。說洋人要了幾條。挾制我們的法子。逼得我們沒有路走。中國橫豎是完了。不打也白不打。我們 皇太后 皇上。本是極聖明。不聽這些個的。所以左一回。右一次。連召見了四天的文武百官。商量這軍國大事。足見得上頭本是明白的。所以才連日召見。無奈這大小官員。明白的閙不過糊[1.2]塗的。一窩蜂似的。就糊裡糊塗。弄到這步田地。他們也不知道。這外國的人。是有好的。有不好的。有傳教的。有不傳教的。不能一概而論。况且洋人不是一國。算起來比中國人數還多。那裡就殺得盡呢。自從洋兵進京以後。喒們北邊的人。都是親眼目覩。知

---

① 1903 年 8 月創刊於北京，由京話報編輯並出版，旬刊。主要欄目有"中外新聞""海國妙喻""地理問答""海外拾遺"等。出至第 6 期停刊。

道我這話。是不錯的了。要是早幾年。有人將這外國的情形。寫給你們看看。講給你們聽聽。這個亂子。可就惹不出來了。唉。這個事情已過了。說也無益。後悔也遲了。但願從今以後。大家伙兒都明白過來。把自己的壞處。改他一改。人家的好處。學他一學。喒們大家伙。打起精神。各按本分的事幹起來。給 皇上家爭一[2.1]口氣。給大清國做一個臉。雖說不上忠君愛國的字樣。却也免得替中國丟人。所以我們現在。將中外的時事。用喒們京話。編成一本一本的書。每月刻出幾本。給大家伙看。這書的名兒。就叫作京話報。報中所講的。無非是些勸人學好長人見識的話。至於那些朝政的得失。人物的好壞。我們一時也用不著。也談不到。免得許多的麻翻。這也是我們在京裡做事的難處。看報的人總是要見諒的了。[2.2]

論創辦這京話報的緣故

試問喒們中國四萬萬人。這裏頭那一個不是喒們大清國的百姓既作了喒們大清的百姓可就要知道這忠君愛國的四個字怎麼講你們大家伙想想喒們太后同 皇上現在到了陝西。吃也沒有好的穿也沒有好的亂子鬧累他們母子二位。吃了多少的苦。嘔了多少的氣。還(後作)要替人家賠錢賠禮你們到底知道不知

論看這京話報的好處
（1903 年第壹回第 2—7 頁）

我們這箇京話報。是全用北京的官話。寫出來。訂成本子。其中所發的議論。皆於人有益。不可不看的。並[2]且將京外的新聞。外洋的時事。各國的風土人情。一一的編成白話。令人容易懂得。極有趣味。我們北方的人。是不用說的。一看就明白了。就是南方的上中下。三等人。皆也不可不看這報。何以不可不看呢。你們諸位要知道。中國所以不能自強。受人欺負的緣故。不過兩端。一是民智不開。一是人心不齊。民智不開的壞處。一言難盡。將來有功夫的時候。再給你們細講。這個人心不齊的緣故。大半可就在言語不通的上頭。外洋各國。也是有多少種語言。本不能一律。但是一國

之中。所說的話。不差什麽。總是一樣的。所以他們通國的人心。沒有不齊的。我們中國則不然。[3.1] 南邊的人。不能懂北邊的話。這一省的人。不能懂那一省的話。甚至於同省同府的人。尚有言語不通的地方。你說怪不怪。這不是一國之中。變成了許多的國了麽。所以要望中國自強。必先齊人心。要想齊人心。必先通言語。說到這裏。我們的這京話報。可就六大的用得著了。你想噹們中國這麽大。百姓這麽多。說話的口音到有好幾百樣。現在要想大家都說一樣的話。這一定是京城的官話無疑了。要學官話。這個報就是個頂好的一位先生。有一個人買了這報。念給婦女小孩們聽聽。就一家子都學了京話。又知道了許多的新聞。有一家子買了這報。借給鄰里鄉[3.2] 黨們看看。這一村一鎮的人。就都學了京話。也明白了許多的時事。照這樣辦法。越推越廣。將來遍中國的人。皆能彀言語相通。同心一意的。將這個大清國的江山。中興起來。這個京話報。可就不算是白做了。中國的文理太深。教書的先生。又沒有學過教人的法子。不過借此糊口。所以中國的學生。念了五六年的書。還不能彀寫信看報的。多得狠。讀書越難。念書的人就越少了。人不能彀讀書。寫字。看各樣的報。這世間上的事情。自然一概都不知道的。你說這種人。他是生就的糊塗。死也講不明白的。所以鬧出許多野蠻的事情。小則爲害一方。大則爲國家惹禍。若能[4.1] 彀有些人。常常的將我們這報。講給他們聽聽。久而久之。自然就漸漸的明白過來。這一種糊塗的人。都能明白過來。國家的禍患。可就少了。還有一件事。關係更大。現在在中國傳教的洋人。以及各國欽差衙門。領事衙門的繙譯官。各省海關上的洋員。各處的洋商。學說中國話的。不下數千人之多。將來他們。都是願意看這京話報的。借此可以學着。說些官話。及尋常的文理。中國的風俗。我們若能彀將這些鄉愚。不懂事的一班人。勸化過來。他們是最喜歡的。從此以後。他們待中國人。自當另眼看待了。就是我們百姓。受了外人的欺負。或者彼此有會錯意的地方。也[4.2] 可在這報上。平心靜氣的。演說出來。讓他們外國人。知道知道。也與我們國家交涉上頭。有點兒益處。近來我總出了這個主意。要開這種報館。已經有許多洋人。要定我的報了。因爲現在有好幾國。都設立了中文學堂。日本一處。學中國話的。就有數百人。每人都要看一分這個報的。這麽說起來。我們做報的人。雖不能替國家辦許多大事。也可以借此略盡一點兒心了。你們說是不是呢。此外還有許多的好處。杭州白話報。曾經刻了一篇。說得狠痛快。現在就將他那一篇。附在後邊。我也就不另外重說了。[5]

海國妙喻
金匱梅侶女史原演本報改成京話
（1903年第壹回第1—3頁）

蒼蠅上學吃墨汁

現在人的心。都不如從前人厚道。世界上的道理。也一日不如一日了。中國外國。都是一樣。有幾個歐洲地方的念書人。要想個委曲婉轉的譬喻。又當勸。又當教。或者可以挽回些澆薄的風氣。正伏在桌上。捏著一管筆。提足了精神細想。忽然聽見嗡嗡的聲音。擡頭一看。敢信是一群蒼蠅。飛到窗戶上來了。隔了一會。又看見一個蒼蠅。打外頭飛了進來。看見那些蒼蠅。都在那兒說閑話。就罵那一群蒼蠅道。你們為什麼一天到晚。吃飽了飯。不用一點心。就知道聚在[1.1]一塊說閑話。不幹正經事咧。那些蒼蠅聽說。都笑着說道。你也是游來逛去。不做什麼事情的。怎麼還來責備我們哩。這個蒼蠅說道。我剛起學堂裡來。你們怎麼說我。也是游來逛去的哩。一群蒼蠅都不信他的話。這個蒼蠅就吐出一點墨水來。要算是個憑據。一群蒼蠅都歎氣道。咳。你雖然是打學堂裡來。你可曾聽見古時候人學的。到底都是些什麼哩。我們可到邰聽過古時候學的。頭一樣要敬重天。第二樣要孝順父母。以至於兄弟是極敬愛的。夫妻是極和順的。朋友是極相信的。修到樣樣行為都極好了。無論什麼事情。說得出。一定好做得到。樣樣要講究實在。[1.2]沒聽見說光是嘴裡喫點墨水。就算有了學問。況且你嘴裡吐出來的。還是現在極臭不堪的墨水。只怕明白的人。還要捏着鼻子討厭你。捧着肚子笑話你哩。這蒼蠅聽了。也不知道不好意思。反倒惱起來了。就嗡的一聲。飛了出去。

耗子獻計拴鈴鐺

耗子受貓的害。不知多少日子了。有一天一群耗子。聚在一塊議論道。我們白天躲着。黑間出來。也就算乖巧的了。怎麼還是不免受貓的害。總要想個好法子。保住永遠不受貓的害。纔可以放心安安頓頓的過日子。於是這一群耗子。都要想獻個好計策。有說[2.1]這麼樣的。有說那麼樣的。卻都是有些關碍。做不到的。又有一個耗子說道。只要在貓脖子上。拴一個鈴鐺。貓一動。我們聽見響聲。就可以逃避了。這條計策。豈不好麼。大家伙兒聽說都拍手拍脚的叫道。好極好極。真正是個好法子。大家高興得狠。都覺得有好法子了。誰知這一群裡。單有一個老耗子。不言不語。

也不說好。也不說不好。大家都問他道。你不張嘴。難道這個法子。還不好麼。這個老耗子答道。法子好是好的。但不知那一個肯去。把這鈴鐺拴在貓脖上呢。請你們趕快拿主意。那一群耗子。竟你看我我看你。一句話也說不出來。唉。這種說空話的耗子。世界上[2.2]最多。說話是好聽的。但是說得出。做不到。就叫這獻計的耗子自己去做。他也一定要想法逃走的。這種說空話的耗子。豈不可恨可憐麼。

　　還請酒仙鶴報怨

有一個狐狸跟一個仙鶴相好。來往得狠親熱。有一天狐狸辦了一桌酒席請客。那仙鶴高高興興的走來吃酒。不多一會。擺出酒席來。都是用那頂淺頂小的盤子。盛着些零零碎碎的肉。跟頂稀頂薄的湯水。這仙鶴是生就的一張又尖又長的嘴。吃這宗樣的小菜。是眞眞的不便當。狐狸是用舌頭舔的。一會的工夫。就把那盤子裡的菜。舔得乾乾淨淨。舔完一盤。[3.1]又是一盤。把桌上擺的東西。舔得歪歪斜斜。那仙鶴只好看着他吃。等他吃完。只得是餓着肚子。辭別了狐狸回家來了。心裡惱恨已極。過了兩天。也擺下酒席還請。可就把那魚肉酒果。都裝在玻璃瓶裡。這仙鶴的長嘴伸進去到是狠便當。這可就眞罷了那狐狸了。那狐狸是抱着瓶。一個勁兒的直舔。再也舔不着一點兒什麼。單聞見撲鼻的香味。單看見耀眼爭光的顏色。一樣也吃不到嘴裡去。也只好挨着餓。辭別了仙鶴而去。唉。這都是只顧自己。不顧別人。那會知道。欺人家就是欺自己。列位。你們大家伙兒想想。這狐狸的摸不着吃。是狐狸自己找的不是。[3.2]

甯波白話報①

奉勸甯波的同胞
（1903年第二期第1—2頁）

前回我做了一篇奉勸文　登在第一册白話報上　想列位早經看過了　但是

---

①　1903年11月創刊於上海，旬刊，由寧波白話報館發行。1904年6月發行改良版，期次重起，改爲半月刊，由上海寧波同鄉會發行。主辦人爲陳屺懷，主要欄目有"本埠新聞""調查錄""論説""評議""外埠新聞""小説""指迷錄""雜錄""歌謠"等。1904年停刊。

列位各有行業　就行業上論起來　實有許多說不盡的壞處　我今回單把做買賣的一切情形　提論一番　其中有要改變的事情　還要奉勸幾句　列位呀　你們做買賣的人　都是要大家好起來的　不要守着從前的舊法　一些兒都不變呢

就現在的市面講起來　做買賣的人那一個不說道「銀根緊急市面壞了買賣難做」　這句話　若着實問他幾句　銀根爲什麼緊　市面爲什麼壞　買賣爲什麼難做　哈哈　恐怕沒有人回答得出呢　我今番把這一項事情　細細的講來　好使你們明白人　曉得設法去挽回些纔是

中國自從外國人進來之後　洋貨暢銷　內地土貨　敵他不過　弄得進口貨多　出口貨少　中國的金銀　都被他國人括了去　這樣括去的金銀[1.1]　是永永不回來的　所以中國的銀根　逐年加緊　銀根一緊　錢莊家呼應不靈　市面呆了　折息飛漲　大小生意人那家不要向莊上掉用銀錢的　爲了銀根緊急的緣故　不知受了多少虧　唉　你們做買賣的人想想看　若照着這樣子做過去　那能有起色的日子呢　我做報人想起來　要挽回這個利　使得中國的金銀　不漏到外國去　除非把一切洋貨　做造起來　此外是再沒有妙法了

爲什麼呢　中國人工狠賤　物料也不算貴　若照着外國的法子　造出各種有用的貨物　成本一定比外國來頭貨便宜許多　中國人的皮氣　是喜歡吃便宜的　中國自己造出的貨色　銷路自然比洋貨來得暢旺　外國人那能再括我們的金銀嗎　不單是這樣　我們自己造出的洋貨　卽使運到外國去　也比外國造的貨來得便宜　外國人也是貪便宜的　有什麼不要買我的貨呢　若果照這樣辦起來　銀根自然放鬆了　市面自然可整頓了　生意自然興旺了　列位都是明白人　我這篇言論　確當不確當　請大家仔細思量一番罷[1.2]

但是我這篇言論　是論中國商務上的通病　我們甯波同鄉有不明白的人　一定以爲這個挽回的法子　決非我甯波的生意人　可以擔任　有的說　這是時運　生意人也沒法子　有的說　這是國運　官場尚且任他過去　我們生意人　怎樣弄得來　唉　這兩種話　都是不合道理的　人是動物裏頭最有力量的　不比那牛馬　可以聽着人驅使的　爲什麼自己不要好　倒把時運兩字　放在口頭　又把自己可做的事情　一一都推到做官的身上去呢　甯波人老話　「來者勿呆　呆者勿來」　你們旣然做了生意　見了可以挽回市面的事情　爲什麼畏頭畏尾　不去竭力整頓呢　我做報人　論到

這一叚事情　就把甯波人身上打算一番　自造洋貨一法　實在不難啊　爲什麼呢　甯波人是最不怕難的　出門做買賣　不怕路遠　中國這許多州縣　那一處沒有甯波人脚跡　卽如外洋各國　算來也不少甯波人　若自造起洋貨來　要向外國去學製造的法子　甯波人是狠喜歡出洋去的　況且中國的機器匠　多半是甯波人　尋常的工藝　不必靠着他人　若論[2.1]到資本一節　甯波的富沃　也是算上不算下的　難道有了本錢去開銀行　錢莊　洋行　獨獨沒有本錢來開幾個製造廠嗎　卽使開制製廠的本錢狠大　甯波人不能獨擔　難道甯波有了做頭的人　他府他縣　沒有人來附本合股的嗎　總而言之　中國人只會自己括自己的脂膏　見着外國人　一些不會和他爭勝爭勝　反情情願願　把許多金銀　漏到一去不來的地方去　唉　甯波人若不脫去從前中國的習氣　只怕甯波生意場中的人　將來要受盡外國人的苦楚呢　　　　　（未完）[2.2]

本埠新聞

（1903年第二期第4—5頁）

　　輪船招股
江北岸有個宏濟輪船公司　從前是蔣信福創辦起來的　曾經禀過撫台已經批准的了　專在甯波　鎭海　蟹浦　伏龍山　這些地方往來裝客人同貨物　後來因爲招股狠不容易　所以尚沒有辦得成功　現在有姓虞姓密姓黃姓裘的幾個人　出來幫忙　並且先行湊上一萬五千塊洋錢的股本　存在上海荷蘭銀行裏　還要再招上一萬五千塊的股子　合前三萬塊洋錢　就可以開辦了
　　江下大火
小江橋傍邊　有個華美利鐘表鋪子　十二日夜裏三更時分　忽然起了火　各處水龍都趕緊來救　但是剛剛這一夜裏　風起得狠大的　總是救不熄　一直燒了五個鐘頭　方纔救熄了　計算這一天燒的大大小小鋪子　足有一百多份人家　房屋有四百餘幢　實在算得個大火了　幸而這些被[4]燒的鋪子　裏面保過火險的居多　聽說保險行裏　足足要賠十七八萬銀子呢　唉　像這樣的大火　是什麼緣故救不熄呢　這就是地方街道太狹　救火的人　狠不便當　益且救火的時候　取水狠難　所以這天的水龍　竟有兩架弄壞了　唉　假使平素街道寬廠又有自來水　就像現在上海的一樣　那得有這樣大的火災呢

预备海防

甯波的道台　现在接到省城里抚台的电报　叫他关照甯波海口炮台上的人　同营里的兵　都留心顶备著　列位　你知道这是什么缘故呢[5]

外埠新闻

（1903 年第二期第 5—6 页）

甯海教案续闻

甯海的教案　已经一个多月了　法国人要中国官捉为头闹事的人王锡同　一直不曾捉得住　现在法国教士　说是中国官保护的不好　听说已经有电报到北京去　叫他们的钦差　向我们外务部说　要将甯海知县萧庆增　抵偿那杀的神甫性善　他说因为这个神甫　被王家人杀的时候　是剖肠剜心　极其可惨　萧知县仝周中府都看见的　因为王家人多　就没有敢阻挡　实在是没有用的人　所以纔要叫他偿神甫的命　但是闹市的时候　各处衙门及各家店舖　王家人都没有去骚扰　而且左近的耶稣堂　都一毫不曾去闹他　所以王锡同逃走之后　竟捉他不住　这个教案　大约一时不能就了结呢

增祺被逐

列位　你们可晓得增祺是什么人　他就是中国东三省的将军　他的位子[5]就同抚台制台一样　九月十七日　上海报里说　南京制台魏光焘　接到北京外务部的电报　说俄人要将东三省将军增祺驱逐　并且有限他三天出境的说话　魏制台接到这个电报　立刻叫藩台　台同各道台聚会著商议①　尚不能想出好法子呢

科举减额

张之洞奏请废科举的事情　已蒙　皇太后　皇上叫部里会议　现在部里大臣议定从明年起　将中额减去三成　减了三科之后　另外换一种新样的考法　这新样的考法　分出许多门类　叫做理财　法律　商工　天算　地理　格致　但是这许多门类　那里个个读书的人　都能会呢　所以又想出一箇法子　看读书人平日所学的是那种学问②　就叫他们考那种　照这样看起来　不是比现在考的法子　要有用些吗　将来中举人中进士的　也就

---

① 第一个"台"应删掉。
② "间"当为"问"。

可以替我們百姓們　做些個事體了[6]

新小說①

二勇少年
南野浣白子譯述
（1903年第四期第75—83頁）

第七回　義心冒死

話說市民聽說英國援兵已到河下個個驚喜非常爭先登城去望不料船已抵岸忽然轉舵去了眾人大爲失望猜不着是甚麼原因只得憤的憤罵的罵恨的恨悲的悲泣的泣一時騰沸起來這個艦隊原來是英國遣派前來援助的載了滿船的兵糧無奈隊長少將嘉克到了德林河見戩穆司王防禦甚嚴已在河岸築起幾個小砲臺不敢前進因此在老遠的地方即命船停泊遣密使進城勸市民不必拒敵自己即開往他處去了孰料遣使不能上岸待回去復命則嘉克已去遣使也只得跟着去了此時城中已是兵盡糧絕却幸住民家中近日有逃往他處及死亡者在此等人家中搜出食物不少計算起來尚可彀數日之用但是井水因圍城以來人數倍於尋常加以多日未下雨竟漸枯涸起來雖有數處泉深的地方尚未全涸然汲起來的水也如泥漿一般雖[75]用沙漏漉過也不能吃
再說金吾因受表兄之托用心用意看護那些被難人現在雖未染病然飲食欠缺竟個個餓得不成了人形那幾個小孩子更是跟着金吾慣了的其中也有父母已死的也有生病的因此金吾更是義不容辭想盡的方法求飲求食供給這幾個孩子近日因飲水缺乏金吾因想起從前曾見城旁有家農夫他家有一個井那個井

---

① 1902年10月5日創刊於日本橫濱，月刊，1905年起，社址遷至上海。主編是趙疏林，主要欄目有"小説""論説""傳奇""劇本""雜記""歌謠"等。小説按類別刊登，有歷史小説、政治小説、科學小説、哲理小説、冒險小説、偵探小説，後續增有語怪小説、法律小説、外交小説、寫情小説、社會小説、劄記小説、傳奇小説等。1906年1月停刊。

裏的水金吾曾經飲過的因此尋了去那個地方到尋着了但那個農家已經被火燒了人影全無再尋尋那個井到在那兒金吾趕緊汲了些上來一試雖不及從前清潔但用沙漏漉過尚可免強飲得金吾尋出這個井之後甚爲歡喜當日即汲了一桶回去此後每日提了兩隻桶來汲了回去供給衆小孩之用因此這幾個小孩子得金吾看護周至即當此人人生病之時他們幾個連一點小病也沒有至於市中情形自嘉克之艦隊退却後食物日減一日兵士等至實不能忍耐之時只得將馬匹殺了充飢餓死病死[76]者日多一日眞是屍積如山白骨滿地令人不忍目覩金吾看護那幾個小孩子日日往外面求食至近日竟無處可求金吾甚爲焦急因想起舊友吳爾達前次已探聽清楚知他現在正隨父從軍不如到他那兒去一盪定能求些食物來但城門緊閉不能出去即出去了也不能回來至於水關現在定有人嚴爲防守也是不能出去的躊躇了半天又獨自說道且往水關看看光景再說因此即走至水關看了一看是用鐵柵攔起了的但像金吾那樣的身量還可以過得去金吾看了甚爲喜歡當時打定主意夜間再來於是仍回家中待小孩子們睡了金吾跑到水關覷巡夜兵不看見的時候跳下水去泅至柵旁向外面張望正值巡夜兵離着甚遠金吾即乘空登了那邊的岸趕緊逃至樹林以待天明到了天明金吾的衣服已乾於是混在運野菜果物的農夫中進了戢穆司王營門探明華加士的隊駐扎何方即取路直向那兒去到了那兒不好探問只得立於帳幕之外以待吳爾達却幸不一時吳爾達居然出來了[77]只見金吾衣衫襤褸滿臉病容吳爾達竝認不出來也想不到金吾到這兒來的所以吳爾達看見了心中以爲必是乞兒因問道你到這兒來做甚麼莫不是來乞食的嗎金吾不禁笑了因說道吳爾達兄你連我也不認識了嗎吳爾達忽然提醒再仔細一看不覺失聲道你不是金吾兄嗎何以病成這個樣子吳爾達又問道你現在做甚麼在甚麼地方金吾一邊手指着城一邊答道在那兒受餓吳爾達說道這兒不是說話的地方恰好父親現在出去了我們進去談罷於是拉着金吾的手兩人同進入帳幕讓金吾在一隻小箱上坐了吳爾達知金吾尚未吃飯親自去取了些食物及一大瓶葡萄酒來金吾數月以來非特沒有酒喝連好茶也沒有喝一盅今見了葡萄酒如得了甘露一般一口氣即喝完了於是一邊吃着一邊與吳爾達說話吳爾達因問金吾道你這回來眞是我意料所不到的外面這些人你怎麼能進來金吾答道我昨兒晚上從水關泅了出來在樹林子裏躱了一夜今朝混在那些運野菜的人進了[78]營門打聽着你父親在這兒我又不好問只得在那兒等候恰好沒等一會兒你就出來了吳爾達說道這個樣嗎我自與你別後接到你兩回信曉得你還在德林市所以這幾次每逢着城內開砲我就揪心怕你有萬一之失而且我料你必定也在陣中的又不好通信金吾答道我雖

編入隊中却係後備軍一點兒事也沒有我表兄他又不肯讓出去因此托我在家招呼來他家避難的戚友內中有幾個小孩子都是無父母的孤兒表兄見他們可憐專托我看護他們我也因爲現在旣不能爲衆人出力能將這幾個孩子救活了也算盡我一點心無奈近來飲食缺乏市中無處覓求將幾個小孩子餓得不死不活我在那兒看着眞是不忍所以昨兒冒險出了城却幸毫無阻礙到了這兒吳爾達急問道那麼你是到這兒來覓食物你還要回去的呢金吾荅道那是自然的我不是因爲這幾個可憐的小孩子要爲我一個人我隨便怎麼着也不到這兒來現在沒有甚麼兩軍相敵私受糧食本來是軍律所最禁但念此[79]無怙小兒我亦出於萬不得已諒你亦斷無不同情好歹給我快想點法子弄些食物我拿回去吳爾達說道我總盡我的力量幫助你就是了你不要操心你還把別後的事講給我聽聽罷於是金吾將圍城之後原原本本仔細的叙述了一番金吾又問吳爾達道你現在隨着令尊出陣打仗嗎吳爾達就將父親已允他旗手士官爲祖母母親所阻及現在不過在營中習鍊①的話告訴了金吾金吾又說道我們不必久談了我還是昨天晚上出來的也沒有與他們說明他們一定在那兒記挂着你旣可以帮助我你就趕緊去辦罷吳爾達說道是但是甚麼東西好帶呢金吾說道我看多了也是帶不去的你給我買兩三斤牛乳用玻璃罐裝好再尋一個不浸水的箱子裝些麵包就夠了我過四日再來你可以與我約好一個地方到第四日你就照樣預備這兩樣東西拿到那兒去點一個小燈爲記我潮退的時候出來等潮滿進去你可能帮助我這個呢吳爾達說道我到沒有甚麼難的但是水關有兵守着日夜不離如被[80]他們看見了不問情由放了一槍那可是了不得你還要想過一個更穩當點的法子纔好金吾說道不要緊的鳧水的時候小心一點不要鳧得有水聲他們斷看不出即令被殺我亦無憾吳爾達說道你說的雖然不錯但因這一點兒小事誤了將來許多事業豈不可惜然這種事情亦是我們義務之所當盡現在我倒想出一個法子我看你萬一被他們看見要捉拿你的時候只管將我父親的名字說來就說與我父親是朋友他要治你罪的時候你叫他同你到這兒來那就萬穩千妥了金吾說道雖承你的盛情但我不敢領受我們雖說交好只可各自心知萬不可張揚出來我看我來的話你還暫且不必對你父親說吳爾達說道那兒的說呢我父親他斷無不肯的而且自圍城以來我父親時常聽說城中傳出話來說現在市中人民飢餓死亡者日漸加增我父親聽見代爲憂愁總願彼此早日了接②況且現在你的事情又當別論未及歲的小孩子本無讐敵之說即令戡

---

① "鍊"應爲"練"。
② "接"應爲"結"。

穆司王知道了也不要緊況你這個更是義[81]勇的行凡有心肝的人聞之諒無不贊成的理你不必多疑照我的做去斷沒有錯的現在我叫腊利去買牛乳麵包用東西裝好你昨日一夜未睡你在我這牀上睡一會等我預備好了叫你起來再吃一頓飯那時也正是時候你就可以回去了金吾說道既是這樣很好你就預備去罷我在這裏歇一歇就是了於是吳爾達出去備辦留下金吾在房裏金吾因昨夜一宿未睡正是困倦得很靠着枕頭就睡去了吳爾達出來吩咐了腊利叫他去備辦自己仍進入房中看看金吾已是睡着了即在旁邊守着因想金吾救難扶危的心思竟同自己一般真不愧爲知己後來又替金吾想到現在市中的情形朝不保夕不禁代爲憂悶又不好勸他到這兒來而且看金吾說話凡說到彼此爭戰的事情他即將別話混過去可知要他到這兒來是萬不能的正在替金吾打算忽聞父親華加士回隊來了不一時進入幕中吳爾達也不待問即將金吾前來的委細稟明了華加士聽畢大爲稱賞因說道這樣的勇少年真令人心佩[82]自己不計危險爲被難的小兒來求食物這種事情恐怕大人還做不到你現在既去預備牛乳麵包那是很好但四日後的約你還要設法前去至於萬一被人捕獲叫他萬不可客氣只管說出我的名字來就是有違軍律這個罪名我也願受的況且未及歲的孩子不能視爲敵人說完走至金吾身旁看了一會不覺驚歎道怎麼就瘦得這個樣子要在外面遇着還不認識呢可恨那嘉克少將既來了何必再退好歹分個勝負免這些無怙之人受這些罪就是死也死個爽快那麼金吾兄何至受這樣的苦呢吳爾達在旁苔應着恐怕驚醒了金吾因此父子不再說了欲知後事如何且聽下回分解[83]

繡像小說①

京話演說振貝子英帽日記卷之一
（1903 年第一期第 1—3 頁）

光緒二十七年十二月十六　振貝子奉了　皇上的命　派充出使英國大臣　賀英皇加冕　跟手上了個謝恩的摺子

---

① 1903 年 5 月創刊於上海，半月刊，商務印書館發行，爲晚清四大文藝期刊之一。主編爲李伯元，主要撰稿者有李伯元、歐陽巨源、劉鶚、周桂笙等。1906 年 4 月停刊。

二十四　又遞了個奏調隨員的摺子　調的是參議官二品銜記名簡放道梁誠　參贊官四品銜外務部員外郎汪大燮　二品銜記名道楊來昭　二品銜候選道黃開甲　四品銜外務部主事唐文治　二品銜記名道陶大均　繙譯官前北洋海軍參將吳應科　四品銜候選主事劉式訓　五品銜侯選縣丞潘斯熾①　一古腦兒九個人　在京城的時候　這位貝子爺常常跟各國公使來往　這回子　各國公使聽說他放了出使大臣　人人都想請他到自己國裏去逛逛　他全答應了

二十八年二月二十二　上去　陛辭　蒙　皇太后　皇上問了一個鐘頭的話　退了下來　英國公使薩道義在自己的屋裏子請他吃飯　替他餞行

三月初四　捧了圖書　帶領著梁誠那些人出了正陽門　坐上火車　送行的都來了　單是醇王跟那桐　和他講得頂親熱　英國公使薩道義　日本公使內田康哉　一個個和他拉手　已正一刻開車②　申正就到了天津　英國領事威金生[1.1]來見　西正到了塘沽　上招商局的安平輪船

初五寅初開船　卯初到大沽口　那個時候　正是潮來　狠有個看頭　倒是水太淺了　沙太高了　攔住了輪船　走得不利落　申刻過山東廟　兒羣島　那島大小十五座　架在黃海直隸海的中間　望北是北城隍島　跟老鐵山頭差二十二里　望西南　跟萊州的海岸差六十里　望東是旅順　望西是威海　形勢可也不弱了　戍刻過烟臺③　亥刻過威海衛　烟臺口外　有座小山　叫作成山　望西六十里　有個海岸　像舌頭這麼伸了出來　連著登州　叫作細沙頸　望東南轉西北一個島　叫作芝罘　對著成山　又有個島　叫作劉公島　島上住的全是英國人

初六未刻　過黑水洋　聽見一股清烟　吹在半天雲裏　過了一會　船上的桅杆　漸漸的透了出來　纔知道也是一個輪船　外國人說地球是圓的　這話真不錯

初七卯刻　過蛇山　這山在崇明縣地界　崇明縣志說這山本來沒有人住　康熙年間　有兩個做賣買的飄洋過海　不知道怎麼就找著這個地方　現在輪船[1.2]過那兒　不要兩個時辰　就可到上海　眞眞便當的了不得　已刻到吳淞港④　又叫作黃浦　安平輪船就停了　上海道袁樹勛來

---

① "侯"當爲"候"。
② "已"當爲"巳"。
③ "戍"當爲"戌"。
④ "已"當爲"巳"。

見　總稅務司斐式楷放了一條海關上的巡船　接他過去　又說英國兵在工部局碼頭　排了隊伍候著呢　申初　就坐小輪船上岸　工部尚書呂海寰　工部侍郎盛宣懷　在彩棚裏請了　聖安　見了面　就坐了馬車到斜橋洋務局　見上海的官　見上海的紳士　見上海的商人

初八　英國領事班德瑞　副領事慈必佑來見　說他們總領事有病　不能過來　抱歉得狠　又是法國領事巨賴達　德國領事克納貝　俄國領事闊雷明　美國領事古納　日本領事岩崎三雄　丹國領事屬克司密甫　比國領事薛福德　義國領事蟲臘濟尼　奧國領事柯次辣　葡國領事濮琚　上海海關稅務司好博遜　副稅務司李蔚良　博祿多　造冊的戴樂爾　夏立士　寫洋文的義理邇　寫漢文的威理司　前前後後都來見　江漢關稅務司賀璧理　爲了隨辦商約　所以也在上海　日本陸軍馬兵少佐今井直治　翻繹勳八太郎也來見　這一天　就是見客　還忙不了　戌刻　呂尚書盛侍郎還有那些紳士　在味蒓園公請[2.1]　弄了一班西樂　英國商約大臣馬凱　各國領事都在座　一起有三十多人

初九　英國提督傑美斯何樂章　美國提督黎富思　法國駐華陸軍總統凡勒脫　都來見　午刻英國領事班德瑞　請到他衙門裏喫飯　派了礮隊護送　將要到他衙門的時候　又派了步隊來接　狠露著殷勤　申刻　江蘇巡撫恩壽爲了閱兵　路過上海　到洋務局跪請　聖安　就留他喫晚飯

初十　日本議商約大臣日置益　小田切萬壽之助來見　申刻　到各處洋行逛了一回　晚上到英國商約大臣馬凱那裏喫飯　在座有五十多人　商量修改商約那回事

十一申刻　赴總稅務司斐式楷的茶約　中國人　外國人　一起有一百多人　戌刻①　日本正金銀行長鋒郎請喫飯　日置益小田切萬壽之助都在座

十二午初　英國兵官司達雷約會著去看操　先放了一條舢板船在碼頭上候著　上了兵船　那些兵官　都掛了刀　那些兵都拿了槍　奏起西樂　一會兒西樂住了　司達雷引著兩個兵官來見　叫看他的礮　船面船邊　擺著八個快礮　礮子兒都有一百多磅重　又擺著六個小礮　舵樓兩座　緊緊的接著　前面[2.2]那座舵樓　是平常用的　後面那座舵樓　是打仗用的　前面那座舵樓是木頭的　後面那座舵樓是鋼的　舵樓正面　安著一塊玻璃　當中有個輪子　是轉舵的　兩邊兒都是測量機器　還有德律風　船面

---

① "戌"當爲"戌"。

上掛著一個魚雷艇　一個快船　就是岸上用的快槍快礮　都預備着　看了一回子　進大餐間　喝過茶　司達雷請看操　吹起號筒　那些兵一箇箇都佔了方向兒　又吹了一遍號筒　各礮都動　開了礮門　上子落子　快當的狠　一會兒　那船裝出一箇受傷的模樣兒來　那些兵扯上帆布掛在海中閒　防他的水進來　一會兒　那兵又裝出受傷的模樣兒　另外有幾箇兵　抗着他的腿　送到艙裏去　一會兒又裝出這船受了礮　起了火　大家夥兒　駕着水龍救火　一會兒　又裝出魚雷船來攻擊的模樣兒　開了礮　打他一會兒　又裝出幾箇掉到海裏去的模樣兒　另外有幾箇兵　拏了條繩　繩上拴着箇銅圈兒　丟到海裏去救他　看過了操　照舊坐了舢板上岸　兵船上又奏起西樂　放上幾門礮　算是送客　未刻　上海的紳士　在澄衷學堂請喫飯　這澄衷學堂　是個道臺葉澄衷辦的　有二百多學生　規矩狠好　頂大的十六歲　頂小的七歲　一班一班的來見　狠懂個[3.1]禮數　當時就寫個棫樸權輿的匾額　獎賞他們

十三未刻　到高昌廟逛機器局　總辦毛慶蕃領着路　共看了四個廠　一個是槍廠　一個是礮廠　一個是生鐵廠　一個是熟鐵廠　做就的後膛槍　林明暾槍　黎意槍　快利槍　總跟湖北的差不多　覺得比往前強多了

十四辰刻　拜發放洋日期的摺子　鈔了稿子　咨送外務部　申初三刻　帶了隨員　從洋務局出來　一直下船　當初在塘沽的時候　李經楚來見　要搭安平輪船到上海　李經楚是文忠公的姪子　兩廣總督勤恪公的兒子　在安平輪船上　談了幾回　人狠明白　這會就把他續調來了　呂尚書盛侍郎恩中丞　英國商約大臣馬凱　英國新放總領事滿斯斐　都在碼頭上送　裴副總稅務司　照舊放了條巡船　送上嚬角公司船　這船叫作班哥　船主叫作樊倫梯尼　北洋海軍統領葉祖珪　副統領薩鎮氷來見　請到海圻兵船上去看礮　這船跟海容船　都是戊戌年在英國船廠造成的　管帶薩鎮氷　是北洋水師學堂的出身　辦事認眞　旁人都趕他不上　水師兵有三百多人　都還整齊　可惜時候晚了　沒有開操　　　下期續刊[3.2]

泰西歷史演義卷之一

洗紅盦主演述

（1903 年第一期第 1—3 頁）

第一回　拿破崙科嘉西挺生　鼐利孫亞布其取勝

却說天下五大洲　其中富强最早的　要算是歐羅巴　這歐羅巴版圖寥廓　縱橫算計　不下十萬餘里　其中有箇地中海　却是汪洋巨浸　一望無邊　那地中海裏複嶂層巒　不知凡幾　有一箇科嘉西島　在法蘭西東南境上　本是意大利的耕羅亞國　一千七百六十九年　法蘭西差遣使臣　向意大利一再商量　要買他作爲屬地　意大利想這科嘉西島　本來食之無味　棄之可惜　猶如雞肋一般　法蘭西不惜金銀　來換這寂寞荒涼的處所　有何不可　隨即答應了法蘭西　彼此各訂合同　互簽條約　從此算隸法蘭西帡幪之下了　法蘭西又派了許多兵將　在這科嘉西島中把守　看官記着　科嘉西不過彈丸之地　那裏曉得鐘靈毓秀　竟出了一箇頂天立地的英雄　做了二十年法蘭西的皇帝　風調雨順　國泰民安　眞眞是鳩巢抱了雛鳳　糞壤產了靈芝　閑話休提　祇說那一千七百六十八年　科嘉西島　有箇做律師的人　生了箇兒子　這兒子[1.1]纔落地　他的屋上　祥光萬道　瑞氣千條　第二日鄰舍家多來賀喜　說這位令郎　將來一定是替我們這島增光的　律師聽了　心中歡喜　取名曰拿破崙　等到第二年　科嘉西島歸了法蘭西　拿破崙算是法國人了　後來拿破崙向人說　是一千七百七十年生的　這也是他依附末光之意　却說律師因他所住的地方　烟火蕭條　人民寥落　一年難得有一兩椿詞訟　可以賺些費用　居家度日　狠覺煩難　那年律師去世　拿破崙的母親　呼天搶地　拿破崙泣血椎心　草草盛殮　送往祖塋安葬　從此拿破崙的母親　撫養兒女　艱苦備嘗　免不得做點女工　把來過日　拿破崙十一歲　出落得虎眉豹目　猿臂狼腰　膀闊三停　身高七尺　而且頗有膂力　一味的弄槍使棒　就有人勸他進武備學堂肄業　將來邊疆有事　也可以博取功名　拿破崙一想不差　就依了這人的話　光陰似箭　日月如梭　拿破崙早得了卒業文憑　便可出而用世了　可巧那年法國民變　大家仗著一股憤氣　敵愾同仇　衆人因拿破崙熟讀兵書　精通戰策　便推他做了元帥　駐紮在土龍城　拿破崙帶領他們　戰無不利　正是鞭敲金鐙響　人唱凱歌還　經此一番　衆百姓更加欽服　也是拿破崙[1.2]命中註定有九五之尊　不多幾時　巴黎又兵變起來　大衆向土龍城發書告急　拿破崙怕失衆望　隨即統兵數萬　電捲風馳而去　一兩天就平靜了　衆百姓益發把拿破崙擡舉到天上　又値意大利和法蘭西背約　下了哀的美敦書　擇期開戰　就在一千七百九十六年　拿破崙受職大將軍　帶領人馬　向意大利進發　眞是勢如破竹　殺得意大利片甲不回　從此不敢拿正眼覷他一覷　二年之內　又把把守意大利的奧兵擊退　奧

國有許多屬地在意大利界內　卻一例爲拿破崙執管　那時羅馬教皇的權力最重　據有城池　拿破崙趁着百戰百勝之時　就掉轉臉來　與他打仗　羅馬教皇一敗塗地　拿破崙攻破了他的城池　只見府庫中珠玉輝煌　金銀燦爛　還有許多珍寶　什麼琥珀瑪瑙犀角象牙　一古腦兒把他載之後車　送回本國　又帶兵侵犯意大利北半部　所有意大利國　一律剷平　拿破崙乘馬而過　見各處城池上面　高揭法蘭西旗幟　龍蛇飛舞　不覺掀髯笑曰　孤始願不及此　今及此　豈非天乎　遂命撤隊趕赴巴黎　一路之上　燈燭香花　連綿不絕　等到將及巴黎城下　百姓們麕屯蟻集　如霧如烟　喚弟呼兒　扶妻攜子　一箇箇躬身迎接　拿破崙那年[2.1]剛剛二十九歲　正在青年　一部濃鬚　根根疏朗　頂盔貫甲　威風凛凛　殺氣騰騰　衆人尊爲歐洲第一大將軍　這也不在話下　卻說巴黎城中　本有一個國會　那國會中人　見拿破崙爲百姓所推戴　大家就起了妬忌之心　有一天約了許多人　在議事廳商量辦法　少時車騎紛集　人馬喧譁　會齊了　當下開談　都是築室道謀　毫無主見　內中有一箇人刁鑽古怪　綽號智多星　就對著衆人如此如此　這般這般　衆人聽了　箇箇拍手稱妙　到了第二日　拿破崙正與將士們講論韜略　如何轉敗爲勝　如何攻實擊虛　津津有味　忽見一人靴聲橐橐　倉卒而來　與拿破崙寒暄已畢　便道將軍可知英吉利與我法蘭西近隣咫尺　素常倒也敦盤玉帛　式好無尤　現在頗有違言　不久要干戈相見　聞得將軍十分勇猛　儻用兵於英吉利　殺他一箇膽戰心驚　便可以歲歲來朝　年年進貢了　拿破崙聞言大喜　一面送了那人出去　一面通盤籌畫　因想道　英吉利乃歐洲强國　不滅英吉利　不能揚眉吐氣　但是如何遠偪　如何近攻呢　躊躇半晌　恍然大悟曰　埃及是英吉利的藩籬　又是印度的關隘　埃及若破　印度卽不能守　印度旣不能守　英吉利卽不足平　選了[2.2]吉日良辰　號礮三聲　大隊人馬　滔滔而去　不多幾日　到了埃及地方　拿破崙先派一箇將官　拿了一條令箭　在埃及大張曉諭曰　本將軍替天行道　爲民報讎　幷不是垂涎你們郡縣城池　子女玉帛　乃是爲爾等掃除暴君汚吏　蠹役贓官　埃及人聽了這話　便讓他長驅直入　過了埃及　一片沙漠　遠望無垠　加以赤日行天　炎風捲地　兵士們不堪其苦　行了數百里　看見一箇處所　松楸鬱鬱　竹栢森森　四面打了一箇絕大的圍牆　門前建了一塊極長的碑碣　拿破崙滾鞍下馬　剔去了苔蘚　拂去了灰塵　子細一觀　是四千餘年歷代帝王的陵寢　原來埃及是非洲故國　自從開闢　不知換了幾回朝代　那些戴冲天冠穿赭黃袍的　都叢葬於此　拿破崙

不覺心生一計　對着衆兵士道　爾等靜聽我言　此四千年古墓中　俱有神靈潛觀默察　看爾等能否同心戮力　爾等不信　只看陰雲冉冉　積霧沈沈　有些龍旂羽葆的威儀　鳳輦鸞軿的形跡　兵士們擡頭仰望　一箇箇毛骨悚然　當下奮勇直前　殺得埃及見影而逃　北半部也歸了拿破崙的掌握　拿破崙爲之重改法度　再整紀綱　事事持平　人人稱善　鷄毛報雪片也似的打入英吉利政府中　英吉利政府中[3.1]　一面鳴鐘告警　一面抱本入朝　英王乃命水師提督蕭利孫做了元帥　統了許多戰艦　晝夜登程　前往地中海斷拿破崙的歸路　那裏曉得福無雙至　禍不單行　半途中遇着了大風　吹得日月無光　天地失色　蕭利孫在舵樓上　幾乎急死　口中禱告　求過往神祇保祐　好容易覓着了汊港　收篷下椗　蕭利孫立在艙面　徘徊四顧　只見天連水　水連天　并不見法蘭西一旂一幟　蕭利孫心中狐疑不決　等到大風已息　鼓動機輪　逕往亞布其海口　隨即派人四處探聽　方曉得法蘭西各兵船停泊的地方　只見帆檣萬行　舳艫千里　又未免有些膽怯　次日東方發白　彼此開仗　槍礮絡繹不絕　血肉橫飛　直到午牌　法蘭西各兵船　漸漸支持不住　正想逃遁　蕭利孫手持窺遠鏡　指東打西　指南打北　并不放鬆半點　法蘭西各兵船　因此全軍覆沒　正是

　　七十二戰　戰無不利　忽聞楚歌　一敗塗地

欲知後事如何　且聽下回分解

泰西歷史演義第一回終[3.2]

智群白話報①

論中國男女結親的壞處

（1903 年第一期第 6—12 頁）

中國男女向来結親的事情無論上等人家下等人家看那白頭到老一世夫

---

① 1903 年 1 月 16 日創刊於上海，月刊，上海文明編譯印書局發行。經理爲唐孜權，主編爲砭俗道人（署名）。主要欄目有"論説""生理""歷史""新聞""雜録""小説""唱歌"等。約於 1903 年停刊。

妻和睦的真正稀少這個原故我說有五項壞處兩項壞處是媒人造成功的三項壞處是自家弄出来的媒人兩項是什麼壞處第一項是瞞着男女的病痛男女未成丁的時候在家不曉得養生的法子他的父母又不好好的教他有幾個從小身體單薄生病的時候調理不好種下病根有幾個生在大戶人家平日太快活沒有一樣不過分的就將身子弄壞了到了成丁的時候都不免有些損症少年人生損症中國叫做癆瘵西人叫做肺結核這樣病頂難醫治男女有了這種病痛那些沒有定親的頂好不定定了沒有討的沒有嫁的頂好不討不嫁免得害人一世男的討了一個病女死後還好再娶女的嫁了一個病男死後只好守寡這個禮數鄉下人家尚寬些城裏好好人家從沒有聽見再醮的事唉可憐世上多少青年寡婦有嫁了幾年夫死的有嫁了幾月夫死的有男的病重討來冲喜一進門夫就死的又有一種不通的婦人沒有出嫁時候聽見丈夫死了情願守節抱木主做親的種種苦楚難得說盡雖有那薄命的人嫁了無病丈夫忽患時疫也有死的不能一概這樣說法我看總〔6〕是損症居多男女果有損症做媒人的豈有不曉得可恨中國媒人向來把破人婚姻這句話講錯了碰着替人說媒東邊瞞些西邊瞞些等到成親的時候壞事現出來了他就躲了不見面可憐瞞了一時害得人家顛倒請問他不破人婚姻反破人一身一家罪過是那一樣的大呢世上有一種很馱的人聽我這樣說大抱不平說是照你講男女有病只好不討不嫁了男病趕緊討還好留個後女病趕緊嫁自己少個累這兩種心思一是極愚的一是極忍的極愚極忍的人做媒人的只有苦口勸導那有代他欺瞞的道理或者男女先頭有病後來病真好了替他說媒也是不妨第二項是瞞著男女不好的脾氣一個人的脾氣不是大聖大賢縱有偏在一邊的地方有孤僻的有固執的有凶暴的這等天生的性從小好好教他沒有不好變化的最怕一種家裏有點財勢父母嬌養兒女原來頂好的姿質一點不去管他後來男的鬧得吃著嫖賭無項不會打架罵人無項不做女的好吃好穿用錢如水平日還要虐待奴婢放出凶狠的手段不顧人家的性命長輩說他幾句他便潑辣起来唉這種男人那個嫁了他平常受氣不必講了到了後來他無錢用就把婦人家的衣裳首飾都變賣了婦人說他一句他便將傢伙打成雪片幷有將婦人毆打辱罵的那婦人又窮〔7〕又氣慢慢病起来奄奄的死了拋下幾個兒女可憐沒人收管病死的也有流浪的也有這等人家就漸漸消滅了女人有了不好的脾氣嫁了出來發起在家裏的性子碰著翁姑丈夫好的耐他勸他還好糊塗過去若是狠的冷待他磨折他鬧了幾塲弄得沒趣也只好自己生起病来了

最怕有些翁姑丈夫懦弱的自從這種女人進了門吵得顛顛倒倒翁姑也氣死了丈夫就不氣死也是遠遠避去件件由他弄得不成家不成室了我常聽見嫁不好討不好的人家沒有一個不痛罵那媒人怎曉得媒人是照了不破人婚姻一句話做的列位你想媒人瞞著男女不好的脾氣害得人家真真破了還說是做得好媒呢自己弄出來的是什麼壞處第一項貪同富貴人家結親常言結親要門當戶對門不當戶不對的定的時候還不要緊到了嫁娶起來賤的把貴的辱了窮的把富的累了世上有一種書香人家子弟家裏光景難些人倒狠規矩的他的父母忽起了攀高親的想頭聽見大戶人家說他兒子好要把女兒許他他就歡喜得了不得心裏想我的兒子從此仗著妻財一身吃著不盡了不料富貴人家頂看不起寒士相貌嫌他醜了衣服嫌他舊了房子嫌他小了用人嫌他少了樣樣多是不如意那知討過這位小姐來的時候男家不曉得費了許多錢欠了許[8]多債他終究說是娘家好常常住在娘家不肯回來丈夫無法只好跟了他走俗話說是討進一個媳婦嫁了一個兒子這個情形做翁姑的傷心不傷心又有一等清白人家的女兒生得性情很好孝順父母料理家務無項不會倘或配個書香子弟家道倒好漸漸興旺那曉得他的父母說他在家不免苦些有種大戶人家來說媒他也不問這個人家是怎麼發起來的銅錢來路正不正家規好不好子孫佳不佳的他便將女兒許把他了做喜事的時候男家烈烈轟轟女家冷冷淡淡有幾個歡喜體面的還要竭力弄了錢來替女兒繃個場面只看那男家的媒人到了女家說是東也少了西也少了那女家的親家公捏了鼻子吃酸酒一句一句咽下去親家母只好在房裏暗哭一場等到嫁了過去男的有烏煙大癮的有妾婢滿室的有一字不識蠢如牛豕的有自小生病不像人形的唉好好一個女兒子嫁了這个丈夫有氣性的早氣死了沒氣性的也受了無數苦楚幷有看了壞樣連窮的父母也不認的勢利塲中那一樣不是這般不過男女結親尤其露在面子上的列位總不要忘記門當戶對四個字就沒有這種弊病了第二項是貪才情相貌好的男人有用的才情頂好是去讀書曉得當今時勢替　　皇上家盡點忠心救救受苦的百姓否則做出些有用[9]的書開開人家的智慧有一種人看破了世情不肯代　　皇上家做事自己做出幾十篇文幾百首詩留着傳名後世這等人雖說在世無益尚無十分大害頂可厭的是那肚子裏似通非通筆底下也會做幾句他的性情就輕薄了品行就歪邪了世界好的時候人人都曉得他壞處到了亂世不好的人多了反誇他是個風流才子女的本分事情在小的時候教他識字讀書曉得大義做菜蔬做

衣裳的法子也須會得頂聰明的還要教他學醫理〔如婦科兒科之類〕習算學都是世上極要緊的事這等女人嫁出之後生了兒女可以自己教他方不負稱個才女郤恨當今的女人都說會做詩詞會看小說會畫會畫就是有才情的咳世上多少風流才子不是短命死的就筆頭兒造下了罪過苦了一世女的有後福的也少有些還要不規不矩弄得家裏出醜呢列位你看才情二字可怕不可怕又有一種俗人他并不曉得才情只揀相貌好的男女的相貌只要端莊厚重那管他好看不好看倘是生得縹緻大半是薄命的人萬萬靠不住的第三項是貪定親的近便世上有一種做事很小心的他說男女結親的事情與其定不認識的人家還是在熟識的親戚朋友中揀了一個到是從小看大項項都放心的不曉得姑表舅表姨表三家至親雖說各姓終是父母一氣相生不[10]宜結親的朋友人家固然是好但是有些男的兩親家要好女親家不曾見面指腹爲婚的也有十歲八歲定親的也有後來成人不成人生病不生病都不想他到了成親種種壞處現了出來反傷了朋友的交情還有男女本來不要好父母又去世了他家長輩替他定個熟識的親事好教丈人家管他後來亦有許多不好的事情鄉下窮苦的人家又歡喜領個養媳婦小的時候貪他好做丫頭的事大起來人不好也沒有法子管他就是人本好的從小受了無數打罵也不免生出病來了我說男女說親千萬不必泥定人家的生熟過了成丁年記成色有幾分定了細細打聽便好列位看這五項的壞處說盡中國結親的弊病沒有我聽說西人的例男女成丁的時候家裏舉行一個跳舞會將那同年伴歲的請了來一對一對跳舞男同女看得好的就揀幾個做起朋友來大家考較才學性格揀得中意的告訴自己的父母挽媒人說媒行聘兩個人就不見面了直到嫁娶的時候男女二人還要到地方官婚姻冊子上註個願字以後眞正不對都好稟告官長大不合式也好離開的這等規矩我們中國是萬萬做不到的頂好是現在日本國的法子日本男女的學堂通國有二千多處國裏的人自上到下沒有一個不進學堂到了學堂男女的好歹看得件件明白父[11]母要替兒女定親都託學堂裏的教習做個媒人配得一點不錯那中國五項的壞處統統沒有了現在中國的男學堂各省雖有幾个也是不多女學堂上海開過不久就關去了這是頂可惜的我還有勸開女學的白話一篇列位且再靜靜聽罷[12]

中國白話報[①]

中國白話報發刊辭

（1903 年第一期第 1—15 頁）

天氣冷啊　你看西北風烏烏的響　挾着一大片黑雲　在那天空上飛來飛去　把太陽都遮住了　上了年紀的　這時候皮袍子都上身了　躺上家裏　把兩扇窗門　緊緊關住　喝喝酒　叉叉麻將　吃吃大烟　到也十分自在　唉　倘使你們列位　都看見這幾天的中外日報　新聞報　中間所載的什麼「東省警聞」「俄事要電」　知道奉天已經失守　旅順口一帶兵船幾十隻往來不斷　日本俄羅斯一旦開了仗　我們中國怎麼危險　想到此地　只怕你遠年花雕也喝不上口　清一色雙檯和也忘記碰下來　就是那清陳宿膏廣州烟也吃得沒有味道哩　我們中國人　向來是狠有良心　狠愛國家的　爲什麼到了這時候　動也不動　響都不響呢　這個原因　都是爲着大家不識字罷了　不識字便不會看報　不會看報便不曉得外頭的事情　就是大家都有愛國心　也無從發洩出來了　我的話剛剛說到這裏　有一人駁我道　現在各種的日報也出得狠多了　就是那種月報旬報　豈不是刮刮叫的讀書人辦的嗎[1]　看這報的人也狠多　爲什麼風氣還是不開　明白的人還是這樣少　中國還是不能夠自強呢　我白話道人索性把這個道理說給列位聽聽罷　我們中國最不中用的是讀書人　那般讀書人　不要說他沒有宗旨沒有才幹沒有學問　就是宗旨才幹學問件件都好　也不過嘴裏頭說一兩句空話　筆底下寫一兩篇空文　除了這兩件　還能夠幹什麼大事呢　如今這種月報日報　全是做給讀書人看的　任你說得怎樣痛哭流涕　總是對牛彈琴　一點益處沒有的　讀書人既然無用　我們這幾位種田的做手藝的做買賣的以及那當兵的兄弟們　又因爲着從少苦得狠　沒有本錢讀書　一

---

① 1903 年 12 月 19 日創刊於上海，半月刊，後改爲旬刊。1904 年 10 月出完第 24 期停刊，最後 4 期合一册發行。曾任主編和主要撰稿人有林獬、劉師培、林宗素等。主要欄目有"論說""歷史""傳記""新聞""實業""時事問答""小說""戲曲""談苑""選錄"等。

天到晚在外跑　幹的各種實實在在正正當當的事業　所以見了那種之乎也者詩云子曰　也不大喜歡去看他　到後來要想看時　却又爲着那種奇離古怪的文章　奇離古怪的字眼　不要說各位兄弟們不懂　就是我們　却也覺得麻麻胡胡哩　他們外國人把文字分做兩種　一種是古文　就是希臘拉丁的文　一種是國文　就是他本國的文字了　本國文字沒有一人不通的　因他那種文字和說話一[2]樣　懂了說話　便懂文法　所以隨便各種的書報　無論什麼人　都會看了　那種古文　不一定個個要學他　所以平常的人就是不懂古文也不要緊　我們中國旣沒有什麼古文國文的分別　也沒有字母拚音　亂七八糟的文字　本來不大好懂的　更兼言語文字分做兩途　又要學說話又要學文法　怪不得列位兄弟們那裏有許多工夫去學他呢　還有笑話哩　就是那說話也沒有一定的　湖南人說的是湖南話　湖北人說的是湖北話　儻使在上海開一個頂大的演說廳　請了十八省男男女女都來聽演說　我白話道人跑上去說起福建話來　恐怕你們都聽不懂哩　唉　深的文法　列位們又看不懂　就是說把你聽　列位們又是聽不來的　而且我在上海說話　那能夠叫十八省的人都聽得着　我又沒有加響的喉嚨　我爲着這事　足足和朋友們商量了十幾天　大家都道沒有別的法子　只好做白話報罷　內中用那刮刮叫的官話　一句一句說出來　明明白白　要好玩些　又要叫人容易懂些①　儻然這報館一直開下去　不上三年　包管各位種田的做手藝的做買賣的當兵的　以及孩子們婦女[3]們②　個個明白　個個增進學問增進識見　那中國自強就着實有望了　呀　這話眞正說得不錯哩　當時有個最熱心的朋友聽了這話十分有理　就不慌不忙獨自一人拿出幾千塊洋錢來開辦這報館　又吩咐我白話道人替他做幾篇白話　每月印出兩期　給列位看看　我這白話是頂通行的　包管你看一句懂一句　唉呀　現在中國的讀書人　沒有什麼可望了　可望的都在我們幾位種田的做手藝的做買賣的當兵的　以及那十幾歲小孩子阿哥姑娘們③　我們這一輩子的人　不知便罷　倘然知道了天下的大勢　看透了中國的時局　見得到便做得到　斷斷不像那般讀書人口是心非　光會說大話做大文章　還要天天罵人哩④　你看漢高祖明太祖是不是讀書人做的　關老爺張飛是不是書獃子

---

① 原文中從"只好"到"懂些"之間沒有空格，這裏是編者所加。
② 原文中從"不上"到"婦女們"之間沒有空格，這裏是編者所加。
③ 原文中"以及"前沒有空格，這裏是編者所加。
④ 原文中從"斷斷"到"人哩"之間沒有空格，這裏是編者所加。

做的　可見我們不讀書的這輩英雄　倘然一天明白起來　着實利害可怕得狠　我並不是說讀書人沒有用帳　但是現在的讀書人比不得從前罷了　我也不是說不讀書的都是英雄　書雖然來不及去讀　報却是天天要看的　儻然書也不讀　報也不看　就是狠有良心　狠愛國家　做了義和團瞎[4]鬧一泡子　到底有什麽用呢　我從前在杭州的時候　也同着朋友們辦一種杭州白話報　那時候我做的白話也狠多　都登在枕①州白話報裏面　所以不上一年　那報居然一期賣了好千幾份　如今還是我幾箇好朋友在裏面辦哩　近來住在上海也常常替人家做幾篇白話的論說②　大家都道我的說話還中聽的　我白話道人被人家恭惟得高興起來　所以越發喜歡說話了　現在白話報也出了好幾種　除了杭州白話報　是個老牌子　其餘的還有紹興白話報寧波白話報　我不曾看見　也不好去恭惟他　我只管我的賑罷③　你們列位請看　我後頭分的門類　便曉得我這中國白話報　是個極好看的東西哩

第一門　論說　報館老派頭　都是把論說放在這一門的　這論說狠沒有一定的範圍　憑着我們的見識　見到那裡說到那裡　裡頭說話　是單單對着種田地的做手藝的做買賣的當兵的以及婦女們小孩們說的　因爲那做官的讀書的他都看了報　看到如今還沒有什麽功效[5]　所以我們現在不指望他們了　單指望着你列位哩

第二門　歷史　什麽叫做歷史呢　就是從古到今的事情了　你看茶館裏面講大書的　那一個不喜歡聽他的說話　我今新做一部大書　要在這白話報上一期一期登上去　比那三國演義還要好哩

第三門　傳記　那一代沒有英雄好漢　遠的是關老爺岳飛　近的是曾國藩李鴻章　就是那英吉利法蘭西　也時時都有英雄出現　我今抽着那超等刮刮叫的英雄好漢　按期登出來　却比那水滸傳裏頭一百零八箇豪傑還要高强十三倍哩

第四門　地理　地理是頂沒有味道的　卻又是頂要緊不可不講的　我今且把中國幾箇大山脉大河流以及那城邑市鎮　照着演義的派頭　一段一段演出來給大家聽聽　以後再把地球的大勢　各國的地理演出來　很有趣味的　比那西遊記好玩得多哩④

---

① "枕"當爲"杭"。
② 第一個"在"應刪。
③ "賑"應爲"賬"。
④ 原文中從"以後"到"多哩"之間沒有空格，這裏是編者所加。

第五門　學說　這學說兩字若認眞講起來也深遠得很　但古人的學問[6]大半有用的　所以他的說話也狠中聽　如今揀那頂淺近的有味道的演出來　你們倘能夠學着他　將來也好入聖廟了　再不然肚裏頭也可以多些東西　閑時對着朔友親戚們談談也好①

第六門　新聞　我們國裡頭那一天沒有事情呢　他們外國裏頭也是天天有事情的了　既有了自己國裏的事情　自然就有了共別人交涉的事情　如今揀那頂要緊的頂奇怪的新聞一一登出　有的看着會流淚的　有的看着狠開心的　總歸不說一句謊話　好好的替你列位做箇包打聽罷了

第七門　教育　教育就是教人讀的意思　貧家子弟婦女　也有沒有本錢讀書的也有不能夠進學堂的　但是做人總要認得幾個字通些文法　將來也好謀生　就是閑着在家　也可以看看解解悶　我今不要你們束脩　把那讀書的方法讀書的門徑一一指點給你們看　想來大家也是喜歡的了[7]

第八門　實業　大凡種田地的做手藝的做生意的　這都是叫做實業　米穀的年情工藝的好歹生意的行情以及各種外國新鮮法子　學着他馬上可以攢錢的②　我都說得詳詳細細　我指望你列位大家都大大的發財　所以把這實業一門看得頂有關係　好教你預備發財　可比江南義賑彩票好哩

第九門　科學　這科學二字是說各科的學問　哈哈　這各科的學問並不是什麼壬寅正科鄉試中式舉人　什麼癸卯恩科會試賜進士出身③　却是那算學物理學化學生理學　以及那聲學光學電學　說起來多得很哩　這種學問不是光靠着看看報就行的④　我今不過把那最要緊的最有用的幾種學問說給列位聽　若然曉得那些道理　也可以將就做個小博士罷

第十門　批評　你列位兄弟們　因爲事體多得很　就是閑着時候　看看新聞紙　究竟這條新聞那條新聞和我們有什麼關係　有什麼危險可怖的地方　你一時也猜不出了　我白話道人是一天到晚沒有事

---

①　"朔"應爲"朋"。
②　原文中從"大凡"到"钱的"之間沒有空格，這裏是編者所加。
③　原文中從"哈哈"到"出身"之間沒有空格，這裏是編者所加。
④　原文中從"却是"到"行的"之間沒有空格，這裏是編者所加。

情的[8]　如今把各種新聞時事批評得的的確確　解註得詳詳細細　好教各位兄弟們一看就明白　包管你格外喜歡哩

第十一門　小說　哈哈　天地間最妙的書是小說了　你看水滸紅樓夢七俠五義包公案施公案　那個不喜歡看他　我如今另外做一種小說　裏頭記的無非是才子佳人英雄好漢　各種奇奇怪怪寫得十分出神　只怕你列位看看高興起來　連吃飯睡覺都忘記吊哩

第十二門　戲曲　空城計翠屏山天水關　各種戲曲都是好的了不得　閑着時候　就是不到戲園裏去看　單在家裏唱唱　也是很好玩的　但是那種俗調也沒有味道　我今新編各種時調好戲本　作出來比那十三旦七盞燈小叫天還好聽得多哩

第十三門　歌謠　孩子們雖然不會唱戲　却也狠喜歡唱唱歌　儻然有各種好玩的歌謠　教孩子們唱唱　也着實可以長進他的識見暢快他[9]的性情　你看外國人教小孩子都是用那種好好的歌來教他　因爲那唱歌比念書容易些　又是狠好玩的　又是容易記的　如今這報上也做了好幾首好歌謠　送把各位阿哥姑娘們唱唱　雖是些俗話　卻比那尋常的小兒謠好的多了

第十四門　談苑　談苑兩字是說個零碎一段一段的說話　他們外國奇奇怪怪的事情最多　我們中國各省也是有的　你列位們料也不能一一知道了　我今把各種奇怪希罕好玩的事　隨便抄幾條給列作看看①　着實開心哩

第十五門　選錄　我們這種白話報　雖然做得好聽　但是別人家做的報也有好聽的②　你列位們若能夠每種都買一本來看自然是頂好的　只怕又不免多花錢了　我今體諒你列位的心　所以把各種報上所登那頂好頂好的說話採集下來都登在我這報上　給列位看看　你若了了我[10]這一本報　就不必再看別的報也可以的了

第十六門　來稿　列位兄弟們姊妹們　儻然見了我這中國白話報　一時高興起來　也想發一兩篇大議論　登在我這報上　好給大家看看　或是見了我這本報還做得不大好　你忽然發起好心　要想幫幫我的忙　把各種新鮮的說話送給我們　以便教我們這種白話報將來

---

① "作"當爲"位"。
② 原文中"但是"前無空格，這裏是編者所加。

會變做頂刮刮的　我難道還不感激你嗎　還不佩服你嗎　所以特地設着這來稿一門　你們列位若有白話的好文章白話的好議論　只管送到我報館來　我們總把你登出來給大家看看纔不辜負你這一片好心呢

以上共分十六門　每期至少總有十門左右　每門總有好幾頁　你們列位不要着急等到十一月初一就出來了　如今還有幾句要緊的說話索性都一五一十告訴你們　請你往下再看罷

頁數　一本足足有四十頁　中國頁是四十頁　若照外國頁　是八十頁〔11〕了

本數　每月先出兩本　你們列位看得高興　要我多出一兩本也可以的　且等將來再商量罷

日期　逢着初一十五我這報就印出來了　這日期是風雨不移的　我們初次說話　難道就沒有信實嗎

報式　裏頭的字　是排印的　那種紙張　是用着外國紙頂乾淨的　外面是洋裝的　和外國書一式一樣　你道好看不好看

上海開銷不比內地　房租自來水自來火吃飯用人以及紙張筆墨印工　沒有一樣不是貴的　更兼我這種白話報比那杭州白話報寧波白話報本數也厚得多些　門類也設得多些　紙張裝訂都比他們有些不同　又是在上海地方開辦　若叫我賠點工夫做把列位看　我是狠情願的　若叫我賠着本錢送把列位看　我却也是狠情願的　但只怕〔12〕本錢賠完了　這報就不免停辦下來　累着你列位們沒有報看到不好的　所以不得不顧着本錢做事　現在定的價錢是一本賣一角半大洋錢　每月兩本賣三角大洋　但這是零賣的價錢　儻要定看全年的　共總二十四本那就格外便宜些　只要你三塊二角大洋罷　可是郵費不在內的

報館地方　在上海新聞新馬路昌壽里七十一號門牌　這地方是本報的編輯所　凡做報的人都在這塊　你列位們若有寄信來買報的或是有別項的說話　可以一直寄到此地　總歸取得到　還有本報的發行所就是賣報的地方　是在上海棋盤街中市鏡今書局裏面　本埠各位兄弟們若要買報的　可以請到鏡今書局去買　其餘代派地方各省都有　且待我弄好以後　一一的告訴你們

告白價目　各寶號老板先生們　若有什麼新鮮的貨色　或是什麼新出

[13]的書　要來登登告白　好招覽外頭生意　我也很喜歡替你老板先生們登上去　好教你生意興隆　財源廣進　所以我們這種告白　定價最便宜　若要登一頁的只要三塊大洋　登半頁的只要你一塊半大洋　登一行的四號字二十字起碼只要你一角大洋了　若要登長年的　或是半年的　那還要格外公道哩

十一月初一日出第一期　以後按著初一十五的日子一期一期不斷的出下去　近來上海新開的各報館　往往熱鬧了一時　把人家定報的錢都收了來放在荷包裡　就雙手把店門一關　望着各地遠遠的跑了　報既不出　錢也不還　這可不是光棍嗎　再不然就是說的話很沒有實信　他只管口裡說初一出報　到了初十報還沒有出來　叫人家天天盼望　寫信催了好幾回　理也不理　我從前也曾上過這個大當　如今我這報館本錢是頂充足的　自己作自己印　準定日期一天不誤[14]的　寄內地或由郵政局　或由民局　包管寄的又快又妥當　你列位只管放心來買罷[15]

1904 年

安徽俗話報[1]

瓜分中國
三愛

（1904 年第一期第 9—12 頁）

唉　這是怎麼好呢　我們中國人　又要做洋人的百姓了呵　這樣大禍臨門　別說住在深山僻縣的人　連影兒也不知道　就是省城和通商碼頭的人　也未見得個個人都曉得十分清楚　這不是要活活的急死人嗎　現在正在過新年　大家都是歡天喜地的　我單單要說些這樣不吉利的話　這不是討大家的厭嗎　唉　但是禍已臨頭　却顧不得什麼討人厭不討人厭　也要老老實實告訴大家　好趕緊有個預備哩　這件事非同小可　就是因爲俄國占了奉天省　各國都替中國大爲不平　說俄國無緣無故的占人家土地　實在無理得很　以爲這回中國一定要和俄國打戰了　那曉得中國官　最怕俄國　活像老鼠見了貓一般　眼看着他占了奉天　那敢道半箇不字　各國人看見中國這樣容易欺負　都道中國一定是保不住的了　與其把這箇肥羊尾子　讓俄國獨得　不如趁早我們也都來分一點兒罷　因此各國駐紮北京的欽差[9]　私下裏商議起來　打算把我們幾千年祖宗相傳的好中國　當作切

---

[1]　1904 年 2 月創刊於蕪湖，半月刊。發起人爲陳獨秀，主要撰稿人有汪笑儂、陳獨秀、穀士、鐵郎等。初期共設 13 個欄目，即"論説""要緊的新聞""本省的新聞""歷史""地理""教育""實業""小説""詩詞""閒談""行情""要件""來文"，後又增設"戲曲""衛生""兵事""格致"等欄目。1905 年 9 月停刊。

瓜一般　你一塊　我一塊　大家分分　這名目就叫做『瓜分中國』　照他們的瓜分圖上　說是俄國占了東三省　還要占直隸山西陝西甘肅　德國要佔山東河南　法國要佔雲南貴州廣西　日本要佔福建　義大利要佔浙江　這靠着長江的四川兩湖三江幾省　就分在英國名下了　聽說前幾個月英國人就送一張瓜分中國圖　給兩江制台看看　並指着圖上長江各省要歸英國所有　就向兩江制台要挾三件事體　一是英國要派一員大總督　駐紮南京　管理沿江各處的地方　二是要在瓜洲口駐紮大兵　三是要在沿江一帶要緊的地方　修造砲台　要照這樣辦起來　就合俄國在東三省一樣　這沿江幾省　就乾乾淨淨的進了英國的荷包裡碼①　若想攔阻他　不答應他這樣辦法　自必要大動干戈　兩下裏見箇輸贏　唉　不是我自家看不起自家的話　我們中國現在的兵力　要和外國打戰　那是怎能彀打得勝呢　長江幾省算是南京的兵頂多　兵數到有一兩萬　却都是操練不精的　那班帶兵官　別說是打[10]戰的本事了　那不吃鴉片煙不剋扣軍餉的　到有幾箇呢　那南京以下各處　更有什麼着實的營盤　就是江陰圖山鎮江各處的砲台　也很不堅固　要想靠這些砲台攔阻外國兵輪　就算是望梅止渴了　若說起安徽的兵來　更是不中用　全省這麼大　兵數不過一萬　這一萬人還是些老弱殘兵　打土匪也有些費事　若是外國兵馬一湧而來　那裏抵擋得住呢　除去了兵　那班做官的讀書的種田的做手藝的做生意的做衙門的和些婦女孩子們　到着兵臨城下的時候　更是沒法抵擋的了　這樣看起來　難道外國兵來了　我們就順手歸降他不成嗎　我想稍有點人心兒的　那個肯做外國順民呢　唉　到了那個時候　眞是求生不得求死不能　才算無法可設　不如趁着外國兵還沒有來的時候　偷點空兒　大家趕緊振作起來　有錢的出錢　無錢的出力　或是辦團練　或是練兵　或是開學堂　學些武備鎗砲機器開礦各樣有用的學問　我們中國地大人衆　大家要肯齊心竭力辦起事來　馬上就能國富兵強　那還有怕外洋人欺負的道理呢　大家若還是像現在這樣於國家[11]有益的事　一件也不辦　只曉得個個人躱在家裡舒服　要知道英國兵一聲進長江破了城池　那時候還能彀舒服嗎　別說窮人到了那時沒有飯吃　就是有錢的紳士和做生意的人　也是國亡家破四字相連了　說起讀書的人　都是肩不能挑手不能提硬要餓死　至於婦女們　更要受洋兵蹧踏　那些話我也不忍說了　就是他不馬上來占

---

① "碼"當爲"嗎"。

城池　他只要南京駐了大總督　要緊的地方修了砲台　那時我中國練兵收稅　樣樣都要聽他的號令　這就把中國的官民人等　一把揑在他的手掌心裡了　只要各處礦山上鐵路上教堂裡　中國人有一點不如他的意　馬上他就調些兵來橫打橫殺　中國人只得忍氣吞聲　性命活像稻草一般了　到了這箇時候　再想練兵造砲　和他論箇長短是比現在還要難一萬倍了　唉　大家睡到半夜　仔細想想看　還是大家振作起來　做強國的百姓好　還是各保身家不問國事　終久是身家不保　做亡國的百姓好呢[12]

整頓蒙學館的法子

（1904 年第一期第 21—24 頁）

列位　你看現在中國　還是什麼學問要緊呢　有一種人　看中國的百姓　被那外國欺極了　要學些武備　和他打戰　有一種人　看中國的銀錢　被那外國搶去了　要學些農工商業　好奪將回來　唉　這些學問　都是頂要緊的　但還有一件要緊的學問　說出來　恐怕列位更要點頭哩　我們現在年紀　個箇的都有二三十歲　從前學些無用的時文試帖　也不消說了　這幾年來　買幾部新書　翻翻看看　纔曉得世界上有什麼　天文學　地文學　地質學　地理學　生理學　物理學　歷史學　實業學　理財學　政治學　社會學　國家學　教育學　算學　叫做普通的學問　平時懂得點兒　心裏也很歡喜的　那曉得那外國不上十多歲的小孩子　凡我們今日懂得的　他們也都懂得　這是什麼緣故呢　無非是蒙學堂辦得多　教師教得好呵　列位呀　我們從前做小孩子的時候　已不如那外國的小孩子　我們現在的[21]小孩子　又有幾箇能像那外國的小孩子呢　若不講究點教育　再過了數年　這班小孩子　都到我們這大的年紀　還和那外國小孩子們差不多　那時中國還算什麼國呢　況且近來有識見的人　大半以學堂的多少　定他國家的強弱　學堂辦得多　那國家必定是強　學堂辦得少的　那國家必定弱　蒙學又是學堂中第一要緊的　孔夫子常說道　蒙以養正　這句話是一點兒也不錯　所以那外國的制度　地方上三里五里　就有箇學堂　凡男女到六七歲的時候　叫做學齡　在這學齡以內有不進學堂的　那官長就要罰他的父母　就是我們中國的古制　那禮記上也說道　家有塾　黨有庠　州有序　國有學　這不狠詳

細的碼①　無奈相沿旣久　人心漸壞　這些制度都廢吊了　就是有幾個念書的　都是在自己家裡請箇先生　遇着好先生　還好一點兒　遇着不好的先生　就坑了一生　唉　你道這些先生作孼還淺嗎　我且把蒙館學的弊病說出來　隨後再講整頓的法子　列位聽者　列位聽者　一二年前　我曾到過三家村裏　看了一些蒙舘學　都是借幾間小茅屋[22]　黑闇闇的　也不狠大亮　地上堆積些灰塵　也不肯灑掃　壁上塗污些墨水　也不肯刷去　這個桌子擺在東　那個桌子擺在西　這个拿了百家姓　那个拿了千字文　今日這箇學生來　明日那個學生去　亂雜無章　眞是一點兒層次也沒有　那班先生又分做兩種　一種是全不清問學生的　平時廢了九龍二虎的力　託幾多朋友　說幾多好話　纔邀得幾个小學生在一堆　只想弄他幾个學俸錢　學生們念書不念　背書錯不錯　他都一概不管　天氣陰了　整天的打打渴睡　就是睡扁了頭　也不知道　天氣晴了　穿一件破大掛子　拿一把小洋傘　走到街上去望望　跑到朋友家裡談談　若論他教書的本事　就是四書　還要教幾箇別字　這種的先生　人人都說他是不好　却眞眞是不好　更有一種　人人都說他是好先生　他也自以爲狠盡心的　終日裏不肯出書房的門一步　一屁股坐在張太師椅子上　愁着眉兒　瞪着眼睛　黑着臉　好像那閻王待小鬼一般　手上拿著五寸長的小木頭　拍來拍去　快些呀　快些呀　嚇得那小孩子們　心裏糊糊塗塗　口裡呢[23]呢喃喃　也不知到怎麼是錯　怎麼是不錯　勉强拿着書來背　那先生又惡不過　一字不提　錯一點兒　便一板子抽下去　也不管他身體壞不壞　腦子傷不傷　唉　這些蒙學　眞眞是地獄　這些先生　眞眞是活閻王　你道這班小孩子怎麼能够有成才呢　所以整頓的法子　是萬萬不可不講的　應該整頓的是些什麼事呢　第一件是管理學生的要整齊　第二件是念的課本要相當　第三件是教授的法子要活潑　第四件是教習的性情要平和　能把這四件都做到　這就算是好先生了[24]

---

①　"碼"應爲"嗎"。

白話[①]

救中國的衰弱必以教育爲急務
子欣
（1904 年第一期第 1—2 頁）

聚人叫做羣　合羣叫做國　國家究竟是什麼情狀的呢　就是千百萬人民積成功的　人不能競爭　國家就不能够強　要養成國家的競爭力　必先發達國民的勞動力　什麼叫做勞動力呢　就是國民的精神理想　發達國民精神理想　究竟有什麼法子　那是非用教育不可　國家的強弱　全在教育的興廢　天下世界　從來沒有教育廢了　國家會強的　教育興了　國家會弱的　我中國土地的廣大　人民的衆多　物產的富饒　氣候的溫和　可以算得地球上最好一個　最好地位的了　現在倒成了一個極弱的國　這是什麼原因呢　都是我國失去教育的原故　失了教育　國民沒有一點精神理想　昏々沉々的過去　不曉得國家是個什麼東西　外人來辱慢　亦不去管他　但圖今日的歡藥　不想來日的悲痛　咳　文明古國的大國民　竟弄到這步田地　對了如狼似虎的強國　勢力這般的不同　應該降到何等地位呢　咳　可痛可恥到極點的了　就有了幾個有志的人　求了一點兒的學問　把國家補救起來　吾恐怕已來不及的了　即使[1]我中國有了法學專門　有了工學專門　有了農學專門　有了鑛學專門　又有精通商業的　精明兵法的　若人人但知一身進退的利害　沒有國家存亡的思想　恐中國雖有了此等人才　國家終不能強的　國家不能自強　聽憑外人的鷹瞵虎視　無法抵當他　國土還可以保全麽　據我看起來　保全國家的方法　必須人人有普通教育　人人能够合羣　肯把身體做犠牲　不顧一己出入的利害　但存國家存亡的思想　結我的團體　振我的精神　奮我的志氣　保我的土地　不管我們槍礮的有沒有　船艦的有沒有　我四萬々人民　終拚了一死

---

① 1904 年 8 月由秋瑾創辦於日本東京，刊期不詳，中國留日學生所組織的演說練習會編輯，撰稿人有愛群、惟我主齋、少年主人、鑒湖女俠秋瑾、鐵漢、存吳、弄潮、強漢、倩朔、鈞天等。主要欄目有"傳記""論說""叢談""教育""教育小說""政治小說""歷史""理科""時評""戲曲"等。約於 1914 年停刊。

抵敵外人　這樣振作起來　今日我四萬々人　雖處了極貧弱的地步　自然能够轉弱爲强　轉貧爲富的了　外人還能來侵犯我麼　我們留學外洋　雖不過達求學的目的　然而不可爲一身打算　須研究教育的方法　囘國後爲國家行普及教育　養成國民精神理想　我不是說學問的不足重　但因今日的時勢危急　今日不知明日的事　可以鼓動國民的方法　非用教育不行的了[2]

演說的好處

鑑湖女俠秋瑾

（1904年第一期第2—4頁）

演說一事　在世界上大有關係的　所以我們不能不注意　我國把演說看得狠輕　以爲口裏說々　有什麼大不了　何必是要去鍊習他　到了演說的地方　當作家常話　隨便說々　無關正[2]事　不足動人　這還可以算得演說麼　然却怪不得　都因爲從前不曾鍊習的緣故　我爲什麼演說一事　在世界上大有關係的呢　因爲開化人的智識　感動人的心思　非演說不可　然而我常々聽見人說道　這如今豈不有報紙麼　有了報紙　豈不能開化民智　爲何要演說呢　唉　這話可就差了　如今看報的人　可以分做四等　一等就是官塲　一等是商家　一等是閑蕩的人　一等是平常讀書人　讀書人看報　亦有愛新議論的　亦有愛看頑固議論的　閑蕩的人看的報　又與別的不圖　不過看些笑林報花月報　戲園中那幾個開演　書塲中那幾個登臺　商人看報　不過看看報紙的反面　錢米各業的行情　可以用他居奇的方法　那官塲看的報　更覺可笑　不過看一種申報　因爲申報上都是恭維他們的話　所以官塲中人除了申報　別種報都不要看　現在我們中國　把做官當做最上等的生涯　這種最上等的人　腐敗不堪　今日迎官　明日拜客　遇着個有勢力的　又要去拍馬屁　撞着了有銀錢的　又要去燒財神　吃花酒　逛窑子　揣上意　望升官　種々想頭　還忙個不了　那裡還有工夫去用心在報紙上呢　並且報上的話　與他水火不相投　爲什麼要去看他呢　中等的人　做々生意　亦沒有看報的思想　那些下等的人　更不消說了　一萬裏頭　能有幾個認得字呢　既然不認得字　拿了報[3]還不知是橫看是竪看呢　況且他們亦不曉得報中的好處　就是有認得幾個字的人　報中議論又解不透　何苦月月花錢去買報看呢　所以開化人的智識　非演說不可　並且演說有種々利益　第一樣好處　是隨便什麼地方　都可隨時演說　第二樣好處　不要錢　聽的人必

多　第三樣好處　人人都能聽得懂　雖是不識字的婦女小孩子　都可聽的　第四樣好處　祇須用三寸不爛的舌頭　又不要興師動衆捐什麽錢　第五樣好處　天下的事情　都可以曉得　西洋各國　演說亦爲一種學問　豈非因演說一事　世界上大有關係麽　如今我國在日本的留學生　曉得演說的要緊　所以立了一個演說鍊習會　又把演說的話刻了出來　把大家看了　可以曉得些世界上的世情　學界上的學說　唉　列位不要把這個演說會看輕了　喚醒國民開化智識　就可以算得這個演說會開端的了[4]

男女不平等的原因

倩朔

（1904 年第一期第 5—9 頁）

自從有了世界　世界有了人　男女天生是一樣　不分高低的　男子念了幾句書　說什麽天尊地卑　所以男尊女卑　又說什麽女子的智識　天生不能及男子　他們不過自己尊大　想把女人壓下去　就造出這許多鬼話來　又有那些假道學先生　說什麽女子無才便是德　幾千年來　女子的學問　一日不如一日的了　男子把女子當作玩物看待　女子毫無學問　不知不覺的　亦把自己看作男子的玩物了　唉　我堂堂大中國　四百兆人民　竟有二百兆好像死人的女子　豈不可痛麽　豈不可憐麽　列位要曉得　現在的世界　不是從前的世界了　成了與洋人交通的局面　不論什麽一等的人　必定要有些學問　方可生活　近來講新學的人　一日多一日了　看見外國的人①　男女平等　不分高下的　於是忽發奇想　要把男女平權起來　做了許多女子平權自由的論說　逢人便說女子的可尊可重　須與男子有一樣的權柄　我們同胞的女子　聽了這話　自然非凡的高興　當他活菩薩看待的了　但是那些老前輩　與那自尊自大頑固不堪[5]的男子　聽了平權這句話　不是說他混賬　定是罵他放屁　唉　以爲是的　亦不必高興　以爲不是的　又何必痛罵　男女平權　自然有可以平的原因　男女不平權　亦自然有不能平的原因　等我說幾句公平話　給列位聽聽　大凡天地間的事物　必須要兩面均匀　方算得平　比方把天平稱金銀　必須金銀的輕重與法碼相等　方算稱得平均　從此看起來　世界上萬事萬物　必要有一樣的分量　方才可以說得平等　男女平等　亦是這個道理　男子從小

---

① 原文中"看"在"了"後，這裏是編者所改。

讀書　又出外經歷世事　學問知識　自然比女子高的了　女子不求學問　不出閨門一步　眼中看的　耳中聽的　都不能廣他的見聞　眼孔自然狹小　智識自然卑下的了　倘使女子與男子一樣的讀書　一樣的遊歷　他的學問知識　必能與男子一樣高的了　不必講什麼平等　男女的界限　自然不平而平的了　呀　我中國男女的不平等　已算到極點了　男子可以到處遊玩　女子不能出大門一步　妻子服事大夫　如奴婢一般　丈夫對了妻子　如尊長一般　設或有那強悍的婦人　在房中對了丈夫　可以大肆虎威　如到眾人面前　見了丈夫　必又裝做低頭伏小的樣子　好像女人對了男子　必定應該這般自卑自小的　又有一件大不平的事　丈夫沒了　妻子服喪三年　不能再嫁　婦人亡去　丈夫只有一年的喪　隨意續娶　唉　女子何罪　而這樣輕[6]賤呢　佛教說的　女子比男子低去五百級　前世作孽　今生方做女人　這句話奉送我中國的女子　真真當得起的了　我中國男女平權　為第一要緊的事　是不消說得的　但是要尊貴女子的權　必須先興女子的學　倘若不興女學　但把女子的權弄得極高極大的了　請問要這個權有何益處　叫他欺慢丈夫麼　還是叫他喫着嫖賭麼　必要鬧到落亂　不成世界了　所以我中國女子　第一要緊的是使他受教育　學問大了　幫助丈夫治家事　教養兒女為善良　男子出外　可把全權交託女人　于是女子可以得家庭的權　女學堂中　必須請有學問的女子做教師　女子又可以得教育的權　到了這樣的程度　豈非與男子平等麼　所以我以為中國男女平權　必換一句說法　叫做男女平學　有學的權　方為尊貴　無學的權　不但無益　而且有害　我今日且把西洋女子的權　畧為說一遍　西洋的女權尊大　要算美洲第一的了　我有兩個到過美國的朋友　他回來了同我說　美國街中往來的電氣車　位子倘使坐滿了　見一婦女進來　大家都要站起來　讓他坐的　街上走路　男子相遇　不過點點頭　倘使遇了女子　必須恭而且敬　脫帽行禮　歐洲的英國法國德國　女權亦是極重的　酒席上面　必請女子坐在上首　夫婦同坐馬車　男子必推婦人先坐　婦人出門　男子替他披衣服　拭鞋子　裝花兒戴帽[7]子　唉　幾生修到　方得做西洋的婦人　有何罪過　竟做中國的女子　然而這是表面上一點兒的尊貴　不必羨慕他的　況且西洋人有西洋人的風俗　東洋人有東洋人的風俗　不足為奇的　但是西洋的女人　真有可尊貴的實在　有什麼實在呢　西洋的女子　從小與男子一樣的讀書上學　男子進小學堂　女子亦進小學堂　男子進中學堂大學堂　女子亦進中學堂大學堂　男子的學問

進一步　女子的學問亦進一步　不分高低的　所以男女的權　自然平的了　女子亦自然可貴的了　美國的女子　又比別國女子的程度高些　從小與男子合在一塊兒讀書　到大不分開的　所以女子的智識學問　不會比男子低的　男女合教的法子　不以爲然的狠多　然而我却以爲有三件大好處　何以有三件好處呢　第一件是道德上的好處　家庭裏面　父母教訓小孩　養育小孩　兒子女兒　是一樣受教育　毫無分別的　進了學堂　應該亦在一處受師長的教育　何必勉強把他分開來呢　論血族上的關係　男女都是五官四體　毫無一點輕重　論財產上的關係　男子學了本事　成家立業　女子亦是人　亦應該有生財的方法　第二件是什麼呢　就是性情上的好處　男子的性質多勇敢　可以決斷大事　然而不宜太剛　女子的性質多和順　細事可以精密　然而不宜太柔　男子太剛　必犯了鹵莽　女子太柔　必失於懦[8]弱　男女常在一塊兒教育　可以彼此感化　兩得其宜　豈不好呢　第三件好處是那一件呢　就是身體上的好處　男子未必個個是強的　女子未必個個是弱的　男女做事業的分量　應該均勻的　不可說男子強些　不妨勞動　女子弱些　可以比男子安逸　倘使男女合在一處教育　腦力可以一樣的發達　身體可以一樣的運動　智識自然一樣的高　體力自然一樣的強了　有這三件好處　就是男女平權的原因　若說男女合教　風俗有關　禮法有礙　我又以爲大不然　在家有父母的好教育　在學有師長的好教育　自然可以改惡爲善的了　況且男女從小到大在一塊兒　自然成朋友一般　不自知其爲男爲女的了　我中國的女子　因不使與男子見面　好像男子是虎狼　要吃掉女子的一般　如此看起來　中國女子的權　何以能平呢　唉　中國傷風敗俗的事情　都是什麼禮法兩字防壞的　列位曉得麼[9]

大公報①

年終贈言

（1904 年 02 月 10 日第 5 版）

噯呀　又是一年了　古語說　舉世盡從忙裡老　誰人肯向死前休　這話眞是不錯　大凡一個人　都有個老　也都不能長久活着　忌諱說這個　也是

---

① 簡介見83頁。

不中用　到底人的死後有重於泰山的　有輕如鴻毛的　修德立功濟人利世的流芳千載　窮凶極惡損人利己的遺臭萬年　細想起來　不論光榮顯耀　富貴功名　或是羞辱卑賤　艱難困苦　一概都是鏡花水月　夢幻泡影　獨單那德行合罪過　這兩樣傳留無窮　所以古人常說　君子落得做君子　小人枉自做小人　眞是不錯的　旣然人稱爲萬物之靈　就該當明白這天理良心　是非邪正　不然餓了知道喫　渴了知道飮　就懂得私慾偏情　貪婪殘狠　貧賤時知道想富貴　富貴了又想得權勢　忿了知道爭　憂了知道悲　窮則無所不爲　富則任意放蕩　這與禽獸有什麼分別呢　這些個都是古人常警戒人的話　到如今的時候　這個理也是不能更改的　到底竟如此的講論　還是不穀　如今的人心日薄　風俗日壞　強鄰外患　一天逼緊一天　眞是眼睜睜就要國破家亡　作人的奴隸了　舉國上下　毫不動心　在上的也不知道細想想　怎麼能穀轉弱爲強　怎麼能穀消災免禍　還是一味的擅作威福　貪財受賄　在下的就知道逢迎諂媚　百計的鑽營　苟圖一時的富貴　其餘一槪的愚民　無識無知　得過且過　那些困苦顚連的　更是恨天怨地　罵雨呵風　強橫的逼成了盜賊　輭弱的流爲乞丐　你說這等大的一個國　怨是誰的不是呢　第一不能怪朝廷　朝廷上常講不使一民失所　方纔稱心　第二不能怪官長　官長常講愛民如子　保衛閭閻　第三也不能怪黎民百姓　這黎民百姓　自幼就沒有受過敎化　長大了又沒有一定的職業　耳所聽的眼所見的　沒有眞理正道　他怎麼能好得了呢　總而言之　這也不是一朝一夕所能成的惡俗　也不是一個人兩個人所能敗壞到的這個樣兒　這總根源　是沒有眞正的宗敎　沒有純善的敎化　沒有完全的律法　整天的在那皮毛上治理　在那虛浮上用功　古語說隔靴搔癢　緣木求魚　雖不能濟事　到底也沒有什麼禍患　這國家的大事　性命交關　一着打錯　萬事皆非　不能防患未萌　自然遺禍無底　雖然有報館裡幾個愛國憂民的口頭禪　紙上談兵的大本領　別人看着　不是無病的呻吟　就是太平的咒詛　況且報館裡的人　又不是個個眞有民胞物與的眞誠　獻可替否的妙策　多半是嬉笑怒罵　嫉妒挾嫌　說些現成話　吹毛求疵的一類　如今的時局至此　白白的怨恨從前錯悞　也是無用　到底人人能眞懂得了昨非今是　就該當立刻打個好主意　把這一年的事情　從頭細想想　把那明年未來的事情　也細細的揣摩揣摩　不要說事體已竟壞了　不能再收拾　得樂且樂罷　只要有口氣兒在　悔過自新就不算晚　我勸在上的以後不要竟喜歡那迎合諂媚　不要再貪圖那贓私賄

賂　該當知道那諂媚你的人　就是侮辱你的人　那受下了的賄賂　終久也是禍根　不要浪費那銀錢　做那無用的虛體面了　那都是百姓的脂膏　該當仍然在百姓利益上用纔合理　書上說　百姓足君孰與不足　俗語說　身子掉井裡　耳朵掛不住　這些話都該當深深的參想參想　在下的人該當知道愛國合羣的真道理　不可各懷私心　不顧大局　大局壞了　自己也存不住　雖然這樣講　到底還是君子之德風　小人之德草　只要官長們能殼推誠心　布公道　鄉紳士子等在前引領　那黎民百姓也沒有不跟着走的　我們整年的筆禿舌乾　這樣講說　言雖逆耳　到底實在是一番好心　也是盡我們國民的責任　懇懇盼望我們四萬萬同胞　不可白白的增了這一歲　不可仍然像從前那全無心肝　只圖己私　全不顧別人的利害　噯呀　言雖有盡　意實無窮　這就是我們大公報一年臨完的一段忠言　一片敬意　且等過了新年　正月初六日再重新與眾位看報的紙上談心

福建白話報[①]

勸福建人學當兵

忍杞

（1904 年第一期第 19—22 頁）

俗語有一句話叫做好仔不當兵聽了這一句的話个个生下兒子就教他學那文文縐縐的書生再不然便送到舖子裏頭學藝打算後來發財地步都講這當兵的

---

① 1904 年 10 月創刊於福建福州，半月刊，由福建白話報社編印。同年停刊。撰稿人主要有公孫、劍襌、伸強、宗敬、忍杞、感惺等。主要欄目有"歷史""論說""詩歌""小說""學術""傳記""紀事""專件""地理""戲曲"等。

事情不是人做的人家好好的子弟如何不叫他讀書學藝反把他去送死呢咳這就是弱國的根原了你們不想地方上大家的田宅大家的財產大家的性命若不是靠着當兵的保護還有什麼人替你保護呢古書有一句的話就是講當兵的保護地方要靠着農人養他農人有了財產也要靠着當兵的替他保護兩下交相幫助大家住在這地方纔得享些安甯消受福氣不怕什麼外敵來侵擾你們了比如一家之內也要一兩个子弟練習武勇纔免得別人欺負若使一个个都是文弱的恐怕什麼傢伙錢財都要被那強盜搶去了這可見我們一定不要學那文弱的樣子總要个个練好身體能彀有當兵的資格纔好哩況且現在外國人多了各國都[19]想揷足我們地方就我們福建而論已有法國與日本相爭大家若不講些武藝難道把我十府二州六十二縣的江山白白的送與兩國麽①你們看現在國勢如何衰弱外人如何強橫真像是一羊遇着羣狼頃刻就要送了性命列位想到這般情勢應該大家要發憤自強不要被人欺負纔是那曉得到了今日力量還是這樣薄弱這都是爲什麼原因哩原來福建關係是共別省不同第一件就是福建的人種多半是從別省避亂遷來居住的這種人怯弱畏亂已經中入腦根後來就把他這畏死的性質漫漫的遺傳他的子子孫孫越發越衆這些性質就彌漫全省了第二件就是福建的地理本不算是要衝的自唐朝黃巢起事略略受他的蹂躪自此以後福州一處見過兵事的狠少就是延建漳泉各處中間也有兵禍總不比別省的利害大家享了太平幸福已經多年便漸把患難忘記了但是這兩件的原因是狠遠的還有狠近的原因我今再說給列位聽着

第一是甲申之役我國與法國啟釁法國把他的兵船駛到馬尾羅星塔地方共我們開戰大家得了風聲都拚命的把他家中的金銀珠寶埋在地下預備帶了合家[20]男男女女逃走到鄉僻地方或是上府各處其餘沒有走的忽然聽得砲聲轟轟就臨時慌忙一个个脚下穿着草鞋頭上包着藍布腰間縛着大帶也有自馬尾爬山走到省城的也有自城裡拖路逃往鄉下的真是三十六計走爲上的了那時法國雖然喪了他的大將名叫孤拔就肯退兵講和但是我們這邊將士死的狠多列位應該到過馬尾地方看過那馬江戰士埋骨處就是當時我們福建人戰死的骸骨埋在一堆其中也不知有多少陰魂真有天陰鬼哭的景象令人家傷心慘目了咳當時死的將士有的是做人家的兒子有的是做人家的丈夫他的父母妻子聽着有法國兵來馬尾打仗就已經驚心吊胆到得了他的死信便个个抱頭大哭以爲當兵是个大大不利的

---

① 原文中"麽"下無點,這裏是編者所加。

第二是甲午之役我國與日本失和在大東溝地方打仗當時海軍很盛兵船的管駕伸副以及學生水手中間有八九成是福建人的到了開仗的時候那種船或受砲火燒燬或被魚雷轟沈那船管駕還是極力督戰不肯逃走到了無可奈何便自己送死罷了其他福建人死得不少雖然當時戰不過日本卻是大家總沒有怕這[21]个死字那時福建省城裡頭好多人家門首貼着什麼大東溝陣亡劉公島陣亡那一個不是替國家死的呢他們家裡人悽慘的情形比從前馬尾失敗一樣從此有一句話叫做船飯不可吃居然變做福建人的話頭了咳列位當曉得我們福建後來是要受法蘭西日本的衝突再想起從前我們福建人爲著法蘭西日本戰死的不少爲何不想練好氣力學習兵法替從前戰死的人復个大仇還說什麼當兵的不利船飯不可吃豈不是把從前死難的人白白的送了性命不想替他報仇麼列位想想應該不要再說這種沒有志氣的話趕快去學當兵纔好哩[22]

湖州白話報①

說國家思想

（1904年第一期第1—7頁）

諸君諸君　我今天先把國家兩個字講講明白　你們必定歡喜聽的
大凡一個人活在世上　不是一個人可以自生自活　如果一個人可以自生自活　大家都散到荒島裏去過日子去了　爲什麼有鄉村有城鎮有市面呢　所以在一家當中說起來　或是禍或是福　這一家的人是相連的　在一國當中說起來　這一國人的禍福是相連的　一個人有好處　一國的人都有好處　若是一國有好處　這一個人也一定跟着有好處　所以一個人既然生在這一國當中　就應該曉得我是這一國裏頭的一個人　這一國裏頭　就應該有我的一分責任　一國公共的事情　實在就有一分是我自己的事情　一國應該做的事情　這裏頭也有一分是我應該做的事情　一國公共的事情辦得好我也跟着享福　辦得不好我也跟着受禍②　這是明明白白一定的道

---

① 1904年5月由錢玄同與友人創刊於浙江湖州，半月刊，停刊時間不詳。主要欄目有"社說""紀事""教育""實業""歷史傳記""地理""小說""雜俎""來稿"等。

② "辨"當爲"辦"。

·180·

理　要是把國家的事情　看做不相干的事情　就是把自己的事情看做不相干的事情　唉　我看起來　一個人碰着自己的事情　沒有不趕緊去做的　爲什麼把國家的事情　看得毫無要緊呢
可恨啊　那外國人說　中國有四萬萬個人　足足有四萬萬個國　這句話是明[1]明批評我們中國人只顧自己不顧國家的憑據　諸君　你看看國家公共的事情　百姓推官場　官塲推皇帝　推來推去終究沒有一個人肯替國家出力　所以現在弄得這樣的不興旺　受人家的欺侮　就因爲這個毛病呢　近來有個讀書人　把這種人分做六派　到是說得有理　我今天演將出來　一派一派的講下去
一叫混沌派　這一派的人不曉得什麼叫做國家　也不曉得中國現在弄得什麼樣子　就是把東三省的事情告訴他　他也不曉得俄兵現在究竟退不退　也不曉得日本現在究竟和俄國打到什麼地方　他只顧餓了吃幾碗飯　冷了穿幾件衣　講到國家的事情　他就搖搖手道　有皇帝和那官員管帳　任憑強也好弱也好盛也好衰也好　與我不相干的　唉　諸君想想看　古人有句話叫做　天下興亡　匹夫有責　難道我們大家　可以糊裏糊塗的過下去嗎
二叫爲我派　俗語裏有句話叫做　各人自掃門前雪　不管他家瓦上霜　就是這一派人的老皮氣　所以俄國占住了東三省　他還說　東三省自管亂　我們湖州不要緊就好　唉　諸君想想看　俄國起了頭　英國美國法國德國意國日本國必定也要來分些地方　那時候中國一國都亂了　豈有浙江一省湖州一府[2]能夠安穩的道理呢　既然不能夠合中國一國去抵敵外國人　又豈有湖州一府能夠安安穩穩　叫外國人不來欺侮的道理呢　湖州一府都不安穩　又豈有一個人能夠安穩的道理呢　我看起來　爲我派只顧自己　恐怕將來連自己都不保哩
三叫嗚呼派　這一派的人　臉子不曉得有幾多厚　見了朋友們　假做出許多憂愁的相貌　告訴他時勢不好　他就說我也曉得時勢不好究竟什麼法子可救啊　告訴他事體應該辦　他就說我也曉得應該辦究竟從那裏辦起啊　他面子上說　無可奈何　無可奈何　實骨子自己不肯替國家出力　那裏可以興旺起來呢
四叫笑罵派　這一派的人　除了笑罵　沒有別的事體　既罵守舊黨　又罵新學家　對着年老的　就罵他昏瞶糊塗　對着年輕的　就罵他少不更事　唉　這種人自己既然不肯替國家辦事　還要批評人家　把人家辦事的熱心阻住　你道可惡不可惡

五叫暴棄派　這一派的人　看得自己太輕　他意思裏頭　以爲我們中國總共有四萬萬個人　除出了我一個人　還有三百九十九兆九億九萬九千九百九十[3]九個人　那些人當中　才幹不曉得要多我幾倍　聰明不曉得要勝我幾倍　我一個人那裏可以擔當國家的大事　唉　諸君想想看　我中國四萬萬個人當中　若是個個人除出了自己　把國家的事　托那三百九十九兆九億九萬九千九百九十九個人去管　個個人如此　畢竟四萬萬個人　沒有一個人肯替國家出力的　你道國家能夠自己興旺起來不成

六叫待時派　這一派的人　平日裏看見中國這樣的不興旺　嘆口氣道　中國現在還沒有到興旺的時候哩　要是等到眞命天子出世　必定可以興旺起來　唉　諸君須要曉得眞命天子早已坐在北京城裏　我們大家能夠趕緊想法子　同心合力　替國家爭這口氣　那就可以興旺起末①　若是個個人不曉得國家兩個字　只怕等到眞命天子出世　中國已經亡了幾千年了

諸君諸君　我們中國四萬萬個人　到是分了六派　我看起來　六派之外　還有一派頂可恨的叫做媚外派　這一派的人不顧自己國度裏體面　只曉得拍外國人的馬屁　碰着那沒有辮子的　同他閒談幾句　也自覺得我是同外國人認識的　必定高不可攀了　咳　這種沒有見識的人　我也不必去責備他　還有那一種混帳東西　借着外國人的勢頭　欺侮我們中國人　這是眞正可恨啊[4]　諸君諸君　我看這七派的人　都是沒有國家思想的　我又那裏忍心說我們中國人　都是這種樣的人嗎　我要叩求我們中國人　個個人把國家兩個字存在心裏纔好

第一須要曉得國家和天下的分別　我們中國人的老皮氣　把國家當做天下　說什麼天下爲家　說什麼天下太平　好像天底下除出我們中國一國　沒有別的國度了　你想想　地球上總共有五大洲　我們中國　不過亞細亞東邊一個國度　餘外還有許多國度　比中國強大萬倍哩　諸君　若是把國家當做天下　那就沒有中國外國的分別了　旣然沒有中國外國的分別了　那外國人奪了我們的地方　也不同他爭鬪了　唉　我們這一座好錦繡江山　難道可以當做天下公共的產業嗎

第二須要曉得國家和百姓的關係　我們做百姓的　糊裏糊塗　一天一天的過下去　心裏以爲我早晨起來　吃的是我自己的飯　晚來睡覺　睡的是我自己的屋子　冷了穿衣　穿的是我自己的衣　從小到大　並沒有同國家有

---

① "末"當爲"來"。

什麼關係　他興旺也好　不興旺也好　管他做甚　唉　這句話就大錯大錯了　諸君　須要曉得我們這些人　從小到大　是沒有一天不同國家有關係的　要是沒[5]有國家　有飯也吃不成　有衣也穿不成　有屋也住不成　爲什麽呢　比方說　諸君正在吃飯　有人來搶了去吃　衣服穿在身上　有人來搶了去穿　住得好好兒的屋子　有人來占了去住　諸君什麽樣呢　諸君一定同他說國家那裏有這樣的道理　比方他不講道理　一定要來搶占呢　到這個地步　不能不靠着國家的法度　來制服他們了　要是沒有國家　一粒米　一條線　能够安安穩穩的享受嗎

諸君諸君　我今天要把國家兩個字講給你們聽　我還有一件事情　先要你們留心看看

有一個老年人　他臨終的時候　叫齊了兒子　就喚他們拿一根竹竿來　把竹竿折斷　折斷之後　又喚他們拿十幾根竹竿捆在一處　再喚他們折斷　用了許多氣力　動也不得動　那老年人就說道　兄弟和睦　好像十幾根竹竿綑在一處　別人不能欺侮的　要是離散開了　就同一根竹竿一樣　容易被人家折斷了

唉　一家的情形　就是這樣　難道一國的情形不是這樣嗎　我們中國的人倒不少　無奈一個人一個心　所以外國人欺侮我們中國一國　好像欺侮一個人[6]一樣　中國人看見有人被他欺侮　以爲欺侮他　不是侮欺我　臺灣啊　香港啊　膠州啊　廣州灣啊　旅順大連灣啊　現在的東三省啊　我們各省各府各縣的人　以爲沒有占到我們的地方　我們且不必管　唉　等到輪着自己身上　那就懊悔也來不及了[7]

江蘇白話報[①]

發刊辭
三吴少年
（1904 年第一期第 1—7 頁）

我們爲什麽要做這個白話報呢　因爲中國如今的國勢　已經弱極了　中國

---

① 1904 年 9 月創刊於江蘇常熟，月刊，停刊於 1905 年。撰稿人主要有三吴少年、九思、奮翮、尚聲、作庵、蟾千、金裔等。主要欄目有"論説""紀事""教育""地理""實業""小説""雜誌""理科""唱歌"等。

如今的百姓　已經窮極了　講到這個國勢的弱　百姓的窮　比了如今的外國　恰恰相反　這個緣故　却並不是外國人多　中國人少　也不是中國人地方小　外國人地方大　全是國裏頭的人　不曉得外頭事情　不明白自己利益　弄到這個樣子的　中國從前　有一位有名的人說　知彼知己　百戰百勝（這話的意思就是說　曉得人家的情形　曉得自己的情形　這麼一百會打仗　一百會贏）　我們中國人　不但外國的情形不曉得　連着自己的利益也會不曉得　你想不曉得外頭的情形　這麼外國要怎樣想我們　怎樣處置我們　我們要怎樣對付他　多不曉得了　連着外國有什麼好的計策　好的學問　也不曉得了　不曉得自己的利益　這麼自己好的歹的　也不曉得　得利的要做　賠錢的要改　也不曉得了　我們中國[1]共總有四萬萬人　倒有大半是這樣　這也不能怪外國人件件事情勝中國　件件東西得中國的錢　中國人件件事吃外國的虧　件件東西要賠錢了　要除弔這個大漏洞　除了看報　沒有別的法子　除了看白話報　更沒有別的好法子　為什麼呢　一個人在一個地方　就是他要知道外頭的事情　也不能叫他天天出去　打聽怎樣怎樣的　就是要知道自己的利益　也不能叫他一天到晚　去問那一國缺什麼貨色　那一國缺什麼東西　那一件種植的法子好　那一件製造的法子歹　若然看了報　都不要這個樣子　倒可以知道一切事情了　你想報上有記中國的事　有記外國的事　還有各國的商情　各國的貨色　而且種植有好法子　就要登上　製造有好法子　也要登上　豈不是既可以知道外頭的情形　又可以知道自己的利益麼　我們中國的報　如今雖不算多　也有六七十種了　不過這些報　都是文理的　而且現在大家　喜歡用新名詞　什麼起點　極點　義務　目的　鬧個不清　就是粗通文理的人　也還看不大下　何况那些略爲[2]識幾個字　不通文理的呢　統計中國人　不識字的人多　識字的人少　通文理的　以及能殼看報的　有幾個人　這分明有報也和沒報一樣　這麼說　所以白話報是萬萬不能缺的　現在雖然有什麼杭州白話報　湖州白話報　武昌白話報　然而杭州是給杭州人看的　湖州是給湖州人看的　武昌是給武昌人看的　我們是江蘇人　就是看這種報　他們都是着重本地的　看了也不見得就有益處　况且江蘇是偌大一個省分　人口又多　地方又大　省裏頭竟其一個白話報也沒有　不要說省裏頭的人　得不到益處　就這麼看人家省裏有白話報的　或是有幾個白話報的　難爲情不難爲情呢　然而這些事不能怪各位　這要怪我們這班人的　聖人說道　先知覺後知（就是先知道的人應該

告訴後知道的人） 我們的本事未必大 不過略爲知道些外頭的事 而且能看文理的報 看見聽見的 比各位多些 看到以上各種情形 知道我們江蘇省裏 萬不能少得白話報 所以不管這極熱的天氣 極忙的時候 抽出工夫 同幾個朋友 做[3]出這個白話報來 給各位看 總要望各位看了這個報 知道外頭的情形 知道自己的利益 可以成功上頭那句話 就是塞住大漏洞 這麼不但各位的福氣 江蘇的福氣 中國的福氣了 也是我們的福氣了 現在做報的緣故 已經說明 這個報裏是什麼東西 同看這個報的情形 有幾條報章 各位請看

　　第一件是這報的主意　▲我們這個報　是要給這班略識點字　和不通文理的人　看了個個知道外頭的情形　知道自己的利益

　　第二件是這報的名字　▲江蘇省　現在沒有白話報　我們這報　算是第一個　所以就叫他江蘇白話報

　　第三件這報裏頭的樣子　▲我們這個報　全用官話演述　分八個門類

　　第一門是論說　▲▲那關着外頭的情形　自己的情形　頂要緊的　這麼做論給各位看　使各位知道事情的關係　和事情的好歹[4]

　　第二門是紀事　▲▲紀事也分三個門類　●一記本省的事　●一記本國的事　●一記外國的事　總要極重極大極要緊　我們不能不看的　方纔登上

　　第三門是歷史地理　▲▲歷史是講古時的事　地理是講地的遠近大小　這兩件　也是要緊的　不能不講　我們講這兩門　不論中國外國　古時今時　總以明白爲主

　　第四門是教育　▲▲中國古時　教人的法子　不是太深　就是太難　現在新出的好方法　多了也不能同各位講　單講這些教書的法子　或是教孩子的法子　總揀好的記上

　　第五門是實業　▲▲種田　做生意　做工作　都是實業　我們設這一門　拏新得的好法子　教給各位

　　第六門是小說　▲▲這個小說　不是那紅樓夢　西廂記　也不是三國志　岳傳　總要是頂新出的　頂有趣的　那纔記上　以外[5]倘有好的山歌時調　也要登在裏頭

　　第七門是雜誌　▲▲或有好稿子　登不上上頭的門類裏　就統統歸入這門

　　第八門是來稿　▲▲做白話的　不光是我們這幾個人　外頭有稿子

寄來　倘然好　要揀出來登在上
以上門數　只有論說和紀事　是期期有的　別的總是按期刊上　然而每一期的門數　至少四門　每期的頁數　至少廿四頁　可是萬萬不會再少的了　將來或是添門類　或是添頁數　不限定的

第四件賣報的價錢　▲我們這個報　意在要個個人看得到　不是趁錢的　所以價錢也狠公道　現在第一冊　只要二十個錢　以後每月一本　只要十個大錢　定全年十二本　格外便宜　只要百十個大錢了　半年六本　也只要百十個錢　閏月照加十個錢　至於寄費　可是要外加的　各位定全年半年　總要在本報出第二冊的時[6]候　把錢交給我們　然後一期期的寄上　若是零售　一本兩本　這是要現錢的了

第五件代賣　▲各處各寶號的先生們　肯代我們派這個報　我們也肯格外討好些　每派到十分　就收九折　二十分就收八折　倘然有一百分　就可以七五折　二百分就可以七折了　不過報錢　也要在時候付清　不麼　就不寄報給你　還追欠哩

第六件地址　▲定報的　寄稿子的　寄信的　只要交常熟道前海虞圖書館　轉交江蘇白話報編輯所好了　不過沒有給過信錢的　原信奉還[7]

京話日報[①]

作京話日報的意思

（1904年08月16日第3版）

近幾年來　中國所出的報　大約也有百餘種　不算月報　單算日報　就有三四十種　但都在南幾省　和南洋各島　郵政局寄來　狠不容易　在京寄賣的這幾種　如上海的中外日報　新聞報　申報　時報　天津大公報　日

---

① 1904年8月16日彭翼仲創刊於北京，每日出鉛印、小張，爲北京銷路最廣、影響最大、聲譽最隆的一份報紙。1906年被查封，1913年復刊，1922年停刊。主要欄目有"要緊新聞""本京新聞""各省新聞""各國新聞""要聞""電報""要電""演說""小說""教育界""實業界""兒童解字""戲評""上諭""宮門抄"等。

日新聞報　和本京的順天時報　統共算起來　也到不了十種　并且各種報的銷數　均平扯算　也過不了兩千張　論北京城的人　至少也有一百萬　一百人裡有一箇人看　也應該銷一萬張　爲什麼連兩千張也銷不了呢　這個緣故　卻也容易明白　第一是各報的文理太深　字眼兒淺的人看不了　第二是賣的價錢太大　度日艱難的人買不起　有這兩層　無怪看報的人不多了　本館同人　狠想借這報紙　開通內地的風氣　叫人人都知道天下的大勢　怎奈辦了多少年　風氣總不能大開　報的銷路仍不見廣　細細的考究　纔知道有上兩層的緣故　因此又想了一箇法子　決計用白話做報　但能識幾箇字的人　都看得下去　就是不識字　叫念一念　也聽得明白　并且賠本賤賣　每張只收三箇當十大錢（外埠加郵費）　可以天天零買　這三個大錢　譬如買了一塊糖　吃了一根紙烟　便可買這張報　看過一遍　能知道許多事情　京裡各舖戶　沒有不看上諭的　聽戲的沒有不看戲單子的　我這報上　也有上諭　也有戲單子　遇着新鮮的戲　還要講說明白　若是聽到耳裏　看到眼裏　不能解到心裏　那戲錢豈不白花了嗎　看了這報可就都明白了　更有要緊的新聞　有趣的小說　市上的銀價　糧食裸貨的行市　件件都全　有這們多的益處　報價只要三個大錢①　和上諭條兒　戲單子差不多　諸位試想想　每天坐在家裏　只花上三個大錢　便把外面的事情　通身全知道了　豈不是個極便宜的事嗎　還有一層　女眷小孩們　不能時常出門　不知道外邊情形　要看了這箇報　一概都能知道　還可以借此多認幾箇字　文理慢慢的就通了　但願人人都能看報　做報的賠錢折工夫　也是心甘情願　大意如此　出在北京　天天刷印　所以就叫做京話日報

達威德爾偵探記

（1904年08月17日第3版）

第一節

卻說英國有個達威德爾　是英國本島的人　自幼學習外交的學問　能通各國語言文字（各國的外交官　沒一個不通外國話　識外國文的　多的三四國　少的也一兩國　要像中國的欽差參贊　祇要託人情　不必論學問　是

---

① 原文中"大"後漏"錢"字，這裏是編者所加。

地球上所沒有的）　並考究各國的地理險要　留心各國的外交政策　總以保全本國的權利名譽爲主　他的識見既是遠大　並且有天賦的一種奇才　能隨機應變　考查一切疑難的事情　因此英外部量材任使　就派一個密務偵探的識任　專爲考察各種機密重事　達威德爾也喜得這個相當的識任　正可以借此舒展本領　所以專心致志　以盡他當盡的事務　時常改裝易服　變換姓名　赴德法意奧美等國　訪查機密　列位試想　國家辦理外交的重地　防守謹嚴　自非尋常的關防衙門可比　且事關機密　就是本國人　不在其位的也不能盡知　何況外國人呢　要打聽這裏邊的情形　更是談何容易　稍不謹慎　春光洩漏　不但有性命交關　並要帶累兩國的交情　這是何等危險　這關係又何等重大　不想達威德爾所到的地方　無論他宮禁森嚴　守衛羅列　不怕他軍營嚴肅　刁斗梭巡　他都能運動靈機　隨便的進出　如入無人之境　卻不像中國小說上說的　時千哪咤太子一流　能飛簷走壁　騰雲駕霧的勾當　全憑着一點靈機　一身膽量　所以驚奇可喜的事　人乍聽了　無不拍案叫絕　仔細想來　卻仍是入情入理　爲人人意中所有的事　因此西人（未完）

看報可以發財

（1904 年 08 月 18 日第 1—2 版）

發財這件事　是人人願意　可恨求之不得　聽見外國人　這個開洋行　那個開金礦　一動便是幾千萬　幾百萬　就是替洋人當個夥計　做個康白度　也賺得幾千幾百的銀子　中國人不明白他們的訣竅　就說是發洋財　不知洋財　也不是白白來的　也不必供財神　也不必許愿燒香　只是憑一個見識廣大　消息靈通　就是發財的根基　你說一樣的五官四肢　怎麼他的見識　就能廣大　他的消息　就能靈通呢　仔細一想　這都是看報的好處了　譬如看見報上說　那一處被了水旱天災　秋收不好　便知糧價一定要漲了　趁着沒有漲的時候　便預先收買　那不看報的人　還睡在鼓裡　等到糧價飛似的漲了　還不知道怎麼個緣故　這就是消息靈通的佔了便宜　至於一個人的見識　更是要緊了　古人說的好　一人不敵二人智　可見一個人　悶在家裡　見識決不會廣大的　只有這報紙　有種種議論　都是高明人做的　有種種的新聞　都是四處采訪來的　有種種學問工藝　都是專門名家考究過的　每天看一張報　彷彿和許多明師好友　聚會

一番　所聞所見　都是有益的事　久而久之　那見識自然廣大　天下的事　都在肚子裡裝着　遇見做事的时候　何致像鄉下人進城　處處受人的欺侮呢　這也不是句空話　曾經有個故事　可以把他演說出來　做看報發財的憑據　你道這故事出在那裡　就出在我中國　並不是海外奇談　沒有對証的事　前十幾年　有一個廣東人　姓張名兆祥　家世是個開藥材行的　到他父親手裡　因爲生意不好　年年虧本　把個藥材行　都折耗完了　張兆祥讀過幾年書　文理雖不深　字義却能粗通　起先無事可做　只得在家教書　十幾個小學生　一天到晚　鬧得頭昏　收的束脩　還不夠吃飯的　因此困苦不堪　住房也變賣了　借一個破廟做書房　學生的父兄看他窮狠了　怕他連累　都不敢請教　向別個書房去了　從此更不得了　連一日兩餐　都顧不過來　有一天在朋友家　看見新聞紙　就借了一張　拿回破廟裡　慢慢的看着解悶　忽看見香港新聞裡面　有一個題目　叫做洋人招工　說有箇法國人　在香港招工　到新嘉坡一帶去開金礦　已經招了一千多人　還要找一個　能識字的人　做華工的頭目　內地念書的人　都怕辛苦　不敢出洋　所以到如今還沒開船　張兆祥看完了　心中一動　說我在破廟裡　天天挨餓　眼見得要做伯夷叔齊的徒弟了　何妨跟他們到外洋去　或還有翻身的日子　便立定主意　向廟裏和尚　借了二百大錢　就到香港　找到法國招工的下處　說明來意　法國人狠是歡喜　便收用了　還給他五十塊錢安家　他本無家可安　拿這錢添補添補衣服　又置一副行李　居然是一個頭目人的氣象　立刻把窮氣都洗掉了　到了新嘉坡　派他做工人的頭領　三年工夫[一]　積攢了七八千銀子　又看見報上說　本年廣東各處　田地莊稼　都被蝗虫吃盡　斗米千錢　飢民滿道　因想暹羅國　米價狠賤　何妨販米回家　既發了財　又救了鄉親的性命　豈不兩全　便把所存的銀子　全買了暹羅白米　等運到廣東　正是對本的利錢　往來販運了三次　足足賺了十萬銀子　居然成個富翁了　你看這張兆祥　要不看報　那能有這機會　發這樣大財　豈不是看報發財的憑據麼[二]

各国新闻

（1904年08月18日第3版）

出賽田地○上海報上說　美國今番賽會　千奇萬妙　一時也說不盡那些好處　獨有出賽田地一事　足見得講求農務　實在比我們認眞　在會場相

近的地方　整理了一大塊田地　大約有中國二十來畝　用了許多肥田材料　種各處的土產　每一畝地英國畝數　要費五千餘元　四圍種各樣的細草　當中分爲十四方　每方都隔着高岸　岸上用細沙軋平　可以容人來往　下面種的本國農產　全是各地出名的東西　西北方種五穀　波羅蜜　橘子　柚子　烟葉　南方種甘蔗　棉花　小麥　芋頭　東方種各樣花草　西方種荷蘭豆　槐樹　蛇卵子等物　以上許多東西　原來不是生在一處　因爲賽會　把他種在一起　卻生得十分茂盛　彷彿在本地一樣　各處來往的人　留心觀看　請求農務的　又可以增長許多學問

空中飛行○近來西洋各國　考究飛船的方法　已有成效　但不能十分如意　所以還沒有通行　本年美國的博覽會　懸了極重的賞格　如有人能創最新式飛船　賞十萬金圓　重賞之下　必有勇夫　飛船成功　定必不遠了

看報可以去病

（1904 年 08 月 19 日第 1 版）

天底下有兩種人　最易生病　一種是富貴家的女眷　一種是關在書房的學生　考求這容易生病的緣故　大半是心神鬱悶　以致氣血不調　慢慢的就成了大病　要是能看報　雖是坐在家裡　外面的事　都能知道　還有新鮮的笑話　外洋的小說　每天看一兩徧　心花開放　自然血氣調匀　那會生什麽病　就是有鬱悶症候的人　要是看了我這報上笑話小說　痛快淋漓　形容盡致　句句能打到心坎裏　說這許多話　都是我心裏想說　口裏說不出來的　怎的做報的人　能鑽到我心裏　把我的話都說了出來　豈不可笑　嗤的一聲　包管那鬱悶病不必吃藥　自會好了　這也有箇緣故　並非造謊　這典故却不是中國　是一法國女子　名叫斐臘　這斐臘生得貌美如花　長身玉立　父母鍾愛萬分　家道又極豐富　只是體質虛弱　常年的三好兩歹　沒有一禮拜安健無病的　不知經過了多少名醫　費了多少錢財　總不見好　終日間悶懨懨　一言不發　一步不走　眞是病入膏肓的光景①　父母兩位老家　憂愁不堪　帶了他各處遊玩　一面就醫　一面看山玩水　藉解悶鬱　有一天在火車上　買了一張報　報後面有一段小說　說的是

---

①　"盲"當爲"肓"。

英雄兒女　情致纏綿　看到出神的地處　不覺拍掌稱贊　道好個英雄　好個英雄　真不愧是箇國民　他母見他這歡喜的光景　是向來沒有過的　也從旁稱贊　鼓舞他的興致　等到看完了這一段報　自覺精神百倍　就立起身在車中散步　到得晚上　飯食也加了　睡覺也安逸了　許多年的病　竟去了多一半　第二天就專人去買這一種報　一連看了三個禮拜　報上的小說　方纔演完　這位女洋人的病　也就好了　從此身體健壯　嫁夫生子　便買定了許多的報　和他丈夫兒子　看看講講　說是人生莫大的樂境　這箇樂境　要是沒有看過報的人　決不能知道　請看這京話日報試試　便明白了

告我國人〔續前〕

（1904 年 12 月 31 日第 1 版）

昨天說到報館的好處　正在往下寫　忽然來了一個舊日的朋友　是位外官　把草稿拿起來　看了一遍　一邊看著　一邊皺著眉頭　知道他不以然　又不便從他手裏奪下　只好忍著氣　看他怎樣的發作　朋友看完　吸溜了兩口氣　坐在案旁　一言不發　悶得我十分難受　直言問道　閣下以爲如何　朋友答道　說得固然好　恐怕全是夢話　據我耳朵裏所聽　當道的人　看見了報　切齒痛恨　如今你倒嚮有權力的人提倡　豈非自己哄自己　像這樣的話　以後總要少說　我連聲答應　是　是

這幾句話　彷彿冷水澆頭　一團的高興　叫他給打的粉碎　只好找別的話來閒談　朋友去後　家裏的人　就來多嘴　說道　你天天要開民智　開來開去　連舊日的朋友都開不通　照此辦下去　恐怕永世沒有如願的日子　我對他們說　這却不然　這位朋友　丁了三年的憂　新近纔從陝西來　陝西的地方　風氣不開　人人都是三代以上的百姓　大概不知時局的多　等他在外面混上幾個月　必然自己會變化　現在的官塲薪水　絕計不夠養家　受上幾天窮苦　就知道不像從前好過了　閒話少說　還是說報

報這樣東西　力量比甚麼都大　最容易動人的　莫過畫報　外國的畫報　也有狠粗淺的　今年有人　從美國寄了一張來　畫的很粗　用意却是極精　上邊註的說兒　不過幾句　取其好懂　淺人看了　最可以開發心思　我們的啓蒙畫報　也是這番用意　不過講的是各門學問　比較外國的淺文畫報　還覺著深了一層　給學生們當功課　不得不如此　若有明白先生　指點指點　學生們必可以受益

其次就是白話報　爲多數人起見　不能專講文義　愈淺愈好　一層一層的往上數　報的種類　本沒有一定的格局　有一類的事　便可以出一種報　要是通國的人　都能夠看報　這箇國必定富強　就如日本國　前三十餘年　貧弱的了不得　因爲受外人的欺侮　君臣上下　發憤自強　一面派人游學　一面改變內政　從中貫通血脉的妙物　就是這箇報章　直到如今　國勢日強　報章亦一天比一天興旺　連到拉東洋車的人　都要買一張報看看　其餘就可想而知　固然是他們的文法簡便　比漢文容易記認　也由於他們政府　明白報的益處　極力提倡的功效　如今我們政府　何嘗不圖自強　陝西朋友說的話　大約是從陝西鄉下聽來的　中國要圖自強　專憑報章　雖不中用　捨了報章　更不能聯上下的情誼　不過報與報不同　宗旨正大　熱心愛國　說出來的話　都是爲公衆的損益　這一類的報　無論文話白話　愈多愈妙　〔未完〕

甯波白話報①

奉勸甯波的同胞

（1904 年第五期第 1—3 頁）

我這篇奉勸文　白話報上已登了四回了　有一位好兄弟對我道　「你的沒見識　這個白話報上論頭　不是勸那做買賣的　就去勸那種田地的　不是勸那種田地的　就去勸那做工匠的　郤不把這許多讀書先生　做官老爺　敗落鄉紳　新發財主　提起來勸勸他們　難道我們做買賣的種田地的做工匠的一班兄弟們　是天生成不好的　偏偏要煩你來勸勸嗎」　啊喲　這幾句話　是太看重了這班書獃子糊塗官破鄉紳守錢奴了　我今天索性把肚子底裡的許多話　抖出來說說罷

列位　你道讀書先生　是一定旣白道理麼　我告訴你們聽　有一種人　罷出文皺皺的樣範②　方整整的神氣　開口孔夫子　閉口孟夫子　好像已占了聖廟兩廊上吃冷豬頭肉的位置　若問他幾句　地方上事情　怎麼樣辦

---

① 簡介見 147 頁。
② "罷"當爲"擺"。

法　　國家的事情　　怎麽樣做得　　他郤都不明白　　呆頓頓像殺是一个泥[1.1]塑木雕的　他的一條膩垢腥的身子　和着一張派喇叭的嘴巴　靠着你們的小官官　還要把三字經千字文　哄些衣食哩　還有一種人　三朋四友串東結西　平常的日子　除了幾句臭詩　幾篇臭文章　此外不幹什麽正經的事　書房裡面　去比看牛場　還加沒規矩　那個婦人生得表緻　那個女子裝扮得齊整　你批我評　說得興會淋漓　有時候還要到念佛場戲文場以及有事人家裏　去看看婦女　丟丟眼色　自以爲天生的一個風流才子　其實是個不足戒訓的東西　這也不必說了　但是這班讀書人　見了你們　反要擺出讀書架子來　你們要對他談談　他便喝道　「你們沒有讀過什麽書　曉得什麽東西」

呸　這樣吞大話的人　還有什麽話可對他講呢　我所以除了你們做買賣的種田地的做工匠的幾个好兄弟外　也不願意白白的和他們說話了　若論做官的人　他也不過把官來做個行業　有錢可到手　就是賣爹賣娘賣祖宗的事情　他也願意　官場習氣　大都是這樣的　我們甯波人　做官的也不少　有的從科甲出身　有的從捐班出身　有的會拍馬屁從軍功[1.2]出身　有的靠着勢情從保舉出身　這許多做官的人　在衙門時候　除了一日三頓飯　幾個小老婆之外　叉叉麻將　吸吸鴉片　就算捱過一天了　那個還肯把國家擔在肩頭上　那個還肯把百姓放在心窠裏　這也不必說了　就他在家鄉的時節　也不做什麽事情　天天坐了一頂大轎　跟着兩個二爺　寫寫幾個名帖　今日去見知縣　計個人情　明日去碰富老　打些巴勢　有時候還要把紙糊頭的老虎　來嚇嚇自家人　見了有錢的　便尋駁他一兩事　罵道「你大胆的東西　我要辦你　我要辦你」　一面裝虎威　一面就有幾個和事老　出去調停　說道「某大人某老爺　是狠有勢面的　他不發怒還好　他已發怒　你再不去依順他　歇　縣堂下階沿石　就要和你親嘴了　班房裏長板凳　就有你的位置了　唉　列位　你想有錢的人　那一個不顧體面　既然有了人來做和事老　他就央他道「老伯伯　老侄侄　千萬求你老說情　罰些銅錢　我無有不答應的　但願早些了借就是了」　他做和事老的人　便回答道　「某大人某老爺　是狠喜歡做善事的　近幾天他要修一條橋　還要鋪幾丈路　工程狠大[2.1]　非數千弔錢不可　某大人某老爺　是個清白官　那有這許多錢　你若肯捐出這許多錢　我爲你去討一情　說你已經知罪了　情願受罰　替大人老爺　担任這一項修橋鋪路的經費　某大人某老爺　是狠有慈悲心的　這樣說去　就可無事了」　列

位　你豈不曉得俗語道　「銅錢好到手　名聲何必管」　又道「和尚化緣沿家走　老爺要錢坐開口」　這班做官的人　除出銅錢之外　就是他的爹娘祖宗　也不認的　我就是有千萬張的嘴巴　天天縻他的耳朵邊大喊大叫　也未必來聽我的話　我所以也不願意白白的和他說了　若提起鄉紳二字　好使我做報人　肚底下的怒氣刮刮塞上來了　從小念幾句子曰詩云的人　做產生的時候　已經看不起你們做賣買的種田地的　做工匠的幾個好兄弟　及進了秀才　中了舉人　成了進士　一個黃黃的頂子　就要向你們濫壓　你們做賣買的　到了他的門前　貨物要高　價錢要賤　否則就要白吃了　你們種田地的　做了定的佃戶　田畝要虛報　租穀要加額　否則就要送租了　你們做工匠的　一包了他的作場　木匠帖釘子　泥水賠石灰　也算不得大人情[2.2]　唉　列位　不是甯波沒有好鄉紳　但是好鄉紳　十個中不過二三　其餘都是吃勢的　我若要勸他做些事情　他吸勢的鄉紳　就是肯依我的說話做些事情　恐怕他就借這事情來吃勢啊　我所以也不願意白白的和他講了

若論到大有老大闊客　這一班人　喜歡做事情的也不少　但是不可多得　他的心思　多半在嫖賭吃着四個字　我做報人　既不是繁華報笑林報花月報的主筆　那有什麼發趣話　可和他講講呢

就這樣看來　我做報人　舍你們做賣買的種田地的做工匠的之外　還有什麼人　曉得爭甯波人的氣　撐甯波人的場面　可和我說說道理呢　唉　我甯波的同胞呀　我甯波做賣買的同胞呀　我甯波種田地的同胞呀　我甯波做工匠的同胞呀　你速速甦醒起來　你速速回頭轉來[3.1]

下雨的緣故露霜雪附雲霧

（1904 年第五期第 13 頁）

卻說我們生活上　第一要緊　是個雨水　這個雨水　是天天要吃時時要用的　若果天不下雨　不但我們人類　都要燥死　就是一切禽獸草木　也都不能生活了　哈哈　這個雨水　既然這樣要緊　難道他的來源　反可不知道麼　古語說道　龍化海水　變而成雨　這句話頭　實在是半是半非　他說雨從海水變成　倒也不差　若說到從龍化來　實在是想像的說話　並無對證　不過因這句話　是古人傳落來的　便隨口說說　不去理會他罷了　但是這些要緊道理　畢竟是你們應該曉得的　所以我們　特地做一篇白話　來解說一番　你們試拿一碗水　擺在太陽光裏　不多幾時　就漸漸化出氣來　若拿這碗

水　倒入銅壺裏　用柴燒起來　他的化氣　還要比太陽光裡　速得許多　一霎時間　就像天上的白雲　一陣一陣　從壺嘴裡飛出　等到後來[13.1]　銅壺裏的水　就一點沒有了　哈哈　這些水到底到甚麼地方去　我們眼睛裏　雖然不能看見　依理講來　不過到化了氣後　混着空氣　上昇空中　一點也末有缺過　你們若當他滾沸的時候　用冷杯子覆他上面　這些水氣　就點點凝結而下　豈非依舊是水麼　總而言之　水的性格　是一個遇熟變氣遇冷還原的東西①　海水變雨　就是這個道理　並非是龍化成的　爲甚麼呢　這個海水　比仿是一個極大的鑊子　上面所照的太陽　比仿是一個極大的火頭　一天一天照下來　難道這個海水　不會變氣麼　幷且海水所佔的地面　大不可言　他化出的氣　自然是極多　到了這個氣昇上以後　半天裏空氣　又較地面上冷得非凡　所以漸漸凝縮　變成極細的水滴　聚成一團　就叫做雲　等到這個雲　被風吹來吹去　再遇着冷氣　一點一點　併合起來　降下地面　就叫做雨　從此看來　雨是極細水滴變成功的　列位心中　想都明白　但是這個雨　既然說是海水而來　爲甚麼海水味鹹雨水味淡呢　這個緣故　也沒有別的道理　因爲水[13.2]

下雨的緣故露霜雪附雲霧（續）

（1904 年第六期第 7—8 頁）

是沒有鹹淡的東西　海水有些鹹味　不過裏面含着鹽質和別的雜物罷了　且這種雜物　到太陽照的時光　仍舊不動　只有他的水質　能夠散出來　所以到做雨時候　也沒有鹹味　若不相信　我們可以講一個方法　給你們試試　拿兩把燒茶用的銅壺　兩個嘴用竹管筒連接起來　但這竹管筒　先要請簟匠司務　焚火彎好　使得十分緊合　他的連接地方　又要用泥封固　然後將一把茶壺　擺在冷水當中　一把茶壺　擺幾碗海水　蓋子上也用泥塗好　火燒起來　不多幾時　裡面的海水　就化了氣　從竹管筒裏行過　到那邊銅壺裡　一大半凝結成水　試取這水一嘗　恰無一點鹹味　和雨水一樣的　又開這邊擺海水的銅壺蓋子　只見壺底　有許多鹽粒附着　哈哈　這豈不是海水變淡水的明證麼

你們既然懂得這般緣故　還可以從此推開　講些許多道理　就是降雨的多

---

① "熟"當爲"熱"。

少　都隨水氣的濃淡　各有不同　到夏天時候　太陽既十分炎熱　水的化氣　也速而多　所以降下的雨也大　又近海地方　水氣最多　所以雨量　也比他處爲多　又水氣少的時候　結成雲霧也多　所以降雨　必[7.1]在黑雲滿天的時候　幷且這個水氣　非單單能够做雲雨　就是霧露霜雪　也都是水氣做成的　今且一一分剖如下

　　霧　春天時光　晝暖夜寒　晝間發散的水氣　到夜間凝結成霧　所以這個霧　常現於早晨山脚的地方　或江湖的上面

　　露　秋天時候　天氣用冷　晝間發散的水氣　到夜間碰着草木石瓦等冷空　就凝結成露

　　霜　到十月的時候　天氣更冷　所以這個露　更疑結成霜

　　雪　冬天時候　天氣十分嚴寒　天空中雨點　就結成冰花　點點散下　就叫做雪

總而言之　這個雲雨霧露霜雪　都是水氣結成　這個水氣　又大半是海水變成　幷且他的變化　還能够循環不絕　就是這個海水　被太陽化爲水氣　上昇空中　遇着冷氣　變成雲雨霧露霜雪　再降下地面　不多幾時　又漸漸滲入地中或江河等處　再流到海裏　等到後來　又爲太陽所熱　再變了　又結了雲雨霧露霜雪　如此循環　無時或息　所以天天降[7.2]雨　水不加多　天天化氣　水不減少　不然　自古至今　不知落了多少雨　降了多少雪　結了多少雲霧霜露　爲甚麽這個海水　依舊汪洋澎湃　一點也沒有缺少呢[8.1]

女子世界①

讕言
自立

（1904 年第二期第 13—17 頁）

咳列位算到甲午中國被日本打敗以後大家曉得變法自强四个字是今日最不

---

① 1904 年 1 月創刊於上海，月刊。創辦人爲丁初我，最後一期由秋瑾續辦。主要作者有丁初我、秋瑾、陳竺湖、呂逸初、趙愛華、杜成淑、汪毓真、錢覺民等。主要欄目有"論説""時評""教育""科學""實業""史傳""文苑""談藪""雜説""文叢""記事""内國記事""外國記事""短篇小説"等。另設有白話專欄。1907 年停刊。

可缺的不過曉得的都是我們一班無權無勢的人只好出幾種報說幾句話望兄弟們姊妹們一个个都曉得點假使有得志的日子便把變法自強實實在在的做起來或者我們的國家還有興旺个日子所以陸續出來的有杭州白話報蘇州白話報智羣白話報中國白話報甯波白話報以及國民日日報的演壇也是用那粗俗的白話勸勸做國民的人然而說的也算不少了聽的也厭煩了這女子世界內巧巧又定了這白話一門教我做些白話給列位看看我想所要說的已被各報說過教我又說什麼呢古人有句話說得好姑妄言之姑妄聽之列位勿笑我亂說只算做一日和尚撞一日鐘到什麼地[13]步說什麼話罷了

今日世界上有自尊的一句話叫國民我又聽見笑人的一句話叫你是國民我按着字義解釋國民二字原不過國家的百姓个意思旣做了人便有住的地方有了住的地方便有國家管轄着這國民二字又算什麼呢這國民究竟要怎樣做法纔合式呢後來有學問的人告訴我講究做國民的法子說一來要沒有倚賴的心腸便是<u>獨立</u>二來要肯做公共的事情便是<u>公德</u>三來自己勿做傷風敗俗的事便是<u>自治</u>四來要合些同志的人一同辦事便是<u>合群</u>五來要不許他人侵犯著我并我亦不可侵犯他人便是<u>自由</u>六來任憑什麼事苟是自己分內所應得的不可讓人便是<u>權利</u>七來我所應得做的該應盡心著力的做便是<u>義務</u>這七件事以外尚有一項最要緊最不可缺的叫做<u>參與政權</u>至於完納租稅教育子女都是國民的責任也不銷說了咳如此一說我也記不得許多總之這國民是不容易做的了我自想想國民旣如此不容易做我的耳朶內偏偏自命爲[14]國民的狠多狠多無怪帶說帶笑道你是國民你是國民的也狠多狠多哈哈中國如此實在難望興旺的了我再想想我的兄弟們旣成了這个樣子便只麼好呢想了半晌却被我想着了想着了我的姊妹們了我的姊妹們豈不是別國人講生理學人類學進化的公理所最敬重最尊貴的叫國民母的麼我的姊妹們可曉得國民母三个字什麼解釋原來一个國內要生出許許多多純純正正的國民所可靠的只有女子說句笑話譬如世界上都是男子个个是大聖大賢只要一个女子沒有不上數十年這些國民一个个老死了還成世界麼況且女子不僅生育男女是一件大事古語說得好少成若天性習慣如自然只要生出的子女從小母教好了自然長大後弗做不好的事情比之在學堂中請先生管束還親切許多得力許多況且女子還不止此事即是我前所說國民的七件事也是無一件不當盡的列位試想想便曉得我的說話不差了便曉得國民母的責任不輕了便曉得國民母更不容易做的了然我想姊妹們懂得這些道理的想[15]還不多我的耳朶內聽見姊妹們自命爲國民母的尚狠少卽姊妹們被人家說着笑着道你是國民母的也尚狠少所以我想姊妹

們部是包在石中的玉①尚未經過刀琢擎在掌中的珠尚未鑿過線眼是以我再將陳腐的說話向我的姊妹們說說姊妹們能夠聽我个說話或者能盡一分國民母的責任占一點國民母的地位便算我的說話不瞎說了姊妹們我第一要告訴你的是曉得改變今朝个日子不是昨日的日子這日子豈不是刻刻改變的嗎今日做的事體決不是昨日做的事體這事體豈不是刻刻改變的嗎此處的情形決不同那處的情形這情形豈不是處處改變的嗎如此一想便曉得執了老主意斷斷乎不能處世的現在我說的話勿以爲耳朵嘗新是說說白相的要曉得句句可以做到不怕是從未聽見從未做過能夠依了漫漫的行去便不怕算不得女中的豪傑只要姊妹們肯改變就是了第二要告訴你的是曉得自尊我每每聽見說這件事是男子的責任與我們是不相干的或者說這是男子个事情我們是辦不到的咳[16]姊妹們不想想吃飯出恭與男子無異手足行動與男子無異爲何擔着責任逢着事情偏退縮在一旁讓那男子這不是自己看輕自己麼最不通的無論着衣吃飯一切費錢的事都靠着男子即有可以弄大錢的地方亦守着女子不出閨門的女訓怕羞縮臉不肯去做所以講到家累現在中等人家無一家不受著的了果然曉得自尊便不把自己看得如牛馬一般聽人指使的了看得如家畜一般仰人飲食的了外國的女學堂中教女子管理家政保養兒女以外如繪畫音樂彫刻刺繡裁縫編物紡織等一切輕便手藝皆教導女子高等的便研究法律美術商務工藝皆有定業假使我姊妹們都不靠男子個個能自立豈不大妙麼

（未完）[17]

四川官報②

小兒教育說

（1904年第八冊第62—67頁）

第一節　總論

我中國生齒日繁　合計二十二行省　男丁女口　約有四百兆多人　單說四

---

①　"部"當爲"都"。

②　1904年3月創刊於四川成都，先是旬刊，後改爲五日刊。總辦、會辦有陸鍾岱、錢錫寶、陳玉麟等，總纂有龔道耕、金正煒、程其械等。主要欄目有"諭旨""奏議""新聞"（又分"省內近事""省外近事""京外新聞""外國新聞"等）"演說""專件""附錄"等。1912年停刊。

川一省　已佔四十餘兆　皆係由少而壯　由壯而老　你們見士農工商成家置業的　都說是自幼時父師教育得好　所以纔得成材　見乞食無聊犯法受刑的　都說是自幼時父師教育得不好　所以游手好閒　弄到如此結局　可見小孩必要教育　你們是知道的　但如何教的方法　如何育的方法　定要有個次序　將來成人時候　或作官　或作農工商　方有實在本領　免得對不住　皇上　對不住自己　免得被東西各國人看不起　我中國現時不是貧弱到極處了嗎　細細想來　我中國貧弱的緣故　都是小孩從前讀書時　父師的期望　只是知道得秀才應科舉作官　這也難怪　道光以前　東西各國　未與中國通商來往　我中國閉關自治　只要作官的不要錢　凡事照例而行　地方事都辦得好　農工商三等人　只要守我舊法　亦可衣食無憂　現今時局大不同了[62]　海禁大開　中外已成一家　倘還要墨守舊聞　如去年時憲書　今年來看　如何使得哩　所以　皇太后　皇上看出各國富強的緣故　中國貧弱的緣故　纔下　旨諭二十二省各州縣　都設蒙養學堂　先從小孩教育辦起　以四書五經爲主　先立根基　採東西各國的方法　編成教科書爲輔　好考驗實在用處　四書五經　譬如是房屋樑柱　各種教科書　譬如是磚瓦木石　要修房屋　無樑柱則基架不立　無磚瓦木石　這房屋即修建不成　所以小孩教育　是第一要緊的事　你們做父師的　果能聽這一番話　將來小孩長大成人　人人都有職業　人人都有本領　上一等聰明好讀書的　出仕作官　博通中外　忠君愛國　做出偌大事業　中一等讀書的　士農工商　衣食豐足　我中國由貧而富　由弱而強　各國知我人人發憤　人人有志　自然不敢藐視了

　　第二節　說小孩教育方法

從前專重科舉的時候　小孩讀書多半不認眞　只要能博得科名到手　便算能事　如今科舉已下　旨諭　鄉會試自丙午年起　中額分三科減盡　小孩此時纔幾歲　若不從速教育　將來如何能層次升到大學堂[63]去致取功名哩　有一等人說　我中國二百餘年　小孩都是從三字經　大學中庸讀起　何必定要讀各種教科書　方能有用　不知幷非叫你廢經不讀　只因讀得太無層次　故小孩成器者少　先說大學這一本書　朱註上明明說的　大學者大人之學也　可見是大人的學問　拏來與那五六歲小孩先讀　他如何曉得　如何講得　你們想想　況且有一等不知事的父母　竟不叫兒子讀書　他說我兒子長大不望得功名　只要混碗飯喫就是了　此種愚謬糊塗思想　眞覺可惱可憐　不知不讀書就不明理　不明理便任性妄爲　將來便一

事無成　不惟難混飯吃　至乞食無聊以及犯法受刑　都是由此起根　東西各國　無一乞食無聊的人　又以犯法受刑爲恥　是何緣故哩　皆是從幼時就有教育　習慣自然　無人不認字　無人不讀書　纔能夠如此　今將教育小孩大概　說來你們聽聽　東西各國有所謂幼穉園　小孩自五歲起　即須入園讀書　有不願入園者　准其在家父師自教　然不能任意荒廢　自七八歲起至十三歲　即須到小學堂讀書　由官考試　得有卒業小學文憑　乃可提升　或學藝或務農　各隨所欲　有小孩之家　當赴公局報明　是否入園[64]　不入園或在家自訓　一一陳明地方官　歲造清册一次　各鄉約立學務局　挨戶清查　無有漏遺　小孩有疾病他故　必須報明方免　所教的事　一教晋接合立身的道理　即我　皇上欽定蒙學章程　小孩第一年中所載　修身的宗旨　取曲禮及朱子小學各儀節　畫圖貼說　詳細教誨　使小孩知道忠君孝親　綱常大義　規矩儀則　這一節要得緊　二教認字　即章程中所載字課　凡天地人物諸類皆實字　使小孩知道有一字即有一物　易於記認　三教本國粗文理　即章程中所載讀經　孝經論語　文義淺顯　易於講解會悟　四教天文地理的粗義　地理以本國形勢爲要　即章程中所載輿地　使小孩知道地球大概　至於天文　亦不是中國天文家談的星辰吉凶　是有一個實驗的事迹　五教各國史畧　特於本國史爲重　即章程中所載歷史　取歷代國號　帝王世系　詳與解說　使小孩知道何朝何代的事情　六教算學　即章程中所載算數　如一二三四的數目　七教體操　整齊步伐　使小孩不得任意跳舞　一來可使身體舒暢　不生疾病　二來長大若入武營　文武兼全　能爲國家出力打仗　不受外人欺侮　豈似從前村夫子教學　糊糊塗[65]塗的教　學生糊糊塗塗的讀　甚至有五經未曾讀完　就學開筆做八股考秀才　長大一無所知　士不士　農不農　工不工　商不商　家計富足的　好吃懶做　不上數年　弄得精窮　身家尚且不保　焉能爲　皇上出力辦事　家計貧窮的　只有爲乞丐爲盜賊　枉生人世　豈不是自幼無教育害了嗎

　　第三節　說小孩教育與國家有極大關繫
東西各國書籍上說的　不怕中國富强　只怕中國貧弱　不怕中國有年紀的人　只怕中國靑年後生　這些話是何緣故　細細想來却有道理　譬如人家衣食有餘　即生驕奢淫佚思想　聲色狗馬　漸漸就弄到貧窮的地步　若人家飢寒困苦　見別人富足寬舒　就起羨慕愧恥的念頭　因愧恥即生憤厲　因憤厲即奮勇作事業　事業成便可富足　但是人家要求富足　責成壯

年人就容易　責成老年人就要難些　因老年人光景無多　壯年人爲日甚長　精力思慮　都做得到　小孩知識初開　能教育得好　基礎已立　到壯年就有把握　不憂他不成材　旣能成材　就能富足　家與國原是一理　歐美百年以前　日本明治以前　比中國更[66]貧弱得狠　各國君相大臣　纔想出法來　除非讀書　除非由小孩教育漸漸做起　萬萬不能富強　你們看見今日各國堅船利礮　以及奇巧貨物　便詫爲心思聰明　不知各樣都是學來的　我能去學　何患不成　怕的是幼時不學　到壯年就爲難了　各國小孩教育　分男女兩項　四川風氣不開　焉能說得到女學上去　果能男孩人人皆讀書　皆入學堂　長大成人　士農工商　各有一業　士有士的實學　農有農的實學　工有工的實學　商有商的實學　士有實學　爲官致君澤民　這是不必深言了　至農工商都有實學　即可衣食無憂　家道富足　與各國爭能比勝　論語上說的　百姓足君孰與不足　那時我中國富強　比各國還勝得多　這豈不是小孩教育與國家大有關係嗎　所望人人存一愛國思想　不要薄待小孩　照此方法　從速管教　上報　皇上食毛踐土之恩　下爲小孩打算終身事業　免到爲乞丐爲盜賊的時候　後悔難追　至於蒙養學堂的教習都是學過來的　逐年教法　立有章程　你們去買一本來看　不過費拾餘文錢　便知底細了　　已完[67]

吳郡白話報①

做吳郡白話報的緣故

（1904 年第一期第 1—5 頁）

列位　大凡一個人生在世界上面　世界上面的大勢　都要知道纔好　爲什麼緣故呢　我有一个譬喻　譬如一所房子　我們要住在裏頭　必須先要看這房子　是什麼樣式　有多少間數　牆壁破不破　屋頂漏不漏　有破漏的

---

① 1904 年 1 月創刊於江蘇蘇州，半月刊，王薇伯等創辦，包天笑、吳和士、孫東吳等分工合編。主要欄目有"論説""學術""緊要新聞""蘇州新聞""歌謡""詼諧""譚叢""調查"等。停刊時間未詳。

地方　就可以把他修築　倘然看也不看　糊裏糊塗住在屋裏　到起了大風　從破壁縫裏吹進來　下了大雨　從漏屋頂裏滴下來　那時候就趕緊修築　也來不及了　世界也同房子一樣　不過大一點兒　不是一天兩天可以走完的　要坐了火車輪船　隔好幾個月　纔能把世界走完呢　但是要走完這世界　這項盤費很大　我們沒有這力量　祇有一個好法子　所費的錢不多　就可以知道這世界的大勢了　是什麼好法子呢　除了看報沒有第二個再好的法子了[1]　那報是怎樣一種東西呢　就是把世界上一切事情　都記在裏頭　人家要打聽一件事情　也不消親身坐了火車輪船出去　也不消打電報　祇要花幾個錢買一份報章看看　就知道了　你們想便當不便當呢　東西[1]洋各國的人　都知道看報的好處　無論男女老少　沒有不看報的　所以他們雖是做極低微行業的婦人　五六歲的小孩子　都明白世界的大勢　倘使本國同別國交涉　得了便宜　人人歡喜　受了羞辱　人人忿恨　要想報復　所以國度能強起來　我們中國起先本沒有什麼報　到後來纔有人知道報的好處　辦了一二種　看的人不多　不過讀書人同官塲看看罷了　你們想中國四萬萬人　讀書人同官塲不過幾萬人　比較起來　真真是九牛一毛　你們想國度怎麼能強起來呢　到近年來　方纔看的人漸漸多了　出的報也多了　但是出的報雖然多　究竟還嫌文理太深　往往有能看粗淺小說的　不能看報　所以又想出個法子來　把報演成白話　好教畧爲識字的人　就可以看　最先出的是無錫白話報　杭州白話報　前兩月又出了二種寧波白話報　中國白話報　但是報能够越多越好　所以我們又做這吳郡白話報　白話報上頭　何以題這吳郡二字呢　却有二個道理　一個是因爲我們做報的大半是蘇州人　即使有一二個是外省人　也不過原籍是他省　生長却是[2]在蘇州的　一切事情　總比他省熟悉一點兒　做出來的東西　在蘇州却是切中時弊　在他省未免有不切的地方　一個是從前出的白話報　是那一省做的就題那一省的名字　有如杭州白話報之類　雖是裏頭做的東西　總不外乎開通人的知識　無論那一省人都可看報　然而因爲題出了省名　就有多少人　以爲這報既然題這省名　必然是專指這省說的　看了無益　大家就不買來看了　豈不是不題這吳郡二字　蘇州人永世想不到買來看了麼　所以這白話報題名吳郡白話報

今把吳郡白話報的宗旨　門類　體例記在下面　列位請看

---

① 原文中"除了"前沒有空格，這裏是編者所加。

宗旨

一把各種粗淺的道理學問　現在的時勢　慢慢的講給你們知道

門類

（一）論說　依著宗旨發揮

（二）學術　要把各種粗淺的道理學問　解說明白　學術一門是不可少的［3］　像地理　歷史（傳記併在歷史裏頭）　教育　博物　實業這種東西　每期最多三種　最少二種

（三）新聞　要知道現在世界上的大勢　本國的情形　全靠這新聞　新聞分四種　（甲）最要緊的新聞　（乙）各省的新聞　（丙）本府的新聞　（丁）各國的新聞

（四）小說　無論彈詞演義　做得很有趣味　但是總不離本社的宗旨　傳奇體不用

（五）歌謠　把現在的事情　用向來通行的調　編成歌謠　感動人的性情　開導人的知識

（六）談叢　或者把有用的短篇小文　演成白話　或者靠着自己的意意做去①

（七）詼諧　或者譏刺現在的弊病　或者描摩各種的惡俗　無益的笑話不做

（八）來稿　各人有各人的見解　總要想表白出來　給大家看看　所以特設這一門　但是和本社宗旨不合者　一概不登［4］

（九）專件　像遊歷的日記　有益的書信　有關係的公文（上諭告示這種東西不登）　都排在這專件一類

（十）調查　像各報的銷數　學堂的盛衰　寺觀的財產　書舖的數目　各業的盛敗　各物的行情　各貨的銷路　田產的收成　都打聽明白　登在報上好教大家知道　但是專調查本府的

體例

（一）本報用洋裝美本　每期大約至少三十頁（中裝十五頁）

（二）所有定的十種門類　每期不能全登　但至少亦有六門

（三）本報每月出兩期　逢初十　二十五兩日出版　全年二十四期

（四）本報每本零賣大錢二十八文　定賣半年十二本　大錢三百文　全年二十四本　大錢六百文　外埠的郵費照算

（五）本報總發行所　在蘇州醋坊橋塊開智書室　倘使有願代派本報的人　寄

---

① 第二個"意"似當爲"思"。

信到總發行所　就可以按期寄來　概提二成酬勞　報資先付　否則不寄[5]

繡像小說①

泰西歷史演義卷之三
洗紅盦主演述
（1904年第十六期第1—3頁）

第十五回　犯鄰國君主困重圍　蹈覆轍英雄悲末路
却說法皇路易拿破崙　本來要率領大小三軍　先渡了蘭因河　殺奔普魯士　給他一箇措手不及　後來看看自己的糧餉不足　器械不齊　一股銳氣　早送入爪窪國裏去了　直等到八月時節　金風送爽　玉露飄涼　方纔悄悄的渡了沙爾布河　這沙爾布河　離日耳曼還有三十多日的路程　路易拿破崙　傳令將營紮下　過了兩日　那邊一無動靜　不知敵人的虛實如何　便不敢長驅直入　到後來仍舊退到沒齒地方　以待接應　按下不表　於今只說柏靈聽見路易拿破崙起兵之信　普王直氣得三尸神暴躁　七竅內生煙　登時合兵四十五萬　選了太子　作爲前部先鋒　渡了日耳曼法蘭西交界的澇特河　進攻墻碎　這墻碎是法國所管　也有四五千戍兵　一經開仗　墻碎的戍兵　衆寡不敵　紛紛敗陣　法將馬瑪亨　方欲調兵抵禦　而日耳曼的人馬　已漫山遍野而來　耳朵裏只聽見鼓角之聲　眼睛裏只看見旌旗之影　馬瑪亨支持不住　祇[1.1]得打馬而逃　非但墻碎爲普魯士占去　而且華忒亦爲日耳曼占去　路易拿破崙在沒齒　得着了這箇信息　不禁提心弔膽　自古道福無雙至　禍不單行　佛紗提督　又是全軍覆沒　原來這佛紗提督　在賜盃哼相度形勢　紮營山頂　旣不怕火　又不怕水　以爲是萬無一失的了　日耳曼却披荊斬棘　附葛攀藤　往後面一湧而上　便如砍瓜切菜一般　將法兵收拾得乾乾淨淨　這箇時候　路易拿破崙仍在沒齒　正想調各路人馬　合而爲一　一天得了這兩箇消息　直急得他抓耳撓腮　就要退回巴黎　麾下將官　一一贊成　屏風後閃出皇

---

① 簡介見154頁。

后　說道不可不可　我們來的時候　何等殺氣　何等威風　現在就這樣的回到巴黎　這是楚項羽所說的　有何面目　再見江東父老　不如暫且等上十天半月　或可以打箇小小勝仗　一則蓋了自己的面子　二則息了旁人的議論　路易拿破崙　點頭稱善　然而從此法營中　人無鬪志　經略大臣巴善　爲着坐困沒齒　不能突圍　便退到雷聲飛　日耳曼得寸卽寸　得尺卽尺　一步步的偪將前來　及至巴善到得家非樂　日耳曼兵守住了隘口　人人奮勇　箇箇爭先　和巴善大戰了一場　巴善欲進不可　欲退不可　也衹得拚命抵禦[1.2]　到後來弄得智窮力盡　不覺掛了白旗　以示投降　日耳曼將官封了他的糧餉　收了他的器械　把這一班人送往本國去了　正是

　　龍游淺水遭蝦戲　虎落平陽被犬欺

日耳曼兵既破了巴善的營　普魯士王大喜　令他乘勢攻擊馬瑪亨　馬瑪亨這時候　正在垂頭喪氣　無意交鋒　日耳曼兵狂追不已　剛到得史德耐　日耳曼兵已趕上了　馬瑪亨無奈　便與日耳曼將官約在綏丹開戰　一面飛騎報與路易拿破崙知道　歸路已截　請大王速至綏丹　路易拿破崙更覺驚惶　便令拔隊向綏丹進發　及至到了綏丹之後　左右便勸路易拿破崙道　這裏是箇絕地　大王速速離開　路易拿破崙道　朕願與諸軍同生死　不忍去也　左右無法　衹好走開　路易拿破崙知道旦夕之間　必有戰事　因叫馬瑪亨預先防範　馬瑪亨也學巴善的法子　紮營山頂　日耳曼兵覷見馬瑪亨在那裏東張西望　測準了礮綫　砰訇一聲　馬瑪亨登時墜馬　受了重傷　將士們飛風也似的報入帳內　路易拿破崙這一驚非同小可　又以蛇無頭而不行　便命丟落克提督　以代馬瑪亨之職　這丟落克是箇師心自用的　從新布置一切　剛剛完[2.1]備　巴黎兵部派來的提督魂芬到了　又以丟落克舉動爲不合　不肯率由舊章　朝令暮更　人心不定　日耳曼得了偵探的回話　早已成竹在胸　便把法營圍得如鐵桶一般　水洩不漏　過了幾日　法兵仍舊死守　便運了五百尊大礮　在山前山後　山左山右　連環轟擊　如天崩地塌一般　綏丹百姓　半遭其厄　路易拿破崙心中不忍　命把白旗掛起　說是情願投降　又派魂芬提督　親自到日耳曼營中去　請他息戰　於是日耳曼貴戚大臣　普魯士王　普魯士太子　宰相卑士麥　將軍毛奇　兵部尚書芬壋　都來會議和約　就在綏丹城外的燈赫里　彼此相見　路易拿破崙繳出器械八萬三千餘具　這也可以駭人聽聞了　又仿拿破崙第一的舊例　把路易拿破崙　放在日耳曼故侯的廢

邸　這邸還不知還是那年上所建的　磚瓦零落　草木荒蕪　路易拿破崙　目擊心傷　時下英雄之淚　也叫做在他簷下過　怎敢不低頭　按下不提　回轉來又說巴黎城中　聽見路易拿破崙綏丹之敗　政府就下公檄　革他的皇位　到得九月　又改爲民主之國　公舉總統　正在忙箇不了　日耳曼的兵已臨城下　支持到十二月　糧盡援絕　那投降的白旗　早飄飄然掛在城上了　日耳曼[2.2]不欲占據巴黎　遂定了和約　旋即撤兵　不料巴黎有一種歹人　聲言日耳曼蕞爾小國　豈敢虐待我們法蘭西堂堂大國　都是這班大臣　辦理不善　以致受此奇辱　便結成死黨　名曰通用黨　他們這通用黨的名目　是無分人我財物　皆可通用的意思　一時間聚有五六萬人　蜂擁而起　生生把巴黎奪了　算是他們的巢穴　連四面的礮臺　也被他們占去　民主政府　號令梗塞　到後來索性把民主之國　改爲通用之國　等到外省得了消息　調兵前來　征剿他們　他們一不做　二不休　殺人放火　無所不至　什麼雕梁畫棟　都成了昆明池底的灰　什麼寶玉明珠　都成了咸陽宮中的土　不要說別的　就是那些名公鉅卿　騷人墨客　一箇箇都做了俎上的肉　釜內的魚　呼號之聲　徹於城野　怨毒之氣　貫於雲霄　眞是巴黎數千年來　未有之刼　當時國內的民主　就是大臣梯耳　中國使臣崇厚　到巴黎去　還見着他的呢　日耳曼既得如此大捷　朝野互相慶賀　幾箇有深謀遠慮的　便說我國在法國壓制之下　業經十餘年　若不乘此銳氣方新　將各部落合而爲一　任他散漫無紀　將來必有噬臍之悔　衆人聽了　箇箇贊成　擇於一千八百七十一年十二月　立[3.1]日耳曼主　斐迭禮威良爲君　將國名改爲德意志　前被法國奪去的雅灑司　羅來因二府　仍舊收回　又罰法國償還兵費英金二百兆鎊　和議裏頭　寫的明白　法國將賠償兵費　交割清楚　然後撤回戍法之兵　這是照拿破崙第一的時候　英國惠靈吞這樣的辦法　一千八百七十三年　民主梯耳　自願告退　法國百姓　公舉將軍馬瑪亨　以代其職　馬瑪亨專以威力服人　百姓們嚚然不靖　不多時把他廢了　一千八百七十九年　又舉格雷飛　以代馬瑪亨之職　一千八百八十七年　又舉薩低喀拿　以代格雷飛之職　這薩低喀拿　到了一千八百八十七年的時候　行將滿任　被鴨捺得黨刺死　又舉搯雪密兒沛廉爲民主　一千八百九十五年的時候　搯雪密兒沛廉　也是自願告退　又舉福兒爲民主　此是法國帝王的歷史了　欲知後事如何　且聽下回分解

泰西歷史演義第十五回終[3.2]

新小說①

二十年目睹之怪現狀

我佛山人

（1904年第九期第45—56頁）

第三回　走窮途忽遇良朋　談仕路初聞怪狀

却說我搬到客棧裡住了兩天然後到伯父公館裡打聽說還沒有回來我只得耐心再等一連打聽了幾次却只不見回來我要請見伯母他又不肯見此時我已經住了十多天帶來的盤纏本來沒有多少此時看看要用完心焦的了不得這一天我又去打聽了失望回來在路上一面走一面盤算着倘是過幾天還不回來我這裡莫說回家的盤纏沒有就是客棧的房飯錢也還不曉得在那裡呢正在那裡納悶忽聽得一個人提着我的名字叫我我不覺納罕道我初到此地並不曾認得一個人這是那一個呢抬頭看時却是一個十分面熟的人只想不出他的姓名不覺呆了一呆那人道你怎麼跑到這裡來連我都不認得了麼你讀的書怎樣了我聽了這幾句話方纔猛然想起這個[45]人是我同䑛的學友姓吳名景曾表字繼之他比我長了十年我同他同窗的時候我只有八九歲他是個大學生同了四五年

---

① 簡介見150頁。

窓一向讀書多承他提點我前幾年他中了進士榜下用了知縣掣簽掣了江寗我一向未曾想着南京有這麽一個朋友此時見了他猶如嬰兒見了慈母一般上前見個禮便要拉他到客棧裡去繼之道我的公館就在前面到我那裡去罷說着拉了我同去果然不過一箭之地就到了他的公館於是同到書房坐下我就把話從年至今的事情一一的告訴了他說到我伯父出差去了伯母不肯見我所以住在客棧的話繼之愕然道那一位是你令伯是甚麼班呢我告訴了他官名道是個同知班繼之道哦是他他的號是叫子仁的是麽我說是繼之道我也有點認得他同過兩回席一向只知是一位同鄉却不知道就是令伯他前幾天不錯是出差去了然而我好像聽見說是回來了呀還有一層你的令伯母爲甚又不見你呢［可疑］① 我說這個連我也不曉得是甚麽意思或者因爲向來未曾見過也［46］未可知繼之道這又奇了你們自己一家人爲甚沒有見過我道家伯是在北京長大的在北京成的家家伯雖是回過幾次家鄉却都沒有帶家眷我又是今番頭一次到南京來所以沒有見過繼之道哦是了怪不得我說他是同鄉他的家鄉話却說得不像的很呢這也難怪然而你年紀太輕一個人住在客棧裡不是個事搬到我這裡來罷我同你從小兒就在一起的不要客氣我也不許你客氣你把房門鑰匙交給了我罷搬行李去「我本來正愁這房飯錢無着聽了這話自是歡喜謙讓了兩句便將鑰匙遞給他」繼之道有欠過房飯錢麽我說棧裡是五天一算的上前天纔算結了到今天不過欠得三天繼之便叫了家人進來叫他去搬行李給了一元洋銀叫他算還三天的錢又問了我住第幾號房那家人去了「我一想既然住在此處總要見過他的內眷方得便當」想罷便道承大哥過愛下榻在此理當要請見大嫂纔是繼之也不客氣就領了我到上房去請出他夫人李氏來相見繼之告訴了來歷這李［47］氏人甚和藹一見了我便道你同你大哥同親兄弟一般須知住在這裡便是一家人早晚要茶要水只管叫人不要客氣［伯父是自家人倒不收留反在此處聽得便是一家人之語可嘆］「此時我也沒有甚麼話好回答只答了兩個是字」坐了一會仍到書房裡去家人已取了行李來繼之就叫在書房裡設一張榻床開了被褥又問了些家鄉近事「從這天起我就住在繼之公館裡有說有笑免了那孤身作客的苦況了」到了第二天繼之一早就上衙門去到了向午時候方纔回來一同吃飯飯罷我又要去打聽伯父回來沒有［心急如焚］繼之道你且慢忙着只要在藩台衙門裡一問就知道的今日本來要打算同你打聽因在官廳上面談一樁野鷄道台的新聞談了半天就忘記了明日我同你打聽來

---

① 《新小説》中有眉批，爲便於排版，我們把眉批移到正文中，並用"［ ］"來表示，下同。

罷「我聽了這話就止住了因問起野雞道台的話」繼之道說來話長呢你先要懂得野雞兩個字纔可以講得我道就因爲不懂纔請教呀繼之道有一種流娼上海人叫做野雞我詫異道這麼說是流娼做了道台了繼之笑道不是不是你聽我說有一個紹興人姓名也不必去提他[48]了總而言之是一個紹興的土老兒就是這土老兒在家裡住得厭煩了到上海去謀事恰好他有個親眷在上海南市那邊開了個大錢莊看見他老實就用了他做個跑街「我不懂得跑街是個甚麼職役先要問明」繼之道跑街是到外面收帳的意思有時到外面打聽行情送送單子也是他的事這土老兒做了一年多倒還安分一天不知聽了甚麼人說起打野雞的好處「我聽了又不明白」道甚麼打野雞可是打那流娼麼繼之道去嫖流娼就叫打野雞這土老兒聽得心動那一天帶了幾塊洋錢走到了四馬路野雞最多的地方叫做甚麼會香里在一家門首看見一個黃魚「我聽了又是一呆」道甚麼叫做黃魚繼之道這是我說錯南京的土談了這裡南京人叫大脚妓女做黃魚我笑道又是野雞又是黃魚倒是兩件好吃的東西繼之道你且慢說笑着還有好笑的呢當下土老兒同他兜搭起來這黃魚就招呼了進去問起名字原來這個黃魚叫做桂花[叫做桂花想是香貨不是臭貨一笑]說的一口北京話這土老兒化了幾塊洋錢就住了[49]一夜到了次日早晨要走桂花送到門口叫他晚上來這個本來是妓女應酬嫖客的口頭禪並不是一定要叫他來的誰知他土頭土腦的信是一句實話到了晚上果然走去無聊無賴的坐了一會就走了臨走的時候桂花又隨口說道明天來他到了明天果然又去了又裝了一個乾溼「我正在聽得高興忽然聽見裝乾溼三個字又是不懂」繼之道化一塊洋錢去坐坐妓家拿出一碟子水果一碟子瓜子來敬客這就叫做裝乾溼當下土老兒坐了一會又要走了桂花又約他明天來他到了明天果然又去了桂花留他住下他就化了兩塊洋錢又住了一夜[寫土老兒如畫]到天明起來桂花問他要一個金戒指他連說有有有可是要過兩三天呢過了三天果然拿一個金戒指去當下桂花盤問他在上海做甚麼生意他也不隱瞞一一的照直說了問他一月有多少工錢他說六塊洋錢桂花道這麼說我的一個戒指要去了你半年工錢他說不要緊我同帳房先生商量先借了年底下的花紅銀子來兌的[一一直說並不隱瞞眞是老實與上海諸滑頭少年專在妓女前說大話者迥殊桂花或即以此取之乎]問他一年分多少花紅[50]他說說不定的生意好的年分可以分六七十元生意不好也有二三十元桂花沈吟了半晌道這麼說你一年不過一百多元的進帳他說做生意人不過如此[鄉老口吻如繪]桂花道你爲甚麼不做官呢土老兒笑道那做官的是要有官運的呀我們鄉下人那裡有那種好運氣桂花道你有老婆沒有土老兒嘆道

老婆是有一個的可惜我的命硬前兩年把他尅死了又沒有一男半女真是可憐[確是鄉愚口吻誰說你有兩個來]桂花道真的麼土老兒道自然是真的我騙你作甚桂花道我勸你還是去做官土老兒道我只望東家加我點工錢已經是大運氣了那裡還敢望做官況且做官是要拿錢去捐的聽見說捐一個小老爺還要好幾百銀子呢[小老爺之價值如此]桂花道要做官頂小也要捐個道臺那小老爺做他作甚麼[再大捐甚麼]土老兒吐舌道道臺！那還不曉得是個甚麼行情呢桂花道我要你依我一件事包有個道臺給你做[道臺行情奇語妙語只要依一件事就可以換一個道臺真是便宜貨]土老兒道莫說這種笑話不要折煞我若說依你的事你且說出來依得的無有不依桂花道只要你娶了我做填房不許再娶別人土老兒笑道好便好只是我[51]娶你不起呀不知道你要多少身價呢桂花道吥！我是自己的身子沒有甚麼人管我我要嫁誰就嫁誰還說甚麼身價呀你當是買丫頭麼土老兒道這麼說你要嫁我我就發個咒不娶別人桂花道認真的麼土老兒道自然是認真的我們鄉下人從來不會撒謊[不會撒謊記着]桂花立刻叫人把門外的招牌除了去把大門關上從此改做住家人家又交代用人從此叫那土老兒做老爺叫自己做太太[官還沒有做着先要頑起官派來]兩個人商量了一夜到了次日桂花叫土老兒去錢莊裡辭了職役土老兒果然依了他的話但回頭一想恐怕這件事不妥當到後來要再謀這麼一件事就難了於是打了一個主意去見東家先撒一個慌說家裡有要緊事要請個假回去一躺頂多兩三個月就來的[昨夜纔說不撒謊今日便撒謊一笑對妓女不撒謊對東家偏撒謊一嘆]東家准了這是他的意思萬一不妥當還想後來好回去仍就這件事於是取了鋪盖直跑到會香里同桂花住了幾天桂花帶了土老兒到京城裡去居然同他捐了一個二品頂戴的道臺還捐了一枝花翎辦了引見指省江蘇[紅頂花翎只好油頭滑腦的人去戴土頭土腦的人如何戴得來]在京的時候土老兒終日沒事只在家裡悶[52]坐桂花却在外面坐了車子跑來跑去土老兒也不敢問他做甚麼事等了多少日子方纔出京走到蘇州去禀到桂花却拿出一封某王爺的信叫他交與撫臺撫臺見他土形土狀的又有某王爺的信叫好好的照應他這撫臺是個極圓通的人雖然疑心他却不肯去盤問他[礙着王爺也此是近日官場第一等手段]因對他說道蘇州差事甚少不如江寗那邊多老兄不如到江寗那邊去分蘇分寗是一樣的兄弟這裡只管留心着有甚差事出了再來關照罷土老兒辭了出來將這話告訴了桂花桂花道那麼咱們就到南京去好在我都有預備的於是乎兩個人又來到南京見制台也遞了一封某王爺的信[是近日疆吏神情]制台年紀大了見屬員是胡裡胡塗的不大理會只想既然是有了瀾瀾的八行書過兩

天就好好的想個法子安置他就是了[濶濶的八行書就要好好的安置活畫出來]不料他去見藩台照樣遞上一封某王的書這裡藩台是旗人同某王有點姻親所以他求了這信來藩台見了人接了信看看他不像樣子莫說別的叫他開個履歷也開不出來就是行動拜跪拱揖沒有一樣不是礙眼的就回明[53]了制台且慢着給他差事自己打個電報到京裡去問却沒有回電到如今半個多月了[藩台一番舉動不過疑其來歷不明並非爲吏治用人上起見也不然看他不像雖王爺有信來亦不給以差使可也何必打電去問]前兩天纔來了一封墨信回得詳詳細細的原來這桂花是某王府裡奶媽的一個女兒從小在王府裡面充當丫頭母女兩個手上積了不少的錢要想把女兒嫁一個濶濶的濶老只因他在那濶地方走動慣了眼眶子看得大了當丫頭的不過配一個奴才小子實在不願意然而在京裡的濶老那個肯娶一個丫頭[這個主意打錯了王府的丫頭吾恐京中濶老方求之爲妻而不可得也]因此母女兩個商量定了這個計策叫女兒到南邊來揀一個女壻代他捐上功名求兩封信出來謀差事不料揀了這麼一個土貨雖是他外母代他連懇求帶朦混的求出信來他却不爭氣誤盡了事前日藩台接了這信便回過制台叫他自己請假回去免得奏參保全他的功名這桂花雖是一塲沒趣却也弄出一個誥封夫人的二品命婦了只這便是野鷄道台的歷史了你說奇不奇呢[從前做野鷄想是今日穿野鷄補服之先兆也一笑]「我聽了一席話心中暗想原來天下有這等奇事我一向坐在家裡那裡得知又想起在船上遇見那扮官做賊的人正要告訴繼之」只聽繼之又道這個不過是桂花揀錯了人鬧到這般結果那桂花是個[54]當丫頭的又當過婊子的他還想着做命婦已經好笑了還有一個情願拿命婦去做婊子的豈不更是好笑麼「我聽了更覺得詫異急問是怎樣情節」繼之道這是前兩年的事了前兩年制台得了個心神彷彿的病年輕時候本來是好色的到如今偌大年紀他那十七八歲的姨太太還有六七房那通房的丫頭還不在內呢他這好色的名出了就有人想拿這個巴結他他病了的時候有一個年輕的候補道自己陳說懂得醫道制台就叫他診脉他診了半晌說大帥這個病卑職不能醫不敢胡亂開方卑職內人怕可以醫得[投其所好是媚上司第一等手段]制台道原來尊夫人懂得醫理明日就請來看看罷到了明日他的那位夫人打扮得花枝招展的來了診了脈說是這個病不必吃藥只用按摩之法就可以痊愈制台問那裡有懂得按摩的人婦人低聲道妾頗懂得制台就叫他按摩他又说他的按摩與別人不同要屛絕閒人炷起一爐好香還要念甚麼咒語然後按摩所以除了病人與及治病的人不許有第三個人在旁[要緊在屛絕閒人那知偏屛不絕]制台信了他的話把左右使女及姨太太們都叫了出去有兩

位姨太太動了疑心走出來在板壁[55]縫裡偷看忽看出不好看的事情來大喝一聲走將進去拿起門閂就打一時驚動了衆多姨太也有拿門閂的也有拿木棒的一擁上前圍住亂打這一位夫人嚇得走頭無路跪在地下抱住制台叫救命[可謂娘子軍大破迷魂陣]制台喝住衆人叫送他出去這位夫人出得房門時衆人還跟在後面趕着打一直打到二門還叫粗使僕婦打到轅門外面去可憐他花枝招展的來披頭散髮的去這事一時傳遍了南京城你說可笑不可笑呢我道那麼說這位候補道想來也沒有臉再住在這裡了繼之道哼你說他沒有臉住這裡麼他還得意得很呢我詫異道這還有甚麼得意之處呢繼之不慌不忙的說出他那得意之處來正是

　　不怕頭巾染綠　　須知頂戴將紅
要知繼之說出甚麼話來且待下文再記
　　乖違骨肉反遇良友此不過一時之遭際讀者不可以詞害意也
　　兩個道台兩個道台夫人恰是正反對寫來好看煞人吾聞諸人言是皆實事非憑空構造者[56]

中國白話報①

兒童教育談
白話道人

（1904年第七期第9—14頁）

現在小孩子讀書要緊　這句話沒有人不曉得的了　大凡人生在世間　必須有個做人的資格　這資格不是出世時候就帶來的　專靠着少時教育　慢慢的養成一種好資格　你道這資格到底怎樣呢　（一）有道德　（二）有知識　（三）體魄強健　以上三項都是由平日訓練出來的　這訓練的工夫　也非一朝一夕　我們中國的小孩子　從少叫他讀四書五經　這何曾不是望他以後能夠爲聖作賢　但這四書　本不是做給小孩子讀的　說話太深遠　小孩子未必能懂　那五經更不是教科書了　他裏頭所說的　大半關於

---

① 簡介見163頁。

政治　你想七八歲的小孩子　共他講政治學　他却那裏聽得懂呢　因爲你們教育不得法　天天拿這悶煞人的書給他讀　所以他愈讀愈獃了　坐在書齋裏　口裏頭只管喊詩云只管喊子曰只管喊粤若稽　其實自己也莫名其妙　所以弄到後來　不止道德上一點受益沒有　即知識上也只是一天一天閉塞起來　至[9]於那體魄更是不好了　一天坐到晚　精神上一點不潑活　血脉一點不運動　腦筋裏頭只管苦悶　毫不快樂　那先生做起威風　喝不絕口　打不停手　看看也同閻王差不多了　這個書房　任你收拾得怎樣精工　看看也同活地獄了　唉　可憐這小孩子　受這種苦惱　你做父兄的也未免太罪過了　現在兒童的教科書　也出得不少　教授的方法　各書裡頭也曾說了許多（如上海蒙學報等類）　能够趕緊採用各書的話　把兒童教育　慢慢的改良　後來就不怕沒有好結果了　但如今兒童教育最宜注意者　却有兩種　我今再按段說來　請你列位看看

兒童教育　頂要緊的是<u>德育</u>一門　德國有箇哲學大家　名叫康德　他曾說道　凡兒童教育　有四件頂要緊的　<u>第一</u>　要使他品行性情　方方正正　養成一種温良從順的性格　<u>第二</u>　要開通他的知識　使他將能力發達出來　<u>第三</u>　勉勵他做社會上有用的人才　<u>第四</u>　教他實行道德　勉力做良善的人　這四件中間　更以實行道德　勉爲善人　爲頂要緊的事　但是要想叫[10]小孩子實行道德　必預先去看護他去訓練他　以後纔能成功

看護怎麼樣呢　人當兒童的時候　那知覺還在動物之下　動物見美食就曉得吃　見毒物就曉得不吃　兒童不曉趨避　有時遇着毒物　他也不管利害　隨便就吃下去　當這時候教育兒童的　必先慢慢引他知識發達　要引他知識發達　必在隨時隨事　指示講解　使他漸漸的懂了事理懂了物理　那蒙昧的意識　就慢慢的開除了

訓練怎麼樣呢　兒童的氣質　有壞的地方　萬萬不可不去變化他　兒童的心思　本來搖移無定　一切都憑外界做主　外界的感觸　很足紊亂他的心思　弄成一點秩序沒有　因此往往生起粗暴的毛病　當這時候　教育兒童的　只有訓練一法　使兒童純純粹粹　受治於規律之下　約束他的身心　不使他有一點放逸　但這訓練的法　也有兩層　一是不使他做壞事　交壞朋友　一是使他做好的事情　時時引導他歸於正路　善惡的界限　要使他辨得明明白白　養成一種高尚的品格　因爲兒童是頂喜歡自由的　他們血[11]氣未定　遇有最便於己最快於心的事　自己的主意　一時便拿不定　就想跟着那嗜好望前直跑了　這種自由　是頂不合法律的　叫

做野蠻自由　萬萬不可使兒童誤會誤用①　所以這時候教育兒童的　必先叫他訓練　裁抑他的乖氣　使他能守有法律的自由　那道德就有進步了
更有那體育一門　也是十二分要緊的　大凡人要想培養心情　開通知識　種種機關　都在體育　天下斷沒有身體羸弱　精神疲敝　可以稱做完人的　因爲他身體一不好　那志氣也跟着餒下來了　志氣既餒　要責備他做學問　實行道德各事　自然也是不行了　所以古人常道　凡人必有強健的身體　然後纔能受完全的教育　因爲身體一強　他的精神也就活潑了　隨便什麼苦也都吃得下　隨便什麼學問也都高興去用工了　兒童體育　或是叫他去競走（就是合數個兒童一同跑走爭那個快慢）　或是叫他去角力（就是兩個人彼此用手相較力量高下）　每天必有數時做體育的工課　使他血脉活動　那腦力也就健全起來了　但這體育　也分兩層　一是自由的教練如使兒[12]童散步游戲跳躍奔走　任其所爲　使他性情舒暢　這是一種　一是抑制的教練　抑制教練　必須限定時刻　立定規矩　當下操場之時　必須舉止端正　步伐整齊　聽教師的號令　一點不許錯亂　大概總以養成服從法律爲要

這種教育　也叫做武力教育　從前有個斯巴達國　他國裏的人民武勇的了不得　通國人民　個箇都是武勇的　所以那時候斯巴達國　也曾稱強一時　他那武力教育法子妙得很　當孩兒初生時候　拿一盆酒精把他洗一洗　這酒精是狠利害的　若是體弱的小孩　經了酒精一洗　必定當不住　所以他既洗完之後　要將這小孩送到裁判所去查驗　如果身體結實的　便許他留養　若是虛弱的　就不許他留養　要把這孩子棄去山野裏頭　那身體強的小孩　養到七八歲　就要進公共的教育場　教師教他練習疾走飛躍游泳投擲擊劍騎馬打獵各技　在家時候　脚底不許他穿鞋子　就是極冷的天氣　也沒有多衣服穿　使他耐饑耐寒　把筋骨都練成銅鐵一般　到長大時[13]候就能夠打仗了　現在的日本國　他只有三島之地　人口只有四千幾萬　他竟這樣強　連俄羅斯都打他不過　這是什麼緣故呢　因爲日本國向來講究武事　他國裏頭最看重武士道　這武士道就是頂有武勇的人了　他又說道大和魂　大和就是日本　大和魂就是日本的國魂　他以武勇爲他的國魂　所以一個箇都要學習武事　如今竟能做地球上的強國　可見這體育一門　關繫國家強弱大得很了　我們中國小孩子一向

---

① 原文中"萬萬"前無空格，這裏是編者所加。

關在家裏　一點不運動　弄得體氣柔弱　如同婦人　膽子一些也沒有　那尚武的精神　冒險的性質　都喪盡了　如今全國弄成軟怯病　若不趕緊想法挽救　眼見亡國就在目前了　這挽救的法術　可不是由小孩子體育做起麼[14]

1905 年

安徽俗話報[1]

惡俗篇
咄咄

（1905 年第二十期第 1—5 頁）

第六篇　風水的迷信上

列位啊　孔夫子的話　是我們中國人皆當信服的了　論語上教人要盡孝　不過說的是生事之以禮　死葬之以禮　（大夫三月士踰月速葬便是盡禮的一事）　並沒有教人家擱住棺材　窮年累月的尋風水　預備子孫中狀元做宰相的呀　孔夫子把母親合葬於防　禮記記得那樣的清楚　也不曾說對什麼羅盤三線　配什麼卦氣陰陽　現在孔家的世系　比歷代帝王還尊貴些　你說這是關乎風水呢　還是關乎德行呢　吳季子葬他的兒子　孔夫子教人去看　孔氏門人葬孔夫子　四方的人也紛紛來看　但是他們看的多說是觀禮　並無一個字說的是看風水　還有那遺囑子孫　叫把他葬以不毛之地的　試問那不生草木的廢地　可有風水麼　足見那個時候　只要揀箇平原[1]　封樹合宜　就是盡禮而葬的了　若是這位風水的事　沒有好處　也沒有壞處　我也不必說了　無如那信風水的壞處　說也說不完哩　如今先把那兩樁頂壞的來與大家講講　一是久停不葬　害在自己一身一家的　列

---

[1]　簡介見 170 頁。

位想想　上人的屍骨　可是拿來給子孫當發財票賬捐票用的麼　爲了自己毫無憑據的富貴　把親骨種種的蹧踏　此等風俗　全皖皆有　而以徽甯兩府爲最惡　喪事人家　不問有力無力　出殯之後　在空野地方　放在那箇毛廁樣的屋裡　叫做什麼厝基屋　至早要十年八年　才可指望入土　這幾年裏頭　也有被盜賊竊發的　也有被野獸嚙開的　也有被野火燒殘的　也有被洪水沖失的　這樣的事　在下眼見的　也就不一而足了　還有那甯國府有個縣分　一種更怪的惡俗　說是死人連棺材葬的　子孫不能速發　必先薄殮在野外暴露　過了數年　重復開棺見屍　剔筋剔肉　把淨骨裝在小匣子裏　然後葬個好風水　這樣葬法　才叫子孫好快快升官發財呢　咳　也不曉得開棺見屍　是有罪名的事　（子孫開上人的棺不知更加幾等）　也不[2]曉得開棺戮屍　是死者犯有十惡不赦的罪（戮屍不過是箇名目尚無此等橫慘）　蒙心昧己的做去　死的活的皆做了罪人　你說奇也不奇　莫說新學上沒有這個理　就是舊學上也斷斷沒有這個理的　一是因爲一家的風水　害了大衆的公利　這箇壞處更大了　開礦是一國富強的要素　這句話是各國公認的了　一處開礦　一處便陡然添多少自然之利　不獨工人　（勞動者）　商人　（資本家）　先有了依賴　就是道路也開了　來往交通也便了　商埠工廠也多了　文化也就漸漸的長進了　你說何等的不好哩　自從那風水家有甚麼龍脉的話　某龍結某處的村基　某龍應某家的祠宇　鄉人聚族而居　家族主義是最富的　這等話又容易印入腦筋　往往因一大族的古墓　這十里八里以內　就不能開礦　因數大族的古墓　甚至一州一縣多不能開礦　你家說是子姓的命脉攸關　他家說是闔族的功名有碍　還有什麼　衙署來龍　城鄉水口　那些混帳的話頭　未開以前　大家左一個公呈　右一箇通禀　旣開之後　不是你毀傷道路　就是他打壞工師　種種野[3]蠻錮閉　造成現在這麼旣貧且弱的結果　列位啊　還可不趕早回頭麼　卽如中國的礦　湖南也算是有名的了　礦洞也開得許多了　偏偏湖南人　做文官的也多　做武官的也多　他們各人家的風水　爲甚麼不爲開礦就倒楣了呢　北京西山的礦　也開得幾百年了　皇帝的京城的左近　何以也不怕把龍脉挖傷呢　還有那江西的萍鄉　湖北的大冶　一處一處的開採　一日一日的興旺　開礦有甚麼對不住地方上呢　外國人常笑中國有礦不開　好比守財虜的錢　自己埋著不用　要等別人家用哩　卽以安徽而論　也算埋得一箇大窖了　石煤　柴煤　五金　寶石　那樣沒有　主人家爲信了風水　甘心要埋著死錢　過這無精打采的日子　只怕等到強盜進

門　輕輕拿去　那拿不了的　還要押着你替他搬運哩　（外人得一處的礦權皆是用地方上的人做苦工）　他還管你什麽白虎首上　太歲頭上　就不動手麽　奉勸諸君　墳固然是要保護的　礦也是要開的　只要不靠著墳開挖就是了　況且你們尋風水的意思　多半是求富貴功名　要知道那富貴功名　原不是求[4]得來的　倒是開礦這件事　著實容易發財　而且確有把握　不像風水憑空靠不住　若是發了財　就是大紅頂子　也可以拿錢捐得來的　你看好不好呢　你若說捐班不及正途榮耀　這也不見得　馬上國家就要停止科舉　就是你家葬了狀元墳　國家改了規矩　不考取狀元　試問你狀元打算從何而來呢　你只看洋人和回子　後來沒有謀風水的規矩　偏偏他們一樣做官　一樣發財　一國的官　定有一定的制度　總是要人做的　不能因爲葬好墳的多　那官就多起來　也不能因葬好墳的少　那官就少了　斷不能那一國　沒有一箇人得了好風水　那一國就沒了做官的　至於說起發財來　天下的銀錢　總只有那們多　東家發財　西家破財　弄來弄去　無非是銀子錢在世上人的手裏　彼此周轉循環罷了　若是要眞從地下發出財來　教世上銀錢加多　還是要開礦　斷不可信風水哩[5]

本省新聞

（1905年第二十期第1—5頁）

●教官剃鬚○毓學台在甯國府開考的時候　便傳下號令　不許教官留鬚鬚　聽說有一位教官　居然把鬍子剃了　才敢來送考　四月裏考安慶府屬的時候　有一位潛山縣老師　鬍鬚極其長大　這位毓大人　一見便問他道　你是傳教的洋鬼子麽　那位老師答道　不是　我是潛山縣教官　毓學臺道　你既然不是傳洋教的　爲何要留這大的鬍子　趕快替我剃去　那位老師唯唯而退　不知後事如何　　　　　　　　　　　　　　安慶來函
●整頓學堂○徽州府中學堂　開辦半年　笑話到有幾擔　目下聘定本籍紳士許際唐太史　做學堂的監督　總理堂中一切的事　許君熱心教育　久已著名　況屬本鄉的學務　諒必有一番整頓　　　　　　　　　　徽州來函
●挽回礦權○英商凱約翰　承開銅陵縣銅官山銅礦一事　本報說過幾次　諒各位都曉得的了　像這樣幾十里路大的礦山　若是被外人挖去了　眞是[1]可惜得很　所幸英商和中國所訂展限的合同　原是只準以一年爲限　過期不開　便作罷論　自從去年四月二十二日起　算到今年四月

二十二日　剛好足足一年　英人還未來開工　安徽在南京的紳士蒯理卿觀察方玉山太史等　便邀同各紳　一面禀請安徽巡撫　一面請周制台電告外務部　將此項合同作廢　萬萬不能再行展限了　但是這樣大礦　若是不能自行招集公司開辦　恐怕終究難免洋商窺伺　況且聽說凱約翰還有請律師來省城爭論的話哩　　　　　　　　　　　　　　　　　　　南京來函

●擬辦工廠〇周玉帥的公子味西觀察　前月到省城　和安徽巡撫商議　因爲本省工商各業　太不興旺　擬算先籌官款十五萬兩　再招商股　在省城東門外五里廟地方　創辦工廠　先從造紙入手　隨後推廣各項工藝並工業學堂　打算聘請蕪湖人在日本高等工業學校卒業的洪竹生君　到省助理一切事務　但是聽說洪君已奉北京商務部的電招進京去了　恐怕不能回到本省辦事哩　　　　　　　　　　　　　　　　　　　　　　安慶來函[2]

●防兵怕匪〇宿州城西北七十里　有個濉溪鎮　鎮内的買賣很好　把守此地的　有劉同知李把總任哨官　共有兵丁七八十名　平日專在鎮上嫖賭訛詐　偶與人小有口角　就聚衆行凶　如此習以爲常　商民不勝其擾　去年十一月十八下午二點鐘的時候　忽有匪徒廿餘人來濉溪　將鎮上李姓所開的東昇錢店　搶去銀錢衣物　約有三四千文　並打死店夥一名　當刦搶的時候　把總哨官兵丁　皆縮起頭來不敢問事　及至強盗去了兩點鐘之久　才敢出門　此等哨官兵丁　平日打起架來則勇不可當　見了強盗便閉門不出　眞算得是勇於私鬪而歉於公戰了　聞此鎮上的兵丁　係由宿州城西關分來　西關本營的兵　平日在宿州城内　擾害商民　不堪枚舉　卽以濉溪的事而論　營官竟視若平常　此等兵丁旣不能保衛商民　要他有何用處呢　　　　　　　　　　　　　　　　　　　　　　　東京來函[3]

●商人開通〇宿州城内　有一附生姓楊名煥文　家素務農　現又從事於商　開設陵雲烟莊在城内大街　近年來頗動國家思想　知本地民智不開　便[3]想出許多新法子來開通他們　乃於本年正月十五日　札一個地球的花燈　週徑大約七尺　山川都邑洋海界線　都清清楚楚的　並能自西轉東　描摹得一般一樣　懸在店中　又着一人從旁解說　解給衆人聽　衆人聽了此說　方知我等所居的地　乃是圓的　想宿州的人民　受了這位先生的教育　定可漸漸明白起來了　　　　　　　　　　　　　　　東京來函

●學堂衝突〇徽州績溪縣　本屬僻處深山　是個民智最難開通的地方　近來虧了幾位明白的紳士　運動了地方官　將舊有的東山書院　改爲東山學堂　請了歙縣人洪君澤臣胡君郁文爲教員　監督就是本城的紳士周鷟生充

當　不料至四月底五月初時候　堂中有最不堪造就的學生數人　要想天天做四書五經文　不能遂意　竟敢在講堂上辱罵教習　洪胡二君　便告訴監督　請他將無理的學生斥退　不料這位周監督　不但不斥退學生　反說教習多事　當時洪胡二君　只得去告訴知縣李公　不料這位知縣　先聽了周鸞生的鬼話　亦置之不理　洪胡二君　即時便要告退　此事尚未了結　不[4]知績溪縣這幾位明白的紳士　可肯出來挽留洪胡二君　并換去這不懂事的監督哩　　　　　　　　　　　　　　　　　徽州來函[5]

北直農話報①

桑樹栽培〔續第一期〕

玉生

（1905年第三期第1—2頁）

第一節　蠶桑入手

前頭說興辦蠶桑是救窮的法子然究竟怎麼興辦呢唉這興辦蠶桑雖沒有什麼難處若是起根到底兒的說起來層次却也很多若按他的大綱領六樣兒也就可以包完那六樣兒呢第一就是蠶體解剖第二是蠶體生理第三是蠶體病理第四是飼育法第五是桑樹栽培第六是製絲的法子這六樣兒總名為養蠶六關節樣樣都要講究的然就咱們北方說興辦蠶桑宜先從栽桑入手咱們就先說說栽桑的法子給大家聽上一聽

怎麼養蠶先宜栽桑呢②只因這桑樹的葉子含的滋養分極多蠶極愛吃吃了長的也極快桑葉以外蠶所吃的縱有那枳葉楮葉橘艾麥粉及山密柑萵菖蒲公英

---

① 1905年11月創刊於河北保定，半月刊，每年暑假停印二月，年出二十期。創辦者為張家禺、賀澄源、梁恩鈺等，保定府高等農業學堂發行。出至五十期後，改組為《直隸農務官報》，保定府高等農業學堂編輯，撰稿人有超群、肖坡、樹屏、竹庵、承之、雨生、澤卿、鳳樓、銘久、蘭坡、竺生、允升、宰初等。主要欄目有"社說""譯叢""小說""來稿""紀事""調查""農產製造""畜產""病蟲""土壤""農藝化學""森林""蠶桑""肥料""作物""氣象""園藝""植物病理""格致""博物""算學"等。

② 原文中從這裏開始句末字的下面是"。。"，這裏為了排版方便更改為"．"。

等然其中養分極少蠶吃了不能壯他的身體就如人吃糖的一般所以他越吃越瘦弱當時雖不至於死他邦發育可就難說了①結繭還能夠結得[1.1]好嗎

桑樹的種類極多各處栽種須揀與各處相宜的纔能夠得利桑的葉兒有厚的有薄的有大的小的也有圓的花的按日本國天氣最濕宜薄葉桑咱們中國北方天氣乾燥宜厚葉桑至於那大葉小葉並不分什麽好壞蓋枝上生葉、葉大的必稀葉小的必密均算起來所出的葉子也差不了多少今姑把桑的種類及選擇桑秧的法子開別於下

不接的桑樹名叫荊桑又名椹桑椹桑的養分全爲椹子吸盡葉卽稀小惡劣蠶不喜吃所以這椹桑最爲下等

栽桑不論大葉小葉最要緊的須擇相宜的種類如早生桑中生桑晚生桑三樣最宜揀擇多少亦宜配搭均勻譬如栽一百棵桑須挑早生桑三十棵中生桑二十棵晚生桑五十棵照著這麽栽去蠶小時用早桑稍大時用中桑大時用晚桑酌量養若干蠶葉之老嫩旣相宜且無廢棄其中的利益可就多了[1.2]

以上講選擇桑秧照那早生中生晚生三樣也算是栽桑極講究的了有人說咱們北方沒有這些樣數的桑秧必得上日本國去買就是買了來隔著好幾千里那麽遠恐怕於咱們中國土性不相宜唉這話錯的遠了桑樹的性兒最容易生活就和柳樹一般惟柳樹喜占窪地桑樹喜占高地是其不同處咱們中國北方地多高原栽柳樹尙相宜若栽桑樹自是更不必說的了就說是栽桑得利遲不如五穀當年卽可收成地少的農民恐怕沒有這個力量現在給大家想出一個權宜的法子照著這個法兒辦起可以耽誤不了種莊稼這蠶桑也就大興起來了什麽法兒呢就

---

① "邦"當爲"那"。

是十畝抽一畝的法子譬如有十畝地的可以抽出一畝地來栽桑有二十畝地的就可以抽出二畝地來栽桑推而至於三頃五頃地的主兒也都可以照例栽去按此辦起力量足以辦的到管理也很容易況說這桑樹新栽占不多的地樹當兒裏頭還可種些山芋蔬豆煙葉各物按這麼看起桑樹以外又可得些餘利這個豈不好呢又有人說凡植[2.1]物生長非有肥料不可桑林中所用的肥料既被桑樹吃去還能生長別的植物嗎殊不知所用的肥料不同肥料中所含最要緊的性質有三樣一叫窒素一叫燐酸一叫加里這桑樹是專用窒素的至於那燐酸加里所用也很有限山芋蔬豆煙葉各物專用的是燐酸加里却不用窒素所以那桑樹當兒裏頭種些山芋蔬豆煙葉其生長是絕無防礙的種這些東西雖說收成的不甚多到也可以補住買秧施糞的那些花費照此看來這栽桑豈不是極便宜極容易的事呢

右所說的窒素（一名淡氣）燐酸（一名燐養）加里（一名鉀養又名灰精）但此三樣另有肥料學詳細研究茲故不贅[2.2]

大公報①

說實業

（1905年01月07日第3版）

鄙人於五六年前　嘗對朋友說　中國有極要緊的幾件事　刻不容緩　內中有一件　就是重實業　那時候朋友聽着不以爲然　以爲我見識鄙陋　不料近二年來　纔都漸漸的醒悟過來　可有一節　目下雖重實業　仍然夾帶着空談　明知道工商當重　所辦的仍與工商無補　官自官　商自商　工自工　皆因辦事的不從實地上着眼　不從淺近處下手　空要箇虛名目　不在實在景況上留神考察　照這箇辦法　就是辦一百年　也絕然沒有成效的　我今日分出類來　細細的說說　求衆位低頭忩想

（名實不相副）　北京既立了實業學堂　章程上是學生四年卒業後　以同知知州州同補用　此似乎重視實業　其實不值一笑　實業的結果　是憑着

---

① 簡介見83頁。

技藝能賺錢　利用厚生　就是實業　按該堂所立的史學算學洋文各課程　無論實業有成無成　就按這卒業後的升途　就不是箇正經辦法　我請問同知知州州同　到任之後所辦的何事　實業所學的何事　學非所用　用非所學　好容易把八股革除　又來了新八股了　你說可笑不可笑　況且學生一入堂　就是希圖保案　絕沒有勤求實業的心　不過每年耗費幾萬銀子　臨完了以經費不足四字閉門收市而已　據我看來　士子發明義理　既有秀才舉人進士等名目鼓勵人才　這農工商三項　也可以仿此辦理　何必定給實官呢　農人種植精勤　收成出衆的　不必考他　由本縣就保他爲農務秀才　再有進步　就保爲舉人進士　頂戴榮身　見官不跪　若是出題做論　還要教他通史學通算學通洋文通地理　你們想想　那裏有這樣莊稼人呢　會作論的　未必會種莊稼　名爲農學人才　仍與農事無補　工人也是如此　凡能獨出心裁　製出新器的　由本縣考驗得實　就保他爲工藝秀才　能於舊製中　製造出衆的　也是如此辦理　也不必考他洋文地理史學　商人也要如此辦理　貨眞價實　交易公道　開市最久　在同行中堪爲領袖的　就保他爲商務秀才　商務舉人進士　如此辦理　農工商都是內行　官場中再整頓擴充　也就有頭緒了　未完

說實業（續前稿）

（1905年01月10日第3版）

（目下重視工藝從實地下手的辦法）　中國要打算振興工藝　先從兩層辦起　一是深遠的辦法　一是淺近的辦法　兩件並行　不可偏廢　什麼是深遠的辦法呢　聲光電化　格致算學　是高等製造的根基　中國必要講求的　然而也要分出緩急來　中國實不能的　或非用不可的　就當急辦　若是我們雖然不能　其事並非急用　這就可以緩辦　這急辦的又要妥訂辦法　與其多立學堂　不如多立工廠　學堂是學而未試　工廠是且試且學　工廠有出款也有進款　學堂有出款沒有進款　我說一箇比例　大家就明白了　譬如蘇杭出的綢緞　是我們中國工藝的特色　外國人也狠佩服　外國人也狠樂用　外國所製的綢緞　質料不如中國的堅韌細緻　前朝遠代就不用說了　就是這幾十年以內　我也沒聽見說蘇杭有紡織學堂　可見千百年來　蘇杭的工匠　全是從實地上習學了　假如此刻官場要整頓紡織　必然發鉅帑　籌經費　蓋洋式樓房　立學堂　訂章程　派總辦提

調　僱司事雜役　招學生　編課程　請中外教習　念洋文　講算學地理格致　從織紡裏　又分出專門來　某爲織　某爲紡　美國絲如何　日本絲如何　講究得天花亂墜　及至卒業之後　紡織的理　雖然明白了　紡織的手藝是絲毫不會　再看報銷　大概幾十萬銀子　歸於無聲無臭之鄉了　此班學生　不過再充說講織紡的教習　絕不能辦織紡的實事　卽或學些眼前的手藝　也比不上商民廠裏的學徒　而且一身習氣　養成驕惰　儘他的本領　每月應賺三十圓　他每月可花費六十圓　他所製造出的成品　能售十元　其成本必須二十圓　這是學堂不如工廠　官辦不如商辦的明比例　從今以後　中國若不打正經主義　循名核實　恐怕財源日竭　難乎爲繼　未能補益工商　反倒給工商加上一層禍害　這說的是講求深遠工藝的利弊　下次再講淺近工藝　仍未完

說實業（再續前稿）

（1905 年 01 月 14 日第 3 版）

天天說惠工　我們的工人　仍然是安常蹈故　皆因當局的　不得切實的辦法　我今日說說淺近的辦法　先從天津說起　所有工藝局教養局　所製的物品　官紳合力同心的設法助銷　布是自己織　棉線也要自己紡　機器我們也可仿造　少買一宗洋貨　就少走一堆銀錢　多銷一宗自造品　就多養一個工人　多養一個工人　就少出一個游手　就少出一個餓殍　少出一個匪類　游民少　匪類少　內亂就少　內亂少　外患就少　少起交涉　就少出賠款　少攤賠款　就多舒財力　富強皆有本原　絕不是空談的　怎麼自己製造品必須助銷呢　皆因工藝怕壓成本　製造出來　賣不出去　或者物品比不上外來的　一滯銷就折本　越暢銷越有利越提神　可有一節　工廠內外　千萬要裁汰閑人　儉省浮費　這製出來的物品　成本纔輕呢　若是明搶暗偷　全加在物品之內　誰也不能花加倍的貴價買東西　就是勉強助銷　斷然不是長久的　助銷之外　又有逐類提倡切實改良的辦法　譬如這天津一埠罷　把所有的各項手藝　無論貴賤粗細　一律分出類來　考查他們所製的　合用不合用　暢銷不暢銷　把他的拙笨處指實了　再替他們想出改良的方法來　當由有勸工之責的　分出日子來　傳見某行某行　銅匠類分幾行　木匠類分幾行（　如椑櫃爲一行　造車爲一行　建築爲一行　戥秤鏡子雕刻盆桶之類皆各有行　）　陶器類分幾行　一天傳一行　同聚在

一個地方　把地們拙劣處指實了① 　再把應當如何變通　教與他們　改良的新製出來　再訂日呈驗　擇其優者　賞花紅　助銷路　工人名利兼收　爲有不風氣日開各想爭勝的呢　　已完

慶雲畢君綬珊勸戒纏足淺說

（1905 年 04 月 17 日第 2 版）

現在中國有最可恨可憐可怕的一件事情　我說給大家聽聽　不知大家愛聽不愛聽　若愛聽　就請照我的話行　管保有益無損　若不愛聽　也請想一想有道理沒有　不怕大家怪我饒舌　請聽我妄談　平常閱歷人情　通國的毛病　是官無愛國心　士無愛羣心　本是奸猾人　倒說是有才干　本是迂腐人　倒說是正直　本是無血性人　倒說是有涵養　本是旁觀派人　倒說是安分　只認得寵榮合勢利　不認得公理關係與是非　總之是通常一個奴性　任是怎樣挫折　都低首下心　受的下去　就如中國現在這樣貧弱　外國還是儘量欺侮　任如何凌虐　連哼也不敢　英國要揚子江　不敢說西藏　俄國要東三省　不敢給二省半　人家說通商　就不敢要稅　人家說開礦　就不敢不教開　總之盡心竭力　苦死中國百姓　求得外國喜歡　便是好手段　如此弄來弄去　弄的中國存亡不可保　今天這國倡瓜分　明天那國要賠款　後天又一國要租界　中國自強的精神　一點無有　振興的機關　絲毫未見　將來這幅中國地理圖　不知染成幾樣色纔算完事　這羣黃種人　不知變成多少族纔算罷手　這真正是可恨可憐可怕的事情　然可恨可憐可怕　大家可是空愁辦不了　現在還有一件可恨可憐可怕的事　大家能辦得了的　與以上的話　大有關係　是甚麼呢　就是婦女纏足　纏足怎麼可恨可憐可怕呢　大家請聽　今日外國爲何那樣強盛　因他女學修明　女的合男的一樣　都讀書都明理　都是下馬讀書上馬殺賊的本領　人家男子不愛小脚　女子也不纏足　就是男子愛　女子也不肯纏　人家女子都明白道理　人家男子　有怎樣小脚也不愛　嫌他沒意思　我們中國男子　是最愛小脚　見個脚小的婦女　如看寶貝一般　那娘兒們因此就纏起足來　怎樣疼痛　怎樣難受　他全不管　但求其小　直把通國女孩一齊送到九幽十八獄裏去了　大家說　這事可恨不可恨　然人只說纏足　也不想

---

① "地"當爲"他"。

到底是沾光　是被傷呢　若說沾光　請問在何等事上　不過說婚配容易　有人愛看　這話在從先說行了　在以後說　可怕不行　現在文明一天比一天進步　風氣一天比一天開通　野蠻人愛小脚　文明人可不愛　以後人都文明　自然都不愛了　若至文明也大進了　小脚也沒人愛了　現在女孩的脚　到那時已裹成　可也就沒人要了　再想撒開　可就難了　那纔是眞正累贅咧　若弄到這個地步　請問是沾光呀還是被傷呢　大家別說這是萬到不了的事　須知天津不纏足的　已有三分之一了　再如蠡縣和安平束鹿　都開不纏足會　幾年就要行開　大家何苦不教女子享自然的福　偏教他受非刑的罪呢　未完

慶雲畢君綬珊勸戒纏足淺說（續昨稿）

（1905 年 04 月 18 日第 3 版）

大約積習相沿　傳流久了　家家纏足　也不知這裹足的根源　要知道了　定然是懊悔不及的　這纏足起於宵娘　所謂以帛纏足纖小屈上如新月狀的便是　南唐後主　因嬖寵姬侍之故　造出這奇裝異飾　悅目蕩心　請想這亡國之君　行的原是淫亂的事　奈天下却都跟他學起來　一天比一天的甚　輕佻奇巧的惡習　深入人心　所以一見就學　當宋朝時候　士人都議論這件事不對　濂洛大儒　也都彼此規戒　不少寬假　可見這是不好了　且說考之典籍　典籍不載　稽諸王制　王制不聞　不是聖訓　直是邪淫的魔道　自有明以來　這惡風纔養成了　後又二百餘年　就沈痼至此　牢不可破　在何等人居多呢　多在官宦之家　冠蓋之士　他善於效尤　長於矜飾　反以不小爲恥辱　至於最甚的　竟有老死一生足不踏地的狠多　爲爹娘的曾不少恤　這是惡習把人溺住了　却不思男正位乎外　女正位乎內　禮記明訓　所以陰教壼則　以德爲尚　最賤的人　纔以色惑人呢　纏足的法　眞是以色惑人　人惑於色　沒出息的根子可就來了　大家想這事利害不利害　可恨不可恨　且纏足是爲着何來　爲的人愛　爲人愛就纏足　是惑人　惑人的事　是妓女們幹的　因他圖人家財帛　所以他纔設法引誘人　爲什麼拿好好人家　要跟他們學呢　凡愛這個的　都是糊塗人　其實並不好看　是他沒見識　他平素住在小地方　沒見過天足的是什麼樣　要說女子可以不纏足　好似千古未有的奇談　他見的不過數十人　走的不過四五村　他看看東鄰家纏足　西舍家也纏足　平常聽兩句戲

文也只聽出一句金蓮不大剛三寸來　大概別的就聽不出來　所以他心裏只有兩隻小脚　這樣人何能知天足道理呢　況纏足並非美觀　不過纏的多了　還不甚醜　若湊十數個旗裝女子　內中攙一個漢裝的　顯得漢裝的分外小家子樣　一派狐媚氣　全無天然態度　那纔眞正難看哩　又有一種不說人話的　說女孩的足　是該裏的　若果然該那樣一頭圓一頭尖的樣式　為何不生自天成　却等人去矯揉造做　生生毀成那樣哩　更有那老年冬烘先生　他說女子之性強悍　所以先王制纏足的法　以殺其威　使歸和順　這話本不通　強悍淫佚之事　出於所習　不在纏足　全視教育　教育好　自然歸於美德　強悍淫佚之事　別說教他去作　說給他聽　還以爲恥呢　那壞氣質尚有變化不了的嗎　若只憑纏足禁他　自七八歲就如桔械罪犯一樣　使他幽悶抑鬱之氣　終年積聚　發出來就是嫉忌妬毒的作用　那不是禁他刁悍　反逼得他刁悍了　若自幼就不纏足　他那心氣是完全和平的　倒未必刁悍　可知造謠言的人　安心害天下女子　大家及早回頭　莫再上他的當了　仍未完

慶雲畢君綏珊勸戒纏足淺說（再續前稿）

（1905年04月19日第3版）

我們尊敬的是孔子　孔子教人是孝　嘗云身體髮膚　不敢毀傷　今給女孩纏足　旣傷他皮肉　又折他骨頭　這合乎身體髮膚不敢毀傷的道理嗎　大家平心靜氣　仔細想想　這纏足是尊聖是背聖呢　若說是古制　請看詩經上碩人章裏　美莊姜的手如甚麼　膚如甚麼　領怎麼樣　齒怎麼樣　首與眉怎麼樣　至於說怎樣笑　怎樣盼　形容的可算無微不到了　怎麼不說脚是怎樣裹呢　可見不是古制　是衰季誨淫的敝風　竟說古人傳流的　古人豈不冤嗎　今日萬國交通　英吉利何等強盛　日本何等威武　俄羅斯何等暴戾　德意志何等富庶　惟中國最貧弱　人家外國可沒有纏足的　癸卯日本博覽會　如遊歷學生　赴會商人　均列頭等　獨吃洋煙的合纏足的　列在四等野蠻　不拿人類看待　依我說也是應當　人原是高等動物　不同禽獸魚鼈　今把足裹起　要說他不是人　却是人樣　若說是人　却類於獸蹄鳥跡　並且飛不如禽　走不如獸　游泳不如魚鼈　中國人還爭說小脚好　做娘的能給裹得緊　就算愛女　這話錯到那里去咧　纏足是非分之刑　父母就不該施之婦女　纏足爲淫賤之習　婦女也不當受諸爺娘　此極

明顯的道理　不必什麼高人纔能見到哩　最可恨還有兩句俗語　說愛女不愛脚　脚豈非身上的　為何當不愛　却下那樣毒手製造他　女孩能不疼嗎　不管怎樣　偏把他製成個廢人　是愛他嗎　就說難於婚配　大家也該想個萬全的法子　為何坐視他們受那樣的苦呢　那女子是我們中國的　不是外國的　萬不容坐視哩　再說他那可憐　女子自七八歲　就把兩隻脚裹起來　那脚本是扁平圓長的　那們容易裹下去嗎　直裹的女孩們　黑夜白日號哭之聲　慘不忍聞　此時作兒的脚疼　作娘的心疼　大家何苦逼的他們脚疼也得纏　心疼也得纏　受多少委屈　纔換得個扭扭捏捏的樣子　掏出良心來想想　咱們男子該也不該　忍也不忍　大家必說咱們男子何嘗逼他　那是他們自願的　不知咱們愛比逼還甚呢　他們纏足原是為男子愛的　假若立時沒人愛了　婚配的時節　貧富不論　但云小脚　就沒人聘　若男子都這樣了　漫說未纏的　就是已纏成了的　他也得想法撒開　所以這纏足罪孽　全是我們男子的　我們一不愛了　就造他們無疆的幸福　勸大家及早把這非禮之愛割了罷　　仍未完

第一晉話報①

尚武說（續）
舟子
（1905 年第三期第 1—9 頁）

再是人人當兵也不是什麼十分難事我們同做將不到的怎麼說呢我平日在鄉村裏頭時常見小孩子們成羣打夥拿着個大棍子做馬小棒子做刀或是槍這幾個當官兵那幾個當賊兵排個陣式互相打仗到結尾的時候總要把賊兵打敗方算完事可見人天性中原來就好武又常見年青的人做庄稼的到晚上沒事了常々集合多少人或比較氣力或操演拳棒做買賣的大半也是這樣所以買賣塲中

---

① 約 1905 年 7 月創刊於日本東京，月刊，山西同鄉會員編輯。主要撰稿人多用筆名，如社員、竹崖個人、強男兒、自笑生、內地、峒下汗青、舟子、逸、夢周、覺者等。主要欄目有"社說""地理""歷史""教育""實業""軍事""時評""緊要新聞"（又分"本省""各省""各國"）"小說""雜俎""來稿"等。1906 年停刊。

的後院裏和庄稼戶的馬房裏石頭刀槍這等東西常放多少可見年青的人也還是好武從這樣說來我中國現在的兵雖然是不強而可以和外國人打仗的倒像也很不少有時外國人果然領兵到來我們恨的一聲將這些年青的人集到一塊兒還憂愁打不過他們麼咳咳這眞是錯打算了怎麼樣呢不要說我國的年青好武的人全然沒有幾個假如合全國的男女老幼算起來十個人裏頭有着兩三[1]個年青的十個年青的裏頭有着三四個好武的這也就很不少了罷然而東一個西一個南一個北一個但有事這一個尚不知道那一個在那裡於是乎講不了年青好武的人隨着那沒力量沒胆量的人一齊都跑罷跑不脫就一齊都死罷你思想思想怎麼能集到一塊兒打人家呢况且我國年青人所習的武多不過能打一兩個或兩三個人再多了是不中用的故只能彀打本國的人萬不能彀打外國的人因爲甚麼呢因爲外國的人盡都是拿的快槍快砲打仗的時候不得見人槍彈砲子就飛過來了我們的人多不會放槍縱然有會放的大概都用的是老槍很不濟事一定要近到身邊方能使着力的打就是這樣你道怎麼能打得着人家呢再外國的人來的時候一夥同來整々齊々的進一步同進一步進兩步同進兩步我們人並不知道練習這個簡便法子着了忙只能彀個人管個人所以打的時候這一個向前進那一個往後退有十個人尚不知道實々在々的頂得住三四個人頂不住現在各省的都換成洋操聽說大家不願意的很多很多這也算不得大家的錯處總是大家不知道①現在除非照這麼樣練習就打不過人家的緣故如若不信請[2]看一看日本罷日本當四十年以前無論甚麼都是和我中國的一樣後來因爲受不住西洋人的欺侮遂一味照着西洋的法子辦這固然是因爲西洋的好才照這麼樣仍是按着他的法子破他的法子的道理所以他近來和俄打戰打一戰勝一戰把俄國直打的敗々的如若我們也都學洋操幾年工夫學得好了也能彀把洋人都打的敗々的教他再不敢欺侮我們大家豈有一人不情願麼所以大家要知道我們不是十分愛他才學他的只是因拿着我的老法子打不過他故要拿着他的新法打他學他不但是不足羞只要能彀打過他眞是一回大体面事再大家不要說我們學人家的法子怎麼能彀打過人家呢世上徒弟比師傅高的眞不知道有多少只看我們好々學不好々學所以我們不惟要學他便了事眞要好々的費心比他更强纔行哪不但是這麼樣我國的土地很大人民很衆物產很富學的人微少些仍是不濟事的故一定要人人可以當兵但所說的人人可以當兵不是人人就不得不當兵只是人人悅意當兵人人當兵能行外國的人自

---

① 原文中"處"下無點,"總"下有點,這裏是編者所改。

然就害怕我們了我國也自然就強起來了故爲士的年青在學堂裏頭的人總要勤學体操使身[3]体强壯方能有益於國家小學生越發的要緊因爲小時候身子一弱長大無論如何療治萬不能十分强了若未入學堂仍在自家鄉村裏頭讀書的小學生先生不會体操當到學堂裏頭看々人家教人家教自家自家好漫々的教學生能照這麽才算是好先生若是不照這麽則誤人子弟還不算是什麽罪誤我們國家的罪實在大的了不得了爲農的四五十歲以上的人學武已經遲了不必說起然只能盡力提倡年青的人和小孩子們就有益於國家很不少了因爲年青的人和小孩子沒有不好文的往々願意學武多爲長者所阻今長者不但是不阻擋他們且從而鼓勵他們後來他們的身体强壯能彀好々的給國家出力沒不是受了長者教養的恩惠若推究根源請問還有比這長者功勞大麽故閑的時候就百般設法教他們好々習武練操這是年長的人對於我們現在衰敝的國家所容易盡的一點兒義務也就是對於我們後來强盛的國家所僅能享的一點兒權利了夫天下頂大的義務莫過於保護國家而頂大的權利亦莫過於振興國家故在年長的人不惟當思其身未衰朽即負亡國家的罪而且憤且奮不忍親眼見國家的亡又當思其日[4]漸耄老尚能圖此一點兒造國家的功而有幸有勉不肯將使此身之徒沒若是處在邊鄙的地方並不知道人家怎麽操練可以到有學堂的地方看一看回來先漫々的指點他們一聽見那裡有會操法的人就集合一村鄉的人籌個公欵照着請會拳棒的教師那樣辦法請上一位或是兩位先生更好的了不得了若是照這樣則不幾年我們鄉下的子弟盡是些無敵的好漢外國人一知道他怎麽還敢惹我們呢至於工商則白日皆有公幹不能像那做庄稼的到冬月間就都閒了可隨便操練的然晚上沒事的時候掌櫃的可以不必約束夥計們且加意鼓勵之工人更外容易若苦於不知則不妨集合幾家或十幾家生意彷彿大生意獨一家請教師的那樣聘上一位會操的先生敎他好敎年青的夥計們在商工人當知道這不是於夥計身閒費銀錢實在是爲强我們中國家的起見近來我們海外的和各大商埠的商人或聯立商會或設立學堂愛國熱心日見發達而內地商人絕不聽見豈不愧然麽何不赶緊興起麽再我們獨不見我國的外國人或工程師或販賣客那一個不是身体很强合上幾十人就是一隊好兵麽其他各行人等難一一奉勸惟[5]是既然生於中國一定要有愛中國保中國的心方算是個眞正有價值的中國人這是無論那一個都不能外的大家只要把這理想時常放在心頭打算從此做將起來就很好了故然竟究怎麽實行呢不外各人看個人所幹的事閑的時候就集合自己的同類團練身体增長氣力豫備後來爲國家盡力便了蓋爲士的或整頓內治或辦理外交自有一番爲國家盡力的事爲

農的則全國人的衣食從他身上出爲工的則全國人的住所要他築爲商的則全國人的使費要他運用也無不各能有益於國家然而當今的士農工商俱不得不竭力習武更外要求個大益况也不是士也不是農也不是工商的人想要於國家盡力除去自己身子强壯有事時一個人可以打他外國的幾個人再沒地方麼故如若有人嫌自己所幹的事操練身體很不方便恐怕將來不能爲國家出力則遇招兵的時就趕緊應募萬不敢因從前的兵都不好自己也就以當兵爲一件大羞恥的事了當知道從前的兵不好是從前當兵的人不十分好如今我們好人當了兵則兵自然而然就都成了好兵了况且我們中國的待兵一日比一日漸々的尊重了所以幹旁的事或者只能毂[6]保養一身一家於國家沒什麼大益處若是一當了兵則既可以保養身家且可以常々的爲國家辦事豈不更好的了不得了麼以上所說的老的少的壯的幼的同有然只就男的一邊說獨獨的沒有說到女人那邊要知道女人雖是不能當兵爲國家盡大義務而培養精兵造成良將的功勞實是不小蓋人當小的時候日夜不離他母親的左右做母親的若是當孩子小時常常以尚武的事情引導他就是一切玩耍的東西無不授以武器教他習染的久了自然就印在腦根裏顧①長大的時候必定好習武有氣力知道報効國家出色的或年紀不大就成了一位大將這也是我們中國古代常有的又古代時候西腊國的有一位賢良婦人他的兒子將上陣他拿一具戰器名叫做楯與了他的兒子再三吩咐曰你此去好好努力必須要拿着這個東西回來萬不敢騎上這個東西回來了盖打了勝戰就把這東西拿在手裡回來了若是打了敗戰死了則旁人把他的骨頭盛在這個東西上邊送回來了所以叫做個騎上回來他的兒子聽了這話去到陣前不顧生死的向前去打衆人一見他如此也就都鼓起精神來了因而把敵打敗得功而歸後來成了一位名[7]將這件事今日西洋各國不但是人人知道人人誇奬女人們也就沒有不奉爲法則了故西洋的兵狠强得力於這等處眞不少試看一看我中國的列女傳賢良婦人實在是不知道出了有多少其所行的事與西腊這一位婦人暗裏相合者也不敢說是沒有然而就大概的說起來則或是善守身或是善事親與一人一家有關係增光明的多而能與全國有關係的少咳古人如今已沒不能盡喚起他們來教他們另做這等好事惟天下事盡是人辦的難道西洋人能辦這事我們後人獨不能辦麼深願我們女人們也好好努力補我們古人所缺處且與他西洋的古人爭勝則强我國也不是什麼難事了總而言之人誰不願意一生到頭安安閑閑的絕不受一點兒勞苦只是

---

① "顧"當爲"頭"。

我們想安閑人家却不教我們安閑我們怎麼安閑得成呢常見一位財主幼的時候貪戀安逸絕不思想自主有至親的人告訴他趕緊好々學個本事不然到後來恐怕保不住自己的家產他不聽心裡說我這麼爽快的福不享反教我受勞苦那有這樣道理再過幾年他什麼也不憧①把所有的家產盡教旁人奪去從此以後他傭工受苦沒有不幹的事有時候沒事幹了講不了[8]討個飯吃你道可憐不憐呢假如他早些聽了人的話何至如此咳我們大家現在若是不趕緊尚武將來永不敢和人家打仗教人家爪分了②則全國人可憐的光景同是和這財主一樣或者更苦這是一定的道理到那時候雖怎麼悔也是來不及了你道可害怕不可害怕呢我們大家敢不努力我們大家敢不急速努力　完[9]

江蘇白話報③

論中國人的價值
懶漢
（1905年第一期第3—8頁）

哈哈哈　我讀了白話道人的白話　狠有趣味　說也慚愧　曉得了做白話的一點趣味　就要效顰了　咳　現今世界　譯書的　做報的　那一個不是像我懶漢的心腸呢　閒話休提　我是中國人　且說幾句中國話罷　我常常聽見人家說　我們中國人　是四千年前　軒轅黃帝傳下來的　在地球上最先開明　最寶貴的動物　諸君吓　我們何幸生長在這最開明　最寶貴的國中　真正謝大不盡的了　因這樣感激　這樣歡喜　就細細的一想　啊呀　不好了　我們中國人　真算要該死了　為什麼　為什麼　聽我慢慢道來
● 第一樣是我們中國人　不知中國是件什麼東西　上等的人　天天的閙　那之乎者也　博一個紅頂花翎　曉得有皇帝　不曉得有國家　竟有仗[3]了人家的勢餤　凌辱自己的同胞　還是那下等的　尚有一點良

---

① "憧"當為"懂"。
② "爪"當為"瓜"。
③ 簡介見181頁。

心　然而只知道目前度日的計策　不顧將來的利害　納了稅銀　不知道什麼用處　讀了書本　只知道預備將來做官的地步　做了一生一世的人　同國家　不知什麼分當　諸君吓　前幾十年　沒有同外國人往來　到也不見得我們中國人的壞處　自從道光年間　開的商埠　就一日一日的見那高低的價值了　他們外國人　沒有一個不識字　沒有一個不知同國家的分當　卻是比了我們黃帝的子孫　不消說是他們尊貴幾倍了　啊吓　旣被他們勝過　我們中國　就要漸漸的支持不來　步步讓他　以至大連灣　威海衛　香港　膠州　臺灣　許多口岸　被他們佔住了　我們中國人　更加現出下賤的樣子　人人封著嘴　預備做那別國人的奴隸　有的等不得了　或者去入那外國籍　捐什麼外國監生　有的學會了英文　做那洋行裏的買辦　坐了包車　比中了舉人進士　歡喜十倍哩　咳　我們中國人的價值　這樣這樣　立在這列國分爭[4]的時候　還有死期定在那裏麼　諸君　諸君　請回頭一想罷

●第二樣是我們中國人　不知什麼叫做公德　爲父母的　生下兒子　做兒子的　自有報父母養活的恩　保獲的恩　教育的恩　生產的恩　父母生子愈多　家族愈加昌順　看我們中國人　每有生多了子女　一家就此貧窮　然而什麼緣故呢　諸君請聽　年紀小的時候　吃父母　著父母　稍長了幾歲　學會了生意　成了親　就同父母分居了　一家人家　若是小小做生意的人　有多少銀錢　去白白的丟掉呢　所以生一個兒子　就要在家中撥出許多銀子　兒子愈多　銀子丟掉也愈多　叫他怎麼不窮　這是我們中國人　空說孝順父母　不知道報還父母一點恩義　一家中就沒有公德心了　所以古人做的小說書中　有一段說道　官吏病死　他魂靈兒走到冥王那裏　說道　吾做官清廉　冥王對他說道　把個木偶立在庭中　水多不要飲的　你白白的吃了一生一世　還說清廉麼　就處他炮烙的刑罰　這也可見形容我們中國人　沒有公[5]德的一般了　諸君請看那外國人　天天的爭那各種的利權　不怕汪洋大海的風波　在我們中國地方　橫衝直撞　如入了無人的境界　我們中國人　側目而視　不敢同他們說一聲不是　請問我們　果犯了什麼疾病　就這樣的懦弱　只因爲我們沒有了公德　不能自己顧自己　無論老老少少　男男女女　總把卑污虛僞殘忍愚笨的手段　你待我　我待你　弄成了這個樣子　諸君　諸君　勸你們快快自己想想　不要這樣了

●第三樣是我們中國人的崇拜　說到崇拜二字　我們中國人　更加混帳糊

塗了　見了菩薩　頭多磕破　也不管的　以爲可以保他將來到西方極樂世界　現今免他一切的災難　全忘了菩薩是人脚底下的泥捏成的　名稱賢士大夫　看見了這個金身金面的東西　平日自待的氣概　付諸東海　不知不覺的膝也灣了　最可笑的　拿了錫箔千元　菩薩處　是這樣　鬼神處　也是這樣　所懺悔的　無非是保我康健　好像陰間[6]　是任你們堂堂皇皇　行賄賂的　這是崇拜偶像　還有那拜生人的　某人是某老爺的朋友　某人是某大人的親戚　勿可以得罪的　從此有少年子弟　做出不肖的行徑　下等的人　受了冤屈　暗暗的叫苦　不敢高聲問一個明白　劣紳惡霸　統中國算來　那一縣沒有　全是我們中國人崇拜造成的　諸君吓　日本有一個大儒　叫吉田松陰　他說道　我們生在今日　要做那蒲柳　就成了蒲柳　要做那松栢　就成了松栢　可見得做人　是全在自己　要做完完全全的好人　就成了好人　要做那低低微微的賤人　也就成了賤人　自己害自己　須知道是沒有益的　現今我們那一個不是自己害自己呢　你把做人的事業不管　我把國家的正經丟在腦後　這還成個人麽　諸君吓　不要這樣糊塗了

這三樣　請諸君大家想一想　我們中國人的價值　落到這步田地　外國人一天一天的利害　我們一天一天的衰敗　將來的景況　還像今日麽　快請大家趁著新年　努力前程罷[7]

兩山夾帶路偪仄　如往而回轉折百　忽見老牛駕車來
運輸米粟載充積　進步難兮進步遲　終不退兮終不息
不問千里更萬里　能自極南達極北　人生進步亦如此
任重道遠耐艱厄　有時快馬行平地　常恐中途或顛踣
不如觳觫任脚行　得寸則寸尺則尺　君不見泰西開化非速成
累世勤苦臻此域[8]

中國開港攷（續第三號）

（1905年第一期第9—14頁）

粵匪平定以後　中國倒也算得平安無事　到了同治十二年　（西一八七三年）　那臺灣地方　又起了事情了　因爲以前　有五十四個琉球人　漂流到臺灣　被那牡丹社的生番　殺害了　日本特特派了參議副島種臣　又把柳原前光　做了駐清公使　來向中國政府理論　政府以爲臺灣東面　是化

外的人　不關中國事的　不料日本就差了　陸軍中將　叫做西鄉從道　領兵到了臺灣　中國政府　到這個時候　方纔換了前議　限著日本退兵　日本又派了參議大久保利通議這件事情　幾乎決裂　幸虧英國公使渭特　調停得好　和議方纔成功　中國賠還日本撫卹銀十萬兩　軍費銀四十萬兩　其時正是同治十三年（西一八七四年）　還有伊犂的事情　同俄國口舌　也是這個時候　這段說話　這篇文字裏頭　來不及[9]講了　要到別篇再講了

　　後來法蘭西　要處置安南　也同我們中國鬧起來　查法國算計安南的起首　實在安南廢王福映　用了法國教士的說話　去請法王路易十六　幫助他復位的時候　其時法國國裏頭　正是山嶽黨　平和黨　大鬧的很利害　上上下下　自己還顧不周全　那裏顧得別人　就聽憑那些教士　私底下弄了一番　到了咸豐八年　（西一八五八年）　法王拿破崙第三　來算計安南　差了兵船　打壞了順化府海岸的礮臺　後來看看不便當　丟脫了　到南面去攻破柴棍　取了交趾支那

　　同治十二年　（西一八七三年）　交趾支那的知事　喚做杜伯　又要去歸併東京　差格尼爾　到了河內　拚心剝命的搶了下來　開放了紅河　不滿一個月　河內和那海岸旁邊一帶的地面　統統歸了法國人的掌握　到這個時候　安南人到中國政府裏來討救兵　因爲安南是從古以來　常常受中國的保護　差不多同屬國一般　其時劉永福　剛剛餘粵了領匪的剩[10]　屯扎在東京地方　叫做黑旗兵　東京人就借了黑旗兵的氣力　把法國人很很的一打　登時把法國人打退　然而法國人　也很怨著格尼爾　做事情太嫌蠻不講理　到了明年三月裏頭　就同安南　訂了和約　公同認定安南做獨立國

　　當下又把河內一帶地面　開了三個通商埠　從紅河到雲南　船隻可以隨便來往　并且禁止安南　不許同別一國交通　面子上　雖是這麼說　底子就是不許中國同安南往來　將來安南可以全歸法國掌管　列位想想　法國人的計策　很不很　無奈當時中國政府　沒有一些兒想得到　不過同安南　却還算得關切　光緒五年（西一八七九年）　東京地方　有了亂事　安南王請中國幫他平定　當時中國應許了他　事情已過　法國却不曾留意　光緒八年（西一八八二年）　法國又差了將軍李維耳　到安南去打黑旗兵　和那安南兵　破了百府順化　光緒九年（西一八八三年）　把條約重新再訂　安南從此以後　統統歸了法國　東京也歸法[11]國管理　中

國再沒有分了

自此以後　中國同法國　結了大大的仇怨　當時差了劉永福很打法兵　又差公使曾紀澤和法政府力爭　條約成功時候　中國還不曾全認　不料光緒十年　（西一八八四年）　五月裏頭　李鴻章和那法國船長福彥安　私下議定　中國官兵　登時退出東京　讓把法國　到了六月　法將杜琴納　到諒山鎮來　交割東京　中國又不答應　打退法兵　法國從此不依　索賠欵一千萬鎊　中國也不答應　法國就領兵來到中國

這麼一吵　事情不好了　法國提督　去打臺灣　搶了雞籠　姑拔又把中國官兵　在福州近海地方　統統殺敗　打壞了福州礟臺　占了澎湖島　然而法國自己的意見　也有和戰兩個說數　內閣弗安雷　行軍事情　不大明白　中國却是嚴修戰備　臺灣總督劉銘傳　克復了雞籠　法兵剛封了港口　不多時又丟脫了諒山　退下去屯在紅河口內　姑拔屯兵澎湖　時候一長　沒法使處　得病而死[12]

其時和議也開　到光緒十一年（西一八八五年）六月裏頭　李鴻章同法使派德諾　在天津結了條約　把東京屬了法國　法兵退出澎湖島　和那臺灣　安南不經法國的手　不許同別國交涉　中法交界　由兩國委員　當面勘明　中國在雲南　開兩個通商埠

從這個以後　法國在雲南廣西地方　開疆拓土　盡力通商　勢子日甚一日　日厚一日　旣在印度支那取了交趾支那　和那東京　又把安南和柬埔塞　做了屬國　光緒十九年（西一八九三年）以後又幷了南掌　中國西南一帶　早已包括殆盡　眞可以和那俄國的西伯利亞　英國的印度　鼎足三分了

中國從鴉片打仗以後　屢屢同各國啓釁　却從沒有一次得利　昏昏沈沈過了下去　直到甲午以後　纔甦醒了些　無奈受病已深　病情又多　就便有了好藥　也不容易醫治　德國取膠州　俄國借旅順大連　英國租威海衛　團匪一鬧　外人干涉　比前愈加利害　中國的前途　實在也不堪[13]設想　咳列位　快些醒醒罷

列位　這篇中國開港史　是日本文學士齋藤奧治做的　無錫一位姓秦的譯成中國文理　在下再把文理演成白話　白話是總不及文理的好　然而事情却很眞實的　但是這篇文字　還是光緒二十八年成功的哩　一隔三年　中國的事情　愈其利害　在下這時候　要想續上一段　竟其無從做處　好在這報中緊要的事情　必要載出來的　列位自去看罷　不過看這中國開港史　不可同那小孩子念書一般　囫圇念過　要曉得有三個看法

（一）看中國同外國交涉的失利　（二）看中外交涉失利的緣由　（三）看中國以前的交涉把現在的交涉比上去　照樣看來　方不辜負日本人的一團好心　秦先生的一番深意　在下的一片苦心了

作庵附識　　（完）[14]

新年大附錄（一）

（1905 年第一期第 35—40 頁）

●演說放脚的法子

纏脚的壞處　已經許多明白人講過的了　稍有一點知識的人　沒有不相信的了　從此全國的女人　可以永遠不再受小脚伶仃的苦了　最可憐的就是我們中年老年的老太太同太太小姐們　小時候不纏脚的風氣　還沒有開　做父母的　生怕女兒脚大　被人恥笑　忍心的用布條把他繞緊　硬把一個完完全全的人　弄得同殘疾一般　走也走不動　立也立不穩　如今雖曉得纏脚的壞處　可憐後悔也來不及了

所幸苦海無邊　回頭是岸　上半世冤枉受了的苦楚　此時也不用說起了　下半世的日子還長　趕緊把脚放開　還可以過幾十年的舒服日子　因此近年來各處明白纏脚的女人　都急急的要把脚放了　放脚原是好事[35]　可惜放法　未必人人知道　往往有一心要放脚　因爲不曉得放的法子　就此擱起的　我們本會諸女士　也都是從小纏了脚　新近放的　古人有句老話　叫做同病相憐　所以特爲把我們試過的好法子　講出來給諸位　情願放脚的同志聽聽

放脚的法子　細講起來話狠長　恐怕諸位　聽得不耐煩　所以先把目錄講在前頭　好叫諸位聽着　不至於沒頭沒腦

目錄　（一）　做寬大的鞋襪　（二）　去脚帶的法子　（三）放直脚指頭脚心的法子　（四）　脚上皮膚綳痛或是雞眼老繭嵌痛的治法　（五）去裏面高底的法子　要曉得底細　請聽下文

（講做寬大的鞋襪）　放脚的鞋襪　要比原來穿的　放長一寸或半寸　放寬二三分　起頭穿在脚上嫌大　可以襯些棉花在鞋頭裏　脚漸漸的大　棉花漸漸的少襯　到後來這套鞋襪　不襯棉花　也不嫌大了　就再做第二套鞋襪　比第一套　又要放長半寸　這樣越放越大　直放到脚指頭不[36]拳　脚心不斷爲止　鞋底的寬　總要比脚底寬一二分　這樣穿在脚上　可

以平穩　否則脚還是立不穩　鞋底容易歪的
（講去脚帶的法子）　纏脚的人　脚裏血脈　向來被脚帶擠住　已經不流通慣了　如果一天功夫　忽然解去脚帶不纏　血脈下行太暴　往往脚要腫痛　所以初放脚　總要留二三尺脚帶　鬆鬆的在脚上纏一兩層　餘多的繞在脚踝骨的上頭　一天一天漸漸放鬆　半年之後　纔可以不用脚帶　放脚時候　脚帶的纏法　要同纏脚的時候　纏法相反　纏脚時候　要把脚指頭纏到脚底下去　所以左脚是順繞的　右脚是反繞的　現在是要把他纏回原來　所以左脚要反繞　右脚要順繞
（講放直脚指頭脚心的法子）　小脚沒有力的緣故　一半因爲着力的地方小　一半因爲脚指頭壓在脚底下　受不起大力量　要治這兩個毛病　就要把脚指頭脚心放直　而且脚指頭　尤其不可不直　放直的法子　先要臨睡的前半時　用熱水溫和筋絡　再用黃花士令　搽在摺縫裏　同雞眼老[37]繭等處　又用棉花墊在摺縫裏　外面用脚帶擋住　不叫棉花離開　脚心的棉花　須把脚帶從脚背繞到脚底　繞兩週攔住　脚指頭摺縫裏的棉花　要用半寸寬的布條　連棉花連四個脚指頭繞住　外面再加脚帶　脚指頭半開的時候　踏在地下　脚指頭有點頂痛　可以鞋底裏　墊一層棉花　墊棉花的厚薄　以不覺得頂痛爲止
（講脚上皮膚綳痛）（或是雞眼老繭嵌痛的治法）　年紀大的人　或者脚纏得格外緊的人　脚上皮膚　往往不狠滋潤　一驚動他　就覺得綳痛　還有脚上生了雞眼老繭　也要嵌痛　治的法子　就照前一條溫洗搽繞　這些痛的地方　自然就不痛了　而且不滋潤的　慢慢的會滋潤　雞眼老繭也會慢慢的好了　黃花士令　是一種外國的油　外國藥房裏都有得買　如果不便　可用生羊骨中間的油　搽些也好　如遇皮膚破爛　用硼砂泡水薰洗　亦極見效
（講去高底的法子）　如果向來裝裹高底的　忽然不裝　也要不慣　可用[38]幾層蒲包　或是厚紙　做得同高底差不多厚　當高底用　自然不會不慣蒲包厚紙　越踏越薄　踏結實了　重做新的　照踏舊的差不多厚　再踏結實了　再做新的　照第二回踏舊的差不多厚　換一回　薄一回　到後來就可以不用了　照這樣放脚　萬穩萬當　一點難處沒有　一點壞處沒有　不論老年人　少年人　任憑脚小　沒有不能放的　我們會裏　有七八十歲的老太太　也放了　放了脚的舒服便當　好像瞎子有了眼睛一樣　不是筆墨所能摹寫得出來的　也不是不曾放脚的人　能摹意想得到的　而且

纏脚的人　不大活動　容易生病　放了脚　活動了　百病也會好　身體也會結實多哩

願意放脚的人　看了這篇放脚法　如果還有不明白的地方　或者放的時候　還有不舒服的地方　請在每月十五午後三點鐘的時候　到葑門內十泉街五龍堂巷口王宅　本會事務所面談　或是遠處的人　寫信來問也可以　祇要我們曉得　總沒有不告訴諸位的　再說同志的人　如果曉得再[39]有什麼放脚的妙法　我們這篇放脚法上　沒有說到　也請賜教　我們可以補在後頭

　　　　　　徐淑英　屠燮經　劉　　　江蘭陵
　　　　　　黃季蘭　祁樹同　蔣振懦　沈蓁庭
蘇州放足會女士陸文林　謝長清　謝長達　顧則圓　同啓
　　　　　　管尚德　王季苣　張祖淑　江佩蘭
　　　　　　鄭孝璵　王季昭　張彭光　唐忠貞

●本報原定第一期　新年附錄　登列懸賞徵文　現在放足會裏　送來這篇放脚法子　實在說得懇切　明白　淺顯　實在佩服得狠　本來放脚　也是改良風俗的一件　所以本報本期　特特把徵文讓開　刻全這篇說話　好讓纏脚的人　早看見一天　早放一天　多看見一個　多放一個　想來也是放足會所喜歡的　不過本報應徵作文的諸位先生　却對不住得狠　所有大稿　下期一定登出來的[40]

京話日報①

狠心斷洋烟

醒遲來稿

（1905年03月05日第1版）

洋烟的害處　不等人說　早都知道了　在下也上了這箇當　今天恍然大

---

① 簡介見188頁。

悟　我沒吃烟以先　看見吃烟的發了癮　打哈息　流鼻涕　連串兒的放庇①　話也說不出來　這種怪樣子　我在旁邊看見　眞眞要樂的肚腸子痛　我既知道吃烟有這些毛病　我怎麼會又吃上了呢　因爲跟吃烟的朋友常在一塊兒　常常勸我吃一兩口　都說不能上癮　我可也是這麼想　一來二去的　過了些日子　敢則不吃不成了　這可就是上了癮了　我上了癮　毛病更多　不但流鼻涕　打哈息　外帶着流眼淚　不但不放庇②　連屎也拉不出來　急的我兩眼瞪的包子那麼大　吃了多少藥　也還是拉不出來　旁邊就有人說　你眞嗇刻子極了　狗看見你也發愁　這個話　雖是挖苦我　確感動我一點兒傻心　我這傻心是甚麼呢　我既受了這個害處　我當把這害處告訴人　已吃的人　叫他想法子不吃　未吃的人　叫他不要吃　也不管他聽不聽　凡能說話交談的人我就說　這就是我的傻心眼兒　新近聽說　戶部趙大人要把洋烟加稅　吃烟的人註册　但不知能辦的到辦不到　我想斷大烟實在是不容易　若是沒吃過煙的人　不准他吃　等過三十年後　還許斷絕了　最壞事的就是煙館　因爲什麼呢　我就是煙館上的癮　家裏有家長　不准開燈　往朋友家去吃　有時候朋友不在家　就不便躺在人家炕上喫煙　沒有別的法子　便去進煙館　況且很方便　煙友也可常見面　彼此也可談談心　這家的膏好　那家的灰多　又是誰家的老鎗　眞不含糊　沒得說了　再造作些箇謠言　天天在歡天喜地之中　有多們開心哪　竟顧開心了　可就不管這個累到何時爲止　再說一句頂要緊的話　喫煙的人　艱於子嗣　就能生子　自從臥在娘胎裏　已經上了癮了　你想這個害有多麼大呀　這箇害處眞不小　斷了罷　斷了罷　別的我都不爲　我還爲我的狗　也叫他多喫點地道東西　免得餓著肚子　上頓不接下頓的苦等著

　　這段演說　又詼諧　又譏諷　現身說法　叫人破涕爲笑　登在報上　亦可以喚醒沈迷　爲多數人說法　如此措詞　眞是對症的妙藥　翼仲註

淮蘇兩省人紛紛議論

（1905 年 03 月 09 日第 1—2 版）

江淮江蘇分省的事　我們報上　也瞎說過了一囘　這幾天裏　議論的人更

---

① "庇"當爲"屁"。
② "庇"當爲"屁"。

多了

有的說　江南的形勢　從來仰仗著江北　要緊地方　遠的在徐州　合肥　壽州　近的在淮安　滁州　佔了北邊去　南邊就要受傷　佔了南邊去　北邊也要受害　安徽跟江蘇　已經分而爲二　今又好端端的　把淮蘇分開　長江的險要　恐怕有些箇不堅固了

有的說　曾文正做欽差大臣　節制南幾省　因爲籌不出兵餉　他自己就奏了一本　請把他放爲兩江總督　有了土地人民　財政在手　然後纔克復了南京　今天淮蘇分了家　兩江總督　空有虛名　江淮江蘇　這兩塊土地　都不能歸他有了　沒有了土地人民　還叫他怎樣的做事　若說照舊是一箇總督管　有甚麼事作不了　何至於說的那樣利害　唉　那裏想得到啊　不見安徽江西嗎　那不是兩江總督管的嗎　問問兩江總督　那兩省的事　究竟他能作主不能

有的說　南洋大臣　北洋大臣　比如國家一對擎天柱　這兩根大柱子　圍圓該當一樣寬　長短該當一樣齊　誰想到會有這們一分呢　將來南洋的力量　還比得上北洋麼　一旦有了緩急　又彷彿跟半腿趕驢似的　一定是要落在後面　因爲了壞腿　把好腿也給帶累傷了　你說值不值　這樣看來　以後的南洋全局　可就不堪設想

有的說　添了一省　外人也要籌畫籌畫　難免不增出許多交涉來　那江淮的安慶道友　跟各種會黨票匪　借端滋事　防不勝防　淮蘇兩省　可就成了一個是非坑

有的說　一督兩撫　遇事推諉起來　誰也不肯擔肩膀　這就叫做一國三公　怎麼能望他和衷共濟　事權分的太多　必至敗壞了〇朝廷的大局

有的說　常鎮通海兵備道　跨據大江南北　那金山　焦山　圌山〔圌音尚〕是三個險要門戶　如今分爲兩省　好比一所房子　住了兩家人　各守各的房門　公中走路的地方　誰也沒功夫來看管　這樣的好長江　古稱天塹　如今變成了有若無

又有人說　鹽務歸總督管理　出鹽的地方　可是在江淮巡撫的地面　萬一督撫不和　免不了要來掣他的肘　鹽務是國家要政　一旦敗壞起來　北方的餉源　馬上可危

還有一個說　江北的百姓　窮苦的多　幸虧了總督　在江蘇地方　給他們想了些生財之道　年年冬天　總[一]有幾十萬人過江謀食　江蘇的滑頭（滑頭就是流氓一類）本就看不起江北老（江北稱呼人　愛說你老人家　你

老人家　蘇人就叫他們江北老）　如今索性給他們分起界限來了　叫他一家人不認得一家人　江北老的生機　恐怕要越來越窄

以上許多人的話　據我們聽來　不敢偏向着他們說　一定算是字字合式　然大概的意思　總是爲國爲民　決無一絲一毫的私見（想做官的人　還在那裡喜歡的了不得　從此可以就近指省　沒有差使　便可囘家　一年要省許多的旅費）　若說地面太大　沿海各省　除了浙江　就數江蘇小　四川比江蘇　要大着十倍　怎麼連個巡撫也沒有　若說要緊的地勢　該當添大員鎭守　何妨把松江提督　移駐了淮安　去了漕督添巡撫　彷彿跟變法裁缺的宗旨　有些兩樣　中國的敗壞　就壞在同鄉的界限太分　全國人民　彼此都不關痛癢　想法子團結　還怕他們不肯親近　豈可以又添出一層疏遠來

有人勸我們道　降過○旨意的大事　報上豈可以瞎說　你去好好的開民智罷了　作甚麼來干預○朝政　聽了這句話　不由我的眼淚要流　這也不是我一人的話私○○○皇太后宵旰憂勤　總想望着民安國泰　政府裏鞠躬盡瘁　也爲的是治國安民　因爲這一番改動　倒生出了無數的可憂　政府諸公　久沒有到江蘇省了　也有從來沒去過的　江蘇的民風　如今那比得從前　從前是江北剛勁　江南柔和　如今是剛勁的江北　因爲貧苦　都在那裏哭號　柔和的江南　因爲派捐　也都在那裏思亂　長江一帶　前兩年的禍事　險些兒沒有鬧起來　豈可以因爲一個巡撫缺　弄得離了全省的人心　造謠生事的人　一天比一天膽子大了　這樁事情　恐怕他們胡猜亂想　報館的責任　貴在通達民隱　我們這個報　雖不能把民隱達出　一腔子的熱血　總想着消弭了內患　然後纔能講求富強　見得到的地方　說說也是應當的　何況我正是江蘇人呢[二]

說維新

樵隱來稿

（1905年03月12日第1版）

有一天被朋友所約　因爲是一塲衣官局　不願意去　後來三番兩次的催　只得勉强一行　趕到了飯莊子裏一看　嗳呀　滿屋子裏全是大人　我也不敢多開口　不知是庚子後趁便宜捐的大人哪　還就是庚子那一年　先供洪鈞老祖　後插順民旗的大人　好在諸位談論起來　句句都是維新的話　這位說　我們支那四萬萬人　總得達這維新的目的　那位說　我們亞

細亞黃種　總要固結團體　把舊法改革改革　我坐在一旁　側耳靜聽　要想聽他們講解講解這真新理　那裏知道　這些位所說的維新話　不過用幾句半東半華字眼兒　所作的維新事　不過手拿紙烟　鼻架洋眼鏡　或是用一個洋皮包的衣包　這便算是他們的維新了　一句真理沒說出來　做作點皮毛上的事　遮蓋遮蓋耳目　生成的頑固心　比那甘心守舊　不怕挨罵的人　還狡滑的萬萬倍　談的功夫久了　不禁不由就露出馬脚來　談起打麻雀牌來了　麻雀牌這宗玩藝兒　如今是大運亨通　從娼優往上數　考求這件事的人很多　大人們談談　却也不算要緊　難道有了交片禁止　連說也不准說了嗎　唉　現在國家的事　糟糕到沒有分兒了　東三省鬧得那樣利害　將來結局　還會有好兒嗎　就照這麼瞎談幾句皮毛話　敷衍敷衍面子　那就行了嗎　不挖出良心來幹正經的　自己不懂　又不肯虛心　怎麼能夠維的了新呢　莫說維不了新　就是連守舊也摹仿不像了　這話莫怪我說的太過　請問從庚子到如今　維新的效驗　究竟在那箇上頭呢　不過〇〇皇上家多花點子冤錢　〇〇皇上家的錢　都是小民出的血汗　不但花錢的受了冤　從中得錢的　也受了冤了　怎麼會受冤呢　箇中人呀　真個的還等著明說嗎

又有一位滿洲人說話
來稿

（1905年03月15日第1—2版）

見貴報有滿洲某君來稿　貴報慨然登錄　佩服之至　但滿洲人的惡習　一時說也說不清　今天揀那頂有關係的　說出一件事來　打算再興科舉的　也可以想想　不但滿人是如此　就是漢人考試　也未必不如此　要打算抖漏乾淨　言語之間　可就有些拉撞了　還求原諒

繙譯老爺們請聽著　我朝用清文取士　因清文是本朝的國語　有點不忘本的意思　凡中了繙譯舉人進士　一直到點了翰林　都與八股中的是一樣　升遷的道路　比八股中的人還快當　老年間的繙譯　還考求點兒漢學問　沒有不通文理的　滿洲的人才　由此出身的也不少　到了目下　這條道兒　算壞透了　無論考那樣的小場　必然講究傳遞　就是鄉會大場　都興辦底子了　賣底子的　都是各有各的黨與　到了場期　各黨與引類呼朋　在場近租箇地方　其中舉人進士也都有　串通場內　題目一下　他們先傳出信來　繙譯好了　由路上的傳進去〔路上的就是傳遞人的別號〕跟

場裡人役巡勇等等　串通一氣　得錢大家分肥　塲裏也有他們的一黨　借下塲爲名　在號桶子裡攪買賣　用他們的底子中了　價錢可就不小　初出手的小阿哥　那裡考得過他們　那是萬不能中的　詭計多端　難以細講　還有冒名頂替入塲的　名叫坐地冒　我們旗人家的子弟　纔五六歲　奶黃子還沒有退　就有中謄錄官繙譯秀才的了　也有剛會寫兩筆清字　轉眼之間　中舉人了　中進士了　漢人科場舞弊　也免不了這些事　然究竟辦得嚴密些　還不至十分露馬脚

唉　這也算取士大典　弄到這種樣子　豈不可嘆　這些槍冒傳遞來的　你說夠多們容易　繙譯老爺們　要是一步步高升起來　京官必是翰詹科道　外官也是州縣府廳　不用講別的　就是那語言荒謬　人心地糊塗　十箇裏倒有八九　甚至有繙譯兩榜　不能寫一封信　作一箇說帖兒的　更不必說致君澤民的大經濟了　細想起來　眞不怪被人笑罵　這些位大爺們　自以爲功名是有命定的　對人還是驕傲的很　眞可謂不知天高地厚　井底之蛙　一輩子開不了眼了

有跟他們講講時務的　彷彿是人家舌頭上有刺　一張嘴就扎了他的耳朶　再說說各國怎樣會强　中國怎樣會弱　他還是把你當二毛子看待　整日昏昏　一定是沒有腦筋的了

要打算請他喜歡也容易　拉拉胡琴　打打鼓　學兩句叫天兒　再唱兩聲汪大頭　那纔起心眼兒裡合式呢

〔汪大頭跟叫天兒　這兩箇人　諸位不要看輕　作報的人　倒很佩服他們　他們能夠震動無數的俗人　勢力比政府還大　可惜沒人提他們的醒兒　他們沒有遇見好人　他們要是肯爲點子力　好好的編些新戲　想法[一]子開通民智　比我們這報館裏的力量　要大萬萬萬萬萬萬倍　可惜沒人提他們的醒兒　他們沒有遇見好人　汪大頭的舉動　很別致　我看這箇人　必有點兒深心　一提就醒　這一班人裏　大大的能夠救我中國　可惜沒人提他們的醒兒　他們沒有遇著好人　上海的汪笑儂　眞是神仙

在下也是滿洲旗人　此等情形看慣了　也不覺得可怪　怎奈這兩天裏　不知爲了甚麼　一陣一陣子的很難受　又動了點兒保種的心　想我繙譯諸公　人數也不少　難道說人家罵的不錯　我們的種眞賤　就沒有一箇通靈性的了嗎　知恥自强　保我種類　這点意思　諸位懂得不懂得呀　時事不可問了　漢朋友們　自己都要幹自己的去了　有爭路權的　有爭礦權的　還有爭言論權的　我滿洲人　也跟著人家學學　不但旗人體面　連大清國三

簡字　也可以增一点兒光彩啊］①　[二]

四川官報②

說纏足的不合

（1905 年第二十八册第 78—79 頁）

中國女子　第一件苦境　莫過於纏足　數年前　降有　諭旨　命民間婦女　急速改除舊習　養成完全的人格　以爲强種的根本　現在　兩宫聖意　又有建立女學堂的消息　培植女子的盛典　真是從古所無了　但是學堂裡面　不是纏足的婦女　能彀進去的　爲女子父母的　又何苦定規叫女子儘喫苦　又不能得這好處呢　這其中也必有幾個原故　我見南方報上　說得狠透徹　雖未見他全文　姑且補綴出來　說與你們聽聽　我想這種頑固不化的　或因是相沿已久　視爲當然的事　又只見從前天足會　多是西人提倡　就誤認了　旁人有叫他把女孩子的脚　放了不用纏　他必定要說你是學洋人　婦女們不讀書無見識我也不必責備他　最可怪的　是讀書的男子　請教你旣讀書應該曉得男子頭方　女子脚圓　晉書上所說的男女襪子式樣這兩句話　應該曉得南堂李後主③　叫他妃子窅娘包脚的這段故事　就是女人家不讀書的　也曾經看過古妝美人的畫　幾時看見有畫出一雙小脚來的呢[78]　照這看來　這纏脚的事　自然是五代以後興起來的　唐朝以前斷不會有此事　我堯舜禹湯文武周公孔子孟子　這幾位聖人家裏　更沒有這種事　你也應該明白了　放著聖人的家風不去學　倒說是學洋人的樣　我不知究竟是何居心呢　假使這件事　雖是與古法不合　却是現在制度　這還算遵守得有些道理　卽如現今剃頭　與所穿的衣服　都是本朝所定　又何能件件事拘古守制呢　況且纏脚這件事　並不是　本朝的制度　當初順治年間　曾有一條律例　說是女人有纏脚的　把他的父親和丈夫　都打一百板子　充軍三千里　定律定得這等嚴法　後來　內廷選

---

①　原文中没有"］"，這裏是編者所加。
②　簡介見 200 頁。
③　原文中"應該"前無空格，這裏是編者所加。

秀女　內中有纏脚的　還有　旨意申斥　說是染了漢人習氣　以後不准　近年又奉　皇太后懿旨　說漢人纏脚　傷了天地的和氣　以後須官宦人家開導　但要人人曉得纏脚的壞處　把這風俗改了他　你看　歷朝聖人　苦口婆心　無非是革除惡習的意思　我們硬估不改　故意與　國家違坳①　這豈不是大大的有罪嗎　未完[79]

說纏足之不合（續第二十八册）

（1905年第二十九册第56—58頁）

我尤其不服的　是現在的維新志士　他明知這事不好　他却說是關系甚小　不要緊　聽他去包也好　不包也好　這真是誤盡天下蒼生的話了　且莫說這事關系身體　關系種族　多少要緊　就是外人恥笑　也是極難受的　你看年年博覽會裡頭這們樣蹧蹋　難道不關系國體麼　前年日本國博覽會設人類館　台灣館　種種的形容　雖有我國出洋學生　竭力憤爭　人類館算是僥倖把中國除掉了　還是眼睜睜地看着台灣省包脚的女子　在那裏獻醜　無法可施　去年美國博覽會　不知道從那裏找來的一夫一婦　男的抽大煙　絕大的癮　女的包得絕好的小脚　擺在會塲裡　一個睡着　一個坐着　供萬國的遊人看　還另外叫一個人　拿着一隻繡鞋　跕在桌子上　講這脚怎樣包法　我聽見有那時候在塲中的中國人　回來說那大的會塲　成千累萬的人　不是笑　就是罵　欺侮情形　實在令人難受　要想與他爭論幾句　又無理可說　祇好忍氣吞聲　躲在會塲外去就算了　你們想想　試去設身處地[56]　只怕就是極頑固的人　也要傷心嘔氣　羞慚悔悟了　何况是明達君子咧　人沒有不要臉的　這件事又不是難改　何苦要這樣保守　受外人的蹧蹋咧　况且一經纏了足　就無異成了廢人　不但害了自己　並害了一家　何以見得　人生在世　男男女女　各有事幹　不是光坐着吃飯的　莫說學外國女人　除了持家之外　還各人有各人的本事　做別樣的生活　掙錢來養家　單只說中國女人　應該做的事情　譬如嫁着有錢的人家　自然是享福了　却是也要管家　也要算帳　也要經理門戶　檢點什物　上輩的人　你也要伺候　下輩的人　你也要招呼　人情也要應酬　賓客也要接待　如果在鄉下　有田地　還得幫同丈夫　東一處西一處

---

① "坳"應爲"拗"。

去晒看　這一切的事　豈是你那三寸金蓮　扶着了頭　一步一步移的人做得到的嗎　若是嫁着無錢的人家　那就更苦了　燒火煮飯　提水洗衣　做鞋襪　縫衣裳　紡線子　彈棉花　照顧丈夫　料理兒女　還有許多零星瑣碎的事　樣樣都該你做　你要做　脚又痛　要不做　又不行　那是怎麼得了呢　再有窮得狠的女人家　還要去幫工　做媽子　做奶娘　或是到絲廠裏去做工　那更是要跑來跑去[57]　全靠脚力的　你們脚小的　更來不得了　你的丈夫　就是加倍的賺些錢　裏邊沒有人幫忙　自然消耗得多　生計上不免要大吃虧了　從前有句不通的話　叫做女子無才便是德　因此普天下的女人　都把不讀書　不認字　看作分內的事　然現今時勢　却大家明白了　曉得小孩子們　全靠母教要緊　既是母教要緊　自然女人家　全要讀書認字了　這們一來　却又是不纏脚的佔便宜　纏脚的吃了虧　爲甚麼緣故呢　凡人一身的聰明　全靠腦袋上的腦氣筋作主　如果爲纏脚受了過量的痛苦　這腦氣筋也要受傷　記性悟性　全都差些　況且現在教女子的法子　比教男子也差不多　一切普通的學問　都要學的　還有體操工夫　更要點氣力纔來得　平常男學生弱一點的　就累不下來　況且是纏脚女人　嬌弱不堪　行動俱難　如何吃得下這個辛苦呢　所以現在各處女學堂收的學生　都是要不纏脚的　纏脚的都要放　你們有志讀書的　趕快放了脚好入學堂　不然　那就要糊糊塗塗的過一輩子呢[58]

新新小說[①]

秘密囊
譯者…小造
（1905年第二卷第五期第1—6頁）

〔六〕十二瑞西健兒

却說次日五鼓公子小櫻起身走出帳來把營中所有軍士點閱一過原來勤王軍

[①] 1904年創刊於上海，月刊，主編爲陳景韓，著譯者多用筆名，如冷血、俠民、無悔、嗟予、公奴、小造、中原浪子、棣尊室主人等。主要欄目有"政治小說""社會小說""戰爭小說""歷史小說""怪異小說""心理小說""寫情小說""世界奇談""俠客談""附錄""雜錄"等。設有白話專欄，1907年停刊。

何能辨得出個人影兒來，但只見崖上隱隱有幾面小白旗在霧中招颭，公子忙向崖前先在的一個軍官問道這崖上的白旗是誰插的？當作甚麼用？軍官道有白旗的所在便是路，這是那位開路女將軍沿路分插，以接引後軍的，公子聽了方纔明白，又見那白旗只插到半崖。近巔處還沒有插，便知道彌娘還只在半路上沒有到那崖巔，此時第二隊軍士已上了崖，那第三隊軍士便也隨後接著上去，公子看看崖前軍士十停之中纔行了一停，心中不覺焦躁起來道我到怎麼時候繞得上去？又想道這枝軍雖說是出於敵人不意，但共和軍中未必無人，偷若被他們料及了埋伏一枝軍在崖巔等我軍上去劈頭迎擊

軍士本是不多加以累次失利又折去了一半所以目下營中所剩的七零八落幾乎不能成軍公子看了知道勤王軍到此地位難有復振的勢幸所剩軍士個個都還是磨拳擦掌有敵愾之心所以不得不勉力一撐以盡人事況且這公子心中一半是急於要找會他的義妹何嘗是單爲了大元帥的一紙令書當時點閱過了軍士便急自率領了離開了波斯河往海岸而進心中默忖道天色甚早或者趕到海岸就能見我彌妹也未可料便催趲軍士速行急急忙忙的趕到了海邊見遠遠地屯著一軍在那朝霧之中也辨不清甚麼旗號行近了方知正是大元帥的軍馬心中想道大元帥已自到了這裏我的彌妹必然已行了忙忙的到大元帥營前只見大元帥立馬陣前見公子來便說道彌娘已在十五分鐘前率兵上崖了你可將你的兵士和崖前的兵士分二十人爲一隊逐隊上崖惟必須等前隊行了三分[1]鐘後方可令後隊上前不得同時並進以防前隊失利可以疾地退回公子得令忙領了軍士到崖下來只見崖前已有好些軍士等候著公子便將手下兵士攙和在內照了大元帥的言語把二十人作爲一隊把所有軍士分作幾十隊作了一長行列在崖前那些軍士都要爭先上崖公子便喝住了先教第一隊上崖過了三分鐘再教第二隊去公子想道這個崖十分高峻想彌妹還沒有到那崖巔向崖上望時此時朝霧未散更兼崖上面草樹叢雜如何能辨得出個人影兒來但只見崖上隱隱有幾面小白旗在霧中招颭公子忙向崖前先在的一個軍官問道這崖上的白旗是誰插的？當作甚麼用？軍官道有白旗的所在便是路這是那位開路女將軍沿路分插以接引後軍的公子聽了方纔明白又見那白旗只插到半崖近巔處還沒有插便知道彌娘還只在半路上沒有到那崖巔此時第二隊軍士已上了崖了那第三隊軍士便也隨後接着上去公子看看崖前軍士十停之中纔行了一停心中不覺焦躁起來道我到怎麼時候纔得上去？又想道這枝軍雖說是出於敵人不意但共和軍中未必無人倘若被他們料及了埋伏一枝軍在崖巔等我軍上去劈頭迎擊那時我軍不必說必然又要大大吃一次虧了倘我彌妹身上有甚好歹我却如何能再見[2]彌妹一面呢？公子思量及此心頭便突突的跳將起來待要撇了全軍獨上崖去自己又是三軍之主不得胡動倘等全軍行畢後心中如何把彌娘放得下公子想到這裏覺得左不是右不是甚是難過一會忽又憶起那個同死同生的約來道呀！我竟忘了胸中便疾地打定了一個主意道我這來本要找見彌妹交付那個囊兒況又有這樣的約在先我如何可撇下他我雖說是三軍之主不可輕動但身先士卒也不見有畔於爲將之道呢？速行！速行！公子想定了疾地分開衆軍士要飛身上崖去背後轉過一人將公子攔住道阿呀呀！副元帥你要到那裏去？那人不是別人就是公子手下一名隨身猛卒黑丸公子

喝道你做甚麽？黑丸大嚷道你是三軍的元帥動不得的呀公子道我不上前軍士們如何肯盡力正爲我是三軍之主所以當上前黑丸只是攔着亂嚷道你是伯爵爺爺托與我的我不放你去我如何放你去！公子便亦想起自己父親死時的遺命來原來司馬伯爵在時因見公子好勇過甚故臨死之際曾吩咐過黑丸道公子好勇太甚臨陣之際必多輕動你是他的得力親隨之人須要極力勸阻我將這公子托與你了你莫要負我那伯爵因見黑丸戇直可靠故有此重托黑丸自受了此托在戰事中非有他故便不肯輕離公子[3]的左右臨陣時公子或有輕忽的舉動便攔住諫阻公子若不聽便提起老伯爵的遺命來公子想起父親的遺命又見他戇直可愛因此十次有八九次聽從他這日公子正欲飛身上崖聽了黑丸又提老伯爵的遺命來不覺心內躊躇奈他腦兒內被這同生同死的一句約言占據住了一時如何剗除得去少不得再想出一個主意暗自慰解道這彌妹是我父親托與我的我不撇下我的彌妹正是遵我父親的遺命呢想定了便對黑丸道我這一次不比前幾次你莫要來胡鬧便不保黑丸竟自飛身上崖黑丸見攔他不住只得睜着眼看他走了心下思量道我不受那伯爵老頭兒的托也罷我既受了那老頭兒托就這樣撇下他那老頭兒在地下須和我說話黑丸便吼了一聲道我也去扯開雙脚奔馬似的也飛身上崖去了且說公子飛身上崖那時崖前的軍士已有五六隊上崖了公子認定崖上的白旗只管往上飛奔那軍士們都是接着步伐慢慢行的所以公子奔倒半崖早已趕在第三隊軍士的後面了公子便舉首向崒巖一望只見將近崒巖有十餘名兵士在前開路爲首一人似乎彌娘手中執着一面大旗公子大喜便又一氣往上飛奔無移時早奔在第一第二第三隊軍士的前面便只管認定那面大旗往前奔去一頭奔一頭口中喊道彌妹彌[4]妹看看奔近崒巖只見那面大旗忽地不動了望去前面好似有一塊四方大石彌娘率領的十二名瑞西兵都在那塊石上立定了脚公子知道彌娘已到崒巖要等後軍到了一齊進攻心頭又是喜又是跳喜的是彌娘得了頭功勤王軍此後或可再振跳的是崒巖絕無動靜恐敵人有計正思慮間只聽得一陣響崒巖左面鎗彈一似雨下十二個瑞西軍士早已倒了三四個公子大驚道果不出吾之所料只見彌娘引着軍士投右面去了公子知道彌娘的素性無論到了如何危地不肯退轉的便也往右面奔來只聽得又是一陣響右面也有千百個鎗彈飛來彌娘所領軍士又倒了幾個却仍是不退那彌娘執定手中那面大旗立在高處專等後軍到來接應不提防一個鎗彈打來正打在那面大旗的桿上就把那大旗打折了彌娘的身子失了重心立不住了就倒將下來公子見了喊了一聲阿呀冒着彈丸搶上前來自己的腿上早着一彈也就倒在地下纔倒下來只聽得耳畔有人吼道我的小主人你好

好公子睜眼一看見是黑丸知道是來救他大喜便說道黑丸你先去救起了我那彌妹再來救我黑丸道我是來救你的顧不得你那彌妹彌妹了便上前將公子輕輕地挾起飛奔下崥去了此時勤王軍幾隊軍士都已到了崥巔那經得幾陣彈丸都已倒[5]下那未到崥巔的幾隊只得退下却被共和軍追擊折了一大半勤王軍自經了這役真可稱做一敗塗地了且按下慢表再說彌娘倒地之後便有一人走到身傍說道呀！正是昨日的女偵探那人不是別人就是軍曹李立當下李立見了彌娘大喜就將彌娘捕拿了想帶到市役長前去請功忽劈面走來一人說道是捕虜麼？我已在市役長前請得管押捕虜之命你交於我罷說罷便來奪彌娘李立一看見是瘟太歲瘟八知道他是個潑皮又是力大和他爭執不得只得交於他然自己的功勞被他奪了去心中甚是不甘一頭跟着一頭說道你知道這箇女子是甚麼人？不是別人正是昨日我說的那個偵探瘟八道就是他麼？既撞在我們手內我們就用銃刑處死了他罷此時市上的人聞得捕到一個女子都圍攏來看及見了彌娘都吃了一驚聞得瘟八要行銃刑都哀憐起來有幾個便說道這樣的一個如花少女你們如何沒有半點憐憫的心必定要處死他？衆人都道不當處死不當處死正在鬨鬧之間忽有一個老婆子分開了衆人直走到彌娘的面前來[6]

訓兵報①

古史名將事略淺說

（1905 年第一期第 1—2 頁）

蜀漢有位丞相　姓諸葛名亮　連年出兵伐魏　所用的兵　分作兩班輪替　前一班期滿　將要動身回家　忽然魏兵到來[1]　有一個臣子名楊儀　便勸丞相留住這班兵　丞相說道　我用兵最重一信字　目下卽有患難　亦決不留他們的　兵丁聽得此言　都不願歸去　丞相乃勸諭諸兵　說道你們是期滿的兵　理應回家　你們都有父母妻子　在家盼望　豈可久留在此　兵丁沒有一

---

①　1905 年 3 月創刊於北京，旬刊，由訓兵報編輯部編輯。此報專爲訓兵而作，主要内容有"步兵操典問答""訓兵四言歌""剿匪淺談""古史名將事略淺說""練兵叢談""時事要話""日報戰事摘要""時事叢談""槍學歌""從軍歌""軍紀歌""教養歌""國朝龍興武功記""上諭謹記"等。1905 年 8 月停刊。

個不感激　答道蒙丞相如此恩待　我們情願殺魏兵　報丞相的恩　不願歸去　丞相再三勸他們回家　兵丁決意不歸　後來果然連打勝仗　魏兵敗去

（附記）　古來爲將的不可失信　爲兵的不可忘恩　這恩信二字　是軍營中最著重的　使諸葛亮平時毫無恩信　這兵丁未必肯留　惟其平時受恩已深　所以逢著患難　肯拚命出[2.1]力　如果平時受了官長的恩　到了有事時候　只顧自己逃命　不顧官長死活　這等忘恩負義的人　萬萬不可當兵[2.2]

古史名將事略淺說（續）
（1905 年第二期第 1 頁）

三國時東吳有個名將　姓呂名蒙　帶兵到荆州地方　所有將士家屬　個個受他安慰　但是軍令極嚴　他下一令　不準到百姓家裏去　索取物件　恰巧有個將官　是呂蒙的同鄉　取百姓家的一個草帽　呂蒙言道不能以同鄉的情　廢我軍令　立即把他斬首　自己還暗暗垂淚　於是三軍個個戒懼

（附記）　兵是保衛百姓的　如果要強取百姓的物件　反而是擾害百姓了　譬如你們做百姓　有人取你們的物件　你們願意不願意　回轉來一想　本來是不應該　況且主將有過軍令　既然犯了令　如何可以不殺　所以主將也萬不能廻[1.1]護了

戰國時有個名將　姓吳名起　精通兵法　待兵卒極厚　臥時不設席　行時不騎馬　遇着勞苦的事　他肯與兵卒分任　有一兵身上生疽　流血甚多　他竟肯以口吮之　所以兵卒都心服他　後來魏君用他爲相　率兵伐秦　連拔五個城池

（附記）　這吳起有多大本領　竟能拔秦五城　無非平時恩待兵丁　到得用兵時候　兵丁肯拚命報答而已　但這種有忠性的兵　就是替他吮血也情願　可見官長平時無有不愛兵丁　俗語說得好　養兵千日　用兵一時　你們平時受了官長的撫養　到了用你們的時候　你們只要肯出力就是了[1.2]

古史名將事略淺說（續）
（1905 年第三期第 1 頁）

東吳有箇名將　姓陸名遜　領了兵去伐西蜀　到了蜀國　紮著營盤靜候　並

不出去攻打　蜀國的人　就來辱罵他們　陸遜的將官　心中不平　便勸陸遜開仗　陸遜不聽　還是靜候着　將官們磨拳擦掌　要想立刻同他决箇死戰　陸遜說道　主上因爲我用兵　能彀忍耐　所以此番派我來伐蜀　我心中自有計畫　後來陸遜打敗了蜀人　將官方纔都佩服他

（附記）　陸遜不聽將官的話　因爲那些將官　都不曉得用兵的法子　這打仗事情　本來全靠主將的計畫　陸遜能彀忍耐　不動聲色　靜候好機會　那蜀國果然被他攻破　所以[1.1]　臨起陣來　兵丁總要服從上官的調度　切不可輕舉妄動

春秋時有鄖國人　在蒲騷地方成軍　要去伐楚國　楚國有一將官　名叫屈瑕　因爲兵丁太少　心中萬分憂愁　又有一將官　名叫鬭廉　他同屈瑕說　兵不在乎多少　總要和氣纔好　那鄖國的兵雖多　却沒有一點和氣　咱們不必怕他　後來鄖國果然被楚國打敗

（附記）　兵丁祇要和衷共濟　沒有不打勝仗的　譬如有一千個兵　個個同心　打起仗來　就有一千個兵的用處　倘然有一萬個兵　倒有一萬條心　打起仗來　萬萬抵不住那一千個兵　這個道理　想你們也明白　所以兵丁總要齊心[1.2]

古史名將事略淺說（續）

（1905年第四期第1頁）

蘇定方是唐朝的名將　他征賀魯國的時候　敵人有十萬多兵　定方的兵很少　敵人擺開陣勢　要想把他包圍了　定方就教步兵守住險阻地方　把所有軍器　都向着外面　親自帶了馬兵　在北面平地上擺着陣勢　敵人來衝殺三次　沒有衝破　定方瞧見敵兵亂了　便衝過來　殺掉賊兵有幾萬多　居然得了一個大勝仗

宋朝的名將岳飛　是人人都知道的　他去伐那僞齊　進兵到襄陽　僞齊的將官李成　帶了兵來迎戰　他的馬兵　都靠着襄江　岳飛看了笑道　步兵宜在險處　馬兵宜在平地　這李[1.1]成反把馬兵據了險阻　步兵擺在平地　他兵雖多　也不中用的　岳飛便吩咐將官王貴　帶了長槍步兵　去攻他馬兵　吩咐牛皐　帶了騎兵　去攻他步兵　兩邊開仗　賊馬都中槍而死　不死的也都擁到江裏去了　步兵也殺死不少　李成大敗而逃　岳飛就把襄陽克復了

（附記）　步兵與騎兵　用法本來不同　你們但看那蘇定方岳飛二人的用法　就明白了　所以打起仗來　總要查看地勢　那一處宜用步兵　那一處宜用馬兵　布置妥貼　還要看敵人來的是什麼兵　咱們用什麼兵去破他　全在臨時運用的好　就沒有不打勝仗的了[1.2]

古史名將事略淺說（續）
（1905年第五期第1頁）

吳國陸遜　同劉先帝在猇（讀作哮）亭打仗　兩邊紮了營　吳國的將官　都想立刻開仗　陸遜說道　劉備帶兵東來　正是銳氣利害的時候　況且他又據着高處　守着險處　要想攻破他　實在不容易　要是咱們勝不了他　那就壞事了　咱們還是想點計策出來　看他軍中有什麼變動　纔好下手　將官們都不佩服　以為陸遜是怕劉備了　自從正月裏起　一直守到六月裏　還沒有開過仗　到了閏六月　陸遜要想動手了　眾將官帶了氣說道　好時候錯過了　如今劉備紮了五六百里的營　所有險要的地方　都被他守住了　還打什麼呢　陸遜道劉備[1.1]的用兵　是很利害的　他初來時候　防備得很嚴　銳氣也足　實在不容易攻打　現在住了這許多時候　兵丁也疲乏了　防備也懈怠了　這時候纔是好機會呢　陸遜馬上動手　竟把劉備所紮六百多里的營盤　用火攻的法子　燒箇乾淨

（附記）　陸遜的用兵　實在叫人佩服　你看他同劉備打仗　要是聽了將官的話　那劉備的兵　銳氣利害　非但不能全勝　就是小勝也未必穩　他能夠靜守半年　這樣的耐心　是平常人學得來的麼　所以打仗切不可貪着小勝　弄到遺悞大事　還要守着好機會　看他有什麼破綻沒有　打算全局的得失　纔好用兵呢[1.2]

勸兵當存要好心說
高梧擬稿
（1905年第六期第1—4頁）

我們中國敗壞　就壞在大家沒有要好心上　其弊一言難盡　別的不說　只說從前的舊營　當官長的不知道甚麼叫訓練　甚麼叫教育　只存一箇升官

發財的心　當兵的也不知道甚麼叫技藝　甚麼叫軍律　只存一箇混飯吃的心　像這等官兵　自然不能強國保家了　所以中國弄到這樣的敗壞　處處受人的欺侮　到如今從前的事也不容提了　且說我們現在的軍情　經　宮保竭力整頓　官長都能存箇要好心　認眞辦事　不像那舊營的樣兒　所以近來軍隊　頗有起色　但當官的雖好　那當兵的還無進步　也不能強　要知道咱們當兵　都不是[1]無聊的人　也不是混飯喫的人　如今天下第一等的人　就是咱們當兵的　這是甚麼緣故　因爲要把中國強起來　先要從軍人做起　兵強國自強　所以最貴重的就是現在的兵　你看那古今的名將　那一箇不是行伍出身　并非有天大的學問　不過是存心忠義　肯出力的保國罷了　如今咱們也要存這樣心纔好　平時官長教訓　須時時體貼做去　切不可敷衍了事　把當兵當作下賤的事　只圖混一天算一天　有時還要逃走　這就是不存要好心了　須知道拏獲逃兵　定要照例治罪　豈不是自送性命麼　所以勸你們要存好心　常常有箇忠君愛國的念頭　將來自然發達　這就不負我勸你們的苦心了[2]

日本步兵中有箇姓富田的曹長他年幼時曾說過做了軍人願死在戰場的話這回奉調出戰便大喜道此時可以見我男兒的眞面目了便告別父母說道我此去不盼望生還雖死無恨願二老和親戚朋友都不要爲我悲傷後來佔奪了金州又向南山攻打身上已經槍傷數處還是奮勇前進忽然飛來一彈穿胸而死他父親年已七十得了兒子的死信幷不悲傷說道大丈夫應該捐軀報國的要是人人想活命教誰去打勝仗呢

　　問這富田出門時候爲何便存箇戰死的心　答曰到了戰時若是怕死那就萬不能打仗了存箇必死的心出去打仗也未必人人戰死這富田竟應了他的話也是他的不幸命數當絕然官兵[3]們逢到戰事應該存箇死心纔好把勇氣激發起來

　　問他父親得了兒子的死信爲何不悲傷呢　答曰世上沒有不爱兒子的他以爲兒子旣然爲國戰死盡了國民的責任那是很榮耀的事心上也就不十分的悲傷了

有箇步兵名叫山田英道奉調出征他的母親吩咐道你父被人謀害因爲不肯受辱要保全武士的身分所以自己剖腹死的你是他的兒子到了戰場應該十分忠勇方不辱負你先人的名譽

　　問英道的母親何以如此明白大義　答曰安知不是英道的父親感發起來的所以只要有人忠勇自然大家也跟着忠勇了何況一家的人呢然像這等女子實在難得眞眞可敬[4]

直隸白話報①

直隸白話報祝辭
□吾盧主人寄稿
（1905年第一卷第一期第3—5頁）

咱們中國自古至今國的存亡民的生死全靠着君上同那些做官的不知道都在百姓身上百姓好就是在上的人差些國也是要強的百姓不好在上的縱然本事甚大也是沒法的就按現在的中國說罷咱國現在的大病是極貧極弱的了在上的要治這病無非是籌款練兵試問百姓貧到這個樣子縱然能籌也籌不出多少款來在上的本領無論多大到籌不出來的時候也就無可奈何了若是百姓有點知識呢咱們這國裏有的是出產先說山裡的礦是多的金銀煤鐵通世界算起來也要首屈一指了百姓要能把他弄出來憑着這一樣就可以富國況且地土的出產像那棉花葡萄蘿葡麥楷樹皮豬羊毛牛馬骨頭說也說不全多着的呢若能毅照着人家的法子做起來還會窮麼百姓要不窮這籌款的法子可就不難了再說練兵罷咱國裡這一二年是着實用心的了無如在上的本事不過是能叫他操練的好規矩整齊點兒也就罷了不知這兵最要緊的是心心要是敢死這些技藝便有用心要是不敢死這些技藝無論他練到多精他總是一個三十六計走為上計〔3〕的主意不是白練麼大凡人沒有不貪生怕死的但是如今這個時勢正在各國互相攻打的時候就是陣上跑了人家會趕到你家裡去趕來趕去終有個跑不了的時候與其到跑不了的時候白送了命落個憨頭何如在陣上分個誰強誰弱呢就是死在陣上比跑着被人打死不榮耀多了麼咱國的兵說起各國的兵來就誇人家不怕死人家也是血肉身子為甚麼就不怕死呢不過是這個道理明白些便不肯望見敵人的影兒就想拏腿了就這們看起來咱國這貧弱的病根在上的是斷不能全治的非要百姓自己去治是萬不能痊愈的大家想想我們這在下的

---

① 1905年2月吳樾在保定創刊，半月刊，直隸白話報發行所發行。曾任主編和主要撰稿人有吳樾、金慰農以及一些日本人士等，多為皖籍人士。主要欄目有"社說""歷史""地理""傳記""教育""軍事""學術""算術""實業""紀事""政法""衛生""格致""叢談""小說""歌謠""調查""譯叢""專件""選錄""來稿"等二十餘門。1905年8月15日停刊。

百姓要治這個病除了懂點道理還有第二個法子麼況且國家緊要的事多著的呢不但這兩條所以各國教化百姓比教化上流人還用心全是這個道理咱們中國若說各省各城各村都立起學堂來像外國似的把一國的人都教化起來是一時做不到的所以這有心的人識時的人創出白話報來近來海內也狠有幾分了但是這個東西越多越好如今在省城留學的南北志士們商量着凑了股子要辦白話報這是百姓們的福我自要代四萬萬人慶賀是不必說的了但是一件如今人民[4]知識是不大的知識不大這說話必要淺近些他聽着入耳自然歡喜一歡喜就要推行了若不管他們知識如何只管說我的明白話恐怕等不到我說完了他們便不自在了這還能有效驗麼這作報總是要替那看報的人用心拏他的心裝入我的心然後再拏我的心去化他的心黑白分明是非瞭亮不愁世人不懂懂了淺的自不愁深的了當今那些同志們因時勢艱難迫不及待恨不得立時把四萬萬同胞喚醒那些百姓如夏天的蟲兒說到隆冬的時候有冰天雪地的却數他是再不肯信的又像那不會走的孩子縱然房倒屋塌叫他跳出來避禍他那是萬不能的又不信又不能這報的效驗也就不可必得了這豈是辦報的初心麼況且心過熱了發言自必覺有些稜角弄出別的事來把出報的主意反到化爲雲煙那就更不妥當了橫着個如火的熱心却要發些淺近的議論能勸動他們這就是個恰好的地步但是這事狠難連我也做不到雖然要是因着難就不肯向這裡用力天下事還有成的麼聞聽衆位要出報我歡喜的了不的所以凑了幾句話當個蒭蕘之獻像個祝辭不像我也顧不得了呵呵[5]

1906 年

北洋官報[1]

女兒巢樹

（1906 年第九百十册第 5 頁）

法國某鄉村　有一女孩年約九歲　色黑如漆　性同野獸　然確係人種無疑　女不知生在何處　一向在深林密菁裏邊　摘食蔬果等物度日　夜宿高樹之巔　無冬無夏　不怕霜露　身裹獸皮　科頭赤足　見人不甚害怕　然亦不敢與人相近　一日跳舞入村　手拿短木杖　滿村人嚇的了不得　都以爲怪至　俱各關門閉戶　連影都不敢露　有從門縫裏偷看　覺得他很怕犬嘷　就放猘犬出噬　女卽舉棍奮擊　犬斃　羣犬四散　又操梃打門　半响門没打開　就長嘯一聲而去　村人尾踪跡之　看見他援樹直上　如猴一般　困了就在樹的交枝上睡覺　適莊主人來細細一瞧　覺得與人没有大分别　就叫人在樹底下放了一盆水　暗地裏藏著兩個人　等他喝水時候　就乘勢把他擒住　不一回　這女孩果然下來喝水[2]　瞥見旁邊人來　仍就跳在樹上　後來庄主人又找了幾個弱女孩　拿些瓜菓　誑他下來　這女孩始瑟縮而下　村

---

[1]　1902 年 12 月 30 日創刊於天津，出版並發行者爲北洋官報局，是清末創辦最早、最有影響的地方政府官報。始爲隔日發行，後改爲每日出版。主要欄目有"論説""宫門鈔""奏議録要""時政紀要""公文録要""商政録要""外省新聞""各國新聞""學務要聞""教務白話""農事淺説""選報""譯報"等。設有白話專欄。1912 年 5 月停辦。

[2]　原文中"這女孩"前無空格，這裏是編者所加。

人纔乘空把他拿住　帶到庄去　女入門後看見廚房裏懸了一隻鷄　就踴身一躍　將鷄取下　剝剝生吞下去　嗓子咽的咯咯有聲　庄人叫人把他梳洗一番　換一套衣裳　仔細勘驗　似係內部種類　而鄉裏的人　沒一個不說是野獸的　因此就把他囚在一個房間　馴馴他的野性　這一天下大雪時候　旁人沒有防備他　他把屋頂上爬了一個洞　鑽了出來　在屋脊上如飛似的逃去　庄人又聚集多人　遍找方纔拿住　拿住後口常嚶嚶　人也不懂得他說的甚麼　這日庄主人來帶他回去　扶持豢養　費盡心力　纔畧畧有點人類的觀感　女最不喜歡食烟火物　如五味中的鹽　五穀中的麥　全不曾沾過唇　主人偶開宴會　呼女出侍座　席間山珍海錯　餚饌很是精美　均搖首不吃　忽而離座　去到門外池裏　捉了青蛙數十頭　以衣兜而入　分贈座客訖　自己就把青蛙皮剝去吃之　就髣髴很有味似的　後某王妃聽說這女孩的歷史　很以爲奇　想看看他是甚麼樣　叫他來前　他就跳舞而至　王妃知道他善走　就帶他到獵場　叫他追逐獸兎　卻沒有一個捉不住的　王妃大喜　早晚很看待他　女漸漸能製花草　懂得人的說話　據言尚有一姊　因爭物吃　被他打走　遂失散　女後來過埃及　被摩人以槍擊之不中　跳而免　後送入病院　及女修院　俾令學習工作　亦無他異　年漸長到四十餘歲　不知所終　後有人約畧懸擬　似是當時覆舟北極北氷洋等處　其父母被溺　人跡不至　遂因樹搆巢　食生果以生活者

說體操

（1906年第九百二十冊第4頁）

問體操有什麼益處　答凡人身裏常存各種廢料　多運動　就能多吸養氣　幫助血裏底鐵質　運出所存底廢料　所以體操能叫身弱底變壯　身壯底更强

問假如有人　身子又弱又瘦　恐怕犯了肺癆　也應當學習體操麼　答肺癆病底起初　正應當快學習體操　防備他加重　但不可過勞

問肺癆跟體操　有什麼關係　答凡虛弱底人　都頭低肩縮　前胸深陷不揚　所以肺體縮小　不能多容空氣　漸漸成了肺癆之症　獨體操時候　必得挺身站立　仰面向上　胸膈寬大　胸若是寬　肺就長了　肺若是長　肺膜就不熱　容底空氣也多了　況且體操時候　又能換身裏底濁氣　所以在肺上很有益處

問體操有簡便底方法沒有　答孩童多喜歡奔跑跳舞　這是天然練力底方法　凡人若能常在空曠之處行走　活動肌肉　多吸空氣　這個方法　簡便的很　所以外國念書的人　每天分出一兩個小時候　作爲走道運動的工夫　到念書時候　就更能多用心了　（凡教育孩童　須得叫他有興趣　不可過於管束　若禁止他玩耍　叫他成天呆坐　如同木雞一般　像這樣兒　大有害處）

問兒童玩耍　也有毛病沒有　答肌肉雖然不可不運動　但亦不可運動太久　要是太久　就得心裏亂跳　所流動的血　耗的更多　總要頂到好幾個月　纔能復原　像這樣的　就有損處　所以體操工夫　總得每天不間斷　操練到力乏時候　就得歇息

問拋球　跳繩　打彈子　放風箏　等事　有什麼益處　答這種事都能活動肌肉　多吸空氣　又能習練眼光手法　都在身體上　很有益處　就是女孩　也得學習這個

問多吸空氣的方法　答到空曠處　挺身站立　用鼻大大的多呼吸幾次　吸氣時候　閉息一回　叫養氣得以透行在血裏　如此習慣了　肺的容積　就也能長大　但吸氣應當用鼻　不可用口　因爲鼻裏能濾出空氣裏頂細的塵土　叫他進不了肺裏去　天冷時候　又能叫空氣暖活　稍微的濕潤　若是全仗著口裏吸氣　就容易生出喉病肺病來

問體操之法　答體操的法　頂好的已經全在幼學操身這一部書上了　學習體操的人　都得買一部　就能照樣演習　我也不必多說了　除此之外　像那八段錦　等書　也很好　但有點道家誕妄的話　不可拘泥（日本有鹿田熊八寺伊勢松　所編的小學體操法　是日本明治三十一年印出來的　他的法兒很新　比較以上所說的書　更全更好　這種書裏　共分十章　第一章是體操演習要旨　第二章是體操準備　第三章是整容法　第四章是呼吸運動　第五章是身體矯正術　第六章是徒手體操　第一演習（附啞鈴）　第七章是徒手體操　第二演習　第八章是啞鈴體操　第九章是毬竿體操　第十章是柔軟體操　除此以外　又有小學遊戲法　都是投毬奪旗之類　都在學生的身體上　有大益處的　（未完）

說體操 （續昨稿）

問、各種體操書、法子很多、有要緊的話麼。答體操的法。頂要緊的。不如前胸寬大。這句話頂好。這個法子、得挺身站立。叫前胸揚起來。並不低下。或者把兩手撲開。平抬直上。向天為止。每次不可太快。這是因為胸寬肺就長。肺長、就能多容空氣。氣若充足。身子必定不弱。此外如同格致彙編上所載的易筋西經裏所講的操法。最為簡便。每學習一次。不過兩三分鐘的工夫。也能叫手足胸腰各處的肉筋活動堅壯。這是外國人的體操新法。若是願意功效很快。練到頂大的力氣。非得按著幼學操身的樣式操演不可。

說體操（續昨稿）

（1906 年第九百二十一册第 2 頁）

問各種體操書　法子很多　有要緊的話麼　答體操的法　頂要緊的　不如

前胸寬大這句話頂好　這個法子　得挺身站立　叫前胸揚起來　並不低下　或者把兩手撲開　平抬直上　向天爲止　每次不可太快　這是因爲胸寬肺就長　肺長就能多容空氣　氣若充足　身子必定不弱　此外如同格致彙編上所載的易筋西經裏所講的操法　最爲簡便　每學習一次　不過兩三分鐘的工夫　也能叫手足胸腰各處的肉筋活動堅壯　這是外國人的體操新法　若是願意功效很快　練到頂大的力氣　非得按著幼學操身的樣式操演不可

問大運動的體操得忌麼　答凡人飢餓時候　或者吃飽時候　或者用心時候　身裏的血　就都聚在腦裏　或者聚在胄裏①　這時候萬別練大運動的體操　就是在沈靜時候　也不可忽然作大運動　若是大運動　周身的血脉　就流行更快　那耗費的料也很多　恐怕一時沒空補他的缺乏　況且忽然的大運動　最危險了　身裏的肉筋血管　常常因此破裂　所以要練大運動的體操　應當漸漸的往前進　不可忽然就練起來

問大運動之後　應當怎麼調理　答大運動後　身體更加溫煖　雖然出了大汗　也不可在風裏露出身體來　又不可穿薄底衣裳　坐得太久　因爲此時汗管已經開了　恐怕受了風寒　又不可忽然吃東西　跟看書等用心之事　因爲此時的血　在周身流行很快　若忽然叫他聚在腦裏　或者胄②裏　都大有害處　若走頂遠的道　或者作非常的大運動　雖然歇息一會　還是不可吃飯　跟用心等事　因爲此時胄力腦髓③　都已困乏了　所以應當少吃養心　叫他復原

問孩童讀書　到一二點鐘的工夫　必得放學　叫他遊學歇息一回　這是甚麼緣故　答凡人不可一天叫腦子祇想一件事　因爲腦力容易疲乏　不能靈活的緣故　要是常常改換操作　這件事所用的腦筋　就已經乏了　別的腦筋　還可以使用　所以孩童讀書　過了多少時候　腦力已乏　就應當出外玩耍一回　叫腦筋復原　如果這樣　腦子就越用越靈　智識也更添更大了（學生在外遊玩　應當有踊躍的心　纔在身體性情上　卻有益處　若是排起隊來　嚴肅行走　一點意味興趣沒有　這簡直的是窒塞幼童生長的機關）

---

① "胄"當爲"胃"。
② "胄"當爲"胃"。
③ "胄"當爲"胃"。

問吟詠詩歌　在身體上　也有益處麽　答咽喉發聲之處　也得習練　叫聲音清響　這實是在肺臟上跟呼吸的各處很有益處　所以閒暇時候　吟詠有性情的詩歌　不但能叫心氣和平　又可免肺臟各病　但不可吟詠太過　叫聲音發暗　氣又不長

北洋官話報[①]

論教育兒童之要法
（續丙午年第二册）

（1906年第九至十期第1—7頁）

盧騷　瑞士國人　他做的教育書　名叫哀彌伊爾　是一部小說書　假託哀彌伊爾爲主人　記他初生以至結婚　一切教育的歷史　分爲五卷　第一卷　記哀氏初生至能言孩提教育法　第二卷　記至十二歲幼稚教育法　並論練習五官　第三卷　記至十五歲少年教育法　論智育　第四卷　記至二十歲成年教育法　論德育　第五卷　記結婚事　並論女子教育法
盧氏論小兒性質　是純善的　即性善的意思　他教育兒童法　雖不免少偏　却也有深意　今把教育大略　分記如下
第一期　論兒生後　産婆由外面圓兒頭　教師由裏面圓兒頭　教小兒
[1.1] 法　一切應聽其自然　由他自步自躍自游戲　雖一日顛仆幾百次　由他自起　不必顧念　且宜令他光著脚走跳　不必穿靴鞋　黑夜中由他暗

[①]　出版年份和出版地不詳，不定期出版，分內、外兩編，內編分爲"教育淺說""格致淺説""政治淺説"等；外編分爲"新聞紀要""文告采新""唱歌集腋"等欄目。教育欄詳細評介了盧梭的名著《愛彌兒》。

行　也不必給他亮兒　玩物是已經人造成的器具　一概不必給他瞧　但給他一片木或一塊石　由他自行配搭　此外如無益的乞求　雖少也不可允許　盧氏這話　雖未免帶點兒偏　然也有至理　做父母的　應斟酌施用　所說的本無定法　總以發揮兒童自然生動力爲要

第二期　論教育由言語引入　言語以少數爲合宜　儻多過思想數　不但無益　並且有損　況這時期內　宜注重感覺　宜練達五官　宜令依實物比較長短　辨別輕重①　或用圖畫　或用唱歌　不可用書本上呆法　這時小兒　不明白事變的關繫　不可跟他談歷史上事　言語還沒完全　不可教他外國話　並且不可教他文話　只宜用白話解說　講給他聽　盧氏這話　却都是研究有得的話　看官宜注意[1.2]

第三期　智育時期　智育務注重在實利實益　不可限定學生應知那一科　須體察那一科　有益學生　可望有成　教必教有形的學問　如天文地理物理質力等學　不可但講空理　必須在實物上研究　即如教天文　必令上看天體　教地理必令先考察自己居住的房屋　和近處的河流　然後由近及遠　教物理必令到織工場　親自試驗　教化學必令比較兩種同類物的性質　如有兩種葡萄酒　令他細嘗辨別　那是優種　那是劣種　便可從這物理　引伸推廣　講給他聽　此外凡教一切　不必用記號器具書本等等　但取眼前羅列的萬象　可作爲教

---

①　"辦"當爲"辨"。

育的材料　因世界萬物　便是兒童的書籍　取之不窮　用之不竭　印本的書籍　不過是過去的空話　於世界日新的功用　實物經驗的妙理　毫不相關　儻然必定要用書籍　只有一本書可用　什麼書呢　叫做魯賓孫漂流記　魯賓孫是人名　不借朋友的幫助　不需器械的代勞　一人獨在窮[2.1]海孤島中　自謀生業　安享幸福　可知世界有萬種的職業　人類以勤勞爲貴　魯賓孫漂流記　却可做爲良教科書　盧氏教法　雖多偏見　然也自有深意　未必全是　也未必全非　看官自能心知其意

第四期　德育時期　教兒童讀書認字時　並宜教他親愛溫柔　因兒童年歲漸漸長成　有種種情欲的擾亂　所以宜用道德教他　但盧氏所說的道德專重在愛情上　要兒童自小即富有仁愛的情操

第五期　婚娶時期　因論及女子教育　跟男子有密切的關繫　女子有相夫家的責任　有教養子女的責任　有保護老人的責任　所以教養女子　也是重大的要點

盧氏教育的宗旨　也重在自然教育　但教育兒童這件事　不可偏重自然　也不可偏重人爲　宜用人爲整齊自然　方爲正式　儻若專重自然　不用人力　那就同果子成熟　由他落在地上　仍歸腐爛敗壞　一個[2.2]樣兒了　然哀彌伊爾那部書　啟發後人　在社會上頗有勢力　裴司塔若籍的改良兒童教育法　即因此悟出來的

裴司塔若籍　也是瑞士國人　最熱心兒童教育　因讀哀彌伊爾書　大發感情　獨立創辦貧民學校　教養貧兒五十人　後因國亂　孤兒流落　到處都是　裴氏又設立孤兒學校　收集貧民子女八十人　竭力教養　校內學生　有瞎一眼的　有聾一耳的　有跛一腿的　甚至於有痰病的　有疥瘡的　滿身都是虱子臭不可近的　裴氏一概收養　竭力改良　所有教育艱難情形　眞是一言難盡　到後衆學生感受裴氏的教育　知識大進　道德心一天盛一天　居然一律都成爲良善學生　可見裴氏教育的苦心　因此裴氏教育兒童法　名滿歐洲　有教師數十人　慕裴氏名　都來學習教育法　那時斐氏年歲已老　精神却仍是十分壯健　盡力教授　各教師都感謝而去[3.1]

裴氏教育宗旨　有三個字　叫做形數言　形是圖畫　數是算法　言是言語　裴氏熱心教育　以爲教育界外　別無世界　且但知教育他人　把自己的身子也忘却　所以一見兒童　便樂起來了　無論教育怎樣辛苦　怎樣艱難　都是願意的　眞可稱教育界中的博愛師了

佛羅卜爾　德國人　自小即愛天然的動植物　十歲時　入學堂念書　不愛

苦思暗記　常一人獨在樹木中　走來走去　上看下瞧　以爲樂事　十五歲　充林務官徒　又向醫士借讀植物書　採取各種植物　竭力研究　又兼學建築術

二十三歲　充建築學校校長　友人某　知佛氏有異才　勸道　你不宜爲建築家　宜爲教育家　今有人要聘教師　宜改計前去教授　佛氏允諾

初到學堂時　佛氏也不過用裴氏教育法　到後另創教育主義　專注重[3.2]兒童教育　常考驗金石結晶體的狀態　時年三十四歲

又過了二十多年　佛氏創設一幼稚園　並把幼稚園必要的事件　和教育的方法　揭登新聞紙　又親自各處去　演說幼稚園的好處　然人多不能信從　看官須知　幼稚園這件事　是佛氏首創出來的　現已通行各國了

佛氏與裴氏　都是愛自然　愛兒童　熱心教育　同達極點　然教法却不同　裴氏說幼兒教育　宜在家庭　歸己母自教　佛氏說幼兒教育　不宜歸家庭母教　宜在幼稚園　這因二人的境遇不同　裴氏有賢母　佛氏自小　母即早死　所以教育的宗旨　也不能同例

佛氏又說　教育兒童　宜發達自然的能力　令天性暢盛　儻若但憑外物的形象　這就把小兒的腦質　看成銀圓　在背面刻上許多花鳥形　有什麼實在的益處　教小兒法　須細察小兒的性質　一兒有一人的性[4.1]質　即一兒有一兒的教法　如有十兒　即有十兒的教法　萬不能強歸一律　所以學堂內的兒童　是教教師的　講堂上的教師　是受兒童的教　又還教兒童的

又說教育兒童　宜女子不宜男子　女子善體察兒童性質　教育兒童　必能勝過男子多得多

幼稚園中　有五種玩物　叫做恩物　第一是球　第二是立方體　第三是八分小立方體　第四是八分小勾股體　第五是二十七個小立方體　把三個小立方體　各分爲兩個小稜柱　又三個分爲四個小稜柱　此外又有小棍子　薄木片　和紙片等等　令兒童隨便折疊　或用各種物件　令兒童搭造房屋結構形　因可以開發兒童的智識　所以叫做恩物　總之佛氏教育宗旨　在引助兒童自然的發達　令造極端　精神發育　和身體發育　收雙方的感覺力　這是佛氏的教育要領[4.2]

斯賓塞爾　英國人　是一大哲學家　小時候　愛捕蝴蝶蜻蜓等物　養活起來　細察他生長變化的形跡　並畫成圖樣　認爲第一快樂事　常說眞正教育　在獨習兩字　不借他力　自行解釋　最爲善法　因此發明教育精理　便

成教育大家　生平著書很多　竭力稱讚進化說　論理學哲學的根本　必由進化說發出　如道德進化說　歐洲教育家　推爲古今偉論

斯氏教育兒童法　分五種知識　一身體直接的知識　即生理學　二身體間接的知識　即物理學　三爲父母的知識　即心理學　四爲國民的知識　即歷史學　五職業實用的知識　即美術學　常痛論當時兒童教育的缺點　如食物不完全　衣服不完全　體操不完全　最爲有誤兒童　所以竭力改良兒童教育　最重體育一層　說身體健康　是教育兒童的第一要義　至於智育　物理學最爲適宜　英國教育兒童法　到斯氏[5.1]時代　方有完全的教法　因斯氏本是大哲學家　所以教育權也從斯氏改定　眞是一位改良教育的大師

顯露柏羅都　德國人　是一個深純達化的大思想家大哲學家大教育家　嘗說國家的存立　全在兒童教育　所以他一生專研究兒童的性質　竭力改良教育兒童法

裴氏佛氏　都說是兒童的意志　比植物的萌芽　將來的暢盛發達　都含在這萌芽中　這豆大似的一粒樫實　實包孕日後參天蔽雲千枝萬葉的原質　兒童意志的自發力　本根內早有一定的形狀　教師跟園丁似的　不過在日光空氣雨水中　加意保護　順導他自然會發育　裴佛二氏　意見大概都是這樣

顯氏的學說　却大不相同　他說是兒童意志暢盛的程度　全憑外力　不由內發　教師跟技師似的　就兒童的性質　改歸到教育範圍內　裴[5.2]佛二氏主義　在不害兒童的自由　顯氏主義　在令兒童服從在正當教育下

顯氏以倫理學　定教育學的宗旨　以心理學　定教育學的方法

教育宗旨　在陶鑄兒童道德的品性　德性是指良知和意志說　沒良知便不能辨善惡　但有良知　沒有決行的意志　良知也不爲他所用　所以良知意志二事　宜相均相和　相助相成　方爲生人至極的正當教育　成一貫的理想　達完全的程度　忠孝仁義　自然容易實行了　什麼叫教育　教育是德育的代名詞　什麼叫智育　智育就是德育的引伸力　離了德育　智育便無從發生了（顯氏這學說跟我國王陽明所說的知行合一　同是一意）

教育方法　分三種　第一抑制　第二訓授　第三鍛鍊　什麼叫抑制呢　兒童道德心未生之先　一切行爲　自己必無一定的主見　所以宜裁[6.1]抑限制他的意志　令他歸入道德範圍內　養成秩序　勤習禮儀　以便施授教育地步　所以抑制二字　不必管兒童的心　但在外部言語行爲上　加以限

制　道德心自然即漸漸的生長了
什麽叫訓授呢　把知識授給兒童　令兒童發出觀念界的興味　然後再加訓誨　奮勵他的意志　知識有限　興味無窮　興味分兩大類　一關智力　二關感情　這兩大類　又可分爲六種

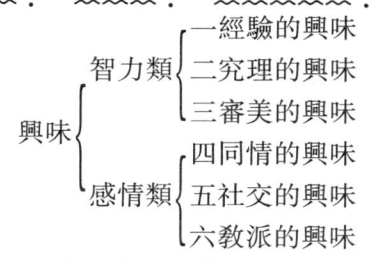

興味 ｛ 智力類 ｛ 一經驗的興味　二究理的興味　三審美的興味
　　　 感情類 ｛ 四同情的興味　五社交的興味　六教派的興味

以上六種興味　宜完全不宜偏重　多方興味　是顯氏教育兒童的大主[6.2]□
什麽叫鍛鍊呢　是鍛鍊兒童的德性意志　達到行爲事實上　宜令兒童精神　時常活潑　有恒性　有毅力　養成自立獨立的性質　日後必能在世界上　做一番事業　這就是鍛鍊的作用　這就是鍛鍊的精意
泰西十一家教育師　顯氏出現最爲後勁　顯氏教法　也最爲完備　顯氏宗旨　也最爲純正　說明國家成立和兒童教育的結構　全在倫理學心理學上　可稱集十家的大成　無古無今　無東無西　教育家都宜遵用
這七篇教育兒童法　所有泰西大教師的方法　都已採擇齊備　教法雖有不同　却都有益兒童　今日的兒董①　便是異日的將相　這個權力　可都在教師掌握中　幼稚園是教育兒童的基礎　各省府廳州縣　總宜多多設立　現在趕緊設立　已經遲了　儻再因循不辦　要盼望教育的[7.1]發達　眞是海底撈月　空中捕風　所說的人材人材　材木總得由根本發出　根本是什麽呢　就是幼稚園　要教育幼稚　須先明教法　教法不可野蠻　也不可勉强　宜採用這十一家的教育兒童法　融會貫通　引伸感化　書上說過（神而明之　存乎其人）千萬不可拘泥一偏　至要至要[7.2]

---

① "董"當爲"童"。

北直農話報①

培養桑秧的法子
玉生
（1906 年第九期第 3—4 頁）

前頭說的桑樹名目很多栽桑固可以挑那相宜的種類了②雖是這們說難道那桑秧就那們現成說栽什嗎就有什嗎嚜必得是用許多銀錢費許多周折往日本國或往別處去買纔成呢但是每年這們買起來花若干錢費若干事那不是活活的鬧窮嗎必定是咱們自己能養出桑秧來並分別出好些種類栽時不用往別處去買日後且能往別處去賣那纔算好呢所以咱們今天就趕緊講究講究那培養桑秧的法子罷

培養桑秧也很容易統計有四個法兒也就盡其能事了茲將四個培養桑秧的法子詳細述說於左大家如能留意於此也就足足的可以開個桑樹培秧局了四個法兒就是 插木 實生 接木 取木
　　一講插木法

春日枝芽發綠時^{若俟芽出再插則難活}再揀那肥壯的枝子每枝截二三節節長三四寸[3.1]或尺許不等插於畦溝內或全埋上或微露枝端切不可露太長太長就難活插後更得快

---

① 簡介見 218 頁。
② 原文中"類"下無點，這裏是編者所加。

些澆水要不勤澆水就不能活剛插時每日澆一次連澆二三次後即用碎土培上一層教他常保適宜的水分且可省着屢澆免人受辛苦如此即能生根長芽成秧但是用此法培秧那荊桑劣種的枝可活魯桑良種的枝極難活

咱中國老法有將插枝頂上用微火燒或用松蠟等塗抹取其枝內水分不外發散頗有效驗

又有兩個插法一以五寸長枝橫埋地中教他生根發芽一以一尺長枝上露二三寸下埋七八寸此時萬不可淺埋因淺埋則根生的少自然吸地中的養分也少且埋淺則枝的上端露的多就容易日晒風吹將水分蒸發了去以致枯乾所以不如深埋好活

　　二講實生法[3.2]

實生就是用種子養成桑秧當五六月間採熟老的桑椹將椹肉擠爛用水洗去其黏性糖分（即皮肉等）洗淨然後撈出黑子晒乾種法大致與種菜相同預先治畦施糞平好將桑子滿撒畦中脚踏平實澆水至透水滲後畦面蒙碎土指餘厚種法不過如此又或稍變前法將平好的畦中劃爲距離二三寸寬的小溝溝內撒上桑子成條隴形撒子後再將土平好用脚踏實隨即澆水連澆數次桑芽即出出後有太密處須揀擇拔去①教他株間距離匀整並勤拔草及澆水或澆糞水更妙到冬冷時用馬糞或堆肥於畦內盖寸餘厚桑苗也就永無凍傷之患了直至來年春融時即可撅出每株離二寸許移栽於他畦小溝內仍勤澆水鋤草又來年春間即爲可接的苗本

種子出來的桑樹名子桑又名荊桑或花桑毛桑之類按吾國此種桑樹極多且極易生活只是喂蠶不相宜因爲蠶吃的是桑葉此種子桑長椹子多出葉極少且其中的養分全注入於子實內所以其葉甚小養分更薄用以養蠶甚[4.1]不相宜無論什嗎植物（植物是草木穀蔬花果苔蘚等之通稱）差不多兒的通可因其花蕊交接（花蕊交接說詳植物學裡邊茲且不用多贅）用人力教他改良（改良。就是將不好的變好嘍。今植物學者所恃以改良穀菜。得新品種的、皆用此法。）惟此實生桑樹獨具特性（特性。是別有一種性質。）不能改良因其花蕊中的粉末隨風搖落交接不能自主品種最易改變雖得良種只傳一代再種就變爲壞種所以養蠶最講究的地方不用實生桑

　　三講接木法

甚嗎叫接木呢就是採取甲木上的枝兒接合在乙木上頭能將乙木變成甲木不

---

① 原文中"揀"下無點，這裏是編者所加。

但桑樹當用此法凡果樹花木等此法皆大有效用因這個接合法可以改變幼樹的性質恢復老樹的發育蕃衍奇品增加養分且能使早生的晚了晚生的早了矮性的高了高性的矮了變劣爲良此法實爲最要緊的竊望閱報諸君萬勿輕易放過最宜注意的是這宗將來改良吾國的一切樹木等類其收功於此接法的當最多　　未完[4.2]

順天府尹提倡樹藝告示

（1906年第十一期第19—21頁）

告示上說　現今我國家很注意實業一層　農政實在是富國的根本　至州縣官要打算提倡實業　更以多種樹木　爲最容易辦的事　樹木這句話所包的很廣　或栽桑或種麻　或種果樹　和那一切容易滋長的木植　雖說樹木的收效　不能像五穀那樣快　然五穀結實後便枯落　須年年栽種　樹木却不同　一種之後　一天大一天　一勞永逸　利益實在比五穀還大出多少倍來　從前漢朝司馬遷說過　在山居的人家　種有千株樹木的　如安邑有棗樹千株　燕秦有栗樹千株　東夏有桑麻千株　渭川有竹子千畝　這等地方的住戶家道富足　簡直的和王侯家一個樣爾①　就如現在的外洋的法國罷　一百年前頭　不講究樹藝　森林很少　到後明白了樹藝的益處②[19.1]　到處栽種各樣木植　不過十幾年工夫　森林已用之不盡　並且運銷到各國去　大得利益　法國因此大富　在歐洲各國中森林最多的　就數法國　又如義國富在蠶桑　奧國富在林木　試查西洋歷史③　都記得明明白白的　現在我們京城左近一帶　山地陸地　沒有樹木的地方　不知道有多少處　前幾年本衙門　曾經把廣種樹藝的益利明白宣告民間　到後細查遠近各處　都還沒有盡力栽種　本尹爲的是民人的生計　自應再詳細宣示　因此勸告二十四屬　所有紳士平民諸色人等　須知道樹藝一事是農政中最要緊的　勸農一事　是州縣官所應當辦的　從今日起各屬紳民宜依照後邊所開的章程④　切實舉辦　不可敷衍面子　諉卸責任　日後樹藝普興　令我中國森林的富足　壓倒全球　那可就好了　本尹實在的盼望得很呢

---

① "候"當爲"侯"。
② 原文中"森林""到後"前沒有空格，這裏是編者所加。
③ 原文中"試查"前沒有空格，這裏是編者所加。
④ 原文中"從今日""宜依照"前沒有空格，這裏是編者所加。

第一條　樹藝應先在大小宜路　左右兩旁栽種　種齊後　再挑空曠的地方[19.2]多種楊柳樹①　和松樹柏樹　槐樹榆樹等等　可以各人按各人的地段近處　急速栽種　起初的時候　不妨稠密種佈　候成林後　即可在十餘步內②　選留一株　此外都可輪流砍去　賣錢再行補種　這樣辦法　樹木便取之不盡用之不竭了

第二條　凡四鄉村鎮野地　都可栽果子樹　和各種樹木越多越好　令成大森林　村野地方寬敞　生機最好活潑容易滋長發達　況且森林內吐出新養氣　在衛生上也大有益處　所有一切疫氣瘟氣　都可消滅乾淨　即論栽種的難易　比種莊稼却也容易的多　人丁多便可多種　人丁少便可少種　盡一人之力　過十年以後　必能夠穿夠吃　不至再受飢寒花錢很少　得利却多富國的基礎③　沒有再比這法子強的了

第三條　北路昌順密懷平一帶　山地居多　也宜多種果木　紅棗樹④　桃樹　杏樹　梨樹　蘋果樹　柿子樹　栗子樹等等　都可以種　現時各[20.1]山上　果木雖也不在少處　但空曠的地方　還多得很　廢棄未免可惜　在山上居住的人　果木的利益實在是大宗　如能在空曠處多種　確是自然之利

第四條　本地方的州縣官　跟民人最爲親近　理應留心民事　親赴四鄉勸導　不可令差役出去騷擾　並宜訪選各鄉公正有名譽的紳士　和村正村副　添派樹藝總董　如能勸種至伍百株以上　沒有官職的　獎給七品功牌　一千株以上　獎給五品公牌　如已有官職的　另行獎勵　一經查明　即日獎給　倘地方官和富紳　有能首先捐助栽種的　看捐欵的多少　更當專摺保獎

第五條　每年春景天驚蟄節後清明節前　正是最宜栽種的好時候　地方官應早早赴鄉親口勸導　種植不可失時　如勸導著有成效的　必照循吏保獎　如勸導不能認眞的　必也嚴行參處　地方官不可不實力勸辦⑤[20.2]

第六條　一切樹秧　最怕被牲口咬壞　或被無知孩童任意採折　應由村正

---

① 原文中"種齊""再挑"前沒有空格，這裏是編者所加。
② 原文中"卽可"前沒有空格，這裏是編者所加。
③ 原文中"花錢""得利""富國"前沒有空格，這裏是編者所加。
④ 原文中"紅棗"前沒有空格，這裏是編者所加。
⑤ 原文中"必也""地方官"前沒有空格，這裏是編者所加。

村副① 稽查保護 父兄家長 也宜告誡子弟輩 不可侵犯 倘或初次誤犯 村正副可面加申飭② 以後如再屢次故違 那便是野蠻人類 卽着送官究責 庶可懲一儆百

第七條 清明節後 地方官應查明各鄉樹藝實在情形 開報果木種數③ 一面由本衙門 隨時派員密查 如有捏報等情 必嚴行參辦 立秋以前 也應細查已活未活果木的數目 到第二年可以從新補種

第八條 沿河各地 地方官應移委河汛各員 在河堤上多種楊柳 不但可以固堤 且楊枝可作一切器用 柳條在搶險時 也大有用項 如成林後 更可作柴火 和犒賞等用 一舉三便 眞是善策 倘著有成效 應分別給獎 作爲考成

第九條 隔年已種回乾的 切宜早早補種 不可怕難自阻 以至把前[21.1]功全行盡棄

第十條 本年已由官欵內 派員前往南通州 和廣東廣西福建等省的棉花等種 浙湖等省的接桑分別給人家種植 分文不要 到時由二十四屬各州縣前來分領給發便了[21.2]

第一晉話報④

實業之進步

競生

（1906 年第七期第 20—26 頁）

實業從什麼時候因什麼理由進步的呢大約跟前二百年前上下的時候由發明各種革新的學問纔進步呢可是這樣學問不是我們中國人先發明的是人家西洋人細心講求明白的這樣學問就根本細細兒來說門類甚多科目甚繁故就大概而論像那商家湏專講求商業農家須專講求農業建築製造家又須專講求建

---

① 原文中"应由"前沒有空格，這裏是編者所加。
② 原文中"村正副"前沒有空格，這裏是編者所加。
③ 原文中"開報"前沒有空格，這裏是編者所加。
④ 簡介見 229 頁。

築製造業仔細說去作一種事業都有一種學問這般學問都緣起於博物學分判於化學成大功用於物理學在日本念書人總名這等學問叫個理科博物學怎說呢把這世界上生成的須多物件博物家分爲三大宗一植物像那草木禾苗等類就現在考查共有二十萬種一動物像那鳥獸魚蟲種類就現在考查共有二十七萬種一礦物像那金石煤炭等類考查亦有千餘種靠定這物品向那事實上一一的試驗知那一種可利用他那一種能成就那一種這自然是講博物學纔能的哪[20]化學怎說呢把世界上有的這須多的物質一概分化的清清楚楚的找出他的原身來叫作個原質跟這須多的原質結合成須多的物質那都叫作個雜質像那清水的原質是些輕氣養氣雜質就成了水我們試用一大鍋煑水那水漸漸的都消化爲氣這氣就是輕氣養氣至分成了這兩氣了他再不能消化因這叫作個原質世界上就現在化學家考求明白的共有七十多個原質但是世界上無論甚麼東西沒個不是這幾個原質作成的由這七十多個變化出幾百萬個這很是奇怪的很是有個理由的考這各種的原質有什麼的性情功用混合成雜質有什麼的性情功用就像那火藥因有什麼原質才能炸裂呢強水因有什麼原質才能毒蝕呢近年來並說人的身體也可用各種的原質配製一個那更靈妙了這自然是講求化學纔能的哪再說這物理學那是我們一見就明白一聽就高興的怎麼說的呢只因這物理學雖說是種學問全不是空理論是我們日日常應用的些利器所以現在單就着實業的進步上說全當看重個物理學物理學是多半全利用這空氣動力風向水力等項的作用爲世人造出些個最便利最省力的事業又多半考[21]測這聲學光學熱學電學等項的理由爲世人考出些個最出奇最有用的功能我們想去這些個空氣動力風向水力聲光熱電無論到那一個地方那都是取之不盡用之不窮的比不到銀錢一時用了一時就沒有了又比不到衣服一時穿了一時就濫了那些個空氣任人用任人取依舊不損我們這須多的大事就都作成來了儞看這怎樣的便易呢當下說來可是取這些個的時候自然不能不需各種的器械但是作器械的費有限成就的利就無窮了世人常說這個一本萬利的話頭那話不過是個虛話今日看來我們學通這個物理學這眞是找着了搖錢樹掘着了聚寶盆實毂個一本萬利的事情哪但是說到這門學問專門學習自然還得個三二年的辛苦纔行的我試把這們學問的大署說上幾樁先取信於大家給大家看這門學問是可以學習可以不學習的呢是絕對得學習呢萬不可不學習的哩就說這個空氣罷即是地面上到處流行的那些個氣不講這個物理學並看不見他有怎麼樣的神奇雖說是人與鳥獸靠這些氣生活（動物時吸空氣中的養氣）植物靠這些氣繁盛（植物時吸空氣中的炭氣）但是那是天生成

就的哪也是人[22]不學而能的哪若說到人利用的這空氣也還是很多哩像那風雨錶是准着空氣作的能豫知陰晴豫定風向並審驗地勢的高低製法是用一玻璃彎曲管一柄高長無口一抦低短有口①向有口處裝入水銀令其平滿再倒入於水銀杯中低柄的口雖開那高柄的水銀可是不全流下怎麽不流下的呢因那空氣的壓力壓那杯中水銀的緣故只因着空氣的壓力輕重不同天陰時輕天晴時重受風處輕起風處重高處晴低處重因這管中的水銀也時有變動我們看他變動的低了就知到有雨有風或地勢高哪看他高了就知到無風雨或是地勢低平哪這就是個風雨錶的作法再說個水龍那是能起高水消滅火燄的作法全付像小車兩邊有鐵筒筒低面有孔孔接筒帶連於水面筒蓋有柄柄爲活機器能上下抽壓中間製一水箱低旁通兩孔與兩筒低旁通孔相接孔口都掛活舌箱邊再通孔連以出水帶用將時活器機抽壓②筒內空氣即全流入箱內因筒內無空氣外面的水受空氣的壓力必由筒帶流入筒中又因活機抽壓筒內活舌與箱內活舌時爲開閉水自導入箱中箱中水多又逼緊空氣下壓此水即由出水帶射出水珠噴湧高處起火皆能[23]消滅大家看着空氣的作用妙不妙呢這兩椿是說空氣的下壓力空氣還有個上壓力的作用就是現在那輕氣球能上天的那器俱即是製法用一長丈餘徑五尺餘的之橡皮大袋內裝輕氣底繫木盤袋低留一活口人欲昇高探望時持千里鏡坐此盤中因那袋中的輕氣沒有外面的空氣重空氣的上壓力即將此器抵高人得飛到半空中去隨意遠望下時將活口小開漸漸放入空氣又復沉下這也是個法子使用空氣的再說這個動力那更是用處多哪我們常使用的那個秤那就是准動力學作的十斤的秤錘能秤百斤的重量那理是怎的呢力學分動力有重點力點支點三個的關係那個靈便處全以支點爲要像秤桿上的那毫繫是支點掛秤錘處是力點鈎釣物處是重點在秤桿上那力點重點離支點處相等遠平均時兩頭的重量必相等我們用的那天平就是這個理法若力點離支點比重點遠一倍就抵這點多一倍的力再遠一倍又抵重點一倍上加一倍的力依次漸遠所以那十斤的秤錘也能抵百斤的重量但是那秤是家家有的也不算是什麽的奇能哪可是准定這個理由又作出須多樣的挺子能建房運物作出湏多樣的活車能[24]開礦控井那功用是神出鬼沒的不可測的哪像這麽的看來那空氣動力是最沒意思最沒把握的些個事情明了物理學還能作出這大的功用像那聲光設電看得見聽得眞的品物那功用的靈妙也就更可

---

① "抦"當爲"柄"。
② "用將時"當爲"用時將"。

想而知了可是這門學問自不是從這麼回一兒能說的下得去①沒過是先說上幾件引起大家個興頭來叫大家明白這物理學的這三個字是這麼番話接着這以後再與大家從頭至尾一條一件的說要比這剛纔的話說着完全詳細大家必能聽的明白的哪且說現在這實業的進步還了的呢前二三百年前西洋的人只抱得個民族主義怎麼叫個民族主義譬比如我們是一族他們是一族我們只恐怕他們勝了凌轢我們因着各族競強這就是個民族主義百年前上下又變爲民權主義民權主義又怎說呢只因那時候的朝廷官吏全混作亂鬧不顧人民的死活人民看的死到頭上忍不住了因着與那一般暴君贓官爭權競力後來弄好了那在上的他都不能混辦哪這叫作個民權主義近幾年來西洋各國人傢裏邊的事大概都安置好了國內太平人口自然繁多自因他們那地面小養給不住他人傢又研究出個民生主義來民生主義[25]怎說的呢就是取上別個國的利養活他的人可是別個國的人也不都是獸子不能輕給他的罷只因人傢的實業進步運到我們這邊的貨品又便易又精巧拿上人傢的心思手力自能換走我們的金銀財寶現在英國美國也不與人爭也不與人戰就是抱定這個法子與各國交涉弄得各國都窮困起來了呀一人窮困還尚不能生存那一國窮困怎有個不滅亡的哩要想個不滅亡還准得理會理會這物理學從實業上與他競爭那才能的哪[26]

海城白話演說報②

發刊詞
署縣事管鳳穌稿
（1906年第一二合期第1—4頁）

咳　倆們知道　今日是什麼世界　中國是什麼時勢　滿洲東三省是什麼地位　倆們還是嘻嘻哈哈③　昏昏沌沌　過了兩个半天算一天　真是可怕呵

---

① "回一兒"當爲"一回兒"。

② 1906年11月創刊於遼寧海城，海城知縣衙門編輯並發行。同年停刊。創刊人和主要撰稿人爲海城縣知縣管鳳穌，主要欄目有"論說""蒙學課本""普通教育""職業教育"等。

③ 原文中"倆們"前沒有空格，這裏是編者所加。

可怕　儞們必說　今日的世界　却是新鮮　什麼輪船鐵路咯　都是活了七八十歲的人　沒有聽人說過的事　朝廷樣樣變法　保甲改了巡警　考試改了學堂　法子是比從前好　這關係國家的事　自有官府作主　我們不必問他　我們東三省　日俄兩國的戰是停了　和約是定了　前兩年他們打仗的時候　我們吃的苦　是已經過去的事　亦可不必再說他咯

咳　儞們的話　多麼糊塗　比喻說人家拏著六輪小手槍　緊對著儞的心坎　拏著又光又亮的刀子　切近著儞的脖梗兒　儞還是呼呼的睡著一些不醒　半夜裏隨便說幾句夢話　儞說可怕不可怕[1]

這也怪儞不得　儞是沒睜眼睛看　儞是一直在那酣睡　儞所以不知道害怕　這个報是喚醒大衆　叫大衆睜眼向後看看

比方說大夥兒坐在這船上　船若是破了漏了　大夥不知道　亦就糊裡糊塗事過去了　若是有一个人眼見得這个船的毛病　說險些兒就要沈下去　不知不覺的就大著嗓子喊起來　這是一定的道理　有一个人說著了這个險處　大夥兒斷不肯假裝沒有事的樣兒　躺在船裡等死　必是齊心協力想法兒　堵那船的漏洞兒　這也是一定的道理　儞們是不知道今日世界外面的大勢　中國合東三省的情形　現在做這報給大家兒看　是要教大夥兒趕緊的打主意　不要睡在破船裡頭不知道著急　等到船要沈下去可便沒有法子想　那時侯一聲噯呀不好①　後悔也是枉然

還有一個比喻　村外頭來了虎狼　儞在旁邊儍看著　說不要緊　虎教狼打跑了　回頭一想　說不好　狼亦不是當頑的　趕緊想防身的法子　拏出看家的來復槍　預備上子彈火葯　併且還要知會本屯的人　一齊想法子防備著　斷[2]不肯拏圈裡的猪羊去喂他　怎麼說　猪羊是我的猪羊　那能平白地就不要了　拏猪羊比吾們的身家性命　那一樣要緊　物件所值幾何　還知道愛惜　合我們的身家性命相關的國家　我們就不愛麼　這個報是要教大家看了明白這今道理的　儞們必又說　憑我一個人　能教中國怎麼樣　儞可知道　中國只有四萬萬人　若人人都是這樣說法　那可真完了　外國人沒有三個頭六個手臂　都是兩个眼睛一个鼻子　合我們是一樣的人　他們的能人也沒許多　不過尋常的人个个識字　个个知道看報　不明白道理的胡塗人比我們少　所以能強　這本報編成白話　是要教大家夥一齊看看　大家夥明白明白

---

① "侯"當爲"候"。

事情要比較　纔知道好壞①　原先關着大門過日子　不知道世界上事　自己覺中國狠不錯　待到如今眼見的樣樣不如人家　還要掩耳盜鈴　說我沒聽見　那是不中用的了　可是這个報　雖說是教儞們看了知道些外國的事情　明白一些世界上面的公理　叫儞們想法子自己要強　想法子勝過外國[3]　不是叫儞們去隨外國　儞們要知道這个意思[4]

中國是什麼時勢

（1906年第一二合期第7—13頁）

觀原先的情形　全地球共分爲五大洲　亞細亞洲　地界最大　其次亞非利加洲　歐羅巴洲　南北亞美利加洲　澳西亞厄憂洲　我們中國在亞細亞洲　本算是第一大國　按地面算　說是五千萬方里　就是一里大的方塊兒有五千萬塊　占著膏腴的地勢　在地球溫帶中問②　氣候最爲適宜　出產豐富　人口有四萬萬　統地球上各國算計　人數沒有比中國再多的了　世界上文明古國　除了埃及印度墨西哥秘魯四國以外　要算中國最古　其餘在四千多年前　還是狠野蠻的時侯③　那時我們中國　已經文明開化　咳　地面這樣大④　物產這樣富　人民這樣多　文明開化這樣早　我們中國人應該要永遠保守著　連一尺一寸土地　都不能讓別人佔去纔是　咳　不想到于今⑤　成了世界上這樣一個弱國　說來眞是要痛哭

說起通商是最好的事　世界文明　是因著交通往來方便　什麼物產　沒有不流通的　什麼知識技藝　沒有不互相補助的　怎麼我中國通商沒有好處[7]呢　人家做買賣的　都是學堂出身　都有些見識　都有些算計　商會裡成天在那考較　成天在那想法兒　拏著富餘的物產　去換人家的物件　拏着新鮮製造的物件　去換人家的銀錢　這所以有無窮的利益　可亦是鬥聰明心思的事　合出兵打仗是一樣　非叫他勝不可　敗了是不得了的　名爲商戰　我們一向願意關門過日子　內地不准通商　不去問人家商務的機關　不肯學人家商務的辦法

---

① "壞"當爲"壞"。
② "問"當爲"間"。
③ "侯"當爲"候"。
④ 原文中"地面"前無空格，這裏是編者所加。
⑤ 原文中"不想"前無空格，這裏是編者所加。

所開的通商口岸　都是叫人家打敗了　強迫着定的和約　外國租界　我們便管他不著　○（日本就從前亦是這樣的　自從變法之後　內地亦可通商　可是外國人　都歸本國管轄）○　中國開一通商口岸　就像是割棄一塊地方　從前失錯的事　現今沒法兒說　可是外國人能講究製造　他的工匠手藝人　都是進過學堂的　心思自然比中國人精細　能知道我們中國人　喜歡的物件是什麼　中國缺的物件是什麼　他就運什麼來賣　不是老守着舊道兒的　現在看見他這樣物件好　過一些時他又有比這更好的物件　外國的[8]貨他沒有說儞非買不可　可是儞一定願意買　這裡頭有個至理

洋布洋線　價錢便宜　又比本機布細軟　儞說家機布敵得過打連花旗布麼　煤油點燈　比用豆油省錢　光又亮　儞說豆油燈敵得過煤油麼　自來火比起從前打火的火鏈火石來　那巧拙不知相差多少　儞說火石火鏈敵得過自來火麼　我們不肯想法子　難怪商務上戰不過外國了　光緒二年的時侯①　出口的貨價　還比外國進口的貨價　多著一千多萬兩銀子　到現今進口的洋貨　一年多似一年　就照光緒三十年說　總共來了洋貨值三萬四千四百零六萬六百零八兩　中國運出口的土貨　祇值二萬三千九百四十八萬六千六百八十三兩　出入相抵　這一年我們中國的銀子　就有一萬零四百五十七萬三千九百二十五兩　流到外國去了　況且我們出口土貨　像是羊毛豬鬃棉花咯　外國運去　加上人工合機噐的製造　仍舊是賣在中國　儞算一年一年　銀錢都流到外國去　中國就是富庶　能不窮嗎　這通商一節　祇能怨中國人自己不知道合外國人爭競　不能想出新法子　造成物件運到[9]外國去　我想中國的學堂　若是齊心協力辦起來　再過十年二十年　大家夥都有些知識　在商務上頭纔可以合外國人爭競

說起兵事來　外國現在都講究國家的力量　像是海軍的鐵甲船　陸軍的操法及鎗砲　平日之間　都在那考較　那一國的力量　不如那一國　是攷較得明明白白的　別國一舉一動　處處留心　所以要想享太平之福　必須兵力強盛　不必要等到真打仗再分勝負　我們中國原先不自量　冒冒失失就合人家開戰　戰一次賠一次兵費　動兵打仗勝不了人家　已是可恥的事　動不動還要不按道理瞎鬧　殺一兩个傳教的外國人　鬧一次　又有一次賠款　到二十六年鬧義和拳　胡說亂道　說是不怕槍砲　儞真合外國兵

---

① "侯"當爲"候"。

打仗也罷　到處殺幾个容易欺負的教士　燒兩所教堂　更有不合公理的事　是凌虐外國女人小孩　大家動了公憤　八國聯軍破了北京　那時侯義和團亦不知死了多少①　沒死的一般當外國的順民　這種人希乎拏自己國家送丟歸根儝生怕死　儞說有人心麽　幸而是各國互相牽制著　纔有今日可是今[10]日總算起來②　欠的洋債合賠款　開一箇單子列後

　　光緒二十年十月　欠英國匯豐銀行　一千零九十萬兩　分二十年清還③　每年應歸本利約一百八十萬兩

　　光緒二十一年正月　欠英國匯豐銀行　三百萬磅　分二十年清還　每年應歸本利約二百十萬兩

　　光緒二十一年閏月　欠英國商人克薩　一百萬磅　分二十年清還　每年約歸本利七十萬兩

　　光緒二十一年閏月　欠俄國法國　四萬萬佛郎　分三十六年清還　每年應歸本利五百八十一萬兩

　　光緒二十二年　欠英國德國　一千六百萬磅　分三十六年歸還　每應年歸④本利六百六十五萬兩

　　光緒二十四年　欠英國德國商人　一千六百萬磅　分四十五年歸還　每年應付本利五百萬兩[11]

　　光緒廿一年閏月　欠英國瑞記洋行　一百萬磅　分廿年歸清　每年應付本利七十萬兩

　　庚子那年　鬧義和拳　欠八國的賠款　是四萬五千萬兩　分三十九年歸還⑤　連上利錢　共九萬萬兩　○（現在勸大夥兒上國民捐的　就是這一筆頂大的債　以上七筆并不在内）○

照以上看起來　中國能不窮麽　窮了就弱　是一定的道理　國家窮　我們不關心　要知道我們自己亦跟着要窮的　說中國土地大　無奈一次一次割歸外國　要像這樣下去　割完他亦是容易　歐羅巴洲人的勢力　自從明朝萬曆年間　慢慢的侵入東邊　一年一年　合或同洲的國　像是印度　緬甸　暹羅　安南　西北回部諸國　有是中國的屬國　有與中國常相交通

---

①　"侯"當爲"候"。
②　原文中"可是"前没有空格，這裏是編者所加。
③　原文中"分二十年"前没有空格，這裏是編者所加。
④　"每應年歸"當爲"每年應歸"。
⑤　原文中"分三十九年"前没有空格，這裏是編者所加。

的　不是被毆西各國滅了　就歸了毆西各國保護　歐洲人的屬地　從中國西南到西北沿邊　就都與中國接連著　東北一邊　由黑龍江一直到外安興嶺　合那海參威海口　本都是中國的地方　一次兩次立約　黑龍江以北都歸了[12]俄國　松花江合烏蘇里江的行船航路　也歸了俄國　一讓就是一千多里　其餘西藏等處地方的邊界　丟了多少　一時說不盡　但挐海裡及海邊的地方說福①　臺灣澎湖　歸了日本　避中國彊域地方②　廣東的香港九龍給了英國澳伊犁了③　葡萄牙國　廣州灣給了法國　山東的膠州灣給了德國　威海衛給了英建的們　奉天的旅順大連灣給了俄國④　又被日本拚命的　打仗奪了去　呵呀丟門給地士⑤　真是不少咯　大夥兒聽著心上難受不難受　以上所說的話　儞們國　我原先全不知道　現在說起來儞們心中必有恨外國的心　可是恨他無益　丟的儞但知道恨外国人　儞不能擋他不讓他來　像各省鬧的教案　都是恨外国人欺負中國人　不管青紅皂白　胡亂殺一个兩个不相干的教士　歸根牽連了許多人去抵命　一賠就是幾十萬兩銀子　這教做自己害自己　那麼我們就甘心去做外國人奴隸順從他　可又太沒有志氣　太沒有心肝了　那麼怎麼好　除了自強　沒有別的道兒　要自強　除了辦學堂　沒有再好的法了[13]

辦事要能立志要有熱心

（1906年第一二合期第16—20頁）

人若是窮得法沒去討飯　名爲叫化子　這是大家睄不起的了　可是只要能立志有熱心　去做他人不能做的事　世界上的人　也不能不另眼相看　說起[16]來還要敬服他　現今說一个中國極體面極難得的叫化子　這叫化子名武訓　山東的堂邑縣人　他十歲時候　父母都死了　一點倚靠沒有　就去討飯　見著人家合他同年歲上學的學生⑥　便傷心自己失了父母的孤苦　發一個教育志願　當時世界看得教育最大的是書院　其次是義學　他

---

① 這裏的"福"似有訛誤。
② "避有"似爲"還有"。
③ 這裏的"澳伊犁了"應有訛誤。
④ 這裏的"建的們"應有訛誤。
⑤ 這裏的"丟門給地士"應有訛誤。
⑥ 原文中"見著"前沒有空格，這裏是編者所加。

就日間在四鄉討飯　討來的錢日日積存　非到雨雪大不能出去　一定不肯拏錢去買食物　後來拏錢買麻　夜晚捻麻線　住在一个古廟裏　積聚了幾十吊錢　就求著信實可靠的舖戶　代他存放　聽憑人給他利息　又積存着日久了　人人知道這叫化子實心　可憐他　信服他　他得的錢　比別個叫化子多　就是這麼三十多年　本利積聚到一萬多吊　存錢多了　他就求一個鄉裡可靠的董事　代他存著　說明要想立義學的心願　他方上的人①　就格外看重他了　有人勸他娶妻成家②　他說不好　沒有家累　我一輩子所討要的錢　我可以專主　有女人就有兒子　妻子衣食從那來　須分我的錢　我便不能做　成我的事　如我的心願　有人讓他住房屋　他亦不願　破衣百衲　就在古廟[17]住著　五十歲後　他所積聚的錢數　已可造成兩个義學　就先在堂邑縣柳林集　買地基盖了一處義學　到館陶縣　見僧人了澄　在楊莊設義學　他捐助了三百吊錢　後來到臨清州　又獨自立了一處義學　地方上人　就名之爲武訓義學　延聘先生　教隣近的貧家子弟　他自己仍舊當叫化子　討飯的時候　訪問學中先生盡心否　學生用功否　立品否　若知道學生那時候不用功　那樣不立品　他就跪在學生前面哭　知道先生不盡心　他也跪在先生面前哭　從這兒學生感動了　先生亦感動了　義學就有了效驗　光緒二十二年　他那年五十九歲死了　光緒二十六年以後　上諭教各省興辦學堂③　地方官就拏他這義學　改爲小學堂　仍名爲武訓學堂　山東巡撫奏明朝廷　小學堂內照了他的像　刻在石上　仍舊是破衣百衲的叫化子　咳　天下沒有一種人裡頭　不能出頂大的人物　總要自己能立志　總要有熱心　儞看這武訓　他窮得沒法　纔去討飯　他要想辦點兒事④　比起有錢的人　何等繁難　可是他有這等志氣　有這等熱心　他所以留下了這等美名[18]　成就了中國的一等大人物　世界上不少有錢的人　就知道吃喝嫖賭　再不是鬧闊　犯官迷　抽大煙　娶小老婆　儞說他不如一个叫化子　他一定生氣　究竟比較起武訓來⑤　比得上麼　還有一宗薔荅的人　他就知道愛財如命　不顧死活去弄錢　錢到手了　一點正事不肯幹　到後來　眼睛閉了　由他的

---

① "他"當爲"地"。
② "聚"當爲"娶"。
③ "辨"當爲"辦"。
④ "辨"當爲"辦"。
⑤ 原文中"究竟"前沒有空格，這裏是編者所加。

子孫去浪費　歸根他自己沒有得著錢的好處　倒受了有錢的累　我不知道這宗人　聽着武訓這等作爲　亦能心上一動　說錢是世界上有用的物件　該當拿他去做點有益的事　不要教武訓笑話　難道我就沒有有[①]這點心志麼　海城勸學紳士　都說愚民不能勸化　都說經費難籌　我想照著武訓這樣熱心去勸學　一定沒有勸不動的事　照着武訓這樣苦苦立志去籌經費　一定沒有不能籌的經費　再則學堂既辦之後　管理員有敷衍了事一些兒不關心的　功課好不好　規矩整齊不整齊　他全不管　簡直是沒有熱心　應該學武訓的辦法　快快拏出熱心來　更有那管理員　用着大伙兒不心疼的錢　應酬他自己的親戚朋友　隨便浪費　或者樂得做好人　眼看著別人[19]從中睜錢　一聲不言語　這種人對著武訓　直該愧死　大夥兒拏出錢去辦　不用我一个人爲難受苦　我從中管理　盡這麼一點心力都不能　這宗人有沒有熱血　若不然問心如何過得去　現在聽了武訓這段話　應該尋思尋思　我們現在想學著武訓　亦就容易得多　應該怎麼盡心力　有那管理法一部書　買來看着照樣辦　也不狠難　不必儞去跪着央求　只要儞學他那番苦心就行　我中國四萬萬人　大家能拿這樣思想去立志　大家能拿這樣熱心去辦事　中國一定可以強盛　亦就對得過我中國的近今的大人物武訓了[20]

京話日報[②]

勸有學務責任的人提倡白話
李建中

（1906 年 01 月 03 日第 1—2 版）

現在中國的熱心人　可分爲兩種　一種是愛國的　一種是憂國的　愛國人常說　中國有四千年的文明歷史　有二十二省的土地　有四萬萬最聰明的人民　有數千萬種物產　現在國勢雖然弱　當眞人人要了強　個個知道自立　還

---

① "沒有有"當爲"沒有"。
② 簡介見188頁。

可以在亞細亞稱霸　還可以在全地球上稱雄　焉知不跟歐美各國並立呢　憂國的人常說　中國的內憂外患　已然逼到眼前　全國的利權主權　大半都被外人奪了去　眼看國就要亡　中國人再不要強　再不自立　恐怕要作歐洲的奴隸了　美洲的牛馬了　要問他亡國的總根由　大半都說國裏沒有人才　其實按著目下中國情形　不是有幾位忠臣賢相　就可以救得過來的　怎麼說呢　上古歷朝歷代的亡國　大半都亡在皇上和大臣官吏身上　而今可不然　作民人的不作亡國人　國就亡不了　作民人的要作亡國人　國就存不住　故此古時候　看一國的強弱　必要看他的君相賢明不賢明　而今要看一國的強弱　先要看他的民人　是糊塗是明白　民人明白的多　國必強　民人糊塗的多　國必弱　這可是定而不可移的道理　中國危弱到這個步地　實在是民智不開的原故　念書的專攻臭八股　除了想著升官　就是發財　作商的就懂跟本國人爭利　不知向外國人奪回利權　作農作工的　專靠著古老的舊法子　甚麼叫作新理新法　一概不信　成天際昏昏沉沉　任什麼不明白　現在朝廷維新變法　不但不說好　還在那裡胡亂猜疑

究竟民智怎麼不開呢　第一就是認字的太少　大凡在世界上立國　國裡有文字　就算是智國　沒有文字　就是愚國　國裏的民人都認字　就是智民　不認字　就是愚民　這箇道理　從古至今　天下萬國不能改的　獨到我們中國　雖有聖人留下的文字　不能稱爲智國　民人雖然認字　還是民智不開　這是什麼緣故呢　就是中國的文法太深　輕易不容易懂　纔把中國害的民智不開　國家一天比一天的弱

追想上古　開天闢地　一有人類的時候　不但沒有文字　而且不懂說話　低里都嚕　與鳥語差不了許多　後來考查人的聲音　比鳥語能轉灣兒　能分別出高低的韻調　這才生出話語來了　後來又興出結繩的法子〔一〕　又有聖人造出來的文字　古時候文字就是話　話就是文字　字又是記號　又如現在的留聲機器一般　並且古來的文字　都用白話　怎麼見得呢　五帝的時代　有做衣裳的　有造房屋的　有造車造船的　有造農具的　有造弓箭的　有教民人治病采藥的　有教民人明人倫之道的　有教民人耕種刨鋤的　凡悟出一宗新理　創出一種新法　製造一件新器具　只憑著一人的手足　一人的口舌　萬也不能把天下人都教會了　怎麼會傳到民間呢　故此精通製造　悟新理　講新法的聖人　必有自己所造的書　所造的書就用白話　要照而今的文字　如此的深奧　叫人不懂　無論有甚麼好法子　也不能傳遍了天下　不但如此　五帝三王時候　朝廷有什麼一舉一

動　曉諭民間　也都用白話　不想過了幾千百年　<u>文字未改</u>　<u>言語已變了</u>土音　後來念書的人　不明白這層意思　必要取古人的言語　苦講究文法字眼兒　才把文字與言語分了家　雖然有文字　念過幾天書的人　還不容易懂　不但不識字的受了害　連那成天際咬文吮字的老先生　也跟着受害不淺　中國要早用白話辦事　中國人的聰明才力　決不在歐美人以下　總而言之　古時創造文字　爲是叫天下人方便　不是叫天下人爲難　文字是爲人用的　爲人萬不可受文字的拘綑（如今看報　也得有一個准定見　萬不可受報的指使）並且文字裏面　也沒有什麽希希罕兒　當初蒼頡造字　與造言語一樣　後人拿着當作很貴重的東西　尊敬如神聖一般　當初造出一字　必有一字的用處　後來事情越繁　造的字越多　才分出象形　會意　諧聲等類　也無非就是記號　事多了來不及造字　只好借用　就拿中國文合西文比較　直寫橫行　各有不同　用法却是一樣　文話與白話的繁雜簡便不同　用法也是一理　而今要打算中國大開民智　非處處改用白話不可　如若不信　聽我說說白話的好處　（未完）［二］

勸有學務責任的人提倡白話（續昨）
李建中
（1906年01月04日第1版）

白話的好處在那裡呢　（一）「最省目力」讀文話的書　一天讀一本　白話可讀十本　至少也須五六本　不論什麽書　都改了白話　人人都可以讀的下來　（二）「除文人的驕傲」文人的習氣很大　一步三搖　咬文吮字　最看不起文理淺的人　一旦改了白話　人人可讀書　文人的習氣　自然就沒有了　（三）「免瞎讀」會讀書的人　取書裏的精義　不會讀書的　不知什麽叫精義　一味瞎讀　白話沒有此弊　（四）「保聖教」大學中庸論語孟子等書　都是二千年前古書　話語雖是簡便　文理極其深奧　非文義極深的人　不能了然　要把四書譯成白話　發明聖道的精理　再牽扯上現今的時事（杭州彪蒙書局的白話四書最好　京話日報的講孟子更好）聖道的大畧　人人可知道　聖教可就昌明了　（五）「小孩兒容易懂」小學堂一切的課本　都用白話編成　天天講解　三四年的工夫　小小的學生　能夠知道古今中外的大勢　全球各種學問的大槩　准比守舊不化的老學究強　（六）「長記性」中國人讀書　專憑記性　很費腦力　要

是改了白話　不用熟讀　也不用扣着字眼强記　自然會明白書中的意思　明白了意思　自然長思想　腦子越用越靈　還許出些個好人才呢　（七）「天下沒棄材」生來一個人　才幹跟性情　萬不能全都好　精通工藝的　通文的極少　改用白話　作工藝的人　也可以念念書　新理新法　自然一天比一天發達　再演出幾部白話工藝書　沒學過工藝的　看見白話書就明白　人人也就張羅學工藝了　天下自然沒有棄材了　（八）「與窮人很方便」沒錢的人　自幼念書的少　那能夠通文理　以後把農學　工學　商學各書　編成了淺近的白話　窮人家的小孩　隨便學什麼生業　就可以讀什麼書　白話自不爲難　一二年的工夫　小孩就有了農工商的思想了　有這八樣好處　有學務責任的　何不提倡提倡白話呢　至於古文詞章　另立成專門的學問　不必人人念古書　更不必人人作好文章　詞章歸專門　白話歸普通　您說好不好呀　　（已完）

大爺
啙麽

（1906 年 08 月 11 日第 1—2 版）

旗漢官宅的子弟　稱呼各有不同　漢人多半稱呼相公　旗人全都叫作大爺　久住京城的漢官　也有這等稱呼的　但是大爺兩個字　用意可不一樣　北京城的口頭語兒　凡是不通事故的人　或是狂妄無知　事事但知有己　不知有人　連那好花冤錢　不幹正經事　全都叫作大爺　這層意思　很透著尖刻　細細的一揣摹　唉　也不能全說沒理　諸位先生請想　從古至今　合看全地球算起來　只要是位建功立業的大英雄　沒有一位是大爺出身的　就如法國拿破崙　美國華盛頓　埃及穆罕默特阿黎　全是平民人家的子弟　不但不是大爺　就連學堂都沒有進過〔西洋明白人說過　學堂能造人才　却不能出產奇才〕這般人天分旣高　志氣又大　閱歷的再深　更遇着機緣湊巧　纔能做成空前絕後的奇人　中國創業的名人　也是這箇樣　往遠了不必題　就拿漢高祖說罷　不過一個亭長出身　就會作了至尊天子　前明太祖幼年　是皇覺寺一箇沙彌和尚　也創成三百年的天下　本朝龍興東土　起先也是單人獨騎　傳說盛京大內庫裡　收存着一雙布鞋　一分上山背東西的木架子　一根白木棍子　還有一盞糠燈　那全是先朝舊物　留藏在舊裹頭　所爲後輩人看着　明白創業的

艱難　一般開國的元勳　更沒一個闊少公子　一直傳到雍正年間　朝中的老前輩　雖然少不了大爺　却沒有什麼大爺習氣　當時的將門公子　所以多立功名〔卽如禮親王長子　並未承襲世爵　自己掙的克勤郡王　夠多們體面〕自從乾隆年以來　因爲太平日久　人情可就浮華起來了　老人們閒談　總誇乾隆嘉慶時代　那時候是何等的風光　人民又是何等的高樂　哼哼　他那裡知道呢　本朝所受的大病　全從太平年月栽的根　沒有那時的快樂　也沒有現在的憂愁　大爺們生在那時　全在極樂世界　樂來樂去樂到道光咸豐年間　可就成了樂極生悲啦　至今六十餘年　前前後後算起來　大爺的習氣　也算做到頭兒了　大爺的釘子　也算撞到家了　大爺的憨蠢　也算丟盡了　大爺的苦子　也算得「念歹」足了　就說[一]庚子年這回大變　罪魁禍首　還說不是大爺壞事嗎　唉　大爺的苦處　眞眞訴說不清　過去的事不用題　從今就要改邪歸正了　貴胄學堂　已經開學　大家子弟們　不愁沒有學問　有了學問　自然就要平等待人　但能自食其力　總還算是不墮家聲　唉呦く　題到這些事情　連我也都心驚胆戰　奉勸世家公子們　先得學點自立的能爲　只求不去稱呼人家大爺　就算我們同族的萬幸嘍　崇實學堂諸同人　想辦八旗工藝廠　不問何等人　全可前去學藝　但能見的遠大　再休題我是大爺[二]

提督衙門的弊病

（1906 年 08 月 12 日第 1—2 版）

去年說提督衙門的事　招的步營人大鬧野蠻　自此之後　就孄得再說他們了　並不是怕事　積弊太深的衙門　一時萬也改不好　說也白饒　今有人來函　大有責備本舘的意思　事爲公益　不得不登　登了出去　必然又要招罵

京話日報主人鑒　貴報登載刑部的弊病　說的一點不差　眞是叫人可感　獨有提督衙門裏面的事　從沒見報上說一說　莫非跟他們有甚麼牽連罷　或是感激他們沒拆報舘嗎　我料主持公論的人　決計不至如此　想是未能深知道底裡　提督衙門的弊病　比刑部更不堪　在下略知一二　今天把我所知道的　給您寫了來　登不登隨便

裁撤提督衙門　吵嚷了許多日子　如今一字不題了　五城司坊　全都裁撤　獨有提督衙門　還是照舊做好買賣　街面上有句土語　提督衙門打官

司　打的是科房先生　縣裏打的是大班　刑部打的是皂隸　這話一點不錯　凡在提督衙門打官司　或跟提督衙門書吏相好　或有別的朋友引見　或到書吏私宅　或約在前門外大飯館　說明要跟某人成詞　或因賬目　或因買賣　或是插圈弄套　打官司的人　再三哀求　書吏是一團和氣　書吏替編一套呈詞〔可不管寫　叫原告找人去寫〕說後天是我的班　後天甚麼時刻　那中堂出門　你在金魚胡同口上去跪　等到原告跪了提督　提督交在石牌樓路西廳上〔石牌樓呀　看著可恥不可恥〕廳上押解原告　送交提督衙門　到了衙門　有位上夜的書吏　見了原告　當面就敢說　你是某先生人情照應　同去聽信過堂　看街的跟隨原告對舖保　第二天清早　原告親到書吏私宅　低聲下氣的說　昨天我已跪了中堂了　您猜怎麼著　書吏當時就變了臉啦　說被告有某大人的情　堂上承審老爺　又難說話　被告也轉着彎子託好了　原告一聽　可就嚇傻啦〔不把他嚇傻　焉能多訛錢〕只可再三哀求　書吏厚著臉皮[一]　問原告打算花多少銀子　三五十兩不必題　上中下一齊託　你肯花多少罷　原告若說花二百兩　書吏必作出爲難的樣子　唏溜着說　這箇數兒麼　夠我們科房大家分用的了　還有老爺呢　班上的呢　原告又說　再花上二百　求先生自便罷　您看書吏的神情　一張喪氣臉皮　立刻改成滿面春風　眯稀著眼睛　高聲叫道　倒茶呀　點火呀　又問原告的大爺　吸鴉片烟不吸　應許明天傳被告　你明天隨我到衙門　在後堂窗戶外偸聽一聽　你聽老爺替你作臉　官司管保你贏　　〔未完〕[二]

提督衙門的弊病〔續昨〕
（1906 年 08 月 13 日第 1—2 版）

昨天說的話　原告這面講妥當　再講被告　原告自從那天跪了提督　次日票傳被告　被告住在那營汛地　票下在那汛　營裏有捕役　頭一次傳告　有一位巡緝官　隨同營裡捕役二名　到被告家裡去傳　把被告傳到提督衙門　到了科房　見了先生　好一派的堂威　書吏都是滿臉的煞氣　向例原被告　先在科房過一同堂　書吏先審問一次　連排桌子代罵　叫聽事的　外頭答應一聲　者被告外看（看念堪　就是押起來）　交大班韓頭兒　在提督衙門外頭　有箇廟　名叫大班廟　大班廟裡頭　有一句調坎的話　名叫訓訓〔訓訓是叫被告託人情〕把被告帶在大班廟裏頭　大班韓頭兒　又有一番虐待　也不給水喝　也不給飯喫　也不准出大小便　被告的

苦處　自不必說　再說被告家中的人　自然不放心　自家人被人告下來　聽說在提督衙門看起來啦　去到提督衙門看看　提督衙門有個門皂　外號叫轉子常〔卽常福　專給書吏拉牽的〕　被告的親屬　來在提督衙門看人　門皂必然不准看　揚眉吐氣的說　沒朋友見我們不行　被告親屬央求着說　提督衙門這裡　實在是沒有朋友　就求常頭您救命罷　轉子常把被告帶在提督衙門對過　三義軒茶館　或帶在轉子常家內　與被告親眷說　這衙門先生　賣一頭　重一面　原告已經花了四百兩銀　你們被告打算贏官司　除非加倍花銀子　假如被告加倍花銀子　哈哈　原告可又苦了　再一過堂　糊裡糊塗　把原告又給押起來了　原告必找去不答應　書吏說　我從先□過　被告有某大人的情　有承審的四百銀子　不能託到頭　原告說　我花一千兩　能作臉不能　哈哈　書吏又說行了　銀子一過付　您猜怎麼樣　原被一齊批了大興縣啦　兩造的銀子　都算白花了　我想國家設立提督衙門　原爲給旗民辦寃枉的地方　由著書吏性兒弄權　官吏皂通同作弊　怎想外人不說是黑暗地獄　現在已停刑訊　司員還是照舊用刑　還敢請中堂的示　沈伍兩侍郎　奏訂裁判章程　已然頒行　還是當作具文　本衙門的官吏　誰也沒看一看　照著提[一]督衙門這樣　中國還有自強的日子嗎　政府只顧看情面　可就把大局害苦了　　〔已完〕[二]

競業旬報①

毀學的問題
鈍根
（1906 年第一期第 23—32 頁）

列位　近來不是毀學的案件　連三接四的起了嗎　我今日要說這個事是做

---

① 1906 年 10 月創刊於上海，旬刊，創辦人爲蔣翊武、楊卓霖，主編先後有傅熊湘、胡適。主要欄目有"時聞""時評""閒評""警聞""論說""譚苑""通信""學術""譯稿""歌謠""社說""小說""詞苑""傳記""譯叢""專件""演說""雜俎""諧談""特載"等。停刊時間未詳。

不得的　列位定要批我喜歡說甚麼維持學堂的閒話了　本來我的事情也多得狠　算是忙裡偸閒來說幾句　列位也不妨費點閒工夫來聽一聽呢　却說我們中國四萬萬人　當着如今的世界　正如一髮曳了千斤一般　這個光景　是危而又險的　列位也曾看見到內地來的外國人　他的身體那樣強壯　他的製造那樣靈巧　他的手段那樣活潑　他的國勢那樣強大　同我們中國人比起來　却就差得狠遠　這是甚麼緣故呢　因爲他的國裡　是無人不要求學　便無地不設學堂　他那學堂裡講的富國　強兵　愛同胞　重道德　所以人人受了這種教育　便人人自強起來　這也不用說了　我們中國近來纔曉得同他勢不兩立　我不自強　就要被他亡了國　滅了種　于是各處也設起學堂　教育一班子弟　使他都有普通知識　這不是少而可貴的嗎　不料近日間　各處無知鄉民　竟鬧出些毀學的案件　依那報章上所載　不止[23]一回　如今且不詳叙　列位這眞是我們中國的怪事了　這些毀學的人　眞是我們中國的罪人了　然而一件事的所起必定有個原因　我也不怪那些人要毀學　不過那些人是不曉得學堂的好處　鼓着一時的性子　便把學堂毀起來　我如今要說那毀學的不是　我先說出幾個原因　照着一條一條的駁正　列位看是不是呢

第一個原因　是說學堂奉洋教　這也難怪　因爲學堂的人　穿着體操衣　去了辮子　就有些像外國人　因此列位一見了他們　心裡就有幾分不快　說是這些人難道就降了洋奉了洋教嗎　列位　這却是你們一片至誠愛國的良心　不肯昧沒的　我也要向列位下拜了　但是要分個清楚　不能糊裡糊塗做去的　列位　第一要曉得穿體操衣不是降洋　第二要曉得學堂讀書不比奉教　何以見得不是降洋呢　原來學堂要習體操　是要把那些學堂的身體都操強壯些　日後讀書的也免得叫做文弱書生　做別事的也可以慣些氣力　故此用那練兵的制度　整整齊齊　便有那通國皆兵的意思　一旦有[24]事　倒也人人都是不坐弱門的　所以要身體強壯　便要習體操　要習體操　便要穿操衣　就是要動手做別甚麼事　也方便幾多　輕快幾多　列位試把他穿一兩日　便曉得了　至於去辮子的意思　也不過是免得礙事　于今出洋的五大臣　也說剪髮易服的好處　奏了幾本　不日就要通行的　況乎中國人原是沒有這個辮子嗎　凡事只要圖個方便輕快　人人都有這個心事的　難道今日有了洋火　開火的還敲着火石去點嗎　所以穿操衣的　不過也是要方便輕快　斷沒有降洋的念頭哩　何以見得不比奉教呢　西洋各國　本來是有那福音天主教宗　也不過如中國有儒釋道三教的

樣子　我不能禁他們到我國來傳教　他也不能強扯我們入教　教還教　民還民　這明明是與學堂沒牽涉的　學堂讀的有用之書　講的有用之學　也拜孔夫子　也讀四書五經　不過比從前單讀經書　不講別樣學問的不同一點　如今且把學堂的科目　略略講說幾宗　把列位聽聽　學堂最重的　開首就是<u>修身</u>一科　<u>修身科</u>專講道德　便是做人的根本　<u>歷史科</u>講從盤古到如今的故事［25］　便是愛國的源頭　<u>輿地科</u>講世界地面上的形勢　便曉得中外的事實　<u>算學科</u>練習算數　又能測量遠近　便曉得當家及量地的大略　<u>理科</u>窮究萬事萬物之理　便曉得<u>聲學</u>　<u>光學</u>　<u>電學</u>　<u>化學</u>　及<u>博物學</u>的學問　<u>體操科</u>運動身體強壯精神　便練出文武雙全的本事　其餘<u>讀經</u>　<u>講經</u>　<u>作文</u>　<u>習字</u>等科　也不必說了　列位想想以上這幾件　都是人生不可不曉得的　就小學而論　便有了許多學問　若是再入那中學堂　高等學堂　那名目便更多了　所以學堂所讀的書　都是揀要緊的讀　原是要把所讀的都歸實用的意思　依此看來　學堂斷沒有奉教的道理　列位有子弟儘管放心送入學堂　列位曾不想想　這些讀書人肚裏　本來是清白的　那肯甘心降洋　做外國的奴隸嗎　又豈肯甘心奉教　失却本來面目嗎　好兄弟　好同胞　我們總要大家齊心　挽回中國　那些當真的教堂　也不必毀他　況乎學堂並不是奉教　列位尙說得個學堂可毀嗎

<u>第二個原因　是不該那學堂要提充欵項</u>　大凡辦個學堂　頭一年要開辦費［26］　每年又要常年費　那些官立學堂　固是籌有定費的　若是民立學堂　所要的費項　便難着些　學堂既不得不興　就是欵項難籌　也不得不另設法子　於是有就市面商民攤派的　有就該處富戶　各族公會　及地方的公會捐出的　有就酬神演戲賽會酒席各費提充的　有就地方所出的土貨　抽釐彌補的　鄉下的人　每每因提欵便要阻學　替列位想來　爲辦學堂出點錢　總是千萬值得的事　斷不比那裝金禮佛建醮超幽的　從沒一個回信　況乎科考已廢　列位要望子弟讀書成名的　除了學堂一途　沒有別條路可走　試想求學爲子弟實得的權利　出錢豈非自己應盡的責任嗎　天下不論什麼事　斷沒有不要拿錢去買的　比方要這肚子不飢　先要出錢去買飯吃　可知要這子弟成名　先要出欵去辦學堂了　目下我們中國　已經鬧到這般田地　國若亡了　難道這<u>些</u>錢財可以救得嗎　奉勸列位　莫替那洋人守財　莫替那土匪守財　莫替那搶犯守財　各人出點力　盡點心　捐點欵項　大家看這<u>中國兩個字</u>面上維持起來　列位試想　沒得人才　就會亡國　沒有［27］學堂　就沒有人才　我們雖是傾家破產　造出人才　把這國家救轉　也是不幸

負的　俗語說得好『出錢就是福』　列位要曉得若沒有錢　斷不能把學堂辦好的　請列位再莫因這提充欵項的事　便要毀學哩
第三個原因　是不該把庵堂寺觀　改作學堂　因此犯動了衆人的怒　以爲欺了神聖　所以要毀學　列位　這句話豈不是好笑的嗎　世界上本來是沒有神的　我說這話　並不是附會那些福音教徒　中國有一部書上說的『親卽是佛　心卽是神　事親事佛　欺心欺神』祇這十六個字　確是千古不易的道理　我們上有雙親　肚有良心　入寺燒香　未免乎丟却近的　去求遠的了　況乎神是想不出　摸不到　看不見的　豈有由你們凡人和些泥　劈些木　做成神像　便指着他說是某神某神　也未免太褻瀆他了　就是禱神求神　總是要他保佑你們的好處　我想向神去求是沒有影子可看見的　何如興學育才　得以耳聞目見　造出一個人才　便有無窮的好處嗎　況乎神廟公地　寺產公費　移無益的資財　辦至要的公事　有甚麼不好呢　有救[28]世的神　斷沒有喜歡奉承的神　請列位參透這個機關　在家好好孝親　行事好好問心　包管你不欺神了　那些寺觀庵堂　充做學堂　也不必去毀他了

這幾個原因　也祇略略就淺近的說起　我曉得列位要毀學堂的心事　大概因這幾件事起的　還有因那鄉下的先生　說學堂是不可入　一入學堂　便要把子弟壞了　這也是我們常常聽見說的　大約說這種話的　也有<u>兩派</u>　一派是因他們不曉得學堂是甚麼辦法　同你們沒有入過學堂的一般　因此就捉影捕風　捏造謠言　煽惑人心　古話說的『少所見　多所怪　見駱駝以爲馬腫背』列位　這句話對不對呢　<u>一泒</u>是因他們既然沒有入過學堂　平日又要靠着教蒙館來吃飯　以爲到處都把學堂辦起來　他這子曰舖便開不成了　因此造出些學堂不好的　又有人說是我們的子弟　將來不讀長書　便可以不入學堂　不知世界各國　無論習何業的人　都要從小學堂出身　名曰<u>義務教育</u>　將來學堂遍設　從前蒙館也步步要撤了　況乎學堂的[29]功課　比那蒙舘先生好得多嗎　又有人說學堂裏是難得通文章的　這也未免過慮　試看外國人　有些也不過是讀過幾年書的　他却看書看報　寫信作文　都能曉得　就是中國從前讀書　讀過十幾年的　信也寫不得　數也算不清　於今學堂的講解狠多　教法狠足　任你甚麼蠢子弟　入過小學堂　就可以寫得信　做得文章　若是加些中學堂的工夫　那脚色便了不得哩　這幾件疑團　却也是你們心裡所不免的　又有因辦學的紳士　不大坦白　侵吞公欵　藉學肥私　以爲被他欺瞞　不如不辦　便率

性要把學堂毀了　但學堂終是有益的事　不過他們辦得不好　自可再憑公議　換舉士紳　以持永久　又何必要把已成的局面　歸於破壞呢　照以上的看來　鄉下的先生說學堂不好　是不可信的　子弟不讀長書　也是要入學堂的　學堂裡又是狠易得通文理的　辦學的紳士不公道　可以再舉的　我想列位心裡　也再不必帶幾分疑惑了　況乎上有王法　中有官刑　下有公論　好好的學堂　便容易由你們毀去　從不追問嗎[30]
總之　辦學堂是要緊的事　毀學堂是萬不可行的事　我說學堂關係中國的命脈　興學中國就興　不興學中國就亡　列位却總有些不信哩　我如今且不避煩細　引出幾個故事來做個證據　是狠好聽　狠有味的　當日西洋有個普國　被那個法國打敗了幾次　也是弱的了不得　後來普國的王自己一想　就多辦些學堂　興些教育　國裏的人　便都曉得愛國的道理　齊心合力　一戰就打勝了法國人　連法國的皇帝都捉了　那時普國打仗的將軍　名叫畢士麥　他本來是仗着幾塊黑鐵　同那幾點赤血的　就叫做鐵血主義　這個故事　看了西洋史書的也都曉得　到他勝了法國　論起戰功　人人不說這個大功　是畢士麥的　他偏說是那些小學堂教書先生的　原爲普國若是沒有學堂的教育　那畢士麥就不能成功了　又有個意國　也是被法國的壓制　後來出了一個豪傑　名叫馬志尼　說是打仗練兵的事　要同學堂教育的事並行　依着他的話做去　那意國後來就挽轉來了　日本國先前也是弱得狠　也是被外國人欺凌　近三十年興起教育　就一戰打勝了俄國[31]　講起他的地方　他的人口　不過中國一兩個小省份的多　若是講起他的小學堂　他就將近有三萬個了　如今中國一十八省的學堂　也沒有他一半之多　列位你說外國如何不強　中國如何不弱呢　你說學堂果屬無益　外國人也未必都是富翁　他又何苦把些錢去辦呢　莫講外國　就是中國的古時候　也是有學堂的　那孟夫子說的『夏曰校　殷曰序　周曰庠　學則三代共之』也都是今日學堂的樣子　我如今還是勸列位愛惜鄉里　遍設學堂　遇有不曉得學堂的事的人便苦口勸他　層層開導　打破他的疑團　開發他的愚性　聯合同羣　共謀公益　擴張教育　普造國民　那就中國可強　種族可保　列位的功業　算也是不小了　這句要興學不要毀學的話　總要列位常常記得就好呵

　　　　　願諸君勉旃　徧布文明新種子
　　　　　他年傳綺語　看看東洋普魯士[32]

四川官報①

論中國人之迷信

（1906年第一冊第86—88頁）

大凡地球上　一國有一國的風俗習慣　這是一定而不可移的公理　他們泰西學者　研究人羣進化的學說　地球上各國　普通分爲未開化　半開化　文明三等　這三等的區分　雖不在一二端　大約就風俗習慣中　總可以推求得壹半　如此看來　可見一國中的風俗　是斷斷不可不著意的　我們中國　自開國到今　已有了數千年　拿地球所有各國來比較　難道算不得個文明祖國嗎　但是自從與他們外國交通　事事受侮　他們不惟不認中國爲文明國　那多數激烈的談論　反說我們中國　是半開化的國　大家試研究研究　這是甚麼緣故呢　據我想來　我們中國的大者遠者　政界　學界　一切複雜的原因　且不必說　只單單就我們社會中風俗　各種迷信的特質　考求一番　也就可以說是我們中國的污點　受外國薄待的遠因了　但是各種迷信　中國人大概都是習以爲常　不知不覺的　那明白道理的人呢　還可以知道　若是下等社會的人　怕他方且當作祖宗的教訓一般　祗敢服從　能彀知得[86]這些行爲　叫做迷信嗎　我且畧說一二樣　大家聽聽　一是迷信地師之說　這地質的構造　據現在學者發明的新理　大概分地核地殼兩般　地核呢　便是日之支體　受日火的鎔化　含有硫磺類的流質所成　地殼呢　便是這地心流質　爲空氣吹冷　凝結所成　地殼上的濕氣上升　化雨墜下　日積月累　那便成了海洋　地心中流質　相擠相壓　外面的地殼　湧了起來　高聳水面　泥沙四面堆湧　又膠結許多年　那便分爲陸地　分爲高山　據這樣看來　凡地面上山呢水呢　可見都是屬於自然的結搆　并莫有怎麼一定的安排了　他們又發明這地球運轉的學說　說這地之運轉　也有　自轉　公轉　二種　自轉呢　地球以自己的中心綫爲軸　自西向東　每日旋轉一次　公轉呢　地球循太陽的軌道　周圍運行　每年旋轉一次　又據這樣看來　可見陰陽家所定的方

---

① 簡介見243頁。

向　更莫有一定的位置　地往西轉時的東方　到了轉東　豈不又成了西方了　我們中國的人　偏偏要信那地師的妄言　建一住宅　便要考求那甚麼向東向西的吉凶　甚麼太歲三煞的方位　葬一墳地　便要考求那甚麼來龍　甚麼去脈　甚麼水　甚麼沙　又是甚麼岸山[87]　甚麼山向　大約人生的窮通夭壽　就這兩種事　都就斷定得來　或是某處要開一鑛　要修築鐵道　便定要說某山某地　是某處風水　萬萬動不得　任那地師們　抱着幾本不完全的書籍　挾着一種　極簡單　莫憑據的道理　伸眉鼓舌　聽從的人　便猶如奉了　聖旨一樣　拿現在的新學理　比例起來　豈不是一樁大可笑的事嗎　未完[88]

說國民有當兵之義務

（1906 年第十五冊第 65—67 頁）

我們中國社會　有兩句俗語　道是好人不當兵　好鐵不打釘　列位　這兩句話　想來你們不惟人人通曉得　並且人人都深以爲然的　據他這句話　解釋起他的意思　也不過就是兩種說法　一則呢　是說當了兵　要去打仗衝鋒　做捨死忘生的勾當　若是好人　便不肯輕易去做他　一則呢　是說當了兵　會壞人品　做出那奸淫擄掠的行爲　若是好人　便不屑輕易去做他　這都是只看見那不曾受過教育的兵丁　並未真知道軍人的資格　你只想　凡是世界上的國　不管他大小強弱　既有了國　就斷斷乎不能不有兵隊爲保衛　若照他這兩句話推起來　好人便盡都不能彀去當兵　那當兵的不盡是壞人嗎　既都是壞人　這保衛國家的大責任　又如何能靠他呢　華盛頓說得好　軍人是一國的代表　顯一國的光榮　是不可凌侮侵犯的　照這樣看來　軍人的責任重　所以身分高　軍人捨身命來保衛衆人的財產　衆人就捐財產來報酬軍人　這纔是確實的道理　現今西國政治家　說一國國民擔荷的義[65]務　除了納稅以外　便是當兵　列位　你們聽慣了社會上那種話頭　胸中蟠結了那種謬論　驟然聽我這個話　必要大大的不以爲然　那裏知道　這番話是經了許多人研究　共認共決　真是立國的要素　治國的原理　你們且暫拋棄了從前的念頭　聽我把這道理　略說一說　列位　他這義務兩字　你道是怎麼樣講法呢　大凡一個人生在世界上　由一己有家　由一家有社會　由社會然後有國　對於一己　便應當保一己的安全　對於一家　便應當保一家的安全　對於社會與

一國　便應當保社會與一國的安全　這個責任　毋論何種何族　凡是文明國人　無有不共同擔負的　就遠近上說起來　似乎必能保一己　然後能保一家　能保一家　然後能保社會　能保社會　然後能保一國　但這一己一家一社會　與這一國　最有種種密切的關係　就論安全　也極爲獨一無二的聯合　斷未有國勢危弱　這國中的一家一人能獨立安全的　因是沒有庇蔭便沒有那可以安全的地位　若是隸屬在別國　如同猶太人一般　那還能算得安全嗎　所以一國的人　要想靖內憂　禦外侮　屹然自立　雖然尚有許多設施　如不擴張武備　斷斷難達那自強的[66]目的　所以愈文明的國　養的兵士愈多　現今政治家　稱今時爲武裝和平的世界　德國俾士麥克　至說天下可恃的　惟有鐵血　若是一國中　個個都貪生畏死　你也不肯去當兵　他也不肯去當兵　自然推來推去　只有那下流的人來充數了　用下流的人當兵　這保全國家的事業　便靠不住了　軍格越發下賤　國家就越發危險　到了那個時候　既沒有了國　那裏還有社會　那裏還有家　又那裏還有一己的身命財產　譬如大樹已經傾折　那鳥巢和那巢中的蛋　尚且希冀他有完全的嗎[67]

論德國市政的一班（續三十二冊）

（1906 年第三十三冊第 69—71 頁）

前篇把法國市政大畧　已經說明　要曉得除了法國　現在各國市政的發達　就要輪到德國了　如今且把德國市政　怎樣組織的法子　大概論一論　原來到了現在世界　西洋各國　已把這個市政問題　當做一種絕大學問　所以德國的市政　都是從學問上的道理　組織成功　一切改良的事業　公共的事業　比各國格外有精神　有興味　最大的原因　德國政府　認定市會是增進市面的利益　和市民的幸福的一個大團體　毫沒有一點限制的緣故　如今且把那幾種頂要緊的說出來　就可以畧見一斑　究竟是那幾種呢　第一種是交通事業　第二種是救助事業　第三種是衛生行政　第四種是教育與財政　第一交通事業　講究市內的鐵道　和其他交通機關的設備　現在無論各國興旺到了不得　德國各市裏面　多有一種馬車鐵道會社　全市綫路　雖然由會社管理　但總要服從市會的監督　而且市會對於這種會社　沒有不課稅的　稅額一年增加一年　要算得一市財源上佔重要的地位　德國京城柏[69]林市　就是如此　第二種是救助事業　貧

民救助的制度　惟有德國是全國統一　因爲德國　是各聯邦組織成功的一國度　所以各聯邦　都把柏林的救助事業做模範　所以柏林市的市役所裏面　有一個救貧局　有助役一人做局長　全市中劃分二百五十餘的救貧區　每區有地方委員　共組成地方救貧委員會　救貧區內　再分數小區　從數家族組織成功　所以救助事業①　十分發達　第三種是衛生行政　要知衛生行政　萬不可不講究居宅制度改良　德國市會　凡一切居宅上改良　最注意的一件事　至於傳染病的問題　更加十分注意　所以市裏近年來　添設許多傳染病隔離病院　和消毒所　市會裏專設一種衛生局　聘請有名的醫學家衛生家　主持這種事件　市上所賣的飲食　多要由市會檢查　由市會再設無數屠畜場　猪羊牛雞　都要送到市立屠畜場去宰殺　倘有瘟疫的畜類　因此就可以曉得了　第四種是教育和財政　國的社會教育　全是市民自治　所以公園運動場　游戲場　圖書館　多由市會公立　至於市上教育的設備　有市學務局　和地方學務委員會　公選市民　擔任這種事　一市的財政　大都由市稅和地方債　兩[70]種生出來的　還有一種大宗　是市有財產的出息　諸君　德國市會　世界上也可算是有名的了　中國倘若不講究地方自治也罷　或者想講講　倒不能不把各國市政來留意一點哩[71]

繡像小說②

山家奇遇

馬克多槐音著

日本抱一庵主人譯　錢塘吳檮重演

（1906年第七十期第1—5頁）

離今三十五年前我肩上負着鋤頭腰間掛箇白鐵連柄鍋掘起樹根斫碎巖角抓了一把土砂用化學化分出來裏邊顯然有細細膩黃的金塊粒登時慾望起得如

---

① 原文中"所以"前無空格，這裏是編者所加。
② 簡介見154頁。

火一般熱從此就天天在嘉利福尼亞和奧列貢^{美國西部省郡名}交界處在一座布流曼騰山又名綠山的峽谷之間那條伐木採樵路上儘着逗留搜尋探採這箇所在左近並無崇山峻嶺風景很爲幽雅清靜當那山麓之間一條好大市街也有製造場也有郵政局也有銀行酒肆也有彈舘戲園好一箇繁盛熱鬧的去處誰知因爲山上的金銀鑛物等類開挖淨盡這就家家遷移人人遠去迄今單賸下一片一望萋然無際的草原這是山口峽外情形若是暑入山深之處或隔三邁羅或隔五邁羅一種阿加希斯樹之陰橄欖樹之陽有五七戶聚成的山村遠望炊煙絲絲直上此等住民大抵都是以前山鑛興旺之時過得很爲快樂榮華及至山脈已死雖沒有積富的指望却還留戀着不忍立即分離藏着些鬼胎還想那死山再經地氣吹回重見先前的繁盛但則自此[1.1]以後那許多親戚故舊就斷絕了往來一年一年只自悠悠忽忽地把光陰送度這其間此等似活非活的死人湮埋在嘉利福尼亞山間野坑亂塚之内總計不知有多少人任到今日大凡頭顱半白的老人須還能記憶得

我自從入山倏忽過了一月有餘多半找那老鑛夫獨棲的小屋藉靠木節當枕而眠有時候簡直一夜露宿到天明也是常事有一天氣候晴和剛是午後無端遇見一箇活潑潑地面容的男子不禁又驚又喜更不知怎樣是好

看他年紀約摸四十四五左右那模樣斷不是久住山中的孤獨之人入則笑臉相迎出則隨後相送一見之下我立即想起一條心思意欲和他作箇伴侶那時他正倚着庭園的小門佇身而立園中四面圍着鐵網鐵網裏邊有種種花草盛開得芳香掃除又非常清潔任是一片樹葉也不見墮溷其中這箇人麽簡直可算他們一夥裏的錚錚佼佼非比尋常

他看了我既不問何自而來也不問何處而往只欣欣歡喜地引我到那裏邊這也是山家習慣的風俗如此

當下引我走進一間屋子想是他的書齋遇着我久已遠離紅塵什麽人工製造的器[1.2]具裝潢鋪飾之類多時眼不得見忽地見地下鋪着紅絨緞壁上糊着彩色紙油畫的簾幔一座燭臺一册古書雖則不是很多但我心目中已覺得異常饗應闊綽屋子一邊角上有口烏木的櫥內中安着種種小件家具那些家具一樣一樣下面都有種種形式絲羽的墊子載着任是婦女們纖纖細手也造不成那樣精工真是可怪我見了這等品物心裏早是漸漸的融熱起來自知無限歡容載上了我的臉面他見我歡喜也自歡喜非常我雖不曾開言他却好似回答我所問一般的聲口說道喔喔這是那女子手裏做成的家下一切東西沒一件不是那女子製

造整理的好且慢閣下大大惹了塵埃且過來拂拭手臉

說着攜我的手領入裏間寢房則見塗着青色的鐵桿寢牀掛着非常精巧的麗絲[音譯]帳子皮革襯褥緞子薄衾枕頭上設一面明鏡明鏡之前有一對純然中國製造的花瓶上插着奇香的薔薇花地上鋪着印花極厚的絨氈壁間披掛着織綾大障一面角上有一座妝臺妝臺之傍有洗臉架上面面盂水壺胰皂罐沒一件不齊備沒一樣不清潔手巾共有三幅洗濯得如雪樣白而又鮮哈但看這些安排鋪陳就可想見此家主婦的人品性格了——當時我只自不言不語主人見了又大大心滿意足告我道[2.1]一概是那女子整理拂拭來大凡屋裏東西沒一件不觸他的手但則閣下可……女子——噢噢非是我言語太誇非是我言語太誇

那時我將手臉洗罷兀自迴頭四面看那屋子裏主人默然在傍臉色好似催促我等待我詢問什麼東西似的我想他矜奇好勝之心非常的大當即越發樣樣留神細看聊慰他一片熱腸誰知看了些時只指不出什麼東西好一會這纔得到一件啊這纔真真的到了這件東西我料定是主人確要待我詢問無疑你道如何只因我剛剛眼睛刮到其間却好這時他一股欣喜的氣色颼的渡過我的身上隨聽他道噢噢這箇麼閣下竟瞧見了噢噢這乃是拙妻的油畫肖像！

話猶未了早慌忙立上攔几高擡兩手從那壁上很高之處卸下一面鏡框來好好拂去塵埃指示於我原來好一箇妙齡玉貌美人的肖像近前一看比從下面眺望更加一倍美麗鮮妍

主人見我連聲讚歎益發興致飛皇又對我道這是拙妻第十九次誕生那天繪畫的肖像在下正在他誕生之日和他結婚噢噢閣下一經見了拙妻噢噢閣下且待拙妻回來然後……我答道尊妻如今不在家麼却往何處去了主人道是咧他爲探望親[2.2]戚前去離此有四五十邁羅遠近他去已兩禮拜日期了我問什麼時候回來呢主人道今兒是禮拜三再過兩天禮拜六定然回家多半在夜間正九點鐘我聽了不禁失了大望又道若不得見嬌美的尊妻就此相別回去可是大大的遺憾了主人道不不閣下不見拙妻且莫歸去倘然回去之後拙妻回家定要向在下口出怨言

咦這話若是出在那女子自己口裏豈不更叫我快樂萬千呢當下主人還接着說閣下不知拙妻當眞是箇叫人可愛之人他在家中圍着火爐喁喁細語直到夜深時眞是世間無上的娛樂他生來又愛談講常自藏着許多有趣味的話頭只待閒時滔滔娓娓從不厭倦喳閣下不見拙妻且莫歸去若是去了拙妻不知失望到怎地咧

我當下急切還沒回答主人暫時離了此屋忽然拿一幅寫眞影像册子前來只見那女子肖像刷的映到我眼中主人又夾着道閣下且對拙妻肖像立下一箇誓定須屈候在此待拙妻回家

方纔那幅是油畫肖像如今乃是寫眞影片看着當眞是世間稀有的美人其實我當時要見女子的心腸比火焚還加一倍熱主人已經說過堅挽留我止宿到禮拜六夜間許我第二天禮拜早晨相別回去我只得依了[3.1]

當夜閒着燃吸煙草直談講到更深纔罷說話之間總不離那女子身上的事

到得第二天早晨一箇白髮白鬚的老鑛夫臉上垢污眼光閃爍但音相很爲柔和走近前來言語雖則粗鹵情意很爲濃厚見了我也行箇常禮回頭對主人道我特地爲探聽你家尊嫂的消息而來尊嫂什麼時候回宅啊他可曾有書信遞來麼主人答道書信早到了杜姆你不早知道信上的話麼原來杜姆是那老鑛夫之名只聽他應道你老旣不錯誤那……主人不等說完連忙打懷裏取出一封書信來展開從起頭「我親愛的……」直到末了兒「杜姆約翰查理以及親熱的各位均好」一字不遺的念了一遍陡然間好似起了詫異模樣凝着眼只看着杜姆臉面半晌道噢噢我已好幾次把這書信念給你聽想拙妻禮拜六夜間九下鐘回家你也早則知道却爲何屢次前來向我絮煩

那杜姆被主人搶白不覺有些狼狽起來忽地言語亂了道我年老了我年老了禮拜六夜間九下鐘尊嫂回來我確是知道着今兒前來探問無非爲萬分盼望他回家好准備和你老講話啊啊我是什麼事也要遺忘但則亨利到禮拜六只隔一日之間准備歡迎的話明晚不能再遲我還有事往鄰村去今兒且告辭回家了說罷又行一回[3.2]禮匆匆忙忙跑了回去

明天是禮拜五這天午後又見一箇活潑潑地工人打二邁羅遠的西山探訪前來問女子歸也未主人也把書信上的話告訴了他那人末了道村裏少年人鬧得閧亂要在尊府庭前設一箇音樂會場歡迎尊嫂路途上辛苦疲勞想尊嫂不至厭煩麼主人道他辛苦嗎不不不他任是爲你們一箇人也能七天七夜不眠再也不合眼一轉眼間早是禮拜六午後又是日暮黃昏了主人等待焦躁形容非常顯著領着我到那路程很遠能望見平野的山頭接連去了四次他在山上將手捫着額顙眺望眺望數回後來悄然道非待到九下鐘他必不能回來在下素來知道着但在下一路上却只恍惚疑着他起了什麼事故罣念不已哦哦閣下不起這樣思想麼主人恁地問我也不止一兩次我覺得很爲煩噪口雖不說却微微現些嫌惡模樣於他一霎時他就變做沒精打采好似很爲不安到得上燈時分只見又一箇山裏男子名叫查理的跑了來詢問女子之後向主人索取那書信念看就說他着急也

是枉然勸他定下心神莫要憂慮我這纔有些暢爽歡喜起來

查理安慰主人道若說尊嫂有變故！眞是過分的着急過分的着急他來信不說嗎[4.1]什麼病恙也沒有他不說禮拜六夜間九下鐘定然回家嗎他向來書信可有假的嗎可斷沒那樣事斷沒那樣事但請放心但請放心想他卽刻必然來到俺們且把尊嫂屋裏裝飾起來則箇

一會杜姆又和一箇約翰前來會合當卽一同唱一回小歌曲用那薔薇花和葉結成幾箇花圈掛在女子臥房門扉之上

及至將近九點鐘三箇賓客說要唱歡迎歌接待女子隨取出各自帶來的弦琴橫笛鐵葉喇叭之類用厚皮靴打地作爲拍子且唱且奏這時主人亨利似乎心不在焉不斷向門口那方眺望連身體也似出了變端只見手足四肢害成一種疴攣模樣

九點欠五分鐘年紀最老的杜姆起身祝賀道爲祝禱那女子强健甯咱們齊舉一觴

約翰隨將帶來的杯子安在桌上查理也將帶來的威斯機酒斟滿其中一箇一箇輪流而飲主人亨利末了兒傾了一杯剛剛他飲罷之時自鳴鐘鏗鏗敲響一下一下數到九點他側着耳朶聽得分明陡的臉上發了灰白疴攣來得更兇瞪着眼睛撲通一聲跌倒在地三箇客人見了連忙趕近前去扶抱起來載在安樂椅上殷殷勤勤儘向[4.2]他頭胸手足不斷撫摩

亨利發出比蟲子還要微細的聲音道遠處有馬蹄之聲哦哦漸漸近了哦哦他們來了

杜姆附着亨利的耳低聲道來的是馬夫琴米他說大夥兒啟身之時比起先預定的時刻畧遲了些但定然早在路上不多一刻卽行來到

亨利向空禱告道多謝多謝神主啊求庇佑他們平安無事神主啊求庇佑他們平安無事

這話聲還不曾全離了嘴誰知他早已睡熟了三箇客人半解了他的衣裳靜悄悄抱入裏邊寢室閉上門重又出來關會着許多賓客意欲一齊辭別回家我喫驚道噢噢列位須莫拋棄了我去那女子我須不曾認識可知我乃是此家的新知之客啊

三箇人面面相對默然無言好一會杜姆開言道那女子！那女子已死下十九年了我更驚道死了麼

杜姆道死了要不然那般命運比死更是兇惡那女子結婚不上半年有一天爲因探望親戚到市上去單知在中途離此五邁羅的山路上被印度人捉了去以後消

息咱[5.1]們一些也不得聽聞我問道後來主人竟發了狂麼
杜姆道正是從那時起他的心立即恍惚糊塗隨後一年一年每遇女子死的日期他的心也一度一度的狂得利害咱們每在他死期三天之前特來勸解又結起花草裝飾女子臥房再用音樂來助熱鬧務使他的心神拋撇了移往別處咱們如此連行十九年從不曾一次缺少不到當初咱們這一夥兒不和婦女交合的共有二十七人如今單賸下俺們三箇婦女却一箇也不留都往別國去了咱們方纔在他杯子裏安下麻藥要不然他發起瘋狂俺們的手也制伏不下從此打明天起直到來年今月今日他可以安然無事穩過光陰看他心中實當做那女子直到來年今月今日儼然好好在他自己身傍咧——啊那女子乃是他極愛戀的妻子啊！
原來山家之人情深意厚當眞有這般的也無足怪[5.2]

1907 年

北洋官報①

直隸全省警務處白話告示

（1907 年第一千三百五十七册第 8—9 頁）

爲出白話告示事　照得設立巡警的緣故　本爲的是保護你們百姓們　敎你們可以安身過日子　有爲非作歹的人　就要管教他的　恐怕你們好人受了他的禍害　所以定出規矩來　要是有那爲非作歹的　犯了巡警規矩　就要帶到局中問他的罪　他旣犯了規矩　就按着巡警的規矩治他的罪　他也是應當的　本督辦會辦細想你們這犯法的人　未必都知道什麼是犯法的　什麼是不犯法　等到犯了法以後　後悔也來不及了　今特對你們把這犯法的事情　一條一條的對你們說說　你們看這後頭一條一條的就該明白了　你們以後凡要作什麼事情　你們先要想想犯法不犯法　再去做去　那就不會誤犯的了　那當巡警的往往拏着警械打人　這是巡警不好處　巡警手中拏的棍子叫作警械　那是保護百姓的　防身體的東西　不是叫巡警拏著這東西呼喝人的　百姓犯了罪自有官長管教他　你們當巡警的　遇著犯罪的百姓　小事可以勸說　大事可以帶局　都有一定的規矩　以後巡警打人　你們可以到本縣告他的　你們當百姓的可要知道巡警是一定不敢打你們的了　但只是你們果眞犯了罪　他把你們帶到局內　也是一樣要捱受罰的　你們可要仔細　這後頭二十條規矩　那一條也是做不得的　這二十條的事都是與你們有害的事　所以要禁止的　你們可要記淸　這王法可是試不得的　人要犯了大罪　父母也不能養了　妻子也不能顧了　就是能個不死　一經官刑　產業也要銷耗了　親

---

① 简介见259頁。

戚朋友也要恥笑的　你們想想這犯法的事可怕不可怕哪　切切特示　計開一　做强[8]盜的　二放火害人的　三設壇立會假充神鬼化符念咒的　四窩藏著强盜匪類的　五拏著兵器大夥販賣私鹽的　六私立錢爐銷燬國家制錢鑄銅元鑄小銅錢的　七偸砍墳墓中樹木的　八放牲口踏了人家青苗的　九懷裏藏着引火的東西要去放火的　十招聚衆人耍錢的　十一醉漢發酒瘋的　十二歪僧邪道化緣訛錢的　十三惡豪土棍禍害地方的　十四拐帶婦女的　十五越境販私設鍋熬煎硝鹽的　十六打架恃强不聽解勸的　十七帶著器械成羣結夥的　十八假充是看病占卦相面等事誆騙人家錢文的　十九演唱淫亂的詞曲戲本同那販賣淫書淫畫的　二十胡造謠言惑亂人心的[9]

故城縣朱大令勸諭各家子弟入初等小學堂白話告示

（1907年第一千四百零十冊第13—14頁）

爲出示勸諭事　照得前年八月間　奉過一道　　上諭是立停科舉　興辦學堂　已經直隸學務處　把停科舉的意思　興學堂的好處　編成白話告示　曉諭你們看了　本縣不用再說　但恐你們鄉民　安於舊日積習　不知何者利何者害　何教法有損　何教法有益　不肯改良　一見初級學堂　改了新教法　就說是洋學　併不知當今新政　是力圖富强教育民智大開主意　雖仿外洋　是學其所長　併不學其所短　其與吾民無益之法　斷不肯叫你們學他　你看城裏及各鎮　已辦成的初級學堂內　所教功課　俱是實在於學生有益的　先說每日內有一小時體操工課　是教學生身體强壯　精神充足　人生一世非身子結實　精神足壯　不能成就事業　比以前舊教法　學生一入書房　終日坐着悶倦念書　身子日久卽弱　精神日久卽衰　所以嘗言學生爲書呆子　你們將新舊兩法仔細思想思想　就知何教法好　何教法不好　切不可聽糊塗人的謠言　以教體操是叫學生當兵去　再說內有一小時教字的功課　教習每日往功課板寫上十個字　教給這幾十名學生　認熟寫熟　又將各字義講熟　學生們俱在十歲上下　一經懂的字義　認寫俱熟　就如印在心裏一般　畢生不能忘記　一日懂此十個字　一年就按三百數十日合算　就能懂認　三千多字　將四書五經一念就可通熟　從前十年進個秀才　也不准就能懂認三千個字　比[13]一前舊教法①　八九年的工

---

① "一"當爲"以"。

夫 四書五經 雖念的通熟 嘗有祇會念 尚不會寫 所念的字不懂所念的字義 你們再仔細想想 更知何教法好 何教法不好 再說內有一小時的算學 大凡人生 勿論何項事業 離了算學不行 人生不懂算學 即為不識數的迷人 所以算書上云 知書不知算 如在暗室昏昏 比從前舊教法 上過十數年學 尚不知算法為何事 你們再仔細思想思想 更知何教法好 何教法不好 及一切修身博物格致等科 與那孔孟之道 一一互相對證 更知何所謂洋學呢 總而言之 各大憲俱是愛國愛民的赤心 因吾國民無有教育 所以比外國人民太愚 人才缺少 難圖富強 所以想法子興學堂 初級學堂 又是教育根本 所以屢屢勸諭 多立初等學堂 指望教育普及 民智大開 共圖富強 所以三令五申 告誡勸諭 如與國民無有好處 與國家無有益處 各大憲又何苦費如許心思 費若干款項 發下師範教員 招考教學的先生們 入師範學堂 學習教法 半年畢業後 教授你們子弟 勸你們千萬不可聽鄉愚無知的謠言 說是洋學 疑惑觀望 自悮了子弟終身 朱夫子治家格言說過 子孫雖愚經書不可不讀 目下可以改作了子弟雖愚 學堂不可不入也 古人嘗言 天下無仲尼 萬古如長夜 是極言不識字不懂文義 不會算學 人生一世 就如睡夢一般 況且現在已奉到各大憲的明文 入了初級學堂 四年畢業 選入縣城高等小學堂 就是進學秀才 就算紳衿豁免差徭 如不入初級學堂 就是紳衿也得與平民一樣出差徭 還說如不入學堂 將來定然設立罰章 實行強迫教育之法 如到那個時候 既悮了自己子弟 又得認罰 且四年工夫得選 就是秀才 比從前得十餘年工夫纔能進個秀才 一切學費學規 至少也得花錢六七百吊 目下入學堂 既省工夫氣力 又省錢財 即便選不上 你們子弟 已經識字數千 文義皆懂 算學已會 身體也壯 即就農工商業 寫書信管賬目 看書看報 寫寫算算 已成通達之人 如不入學堂不識字 即所謂睜著眼的瞎子 做一世的迷人 你們既有子弟 誰不願教子弟成人 千萬不可惜小費 以誤其終身 本縣為你們計 所以編成白話告示 可使識字不多的人 一看便易明白 就是不識字的人 一聽也可懂得 為此諄諄告誡不負本縣勸諭之苦心 有厚望焉[14]

晉州白話示諭

（1907年第一千四百五十四冊第9—10頁）

為勸諭事 照得今年雨水稀少 天氣又熱 那地裏的莊稼 真是旱的狠 若

不想個救旱的法子　那旱魃可就要爲災了　一有旱災　不徒爲農的受了困苦　就是那爲士爲商爲工的　也就受了連累了　上憲屢次來文　催興農田水利　那不是教民救旱的法子嗎　但是那興水利的法子也狠多　有引河灌田的　有鑿井澆田的　就晉州將這兩個法子　詳細說說　讓大家聽聽罷　晉州北境　雖有滹沱河　若引之灌田　非淤沙　卽沖塌　不見其利　立見其害　這引河灌田的法子　晉州旣是不可用的　那興水利的法子　只好是鑿井了　大家若能多多的鑿井　一遇旱時　都澆起來　那莊稼還有長不好的嗎　大家仔細想想　這幾年收成不好　那一年不是吃了那旱的虧了呢　有一種糊塗人　說些大話　他說咱們中國　土地狠厚　出產狠多　就是年年有幾處不收成　看不的還不著實要緊呢　咳　他只管糊糊塗塗的①　說些大話　就把那當村收了當村富的俗語　全忘了嗎　又有一種懶惰人　他說沒有不下雨的天　何必鑿井呢　那知道天下雨是無定的　趕到旱了　那莊稼旱的凝繩的一般　眞讓人見之　多們寒心　多們難受　到了此時　這井可就有了大用處了　察晉州北境井地　比南境井地稍多　這幾年的收成　南境可就比北境差多咧　這是個什麼緣故呢　不是有井沒井的明效嗎　可見要想救這旱災　非多多的鑿井　是斷乎不能的　闔州人民　若能不負本州苦口勸導大家把[9]井都鑿起來　多挖一井　卽多獲一井之利　併須早挖　以免臨渴掘井之弊　以仰副　上憲興農田水利之美意　則歲無荒旱　家給人足　本州有厚望焉[10]

吉林白話報②

吉林白話報發刊辭
政治考察局宣講員安銘稿
（1907 年第一期第 3—4 頁）

今日是本報出版的頭一天　說買賣話呢　也算是開章的頭一天　大凡買賣

---

①　原文中"他只管"前無空格，這裏是編者所加。

②　1907 年 8 月 4 日創刊於吉林省原城吉林市，二日刊，逢雙日出版，同年 12 月停刊。主辦者爲徐崇立，主筆人爲安銘。主要欄目有"京師新聞""各省新聞""本城新聞""長春新聞""宮門抄""轅門抄""諭旨""上諭""閒評""來函照登""覆函""撫憲批示""督憲批示""巡警牌示""告示""演說""專電""專件"等。

家要開章　鋪內必要掛點兒吉祥畫　貼點兒吉祥字　甚麼根深葉茂咧　本固枝榮咧　同行的朋友來道賀呢　也不過說點子大發財源的好聽的話　這些俗套子　簡直成了通例啦　究竟買賣發財不發財　可不是憑著人嘴說的　必須有經商的本[3.1]領　第一要考察貨物的來源（那種貨物是那種元料製成的　成本是重是輕）　第二要考察貨物的去路（那種貨物在那處暢銷　利息是多是少）還得有點兒學問（東西洋各國　不差什麼都有商業學堂）　有點兒見識　比如一個鋪子罷　從先生意很好　忽然間不大賣錢啦　在淺見的人　他就說是年頭兒趕得　買主少啦　其實必定是有別的貨物　比他的好　叫人家給擠了去啦　就拿咱們中國說罷　這些年來　那一行的買賣不叫苦哇　要按着衆人的議論　買賣簡直的沒個作頭兒啦　怎麼這些年來　外國的洋商　爭着在中國通商　並且每年總要增開些個大洋行　那一年不賺咱們幾千萬幾萬萬銀子呀　這都是我們不講商學的原故　要說商學一門　爲現而今各國商戰的時候　必須跟閱報諸君細說一說纔是　但是本報出版頭一天　頭一樣須得把辦報的宗旨　跟閱報的關係說明白　就這兩件事就得費許多的筆墨　況且報紙上不大點兒地方　能夠說多少話呢　諸君如不嫌絮煩　請往下看　以後每日就在這張報上　跟諸位老客兒呢（閒談）這張報名吉林白話報　作報人的意思　因爲我們大淸國共有二十二行省　地方佔亞細亞洲四分之一　大概有四萬萬方里①　全國的人有四萬萬之多　與東西各國比較　那一國也沒有咱們地大人多　東三省爲本[3.2]朝發祥之地　吉林又居三省之中　土地是肥沃的　森林是多的　廣產是富的②　要是前五十年　把他改爲行省添設廳縣　招徠各省窮民　開放荒地　設立森林公司　經營伐木事業　設立礦務公司　開採五金各礦　一面廣設一普通小學堂　實業學堂　二十年的工夫　不但馬賊蹤跡可以稀少　還可以成一極繁富的省分　籌餉練兵　毫不費力　若果三省一齊舉辦　准保庚子年義合拳請不動俄人來　甲辰沒有日俄之戰　怎耐前幾十年的　雖然全都知道盡忠保國　可惜多不曉得外情　與通商惠工的要訣　坐使土地荒蕪　棄天地自然之美利　以爲東三省　僻處邊疆　外人要他作什麼呢　那裏曉得有今日的結局呀　幸而前任將軍達馨帥　知道現今的時局　非變法不能自強　纔興辦樣樣的新政　如設立巡警局巡警學堂　法政館　師範

---

① 原文中"大概"前無空格，這裏是編者所加。
② "廣"應爲"礦"。

學堂　陸軍學堂　講武堂　以及中小各學堂　還有政治考察局　農工商局　費了多少的苦心　用了多少銀錢　這全都是使我們○○○大清國富强的法子　又恐怕我吉省同胞　看見官府辦樣樣新政　以爲是全都隨了外國了　不免在一旁疑惑　甚至視學堂如教堂　彼此相戒不入　這纔辦這種白話報　爲的是稍能識字的人　一念就可以明白　並且這報上每日有電傳○○上諭宮門抄　本城新聞　京師及各省的新聞　還有各國新聞　每月花上三[4.1]角錢　能夠知道許多的事情　從此知道事情即多　將人比己　將中比外　孰好孰歹　自然心中有一個要强的心　人人心中一要强　我們○○○大清國也就萬萬年了　我這白話報也就萬萬年了　嘩哈　嘩哈　哈　哈　哈[4.2]

本城新聞

（1907年第一期第8—9頁）

諭設審判講習所○日前撫憲諭知在省候補投効各員　大略說是你們須要知道　如今的時局不像從先了　旣然身列仕途　自當有眞實學問　辦事纔能有把握　所有候補投効正佐各班　全得（歹音）知道司法一科是怎麽一個理　而現充裁判的人員更要緊啦　故此設立審判講習所　你們全得入所聽講　限於六月內開具履歷　赴提法司公署　報名填寫志願書　聽候示期考驗　額設學員六十名　一年畢業　按照學問之高下　分別派差　以後凡沒有畢業的文憑　不用打算得差使了

巡道接署有人○署理吉林分巡道余恂卿觀察　向兼吉省各要差　久爲前任將軍達馨帥所器重　現聞朱經帥派該觀察　統領吉强三營兼延吉廳荒務局總理　所遣吉林分巡道一缺　已委江蘇道謝敬之觀察暫行署理

煙酒木稅總理易人○吉林各局所進款　以煙酒木稅爲大宗　新任巡撫朱經帥[8.2]　正打算竭力整頓財政　適該局總理豐瑞亭協領　稟辭總理一差　遂委吉林候補道史仙舫觀察接充　想此後吉林財政充裕　辦理新政也就不爲難了

崗兵盡職○本月十八日上午十鐘　巡警第二局四號崗兵　正在站崗之時　見有一人夾着青布馬褂一件　行走慌張　該崗兵看他形跡可疑　上前盤問　言語很是支離　立時帶局訊問　據供偷竊不諱　遂把該犯解送總局　聽候發落　像這位崗兵　眞算能盡職了

日人與鄉民之衝突○據訪友函云距城北六十里　大荒地地方　該處民人於

日前正在求雨的時候　有日本人（在荒地界内買藥者）看見這些求雨的人　先用涼水潑　大家齊聲說好雨　不料日本人見這些人很喜歡　遂改用熱水連潑了好幾次　會首侯萬祿上前去問　日本人不聽　反倒拿起傢伙向着衆人打（受傷三四人）　這些求雨的人　也拿柳條子合日本人對打　後來有本屯魁富大人之孫景昌　上前說和　日本人索錢一百一十吊　還得許他在該屯内設賭　這位景少爺算是會辦交涉　全都答應了　無奈屯内的衆人　以爲失權太甚　全部不承認　不知後來怎麼了結

巡弁撤差〇巡警第六局巡弁德興阿　因爲本身要完婚（就是娶媳婦）　在六局所管[9.1]界内　撒了無數的帖子　請界内商民的分金（俗名飛帖打網）　此事被總局查知　以爲不但違犯警規　並且與風氣之改良進步　很有阻礙　立將巡弁一差撤去　另委別人充當　奉告各局巡弁　千萬別跟這位德君學啊[9.2]

看報的益處
（來稿）
（1907年第十三期第2—3頁）

報紙這宗東西　現在各處已經風行　可是吉林白話報　在本處總算創舉　報紙是爲作甚麼用的　出版的頭一天　先就說明　至於看報究竟有甚麼益處　初次看報的　恐怕還不知道　報紙在社會上（社會就是人羣）如同耳目口鼻在人身上一般　一個人要沒有耳目口鼻　不能聽聲　不能觀色　不能說話　不能聞味　要有這樣的人　雖是活著　還不同死人是一樣嗎　報紙在社會上　也是如此　一個人聽聲　觀色　說話　聞味　可以用個人的耳目口鼻　論到一社會　再論到一國呢　國是由各等社會聚成了的　社會是由衆人聚成了的　一國一社會　想要聽聲　觀色　說話　聞味　非聚衆人的耳目口鼻不可　衆人的耳目口鼻　可以怎麼聚呢　就用著報紙了　報紙就是衆人的耳目口鼻　現今外洋各强國　沒有一地方沒有報　沒有一等社會沒有報　甚至於沒有一件事情沒報　先揀現成的一件事情說　本城北大街增興店裏　不是有個晉隆洋行嗎　晉隆洋行　是美國的一個烟捲公司　他爲推廣他們烟捲的銷路　出了一[2.2]種烟報　賣烟的自己都要出一種報　別的事更不必說了①　報紙既是這們要緊　有了報我

---

① 原文中"別的事"前無空格，這裏是編者所加。

們就得看他　看報的益處甚大　今天閑着沒事　對衆位一條一條的說個大概　（看報可以知時勢）時勢就是現在的情形　現在情形　與早年大不相同　早年是閉關自守　現在是萬國交通　怎麼叫閉關自守　怎麼叫萬國交通　前報已經說過　我也不必再論　在這個交通時代　專講究競爭　軍事競爭　商業競爭　教育競爭　知識競爭　那一樣爭不過人也不行　倘若是爭不過人　人家就要把你滅亡了　有的人說甚麼叫滅亡　甚麼叫不滅亡　就拿我們中國說罷　誰作了中國的皇上　我們就拿誰納稅就是了　唉呀　衆位呀　這話可不是這們說　這還是閉關自守的話　誰作皇上誰不作皇上　那是換朝代　不是亡國　換朝代是朝代①　亡國是亡國　亡國的苦楚　可是難受的很　印度　波蘭②　越南　這是全被強國給滅亡了的　如今高麗也被日本給滅亡了　目下我們中國的局勢　危險已到萬分　從此再不自強　也就了不得啦　亡國怎麼樣受苦　中國怎麼樣危險　我們應當怎麼樣去救　以後報上常常要說　這就叫作時勢　看報都可以知道　（看報可以長學問）前段所說　知識教育競爭　就是學問　如今各國的人民　大半都有學問　可不是八股文試帖詩　全是實在有用的學問　明白了實在學問　往大裏說　有益於國　往小裏說　有益於身家　況且外洋各強國　都是立憲制度　分爲立法　司法　行政三大機關　三件之中　立法是最要緊的　立法由於議會　議會的議員　都是由衆民裏頭選舉的　議會裏議定的事　上至君主　下至百姓　都要遵守　所以上下無弊　國是一天比一天的強　看看人家國裏的人民　有這樣的權柄　有這樣的尊榮　若是沒有學問　任甚麼事也不懂　怎[3.1]麼能充議會的議員　怎麼能議定國家大事　去年七月十三日　下了預備立憲○諭旨　我們中國也要立憲了　中國有實在學問的人　却是不多　所以在這個當口要預備預備　預備甚麼呢　就是預備實在學問　實在學問往那裏去求　看報自然明白了　（看報可以增閱歷）有一句俗語　不經一事　不長一志　經一事　長一志　叫作閱歷　閱歷最是要緊　比如一個人　學問很是淵博　沒有閱歷　萬不能辦大事　學問可以學　閱歷可不能學　非多經事情不可　無奈天下事情太多　不用說用身體去經驗　就是用眼睛去看　都看不過來　報上紀載的甚麼事情都有　每天看了報昻　便如同經驗了好多事情　還有個不長閱歷的嗎（未完）[3.2]

---

① 第二個"朝代"前疑漏"換"。
② 原文中"波蘭"前無空格，這裏是編者所加。

看報的益處（續前）

（1907 年第十四期第 2—3 頁）

（看報可以當游歷）游歷就是游看　可不是游逛　游逛不過遣興　游歷是爲知道事情　外國人[2.2]最講究游歷　眞有一個人　游遍過六大洲的　你想這樣的人　心裏夠多們敞亮　簡直沒有他不知道的事情了　人若總不出家門口　便不能知道地方上的情形　竟在這個地方轉游　便不能知道那個地方的情形　所以外國人到處都去游歷　近年中國人往各處游歷的也不少　可是要游歷　第一得有錢　第二還得有工夫　沒錢沒工夫　不能游歷　惟有報紙　常常把各處的情形　各國的情形　都短不了說　看了報就如同是遊歷

（看報可以添話料）親戚朋友　見面之後　不過各叙寒溫　往往有人相見　彼此問個好　往下就沒話了　骨篤嘴對坐著　夠多們沒興趣　但是叫他們說話　又實在沒的可說　就是說股子張家長李家短　也是聽著無理　若是常看報　報上各樣的新聞　即是說話的好材料　對人談一談　可以叫人也多知道點子事　請問好不好哇

（看報可以多方便）出門行路　坐火車搭輪船　不知道開行的時候　難免不就誤事　各大碼頭　又有一種惡店　專會欺侮遠來客兒　明明今天有船　硬說沒船　爲的是叫你多住一天　他好多得一天錢　報上却常紀著火車輪船開行時日　一看便知　自不能再受人家欺侮　這是報紙與客人最有益處的　報上有時登著銀錢行市　米糧價值　這是與人最有關係的　時常當知道　沒有報紙　就得到處去瞎問　有了報紙　一看全可了然　再說甚麼地方出了甚麼東西　甚麼鋪子添了甚麼新貨物　他們必把告白登在報上　也是與人最方便的

總而言之　看報的益處很多　一時也說不全　報舘的功効很大①　白話報的功効更大　文話報不[3.1]能人人都懂　白話報人人看了都明白　北京自有了白話報　風氣一天開的一天　到眼下說話　差不多的人　心裏都知道一點時勢了　吉林的風氣　總算是沒很開通　知時勢的人　固然不是沒有　可是不知道時勢的人　多的很多的很哪　外人拿此地當作一塊肥

---

① 原文中"報舘"前無空格，這裏是編者所加。

肉　爭著要吃　我的本省這些位同胞　心裏迷迷茫茫　就知道說那一國好　這一國不好　那一國佔著的時候　我們可以多掙地們的錢①　這一國來了的時候　我們都掙不著錢　唉呀　同胞呀　無論甚麼國來了　也不是我們的幸福呦　目下本省要開放許多處之商埠　將來成了個商業競爭的地方　我們得趁早要打算打算　如若不然　聽憑著人家爭　慢慢慢慢　你一口我一口　把我們的骨髓　都給吮了去　我們可就要枯乾死了　怎麼樣的打算法子　改天再說[3.2]

說自立

（1907年第十九期第2—3頁）

世界上　不論是一國一家一身　凡能自立的　纔能生存　不能自立的　必致貧弱　由貧弱必致滅亡　這是一定不移的至理　從前閉關自守的時候　這自立二字關係還輕　大家也不甚介意　現在環球交通　強存弱亡　這自立二字　可就不能視爲緩圖啦　就拿國合國比較罷　日本能自立　他就雄視東洋　高麗越南不自立　他就降爲奴隸　衆位須知道　自立二字　在今日不是可有可無的講章兒呀　要打算不滅不亡不爲他人奴隸　你就得急圖自立　你要是不急圖自立　就緊跟著貧弱滅亡　就比如逆水行舟一樣　稍一鬆力　立時就順流退下　這個關係　你們瞧　可怕不可怕呀

這自立二字　也不是說說就算完事的　比如我們中國人罷　大家一天際淨嚷自立呀自立　這也當不了甚麼哪　要知道自立有自立的條理　有自立的次序　總要循序而進　腳踏實地　纔能收自立的功效呢

大學上說　身修而後家齊　家齊而後國治　國治而後天下平　這話說的一點兒也不錯　據我看來　必各人有了自立的精神　然他一家子纔能自立呢　家家能自立　他那國纔能自立呢　一國能自立於地球上　必因爲他這一國之中　多數兒的人　有自立的性質　有自立的精神　有自立的實事　積多數兒個的小自立　纔能成一個大自立

英德法美日俄　勢均力敵　因爲勢力平均　故此纔保守和平　假如中國早知自立　俄人焉能駐兵東三省呢　日俄焉能激成戰禍呢　可見日俄之

---

①　"地"當爲"他"。

戰　以及東亞之和平　並東三省的黎民塗[2.2]炭　實由於中國不知自立而起　中國早能自立　必與上六國　也是勢力平均　各國斷不敢硬佔地硬駐兵　焉能牽扯的東亞大局不太平呢　國治而後天下平　雖然不是如此講　大概也就是這個意思

積弱不振的國　必不能見容於世界　怎麼個理呢　皆因這弱國最能啟列強的爭端　弱國拋果利益　列強不能不爭拾　一爭就免不了戰禍　吾故此說地球上因循不自強的國　一日不兼併淨盡　瓜分淨盡　滅亡淨盡　地球上一日不能見和平　弱國是強國爭戰的禍機　強國欲保世界和平　免去戰禍　必須地球上沒了委靡不振的國方可

欲求自立　必先掃淨了倚賴性　倚賴是自立的大仇敵　多一分倚賴　就少一分自立　中國人所以敗壞的緣故　就是倚賴的心勝過了自立的心　庚子以後　雖然急圖自強　然而默觀士大夫的一舉一動　仍不免夾帶着倚賴二字　興學　練兵　理財沒一樣兒不是求自立的道兒　然而細按實迹　默想將來　恐怕還有點兒靠不住　怎麼個理呢　分利的多過了生利的　自暴自棄的多過了自強的　啼饑號寒的多過了衣食充足的　愚弱的多過了賢明的　就是費上五牛二虎的力量　破上十幾年的工夫　使學堂大興　教育普及　要是不從培養個人的自立上做起　我恐怕這碎版兒粘的大船　決然是受不住風濤的　譬如有一個人　一天際吃喝嫖賭　夢死醉生　或者懶惰因循　一無所能　一切衣食　全都倚賴父母　或者倚賴兄弟　或者倚賴親友　這個人就是不自立的人　連他終身的思想還沒有　他還有家族思想　社會思想　國家思想嗎　你合他說甚麼有國然後有家咧有身咧　甚麼愛國合羣咧　甚麼國民義務咧　噯　這簡直的是對着傻子說夢話啦　你們眾位想　此人不自立[3.1]　他倚賴的終久靠不住　等到無可倚賴　還能夠不受罪嗎　假如他再有妻室子女　或者他父母也老病交侵　指着他養活　弟兄們各自謀生　自顧不暇　你們眾位再想想　這一家子又都算躺下了　這樣兒的人家　近來極多　積這樣兒的數千萬人家　也決然是立不成國呀　怎嗎　連他一家子　還不能獨立呢　他焉能擔任國民的責任呢　身修而後家齊　家齊而後國治　雖然不是這麼講　大概　個人能自立　然後他一家纔能自立　家家能自立　他一國纔能獨立　況且一家子好幾口兒　專指着一個人養活　就不是個自立的法子　做家長的就是勤儉賢能　能養活他一家人　我請問他有個災病死亡沒有哇　就是有存項　有產業　子弟愚弱　未必能守　終久也是散哄啊[3.2]

313

說自立（續前）

（1907年第二十期第2—3頁）

這個毛病　是一家大小　全都倚賴家長的緣故　假如男女老少　藉着有家長賺錢養活　不論家財多大　全不放在心裏　全不倚靠他　天天日日　習學習學字算　練習練習世故人情　看看報長些知識　要緊的是學一樣手藝　爲將來養身防老計　一家子人人如此想　如此做　這一家子必然結成一個團體　一定是溫飽安榮過好日子的　果然家家如此　還能有內憂嗎　沒內憂　還能有外患嗎　果然家家如此　你宣講愛國愛種合羣　凡能說到的也就能辦的到啦①　造就個人的自立　當從何處下手呢　噯　千頭萬緒　不是一句話的事　第一辦法　先要把他倚賴的道路堵死　然後他纔往自立的道路上走呢　要打算造就這道國的國民　全有自立的性質　重講德育　是不用說的了　最要緊的是重實業　上至王公　下至庶民　不論男女　不論貧[2.1]富　全要立一個志向　全要在學問品行技術上爭名譽　不在爵位功名勢利上爭名譽　這一國人　可就有了自立的根基了

子弟不知自立　專倚賴父母家長養活　婦女不知自立　專倚賴男子飾活　屬員不知盡心辦事以求自立　專倚賴上司提拔　大員不知舉賢任能以求自立　專倚賴朝廷擔待　貧賤的不知勤奮謀生以求自立　專指着富貴的照顧周恤　你倚賴我　我倚賴他　甚至於軍國大事　自己不打正經主意　專專的倚賴外人　推其受病的原因　就是由於個人不能自立　累的大局不自立　假如士農工商官民人等　各精其業　各勤其事　憑着精神本事換飯吃　並不倚賴別人照應擔待提拔　說留就留　說去就去　有恃無恐　至死不屈　這一國還能不自立嗎　所怕的是無恒產無實業　爲饑寒所迫　不能不有求於人　既仗人家保護提拔　就不能不順人家的喜怒　事事含糊遷就　不過爲吃飯而起　大局可就糟了糕了

中國欲求大局的自立　固然是非立憲不可了　然而定期二十年啦　這不過是朝三暮四之術　卽或十年後準立憲　也是緩不濟急　這些哄人的新政　我們也不必深信他　立憲也罷　不立憲也罷　我們也不必管他　我仍是說說個人自立的法子

---

① 原文中"凡能"前無空格，這裏是編者所加。

學堂是自立的道兒　不廢科舉　不停捐納　念書的仍然是倚賴科舉　有不讀書便可做官　誰也不入在學堂裏　白耗光陰去　貴近世職　身不讀書便可做官　誰也不入在學堂裏　白受罪去　一做官就發財　誰也不習學工藝　考求商務去　浪蕩子弟　進門來就有飯　出門去就有[2.2] 錢　誰也不把現成的拋了　抱本守分的尋苦惱去　故此要打算造就個人　都有了自立的性質　非先把倚賴的道兒堵死不可　這是有國有家的責任　我再說說個人求自立的法子

不因爲別的人逼迫　我們自己由自己心裏　打算自立　這就叫做自強　能自強　就算不枉活在世上　也不論男女老幼　貧富貴賤　從前種種　比如昨日死　從後種種　比如今日生　當下說話　當下就要照辦　勇往直前　別猶豫　別疑惑　別顧慮　別因循　我合你們說說個人自立的次序　（第一先要立志）　生我一個人來　必要做點驚人的事業　做點與大衆有益的好事　做點後世可法的事情　其次者　也要存個自強自立　倚賴別人的心　要存個別人好　我比他還要好的心　志向一立　事事就有了宗旨了

（第二要掃除迷信）　凡事要脚踏實地　別信空渺虛無　我們若是念書的　我們就研究學問　兼習一樣實業　不必信那北斗魁星　我們若是經商的　我們就盡心盡力的說買賣　貨員價實　公道不欺　不必信那財神　種地的　研究農學　講究耕種的法子怎麼防旱防潦　不必唱戲酬神　手藝人　總要把手藝越求越精　想法子教他多銷　也不必求神　禱告　居家舖戶　總要打起精神來　過日子做買賣　勤儉耐勞　萬別求籤算卦　信那些風水運氣一切妖言　事事求眞理　不迷信鬼神　別妄想甚麼貴人提拔　甚麼財神仙爺扶助　你那自立的性質　就一天比一天堅固啦　你們若不信我的話　你們請看那平日不盡人事最愛信邪的　有幾個不倒霉的（霉音煤　天津土語　謂潦倒爲倒霉）　　　　　　　　　　　（仍未完）[3.1]

說自立（三續前稿）

（1907 年第二十三期第 2—3 頁）

（第三要戒嗜好以強身體）　甚麼教嗜好哇　就是吃喝嫖賭一切外務都教嗜好①　最能毀壞身體　耗費錢財　銷磨志氣　凡有嗜好的人　都不想自

---

① 兩個"教"都當爲"叫"。

立　疾病纏身的人　都不能自立　有這毛病的　急速改　沒有這毛病的也要拿定了主意　千萬要自愛的

(第四要習學實業)　不論貧富貴賤　凡有了子弟　總要教他學會了一樣實業　富貴人家的子弟　財力寬裕　可以追求一門高等專門學問　小戶人家　也要學一樣手藝　農商也可　萬別游手好閒　不靠祖業　就是自立　免得日後坐吃山空　小戶人家學會了實業　足可以謀生度日　在一家論之　財源可以滔滔不斷　在一國論之　有實業就算是生利的人　不是分利的人　雖然不說愛國保種的實事　已藏在這實業之中了　怎麼個理呢　凡有實業的人　不怕是個小本營生　他也斷不做那賣國殘種的事情　國民欲求自立　須先有實業　有實業　然後再談愛國愛羣　就好比兵家有了根據地　然後再進攻戰取　也就進退有據了

(培養小孩自立性　須從自治上教起)　有了小孩子　不論男孩女孩　到了六七八九歲的時候　就教他自治的道理　如穿衣繫褲　收衣服書籍　以及洒掃應對日行一切隨身的事情　都教他漸漸的練習　久而久之　他就有了活潑自立的氣質了　年歲再長　再教他年長當辦的事情　如治家理財　接人辦事等等　他自然就精神振奮　遇事不倚賴別人啦　養成小孩自立性　總把他教到不驕不懶爲成就

道德與功利　並行不悖　沒道德不能立於世　不講功利　也是斷然不能存立的　孔子謂　先[2.2]富後教　太史公謂倉廩實衣食足　然後纔能講廉恥　難道說二位全是財迷利徒嗎　要知民無信不立　民無利也是不能立　不講實業　利從何來呢　腐儒侈談道德仁義禮讓廉恥　諱言功利　他是把公利私利　混成一事啦　衆位莫把實業看輕了　再把公利私利分清了　再把好高務博空談迂論的惡習除淨了　那自立的效驗　自然就發現出來啦

就按在學堂的諸位說罷 (指師範學堂而言)　教育與國家的關係　極重極大　諸位旣投身世界　卽當敦品行　勵實學　研究此門的學問　別見異思遷　別或作或輟　果能把教育一門　研究精細　使通國的人民　皆受了教化　你們衆位想想　衆位擔負的責任　輕不輕啊　俗語說　有貨窮不了客　諸位別患沒名利　但患無實學　有了實業　那名利就不愁啦　教育的關係與責任　旣不可看輕　尤不可以師範自限自量　要是就打個一輩子當教習的主意　每月賺他三十兩二十兩的　吃飯而已　這可又錯啦　諸位研究教育專門　這也算一宗實業　就有了這個根據地　有了餘力　仍當留心經濟　爲將來大用的預備　將來做到何等地位　那是無可限量的　就在衆

位立志不立志啦　古人云　將相本無種　男兒當自強　又說　舜人也　我亦人也　有爲者亦若是　自要把志氣奮起來　何事辦不到哇

人人能說愛國二字　然而在實際上考查　有幾個做出愛國的實業事來着呢　嗳　可惜都不低頭細想啊　愛國不是口頭語　須要有所憑藉　或憑才學智慧愛國　如著書立說　發揮新理　感動得通國人　智慧忠義　一齊奮發　能使愚者明　怯者奮　使社會國家　受益於無形　或憑財力愛國　如捐立學堂　捐助軍餉　捐助義舉之類　然而欲憑着才智愛國　可是非學不可　欲憑著財力愛國　非有實業不可　自家衣食　尚不能顧　焉能有錢愛國呢　欲憑着身軀愛國　也是非學不可　非有實業不可　怎麼非學不可呢　今日打仗的　不是從前的瞎打啦　不[3.1]通戰法學　雖有萬萬不怕死的人　也是白饒的　不但不能愛國　反到成了誤國啦　怎麼非有實業不可呢　一人以身愛國　不能全家都隨着餓死　家無恒產　焉能不內顧呢

總而言之　競爭時代　強存弱亡　談空理不如求實際　欲免滅亡的慘禍　須通國上下的人　結合一個大團體　求能自立在競爭之場　然必須積聚多數兒自立的家族社會　始能結合成一國的自立　凡不能自立的家族與社會　就是能以自立的贅累　故此欲求一國的自立　須從家族社會自立上積起　打算一家自立　須得這一家之內　沒有閒人　人人又都有個自立的志向　自立的精神　自立實際　這一家子纔能自立於社會呢　造就個人的自立　除去德育之外　就是個實業　沒有實業的人　斷不能自立的[3.2]

競業旬報①

新無鬼論
杭州鋒稿
（1907 年第八期第 7—14 頁）

當上古草昧的時候　人類知識甚淺　天地間一切物理　都不能彀曉得他所以然　因此便成了一種鬼神禍福的風俗　人人都存了一個遷避心　一個希

---

① 簡介見 291 頁。

冀心　一个祈禱心　一个倚賴心　一个迷信心　反把那做人的義務　一齊抛却　所以孔夫子在幾千年前　已經有兩句教訓做人的話　叫做『務民之義敬鬼神而遠之』　明是叫人遠鬼神　不要忘記義務　不料幾千年後　那昏天黑地　還是同上古草昧一般　唉　儒家弟子滿天下　孔聖言語　半句不能行　使孔聖有靈　必定也要嘆一聲　說是『已而已而甚矣吾衰也』　孔夫子爲什麼要教人務民義遠鬼神呢　就是因人爲萬物之靈　聰明才力　都不是他物所能及　譬如禽獸　人喂他喫　他纔有得喫　人趕到東　他就東　人趕到西　他就西　人要吃他的肉　穿他的皮　也祇得聽命於人　至於講[7]到人　更沒有聰明才力　可以高過他的了　我不懂那迷信鬼神的人　爲什麼要把生死禍福　起居飲食的權柄　都仰賴在不知不識　無聲無臭的鬼神　到頭來弄得連自己是不是一个人也忘了　總而言之　叫做疑心生暗鬼　所以先要掃除了他的疑心　纔能毆趕掉他的暗鬼　我這篇新無鬼論　從前晉朝有位姓嵇的　做過一篇無鬼論　我所以叫做新無鬼論　就是掃除疑心的箕帚　趕去暗鬼的鐵鞭　祇可惜我的筆鋒不利

　　論一　三魂七魄

人死了後　有什麼薦亡魂　生病時候　有什麼叫靈魂　因此由魂魄這一說　便生了暗鬼　什麼鬼八卦都出現了　這不曉得人生在世　活著這口氣　多是靠着一個大腦小腦　大腦是主知覺　小腦是主運動　做這箇知覺同運動的傳令官　就是神經　人斷了氣　眼睛不能見　就是視官的神經熄了　耳朵不能聞　就是聽官的神經熄了　有口不能說　就是語官的神經熄了　手足腰脊　不能運動　就是肢體官的神經熄了　神經一熄　就沒有靈能[8]　所以一箇人的靈能　全靠着神經　老年人的靈能　不及少年　是因爲少年神經強　老年神經弱　因爲神經強弱　那靈能還有分別　莫非到那神經全熄　還會得有靈能　既然沒有靈能　還有什麼魂魄　還有什麼鬼靈精　仔細一想　便可恍然大悟了

　　論二　風水

從前周公定禮　有墓大夫的名目　原是整理墓葬的事情　並沒有什麼前案山　後龍脈　中間明堂　左右龍虎的說話　後來便生無數支離怪誕的言談　什麼五行生尅　什麼四時衰旺　什麼某水朝某字吉　什麼某煞臨某字凶　唉　據此看來　風水先生有如此的能力　那世界上富貴榮華稱心得意的事情　應該都把風水先生獨占　爲什麼那風水先生　總是貧苦到頭　就

是那位風水祖師郭璞先生　到頭來還要吃箇一刀　請問風水究是眞　還是假　風水先生靠着的不過是箇羅盤　但是磁針的偏角　各處不同　歷年不同　或同在一處　又因季候各有不同　又因旦晚各有不同　這種道理　稍懂[9]得點磁學的　無人不曉　試問靠着這枝磁針　從何處定禍福　至於講到來龍去脈　朱雀明堂更荒乎其唐了　圓球九萬里　茫無際涯　同是一塊大陸　還有什麼吉凶之可分　水爲輕養二氣所化合的　幷非金所能生　水因分解蒸騰而發散　也非土所能尅　這還說什麼五行生尅　我們在溫帶地方　總有春夏秋冬的四季　有了四季　便附會出勾芒祝融蓐收元冥四箇神靈　譬如熱帶國度　每年祇有兩季　又怎樣說呢　這還說什麼四季衰旺　自從信了風水一說　小則使人妄想富貴　致忘其親　很多人因爲風水　便忍把祖宗骸骨　久停不葬　大則阻撓新政　有害於國　很多地方　都因爲風水　阻撓鐵路的也有　阻撓關礦的也有　阻撓電線的也有　毀壞學堂的也有　這風水害處却眞是不小

　　論三　妖由人興

社會間有禽妖有獸妖　有蟲魚妖　有木石妖　謬說流傳　妖話連篇　弄得來很像左右前後　多是妖怪　總而言之　叫做妖由人興　華嚴經上說道　『心巧如畫師鬼蛇神佛無不自心畫而顯』　就是這個道理　傳說的妖怪很[10]多　無從逐樣辨論　姑且先講世人最相信最崇奉最可怕的狐狸精　有人說狐狸到是年歲久了　就要成精　不曉得凡是動物　多有一定的生命　人生還不過百年　狐狸是下等動物　豈有翹然獨出　永遠不死的道理　有人說狐狸煉成了丹　便成精　試問這種丹　是何原質　由什麽東西化合而成　這種丹因爲含了什麽質點　便有什麽功用　至於講到狐狸變形　這祇要略略通得物理變化的公理　便可了解於心　大約物理變化　有性質的變化　有形迹的變化　在動物裏面論起來　原有形迹上變化的　譬如孑孓可變做蚊①　青蟲可變做蝶　蠶可變做蛹　蛹可變做蛾　這種動物變化　多有一定的生理　一定的時期　斷不是能殼千變萬化　譬如孑孓可變做蚊　變蚊以後　就不能殼復變孑孓　青蟲可變做蝶　變蝶以後就不能殼復變青蟲　蠶可變蛹　蛹不可變蠶　蛹可變蛾　蛾不可變蛹　這種變化　多是一定　豈有狐狸獨能夠變化不窮②　忽而老人　忽而美女　這種說話　原是不值明白人一笑　但世人迷信甚深　多是由着不懂物理　心上

---

① 第二個"孑"當爲"孓"。下同。
② 原文中"豈有"前無空格，這裏是編者所加。

已經印着妖怪兩字　以[11]致很像有箇妖怪　跟在身邊　甚至於連狐狸兩箇字　多不敢說　唉　堂堂一箇人　要怕着畜生　這箇人也做得沒味兒了

　　論四　鬼火
世上怪火種類頗多　大家莫明其理　多叫做鬼火又叫做鬼燈籠　婦女小兒　甚至於看見這種鬼燈籠　嚇得來屁滾尿流　陡然氣絕　這真叫做冤哉枉哉　原來世界物理　有光就有熱　有熱便有光　但有熱而不光　光而不熱的譬於湯水　熱度無論甚麼高　總不見發光　這就是熱而不光的一種　至於講到光而不熱的　就是燐火　燐火這樣東西　是多成化合物　主要的叫做燐灰石　就是礦石之類　所以荒煙蔓草孤墳野塚地方為最多　那六十八種原質中　燐火也算一種　大凡一切生物　以及草木　多含着這氣　人類靠着這種氣　纔能穀保存生命　到死了骨肉朽腐　歸於地下　這氣便漸漸的發出來　發出來以後　便叫做燐火　有光而無熱　不過是同流螢朽木一般　諸君不信　我這有段同鬼燈籠打架的故事呢　我從前在上海讀書　這[12]學堂正在許多義塚的旁邊　每到夜間　出來散步　便看見無數的鬼燈籠　漸漸的向我身邊走來　我向來是淘氣慣的　便撈着一根三尺多長的木棍　喝聲快步　奔了過去　不料那鬼燈籠　也得得的跑了　他越跑　我越趕　趕得我滿頭大汗　我便停住腳步　真好的鬼燈籠　他竟同我鬪勝哩　他看見我停腳　他也停腳　好像追我不起　笑我沒用的光景　我便用了箇出其不意的計策　慢慢的一步一步走到他的後面　一棍打落　祇聞着一鼻子的硫磺氣　回來一想　原來我追他逃　我停他止　多是由着空氣引動　譬如在水上撈物一般　諸君不妨試試看　真有趣的打架呢

　　論五　星
從前民智未開時候　伸起頭來　看見光輝燦爛　一團的　一顆的　散散落落　排滿天空　有時多　有時少　究竟不曉是恁麼道理　便生出種種奇談　說星是水的　也有說星是石頭的　也有說還有什麼南斗主生　北斗主死　還有什麼微子感牽牛星而生　顏淵感中台星而生　張良感弧星而生　老[13]子感火星而生　就把星宿專做一種鬼神　那裏曉得當中的太陽　同我們所住的地球　以及附近地球的月亮　都是星中之一　無論行星恆星　都同我們地球一般　有什麼災祥　有什麼奇異　還有一種掃帚星　更鬧得來不成樣子　說道①『掃帚星出現天下就要動刀兵了』　唉那

---

① 原文中"說道"前沒有空格，這裏是編者所加。

裏曉得掃帚星　也是星之一種　名叫彗星　不過這彗星體質　和平常各星不同　有變成氣類的　有變爲雲類相似的　有變爲不能見之薄氣的　有氣包中體　而外面成頭髮形狀的　又有當中一點異常明亮　而尾有幾萬里長的　據考究天文的說道　這星由外行星而來　被這太陽牽引　繞行一周　後來又背着太陽　向着外行星而去　也有始終繞着太陽的　也有始終繞着外行星的　卻有一件事　同各星不大相同　因爲各星軌道　都是正圓的　祇有這種彗星的軌道　偏是長圓　並有成了扁圓形狀的　這是因爲彗星離著太陽　有遠有近　有了遠近　便分冷熱　因此便變成了扁圓的形狀　所以不明白的人　見着彗星形狀奇異　光線奇異　就說這星要把天下掃光　你道可笑不可笑　（未完）［14］

眞如島（續）

希彊

（1907年第八期第31—34頁）

　　第五回　逆旅諄諄戒蒲博　炎威烈烈火煙間

却說孫紹武自從那日動身以後　一路曉行夜宿　非止一日　不覺已出了江西的境界　到了安徽婺源縣界　看看天色已晚　便尋了一家客店住下　那時剛是四月的時候　天氣還不十分大熱　不料這家客店　不大乾淨　牀縫裏有幾箇臭蟲　遇了人身的熱氣　便爬出來咬人　紹武給他咬得翻來覆去睡不着　隱隱地忽聽得隔壁房裏有些唧唧噥噥說話的聲音　和長吁短歎的聲音　紹武覺得詫異　便一骨碌坐起　側耳細聽　只聽得那邊有一人說道　你祖宗幾代辛辛苦苦掙下來的家私　都被你一手弄得干干淨淨　你自己想想看　對得住自己嗎　對得住祖宗嗎　接着又聽得那人歎一口氣　接下去說道　咳我也想不出什麼緣故　好好的一箇人　爲什麼情願低下品級　去［31］做那些下流賭鬼　做這些呼么喝六下流的事情　你家中難道還少飯喫少衣穿麼　你要曉得賭博這一件事　是最有害處最沒有益處的　你們局中人大約不會曉得　讓我說幾椿給你聽　第一　一箇人的身體　最要緊的是眠食二項　你們賭博的人　俗話說得好　『上了賭博場　丟了爺和娘』　爺娘尚且可丟　那喫飯睡覺的事情　便更可丟的了　所以你們賭博的人　喫飯睡覺都沒有一定的時候　沒有一定的多少　這眠食兩事不合衛生　那身體便一定不好的　這便是賭博有害身體話頭　第二　一家人家　一定要賺錢的

人多　用錢的人少　像那書上所說　『生之者衆食之者寡』的光景　方纔可以望家道興隆　若是倒轉說　用錢的人多　賺錢的人少　那家便一日一日的衰敗下去　你們賭博的人　一生一世把心思都用在鬪牌擲骰子的上面　家中什麼事都不管　家中有了這麼一箇人　就和有了一箇廢物一般　不但不能振興家業　而且十場賭博九場輸　把家私都輸得十室九空　就如你家蒲家表叔　和舒家姊夫　他們的家私　何嘗不是二三萬金麼　都只爲賭博[32]　輸得剩了箇光身子　這都是你親眼看見的　爲什麼還要去學他們的榜樣呢　第三　大凡人生在世　最可寳貴的便是　『光陰』　所以古人也有愛惜一寸光陰的　也有愛惜一分光陰的　你們這些賭鬼　一上了賭場　便儘日儘夜的鬪牌擲骰　那裏還愛惜甚麼光陰麼　不說他人　我且問你　自從你父親死去以後　這五六年內　你可曾在讀書上頭用過一天半天的工夫麼　這都是賭博害了你的……紹武聽那人說到這裏　正待要聽下去　忽聽得外面大叫道　『不好了』『不好了』『走了水了』　一霎時便聽見鑼聲人聲　鼎沸一般的鬧起來　紹武忙着了衣下了牀　開了門　一看　只見起火的人家　在這店的東面　相隔大約三四家光景　那火勢很大①　頃刻之間　火旣透過屋頂　那時救火聲　婦女哭聲　和火燄勃律律的聲音　眞覺得悽慘得很　不多一歇　只聽得忽喇喇一聲響　那火燒的房子　便坍下了半邊　那救火的人②　便用水從坍倒的所在　極力澆救　好容易纔救熄了火　只燒去三間房屋　那時天已明了　來看的人　越發多了　路上紛紛傳說　起火這家姓胡　開了[33]一所鴉片煙間　賣煙度日　這夜因爲煮鴉片煙　不知怎樣不當心　失了火　家私什物　燒箇淨盡　還有店主人的孫　年方二歲　也燒死在火中　這也算賣鴉片結果了　話分兩頭　且說紹武那夜聽了隔壁房間所說的話　心裏覺得很有意思　後來被那家火燒　打斷了話頭　次日一早起來　便走到隔壁房內　想去訪昨夜說話的那二人　不料他們早已動身了　紹武只得退回來　恰巧遇店主人走過　紹武忙叫住　問他那兩位客人的姓名　店主人道　那兩位客人是翁壻二人　一位姓解　樂平人氏　那一位姓米　是他的女壻　這位米客人　家私很富　只是好賭　把十幾萬家私　都輸掉了　還欠了許多帳目　不得已遂逃走出外　後來虧這位解客人　替他還淸了帳目　尋他回來　在我這店

---

① 原文中"那火"前沒有空格，這裏是編者所加。
② 原文中"那救火"前沒有空格，這裏是編者所加。

裏住了二天　每天晚上　咭呱呱的勸導於他　大約今次回去　這米客人　總可以改過學好了　說罷　又說了幾句昨夜受驚的話　便走開了　紹武算清了飯帳　也便起身出門　剛行到村口頭　忽然聽得村中人聲又大喧鬧起來　驚天動地的　不知爲了什麼緣故　且待下回述明[34]

眞如島（續）
希彊

（1907年第九期第27—29頁）

　　第六回　殷殷情誼厚待至親　重重迷信盛張善會
話說紹武聽得村中忽又喊聲大震　忙回頭看時　只見村中火光燭天　知道是昨夜火燒的餘燼又發　死灰復燃　心想我國内地　既沒有救火的好器具　又不懂救火的法子　更加之保險的法子　還沒通行　一遇了火災　既不容易撲滅　受災之家　又沒有賠償　唉　可憐呀　想罷　不覺歎息了一會　當下因爲自己趕路要緊　便不回進村　自己一直前行　一路上有話便長　無話便短　不一日　已到徽州府城内　進了城　找了一家客寓　卸了行李　走出門　問到程家　只見那房屋高聳　塗飾華麗　果然富家的氣象　看了一會　便上前敲門　敲了數下　只見那門呀的一聲開了　走出一箇老[27]家人來　紹武認得他是程家兩代的老家人　名叫姚忠　從小就見過的　當下姚忠見了紹武　連忙請安道　原來是少爺今日路遠來此　且待我通報與主人主母知道　說着　便引紹武到客廳坐下　自己忙來回明程義夫婦　兩人聽了　便叫請到内堂相見　紹武進入裏面　見了姑丈姑母　行了禮　坐下　問了些家中景況　紹武便把他父親死後　家中一切情形　約畧說了一遍　惹得兩人俱各淒然下淚　停了一會　紹武便問兩位表弟如何不見　程義道你大表弟是見過的　今年十七歲　你二表弟今年十四歲　都是活潑潑地　像那沒得籠頭的馬一般　我和你姑母　那裏管束得住　幸虧請了一位先生姓鄭名國士　休寕人氏　他也曾出過外洋　學問很好　你兩箇表弟見了他　到也很服他的教訓　他的教法　却和我們從過的先生截然不同　也不用甚麼南竹板子　也不叫他們讀甚麼八股文章　所教的都是些有用的書　人家說他是維新黨　我却很敬重他　現在他們還沒有放學　少停讓我帶你去見見這鄭先生　從今以後　你就在這裏和你表弟一塊兒讀書　可好麼[28]　紹武聽罷　大喜道　這樣先生　眞是可敬的了不得　小

姪若能從他讀書　那眞是極好的了　正談話間　只見外面有兩人走進來　程義夫婦忙叫道　璜兒華兒　你表兄在此　快過來見禮　兩人聽了　忙走過來　和紹武相見了　原來程義的兒子　大的名叫翼璜　小的名叫翼華　翼璜是和紹武從小認得的　如今相遇　分外親愛　翼華平時　也聽見他爺娘說起紹武　如今見着了　自然很和他親近　紹武又問了些他表弟的學業　程義便帶了紹武至前面書房內　拜了鄭國士先生　那鄭先生年紀約在四十左右　爲人甚是和藹　和紹武談了些學問上的話　覺很合得來　當日程義便命家人去到客店內　把紹武的行李搬了來家　自此紹武便在程家住下　每日同程氏兄弟用心學業　光陰迅速　不覺已是六月天氣炎暑逼人　　（本回未完）[29]

申報①

支那旅行（一）
（1907 年 10 月 05 日第 18 版）

日本長崎地方某日到了一號英國商船停泊之後就有一個西洋紳士模樣的人帶著一頂極細的織呢邊帽子穿著一套上等細呢衣服手内提著一個大大的皮鞄胸前黃澄澄的垂著半段錶鍊大踏步的向岸上走來左顧右盼得意非常明擺着一付自滿的樣子這個西洋紳士剛剛走近天橋左右一脚跨下踏梯②就登登的往下直駛不料對面來了一個日本人③不知有什麼急事也如飛一般的往上直冲這紳士出其不意避讓不及剛剛的兩下撞了一個正著來得勢猛紳士被他撞了一個踉蹌④身體往後一仰又踏錯了一脚就身不由己骨

---

① 1872 年 4 月 30 日創刊於上海，原名《申江新報》，創辦人爲英國人安納斯托·美查（E. Major）。初辦時爲二日刊，從第五號起每天出版（星期日休刊）。該報是近代中國發行時間最久、具有廣泛社會影響的報紙，設有白話專欄。1949 年 5 月 27 日停刊。
② 原文中"一"下有點，這裏是編者所改。
③ 原文中"的"下無點，"不"下有點，這裏是編者所改。
④ 原文中"踵"下無點，這裏是編者所改。

碌碌的從六七層踏梯之上①一路直滾下來拍撻的跌了一交又是這幾天之內風雨沈霉剛纔晴得不多一刻②這輪船碼頭上人山人海的十分擁擠踐踏得就同泥漿一般恰恰的受用了這位西洋紳士在踏梯上跌下來的時候已經跌得他渾身酸痛骨節酥麻那裡禁得又是在泥地上這般一滾滾得個渾身泥水淋淋漓漓的渾身上下簡直就如一只泥狗的一般一頂帽子也跌在地下攢出去有三五步遠近③那碼頭上的一班日本人見了這位西洋紳士跌得這般狼狽一個個看著他哈哈的笑紳士又羞又氣一谷碌從地上扒起來要想去尋那撞他的日本人和他吵鬧無奈等得他在地上立起身來那東洋人早不知跑到那裡去了沒奈何只得口裡喃喃的罵著那日本人又過去把地上的帽子檢了起來看時帽子上也沾了許多泥水帶不得了急得紳士無可如何只得把帽子檢在手內一面口中嘟嘟囔囔的④還在罵著那日本人一面拔步向前便走走上幾步把手向袋中一摸登時又直跳起來嚷道不好了不好了三十磅的現金都不知跌在何處去了⑤急急的回過身來要想到原處去找時早見一羣苦力的日本人灣著腰在地下嘻嘻哈哈你爭我奪的不知在那裡搶些什麼紳士一見他們那般樣知道一定就是他袋內落出來的東西心上十分生氣暗暗的罵道咱跌了一交吃了這樣的苦又落掉了許多金錢你們却在這裡搶得這般快活想著越想越氣便飛步搶過去口中喊道那地上的金錢是咱衣袋裡頭掉下來的你們不要亂搶那一羣苦力回過頭來見了這位西洋紳士雖不懂他口內說些什麼却方才明明看見他跌了一交衣袋內落出無數的金圓來曉得他一定是回來找尋呼哨一聲一烘而散把一個西洋紳士氣得個目睜口呆眼睜睜的看他們散去沒奈他何只得嘆了一口氣往前再走

支那旅行（二）

（1907 年 10 月 06 日第 18 版）

却早有一個旅館中接客模樣的人走過來朝著這位紳士嘰哩咕嚕的說了一套日本話那紳士一些不懂白瞪著兩只眼睛也對着他嘰哩咕嚕的說了一套

---

① 原文中"的""梯之"下無點，這裏是編者所改。
② 原文中"內""霉"下無點，"風""剛"下有點，這裏是編者所改。
③ 原文中"攢"下有點，"出"下無點，這裏是編者所改。
④ 原文中"一"下有點，這裏是編者所改。
⑤ 原文中"在"下無點，這裏是編者所改。

英國話這個時候要是這個日本人也是不懂英文的一個寶貝這事情可就糟了幸而這個日本人勉強懂得他的說話便鉤輈格磔的打起那半英半日的英國話兒和他問答兩人糾纏了一會紳士纔聽清楚他是濱雄旅館的接客這濱雄旅館是長崎天字第一號的旅館要想兜攬他的生意紳士一想來得正好咱正要去尋旅館又不懂他們的話兒這個東西雖然英語不甚熟溜但究竟有一個人會說英語的終久覺得好些便點點頭朝他說道你要咱住你們的棧房也使得但咱是個上等紳士須要給咱一個上等的房間又要替咱預備上等的飲食你們棧房裡頭可都辦得到麼那接客聽了連忙諾諾連聲的答應就接過他手內的皮包來替他揹在背上走過幾步便招招手兒叫了一乘馬車請紳士坐了上去自己正立在車旁和那馬夫說明去的方向猛然間那紳士奮身一躍從車上跳下地來伸出右手把那接客的衣服一把拉住那接客起初見他這樣其勢洶洶的狀態也不覺大大的吃了一驚不曉得他為的什麼事情連忙開口問時方才曉得這位紳士坐到車上忽然想起自己的一個皮包還在那接客身上又見他指手劃脚的和馬夫說了一套土話①馬夫只點了一點頭把鞭子揚了一揚就有個要走的意思紳士心上一驚暗想不要這個日本人是個騙子欺咱是個外國人騙咱上了馬車他却把咱皮包騙去這個皮包咱的身家性命都在裡頭不是頑的便急急的從馬車上跳下來問他要還了皮包放在車內方才覺得放心這個接客問明了緣故不覺看著他微微的一笑早看出他是個不通世故的寶貨也不和他說什麼等著那馬夫拴起絲韁刷的把馬加上一鞭那馬發開四蹄潑剌剌的向前跑去那接客站在車旁等得馬蹄跑動方才輕輕的跨上車沿却直挺挺的站著不敢和紳士對坐這位西洋紳士到了這個時候方才恍然大悟他先時立在旁邊不肯上車的緣故果然是自己的疑心過重了些不由得面上一紅那接客便指著自己衣服上的記號給他看又從懷內掏出一張濱雄館的印記來也給他看了又道我們棧中的人役一個個都有暗識的更要有了極妥當的保人方能充當那裡敢在半路上騙取客人的物件西洋紳士聽了覺得有些不好意思又不肯自家認錯口中只自己咕咕噥噥的說道咱是初到你們這裡人地生疏那裡看得出什麼記號不記號②一面說著那馬車却電掣風飛的從第一大街中直穿過去

---

① 原文中"話"下無點，這裏是編者所改。
② 原文中"那"下有點，"裡"下無點，這裏是編者所改。

支那旅行（三）

（1907年10月07日第18版）

這位西洋紳士便兩只眼睛兎起鶻落的只顧張望那街上的熱鬧但見那四層五層的重樓傑閣高插雲霄畫棟飛甍連絡相望路上的馬車和人力車絡繹如織往來不絕也有些馬車中坐的是些西洋貴女明璫炫服麗若夫人如電光般的一瞥便過去了却一個個看見這位紳士滿身泥污連帽子都不帶高高的坐在車中那一班貴女見了這般怪相那裡忍得住都把一對水汪汪的秋波看著他不住的笑這位西洋紳士見了忘其所以以爲那一班貴女一個個都看中了他的丰儀所以朝著他這樣的嫣然展笑這眞是生平從沒有經過的境界這一番快活非同小可竟一個人在車中手舞足蹈起來正快活得不可開交的時候忽見對面一輛汽車如風一般的過來來得切近見那電車裡頭坐著一個西洋人覺得十分面熟一時却又想不起來就這個閃電穿針的工夫兩車一錯早已過去却聽得背後有人大叫道弗倫費司脫君弗倫費司脫君紳士聽得背後有人叫他的名字連忙立起身來向後看時只見方才過去的那輛電車已經轉過頭來跟在自己的馬車背後那電車內坐著的一人正是和自己三年同學的約翰泰彌士正在那裡連連的叫他紳士不覺大喜高聲答道泰彌士君是咱是咱別後好麽一面喊著又連連的叫那馬夫停車急急的跳下車來見了約翰正要把右手伸到頭上去摘帽子①不料一撈就撈了一個空原來紳士的那個帽子沾了許多泥水那裡帶得到頭上去一上車就把他放在車內這個時候一只右手伸到頭上覺得頭上光光的沒有帽子方記得剛纔跌了一跤的事兒由不得口內就阿呀了一聲約翰起先在車上見了他這般模樣心上已經疑惑及至紳士跳下車來彼此相離切近看得更加仔細只見他渾身衣服斑斑點點的染了無數的泥漿連頭髮上都污了一處泥跡那形狀十分好笑止不住著押着手哈哈的大笑起來直笑得彎腰曲背的指著紳士的臉②說不出話來紳士還板著臉睜起眼睛問道有什麼好笑要笑到這般模樣約翰勉強忍著笑說道這個地方不能久立說話你可是今天到的麼住的什麼客棧紳士指著那接客對他說道咱就住在他的棧裡叫什麼濱雄館咱也不認得什麼濱雄不濱雄約翰聽了便笑道旣是這樣你何不把馬夫開發掉了你就坐了我的車去可好

---

① 原文中"到"下無點，這裏是編者所加。
② 原文中"好笑"的"笑"和"來"下無點，而"止"和"直"下有點，這裏是編者所改。

ND# 神州女報①

演壇一
（璜）
（1907年第一卷第二期第13—14頁）

  中國女學已經有了基礎年輕的人思想漸漸發達都懂喜到學堂裡去讀書但這有此年紀的人却依舊一些不通橫生阻力在下這篇白話是奉勸列位掌握家庭全權的太太奶奶們趕緊讓自己女兒媳婦去讀書求學做一個新世紀的人物千萬不可恃着權勢壓制人家我想列位當中一定有人說道女孩兒們在家的時候自然應該做些本分的針線等到有了婆婆家又要管理家事撫育兒女如何有閒工夫去讀書呢這話在下却不以爲然列位須曉得女子在家的時候本不該應做這無用的針線就是管理家事撫育兒女也應該年紀大的人擔任不能去責成年輕女子因爲年紀大的人生在腐敗社會中把光陰錯過等到老大自傷已沒有求學的腦力社會上的責任已經放棄只好去盡家庭的義務至於年輕的人精神富足志氣高大將來正有無窮希望如何好把錦樣的前程埋沒在那料米量鹽男啼女哭的當中呢又有人說讀書原是好事但現在學堂裡邊習氣狠重有了新智識就要和舊道德衝突所以[13]不甚妥當這等話似是而非更加害事列位須曉得習氣兩字本來沒有界說不過進過學堂的女子都是讀書明理的人不情願受社會家庭無理的壓制自然有些衝突起來其實新舊不相容是非更不兩立要提倡眞正的女權定要把四千年來三綱三從的邪說破壞得乾乾淨淨然後女子有見天日的希望那些陳腐迂謬的舊道德還要去保全他做甚呢列位須曉得一個人既然生在世界上就是世界的公民不能當做一家的私產做母親的不能壓制女兒做婆婆的更不能壓制媳婦況且不讀書如何能明理不明理如何能辦事不辦事如何能

---

  ① 1907年創刊於上海，月刊，爲紀念秋瑾而創辦，共出三期後在1908年3月停刊。主編爲陳志群，主要撰稿人有吳芝瑛、徐寄塵等。主要欄目有"論説""演壇""小説""學問""輿論""論著""記事"等。

盡社會的責任開世界的光明倘然那些做尊長的人靠了習慣的強權和天賦人權做反抗不許人讀書不許人進學堂那對於个人便是侵害自由對於社會便是阻碍進化這罪惡大不大呢列位呀列位快些讓自己女兒媳婦去讀書求學罷[14]

演壇二

（璜）

（1907年第一卷第二期第15—16頁）

中國舊社會有一種習慣是做父母的人喜懽早和兒女結婚那早婚以後便要荒廢學業削弱種族深耗生計害處狠多已經有許多人說過想來列位當中也有明白的了中國舊社會還有一種習慣是做父母的人喜懽早和兒女訂婚這一件事的害處恐怕比上一件還要多些讓在下慢慢的講來列位須曉得西洋文明各國無論男女過了二十歲以外便算成人成人以後纔好講婚姻大事却要本人自己作主不用父母強逼媒妁說謊倘然沒有到成人的年紀無論父母無論自己都不能做主和他人訂婚這個制度狠有道理那中國的舊社會却不講這些規則頂性急的父母有什麼指腹爲婚其餘小的三四歲大的七八歲最大的到十四五歲便沒有不訂婚的了列位須曉得三四歲七八歲的孩子自然一物不知分不出甚好甚殆就是十四五歲也是血氣未定的人又沒有受過完全教育再過了幾年智愚賢不肖就要分道而馳誰也不能預定如何好講到相女配夫一句話呢況且中國做父母的動不動□□□□[15]算命卜吉合婚把虛無飄渺的東西認做婚姻的鐵案就是稍爲明白的人□□□□个門當戶對暖衣飽食的人家罷了至於男女中間性情合不合程度對不對有谁去管他呢那不是三七二十一一片糊塗帳麼因爲這些緣故婚姻裡面就生出極大的不平事來庸脂俗粉却嫁了英俊兒郎巾幗鬚眉偏遇着闒茸男子但講來講去到底還是女子吃虧的分數多從前的人也曉得這些流弊恐怕有人反對那習慣便想出一種命運的話頭來說什麼姻緣好殆都是生前註定命裡帶來教人不能生怨恨的心思又想出一種貞節的話頭來說什麼嫁雞隨雞嫁狗隨狗是女子的本分教人不能有反抗的舉動那命運的迷信只不過欺騙下愚貞節的倫理還可以牢籠上智這婚姻專制的局面靠了那兩道護符却也安安穩穩過了二千餘年的黑暗世界沒有人敢去搖動他但是到了今日民智大開命運的話頭自然稍有智識的人都要笑他荒謬就是講到貞節兩个字也要做女子的人能夠保護自己的天賦人權不受世界上種種強暴的侵凌纔可以消受這好名詞倘然把千金珍重的身軀交給那不□□人的手中任他作

踐任他欺負不敢有一些抵抗那簡直是奴顏婢膝寡廉鮮恥了[16]

順天時報①

爲江北難民勸捐哀告
（來稿）
（1907 年 02 月 23 日第 5 版）

咳。好慘哪。江北淮徐一帶地方的人民。忽遭水災。死的死。病的病。餓的餓。凍的凍。逃亡的逃亡。離散的離散。也有一家人死剩一個的。也有一家人失散在處四②的。也有沒淹死沒病死却餓死凍死的。至於懷抱的小孩。死狀更爲悽慘。往往有大人已死倒在地。小孩還在那兒吮咂死人的空乳。眼見小孩起初時還能脣動。片刻工夫。也就死在大人懷抱中了。所說的懷抱。並不是衣服。不過破席一張。捲在身上遮蔽罷了。咳。這許多江北難民。男的女的老的小的。那一個不是我中國同胞呀。怎麼同遭這大災。眞是可慘。眞是可哭。

現今淹死病死的。也已救無可救。至於幸而沒曾淹死。幸而沒曾病死的。還不定有幾千百萬。諸君在北方。瞧不見那些難民。倘然看見了。必定人人要落淚。今要急救那些災難同胞。除非趕快各盡各心。人人竭力捐助。救得一個是一個。纔好呢。

看官呀。那些難民。本來也非都是窮民。也有大富戶。也有大紳士。向來膏粱文繡享福慣的。③想不到一遭水災。田產淹沒。房屋冲塌。金銀衣物。都一概付之東流。不知漂沒到那處去。從前是大富翁。今日成了窮小子。從前是大紳士。今日成了苦乞兒。已死的不必說。就是沒有死的。

---

① 1901 年 10 月日本外務省創刊於北京，由中島眞雄主編。主要欄目有"論說""專件""各省新聞""京師新聞""時事要聞""中外彙報""宮門抄""諭旨恭錄""雜誌""奏摺錄要""花界外稿""來稿""通信""文苑""小說""特電""譯報""行程日表"等。設有"白話"專欄。因其爲日本帝國主義侵略中國服務的本質，遭到了中國人民的強烈反對與抵制。1930 年停刊。

② "處四"當爲"四處"。

③ "梁"當爲"粱"。

到今日不但是窮苦。並且凍著餓著病著。倘沒有人接濟。眼瞧著也就要死在眼前了。

那麼在北京居住最安逸最快樂的人。看廠甸看白雲觀。多們消閑享福①。逛的人那一位身邊。沒有銀票銀圓和錢票銅圓。何妨掏出來捐助捐助呢。試想北京人多們快樂。江北難民多們慘苦。兩兩比較。閉目一想。除非沒有腦筋的。動不起那感情來。不然。對著那些遭難的同胞。有不怦怦心動的理嗎。看官須知。現今東西各國。因爲知道中國江北水災事。已都提議募欵救濟的問題。我們本國人。好意思袖手旁觀嗎。況且還有一層。鍾杜諸女士。已出頭在廠甸設場勸捐。辦理很有效果。我輩男子們。好意思袖手旁觀嗎。有這外界女界兩點。相逼而來。諸大仁人。諸大志士。大概都可以觸動救濟的感情了罷。

鍾杜諸女士。是中國婦人會會員。婦人會就是慈善會。收捐辦法。頗爲良善。諸君有愛羣思想。情願捐助的。或交廠甸中國婦人會會場。或逕交宣武門外繩匠胡同杜宅收。把捐欵歸併在一處。可以早日一同匯寄。救災如救火。遲一刻就不定要死多少人。諸君既有救助心。越早越好。越快越好。越多越好。早早快快多多救活受難的同胞。這才是實行愛羣的大志士。

諸位試聽。那遠遠的風聲中。有許多啼哭聲。是江北難民的哀求呼救聲不是呀。好慘哪。好苦呀。江北被災落難的同胞呀。大志士。大仁人。看完這篇演說。就請站起來。去上捐。快請站起來。去上捐。

諸位今天來到這□遊玩　總全是享受安樂的人罷　然而天下的人不能一樣　有安樂的　也有受苦的　安樂的要是不去救濟受苦的　那些受苦的可更要苦到極點了　江北地方（江蘇省徐淮等處）自從去年下半年　受了水災　房屋田產一概全無　淹死的人不知　有多少　活着的只好往別處逃　但是又無衣服　又無吃食　只好等着賑濟賑濟賑濟纔是②　皇上家已發過款　美國也寄來過錢　各處的熱心人　勸募的也不少　然而難民太多　不能普及　所以其中有幾天沒有吃東西的　有一冬沒有棉衣穿的　這們一來　又不知有多少餓死凍死的　唉真是可憐極了　到了這個時候　就連自己親生的兒女　也顧不得了　賣的賣　往水裡仍的仍③　一斗米可以買一個狠大的女孩子　比畜類還要便宜　諸位請想一想　我們一天不吃東西　必然是餓的難過　冷天少穿些衣服　必然是冷的難過　自己親生的小女兒　離開幾天　必然是想的難過　唉我們看見

---

① "閉"當爲"閒"。
② 第三個"賑濟"當刪。
③ 原文中"往水裡"前無空格，這裏是編者所加。兩箇"仍"當爲"扔"。

這個樣的事全很覺得難過　何況他們苦到那個樣子呢　再請諸位　設身處地想一想　真也算慘到十二分了　所以我們必須救濟救濟他們才好　救他們的好法子　還是多送賑欵　現在中國婦人會　發賣難民圖　募捐籌欵　也是這個意思　得來的錢　全往江北寄送　去救難民　請諸位發發慈善心　多買些個圖　多上些個捐　他們將來得了命　要□激諸位了（往後外人也不致於說我們中國人沒有愛羣的思想了）
我們再說說　這中國婦人會是怎麼件事　這會在東西洋各國　全有名叫慈善會　都是熱心婦女們立的　遇見有受災難的地方　或是在應當捐助的公益事　他們就製造出東西來賣　所得的錢全數拏出救濟人　自己不沾分毫　真是一件最好的事情　近年我們中國婦女們開通的很多　現在也立了　因不肯居然以慈善自命　故名爲婦人會　今遇見江北有此異常之水災　所以熱心女士　賠錢受累　來賣難民圖　得的錢全往江北送　以救苦同胞的性命　唉我們國裏的婦女們　全都這個樣子　亦爲感動男女同胞熱心　大家樂捐　輾轉勸募　我們作男子的　更要激發熱心　來辦些個公益事了罷　算起來　我們應辦的公益事情很多　不過眼下就是　救江北難民　願諸位多去買幾張圖　多去上些捐　好去救一救江北的受苦的同胞　要是永遠袖手旁觀　真就不如婦人女子了
　　演說並印送者　胡樹仁　周良弼　陳桐年　陳栢年　胡樹人

請看淑文女士談話文明
（來稿）
（1907年03月01日第5版）

正月十三日午後。廠甸中國婦人會勸捐場內。來了一位旗下太太。在收捐處。捐了銀圓一枚。並和會員書記生諸人。談了半晌。說中國還是風氣不開。不知道愛國愛羣實在的關係。會員中有一位是浙江人。女士答說。我也是浙江駐防。我們還是同鄉呢。書記生遞給石版。女士便寫道。淑文女士捐銀一圓。寫完。又說我看王子真愛國報。知道廠甸有婦人會勸捐事。所以特來瞻仰。諸會員便又請問女士住址。答說住在阜成門內巡捕廳街。又在懷中。掏出小冊子。用鉛筆開寫名字。會員接過來一看。是（從德）二字。書法端正。一望而知爲有學問的人。又談了許多文明話。方始退去。
看官須知。現今女界中。明白時局熱心公益的很多。那般冷血男子。對著這般熱心女子。能不羞死嗎。自從設立這勸捐場後。來捐的婦女。每天不定有多少人。聽說有一位某太太。捐了十兩銀子。一定不肯寫名字。說是少少的十兩銀兒。實在是慚愧的很。這是何等見識。捐了銀十兩。不肯留一姓。目的在救人。不在自己。試問腐敗男界中。有這等見識嗎。又有一女小孩。捐銀幾兩。也不肯寫姓名。會中人另那一紙條①。請他留名。他寫了（無名氏）三個字。又見棚前中央柱上。貼著一紅條。上寫湖北（三歲小孩李必成捐銀十兩）這雖是家長代爲書寫的。可見家長必定是賢父兄。藉此感動社會視綫。也是一個激勸辦法。

自從初二日勸捐後。諸種種文明現象。一言難盡。會員鍾杜諸女士。書記杜孫諸女學生。在席棚中。不知受盡多少風沙。不知歷盡多少辛苦。不知費盡多少心血。都是爲救濟江淮難民起見。情願犧牲遊戲的光陰。來辦這女國民大事業。諸女士諸女學生諸小學生。有這舉動。總算對得起國家了。男子不出頭來辦事。婦人出頭來辦。男學生不出頭來勸捐。女學生出頭來勸。大學中學生不出頭來盡義務。小學生出來擔當責任。論這一邊。多們可敬。論那一邊。多們可恨。雖然。只要有人。能出來爲國家辦事。婦人也好。女學生也好。小學生也好。果然婦人們都知道愛國愛羣。女學生們都知道愛國合羣。小學生們。都知道愛國愛群。那麼那些腐敗男子們。腐敗男學生們。和一切學界以外。腐敗中更腐敗的老老少少男子們。儘管由他們去。睡著夢著醉著。那也沒有什麼妨礙。咳。話雖這樣說。只要有一人白吃飯。便是國家的害。願諸君別生氣。快自強。

觀東長安街平安電影戲記
（來稿）

（1907 年 06 月 04 日第 5 版）

四月十九日。掌燈後。馳車到東長安街的南邊。打算要去看日華戲園女戲。進棚一瞧。但見台上空空。一無所有。所有門簾帷幛。也都撤去。便問賣座的。有女戲沒有。答道。因爲五個坤角。不夠唱的。現已到津去聘請著名坤角多人來。准定二十二日開演。今晚但演馬戲。不演女戲。在下聽完。大爲掃興。正在發悶。忽來了一位朋友。問明根由。說是既然沒有女戲。我們就近去看平安電影戲罷。在下答道好。

便同到平安電影戲園。買票入場。那時電戲已經開演。見白布上。男女二人在石上坐著。男的手舉遠鏡看著。忽見改換一大片山景。層巒迭嶂。森

---
① "那"當爲"拿"。

林連接。幽景萬般。都在眼前。
隨又步出男女二人。指點讚美山景狀。又舉遠鏡看著。忽見改換一處。大洋綠波上。有軍艦幾條經過。帆篷高張。烟沖□□烟出狀。一連幾雙。氣象濶大。後又改換多片。無奇不有。有美皆收。末後二人站起。此齣方算圓結。
次一齣是盜賊竊物。見有一家。房屋很高。墻外有幾個人。腰中帶著手鎗。手中拿著快刀。一人先進馬棚。把馬匹全行偷出。自身騎著一匹。手內又牽著幾匹。拚命的望①外跑。
餘數人在墻上冲進去。不多一時。偷出衣物許多。正在騎著馬逃時。那家中人知覺。有三四人。開門四望。跨上自行車追著。
盜賊越跑的快。追的人越追的快。正在剛要追到還沒追到的時候。但見盜賊這邊。施放手鎗。一團一團的白濃烟中。也有跌倒的。也有受傷的。也有回鎗的。一陣子的倒亂。電影一晃。什麼都沒有了。　　（未完）

觀東長安街平安電影戲記（二）
（來稿）
（1907 年 06 月 05 日第 5 版）

次一齣是一間屋內。有四個人夫婦子女喫飯狀。夫喫完後。出門去。兒子還沒喫完。那婦人走過來。奪去他叉匙。不許他再喫。並且滿頭滿臉的亂打。打了還不算。又摀他。擰他的兩胳臂肉。摀了擰了還不算。又推倒在地。亂跌亂踩。那孩子滿地哭滾。抱頭逃出門外。這是描寫繼母虐打前子的現形。可見中西都有這惡性。
那孩子出門外。一路哭哭啼啼。走到一樹林內。跪在地上。拜禱大主狀。又如將尋死狀。一巡警走來。盤問原由。那孩子伸出兩臂給他看。巡警便帶至巡捕房。問官細問姓名門牌。就寫了一張紙。令巡警到孩子家。傳他家主來。家主來到。裁判官指孩子問他。他點頭稱是狀。官問爲何虐待狀。家主驚訝狀。官代孩子捲袖示狀。但見傷痕滿臂。家主又作驚怒狀。謝罪狀。官令家主領回孩子狀。家主回家。那婦人正在抱著女孩撫摩狀。夫帶著孩子。走進門內。怒向婦人問狀。婦人搖手狀。夫捲孩子兩袖給他看狀。婦低頭不語狀。夫舉掌打婦人狀。推婦人出門狀。夫抱那孩子。坐在榻上撫

---

① "望"當爲"往"。

摩狀。孩子樂狀。

又一齣是大胖娘兒們。身體非凡的笨重。同著一幫小姑娘上電車。一幫小姑娘們。先上車。這大胖子進不去坐不下了。于是小姑娘都讓出。請胖子先進去。胖子一人佔了許多地方。小姑娘們又容不下了。

無法可想。只得請胖子。坐在電車頂上。令小姑娘們。坐在車中。無奈胖子身量太重。把電車押①的偏歪在一邊。車輪受傷。胖子從車頂掉下。便有多人前去保護。設法公衆抬到醫院中去。

後又連演行路滑雪。美人翻舞等齣。時交十一點。看的很倦困。便回去了。查這電影戲地方。組織的很文明。價目雖比別處加貴。座位却很整齊。既有電光明燈。又有電氣風扇。覺得很爲涼爽。北京電戲雖多。這處可推爲第一。　　（完）

京師勸工陳列所記
（來稿）

（1907 年 06 月 07 日第 5 版）

京師勸工陳列所。在前門外廊房頭條。場所的後門。在西河沿。現時因爲頭條改修馬路。前門不開。遊人都由後邊一門出入。

進門時。先在西屋內買票。每人銅子二枚。又進第二重門。即有人收票。指告由東門入。從西門出。

便先在東屋內。仔細遊覽一遍。又由第二層東樓梯上。上樓一看。隨又由第三層東樓梯上。上樓遊覽東半邊遊完。又繞到西半邊。由第三層西樓梯下去。到第二層西樓又由第二層西樓梯下樓。到末一層。

東邊西邊。上上下下。周遊一次。但見到處都是大玻璃盒。盒內都是陳列的商品。燦爛輝煌。琳琅滿目。今請分記在左邊。

（甲）。（綉品）。所有各省綉工活。都陳列在一處。每件上都有標誌。寫明某省某處繡的。也有綉花。也有平金。也有花鳥。也有山水。五光十色。令人視綫都看花了。那精妙處。真是鳥要張翅拍。水要向外流。手藝可稱絕頂。

（乙）。（絲品）蘇州的錦繡。杭州的羅緞。河南的綢綾。廣東的紗葛。分別陳設。一目了然。

---

① "押"當爲"壓"。

（丙）。（銀品）。用銀質製成的器具。如銀杯銀碗。銀匙銀碟。銀壺銀盆等等。一概俱全。鏤工的巧妙。花紋的精細。眞是一言難盡。

（丁）。（磁品）細磁的飲具食具。有刻花的。有刻字的。有素磁的。有彩磁的。有江西產品。有宜興產品。千式百狀。說不勝說。

（戊）。（竹品）。用竹質造的各種文具。如竹筆筒。竹盤。竹匣。竹籃等等。刻工眞是如同畫的一般。

（己）。（藥品）。四川兩廣。雲南貴州。各種名貴的材料。在標識上。寫明出產地。並一切藥性。便人研究考察。　　　　　　　　　　（未完）

京師勸工陳列所記（二）
（來稿）

（1907 年 06 月 08 日第 5 版）

（庚）。（銅品）。各種白銅黃銅紫銅器具。白的如同銀質一般。黃的如同金質一般。紫的更是含有古色。分別陳列。各自一欄。

（辛）。（錫品）。我國錫料。推雲南產爲弟①一。有陳設兩桌全套八大八小的席品。並且有一品鍋（火鍋。杯盤匙碟等等）

（壬）。（衣品）。一玻璃掛匣內。有各種新式操衣。一件一件的懸掛著。式樣頗極文明。

（癸）。（藤品）。是極細的藤絲。穿成一切器具。有碁子盒。有帽架。有文玩。有椅墊等等。並且有編出許多花紋的。

（子）。（螺塡品）。有紅木紫檀的器具。上面都嵌著螺塡。或作人物形。或作房屋形。或作花卉形。一片一片的。含有寶光。

（丑）（化學品）。有八面形大玻璃匣兩座。陳列各種化學質料。如硝强水。硫强水。合强水。□强銅。水銀粉。白石粉。炭養□。土朴硝。葡萄糖。摩西金等等都有。並有各種化學器具。在標識上寫明用法。

（寅）。（皮革品）。狐皮如金銀嵌。葡嵌萄②。□皮如壽桃貂。帶膝貂。此外如犴尖。灰鼠。銀鼠。草上霜。城門洞。窩刀。紫毛。眞珠毛等等都陳設著。

（卯）。（書翰紙品）。這書翰紙品。都陳列在三層樓上。中東西各種新式書

---

① "弟"當爲"第"。

② "葡嵌萄"似應爲"葡萄嵌"。

翰紙。挨次擺著。彩色鮮明。遠遠的一望。如同五色彩雲是①的。（辰）。（小說品）。這小說品。也都陳列在第三層樓上。如寫情小說。偵探小說。政治小說。社會小說。歷史小說。科學小說各門。都是最新最良的。所以第三層樓上。所陳列的商品。雖然沒有十分貴重的物件。却都是適用品。（巳）（景泰藍品）。本陳列所。所陳列的新式改良景泰藍品。記不勝記。最特色的。是大門內一對景泰藍大象。可稱中華美術。　　　　　（完）

四川官報②

教育要緊的原理
錄滬上官話報
（1907年第七册第67—68頁）

世間上的人　種種色色多得狠呢　分別起來只有二種　你曉得怎樣的分法呢　就在人的居③止行動上分出來的　那頭一種呢　就是在平常行事的時候　看他處處是狠有道理的　若要問他的緣故　却因爲從前由先生教導過　所以纔樣樣曉得了　這一派的人　受過先生的教導　就懂得事務　就明白道理　所以平時做人的時候　自己也想想我曾受過先生的教訓　讀過聖賢的詩書　應該規規矩矩的做人　若是做出一件不端正的事情來　一來自己罔爲一個人　也恐怕不好意思的對世界上的人　因此他纔不敢無禮亂做了　那第二種呢　就是平常行事的時候　沒有道理　只是亂作亂爲　問起他的緣故來　却因爲沒有人教導過　要責備他幾句　他倒說我從前沒有先生教過我的道理　我是個粗人　並不是讀書人　那裏曉得道理　粗人只曉得做粗事　有什麽合理不合理呢　這樣看來　受過教訓的　就曉得道理　沒有受過教訓的　就不曉得道理　可見教育是要緊的事情了　所以有兩句俗話　你曉得是[67.1]什麽意思呢　原來是笑罵沒有受過教育人的

---

① "是"當爲"似"。
② 簡介見243頁。
③ "居"當爲"擧"。

話　頭一句就是　三代不讀書　子孫有牛氣　噯　動物中人同牛是大不相同的了　如今說人有牛的氣味　難道說人當眞是牛不成嗎　不過是講人的氣味　同牛的氣味相同就是了　因爲人沒有受過教育　做出事來　無法無天　橫行亂道　這人的行爲　任自己的心想　不管三七二十一的　就同牛犁田的時候　只是望前瞎撞的走　一樣罷了　那第二句呢　是講人不識字　就是瞎眼睛　其實人的眼睛　明明白白睜開的　爲什麽叫他瞎眼睛呢　難道他的眼睛　能睜不能看　不過是見了文字　就同瞎子一樣的看不見了　別的東西　還是一樣看見　並不是個瞎眼睛呀　這樣看起來　沒有受過教育的人　這樣愚蠢　這樣可憐　世間上的人　都是應該受教育的了　所以應該受教育的道理　已經是明白的了　但是爲什麽緣故　沒有受過教育的就是這樣愚蠢　受過教育的　就是那樣明白呢　這裏面又有一種道理　我如今把那動物比較起來　大家就會明白的了　尋常像猴牛馬駱駝　這些動物　沒有一樣不可教導的　就像猴子　能夠演戲　牛能夠耕田　馬能夠騎着打仗　駱駝能夠背載物件　這[67.2]般動物　若是沒有受過人的教訓　斷不能這樣有用　可見這些畜生　受了教訓　都有用處　一個人算是動物中最靈的　若是受了教育　難道不更加文明些嗎　但是動物不過只有知覺　人還又有心思　若是教他一樣的道理　可以明白許多的事情　又有自立的性質　動物雖能夠羣居　總沒有團結一羣的力量　像人結成社會　合成國家　前輩的人　將道理傳到後輩　後輩的人　又拿來改良再傳下去　越傳越有進步　所以人能夠在天地中成個獨一無二的大主人了　（未完）[68]

勸富人經商

（1907年第十七册第73頁）

大凡國勢的盛衰　半關係著財源的衰旺　講到經營財政　縱然原因複雜　處在這世界大通時候　商業兩字　總算是最重大的一個問題　若商業未得振興　便要想弄到財源茂盛　就饒他有通天本事　怕也萬不能殼如願而償　這些道理　想來你們都明白的　我們中國商業　從歷史上來考求　原發達的最早　自從和泰西各國交通　節節損失　處處失敗　他們商業　占了優勝的勢頭　我們商業　竟漸漸有終歸淘汰的光景　照著這樣　因循下去　一般商家　固然不能生存　就是全國國民　祇怕都要着實

受無窮的影響　這也是一定不移的公例了　唉　在那些沒有力量的　束手待斃　他原不能設法　像你們那富有財力的人　到了這宗時勢　還不肯出來　把這商業　着力經營　據我揣度起來　眞眞不明白你們是何居心了　列位　怎麼說經商的事　你們富人　便應該出來擔任呢　提起商業家的本領　雖然和普通學科　採風問俗　有種種必需的關係　但這貨本一項　總得算是大大的根基　因爲經[73.1]商要義　第一在操奇計贏　若是貨本富足　勢力自然雄厚　事事便可以不落他人的後塵　古人說　多財善賈　那句話　原一些兒也不會差錯的　我國向來的風俗　說到商業　看得最爲微賤　智識高尚的　既不肯去幹這個營生　那富人相傳的習慣例　又都是祇知保守　不識進取　稍微有點財產　大半優游坐食　除了身家而外　一概給他个弗得知　儘着那一般沒思想　沒力量人　挾着數百千貲財　在天演物競的戰場　胡亂去博些蠅頭微利　所以從海禁大通　和各國商家相遇　纔弄到如今這番光景　這原不過積習使然　也不能殼就斷定你們不是罷了　列位呵　一个人生在世界　就着個人的一方面來說　生命財產　可算關係密切　若是從遠大處看起來　祇怕國家和個人的關係　比那生命財產　竟是尤其要緊些　凡一國國民　倚賴國家　和那魚游水中　鳥棲樹上　是一原理　休說到那亡國人民　如波蘭　如印度　受那慘劇　不堪設想　但使國勢日衰　主權坐失　那時就擁着百千萬家貲　又能殼讓你去逍逍遙遙　坐享幸福麼　奉勸你們思量思量　及早經營一番　既可以保衛國家　又可以利益自已　不要因循坐視　放棄了你們應盡的義務纔好咧[73.2]

論中國人製造業之失敗
錄東三省日報
（1907年第二十五冊第73—74頁）

自從中國同外國通商以來　外國貨物　一日多輸進一日　中國銀錢　每年輸出不知多少　有人細細比較　實在比賠欵還要利害　推原其故　總由於中國貨物　製造不如外國　所以近幾年來　常常有人想自己立起公司　製造貨物　收回利權　這原是極好的事　但成效極少　從全國看　沒有幾家著名的工廠　從各省看　更沒有幾個像樣的公司　淺近說說　譬如三星紙烟公司　初開的時候　消場很好　現在又漸漸不如前

了　吃紙烟的人　多喜歡吃別樣牌子　不喜歡吃三星牌　甚而至於出重價錢　買什麼埃及香烟　土耳其香烟　又譬如華昌織襪廠　起先也還有人去問信　現在差不多提都沒人提起了　穿洋襪的人　曾看見幾個穿中國自製的襪子　就此類推　可見中國製造業　動輒歸到失敗的地步　眞眞可惜　現在世界　是實業競爭的世界　全靠製造事業　日日興盛　還可自立　否則斷斷不能存立　其中的總原因　固然由於有教育　沒教育　也由於中國人太沒團體的原故　沒有團體　如[73.1]同一盤散沙　你一堆　我一撮　如何成得大事業　兼之中國人有一個病根　不會同外國人競爭　偏會同本國人競爭　一家稍爲得利　那家又照樣出來了　自家傾軋自己　歸到根　大家都歸失敗　這却不是但憑官出示　禁止仿照　準與專利　便可免了此弊　這却要從心裡上推求　並且要格外講究　刻刻換新鮮　自然不怕人家仿造了

再推進一層說　中國人缺少誠實心　所製出的貨物　往往不及說的那樣好　一次被人看破　下次就莫人相信　所以銷場越壞　這是一種虛假的毛病　我願中國製造家　都趁早留心

中國人又缺少長久心　往往製造貨物　偶然失利　以後便不敢再做　再不是　偶然得利　以後怕得推扳下去　便說得可而止　不如趁早收場　再不是　這宗事業　旣然賺些餘利　便又想做別宗事業　不肯在本業上推廣　以致本業不能進步　而且被他牽動　再不是　起先各股東和和氣氣　合做一番事業　公推一個人做總理　到後來　那總理人稍爲有點差錯　或者同股東稍爲有點意見　大家便都要氣不過他　紛紛爭論　那經理人又灰心起來　從此冰銷瓦解　外國人乘閒而入　也[73.2]成一個失敗的局面　這是一種沒長性的毛病　我更願全國的製造家　隨時留心

至於從買貨物的一邊着想　恰又要怪中國人太少愛國心了　你看一班洋貨店　他的門前進進出出　買主多少鬧熱　幾家自己製造貨物的地方　門口冷冰冰　竟可以終日不看見人　人家家裡鋪設的　人身上穿的　差不多都是洋貨　這固然是中國貨物　不如外國的精美　中國貨的價值　不如外國的便宜　但是若使中國人　都迷信愛國二字　甯可重價買自己的次貨　不肯賤價買人家的上貨　只要一樣合用　一樣可穿可吃　何必定要洋貨　那製造本貨的　容易趁錢　自然也要推廣改良　使工藝日有進步　何嘗不可同外國比勝　試看日本人　無論走到何處　總只吃本國香烟　便是一個極好的榜樣

社會生計　日難一日　無業游民　日多一日　滿望製造事業　日見發

達　也可多養無數的游民　但是以上諸弊　若不除去　恐怕總難免失敗二字　所以就淺見所及　拉拉雜雜　寫這一番　變失敗爲成功　責任全在製造家的熱心[74.1]

中國女報①

勸誡主義
乙仁
（1907 年第一期第 17—21 頁）

　　大凡做一種書或是一種報總不外兩種心思一種是把自己心裡所藏有的東西學問發表出來給大家看和大家商量的這是研究的主義一種是把各件應有的道理聚攏起來勸大家做求大家行這是勸誡的主義大概第一個主義裡面做書的最多次之便是專門的雜誌第二種主義裏面各種新聞紙或是各種雜誌都有得帶着書籍裡面有時也有如今我們這個中國女報呢②不用說是第二種居多了但是第二種裏面還分兩樣一樣是把絕頂的筆墨寫來使人家讀他時要笑要哭要氣要憤把全個腦筋都擾住了這樣的大約通行在上等學問好的一班人裡面在下可沒有這個本事一樣就是用淺近的文理或是白話說了出來使人家看了和看小說一樣不知不覺慢慢的自然會相信起來而且平常人也都可以懂得這是最好的法子所以在下也學着舌說幾句但則是一樣在下說到這裡時列位必然想着要聽極奧妙極有趣的話了那不能的只想想出版的不止中國女報一種說話的不止在下一人事體無非這幾樣事體道理是一樣的如何能翻新必定要[17]翻新那是弄巧成拙不怕人家罵嗎而且本來說過這白話體原不是爲學問好的人做的所以在下也只揀着人生緊要應該做的事體說說罷了

　　第一樣是講究學問罷了在下說這句話時列位必然說這誰還不知道還要

---

① 1907 年 1 月創刊於上海，月刊，中國女報館發行。同年 7 月，秋瑾就義後不久與《女子世界》合並，改名爲《神州女報》。曾任主編和主要撰稿人的有秋瑾、陳伯平、呂碧城、黃公、徐雙韻、白蘋等，主要欄目有"論說""演壇""譯編""傳記""文苑""小說""新聞""調查"等，首頁按期印入中外各國古今女傑之肖像及名景勝跡等。

② 原文中"有"下無點，"也"下有點，這裏是編者所改。

你說嗎却不然在下旣然說這句話時自然有個意思常言道得好加水莫如抽薪凡事總要從根本上着想如今請問我們女界不振是什麼緣故豈非是各種舊習不能破除纔弄到這個樣子嗎這舊習雖然甚多不止一樣兩樣說也說不盡念也念不完但總說一句就是無益事體有害新機八個字旣然無益有害那破除掉固然不用說但你不說他總不明白要說時今天說這樣明天說那樣日日說天天說就使人家個個相信你句句都依你還只怕三年都說不完十年都做不了這豈不是狠厭煩的事嗎況且不能够人人都相信句句都依從呢要是有學問的何至如此無論多大不好的事多少艱難的事只放在有學問的人眼睛裡眞就是一錢不值不要你說自然會掃得乾乾净净了而且一人得道九族昇天中國人是有這個癖氣只要能得一人有學問那一家靠着也就可以掃光舊習眞是一舉兩得何樂不爲[18]呢列位如果說道我也看見有學問的人了自己都管不了的狠多那裡個個可以管得到家裡男人尚且如此的狠多何況做女子的無權無力更不用說了列位這句話就錯了大凡一個人要管別人自然先要管自己自己如果管不了的人那如何可以管家至於自己所以管不了的緣故那不是學問的不好還是這人學問的程度不到因爲是學問好的人沒有一樣看不透旣然看得透自然就做得到這是一定的道理所以俗語說得好宰相必用讀書人又道是一物不知儒者之恥他只能够看透萬事萬物稱得起儒者便管天下也要管呢非但一家至於說無權無力話雖是實在情形却也有毛病常言道天下無難事只怕有心人只要肯竭力做去太行山也要搬他開東洋海也要塡他滿有什麼做不到要是不能做到時還是自己學問不深所以沒有定力畏難苟安罷了總之千言萬語歸根必在學問上面求在下說一句講究學問就是省說得許多事了 列位以爲如何呢

第二樣就是講究文學有的人聽見這句話不是說在下說空閑話現在什麼時候還有這工夫講究這許多嗎不知道這話不這麼講大概一個人有的時候靠別人[19]有的時候也要靠自己而且靠自己的比靠別人更好得多這是不用說的道理如今上條所講的是專講有力可以求學問的人至於沒有力量和那内地偏僻地方的許多人又如何呢是不能不買兩本新的書看看要不是曉得文字的如何能行至於白話一樣雖然容易懂得但若一點文學沒有專靠白話也是不成緣故是白話的書狠少此刻雖然是有幾種出版但要給許多人看光靠這幾種那里能够①而且現在白話的書本都是狠粗淺的幷沒有什麼十分好書若說把所有的書籍都譒成白話或以後出版的都改作白話那固然未嘗不好在下從前也這樣

---

① 原文中"看"下無點，"光"下有點，這裏是編者所改。

想過可惜勢有不能一則有許多書他的好處都在文理一潘作白話就狠沒有味道二則還有許多道理用白話說不明白的地方這固然是我國語言短少不得不用文理補他缺處但東西洋風俗習慣究竟兩樣不然只看日本他國內雖然語言和文字一樣有一句話都可以寫得出來但也只中小學校裡面纔這樣至於高等教科和那高等或專門的書籍仍舊多半用着文理這緣故并非他們故意做得刁鑽古怪却是因爲不能不如此這就哲學上說的美的觀念關繫國民的心裡學了日本尚[20]且如此何況我國四千餘年流傳下來的國粹呢①所以近來雖有新創的一種簡字仿著日本字母的一樣辦法此刻還不十分通行但即使將來通行起來也只不過普通一班用用各要通行全國各社會把從前文學一概改變非但勢有不能而且理有不可在一班後生往往看輕文學不曉得尊重國粹②那不用去說他就我們女界講從前女人進學堂最早的總要算教會裡學堂因爲他苦口勸人這熱心固然是他好處但他所用的書籍頂多用到白話淺文甚或至於全是他的國文所以進了學堂五六年即至七八年等到一出來之後於外國的學問果然狠好但對着自己國文書本却不能明白或者竟至不懂雖不人人這樣但這樣的就也在多數了要等到再學起來豈不多費一番周拆嗎③所以在下說研究文學也是狠好緊的事體而且內地偏僻的地方求別樣的學問狠難要求這文學上的學問那就隨地都有到得有文學上的知識之後就是求各種學問的媒介了列位以爲如何呢　　　　　　　　　　　　　　（未完）[21]

---

① 原文中"此"下無點，"何"下有點，這裏是編者所改。
② 原文中"粹"下無點，這裏是編者所加。
③ "拆"當爲"折"。

1908 年

安徽白話報[①]

各省要聞

（1908 年第五期第 7—9 頁）

●美人奇術 （北京） 現在有個美國人 到了北京 他自己他說有許多的奇術[②] 最奇的是鏡裏聽話 他把一個鏡子懸在空中 叫一個中國人把嘴對着鏡子張開 他就曉得這中國人是要說些甚麼話 現在學部已預備擇一個所在 叫他來試驗試驗 哈哈 真奇極了

●日本人私造假龍洋 （保定） 保定省城 今年夏間 忽有假龍洋發現 商民受害的很多很多 幾至人人不敢存放現洋 後經府縣查明 是一個日本人私造的 每元作四角賣給某銀樓行用 計銀樓用出的已有萬元 日本人自己用出的更不知多少 現在一齊捕着了 銀樓常某 定爲永遠監禁 日本人已解交日本領事 聽說判定只監禁九個月 唉 奉告我國民 以後同日本人共交易 要十分的留心呀

●日本人硬來 （鎮江） 鎮江近有日本商人 紛紛到各鄉鎮兜賣藥品及雜物 地方官約束保護 很是爲難 現道台已札飭洋務局設法禁阻 免得弄出亂子來 唉 我[7]們國內 簡直沒有一處沒有賣藥的日本人 那些

---

① 1908 年 9 月在安徽安慶創刊，旬刊，安徽白話報社發行。編輯、主要撰稿人多用筆名，如適之、蹉跎、贛樵、邵龍、星火、聞猿、伊、悅義等。主要欄目有"本省要聞""各國要聞""演說""圖畫""上諭""宮門抄""詞林""專件""小說""譯錄""通信""新戲""唱歌""雜俎""徵文""地理""歷史""閒談""來稿""地方自治"等。1909 年 8 月停刊。

② 第二個"他"字應刪。

藥有益無益　我國民也不知道　只管把銅角子銀角子一五一十的送給他　每年全國統計起來　恐怕又是好幾百萬哪　咳　越愚越窮　越窮越遇　怎樣好哇

●日本人包攬詞訟的奇談　（泰興）　有個日本人鈴木元英　同他兒子鈴木靖　寓居泰興行醫　已經多年了　並未請有護照　鈴木靖往往干預地方詞訟　現在縣尊王大令　因他硬居內地　有違約章　已經通稟各大憲　請飭上海道照會駐滬日本領事　把鈴木父子一併驅出泰興　免得將來生事

●耳躱大刧　（廣東）　二辰丸事　廣東不用日貨的風潮　是已經過了　現在香港華人　謠傳日本人造出許多有頭無尾的魚燈獸燈　並又做燈籠萬餘個　燈籠上大書克服中國四個大字　巡游街道　那一班好事暴動的人　借着這個謠言　結了一個敢死會　遇着買賣日貨的人　就把他兩個耳躱割去　現在被割的　已經不少了

●限制敗類　（北京）　我們中國有一種敗類無恥的人　他明明是中國人　住在中國土地　他却要入洋籍　做洋人的兒子孫子　他的心思　無非想借洋人的勢力來欺陵同胞　現在政府設個法子限制他們（一）不許任意居住內地（二）不許充當兵士及巡警（三）不許入地方議會（四）無直接向地方官訴訟的權（五）子弟不准入官立各種學堂

●趙次帥　（四川）　川督趙次帥　日前有個電報到外務部　說近有法國的商人　來要求合股修築川省鐵路　又有英國的商人　來要求開採重慶的礦產　都已婉詞拒絕了[8.1]　倘該洋商到大部要求　請千萬不能答應云云　噯　趙次帥　到一處保一處主權　眞是外國人的一個大敵咧

●到底官做得過　（長沙）　湖南耒陽縣知縣胡楊祖　因違例濫刑　杖斃三命　經湖南撫台奏參革職　發往新疆効力　現已委員押解起程了　唉　平民打死人　一命償一命　縣官打死三個人　不過充軍而已　究竟官是做得過的　難怪那些無知無識的下流社會　都想搶幾個錢去捐官呢

●江西人不受硬搶　（江西）　豐城縣王令濬道　征收丁漕　短價勒收　每米一担　照收定價外　又加收錢二百六十文　鄉民受此虧折　憤憤不平　約集多人　到大堂哄鬧　經紳士出來勸阻　幸而沒有弄出大亂子來　現在該縣的紳民　已聯名上省去控告了　噯　照這樣看來　安徽的州縣官好做多了

●樊方伯不准硬搶　（南京）　上元江甯兩縣　征收錢糧　抑勒洋價　每元有八九十文之多　日前經兩縣紳董　聯名禀控　當奉江藩樊方伯批　飭

上江兩縣　以後照市作價　不准抑勒分文　致干嚴究云云　噯　照這樣看來　安徽的州縣官好做多了

●警務公報　（溫州）　樂清勸學所總董曹志丹君　向來熱心公益　現在想辦一警務公報　宗旨在提倡自治　保護治安　研究衛生　改良習慣　都用俗活演成①　以便人人能懂　唉　這真是一種好報哇

●道士□道　（河南）　南陽府元妙觀　廟產很富　該府縣興學　歷經該觀道士姚祥嶠　捐欵協助　早經撫台奏請賞賜匾額在[8.2]案　現在姚道士又在博望鎮　獨力辦一三粹小學堂　計用去銀子三千多兩　聽說撫台又要替他請獎了　哈哈　這個道士　真正難得咧

●革除吸煙的警兵　（江西）　江省巡警總辦崔遊戎②　因各局警兵　大半吸煙　特調至禁煙公所查驗　查出有癮的七十多人　崔總辦大怒　當時就將這七十多煙鬼　一齊革掉了　哈哈　痛快

●商界禁煙的熱心　（南京）　南京商界　因官界禁煙既如此認真　商界不能不設法提倡以期早除大害　前日開特別會提議　設一商界禁煙公會　辦法大畧　定了三條　（一）不收煙籍的子弟做學生　（二）夥計有吸煙的一齊辭退　別家亦不准收用　（三）各業公舉調查首事一二人專司平日的秘密調查　如徇情容隱　查出重罰

●嗎啡針毒死人命　（松江）　松江城內　日前有一張姓　患肝氣痛　請一打嗎啡針的人到家醫治　在肚子上打了一針　轉瞬之間　毒氣大發　居然就被他這一針打到閻王家去了　死後檢驗　徧身都現青色　這嗎啡的毒　可想而知了　奉告戒煙諸位　誠心戒煙　實在容易　只要把心癮除掉　漸吸漸少　漸少漸丟　自然就淨了　千萬不可買上海的種種丸藥種種藥水呀　他那丸藥藥水　都全是嗎啡的力量　吃下去　小害就是損害五官六臟　大害就是送命　諸位諸位小心呀

●慎防鼠疫　（天津）　傳染病的名子很多　要算鼠疫第一厲害　在我們看　瘟螺痧是頂厲害了　然而一百人中還可醫好四五[9.1]十人　那鼠疫一經傳染　一百人中醫好一兩人　也不容易　所以外國人把鼠疫當做至強無對的大敵　他們防備的法子　只有把老鼠除盡　西洋是不必說的了　就是日本　對於這事　也十分的慎重　人民捉一老鼠送交警察　警察當時就

---

① "活"應爲"話"。
② "辨"當爲"辦"。

給他錢五十文　另外又給票子一張　彷彿中國的彩票　每次開彩　頭彩要得幾十塊錢　所以他國內的人民　那一個不拚命的捕捉　一面有錢　一面除害　今年直隸唐山等處　忽然發生鼠疫　死了二千多人　現在天津巡警局　知道這個厲害　不能不預防　所以現在也出示收買老鼠　十文錢一個　隨時掩埋　噯　我深望各處同胞　對於老鼠一事　總要盡力捕除　諸位倘要把死生有命殺鼠作孽兩句話來答我　那就糟了

●九元五角的人才　（福建）　福建法政學堂　攄考地方自治講習科　入學的資格　不是舉貢生員　就要有官職　監生童生　都不准與考　所以有志入學的　都紛紛向捐局購買從九執照　現在捐局生意　異常湧擠　從九執照　每張九元五角　真不二價　老少無欺

●烏龜也想做董事　（鎮江）　鎮江娼妓　自認繳警察捐後　也稟設老郎公所　居然高掛虎頭牌　大書公所重地禁止閒人（嫖客都是閒人如何禁止得住呢）近日悅來堂春月堂等妓館館主陸二蔣三等　也稟請諭充所中董事　邑尊王大令閱稟大怒　斥駁不准　一班龜團體　都伸頭而來　縮頭而去　掃興的了不得　這真叫做龜氣難受呢[9.2]

白話報①

身家與地方的關係

（1908年第一期第4—6頁）

我們大家有幾個骨肉親人　爺娘呀　兄弟姊妹呀　妻子呀　老的小的　鬧鬧熱熱的在一處　這個去處不是叫做家庭嗎　我們的性命　我們的財產　都寄在這個家庭裏　我們要保護着性命財產嗎　先要盼望着地方上安逸　地方上有那一家遇了盜　盜搶了別家　難道這盜不要搶到我們家裏來　地方上有那一家起了火　火燒了別家　難道這火不要燒到我們家裏

---

① 1908年10月在江蘇無錫創辦，月刊，錫金教育會編輯出版。撰稿人多用筆名，如淡如、保三、杏村、鳴仙、惜陰、蹉跎、淘餘、庸言等。主要欄目有"論說""要聞""本國要聞""本邑要聞""鄉談""小說""來件""教育談""實業談""叢談""叢錄"等。1909年停刊。

來　地方上有那一家生了瘟病　病瘟了別家　難道這病不要瘟到我們家裏來　我要使我家裏不生瘟病　不是單單顧着我一家老小　就能彀沒事　總要想出些免病的方法　使地方上沒有一家人家犯着這個瘟病纔好　我要使我的家裏不遇火災　不是單單顧着我一家內外　便能彀太平　總要想出些免火的方法　使地方上沒有一[4.1]家人家遇着這個火災纔好　我要使我的家裏不遇盜　不是單單顧着我一家財寶　便能彀安逸　總要想出些免盜方法　使地方上沒有一家人家遇着這個盜纔好　我今天曉得這個意思　我便要馬上照我的力量　向前去做　我若沒有甚麼力量　也應該出來向大家講講　明明白白講出這個利害來　使大家曉得有切身的關係　自然有一班急公好義的人　出來做這件事　你若在地方上有財有勢　多拿出些錢財來　把地方禍患　豫先除却了　那一家多享着便宜　不是你家多享着便宜嗎　你家既多享着便宜　就使你獨自一個出大力　把那件公益事辦好　也不算吃了虧　況且你獨力做成了一件好事　地方上千人萬人　年年月月　稱頌着你的公德　哈哈　出了一支銀錢　竟就在衆人嘴裏　買出一個好名來　不認識你的人　也口口聲聲　稱頌着你的好處　與你素來不和睦的　到了那時　也不敢違背着衆人的意思　說出你的壞話來　你既是有力量的人　爲甚麼不去做　爲甚麼把這個好名聲讓到別家去　好名且慢講[4.2]　你遇了公益事　千推託　萬推託　總不肯在九牛身上拔一根毛　遇着了有情分的　情分上却不過去　在捐簿上勉勉強強的開着了一個起碼數目　隔了幾時　在清單上　刻出你的大名　把你捐出的實在數目　刻在下面　你的身分　不知要降低了多少　千人萬人向清單上唸去　唸到你的大名　那一個不要罵着你的慳吝鄙嗇　恐怕不單單看見了那張清單要罵着你　就是過路人　看見了你的宅子　便要指着罵道　這宅子裏　住着個某黑心　你的家裏　一朝有了喜事　有了喪事　做了大排塲　花花綠綠的　在人家門前經過　恐怕罵的多　讚的少　恐怕還有一班閒人在旁邊講出你的醜事來　也有加鹽加醬　把你的醜名　一人傳十　十人傳百的傳揚出去　咳他們爲甚麼把你家裏恨到這樣刺骨　不過是爲着你　對了地方上公益　握緊了兩拳　惹怒了衆人　照這樣說來　有財力的人　自然要替地方上　出些大力　沒有甚麼財力的人　也要盡心盡力　幫助幫助　財若助不起　力要助一些　我們一輩窮苦的人[5.1]　沒有甚麼財產在這地方上　這地方上也有一所房子給我住宿　也有許多人家招呼我做事　給錢我用　地方上的水給我呷　地方上的空氣給我呼吸　地方上的道路給我行

走　地方上出的果蔬魚肉給我受用　我們天天享了地方上許多好處　應該替地方上出些力　做些公益事件　我們出身窮苦的　最曉得苦辣　最有熱心　俗語說的　窮人大肚皮　這句說話　不是我們窮苦人慷慨的證據嗎　地方上富戶狠有限　百分中不過一兩分　我們窮苦人　百分中要占却了六七十分　若是不愁吃不愁着的中等人家　還要借着我們窮苦人去激動他　他們看見我們窮苦人做公益事　萬分踴躍　火裏水裏　爛泥裏　糞壅裏　都拚命去做　他們那裏看得過　自然也要出些力來帮助帮助　就使沒有許多人聚攏來帮助　我們百分中六七十分的窮苦人　也能毂做出世界來　譬如一塊小小的地方上　住着一千個人口　窮苦人占却了七百個　這七百個有血性有義氣有忠心的窮苦人　每日每人捐出氣力三斤　每日統算起來　不是[5.2]捐出氣力二千一百斤嗎　照一月三十日算起來　不是捐出氣力六萬三千斤嗎　地方七百個窮苦人　不過每日每人出了三斤氣力　一個月工夫　已經湊出六萬三千斤氣力　若是每日每人捐出氣力十斤　這七百個人　一日工夫　不是要捐出七千斤氣力嗎　一日捐出氣力七千斤　一月三十日工夫　不是要湊出二十一萬斤氣力嗎　假使地方上有一個瓦屑堆　要想挑去了　改做公花園　曾經請工程師測算過　每擔重量酌定五十斤　須要勻做四千二百挑　纔能挑平　這五十斤重一擔的四千二百擔　合起來不是二十一萬斤嗎　這二十一萬斤的瓦屑　止消那七百個一日捐力十斤的窮苦人　一個月工夫　就挑去了　若七百個人一鼓作氣的每人每日捐力三十斤　止消十天工夫　就把這高墩挑去　若再能多出些力　每人每日捐力四十五斤　止消五天工夫　那高墩馬上要變做平地了　吃了自己的飯　出了自己的力　做了地方上公事　便當不便當　哈哈　大家不要看輕了我們窮苦人　我們窮苦人也不要看輕了自己[6.1]　我們窮苦人　大家同起心來　合起力來　那樣是做不到　要免地方上火災　火災就可以免得　要免地方盜患　盜患就可以免得　要免地方瘟病　瘟病也可以免得　在下今有幾句話　要告訴地方上富家中等人家窮苦人家　大家把地方上公益事件　不要看了太冷淡　好像是別人家事　於自己沒相干　須要曉得公益兩個字　是公同受益的意思　地方上人個個受着這益處的　能出錢的出錢　能出力的出力　替地方上造出公共的福利來　保全一家家人家的財產　保全一家家人家的性命　救了別人　還是救了自家　列位把身家與地方的關係都看出來　便曉得地方的事　就是自己的事　再不肯推託着　閒坐着　遺害子孫了[6.2]

大老爺燈

鳴仙

（1908 年第七期第 14—16 頁）

錫金地方　到了七月裏　家家門口　一齊掛一盞或者兩盞的燈　叫做大老爺燈　問爲何要點他　其中却有好幾個說頭　一班相信神佛絶無智識的人　以謂是爲了青面大老爺點的　青面大老爺在天上　權柄極大　人間一切災殃福氣　統歸他管　這七月裏　是青面大老爺生日　門口掛了燈　青面大老爺在天上看見　就曉得這家人家是信服他的　在那裏替他慶祝生日　或者一歡喜　就本來應該有災殃的　拿災殃趕緊替他收去　本來沒有福氣的　格外拿點福氣給他　所以掛的燈上　統有收災降福四個大字　這四個字　就是點大老爺燈的一個普通意見　至於明白一點的說法　却不是這樣　說道　這青面大老爺　就是唐朝時候的張巡　當時安祿山造反　直隸山東河南山西陝西湖北[14.1]一帶　沒有一塊地方　不大受他的糟糠　只有我們江淮一帶　虧得張巡　死命守住了一個睢陽城　賊兵不能夠望①東來　等到睢陽攻破　張巡殉難　賊兵的勢頭　也已經衰敗　江淮一帶　始終沒有經着賊兵的糟糠　所以江淮一帶地方的百姓　萬分感激這位張大老爺　都立了廟祭他　我們無錫到處有張大老爺的廟　也就是這個緣故　這七月裏　雖然不是他眞正的生日　然而家家掛燈慶祝　報答他這一番的功勞　同一般的忠心義氣　也是應該有的　還有種熟於錫金從前事迹的　却說道　點這個燈是有來歷的　並非爲了張睢陽　是爲本邑一位義紳　叫張止齋先生點的　這張止齋先生在元末明初　當時天下大亂　蘇常一帶地方　都給張士誠據住　明朝的朱太祖　當時也方纔起兵　據了南京一帶地方　常常同張士誠打仗　士誠一面有個將　叫莫天佑　綽號叫做莫老虎　極其利害　守了這個無錫城　明兵幾回攻他不破　後來張士誠的地方　統統給明兵奪去　士誠也給明兵捉去　這位莫將軍　還是守住無[14.2]錫　明兵恨極　大家都說這回攻破了無錫　必定要拿城裏的人　殺他個盡絶　無錫人得了這個信　大家都非凡驚駭　却又沒有法子想　虧得

---

① "望"當爲"往"。

這位張止齋先生　挺身而出　去同莫老虎　拿其中利害　細細講明　再到明兵營裏去　同領兵大將約定　開城讓明兵進來　家家門口　都掛一盞燈　算是歡迎明兵　明兵進了城　却不許殺一個人　搶一件東西　於是天大危險　竟安安穩穩過去了　後來張止齋先生死去　大家都想念他功勞　年年到了他死的這一個月　家家門口都掛盞燈　作爲記念　本來是在五月裏的　後來不知怎麼移到七月裏去　又以訛傳訛　說道是爲張睢陽點的　實在是弄錯了　以上三個說頭　第一說看去像是可笑　也不管這青面大老爺是何等樣人　如何便有收災降福的權柄　也不想想這災殃同福氣　究竟是怎麼來的　天上的神道　能夠給我　不能夠給我　就算能夠給我　可是同現在陽世的官一樣　只要有人同他要好　就可以任了自己意思　隨便替人家收災　隨便替人家降福的　然而[15.1]現在人家點燈的意思　却的的確確是這個意思　至於後來這兩個說頭　雖然說得有憑有據　却決非現在大家點燈的意思了　我現在不管那個說頭說得不好　那個說頭說得有理　也不管大家點燈究竟是何緣故　但看了大老爺燈　忽然想着一個意見　所以就拿這個意見　同各位講講　我這個意見　從何想起來的呢　因爲我常走夜路　往往更深人靜　在街上走來走去　覺得這摸黑路的境況　實在苦極　只有七月這一月　家家門口都點了燈　照得街上同白晝一樣　竟用不着摸黑路　因而心上就痴想　如果一年到頭　常點大老爺燈　豈不好極　但是替點大老爺燈的人家算算看　一個月起來　連燈連蠟燭　至少要三四百錢　多的要一千多錢　如果要一年點到頭　這筆欵子却不小　這是斷辦不到的　忽然又想　何必要家家門前都點　如果離開一二十家人家點一盞　要就儘好的了　拿一二十家人家點一個月燈的錢　湊起來改點一年的燈　豈不綽綽有餘麼　但是我說這個意見　人家一定要駁我　點大老爺燈[15.2]是　因爲想神道替他收災降福　照你這種說法　是變成路燈了　點路燈是方便他人　雖然也算行好事　然而同自己是沒甚好處的　人家怎麼肯呢　我却說想這種念頭的人　實在笨極了　我們用錢總要用得得當　不必一定說要同人家有益　但是總要同自己有益　并且不必去想那懸懸空空不能必得的益　要求眼門前實實在在的益　現在大家點大老爺燈　說是想神道替他收災降福　不要說世界上沒有神道　就算有神道　也決不能因爲你替他點了兩盞燈　就徇私枉法　替你收災降福　如果點了兩盞燈　神道就替你收災降福　我們錫金兩縣的人家　那一家不點大老爺燈　就應該我們錫金地方　只有福氣　沒有災殃了　如此一想　就曉

得這錢是用得絕無益處　非但懸懸空空不能必得而已　如果大家拿點大老爺燈的錢　湊起來　改點路燈　這個益處　却是實實在在大家都看見的　若說點路燈是　專方便他人　要便這個人夜間永遠不出門的　要曉得自己點了燈照人　人家也點了燈照你　大家照人　實在却[16.1]是大家照自己　凡是地方上公共的事　統統是這樣的　非但路燈而已　況且就算行好事　照俗話說的　行了好事有好報　也總比那杳杳茫茫去求神道的好一點　所以我勸各位　與其點一個月的大老爺燈　不如點一年到頭的路燈　與其求杳杳茫茫的神道　不如方便方便眼門前的夜行人　名爲方便他人　實在還是方便自己　要求益處　當求眼前實實在在的益處　不要去求懸懸空空不能一定得着的益處[16.2]

白話小說①

英雄淚

（1908 年第一期第 1—12 頁）

第一回　　大英雄沿門托缽

牀頭金盡壯士無顏卽所謂一文逼死英雄漢也豈不可嘆話說山西有个壯士姓黃名大忠號國士本是世家子弟其父祖均是仕途中人宦囊甚富到了國士手裏尚有家資鉅萬國士性情爽直喜歡結交英雄救人的急難替人伸冤枉碰到人家欠了錢債叫人家逼得要死國士知道了立刻替人家把債還清還要把他錢買柴買米碰到人家被人逼來賣兒賣女甚至賣妻他曉得了定見要替人家把妻子兒女贖回來還要把人家錢叫人家做生意養活一家至於冷天施棉袄褲夏天施各樣膏藥丸藥還有施粥把人家吃施棺材把人家殮樣樣做到所以在山西一省黃國士的名聲沒有不曉得的就是路過的人也沒有不曉得黃國士的卽如他同城住的一家姓洪名寶善號思濟家裏有個娘已五十幾歲人極勤儉娶妻尤氏相貌極齊整眞是小家碧玉雖不抹粉擦脂到比脂粉滿臉的清雅得多那天正在門口井內打水剛剛碰見勢豪走過一眼看見魂靈已被勾

---

① 1908 年 11 月創辦於上海，同年停刊，月刊，上海白話小説社發行，僅出二期。姥下餘生編輯，代理者爲錢芥塵。集中刊登白話體小説，在近代白話文學史上是第一份。

去不知不覺呆了半天因在[1]左右細細探聽才曉得是洪思濟之妻想出法子來把洪思濟害到充軍逼到洪奶奶把這尤氏賣與遠客已經將錢交來就要交人的時候國士剛剛從那裏走過聽見哭聲利害問了左右鄰居才知洪奶奶要賣媳婦國士就不避嫌疑走進去見了洪奶奶說道你老人家實在可憐媳婦既不願別嫁不妨把錢還他洪奶奶道錢已把了小兒帶作路費無錢還人怎樣能彀不嫁國士道原來洪家哥哥已經出門去了若講還錢小姪那裏可以照數送來洪奶奶道恐怕人家不願國士道人家不願有小姪抵當他你老人家只管說不賣就是了洪奶奶千恩萬謝的喜歡得狠單等國士送錢來那曉得遠客買人是假的本是勢豪想出法子來害了洪思濟要想娶他的妻子又恐怕明娶不便特爲托人來說是遠路客人買去叫洪家不疑不防國士硬替他把錢代還了那個勢豪還沒有曉得一團高興抬了轎子要來抬人洪奶奶就說現在我們本家出來不准賣人祇得把錢退還實在對不住那宗豪奴勢僕那裏肯依個個磨拳擦掌就要搶人剛剛國士送錢來看見這些人就問洪奶奶道這是做什麼的洪奶奶這個人也狠明白先不說別的話就對他們說這是我本[2]家姪兒來了你們向他說罷那宗狐羣狗黨向國士一看心裏有些害怕因爲國士英雄氣概一表非凡看上去不是等閒的人大家到了這個時候要說狠話亦說不出來中間有个最刁滑的仍舊向洪奶奶說你們到底怎樣我們交了錢總不能空回去的洪奶奶說叫你們向我姪兒說你們只管向他說就是了那个刁滑的就對衆人說你們到這裏做什麼的爲什麼大家不動手還要等他自己上轎嗎大家又磨①拳擦掌就想動手國士看了這樣明知道他們狐假虎威一聲大喝說道你們這些人敢動一動咱就打斷你的狗腿就是那个刁滑的偏要出頭說道我偏要走兩步你看你能把我怎樣國士大吼一聲就拿起階沿上二丈長一尺厚的石條來兩手托起走了三轉仍舊放在原處臉不紅氣不喘他們看了已經害怕又看見國士握起拳頭把階沿石一拳打成兩段拳頭上一紅不紅大家一看舌頭伸了出來縮不進去那个刁滑的也不敢動一動了國士就對他說道你們這些人是那裏來的那个刁滑的慌了就說道就在城裏趙府上來的國士道你們若是趙府上來的更是糊鬧了我們嬸嬸本來是同姓鄧的說好是外路人你們走來冒充還要這樣兇[3]法難道沒有王法嗎他們一聽曉得不好了被刁滑的說錯了大家連忙改口說道洪先生千句話併一句話講若是府上眞不賣人我們焉能硬要人還求你老人家體恤小人們把錢退了就是國士說道還是你們會說

---

① "磨"當爲"摩"。

話若照那個人說話眞眞不像人了現在錢都在這裡你們要把賣身紙退了出來一面交紙一面交錢方可了事你們先叫個人到家裡去把賣身紙拿來再請個正經人出來做了見証就了事了你們快去罷這些人抱頭鼠竄如鳥獸散單留一兩個安分的人在這裏一忽兒工夫賣身紙也拿了來又請了個開店的做了見証方把這個錢並賣身紙兩面交淸那些人拿了錢走了賣身紙當時毀掉洪奶奶看見事情辦得妥當就要爬下去對國士行禮國士連忙扶住說這算什麼事你老人家不要客氣洪奶奶說大英雄爾花了錢又失了便宜眞眞對不住這個禮是應該行的一則感恩二則謝罪國士道你老人家若大年紀本來可以做我孀娘並沒有失便宜另外又送了幾百銀子叫他們趕緊想法去把洪思濟贖回來不能再在這裏住了這一件事沒有一個人不拜服的又有一家兩代寡居只有一孫子年已十六歲人極聰明附在左近學堂[4]讀書家裏窮得來實在可憐全靠母祖二人針指度日姓龍名從雲號雨人從前雨人父親在日曾與雨人定過親事親家姓齊名桓士號楚生本在河南做祥符縣積有宦資兩下裏時常通信及至告老回來仍舊往來不絕自從雨人父親一死家裏一日不如一日齊親家就絕不往來了不但不通往來而且大有悔婚之意龍家屢次托人去說齊家不理再托人去說更說得好笑龍家有錢趕緊送五百銀子來娶沒有錢拿壹百銀子去我們小姐另外嫁人你家亦另外訂親我家小姐不能嫁窮人的不能替你燒鍋洗衣的這麼一說龍老太太不過生氣從雲曉得了就對人說道你們要嫁只管嫁大丈夫還不能娶一妻子要這一百銀子做什麼齊家聽了當眞就把這個小姐另外訂親已經托了媒人到處去說遂有一家姓張的家財萬貫兩下裏已經說妥送過庚帖揀了七月初七娶過去那曉得張家同黃國士本是親戚有一天國士到茶館吃茶有人談起齊家悔婚另嫁一段大家多說齊家愛富嫌貧實在對不住人就是張家訂了有夫之婦倘被人告發也不得了的國士聽見了就問起來人家一五一十多告訴了國士一想齊家固然是嫌貧愛富大大的不是[5]張家娶這個媳婦也被人議論龍家若要經官張家要吃大虧我既與張家是親戚不曉得就罷了既然曉得了不同他想個法子成全了龍雨人亦不算大丈夫了連忙走到張家把這個話從頭至尾多告訴了張家那個當家的號蘭卿本來是娶續絃年紀已五十多歲還沒有生兒子聽了媒婆的話說這個小姐怎樣好看蘭卿訂了這個親高興得狠預備做衣服打首飾不曉得花了多少錢今天聽見國士一說嚇了一跳心裏想道這個親是斷斷娶不得了倒要請教國士有什麼好法子纔好因說道國士先生你看這件事如何辦法國士道我先要請問你齊家女兒你還敢要不敢要了再說蘭卿道齊家女兒我是斷不敢要了國士道這樣就好商量了我想齊家做事有傷名敎且與風化大有關係我同你既然曉得況又身

· 354 ·

歷其境正好旋乾轉坤做人所做不到的事你說好不好蘭卿說怎樣做法國士道我們現在只裝不曉得你這裏仍舊修拾新房所有預備新人的東西不論衣服首飾都算我的應該多少錢我送過來這個新人仍舊配與龍雨人上一天就請雨人過來把這個事同他說明白了雨人必定肯的新人那邊我也打聽過了狠是老實無不以爲然[6]爾看這樣做法好不好蘭卿說道這樣做法真是成人之美不是大英雄萬做不到我若不碰到先生我真是個名教中的罪人了現在一轉移間使我做小人的變成君子做罪人的變成義士先生成全小弟真是點鐵成金之妙使我五體投地要感激先生到一千二百分了這點衣服首飾算什麼事斷不要先生還我只算小弟買個君子義士做做還要求先生金諾國士聽了蘭卿這樣說法也知道蘭卿心悅誠服就是說了半天自己沒有出一文錢這麼算法乃說道這樣罷蘭兄這個錢你出一半我出一半罷不然你到成了君子義士我不成了騙子嗎既騙了爾的妻子送把雨人又騙你的衣服首飾這麼對得住人蘭卿聽了心裏雖然不安也只好這樣各認一半了兩個人說妥之後就是這樣做法後來當真娶親上一天先把雨人請了來把這個事細細說明雨人亦感激到萬分就爬在地下磕了多少頭說道兩位的恩典雨人父親在九泉之下也感激的到了娶親那天上半天先發嫁裝奩具等將及一百擡還有壓箱銀子三千兩下午拜堂的時候黃國士請了府縣到張蘭卿家裏看了拜堂國士就把前前後後的事都告訴府縣請府縣作主府縣當時就把[7]齊桓士請了來問他願罰願辦桓士嚇慌了說道聽憑老公祖吩咐府裏說道願罰要罰一萬銀子修理文廟願辦立時申詳撫臺請撫臺糸辦桓士聽了急得沒法就請國士出來向府縣求情再三說項罰了三千兩修文廟又送奩資一千與雨人作爲學堂攻書之用立刻繳銀了事國士等事情說妥之後就請兩新人出來向府縣叩謝又請桓士出來當了府縣兩新人向桓士行禮桓士弄來頭臉漲得通紅這愁無地縫可鑽此事辦妥之後國士名聲格外無人不知還有一家三房只有一個兒子寶貝得很出進總有幾個人跟着這個小孩子生來眉目如畫人看了沒有不喜歡的三家房裏的娘把這小孩打扮來金裝玉裏珠子寶石帽子上不知頂了多少又是金鐲珠鐲金項圈珠項圈小孩子身上總要值兩萬洋錢騙子同小偷沒有一個不垂涎的他家家人僕婦都在夢裏大意得狠有一天剛剛城裏出會廟裏唱戲熱鬧非常兩個家人兩個僕婦抱了小孩子先去看會後去看戲小孩子又要買吃的東西又要買玩的東西三個人手裏拿不了抱小孩子這個人手裏還拿了多少頭一天到晚回來安然無事第二天又去看仍是這樣拿了多少東西回來到第三[8]天騙子小偷兩起人併成一起商量定妥何人出頭搶人何人故意挨擠何人放火都安排好了剛剛廟裏人已擁擠不開加之唱戲的鑼

鼓喧天香爐內香烟迷人看的人正如潮湧的時候騙子等已經把抱小孩子的家人僕婦前前後後挨肩擦背的站着預備動手就在人叢裏放起把火來又大喊大叫的說道走了水了大家快些逃命罷這些人看見火個個要爭先出去排山倒海似的哭聲振天那個時候騙子等已把這個小孩子故意一擠跌在別人身上另有一個騙子就把小孩子抱了起來那家人只道是好人還感激這個騙子那知越擠越遠況且騙子小偷不是一個你擠不出來就遞把他他擠不出來就又遞把別人三四轉一遞就擠了出去還有幾個騙子故意把兩個家人擠住不放他動一動那兩個家人好容易擠了出來又分作兩起出來你只道我找着小孩子了我只道你找着小孩子了先出來的必要在廟門口候那個人出來等得兩個人全出來了不看見小孩子在那裏又只道那兩個僕婦看見等得兩個僕婦也擠了出來四個人這才慌了趕緊去尋已經多大的工夫了騙子等不知走了多少路去了偏偏國士那一天也在廟裏樓上看戲[9]看見失火他就身子一蹤跳在戲臺房子上再一蹤就跳在廟門墻上打算在墻上遇見搶人家東西的他好打抱不平忽然看見兩三個人抱了個好玩的小孩子出來頭上頸上手上都帶了金珠物件這三個人都是獐頭鼠目不像好人況且走路左顧右盼就像防人追來一樣國士愈看愈疑就跳下來跟在這三個人後面走一忽兒三個人又添了五個人再一忽兒又添了七八個人並把這個小孩子帽子項圈手鐲一件一件除去轉灣抹角走的全不是正經路國士一樣一樣看在眼裏剛剛走到河下剛要上船國士一個剪步跳上去把這個抱小孩子的人一脚踢倒立時把小孩子抱了過來這裏船埠頭都認得國士的國士一聲喊船埠上人都走來問什麽事國士把小孩子交把埠上抱着又去一脚又打倒一個那個藏東西的正要逃却被國士一抓亦抓了過來把他綁起來一連打倒五個別的都逃掉了國士先把他藏的東西一起搜出來拿來包好招呼船埠上人抱了小孩子就要招呼地保把這些拐子一起送官騙子等聽見要送官嚇得來嚎咷大哭說只求英雄開恩該打該殺請英雄親自發落了罷小人等均是因家裏沒飯吃才做這殺頭的事送[10]到縣裏就是殺了頭一家老小還要被他們訛死英雄可憐小人們罷個個口裏多這麼喊埠上人也替他們求情國士一想這些人無非是家裏窮苦所謂饑寒起盜心送到縣裏眞是吃了苦還要受差人訛詐論理應該究辦姑且看他們多有老小暫且饒他們一次具一改過甘結各人寫上名姓畫上十字以後再犯兩罪並罰還要把這小孩子指點門戶隨同送還問他們願不願他們多說不但願意這是眞眞大大的恩典了國士就把他們放開具了甘結寫了十字多在地下碰響頭說道小人等保佑大英雄世代公侯國士一把拉起說道只要你們改過就是了就問他們那個家裏多少人幾口老的幾口大的幾口

小的都叫他們細細的開出來他們亦不曉得什麽事就同了國士並船埠上人一大羣把這個小孩子送到三房人家他家正在那裏哭得來要死的時候有人送來如得至寶國士就把這個情由細細的說明並說以後萬不可帶了滿身金珠到街上跑切記他家娘兒們無人不感激的還要替國士供長生祿位國士回到家裏又拿了幾百塊洋錢出來按他們人口多少分把他們做生意叫他們改過後來這些拐子當眞個個改了好人不肯做這個[11]買賣了這三件事一做不論認識不認識只要提起國士兩字沒有不曉得是大英雄的但這三件事是人人曉得的還有人家不曉得的不知有多少事你想家資雖有鉅萬自己用得少人家用得多不到十年家裏漸漸的不如從前了國士仍舊揮金如土疾惡如仇家裏田產一年不如一年甚而至於田地房產一起賣完了仍舊救人急難替人還債久而久之只剩了一處住宅家人僕婦一概走完只剩一個老蒼頭年紀將近七十狠能忠心爲主人亦淸健當時國士揮金如土的時候時時勸道少爺急人之急自然是好事也不能捨己從人照這樣做法將來自己沒錢的時候怎樣弄法國士生性如此勸來無益到了這個時候國士衣食不周也覺爲難遂想起他的父祖的同年世誼遍滿天下何妨去沿門托缽倘然遇見念舊慷慨之人能借一枝卽托足他方亦無不可遂帶了先世傳流碑帖書畫擇日動身就把房屋書籍交與老蒼頭看管老蒼頭就向少爺說世路險阻一切須要小心並宜保重身子少爺千金之體斷不可把自己身子看得太輕卽如贖妻救兒兩事倘有差錯豈不把父母遺體忘了求少爺格外保重一路磕頭一路哭國士聽了亦不覺英雄掉[12]

北洋官報①

朝陽府戒煙白話告示②

（1908年第一千六百十九册第13—14頁）

爲出白話告示明白曉諭事　照得鴉片煙　本是漫毒　貽害中國已經年久　偏偏口外的地土　種這樣東西又最相宜　就因爲種煙相宜　吸煙的人可就更多了　漫毒受的更重　想這鴉片煙　出在英國所屬的印度地方　你

---

① 簡介見256頁。
② 本篇沒有任何形式的斷句，這裏的空格斷句是編者所加。

們打聽打聽　英國人可是一點兒也不吸　人家是因爲什麼不吸哪　皆因知道這種東西是害　我們中國的人難道就不知是害[13]嗎　旣知道　可偏要自己去受害　這是何苦來呢　現在就說朝陽府一府地方　吸煙的人　士農工商都有　就是費苦力氣的人　也有吸煙的　要問爲什麼吸的煙　大概都說是因病　趕到上癮之後　趕情比害病還利害　若是害病　要命最快的莫過急疹　可還有請先生扎針的工夫　若是犯了癮　沒錢買煙　立時癮的就要命　比害急疹要命還快　而且這種東西　比急疹還壞　疹癮要是不治　死了就完了　煙癮若是不吃煙　他不叫你死　偏叫你慢慢的受罪　爲什麼明明白白的好人　可偏要自己弄成比害病的人還害的利害呢　而且中等煙癮的人　一天的煙錢　足彀一家的日用　把這煙錢添在日用吃喝之內　豈不是一家人都享點福　貧苦的人　一日打柴一日燒　遇見現在的年景　掙錢狠不容易　一有煙癮弄錢到手　就是父母妻子都沒吃飯　他也不管　也是先張羅過癮　除去煙錢之外　要是沒有餘錢　那沒吃飯的父母妻子　也只好餓一天再說罷　因此吵鬧打罵還是小事　不知弄出多少不好說不好聽的事來　至於作踐身體　耗費錢財　躭悞正經事情　廢時失業　吸煙的害處　千言萬語也說不清　去年明降　上諭　中國鴉片煙十年一律禁絕　又經　督憲大人的嚴飭　叫戒鴉片煙　本府已經出過多少告示　又在宣講所演說勸諭了多少次　本府旣作朝陽府　應當勸化這朝陽府的百姓　那家道富足合那迷而不返的人　游移觀望　不肯戒煙　現在　功令森嚴　也不能由他們不戒　官家自有辦法　又有想要戒煙　又沒有錢買藥　這樣人實在可憐　本府邀同紳士仔細商量　由本府與紳商們籌款　設立戒煙公會　在本城東門內　斟酌妥當藥料　配製奉發的藥方　擬定章程　於十一月初十日業已開辦　應許各項人等　入會戒煙　只有妥當保人　就給戒除　不收藥資　應給伙食　要保人的意思　是怕你們半塗而廢　又恐其戒了又抽　其有富實的人　不拘遠近　情願戒　不愿入會者　也許他按日領藥　必須先行報明年歲住處　註明在册　取有親友妥保　立妥保證書　就准他領藥戒煙　再由紳士徧行勸說　極力開導　總望人人醒悟　一律戒煙　合行出這白話告示　曉諭閤府的人　一體遵照　有願戒煙者　趕緊尋找妥保　到勸學所報名　聽候收入會內　你們須要醒悟　抽煙實在不是件好事　必須趕緊回頭　跳出火坑　倘再因循不改　或戒了又抽　這就是自害自己　不知體面　不堪教訓的人　就不是本府的百姓了　你們須要體諒　督憲大人的愛民深意　本府的苦心　衆紳士的辛苦

好意　萬萬不可任性就悮　這戒煙的事　是奉　旨辦的　要是等到勒限戒煙的時候　那時後悔可也就晚了　要緊要緊　特示[14]

照錄白話勸學說

（1908 年第一千六百七十九冊第 11—12 頁）

直隸省視學員編撰白話勸學說其詞云　諸位先生　都靠著教書吃飯　進的束脩有限　天津米麵油鹽　又全是貴的　家裏有三五口人　總得三百多吊　諸位教學受苦　實在是可敬了　吾們以館爲業　譬如作買賣　架子上要都是新鮮貨物　自然消的貨多　貨要是陳舊　就是暫時有買主　日久買主亦就少了　如今教私塾的　如同賣舊貨的舖子　亦有人買　可就怕不值錢了　貨不值錢　可怪買主不來買　那有這個道理　私塾學生束脩　有一年三吊五吊的　亦有十吊八吊的　先生因不足用　只好多招學生　又不能賃寬大的屋子　一間小矮屋　容四十多人　一遇瘟疫傳染先生學生　都是很危險的　所以說到這裏　吾們要是死受　不如想一個救己救人的法子　救己是甚麼法子呢　就是趕快去求新學　有人教導　不是甚難事　救人是甚麼法子呢　就是用新法教學生　如今學憲札飭林總董辦私塾改良的事　這是吾們絕好的機會　怎麼叫私塾改良　是叫書房全改爲學堂的功課　全用學部新編教科書　諸位亦必是樂意　所最爲難的是算學　本來從前沒有學過　所以這個會注重珠算筆算　又怕白天教書不得功夫　所以每天晚間教兩點鐘　要是會了算學　至於那些新書　卻不難懂　畢業後教法改良　就把書房挂上牌子　叫作第幾改良私塾　從此書房可就永遠爲業了　有人說書房改了　學生少了　這個話不可信　要是關上下的書房　都改了新法　學生能毂舍近求遠[11]　到河的南邊上書房去麼　吾恐怕不改良的書房　學生少了罷　又有人說　學生不想上進　不用上學堂　先在書房念幾年舊書　再上學堂　這個話　最悮人　學堂亦是念書　只是不須胡亂一喊　書房可是念書　無奈教法太舊　科目不齊　學生知識不能完全　十幾歲的學生　再過幾年　可就過了學齡了　又有人說　學生習洋操　是要當兵　十幾歲的學生　就叫他當兵麼　這個話就是平常人亦不信　讀書的先生　亦信這個話麼　奉勸諸位先生　趁此好機會　虛下心　努起力　快快來學　別圖目前的安逸　別聽外邊的謠言　這可就不至受人指摘了[12]

天津南段總局白話告示[①]

（1908年第一千八百零九册第9—10頁）

爲出示曉諭事　照得每逢天氣狠熱的時候　往往有無知識男女　因爲天氣太熱　在屋子外面露宿的狠是不少　在無知男女呢　以一時熱的難受　或趁街巷　或就院內　引風納涼　很是爽快的呀　殊不知道　天津這個地方　離海很近　海風沒有定的時候　就是三伏的天　長夜燥熱的日子很少　不是早熱晚涼　就是晝熱夜涼　無知男女們　都生長在這個地方　於這個情形還不知道嗎　其必定要在外面露宿的緣故　我想你們必以伏天時候受點子涼　是不要緊的　可不知道以爲不要緊可就壞了　到半夜睡沉的時候　地下的暑氣　天空的瘴氣　是都有的　在身子頓弱的人　被涼風吹了　毛髓都開　這暑瘴之毒　可就趁著侵入了　是以天津這個地方的人　每到伏天時候　患暑疫的人很多　推原其故　雖不盡歸咎露宿的壞處　而因露宿種病的總占多數　現在時到七月暑氣　甚是利害　日夜之間　乍涼乍熱　更是不定的　你們若照從前　依然在外面露宿　白日間受的暑熱　與夜間受的秋涼　兩下摻雜　容易受病　比暑天更甚些　所以伏末秋初的時候　於露宿的人越發不利了　這個緣故　我說與你們知道　凡露宿受病的人　在便易的人家　原可以請醫調治　在貧難的人家呢　一旦受了病症　沒有錢請醫吃藥　因而受多少的罪　且因此致命的　自這樣看起來　如其到了有病時候　受罪作難　何如自己講求衛[9]生　不去露宿呢　本督辦爲一般人民的衛生起見　不得不將露宿的害處演成白話　懇懇切切說給你們知道　合行出示諭禁　爲此示仰諸色人等　一體知悉　爾等須知道　在外露宿　除了容易受病之外　於自己的事沒有一毫的益處　此次禁止你們　是爲你們保守健康的身體　並非強制你們的居處自由　你們須要明白這個道理呀　自經此次曉諭之後　你們務必聽本督辦的話　不要在外露宿　其各凜遵　切切特示[10]

保定工巡總局編撰憲政編查館奏定
違警律白話釋義問答（續昨報）

（1908年第一千八百二十三册第12—14頁）

問　何謂死出非命　未經官相驗　私行葬埋者[12]

---

① 本篇本沒有任何形式的斷句，這裏的空格斷句是編者所加。

答　死出非命　說的是非正命而死的　如自盡被害等類都是　死出非命　必須經官相驗　始准掩埋　未經相驗　卽葬埋了　就叫做私行葬埋
問　對於此項違警　應當處最輕罰金的　共有幾款
答　應當處最輕罰金的　共有三款
　　一　遷移　婚娶　生死　不遵章程呈報者
　　二　未經官准　擅興建築或修繕　或違背官定圖樣者
　　三　旅店不將投宿人姓名住址及其職業呈報者
問　何謂遷移　婚娶　生死　不遵章程呈報者
答　遷居移徙　嫁女娶婦　生養死亡　按照章程　皆須呈報警局　若不遵守　就是犯了此條違警罪了
問　何謂未經官准　擅興建築或修繕　或違背官定圖樣者
答　建築新房　修理舊房　未經報官　或已報而未批准　就擅行自己興起工來了　併那已發給的官定圖樣　違背不遵的人　這都是我們巡警所當問的
問　何謂旅店不將投宿人姓名住址及其職業呈報者（於六個月內犯本款至三次以上者應令換業至十日爲止若屢犯不改則勒令歇業）
答　謂開旅店的人　每日必將那住店姓名住址職業　造冊呈報警局以便稽查　若不呈報　難保無匪類及無業游民　混迹他的店內　爲地方上的擾害
問　何謂關於公衆危害之違警罪
答　對於公共衆人的危害　就叫做公衆危害　關於公衆危害之違警罪　是所犯的罪　於那公共衆人的危害　有關礙了
問　對於此項違警　應當處最重拘留　最重罰金的　共有幾款
答　應當處最重拘留　最重罰金的　共有九款[13]
　　一　違背章程　搬運火藥及一切能炸裂之物者
　　二　違背章程　儲藏火藥及一切能炸裂之物者
　　三　未經官准　製造煙火或販賣者
　　四　於人家稠密之處　點放煙火及一切火器者
　　五　知有前三款之犯人　而不告知巡警人員者（若係犯人之親族免其處罰）
　　六　發見火藥及一切能炸裂之物　而不告知巡警人員者

七　於人家傍近　或山林田野　濫行焚火者
八　當水火及一切災變之際　由官署令其防護　而抗不遵行者
九　房屋勢將傾圮　由官署督促修理　而延宕不遵者

問　何謂違背章程　搬運火藥及一切能炸裂之物者
答　火藥及能炸裂的物　是極危險的東西　所以禁人搬運　若是未奉上官的命令　及非可以搬運的人　私自搬運　都是違背章程了
問　何謂違背章程　儲藏火藥及一切能炸裂之物者
答　儲藏火藥及炸裂物　皆有一定章程　若私自收藏　難必無公衆的危害　所以也要治罪的
問　何謂未經官准　製造煙火或販賣者
答　煙火亦是危險的東西　未經官准　私自製造或販賣　豈不慮有危害嗎
問　何謂於人家稠密之處　點放煙火及一切火器者
答　人家稠密　最忌火災　若於此等去處　點放煙火及一切火器　亦是最有危害的事情
問　何謂知有前三款之犯人　而不告知巡警人員者
答　有儲藏火藥　製造或販賣煙火　點放煙火火器等三款之犯人　知而不告　亦與前項的犯人同一處罰　　　（仍未完）[14]

保定工巡總局編撰憲政編查館
奏定違警律白話釋義問答（再續）

（1908年第一千八百二十四冊第13—14頁）

問　何謂發見火藥及一切能炸裂之物　而不告知巡警人員者
答　火藥及炸裂物　發見出來　就當急速告知警員　以免將來的危害　若已經發見　仍不告知　也是當處罰他的
問　何謂於人家傍近　或山林田野　濫行焚火者
答　濫行焚火　恐有延燒的危害　所以也要處罰他
問　何謂當水火及一切災變之際　由官署令其防護　而抗不遵行者
答　當水火災變的時候　本極危險　若不防護　必將延蔓無窮　況且又有官署的命令　他仍違抗不遵　此等人亦要治他個違警的罪過
問　何謂房屋勢將傾圮　由官署督促修理　而延宕不遵者

答　此款說的房屋將有坍塌的形勢　官長瞰見　恐怕傷著人　督促著叫他修理　他還支牾推拖　遲延不肯遵著的意思

問　對於此項違警　應當處最輕拘留　最輕罰金的　果係何款

答　凡疏縱瘋人或狂犬　及一切危險之獸類　奔突道路　或入人宅第者　應當處以最輕的拘留　最輕的罰金

問　何謂凡疏縱瘋人或狂犬　及一切危險之獸類　奔突道路　或入人宅第者

答　瘋人狂犬　疏縱了皆足傷人　一切危險的獸類　在尋常畜養的家畜裡頭　帶有危險性質的　如觸人的牛羊　善踢的騾馬　跟那玩戲場及公園裡頭　畜養的獸類　一經疏縱　就不免有奔突道路　入人宅第等事　這都是極危險的事情[13]

問　何謂關於交通之違警罪

答　便於交互通行的事情　就叫做交通　關於交通之違警罪　是所犯的罪　於那交互通行上的事情　有關礙了

問　對於此項違警　應當處最輕拘留　最輕罰金　共有幾款

答　應當處最輕拘留　最輕罰金的　共有九款

一　於私有地界內　當通行之處　有溝井及坎穴等　不設覆蓋及防圍者

二　於多人聚集之處　及彎曲小巷　馳驟車馬　或爭道開車　不聽阻止者

三　乘自行車　不設鈴號者

四　夜中無燈火　疾驅車馬者

五　以木石堆積道路　不設防圍　或疏於標識點燈者

六　以瓦礫或穢物及禽獸骸骨　投擲道路　或投入人家者

七　未經官准　於路旁河岸等處　開設店棚者

八　毀損道路橋梁之題誌　及一切禁止通行　或指引道路之標識等類者

九　渡船橋梁等　曾經官署定有通行費之處　而於定數以上　私行加索　或故阻通行者（其浮收之款概行充公不得援第十三條減輕之例）

問　何謂於私有地界內　當通行之處　有溝井及坎穴等　不設覆蓋及防圍者

答　私有地界內　原有自由挖溝井掘坎穴的權利　但是既當通行的地處　就不應該不設覆蓋或防圍　免得叫人誤陷在那裡頭去
問　何謂於多人聚集之處　及彎曲小巷　馳驟車馬　或爭道開車　不聽阻止者
答　多人聚集　趨避甚難　彎曲小巷　無處閃躲　若於此等地方　馳驟車馬　或爭道開車　阻止他他還不聽　自好照本條所定的違警律處罰他了　　　　　　　　　　（仍未完）[14]

滇話報①

社會改良說
夢魔

（1908年第一號第1—7頁）

甚麼叫做社會　就是一般人民聚處在一塊兒的樣子　照這樣說來　有甚麼良不良的　但是這社會中　既聚了若干兒的人民　自然有若干兒的風俗　若干兒的習慣　若干兒的思想　若干兒的事物　纔能造成一個社會　我們中國　在盤古三皇那個時候　茹的是毛　飲的是血　記不得事情　把繩子結來記起　你說可笑不可笑　到了我們這個時候　吃的是飯　是酒肉　喝的是茶是水　記事情自然是用文字了　這樣說來　一個社會　豈不是進步的嗎　最可怪的　是我們中國從盤古三皇後　天天都是進步　儘直到了戰國的時節　那真[1]　真是了不得　別的我都不說　我且說那時社會中的氣概　如齊國的太史　崔子把他哥子殺了三個　他還是不怕死的　現在還有這樣人嗎　又如那二桃殺三士的故事　有些人還笑他輕生　依我說他那點視死如兒戲的氣概　就是令人敬重的了不得　還有那聶政・荊軻・侯嬴・田光　皆是我們最當崇拜的　到底說下來　那時不怕死

---

①　1908年由中國留日學生創辦於日本東京，月刊，由滇話社發行所發行，同年停刊。主要撰稿人多用筆名，如宗轅、俠雄、對鏡狂呼客、亞華、夢魔等。主要欄目有"論說""時評""大事紀要""專件""小說""戲曲""演說"等。

的風氣　竟成個普通習慣了　只一個不怕死　還有甚麼事做不成的　依我想那時不要被秦國吞了　再戰到一百年後　不怕不文明到歐洲今日的地步　你看那時節如墨子老子的宗教　孫武尉繚的兵法　孔子的政治　韓非子的法學　蘇秦張儀的外交　歐洲人今日見了　也還要佩服他們幾分　不料從秦始皇後　忽然一直退步到今日　你道可怪不可怪嗎　到底這退步是爲甚麼緣故呢　據他們說是做皇帝的　生怕百姓奪他的皇帝位子做　故設個法子　要使百姓個個變成軟人愚人　單他一家能幹　再不有那個能奪他的位子　他的子孫　就可世世代代　做皇帝了　如秦始皇的甚麼焚書坑儒　漢武帝的甚麼罷黜百家　皆是抱定這主意而行的　這個解釋　也是不錯[2]　可是我們都不管他　我們一個社會　我們總是進步纔是　我們退步了這二千多年　是追悔不及的　我們現在既曉得　難道說還是照舊退步不成　諸君若再不信　我再引一個大大的證據　你道西洋今日這個樣兒　是那個造出來的　原來是個達爾文先生　創出了一篇進化論　他們西洋人見了這論　曉得其中有個大大的道理　就人人努力進步起來　造成今日一個花花世界　國又富　兵又強　站了美洲・非洲・澳洲　又站到我們亞洲來　英國滅了印度　又滅了緬甸　法國滅了安南　俄人站了西比利亞和高加索等地頭　漸漸站到我們中國來了　還有個亞洲的日本　他也拍着歐洲人的馬屁①　來欺我們中國　我們雲南　恰在中國的西南方　與緬甸安南交界　正當着英國人和法國人的來路　你說再不改良　還了得嗎　有些不懂時勢的　他說道西洋人來　和他打仗就是了　這個話說來是狠好聽　打下來就是敗仗　賠了欵　還要割地　甲午庚子兩年　就是榜樣　又有人說道　那是政府不良的緣故　只要改良政府就是了　他說的也是　可是社會不改良　就是政府改良　也是不中用的[3]　譬如當個兵　人人皆如病鬼一般　這好兵從何處覓呢　有幾個像點人樣　又扁擔字兒也不曉得　又怎麼當兵呢　況且自來各國的政府　都是爲百姓壓着頭②　纔肯改良　你望他自己改良　那就是做夢了　說來說去　我們總要改良社會　纔是根本啊　這社會如何改良　這也是個最煩雜的題目　依我說來　只要見得是不好的　或是不便的　那就儘可極力改良　求他好求他便就是了　最可惡

---

① 原文中"馬"有點，"屁"下無點，這裏是編者所改。

② 原文中"況且"前無空格，"都"後有空格，且下有點，而"是"字下無點，這裏是編者所改。

的　是我們中國人的性情　最古板不過　明明認得是　不好的　他總是樂於不好　一輩子都不肯改　有那個改的　他還要從傍邊冷笑幾句　你說他該死不該死　有那個勸他改的　他總是拾點唾兒　把甚麼用夏變夷等話　拿來搪塞　就不曉得那個是夷　那個是夏　好的便的就是夏　不好不便的就是夷　這都是因爲我們中國幾千年的習慣　以爲除了我們中國外　再沒有好的便的了　這種習慣　只叫他做少見多怪就是了　我今引一個例來　女子裹足一事　外國人皆笑我們爲最野蠻不過的　這話並非苛刻　我們此事　實是野蠻不過的　好好一個人　有好好一雙脚　要把他纏來　做也做不動　行也[4]行不得　如廢人一般樣　他們才笑野蠻　據我看來　野蠻人也並未有這殘忍的事　竟是比野蠻人都不如了　我還記得一句俗話　叫做猛虎不食兒　你看那些婦人　竟忍心把他的女兒　用這肉刑　任他哭天號地　總是不肯放鬆一點　我想老虎就是會食兒　也不過毒成這樣罷了　這事情說下來　不只西洋人笑我們　就是那苗子猓玀　我們也是應該受他笑的　因爲這個緣故　生下來的子女　也是弱的多　強的少　人種既成弱的　自然國也是變成弱的了　到現在來　認得這事是不好的也狠多　可是究竟不肯改良　那就是古板不過的緣故了　又如留着頭髮　也是最不便的　他總是說祖宗之法不可變　終不肯改良　這更糊塗個了不得　上陣時候用刀箭　也是祖宗之法　現在改用槍砲　豈不是違悖了祖宗的法制　又那西洋貨物　西洋飲食　電車電燈輪船等類　你祖宗時都是沒有　現在用了　豈不是又違了祖宗的法制　這樣說他他必定要說是因時制宜了　但是那個既曉得因時制宜　這個偏不曉得因時制宜　又是甚麼緣故呢　總是受古板二字的害就是了　總之一個社會上　不論[5]甚麼　定要改良進步才是　不要計較這是我的　是人的　是我的就事事好　是人的就一樣也不好　再照這樣糊塗幾年　要想改良也恐怕不能了　就如日本國　他四十年前　事事是學我們中國　四十年來　他又事事學着西洋　因他萬事不有成見　當改良的就改良　到了今日　就是西洋人也不敢藐視他　我們中國　是更不消說了　我們中國的社會　現在都是彈二千年前的古調　當改的十有七八　只要諸君見爲不便的　不要古板　快點兒改良　使社會一日比一日的進步　那就好極了[6]

俗弊六則
磨厉

（1908 年第五號第 51—57 頁）

　　求　　神

甚麼是神　英雄就是神　成功的英雄是神　失敗的英雄也是神　英雄未死　叫做英雄　英雄旣死　就叫做神　神是英雄的變像　所以要敬他　敬他的意思　因爲他是英雄　幷要藉他來勉勵當時的人　也要學他做個英雄　幷不是怕他降災纔敬他　也不是求他保佑纔敬他　敬他要怎麼樣的敬法呢　就是把他的那點眞精神　和他的那些功德言論思想及一切行爲動作　一槪宣布出來　使天下萬世都知道他是英雄　人人應當効法他　這就是敬他了　如今敬神[51]的人　把神當作貪官污吏告化子一般　儞看他恐怕神不保佑他　要降給他災　逢着神就作揖　磕頭　燒紙錢　貢三牲　唉　作揖　磕頭　就像那些候門走狗見了污吏　就卑躬屈節的去聯絡　燒紙錢　貢三牲　就像那些大頭紳士見了貪官就納財獻寶的去行贿　這就是把神當作貪官污吏了　我們家鄉　每逢三月二十八日　各處的告化子　一排一排的　坐在東嶽廟前　施主提着米　每人攝給他一鐘　連路的施捨過去　如今敬神的人　也像那施米一般　每一尊神的面前　攝給他一勺香麪　幷不磕頭作揖　眞是把神當作告化子了　無論他所敬的那一般神　是塑匠用泥巴塑的　是木匠用木頭雕的　就是果眞是神　他要人作揖磕頭燒錢紙貢三牲敬香麪纔保佑人　人不作給他揖　不磕給他頭　不燒給他錢紙　不貢給他三牲　不散給他香麪　他就要降災　那眞是像最貪的官　最污的吏　最惡的告化子了　敬他怎的　敬他怎的

　　拜　　佛

甚麼叫佛　心就是佛　講佛敎的祖師　也不過是講心術　所以有惻隱心的人[52]　就是佛敎上所說的慈悲　有公德心的人　就是佛敎上所說的普渡　有心開通民智的人　就是佛敎上所說的無量渡人　有心爲民除害的人　就是佛敎上所說的開甘露之法門　有心爲國犧牲財產身家性命的人　就是佛敎上所說的大慈大悲　大聖大慈　救苦天尊　如今拜佛的人　佛是甚麼東西　他們也不曉得　只曉得唸些經　吃些素　手中在敲木魚　口中在說阿彌佗佛　心中却是在打小算盤　又要想辱磨媳婦　又因爲人不大奉承他　就要想挑駁是

非　唉　佛教原是研究心術的一種學問　他的心術既壞　與佛教已大相反對了①　無論世界上不有佛　就是有佛　佛也是絕對的不要他拜　唉　世界上雖然不有佛　我能夠有惻隱心　有公德心　有開通民智心　有爲民除害心　有爲國牲犧心　我就是一個大佛爺了　我還要人家拜哩　那裏還去拜佛

　　敬　天　地

天是甚麼東西　是一股氣　氣之輕清上浮者就是天　地是甚麼東西　地是一個星球　八行星中的地球星就是地　天既是一股氣　敬他作甚　地既是一個[53]行星　敬他何來　況我們的足　不能不踏在他上　我們的污穢物不能不置在他上　既是我們足踏的東西　我們置污穢物的東西　又何必敬他　如今敬天地的人　不知天是甚麼　地是甚麼　動輒就說不敬天地　就要坐地獄　要敬天地　纔得上天堂　唉　天上那有甚麼天堂　地上那有甚麼地獄　亡國的人　作人奴隸　事事不得自由　事事不得自主　這就是坐地獄了　能夠大家起來　負點責任　把奴隸我們的人推翻了　把使我們不得自由不得自主的人殺絕了　從新創造一個新世界做新世界的主人翁　事事得自由　事事得自主　那就是上天堂了

　　吃　長　齋

人不能夠自己保養　就要着短命　保養的方法是甚麼呢　就是要有滋養分　甚麼叫做滋養分　如牛肉雞肉鴨肉猪肉都是滋養分　牛油雞油鴨油猪油也是滋養分　如今吃長齋的人　永遠吃素　肚內的滋養分　絲毫都沒有得　理應是要短命的　因爲這些吃長齋的人　無焦無慮　所以纔能夠活到五六十歲或[54]六七十歲　到死的時候　往往害黃腫病　就是永遠吃素　肚內無滋養分的緣故　唉　吃長齋的害　有這麼樣的大　還不快起來開葷嗎　況且吃長齋這件事　是最無道理的　若問他的道理在那點　他必定說是吃長齋纔潔淨　唉　中國洗澡這件事　不能發達　就是連飯都不吃　也是絕對不能潔淨的　大家要講潔淨　必要認眞洗澡　千萬不可再吃長齋　埋伏下害黃腫病的病根了

　　求　　雨

凡遇天旱的時候　就要求雨　花了許多錢　淘了許多神　并未見將雨求得下來　這是麼緣故呢　因爲雨是絕對不可求得下來的　何以見得雨是絕對不可求得下來呢　只消說說下雨的原因　就明白了　未下雨的時候　因爲

---

① 原文中"壞"下無點，"與"前無空格，這裏是編者所改。

天氣晴朗　太陽的熱力充足　海洋上的水蒸氣　引着太陽的熱力　就昇到半空中去　這水蒸氣昇到半空中　就收縮成些水分子　水分子就是雲的別名　所以將下雨的時候　必先有黑暗暗的雲　就是這個道理了　雲與雲結合起來　他的分量比空氣還重　所以不能容留在空中　由空中落在地上就是雨了　有風的時[55]候　將南方的水分子　吹到北方　南方的雨　就變在北方去下　將西方的水分子　吹到東方　西方的雨　就變在東方去下　下雨的原因是這麼樣　無雨的時候　要來求雨　究竟求些甚麼呢　或者說是求天地　怎奈天是一股氣　地是一個球　或者說是求玉皇　求龍神　怎奈玉皇龍神　是木雕泥塑的　他一樣都不知道　這樣說來　雨是絕對不可求的　難道天旱就由他旱嗎　那又不然　科學發達的地方　可以用人工把雨做得出來　我們中國現在是絕對的無此手段　只得於平日多預備些引水械器　到了天旱的時候　去引海水來灌溉田畝　那就比求雨有功效萬萬倍了

　　　　祭　　風
中國有一種祭風的習俗　也是可笑之至　有大風的時候　怕他把穀麥吹壞了　就用些猪羊去祭奠　他不知道這風不是則樣東西　就是地面上的空氣　因爲各地的冷熱不同　這空氣也就因之而移動　凡熱地上的空氣　都是往上昇　既昇之後　那冷地上的空氣　就去補他的空隙　一往一來　彼此移動　就成[56]了風　這本是天然的道理　並不是有甚麼神聖　在中間主使　何必祭他[57]

河南白話演說報①

說國家的緣起

（1908 年第一百三十三期第 4—7 頁）

國家二字是怎麼講呢　原來當太古時候　那些百姓們　都是渾渾混混

---

① 創刊時間不詳，出版地在河南汴梁，五日刊，白話演說報館編輯出版。主要欄目有"聖諭廣訓直解""國外新聞""各省新聞""實業農務""法律學""數學""演說""專件""教育""雜錄"等。1908 年停刊，後改爲《河南白話科學報》。

的　一天到晚　餓了就想東西吃　冷了就想東西穿　倦了就想睡　睡够了便想起來　性眞知覺　若有若無　自然而然的　除了衣食寤寐　簡直的沒有事情　所以太古時候　並沒有國家　並不知什麼算家　什麼算國　那就無所謂國家　不過是一群的人　聚在一塊兒罷了　到了後來　人愈生愈多　所要求的東西　也愈過愈多　爲什麼呢　因爲無論什麼人　生長出來　是萬萬不能沒有私欲的

譬如餓了要東西吃　冷了要東西穿　也不過是人的私欲裏頭一部分　其餘等等　說也說不清　並且越到後來　人的私[4]欲越多　多則尤其利害　爲什麼呢　因爲太古時候　離天地開闢不遠　事事物物　還不多見　生在那時候的人　並沒有些須的閱歷　各種的見識　所以他的私欲　也不會多　除了日用必要的東西　就沒有什麼別的　到得後來　經過了許多時期　所見所聞　也就經過着不少　那些人群　就漸漸的有點兒閱歷　所要的東西　就不免要不夠　日用所需　必不可少的　自不必說　但人身上應用的東西　眞是說不了的

譬如一個纔生出來的小孩子　除了食睡以外　什麼東西也不知道　一到了兩三歲的時候　漸漸的腦筋運用　也就古怪起來了　一個人群　和一個小孩子　正是一樣兒的　小孩子愈長大　私欲愈多　人群愈長久　私欲也愈多　私欲愈多　這競爭的心思　競爭的事物　也就越發多越發大了　爲什麼呢　因爲天地所生的東西　是有限的　人的私欲　是無窮的　幷且所生的東西　多少不齊　有多的　也有少的　若是這東西生的多　那還罷了　若少點兒　那就不夠供給這許多的人了　若不夠供給　就也有得的　也有不得的　有得的有不得的　得着的固然是便宜　得不着的實在偏枯　這事情就未免是有點兒不平了　事情[5]一不平　在後世的人還好辦　什麼原故呢　因爲後世的人　言論思想　日進文明　凡事都講究的能够禮讓　若講究能够禮讓　沒有不克己　事情雖有點兒不平　也就可以將就的　不聲不張　看看這事　化做沒事了

無奈那上古時候的人　不必盡然　他們幷不文明　却很野蠻　無論什麼事情　都是講强力　幷不知道讓字是什麼東西　什麼要講究不講究　事情沒有什麼不平　還有時的想用强力　何況是有點不平呢　那不用說是讓些　更要用强力了　所以人口愈衆　私欲愈多　不平的事情　也尤其多了　不平的事情愈多　競爭也就愈大了　競爭一大　强的就想欺負弱的　多的就想欺負寡的　强的遇見弱的　自然就把弱的摧倒了　但是一遇

見更強的　又得叫更強的摧倒　多的遇見寡的　自然就把寡的摧倒了　但是一遇見更多的　又得叫更多的摧倒　這麼一來　就鬧個亂七八糟　昏天黑地　不但弱的寡的　大不平安　就是強的多的　也是很苦　既是強了　又是多了　還有何苦呢　人家看着　以[6]爲極其快活　殊不知道能夠稱強　能夠見多　已屬頗不容易　況且要保着這個強　常保着這個多　尤是煩難　其中有兩個原因　一是因爲用強力　很是費勁　二是因爲怕遇見比自己利害的人　叫他欺負　所以無論強弱多寡　爭得時候長遠　就要討厭　就要想個法子來抵制　教令一般　自然帖服　不敢有什麼破壞　并且能夠使他安心　不能爭　不要爭　那才能夠保全自己的安樂　因此就在本群裏面　找個有閱歷　有見識　有學問　有道德　有本事的人　叫他出來　判斷是非　裁奪措置　歸到個道理上去　有個情緒　遇見有相爭的事情　就請他斷斷曲直　排難解紛　大家都聽他的說話　不聽的便有個罰　極其嚴明　過了些時候　斷的事情多了　大家也都拜服了　於是就公立他當個首領（也叫做頭目）　這首領就是後來人們所稱的皇帝　這是所以然有皇帝的第一個原因　多少的人家　都歸他統屬　聽他主張　勢力範圍　沒有能超越過的　雖東一家西一家　各就地方散處　而彼此聯絡一氣　內中結合　彷彿像有個總樞紐　做着關鍵　這不是國家的原起麼[7]

貪生怕死說

（1908年第一百三十四期第6—11頁）

人都說道　醉生夢死　那是人生這世界上　眼見得爭名爭利　忙個不休　歸到根來　只樂得醉夢一場　生不知何自而生　死不知何由而死　糊糊塗塗　莫得個究竟　撒手成空　煞是可慨　畢竟是看不破　打不開　爲什麼原故呢　大凡人情　總是貪生怕死的居多　這是怎麼說　大抵從苦樂兩個境地　比較而來的　苦樂兩個字　本沒有一定的界說　晨出夜入　是田夫野老的恒性　啜菽茹藿　是田夫野老的極味　那田夫野老　既然自己把這般爲恒性極味　自然沒有別的思想　存個奢願了

假使一旦叫他來住柔毛綈幕　叫他來吃粱肉蘭橘　他必定心痛體煩　內熱生病　又有一種王公富豪　住的是廣廈隩室　穿的是綿纊狐貉　叫他同田夫野老去　易地而處　恐怕不要到一個時辰　就要困憊了[6]

這兩類人　正是個反比例　在旁人看起來　天然的苦樂界限　判得明明白

白　還有甚麼異詞呢　那知道在他們自己　却各有各的樂處　各有各的苦處　不能一概以常理論的

我們生活在這個世界上　隨波逐流　太平固得過去　不太平也要過去　問他做甚　當這世界　是一戀戀難捨的東西　其實在那孤高絕俗的人　澄靜看起來　早已另有一種心思　他以爲這世界　是可止可離的　他又以爲這世界　是可有可無的　可以住則住　不可以住就去　他有了也好　他沒有了也罷　在這一種人　把生死兩個字　早已置之度外　生死既經置之度外　那苦樂可也不放在度內了　踐鋒刃也好　蹈湯火也好　浮浮沈沈　放棄一生　也沒有什麼不好　話雖如此　這一種人　除非眞是那覺悟有爲　幻法無我　獨得個眞諦的　才有此遠見卓識　此外的統統是芸芸衆生　就沒有一個理會得　體貼到這些妙法深義了[7]

現在譬如有人問我道　極樂世界　是怎生一個樣子　我設使冒冒失失的答道（即死便是極樂世界）　我料定那人必定要笑我痴獃　再不然　還要罵我麤魯　哈哈　即死便是極樂世界八個字　也有個來由　何嘗是我平空捏造出來的呢　諸公不信　我且毋庸麻煩　說那佛家的所謂泥犂　不是說極樂世界的究竟嗎　佛家何以要說泥犂　是極樂世界的究竟　原來佛家的宗旨　是在救人　要救得他人　先要捨得自己　自己不捨得　人從那兒救　要想能救他人　是天底下萬萬沒有的事　我每看見　現在的人　口裏救國救民　說得天花亂墜　他自己的身子　先不肯捨　正是掩耳盜鈴　不過自欺罷了　所以我說即死便是極樂世界八個字　是叫人翻然猛省的意思哇

無始以來　人羣的顚倒迷妄　成個根性　牢不可拔　何以爲之顚倒迷妄呢　那是確實可證　指得明白　譬如手的下垂　人家必定說他是倒　手的上舉　人家必定說他是正　不知按到眞理　却正是一個反面[8]　如此看來　人羣的貪生怕死　何嘗不是同例　大家一個樣兒　我現在爽爽快快說幾句話道　生有什麼可貪　死有什麼可怕　貪生無非爲的是樂　你且說生的樂畢竟何在　怕死無非爲的是苦　你且說死的苦畢竟何在　畢竟說不出　畢竟是顚倒迷妄

人類既然有了這種顚倒迷妄的根性　這就昏昏沈沈　不知不覺的　釀成了一個貪生怕死的普通心習　這貪生怕死的普通心習一成　顚倒迷妄的根性　就愈加牢不可拔　因此詐僞日興　變幻百出　無知的愚民　在這小小的四字圈中　翻筋斗　豎蜻蜓　千磨萬刦　休想跳得出　唉　可憐不可

憐　明明是人間世界　竟變成了黑闇的阿鼻地獄　總之一句話　被這貪生怕死的心習所害罷了

講到這貪生怕死四個字的流弊　眞多得很啦　却有不能盡言之處　我現在少說幾句　便可以明白　比方有一件事　起初是烈烈轟轟　何等雄偉　何等浩蕩　在局外的人　看得像樣　看得有趣　固然不必說了[9]　在局中的人　也未嘗不自己覺得像樣　自己覺得有趣　到了後來　陡然有一個消息　或是來禁止　或是來阻抗　那局中人看看　勢力不敵　沒奈何　只好一鬨而散

又比方有一個人　起初是劇談雄辯　說得天下事　無一事不好做　說得天下人　無一人可入目　叙起溫燠　便寒谷也能成暄　論到嚴苦　便春叢也要零葉　飛沈出在他的顧指　榮辱定在他的一言　別人都想攀其鱗翼　丐其餘論　固然是不必說了　在他自己　也未嘗不自以爲是　彷彿闕里龍門　無以復加　沒有過是他的　到了後來　陡然有一個消息　或是來訪查　或是來捉拿　那人看着勢頭不對　不是走爲上着　便是嘿不作聲　所以有了這貪生怕死四個字的心習　大的影響　社會休想發達　小的影響　個人也休想振作哩

在這貪生怕死四個字的小圈中　偶然間有一兩個人　跳出來做作一點小事業　這一兩個人　必定是丈夫　必定是大俠　諸公　社會有了這[10]一兩個人　便可以指望發達嗎　且慢　一人的力量　不過敵得一人　兩人的力量　不過敵得兩人　就是有了十人百人　敵得也不過十人百人　由此看來　僅僅乎這幾個人不貪生　不怕死　於社會仍舊是毫無影響　毫無裨益的了　要必合起羣來　破除了這個心習　無論上中下三等的社會　都能跳出這個圈兒　方有精神對付天底下的事情　不爲生死兩字範圍住了　那就於這個預備立憲時代　競爭世界　見得個影響　各項事業　也得個裨益哩

唉　貪生怕死這四個字　誤盡了多少人　不知汨沒了幾許英雄　坑害了幾輩豪傑　眞是無從說的了　卽有一二人　不貪生　不怕死　也不過一時激出來的　故志節之士　從容赴義　貞烈之女　慷慨身殉　要皆有堅忍之操　百折不回　才能償其志願　莫說稍一游移　那兒會如此決烈　卽過後一時　也恐怕已中了貪怕的毒　未必再能夠振作　貪生是貪着快樂　怕死是怕那受苦　其實依然是醉生夢死哩[11]

河南白話科學報[①]

說明通字的理由
（1908年第十七期第4頁）

江亢甫君　製造的通字　前已登入本報第三期內　有種種的利益　一言難盡　今將簡單說明兩句話　一　教育普及　二　言語統一　這兩句話　便是製造通字的理由　但是守舊的人　固然絕對的反對這通字　那半新不舊的人　仍然是相對的反對這通字　這兩種阻力　不可不攻擊　守舊的人　大半都是優於漢文的　一意以保存國粹爲宗旨　說是通字一行用　優美的漢文　便破壞了　萬不可用　今請攻破此說　要預備立憲　教育不可不普及　要普及教育　漢字萬不能適用　須知漢文沒有一定的法程　字義太艱深　字數太繁多　若要限定三個月大通　一個月小通　三月或一月內　認全字音　做的到嗎　萬萬做不到　漢文非十年八年不能通　現在各學堂學生　往往因漢文不通　所以科學不能發達　這就是一個大鐵證　那麼要漢文通識　既然不能限定[4]在一日或一月內　要科學發達　又不能等到十年或八年後　怎麼好呀　故此江君要製造這通字　爲的是要令全國教育　好早早的普及　須知江君　本是優長於漢文的　萬不肯蔑棄漢字　只因爲現在預備立憲時代　要教育普及　不可不如此辦法哇

況且所說的保存國粹　原是指精粹的義理說　文字不過形式　形式無論千變萬化　義理仍舊存在　卽使通字通行全國　中華國粹　依然保存　不但毫無損害　並且因仗通字的力量　教育普及　國粹更可保存　諸君注意（字是記號）明白這句話　便不至反對通字了

識認通字　事極容易　深通漢文的人　只要數十分鐘　便能通識　在通漢文的　識認通字　又可多一種學問　在不通漢文的　識認通字　便可明白科學　何必反對　何苦反對　況中國文字　本分兩種　一　文話　二　白

---

① 1908年7月創刊於河南汴梁，五日刊，白話科學報館編輯出版。前身爲《河南白話演說報》。主要欄目有"聖諭廣訓直解""國外新聞""各省新聞""脩身科""地理科""衛生學""天文學""生計學""農學""法學""算學""字學""演說""專件""實業""附件""雜錄""雜記"等。1909年停刊。

話　今把漢字認爲文話　把通字認爲白話　文語難懂白話容易懂　通字却更比白話容易懂　至於說通字改換面目　破壞漢文[5]　這話更沒有理由　倉頡造字的初意　不外（文以載道）主意　所重的在道不在文　今如有甲乙二人　甲的漢文老師　教授甲一本漢文　敎了三天　那一本漢文　甲頂多不過認識三頁　乙的通字老師　教授乙一本通字　教了三天　那一本通字　乙必能全本認識

試想這甲乙二人　那個有益　那個無益　認識個字　爲的是要通義理　教育效力　重在腦筋上　不重在眼睛上　眼睛上看得見的　這是漢字　那是通字　腦筋上得能悟會的　通字和漢字一樣　通字可比漢字　腦力省的多　所以利用通字

還有一個絕妙的比喻　義理如同人的身體　文字如同人的衣服　比如有一個姓張的　穿著甯綢狐皮袍　今他改穿粗布棉袍　還認他姓張不認呀　必答道　還是姓張　通字的形式雖改　通字的義理　仍是中國義理　那麼改穿布袍　有什麼好處呢　答道　甯綢狐皮袍　沒有錢的人　穿不起　粗布棉袍　人人穿得起　人沒有智識　就如同冷天光著[6]膀子　沒有衣服穿一般　今要教育普及　人人有衣服穿　不可不用布袍辦法　這是定理　所以利用通字

看官試想　現今我們中國人　固已四萬萬有餘　合計起來　識字的佔最少數人　彷彿都是在二九嚴寒天氣　人人光著脊梁　在那兒等衣服穿　熱心教育的人　還不想快快的把通字教給他嗎

這通字和王君官話字母　勞君簡字譜錄　同是一個用意　但比王君勞君簡字兩種　更爲容易便利　這並不是奉承江君　實在是世界公理　並且是字學的原理　怎麼說呢　寫字的自然手法　利於左起　不利於右起　利於橫行　不利於直行　字學的原理　原來如此　試想中國元始文學家　最先製造的那個字　是什麼字　人人都知道　是（一）字　這（一）字　不是個從左起嗎　這（一）字　不是個橫行嗎　那麼採用羅馬字母　製造中國通字　左起橫行　不是適合字學的原理嗎　諸君平心靜想　便知道這通字的好處了[7]

說明通字的理由（續上期）

（1908年第十八期第4—7頁）

半新不舊的人　對著這通字　又是半疑半信　說通字是北京音　不能通

行　如廣東音　如福建音　如蘇州音　都不能適用這通字　所以不能贊成　那知主張此說的人　忘記了（統一國語）四個字了　中國二十二行省　團體不能合一　省界彼此劃分　都是言語參差的大原因　廣州人說的話　蘇州人不能懂　蘇州人說的話　福州人又不能懂　因爲言語不通　彼此便無感情　因爲感情隔膜　團體便不融洽　要全國四萬萬人　結成一個大團體　那是萬萬不能的

惟有用這通字　推行各省　孩童知識初開　無論何省何人　都可把通字教給他　由淺處入深處　由勉強進自然　有個次序

童時學習　年長了都是通字學生　一開口萬語同聲　一說話萬耳同聽　全國二十二省　如同一家人會話　化同鄉的小團體　爲同國的大團[4]體　全國一家　然後國力可以振作　然後國勢可以伸張　國會議事　然後可以共曉　實行立憲　然後可以有效

總而言之一句話　要教育普及　要言語統一　非把這個通字　推廣通行　決不能有偉大的速力

至於說是通字形式　破壞漢字　這也有話可以駁他　請問現今通行的漢字　是創造漢字時的原形不是呀　必定說不是　漢字初創造時　是個篆文　篆文以形爲主　類如日月魚鳥等篆　都是如同畫圖一般　日字畫成圓形　月字畫成半圓形　魚字畫成麟尾形　鳥字畫成尊足形　這是漢字創造時的原形　當時篆文　如能永遠適用　也就可以不必改變了　無奈社會進化　篆文遲慢　不能適用　於是有大改革家出來　改篆書爲隸書　一時行用隸書　較篆書便當得多了

這個隸書　如能永遠適用　也就可以不必再改變了　無奈社會又進化　隸書還嫌遲慢　不能適用　於是又有大改革家出來　改隸書爲楷書[5]　一時行用楷書　較隸書又便當得多了

字體變爲楷書　似乎盡善盡美的了　但是堅直劃平　還嫌遲慢　於是又有兩種改革家　先改出行書　後又改出草書　自從上古中古以至近世　這楷書行書草書三種並行　似乎可以應用了

時至今日　萬國通商　山有鐵路　海有火輪　科學發達　文化大開　社會的紛繁　達到極點　文明各國　都利用極簡極快的文字　惟有我中國　依然沿用遲慢的漢字　教育不能普及　語言不能統一　以致中華文明　進步遲緩　堂堂中國　又弱又貧　有心人於是苦心創造這通字　爲的是普及教育　統一國語起見　並沒有什麼壞意思　中國漢字　到了今日　實有不能

1908年

不改變的趨勢

看官注意文字是社會返影　倘然篆文永遠可以保存　何必改變爲隸書　倘然隸書永遠可以保存　又何必再改變爲楷書　旋復化爲行書草書　社會一天進化一天　文字便不得不時時改變　這是天演自然的趨[6]勢　現今有改革漢字思想的　千口同聲　萬途一轍　已經如同大海潮流　排倒衝突而來　雖用千鈞萬鈞絕大的阻力　恐怕也抵當不住　徒然被人家說他沒有國家思想哇

二十世紀文明潮流　順流前進的　便爲英雄　便爲豪傑　逆流後退的　那爲庸人　那爲愚人　我輩現處在今日時代　對著文字改革問題　惟有共同研究新造字的優劣　商量改良的方法　斷不可再拘守那舊漢字　使我國民教育不能普及　言語不能統一　永貧永弱　沒有飛躍於二十世紀文明大舞臺的一日

現今改革漢字　分爲兩派　一　假名派　類如王氏官話字母　勞氏簡字譜錄　與日本假名同意　二　羅馬派　類如江氏通字　劉氏音標字書　與歐洲字母同意　此外還有多種　但總離不了這兩派　至於中國快字的製造法　還沒有人研究呢　將來文化久了　到了那個時候　自然也就要發表出來　這是趨勢一定的[7]

岳州府

（1908年第二十期第2—3頁）

第十九課　岳州府

武昌遊玩一番　仍舊回到漢口　換了淺水汽船　一直的沿江逆流而上　他定槃針　要改了西南方向　先過陸溪口　據說就是周瑜破曹兵處　把臨嶂山上的南峯烏林　當做赤壁　這不過是以訛傳訛罷了（武昌鄰近相傳有五赤壁）再過荊河口　便到湖南省岳州府地界了

這荊河口　又名三江口　是因湘江岷江得名的　與夏書上所說三江不同　論起這荊河口形勢來　洞庭湖水和江水合流的口子　水勢格外來得洶湧　對岸水中有個擂鼓台　適當正衝　還有一座山腳　叫做城陵磯　也勢據險要　從前髮逆攻破岳州府城的時節　他偏不踞府城　偏踞了這兩處　以當彭（玉麟）楊（載福）水軍的衝突　那時初興水軍　船式不能一律　有一位總兵官陳耀龍　坐了一隻拕罟大船　去攻打城陵磯　誰知道水

底沙泥　把他船擱淺住了　因而大敗　自此以後[2]　才曉得淺底三板訣蟹長龍等船　最爲靈便合用　足見這岳州城外　城陵磯擂鼓台的兩處　是用兵必爭的地處了

岳州府的古蹟　岳陽樓爲最有名　唐張燕公（張說）做了郡守　他暇時便和文人學士　到此聚飲　宋范仲淹有一篇岳陽樓記　說他朝暉夕陰　氣象萬千　岳陽樓大觀　盡此數語　他首縣名叫巴陵縣　是偌說法呢　因爲府西南角上　有座巴山　據山海經上說　巴蛇食象　三年而出其骨（有象骨港）　後來出一個善射的羿　把巴蛇射殺在洞庭湖　他蛇骨堆積起來　成了個丘陵　因而叫他巴陵　這些話雖句句出在經典　然究不免荒唐無據　總之因巴山得名　是不會錯的

至岳州府與湖南的關係　是全省門戶　出入必由之路　所以近年在城北十餘里　開了個商埠　租界亦漸漸的熱鬧　他出口貨物　自以煤米爲兩大宗　因他南部多煤田　米罷　又是著名最旺的農產物　所說兩湖熟　天下足　單論起米一項來　湖北是比不上湖南多了[3]

洞庭湖

（1908年第二十一期第2—3頁）

　　第二十課　　洞庭湖

岳州府城的西樓　便是岳陽樓　這樓自古以來得大名　因著洞庭湖全湖的風景　都收在這一座樓中　古今詩詞歌賦　題詠不少　大約以范仲淹岳陽樓記　和杜工部昔聞洞庭水　今上岳陽樓一首詩爲壓卷　登樓一望　水波上下　風帆往來　時見沙島嶼　在若有若無　若隱若現間　洵不愧岳陽樓的大觀　中國五湖中　推爲第一　也是名不虛傳　身到此間　勢不得不索性遊玩一回　開開眼界　於是另覓一隻小舟　飛棹而去　過得南津港口　遠遠望見一座山　據說是個艑山　上出方竹　也是別處罕有的　過了山不多路　已是湖口了

一出湖口　彌望水連天　天連水　也莫辨有幾千幾百頃　據船戶說　寬處有九十里路　長處有一百八十里　推開船窗一望　前面有座君山　是湘君寄跡之所　故而又叫湘山　道書稱他十二福地　上有軒轅黃[2]帝鑄鼎臺　洞庭湖所以有鼎湖的古名　下有石穴　通吳地的包山　郭景純所稱巴陵地道的便是　過君山約五六十里　又是雞子團山　從前馬伏波渡湘水　征

五溪蠻　道經此地　其上有伏波廟的古蹟　到湖的西半邊　便是赤沙湖了　再繞而南　又叫青草湖　可見全湖是隨處易名的　想起范蠡乘扁舟遊五湖的時節　這洞庭湖的住宅　還有他的釣魚台　如今滿湖三三兩兩　都是浮家泛宅的魚戶　把這件事問他起來　全個兒都不知道　滿口的在那兒說水滸上　岳武穆在青草湖水戰楊么的那件故事　正經書反不如小說的感人　於此可見一斑了
有一天　風日晴美　舟子正在打槳　互相唱歌的尋樂　忽見西北上黑雲突起　報道　風暴來矣來矣　好在離舵捍洲不遠　卽便收口　到得舵捍洲　見是弓樣的大石駁岸　缺處灣深可泊　據說雍正年間發帑修造的　這也是○○○帝王遺愛在民的一種　此番遊玩　增長見識不小　人到得意時　須防意外風波　莫說行船　平地何嘗不如此呢[3]

惠興女學報①

演說女學堂之關係②
丁未十月初十日惠興女學校學生佛英
（1908年第一期第7—8頁）

學生在本女校上學兩年　毫無學問　毫無知識　今日乃　皇太后萬壽的日期　本校上半日已行過慶祝禮　下半天兩句鐘　各學生開游藝演說會　學生奉校長監督各教員的命令委派演說　題目是女學堂之關係
學生年幼無知　又是初次演說　恐有不週到不妥當的地方　求諸位原諒原諒
學生想上天生人　有男有女　決沒有輕看女子　重看男子的心　然以世情而論　却顯然有女輕男重的意思
比方說有一個人家生了一個女兒　固然是人人說大喜的　若是生了一個男

---

　①　1908年5月創刊於浙江杭州，月刊，女子學校刊物。主要欄目有"論說""女界紀聞""各省紀聞""本省紀聞""本校紀事""本校日記""中外大事""教育小說""演說""專件""報餘""談屑""雜俎"等。設有白話專欄。
　②　《惠興女學報》中沒有任何形式的斷句，這裏的空格斷句是編者所加。下同。

孩子　那一種來賓說大喜的情形　却有些兩樣罷
這是什麼緣故呢　學生想來有兩個緣故
一樣是女子有依賴男人家養活的性　不知道求自養的道理
二樣就是風俗習慣
女子依賴性又有兩樣分別　或是依賴祖產　或是依賴男子
此等女子一遇不測的變局　或是水火刀兵　或是貿易虧本　或是男子死亡等事　就立刻有大危險了
到了那個時候　若是有氣節的女子　行個自盡死掉　到也乾淨　無如怕死貪生　是人的常性　那時候就要做一切不名譽的事了
又或雖然失去依賴的人　尚餘幾個錢　那時候就有一樁事要發現了
諸位啊　是什麼事呢　就是要住庵中去脩行了
風俗習慣的說話　學生一時也說不完　學生先就我們旗下的女子說說　旗女梳的如意頭　那是有多們大呀　四鑲邊的衣裳　通紅的臙脂　厚木頭底的鞋子　學生一想起來　也就有點肉麻啦
漢女的珠翠花粉紅裙花衣　已經失了人格了　還有他那一雙小脚　學生說到這裡　想起一句俗語話來　說的是小脚一雙　臉淚一缸　不覺的就代小脚的女子打一個冷噤
東西洋的國度　現在大家都說是文明的國度　學生看見東西國的女子　却是有許多疑心的地方　西洋女子的高帽插花　露胸大裙　已經是太做作　失了人格了　惟有他那個大奶奶頭同細腰　又是怎麼解說呢　學生還聽見人說　西國[7]女子的奶奶頭是假做的呢　細腰是從小用皮帶束繫的呢　果真要是這樣　恐怕不能稱是文明罷
東洋女子的白粉寬衣還不算什麼　惟有他那一雙鞋子　只有底子　沒得幫子　是各國所沒有的　又他的後腰繫一个大包裹　不知是有什麼講究呢
總而言之　我們女子不拘旗漢東西各國的人　學生都說是不合人格
諸位啊　學生說這個話　恐怕諸位要嫌學生的說話太過分罷　學生再說一個比喻　請諸位評評看
譬如有一間屋子　內裏有四個人　一個是如意頭　有二尺來的長①大臉上　紅臙脂抹的通紅　穿的四鑲邊的花衣裳　半尺來厚的木頭底子鞋　一個是頭上戴之雪白的一頭珠花　擦的濃厚白粉　穿的大紅裙襖　一雙脚只

---

① "的長"當爲"長的"。

有三寸長　一個是露出胸口　高起奶頭　細腰如螞蜂　寬裙像雞籠　一個是白粉寬衣　腰背一個包裹　鞋子只有底子　如果是這四個人　同在一個屋子裡　學生請　諸位看看　這是四個人呀　還是四樣物件呀　學生說只怕是陳列所裏頭的四件陳列的古董罷

以上所說的情形　都是風俗習慣四個字害我們女子的

女學堂的規矩　不准擦粉　不准穿花衣裳　不准纏足　這三樣的事先改掉了　我們女子就成了人形了

我們女子再學一點能耐　能夠自活自養　就可以自由了　要是學問能猛進　見識能開通　自然與文明的人進於平等了

學生所說的女學堂之關係是這樣　不知諸位以爲是不是[8]

人爲萬物之靈

興永

（1908 年第九期第 6—7 頁）

前幾年　有人評論我們中國的人有四派　一爲麟鳳派　一爲鵁鵡派　一爲虎狼派　一爲鷹犬派

學生想　我國的人不止這四派　還有三派　一爲牛馬派　一爲狐鼠派　一爲鵪鶉派　這些動物要比較比較　却狠有不同的去處

虎狼是最兇的動物　人若捉着他　必定要用鉄籠拘束他　使他日日不能自由的　牛馬雖然受人驅策　尚有散放自由的時候

鷹犬是忠於主人　聽人使令的　鵪鶉是自殘同類的

以上都是各種動物的實事

以人類說說　有一種人性情慈善　毫無能力　好像是麟鳳鵁鵡一樣

又有一種人　武勇有力　聽人驅使　好像是虎狼鷹犬一般

若勞力安分的人　簡直是牛馬啦　那個自殘同類的人　大概像鵪鶉一般

性情詭詐的人　彷彿是狐狸老鼠　東藏西躲　鬼鬼祟祟

嗜慾無度的人　就如同狗吃人屎　豬臥臭泥　屎格螂在糞中翻觔斗一般

將一般人同那一般動物比較　說說他那相類的去處　却是狠多的　學生今日不過略說幾種

若說起動物中有特別的性質　却有一種最爲人可作法則的　是黃蜂了　黃蜂的性質是最愛羣保窠的　有人要破壞他的窠　他必定拚命去叮人　前頭

死了　　後頭還是不要命去叮人的

虎同鷹也有特別性　　虎若吃飽了肉　　就無事　　若是一餓了　　就要吃人的　　鷹是吃飽了不管事　　餓了爲人所用的

猪臥臭泥　　狗吃人屎　　看他當時的情形　　却是眞個的開心　　就如同如今的人　　好賭好玩　　連日代夜的醉生夢死的樣子[6]

狐鼠的鬼鬼祟祟　　就如同如今的小人　　一見正塲就躱避　　一到背陰的地方　　又唧唧咕咕的造謠言啦　　學生說到這裏　　想起兩個笑談來　　一是西國人的笑談　　據說當初上帝初造人的時候　　想要將人造的結實高大　　等到造出來一看　　原來就是如今的驢子　　想一想不大好看　　再造一個　　等到造出來再一看　　就是如今的猴子　　見他爬來爬去　　跳上跳下　　還是不好看　　遂又再造一個　　就是如今的人　　當時驢猴人同問上帝吃用年紀的數目　　上帝說你們各各都活三十年　　驢子太蠢　　只可吃草　　爲人騎　　爲人駝①物　　猴子太輕挑　　只可吃果了　　爲人玩耍　　人最得樣　　可以任意吃用　　身體乏了可以騎驢了　　心中悶了　　可以玩猴子　　這些話說完　　驢子同猴子是大不願意的　　就求上帝說　　我們兩個這等沒用　　求上帝使我　　人却喜歡的了不得　　求上帝多賞我活幾年罷　　們少活幾年罷②　　上帝說　　我說出去的話是不能改移的　　你們三個同活九十年　　如今兩個求短命　　一個求長命　　就叫他兩個只活十年　　餘下的各二十年　　都加給人罷　　這個人更是喜歡的了不得啦　　不曉得人的小時候　　同老了行動不便利的時候　　要人抱上抱下　　簡直的像猴子中年的時候　　爲兒爲女　　掙家立業　　又像驢子　　可見得這四十年雖是人的年紀　　仍就是猴子驢子的壽數

又有中國的一個笑談　　說是老虎不吃人　　據說北極極冷的地方　　出有紫貂一種獸　　這種獸他的心是最慈善的　　獵人要捉這紫貂　　是先將火酒吃下　　赤身臥在雪內　　紫貂看見了人　　必來以懷抱人　　當這個時候　　人却用一把尖刀將紫貂刺死　　據說有一次　　人遠遠的看見紫貂來了　　隨將火酒吃下　　臥在雪中　　紫貂行至半路　　看見有一死兔　　紫貂大動傷感　　因其爲同類　　就蹲之哭他　　當這個時候　　却來了一隻猛虎　　虎見了紫貂　　似乎像怕他的樣子　　遠遠的躱開了　　看見了人　　却猛勢的將人吃啦　　據說虎最怕人　　當虎看見紫貂的時候　　見他是仁人　　所以遠遠的就躱開了　　當看見人的時候　　見

---

①　"駝"當爲"馱"。
②　"們少活幾年罷"這句話應移到"求上帝使我"之後。

他是兇惡的畜牲　所以才吃他的　這兩件事雖是笑談　最有至理　女學生的主義　是要造成大羣如黄蜂愛窠一樣　現在我們在女學堂裏　不拘那個人　若有來破壞我們女學堂的　我們必定如黄蜂愛窠的樣子　要保護這個學堂的　積中國的各處女學堂爲一羣大黄蜂　以國家爲一個大窠　這就是女子愛國的主義　又須要養成魄力　如香象老虎一般　將來可以遇見了事情　實在有點能力擔任去做　這就是我們女學生獨一無二的主義　方對得起人爲萬物之靈這一句話呢[7]

競業旬報①

更生辭
鐵秋
（1908 年第十一期第 1—6 頁）

哈哈　好了　諸位看過競業旬報麼　這報自光緒三十二年九月發現　到了年終　剛出十册　忽然停辦　爲甚麼停辦呢　其中雖說是原因複雜　大概不出經濟困難四字　然停就停了　在上海報界中如大倉一粟　有甚麼關係　又何必隔了一年有餘　又要接續辦去呢　哈哈　其中有不得不辦的原因　請爲諸君講講

<u>一爲看本報的</u>　本報自上年出版後　不脛而走　旬月之間　銷了三千餘份　一旦停辦　外邊看報的人　天天函索　種種責備　說是「看本報碰在高興　截然中斷　如餓夫乍得嘉肴　正擬放開肚皮　飽吞豪噉　方纔下箸　忽然釜中空了　你想想這一會口中饞涎　如何能禁得住呢」　本報聽了這[1]話　一面覺着對不起諸大志士如飢如渴的盛心　一面自家也發些已渴亡飢的熱感　<u>因是本報不能不續辦者一</u>

<u>一爲非看本報的</u>　爲看本報人設想　已經不可不辦了　然看本報的終占少數　其餘非看本報的人甚多　有看過一般報的　有未看過一般報的　本報覺得現在報紙　雖較從前加增　然文話甚多　俗話甚少　文話只能及於程

---
① 简介见 288 頁。

度較高的人　俗話始能及於一般普通人　且文話多及於成人　俗話乃及於幼稚　中國正當幼稚時代　自然以開通幼稚爲宜　幼稚之程度不高　自然以概用普通淺文俗話爲宜　本報學識很淺　**惟素以開通幼稚爲目的**　使上海及其他各省各埠俗話報館如織如林　則是本報之目的已達　也就無庸自家再行出醜了　無如現在此等報館極少　而本報適承其乏　因是<u>本報不能不續辦者二</u>

<u>一爲本報對於社會的</u>　大凡人辦一事　總要辦到底　若是壞事　自應乘間立止　果是好事　自非萬不得已　何可半途遂廢　在半途而廢的且不可[2]　又何況甫經首途　頹然遂廢呢　我中國的人　有一種習慣病　非無心思　非少才力　所**缺乏者堅忍心繼續性**　諸位想想　近數年來　社會所辦的事　也算不少　但是本報有一句話要問問諸位　那一條事辦過到底的　起初也知發起　入手非不競爭　**可恨發起的無好收塲競爭的沒良結果**　本報眞欲搥心泣血　無奈眼眶兒哭乾　也無濟處　他人他事不必問了　即如本報　方出版　已停辦①　這樣沒常性　也能在社會上算個人格麼　也能在社會上辦椿好事麼　僅僅一句報尚如此　他日若舉辦他報他事　斷斷不能得社會的信用了　<u>因是本報不能不續辦者三</u>

咳呀　本報由是蠕蠕然動　蜎蜎然甦②　豁然一旦更生了　本報誠不知閱過本報諸君與未閱過本報諸君　其對於本報的更生　其感情若何　而本報對於諸君　則不免振振乎其有詞

<u>一對於看本報的而有詞</u>　本報上年停辦　著實有負諸君雅意　奈光陰已誤　悔他不得　幸賴今日賡續　本報鑒於以前經濟困乏　深恐再蹈覆轍　由[3]是廣招貨本家　多方挹注　一誤不至再誤　看報諸君　儘管放心　本報若無特別優渥滋養料　萬萬不轂更生　亦旣完全存在　何至頃刻消磨　諸位一任購閱　或勸諸友朋諸親戚購閱　本報千不至萬不至再行中蹶的了

<u>一對於非看本報的而有詞</u>　看過本報的　以本報爲更生　未看過本報的　以本報爲初誕　無論更生初誕　本報總拿當永永不替事罷了　本報是一線相承的　不是分支別派的　上年初誕　只是本報一家　今年更生　也只是本報一家　從前如安徽出了安徽俗話報　浙江出了南潯通俗報　然其

---

① 原文中"已停辦"前無空格，這裏是編者所加。
② 原文中"蜎蜎"前無空格，這裏是編者所加。

壽命　僅二十餘期而畢　畢的已後　不聞更生①　又如江蘇白話報　其壽命僅六期而畢　畢的以後亦不聞更生　又如揚子江白話報　湖州白話報　醫學報附出之通俗報　或以一二期而畢命　或以二三期而畢命　其後總不聞更生　若是諸君不定看俗話報則已　諸君而想看俗話報　既沒有他報可看　何可不速拏更生的本報塞塞責呢

<u>一對於社會而有詞</u>　聖賢嘗說　「人生有命」　蓋生就生了　死就死了　生[4]死屬於個人　有何關係　獨怪自古帝王家　求仙採藥　費了九牛二虎的力氣　仙人終不可遇　靈藥終不可得　那有死而更生的道理呢　然天下事**凡神力主持的　都無死而更生的道理　凡人力主持的　都有死而更生的道理**　神力主持的是靈魂　人力主持的是作爲　中國自古迄今　信天信命信鬼信神信佛　獨**不信人　豈知天地間惟人可信**　昨**日荒嬉**　譬如昨**日死**　今**日勤奮**　譬如今**日生**　生死剖判　剖**判於人爲與不人爲**　本報上年中輟　正因荒嬉而死　今日嗣續　即由勤奮而生　可**知無時無地無人無事**　不有返魂續命的機關　不有起死回生的妙術　不有生死肉骨的天職　求則得之　舍則失之　求生則生　求死則死　於**生中求生無不死**　於**死中求生無不生**　毋曰人心死矣大事去矣　須知天命可回時事可造　此心即佛即仙　世界無神無鬼　是非成敗利害得失　迭生迭死即死即生　在我而已　在人而已[5]　本報前日之日　可爲社會的炯鑒　本報今日之日　又可爲社會的榜樣　其以本報爲一幅寫生的小撮影也可

咳呀　諸位呀　諸位呀　那論語上不說麼　（興滅國繼絕世）　本報做此篇更生詞的主義　竊願諸位根觸本報　**推到興滅國繼絕世上**　那本報就興會不淺了　又吳越春秋上不說麼　（山河重秀天地再清）　本報做此篇更生詞的希望　又深願諸位靭始本報　**推得到山河重秀天地再清時**　那本報更欣頌無窮了　本報蓋不徒願世界萬事萬物中　**僅區區一種報更生的**　本報又不徒願世界萬有萬能中　**僅區區本報數同人能更生本報的**　蓋本報不願終死的目的　在於更生本報　而本報所以更生的目的　則又不僅在本報了　諸位呀　諸位呀

---

①　原文中"不聞"前無空格，這裏是編者所加。

不滅不生　　不生不滅
生生滅滅　　滅滅生生[6]

申報①

不良之母敎（一）
（家政改良社來稿）
（1908 年 03 月 31 日第 26 版）

種瓜得瓜種荳得荳從不曾聽得種了荳結起瓜來也不曾聽得種了瓜結起荳來要吃瓜要吃荳應該在散播種子的時候豫先辨個明白若種子下錯了到後來懊悔來不及了我今請把幾件故事講來與列位聽或者也可以做些改良家敎的作料
且說古時間有一個少年小名叫做桃兒這個桃兒的性子萬分暴燥萬分兇橫三句話不對便握緊了拳向人打提起了脚向人踢有一天要呷茶喊婢女去泡茶婢女走慢了一步回來被桃兒惡罵罵個不了還要伸手去打那婢女怕打將身體一閃茶壺嘴猛向墻上一撞頓然撞去這茶壺是碗砂的撞在墻上那有不破的道理此時桃兒怒上加怒提起脚向那婢女盡力一脚婢女頓時跌悶了不做聲那桃兒還放出小主人的身分把那婢女踢個暢快踢了許多時候不曾聽得他討一聲饒低頭一看曉得闖了大禍快快走出門去避了幾天他父親回來嚇個半死急忙把那婢女擡進醫院幸喜救治得法漸漸醒轉來醒雖醒了傷痕滿身疼痛不堪在醫院調養多時纔得復舊桃兒父親賠償了無數醫藥費無數恤養費纔得罷事停了幾天桃兒探得婢女不曾踢死洋洋得意回來向母親討東西吃他的母親幾日前受了他父親的埋怨到這時候見了兒子回來不免埋怨幾句那裡曉得這桃兒一些不肯認錯看了看父親不在家中正好將脾氣發作發作便高聲喊道你這老婆子一向順着我今天偏要得罪我來便趁勢把大廳上擺設打個粉碎幾乎把老母扭打幸喜他老母眼快一看勢頭不對急急逃到鄰家去纔沒事咳咳人家常言道

---

① 簡介見 326 頁。

養兒防老不料養了兒子竟要想一拳一脚斷送他的老命列位不要錯怪這桃兒的兇惡性子就是他的母親漸漸養成的①請索性把桃兒幼時的歷史講來聽聽便曉得做爺娘的②對着小孩子一舉一動當格外謹慎了桃兒六歲時有一天在宅子裡大聲叫喊他的母親急忙走到桃兒身旁舉起硬木棒來向椅子脚上痛打了幾回便安慰桃兒道這隻椅子不好絆倒我兒我兒勿哭我已經替你出了氣

(未完)

不良之母教（續）

（家政改良社來稿）

（1908年04月01日第26版）

列位試想一想這椅子又沒有知覺又不曉得什麼痛癢又沒有什麼罪過打便打了沒有一點交兌他的兒子跌了是他自己不小心做娘的應該對他說道不小心便有痛苦來兒呀要牢牢記著以後行走總要留心總要穩步總不可眼望他處那曉得桃兒的娘家庭教育一點都不曉得不能隨機應變教訓小孩子反說些沒道理的閒話把好好的小孩領到壞路上去停了幾天桃兒走到天井中偶然不用心又跌在地上跌了下去並無哭聲桃兒一翻身已自己爬起來他的娘看見了又急忙取了棒痛打桃兒身旁的狗說道我兒不會跌交都是你這個撒潑撞倒我的兒桃兒心上本是平的被他母親幾句話引起不平來憑空捏造些罪過加到凳脚上加到狗身上這個意思放在小孩子心上好像果子核落在泥地上一般一得著地面上濕氣天空中暖氣便要抽出芽來那桃兒被母親一兩次挑撥了心火漸漸養成一個兇惡性子把婢女跌個半死把老母當作老奴家庭裡鬧個不了還把這兇惡脾氣放到鄰里一邊親戚一邊到一處鬧一塲事使千人萬人吐罵著那個老不賢列位坐定了試想一想家教不修可怕不可怕

我們聽了這段故事可以從反面想去尋出一個教養小孩子的好法子來什麼叫做反面想這篇小說是做娘的打凳脚打狗背養成小孩子的仇恨心鬧出許多事我們便把這事做個對照譬如我家小孩子真個被凳脚絆倒了小孩子自己埋怨這凳脚時我們做娘的做保姆的便扶那小孩離了這凳到別處坐定好好的開道他說那隻凳有許多好處給人受享并且說明那隻凳並

---

① 原文中"的"下無點，這裏是編者所加。
② 原文中"的"下無點，這裏是編者所加。

無壞意不過自己不小心自己的腳踢到凳腳上去自己撞跌自己你踢痛了凳腳不說起反冤屈那凳腳絆了你豈不罪過麼說到他心腸軟了自己肯認錯了纔放過去倘仍不認錯停了幾天再尋個機會來開道他他總有聽從我勸化的一日性子養好了①在爺娘身邊做個好兒子在地方上做個安分人在國度裡做個好國民顯親揚名許多的快心事都從那小時間幾番勸導上得來豈不是從那桃兒的一件故事上反面想來尋出一個教養的好法子麼

---

① 原文中"性"下有點，這裏是編者所改。

1909 年

安徽白話報[①]

安徽鄉土地理
（季仁）
（1909 年第一期第 20—22 頁）

首 章 做書的意見

我爲甚麼要做地理書 爲甚麼要做安徽鄉土地理書 因我望我們安徽人男男女女 大大小小 貧貧富富 個個人都明白地理 個個人更明白安徽地理 安徽人爲甚麼明白地理 爲甚麼更要明白安徽地理 這個道理 我且不講 我先說一件故事 給諸位聽聽 諸位聽了 自然明白 我記得往年住在鄉下的時候 鄉下有個富翁 叫做張三 這張三的父親 是個做生意的人 晚年發了財 便丟下生意不做 回家造了新屋 買了好幾百畝田地 又在城裏買了幾百所市房 單這市房田地 每年收了租錢 管他全家過日子 已用不完了 他鄉下又有幾座木山竹山 幾處魚塘桑田 出息也不少 眞是穿不完吃不盡了 誰知這張三自小不理家務 賴着他父親過現成日子 待他父親死了 他便糊糊塗塗 除了自己住的一所房子外 別的產業 都不知坐落何方 人家說這產業是他的 他便說是他的 人家說不是他的 他那裏知道[20]是他的 人家知他可欺 便有心占他的 今朝占一畝田 明朝占一畝地 後日占一座房子 有的硬占 有的託名租借 因

[①] 簡介見343頁。

此執業　東弄西弄　不上三年　把他大大的一份家產　弄得乾淨　旁人見他如此　都替他可惜　笑他愚蠢　住在他隔壁的李四　曉得他最清楚　一日把他的故事細細告訴我　我道　你且不要笑他　世上同他一樣的人　不知多少　笑也笑不完　李四道　這樣的人我祇看見他一個　並沒有看見第二個　你說不知多少　你便說兩個給我聽聽　我道　你笑張三　你不是笑他產業被人奪了去　自己不知道麼　李四道　正是　我道　你的產業也被人奪了去了　你知道麼　李四道　那一處的產業　你說給我聽　我道　你不是安徽人麼　安徽一省的地　便是安徽一省人的產業　現在銅官山險些兒被外人奪去了　如奪了去　不是你的產業被人奪了去麼　李四道　甚麼銅官山　我見他不知銅官山在何處　我便把銅官山的事細細對他說了一遍　李四聽了　不禁大驚道　原來有這等事　可憐我毫不知道　我道　這也難怪你　你不明白地理　連這銅官山也不知道[21]　那裏知道人家奪去不奪去　李四道　正是　我若明白地理　斷不至糊塗到這個地步　我便請你把這地理教教我罷　我道　你既肯學　我自然肯教你的　但這地理說起來　題目很大　自世界地理以及各國地理　本國各省地理　一時也講不完　然最要緊的　莫如自己本國的地理　本國地理中莫如自己本省的地理　譬如我們安徽人　第一要明白安徽本省的地理　本省明白了　再講別省　中國各省都明白了　再講別國　我今日便先同你講我們本省的地理罷　李四稱善　我便把安徽全省的地理　細細和他講了一遍　李四得意回家　以上所言　是張三和李四的故事　李四去了之後　我想不明白地理　便如此糊塗　可見這地理一學是很要緊的了　現在李四已明白了　然不明白的人還多　我不如把我所知的　編一部書　專說安徽地理　把安徽地理說完了　再說到別省別國　但願人人看了　自知保護產業　不要蹈張三的故轍便好了　這就是我做書的意見　我雖有一番熱心　然而筆墨不好　做的書不成個書　還望大家指教指教纔好[22]

安徽鄉土地理（續一期）
（季仁）
（1909年第三期第21—22頁）

第一章　總　論

我這本書　是專門講安徽一省的地理　不講別省　不講別國　這句話在首章已經說明白了　然而別省別國　雖不細講　也不可不略講一講　這是甚

麼緣故呢　因爲安徽不過是中國的一省　中國也不過是亞細亞洲上的一國　就是亞細亞　也不過是世界上的一洲　今不把世界大勢先講明白了　開口便講安徽　豈不是沒頭沒腦麼　所以我說　別省別國不必細講　却也不可不略講一講　這第一章　便是講世界的大勢中國的大略了　原來世界上共有五大洋　五大洲　洋是甚麼呢　就是海　洲是甚麼呢　就是陸　這五大洋就是太平洋　大西洋　印度洋　南冰洋　北冰洋　這五大洲就是亞細亞洲　歐羅巴洲　阿非利加洲　阿美利加洲　澳大利亞洲　五洲之中　亞細亞洲的地方頂大[21]　我們中國　便是在這個洲上　中國之外　還有　日本　朝鮮（又叫高麗　又叫韓）　安南　暹羅　緬甸　印度　阿富汗　俾路芝　波斯　阿剌伯　東土耳其這許多的國　然這許多國　只有中國日本兩國　算是頂強的　中國全國　分做兩部　第一叫做本部　第二叫做屬部　本部就是十八省　屬部就是東三省（又叫滿洲）　新疆省　蒙古　青海　西藏這些地方　東三省是那三省呢　就是盛京省　吉林省　黑龍江省　十八省是那十八省呢　就是直隸省　江蘇省　安徽省　山東省　山西省　河南省　陝西省　甘肅省　福建省　浙江省　江西省　湖北省　湖南省　四川省　廣東省　廣西省　雲南省　貴州省　我們安徽省　便是這十八省中的一省　這本書是叫做安徽鄉土地理　以下便單講安徽了　把那各府各州　分開來講　雖不能詳詳細細　絲毫不漏　却也盡我所知道的　都講給大家聽聽　若別省便不管了　別國更不管了　倘若列位要聽　讓我把安徽省講完了　再漫漫①的講罷

（未完）[22]

安徽鄉土地理（續三期）
（季仁）

（1909年第六期第17—20頁）

第二章　沿革　大勢

我們安徽省的地方　難道從開闢以來　便叫做安徽麼　不是不是不是　從開闢到現在　一朝有一朝的名目　太古之時　也不可考究了　我且把從夏朝到本朝　署說一說　原來在夏朝時　淮河以北的地方屬徐州　淮河以南

---

① "漫漫"當爲"慢慢"。

的地方屬揚州　殷朝大江以北的地方屬徐州　大江以南的地方屬揚州　周朝東北邊屬青州　南邊屬揚州　春秋時候　分屬吳楚兩國　到了戰國　便全境皆入楚國了　秦得天下　又分了開來　西北邊屬碭郡　東北邊屬泗水　東南邊屬鄣郡　西南和中間屬九江　兩漢時候　西北屬豫州　以外皆屬揚州　三國時候　壽春以北的地方屬魏　壽春以南的地方屬吳　晉朝中間和南邊的地方屬揚州　東北邊屬徐州　西北邊屬豫州　西晉以後　北邊地方　常被氐羯鮮卑這[17]班異種吵吵鬧鬧　沒得安靜　這地方便變做戰塲了　宋齊時東南邊屬揚州　中間屬徐州　西北邊屬豫州　東邊和中間屬南豫州　北邊地方便被元魏占了　後來江北地方入了周齊　只有江南還是屬南朝　隋朝西北邊屬豫州　以外皆屬揚州　唐朝北邊屬河南　中間屬淮南　南邊屬江南西道　五代時屬南唐　宋朝江南的地方屬江南東路　江北的地方屬淮南東西二路　後來北邊又被金人占了　元朝江南地方屬浙江省　江北的地方屬河南省　明朝屬南直隸省　直到本朝康熙年間　纔另外設了一省　叫做安徽省　當初爲甚麼要把他起個名字　叫做安徽呢　原來也有緣故　因本省有安慶徽州兩府　所以叫做安徽　又因首府安慶　在春秋時是皖國　所以人家又把安徽省起了個別名　叫做皖省（又有皖南北的名目　下文再講罷）

安徽省在中國本部東南　東西相隔大約七百五十多里　南北相隔大約九百六十多里　全省地面四十萬五千一百七十方里　東邊和江蘇省交界　東南邊和浙江省交界　南邊和江西省交界　西邊和湖北省交界　北邊和河南省交界[18]　有揚子江淮河兩條大水　自西向東　流過本省　把全省分做三段　揚子江南邊一段　揚子江北邊和淮河南邊一段　淮河北邊又是一段　（揚子又名大江　又名長江　揚子江和淮河皆是從西向東流　揚子江在南　淮河在北）　所以人家叫揚子江以南的地方叫江南　又叫皖南　叫揚子江以北的地方叫江北　又叫皖北　叫淮河以南的地方叫淮南　叫淮河以北的地方叫淮北　全省大半多山　淮南江北　都被灊山霍山的山脉盤滿了　江南也是徧地皆山　山清水秀　景致很好　只有淮北便是一片平地了　靠着江的一帶地方　土地肥美　物產豐富　算本省中頂好的地方　唉　我們安徽省的地方這樣好　你道可愛不可愛呢

安徽共分八府五直隸州　八府是那八府呢　原來便是安慶州　廬州府　鳳陽府　潁州府　徽州府　甯國府　池州府　太平府　五直隸州是那五州呢　原來便是六安州　泗州　滁州　和州　廣德州　這便是八府五州的名目

了　現在列位先把這名目記熟了　下文再詳細講罷　（安廬鳳潁四府　六泗滁和四[19]州　皆在江北　所以這四府四州　總名皖北　凡是這四府四州的人　都可叫他皖北人　徽甯池太四府　廣德一州　皆在江南　所以這四府一州　總稱皖南　凡是這四府一州的人　都可叫他皖南人）[20]

皖北人好廝打是沒有受過教育
（味水）
（1909年第五期第1—5頁）

咳　我們安徽一省　不是分了皖南皖北嗎　所有的風俗　是狠不相同的　南部和平　并不惹事　北部粗暴　就會胡鬧了　廝打起來　如同臨敵一樣　沒有一個退後　沒有一個怕死的　列位　你看野蠻不野蠻呢　若是受了教育　何至於像這種樣子呢　咳　小子是個皖北人　又是個壽州人　他們廝打的情形　是早已看熟了　今天無事　我就和讀者慢慢談談罷

早年住在壽州的南鄉　看見他們廝打　我就說道　你們今天廝打　他們明天廝打　若是打死了　難道不要償命嗎　他就說道　你那裡知道呢　我們皖北　自古至今　就是這個樣子　我不打人[1]　人家就要欺我了　我又說道　人家欺你　不會到州裏去告嗎　他又說道　官也要錢　吏也要錢　作禀也要錢　寫狀也要錢　這個官事那裏打得起呢　所以沒有別法　祇好是廝打廝打　出出這口窮氣罷了　我又說道　若是打死了　怎樣麼弄法呢　他又說道　你不要替我們防心　世上的事情　沒有不得了　天大的事　地大的人　自古至今　打死無數的人命　能有幾個償命的呢　我們這個地方　是地廣人稀　三年乾　兩年荒　離州城又有百十里　只好將將就就　用數百塊老本洋　給這些紳士地保親戚族董　大家瓜分瓜分　這場命案也就算了　咳　打死人不要償命　恐怕除了壽州　并沒有第二處吧　列位　這不是沒有受過教育的原因嗎　小子說到這裏　又想起他們廝打的情形來了　他們沒有廝打以先　就要請客　殺豬呀　宰牛呀　打酒呀　秤菜[2]呀　忙的不亦樂乎　東邊擺兩桌　四大盤　西邊擺兩桌　四大碗　左鄰右舍　親戚故舊　都來吃了　你一盃　我一盃　各人吃得醉醺醺的　東家借槍　西家借棍　到了塲上　就糊糊塗塗的動起手來　喝的喝　叫的叫　哦哦哦　打打打　你一槍　我一棍　不到一刻工夫　這邊睡倒兩個　那邊睡倒三個　追的追　跑的跑　不好了　不好了　死的不少了　人命關天　預

備進城打官事啊　這時紳董才來解勸　地保才去報呈　那知道已經遲了　此時到了衙門　又經不住這些貪官污吏　三言兩語　是沒有功夫細聽的　他就界方一拍　暴打一頓　咳　這個冤枉又往那裏去訴呢　據我看來　還是受些教育不要廝打才好呢

照你這樣說法　難道紳士就不教育他們嗎　咳　提起了這些紳士　眞眞要把人笑死了　小子是個壽州南鄉人　祇知道南鄉的紳士[3]　多是目不識丁的　包攬的包攬　庇賭的庇賭　賣肉的賣肉　開茶館的開茶館　試問這種紳士　連他也沒有受過教育　那裏能穀教育別人呢　就是設兩處蒙學堂　那些教習連規則兩字　都是不懂　還知道什麼叫做教授法呢　這樣看來那皖北的地方　是永遠沒有受教育的時候　是永遠沒有不廝打的時候了　咳　皖北人呀　可知現在的中國　是一天弱似一天　現在的安徽　是一天窮似一天　種種的權利　都被人家弄去　銅官山的礦案　堅持數年　代表由京　業已回來　以爲宣布廢約　是指日可望了　怎麼麥奎　還在廬州招工呢　還在大通運器呢　利權喪失　皖北人何不想個法子　結成團體　顯出橫身的本事　用些文明的手段　前來抵制抵制　還在那裏關起門來　自己廝打自己　做這樣荒唐的事體嗎　皖北人呀　以後都要受些教育纔好　受了教育[4]　那廝打的風俗就可以消滅了[5]

白話報①

說咨議局

淡如

（1909年第四期第1—4頁）

咳　好了好了　哈哈　漸漸兒的好起來了　有啥個好處　要快活到如此一步　衆位定要問我討個細底　我說我快活的就是這個諮議局　有個後生家問道諮議局有什麼快活　我說諮議局成立的日脚是不遠了　難道不快活麼　那個後生就挪起一張尖角嘴　嘰哩咕嚕說道好像發痴的樣兒　我定道

---

① 簡介見349頁。

你拾着三萬頭四萬頭個發財票　所以快活到嘴都合弗攏　原來說着個諮議局　難道有了諮議局　就個個人好當飯吃　好當衣穿　算了罷　我們一年到頭　刻刻摯摯　當子鋤頭　墾幾塊爛泥　肚皮吃不飽　身子着弗熱　若再要來丟脫工夫　聽你幾句熱昏說話　連搭薄粥都吃不成　破棉絮都着弗成了　那個後生　說完了話　扳轉身來　就望外邊走　我連忙喊道來呀來呀　你阿想拿你身上穿[1.1]個破衣裳脫落了　換件新衣裳　你阿想拿你個餓肚皮吃個一飽　然後走出去　那後生便就回身轉來　要問我討衣裳　討飯吃　我說有啊　新衣裳　白米飯　自有在後頭　你再聽我說幾句　那時不妨再問我要衣裳穿要飽飯吃　那個後生說道　也好也好　你就快快說罷　我道老兄我看你倒不是個要吃煙賭錢不上進的人　也會苦到這步田地　那後生頓時眼睛紅起來　要淌下淚來了　我說我喜歡老實說　並不是你壞了墳上風水　並不是你這個種田的行業不行　也並不是你沒有菩薩在空中照應　這個緣故　要說到我們中國沒有一個諮議局　以致上下隔絕　皇帝搭百姓　事事沒一點商量　百姓搭皇帝　件件沒一點斟酌　好像一個人　犯着隔氣病　上氣弗接下氣　下氣弗接上氣　阿是要難過煞哉　那後生就開口道　慢來　這個諮議局立成以後　難道我們百姓肚裡餓　身子冷　就可以講撥皇帝聽麼　我道可以可以　那後生大笑起來說道　皇帝沒有千千萬萬的耳朵　好聽得千千萬萬的說話　就是有了千千萬[1.2]萬的耳朵　也還要生出千千萬萬的脚　到家家百姓村子裏走走　若是要我們走到北京去　我們就沒有這種盤纏　我道你這句話講錯了　我問你的靈性　住在你的頭腦殼裡　看也看不見　聽也聽不見　摸也摸不着　你的身子約有五尺光景長　拿子無影無踪的靈性①　放在一個身子裏　他並沒有一只耳朵　並沒有一只眼精　並沒有雙手雙脚　他要聽　便就要差到你身子的耳朵　他要看　便就要差到你身子的眼睛　他要走要做　就要差到你身子的手搭脚　而且你吃了飯　他還要叫腸胃替你好好兒消化　你的靈性　就是你身子的皇帝　你說我這句話對不對　那後生點頭不疊道是是是　我道你既然曉得你的靈性　是身子的皇帝　你的身子自然就是你靈性的百姓了　你曾記得舊年裡頭　夏天六月時候要算一深黃昏　你做了一天生活　力乏不過　坐在凳上　打磕衝　當時有一羣蚊子　趕緊來吃血　你的膊子上　肚皮上　背頸裏　面孔上　立着無數蚊兒　把又尖又快的嘴兒　鑽

---

① "子"當爲"了"。

進肉去　狠命吸你的血　你的[2.1]脖子肚皮背頸　連忙送信到你的靈性皇帝　你的靈性皇帝　頓時就差着你的左右二手　同宰相將軍一個樣式　乒乒乓乓滿身亂打　當時打殺了好幾隻蚊兒　左右二手還滿身把搔了一回　那時你的脖子肚皮背頸面孔好像仇已報過了　四方也安靜無事了　滿心適意　難道你的靈性　有過千千萬萬的耳朵　有過千千萬萬的脚兒　你曾摸過他一徧麼　那後生頓時嚇到跳起來　嘴里喊不好不好　他說你個先生　不是有些仙氣　定是有些邪氣　我去年坐在塲上磕衝　除了鄰家老婆婆　並沒有第三個人　你何以會曉得　我道你且坐　我並不會有仙氣　也無甚邪氣　不過是一條靈光　從靈性上發起來　照到你村裏　見你如此情形罷了　那少年就坐下　定了一會神　說道然則照你這樣說　我身子裏倒有幾個諮議局不成　你快快說　我身子裏的諮議局　是何年何月成立的　我說道你身子裏的諮議局　還是在娘肚皮裏就成立了　那後生道　不對　我小時候事情　記不大牢　但是我十三歲時候　害了一塲大病　五[2.2]日五夜　湯水不進　就是後來　毛病雖然退去　還有大半年光景　脚不會走路　手不會當筷　吃飯須得阿娘來餵　若說我身子裏早已有過諮議局　那裏有這種樣式呢　我道你健的時候　身子裏頭　不止有了諮議局　還有甚麼地方自治　下議院　上議院　省會國會哩　你害病的時候　也有推翻的　也有偏重的　就是要尋個完完全全的諮議局　或者找不到　這裏頭的機關　一望而知　何消說得　那後生停了一會　便問道先生你所說的諮議局　究竟有什麼好處　那好處怎麼可以到得我們種田做工人身上　請快快說個明白　我道你別要慌　你前兩日不是到投票所去投票的麼　投了票選出來的人　再到府裏頭去投票　選出幾個人來　那幾個人　便叫做諮議局議員　諮議局設在省城裏頭　到開局的時候　那些議員一齊都到　便可以同省裏頭　頂尊貴的制台撫台議事　凡是地方上有什麼害我們　或者同我們不便的事體　那些議員　便可以同制台撫台商量　拿這件事除去　如果同我們有利益的　便可以想[3.1]法辦起來　譬如上頭要加什麼捐　這個捐　如果同我們地方上大大不便的　議員竟有力量不答應　如果議員一定不答應　上頭決不能硬捐　我試想想看　我們百姓爲什麼苦　苦的便是上頭不曉得百姓的苦處　我們百姓雖有話說　沒有人替我們同上頭去說　所以說好像犯了隔氣病　如今既然有了諮議局　有了議員那些議員都是我們舉他出來的　他自然替我們出力　拿我們的苦處去告訴上頭　再把上頭的意思達到百姓　上下通氣　以前的病自然是頓時脫體了　地方上的病既然脫體　我

們住在地方的人　那裏會得不到好處呢　所愁的只有一層　你們舉的人　舉得不好　舉了些一無材幹一無見識的人　那就不好了　恐怕極好的事體　要給他們弄得極壞　我們非但得不着好處　還要受點累呢　如果不是這樣舉了好好的議員　不愁不替我們出力　就是有點事體　議員一時想不到　我們也可去告訴議員　請他同上頭說　如果照這樣式做去　地方上有害處的事體　一天少一天　有利益的事體　一件件辦[3.2]起來　我們只要勤緊做事體　勿貪吃懶做　那裏會窮　那裏會沒有新衣裳穿　白米飯吃呢　那後生聽了　同我一樣　也快活到嘴都合勿攏　說道　諮議局有如此好處　真正是我們再想也想勿到的　如今是好了　我們有仔望了　一頭哈哈的笑　一頭便如飛而去[4]

河南白話科學報①

自立

（1909年第三十七期第2頁）

第十六課　　　自立

世俗常說道　立身成人　可見得不能立身　便不能成人　人自父母生了下來　所處境地　自身吃的　穿的　用的　一切生活　都仰給於父母　或是兄長　自然不必說了　但轉瞬長大　後來的日子正多　莫說父母兄長　顧不得一世　即使堂上健全　同氣親愛　一樣的諸般照顧　自己不能立定地位　打個局面　幹些正經事業　奉養持家　替父母兄長的心力　非但對不起父母兄長　就是自己也對不起自己　還有什麼顏面　在這個世上做人咯　萬一父母早世　兄長無多　又屬無力　此身將從誰仰給　好不趕快想想嗎　所以自立爲人生的第一要着　究竟這個身子　怎麼能自立得起　無非要有學問　專心致志的習成了經世有用的本領　無論做什麼　無論偌地處　總不嫌勞苦　勤勤懇懇的學習　預先有了自立的基礎　將來自然不拘幹偌事情　不拘到那地處[2.1]　總有人請教　決不會庸庸碌碌　不見多

---

① 簡介見373頁。

那一人　也不少那一人　在可有可無之間　如果沒有學問　雖混得個嘴臉　畢竟是傍人門戶　那兒算有出息呢　且人同具此身　誰無智慧　誰無能力　必定有可以自立的道理　若不務自立　事事要因着人家而成　一旦無人可靠　那就一事無成了　知道後漢時有一位梁鴻嗎　他是個少孤　可憐得很　那一天他的鄰居先炊飯完了　喚鴻接火　因着熱竈炊飯　他便答道　童子鴻不因人熱　其自立之性爲何如　因人熱竈　不過省些柴火　係極小的事　也於人無損的　然習慣如此　或遇着比熱竈大的　也要因人而成　梁鴻所以斷斷不肯啦　但自立的道理　並非事必窮親　樣樣色色　都要儘自身做去　如所謂必種粟而後食　必躬布而後衣　那纔無愧　這是把自立兩字　看得太煩難　講得範圍太小了　只要自己該人的　足抵那取人家的　有確實的本領　賺起錢來　做個生活　俗話說得好　白地上成個家　就是自己撐持自家受用　絕沒有一點倚賴哇[2.2]

公德

（1909 年第三十八期第 2 頁）

　　第十七課　　　　公德
德是人性所固有　且卽本心之謂德　不過人的嗜欲多了　漸漸的汨沒性眞　不教發現出來　德旣是固有之性　怎麼爲公　怎麼爲私呢　私是專屬自己一方面　單指及身的說　公是對待人家　雖是及身發出這個心念　不但爲自己一身啦　無論偺事物　或是用噐　不及到人家　自己一心愛護　好好兒保存着　不肯稍行作踐　這是個私德　因着自己想到人家　或是人家的事物　當作自己一般　又或是公共之物　一樣的愛惜他　這就是個公德　總之推己及人是了
大凡世間的人　往往有己無人　只知有自己的事物　不知有人家的事物　並且見着人家的事物　精美適用　往往據爲己有　否則以爲自己得不得如此　便任意毀棄　非但不爲愛護　且存個忌嫉的心腸　這都是喪失德性　世情在所難免　這個樣兒　成什麼噐候　怎麼能因成事[2.1]業　這也非人的本性　那是習俗相沿　你擠著我　我傾軋你　因此事事物物　都一樣的對待　積染慣了　遂覺著不如此　心上總有點兒不滿意　可見得這個公德　關係著修身不淺　要自從小養成的
列位知道嗎　食不毀噐　蔭不折枝　此兩句話不是常聽見人家說的嗎　家

中的器具　庭園的花木　愛惜保護　那是不必說的　至於旅行的時候　遇著施茶　偶焉取飲　或以爲未必再飲於此　遂輕毀其器　又若於道旁的樹　偶爾取蔭　或以爲未必再蔭於此　遂輕折其枝　偶然毀了一器　折了一枝　雖極其細事　然使人人如此　必至後來的人　就無器可飲　無枝可蔭了　豈非於自己無益　倒反於人家有損嗎　自此以後　誰復爲公衆設飲　誰復爲公衆植樹　由此例推　凡一切公衆之物　皆不可輕毀　既上學堂　須知學堂中　自宮室器具以及儀器書籍等　都是個公物　我與人共享其益　使有人毀壞　我即受人累　我若毀壞　人即受我累　不但不可毀壞　並且應該盡力保護才好[2.2]

不苟取

（1909年第三十九期第2頁）

　　第十八課　　　　不苟取

人生不外義利兩途　義利自有個界限　必要認得清楚　若混合在一塊兒　那就要累個德性　君子以義爲利　可見得義之中　未嘗沒有利　失掉了義　也未必見得一定是有利　只要明白這個道理　自然利心就淡　究竟義怎麼見得　怎麼分呢　就是人的交接　因爲着事物的原故　我不能無原無故取人家所有的　人也不能無原無故取我所有的　要而言之　第一在去私欲　修身全在乎克己　這是最要緊的關頭　如果私欲不去　就是圖苟且　求僥倖　無論偌事　總想做個希圖　拾個便宜　起初還是隨常小事　自己以爲不妨偶弛了防閑　人家也絕不覺着　有誰來計較　等到幾次三番　積久成慣　私欲愈熾　且心念愈奢　不拘什麼好歹　樣樣色色都要占取一點兒　心上只知有利　那兒知道有個義在　咳　世間的人　大都如此　不知自誤了多少咯[2.1]

宋朝時代有個彭思永　係廬陵人氏　在八九歲的時候　限他父親出官至岳州① 　有一天早上起來　到學堂裡面去　走出大門外　忽得金釵一枝　思永即默坐在那地處　待失主訪尋　俄頃有一吏末　徘徊許久　問其故　果墜遺金釵的　詰其狀　果然信驗　便出付還　吏以錢酬謝　笑而不受　說道我若要錢　何不取釵　這段故事見於宋史上的　你想路不拾遺　最爲正

---

①　"限"當爲"跟"。

理　不過金釵係貴重的東西　我卽不拾　恐他人要拾的　我拾得而以問人　則又未免有冒認的　思永在幼時　便能如此　可爲周密極哩　蓋其心以爲他人之物　本非己有　決無受謝之理　故始終無所取　其廉介自然更不必說的了　要知道途中遺物　已是與無主的東西一樣　特自愛者決不肯取　明明人有的東西　還可以取嗎　我替人監守失物　人有以謝我　是尙非無原無故　於義字也還說得去　然自愛者猶不肯受　則其他無故而餽贈的　更不可受　義利的界限　就在於此　從小就同他講辨　那纔顯而易見[2.2]

惜物

（1909年第六十期第2頁）

　　第二十課　　　惜物
世俗嘗說道物力艱難　應該大家沒有不知道的　雖天地生物　供人作用　固然是無盡期的　究竟有限得很　吾人所用　又不止一物　有生成的　有造作的　生成的旣須培養幾時　纔能作用　造作的更要費幾多人工　始應取求　在那看得輕的　以爲這個事物　微薄得很　毀了可以再置　不費什麼　有何煩難　那知道生現成的　不到那個時候　就不能作用　造出來的　更須仰仗人工　聽他的便　卽使有留下生成的　製現成的　存在那兒　也須花錢配置得來　合用不合用　還未可知　眞是個來處不易　好不自己愛惜嗎　俗話說得好　惜衣有衣穿　惜食有食吃　非但衣食要如此　就是人身上　以及家中隨常應用一切　無論偺事物　都得要愛惜　兒童的性質　往往喜歡把物毀壞　此性斷不可長　如果慣了　必至妄費不檢　成什麼修身呢[2.1]試把個故事說說　晉朝有一位陶侃　表字叫做士行　係潯陽人　嘗做荊州刺史　有時出游　見人握着一把未熟的稻　侃問他做什麼　人謂行路所見　聊以取的　侃怒罵說道　汝旣不種田　戲賊人稻　命執而鞭之　於是百姓勤於農殖　家給人足　又曾經造船　所有木屑及那竹頭　悉令執掌收存　一時都不解所以　後正會事　廳前餘雪猶濕　就把木屑布地　及桓溫伐蜀　就把所貯的竹頭　做釘裝船　可見世界上的東西　沒有無用處的　有乍看得若廢物一般　而遇到那時候　碰到那地處　就得利用以成個器具　況明明有用的事物　而可輕率毀壞嗎　戲折人稻　在於折的人　以爲是一把的稻　關係極小　然使人人都作此想　就貽害漸大　又若一人而時時作此想　則所見事物　誰不可以戲毀　陶侃所以鞭責　至於竹頭木

屑　常人視爲廢物　侃一一存貯　後皆得其用　惜物自見好處　現在化學大明　如破布造紙　獸骨製器等類　尤爲常見　也可見得世界必無廢物　益當留意愛惜啦[2.2]

節儉

（1909年第六十一期第2頁）

第一課　　　節儉

人在世上要做個人　無論幹偌事情　都要有個節制才好　若沒有節制　流而忘返　沈溺下去　那是斷然不行的　在自己一身　固屬至小的一部分　而一家就是從一身起的　關係匪小　況節儉是人的德性　就如根本一般　那兒能忘本逐末　只圖好吃好用呢　俗話說得好　吃食看來方　着衣看家當　莫說是寒素家風　來處不易　就使蓄有資財　現現成成的整千整萬　祖上遺下來偌大家私　幾多產業　謹守愼飭　眞是一世吃着不盡　倘若浪費浪用　不多幾天　揮霍無餘　也就不可知了　世俗不是常說的麽　一日無多　日日許多　也要有個節制　省吃儉用哩　雖然自己一身　省得有限　人總以爲何苦如此　那知道此處儉些　那處儉些　處處歸攏起來　就非有限　況且一家內的人　看個榜樣　都能節儉　合計起來　這還了得嗎

國朝康熙年間　有位于成龍　表字北溟　山西省的永甯縣人　賜他謚法　係清端兩字　世間稱他爲第一廉吏　當他做湖北武昌府知府　有一天出衙門去　看見一個農夫　買猪肉多勔　問他做什麽　說是有客　清端公卽戒說道　汝不節至此　必至匱乏　匱乏了必須借貸　借貸多了　就不能償　不能償便莫肯借給　莫肯借給　一遇了荒年　就無以爲生　因薄責而去　可見得人生不可不節　大凡人在今日　自有今日的用度　在明日自有明日的用度　今日卽或有餘　難保明日就有不足　所以節用不但惜財　實在是要省下無用之費　以待有用的時事啦　司馬溫公說道　制財用之節　量入以爲出　稱家有無　以給上下的衣食　及吉凶之費　皆有品節　而莫不均一　溫公所說　就是留着有餘不盡的意思　可做節儉的法子　近今世俗　往往講究飮食衣服的華美　遇着尚節約的　以爲他是鄙吝　反要誹議着　而節儉的亦引以爲自己的慚愧　眞是不可解的了　人可不務自愛養成節儉的德性咯

諮議局的性質

（1909年第三十七期第3—4頁）

各位呀　曉得諮議局的性質麼　這個諮議局　不是我們中國平素辦事的局子　乃是新設一個議事的局子　平素辦事的局子　由官提倡　派幾個紳士　去做一做　就算開局子的了　我們一般人民　不能過問　且決不容我們進去的　諮議　不是那個辦法　俗言道得好　一人不敵二人智　所以這個諮議局　就是採取輿論的地方　各位試聽我把這個諮議局的性質　講上一講

第一　諮議局是議事的地方　不是辦事的地方　又不是斷事的地方　原來世界上的立憲國　把國家一切的事情　分做三種　有議事的地方　有辦事的地方　有斷事的地方　假如人民　有個詞訟案子　要到那管詞訟的衙門去訴　這是斷事的地方　叫做司法機關　國家有多少事情　要派多少官長去做　這是辦事的地方　叫做行政機關　官長所務[3.1]的事情　先要公諸多數的人民議論　再三商量　這是議事的地方　叫做立法機關　所以辦事斷事的是官長　議事的是人民　這個諮議局　就是安排把人民來議事的

第二　諮議局是為一般人民大家的利益　不是為一個人的利益　有了這個諮議局　各位恐怕是一個人的好處　那不是的　怎麼不是　原來諮議局招集那有資望的人　有學問的人　有功名的人　有家業的人　又要有多了幾歲年紀的人　一齊會聚在那一個地方　每逢一件事情　大家當面商議　怎麼樣的辦法　這商議的好處　并不是為那有資望的人　有學問的人　有功名的人　有家業的人　自己的利益　原是為大家的利益　所以大家雖未曾親自到諮議局去　但所謀的利益　是大家的　不是一個人的

第三　諮議局是謀全省的利益　不是謀一府一縣的利益　諮議局議員　雖是各府各縣選出來的　但議起事來　不能說我是那一府那一縣的[3.2]人　我就專為那一府那一縣說話　譬如甲是河南府選出的議員　乙是懷慶府選出的議員　到了議事場中　甲與乙還是為全省各府縣說話　甲不能說我是河南府的人　專為河南　乙亦不能說我是懷慶府的人　專為懷慶　所以議員雖是由各府縣選出　到了諮議局　就要把這些府界縣界的見解　化除了淨盡才好

第四　諮議局是議員隊內公同議事　不是議員與官長同議事　諮議局一設　各位或恐怕有官長到場　便使議員有話不便講了　又恐怕祇有官長講的　議員不能說話了　那又不要慮及這一層　諮議局原是為採取輿論

起見　到議事的時候　議員說議員的　不須官長干涉　亦不要官長判決這些事情　官長雖要到場　不過是當一個監督　說出那一件事情的原因便罷[4]

華商聯合報[①]

選附白話演勸華商亟宜改良自製紙烟

錄南洋商務報 第四十二期之白話

（1909 年第十七期第 28—31 頁）

人生世上　不能不吃的是飯　不能不喝的是茶　除茶飯外　還有那不能不吃的　是油鹽醬醋　其餘食物　或是能代米糧　可以衛生　或是滋味肥美　覺得可口　但是天地間生產的食物　不止一種　其中有價賤的　有價貴的　惟茶飯油鹽醬醋　無論價值貴賤　吃得起的　天天揀好的吃　吃不起的　也不能一日不吃　其餘食物　就只有錢的人可以常吸　那沒有錢的人　或是少吃　或是不吃　誰知紙烟這樣東西　雖然代不得糧食　也不見得怎麼樣衛生　到是無人不吸　富貴人歡喜拏着吸吸　貧窮人也歡喜拏着吸吸　都因為紙烟這樣東西　製造得極為合宜　揣在懷裏　灌在兜[28]裏　是最便的　拏在手裏　啣在嘴裏　是最時的　吸在喉裏　聞在鼻裏　是最香的　就是偶爾走到不潔淨的地方　可以借紙煙的香氣　避各種的惡味　閒坐無事　吸着可以消愁解悶　對客談心　吸着可以舉動自如　提筆作文　吸着可以開闢心思　打着麻匠　要吸更覺靈便　坐可吸　站可吸　走也可吸　睡也可吸　買烟一盒　不過費幾個銅圓　價錢便宜　就窮到拉東洋車的人　也無有一個不吸　這紙烟的來歷　不是西洋　就是東洋　西洋的紙烟　有好幾種牌記　什麼球牌　強盜牌　兵牌　品海牌　東洋紙烟的牌記　又是什麼孔雀牌　鳳凰牌　雲龍牌　由東西洋運來的紙

---

① 1909 年創刊於上海，半月刊，華商聯合會報館發行，屬於海內外商業專刊。主要欄目有"上諭""海內外圖畫影片""海內外時事社言""海內外紀聞""海內外商會紀事""海內外半月大事""海內外要電""海內外通信""海內外公牘""海內外學務""海內外商情""海內外實業""海內外調查叢錄""海內外比較雜誌""海內外社會小說"等。停刊時間不詳。

烟　種種牌記　我也說不了許多　他們惟恐銷路不暢　常常改良製造　另立牌記　又恐人不知道他烟捲的滋味　就大一包　小一盒的　提在街上　逢人就送　遇人就給　分文不要　人家得了這不要錢的紙烟　暫時間擦根洋火　兜着紙烟　吸了又吸　聞了又聞　覺得滿口都是香味　隨後就由不得不拿錢去買　你也去買　我也去買　這紙烟的銷塲　幾幾乎同米糧一般　甚至於比米糧銷得還快　有開着店賣的　有擺着攤賣的　有背在身上賣的　有捧在手裏賣的　有在輪船碼頭賣的　有在鐵路車站賣的　街頭巷尾　茶館酒肆　戲園會塲　無有一處沒有賣的　那有烟癮的人　自[29]然是長流水的買着吸　沒有烟癮的人　也常常買這麼一盒兩盒　隨意吸吸　因銷紙烟　又造出許多吸烟的器具　象牙做的　玳瑁做的　假充蜜蠟的也有　假作珊瑚的也有　製造這各樣烟嘴　其實本錢值不了幾個　因爲外面顏色做得好看　價值不是三角五角　就是一元兩元　要買頂好的　還有四五塊大洋一支的哩　常吸紙烟的人　這烟嘴總是隨身帶的　即或忙中未帶烟嘴　匆促要想吸烟　可以就用跟着紙烟賣的紙嘴　每盒有十支紙烟　每盒就有十個紙嘴　要吸就吸　眞是便當極了　可見得外國人於這生意買賣上　思想得十分周到　布置的十分妥貼　凡出一種物件　務必叫人時時便當　處處便當　閒時用着便當　忙時用着也便當　能把中國人的性情　揣摩得極其透澈　旣能迎合人心　就不愁紙烟的銷路不廣　慢說各種洋貨　銷數不能細算　就是這紙烟一項　不過可有可無的尋常物事　每年進口　也要算得洋貨中的一注大宗　銷數是不必說的　吸食紙烟的人多　吸食中國原有的水烟旱烟　自然就少了　所以中國開水烟旱烟鋪的　這幾年來沒有一家能彀賺錢　查外國生產烟草的地方　烟草香味最好的　第一美國　第二埃及　第三日本　再加收穫得法　製造得法　紙捲旣緊　香味又厚　怎樣叫人不想吸他　中國出烟草的地方　也不止一[30]處　如安徽　如江西　如浙江　聽得產的烟草　香味也甚厚的　他們外國人　能把烟草　做成紙捲　到處銷售　難道我中國的烟草　就不能做成紙捲　到處銷售麼　一時忽然悟出這個道理來　就有幾位有作爲的商人　糾集些股本　在上海開設紙烟公司　牌號叫作三星　有彩三星　藍三星　金三星　雲三星　紅三星的分別　後來又出兩種牌號　一是如意牌　一是學生牌　銷數雖然也覺可觀　依舊敵不住外貨　人家都說是香味不大厚　紙捲不大緊　貨色不及外國　生意也自然不及外國了　現在三星公司雖已失敗　我們如今要想把這紙烟事業　振作起來　入手要講究收穫烟草的法則　其次要

講究製造烟草的法則　香味已厚　紙捲又緊　貨色旣同外國一樣　做出來的生意　漸漸就可發達　但是開設公司　不限定只在上海一處　金陵省分最大　人數最多　各色人等　要吸這紙烟的數目　着實不少　莫如在城北揀一處寬大地方　蓋起廠房　購全機器　雇齊工人　留心留意的製造起來　出貨旣多　生意更大　他們外來的紙烟　就未必能像今日這麼暢銷了[31]

惠興女學報①

女學生主義
甲班學生凌雲
（1909年第十五期第7—9頁）

我們女學生到學堂來念書是什麼主義呢　諸位呀　孟子書上曾有一節書　是飽食暖衣逸居而無敎　則近於禽獸　這一節書請我女界要注意　請我女界要注意

我女界數千年來無敎化　無學問　孟子所說的話語　我女界同人只怕免不了罷　有一種女子　平日專門講究裝扮　擦香粉　抹臙脂　帶花繞脚　像那一種人　好像是禽獸中的鸚鵡翠雀洋狗猴猻一樣　更有一種打扮的怪怪奇奇　舉動輕佻　言語巧媚　那一種人直可謂之狐狸矣　學生說到這裏　諸位來賓一定說　我們中國從古至今　高尚的女子不知有多多少少　你一槪抹煞　未免太無分別罷　諸位說個話極是極是　但是　中國的女子自古至今　高尚的女子雖狠多　那亦不過是多數人中自然而然有特出的幾個人物　若是再有敎育　那人數必定不止此數　況且那一般高尚的女子　多注重在節孝義烈　多是爲一家一時[7]一事而死的甚多　若像我們惠興先生　爲興女學堂的這等死法　只怕不見得多有罷

並且惠興先生的死不是爲名死的　他未死以前的時候　口口聲聲只說女子是社會上的大罪人　興女學是挽救中國根本的法子　等他到臨死的時候　他的遺書中只說自己力弱無能　以一身爲犧牲　求上官憐鄘賞撥經費　求某某女士成就女學堂　雖死在九泉　也是感恩不淺的　並沒有說一句私話　也沒有

---

① 簡介見381頁。

說我這一來就可以名傳不朽的話　因爲有這個實在的情形　所以說我們中國古來的一切烈義女士　沒有幾個能與惠興先生可以相題並論的

諸位呀　要是疑心我們是惠興女學堂的學生　或者有私心特意稱贊他的　請諸位嚴秘調查惠興先生的實在情形　拿古來的義烈女士比較比較　那就立刻分明了

諸位要問我們女學生的主義是怎樣　我們亦不過遵着聖人的幾句言語　勉力行去罷了

聖人云　己欲立而立人　己欲達而達人　我們就是遵這兩句話行的　大凡我們女子　從前未受教育　不能自立自活　不能通達世事　如今晚赶緊先求自立自活　再告明大女同胞亦求自立自活　先求通曉世故事理　再教大女同胞亦求通曉世故事理　這是一個主義

聖人又云　素位而行　素富貴行乎富貴　素貧賤行乎貧賤　素夷狄行乎夷狄　素患難行乎患難　我們遵這節書　就自家本分行去　卽如說學生現今是旗下的姑娘　只得隨旗下的習慣的風俗行事　若學生是漢女　也只能隨漢城的習慣的風俗行事　但是學生已受了女學堂的教育　時時刻刻總存著一個改良的念頭　比如說學生在學堂裏　自然是布素衣裳　打一根辮子罷了　若是有紅白正事　往親眷人家去　也就自然要梳大如意頭　穿大衣　但不過將頭略爲梳小　衣裳畧爲樸素而已　這又是一個主義

所以我們女學生的主義　只有己立立人　己達達人　素位而行　隨俗改良　這幾句話沒有別樣的意思

這幾年　上海有一種女報　他的宗旨專要鼓動女學生實行家族革命主義　其立言要使人人可爲女英雄女豪傑　學生曾見過女報　却有一點不以爲然　是什麼緣故呢　大盖女英雄女豪傑　是人人都願意做的　但是英雄豪傑須要有才幹　有學問　能担任他人所不能的事情　若說英雄豪傑的名稱　必須他人出[8]於本心譽我　不能自己稱譽自己的　若是一進女學堂　先就自己稱爲女英雄女豪傑　於學堂科學不靜心學習　於尋常一切事情不肯耐心去做　或有厭棄家庭　以父母爲野蠻　看不起這個　看不起那個　學生想恐怕不是開女學堂的眞宗旨罷　學生只知道以素位而行　隨俗改良八個字爲獨一無二的主義　不知是不是　要請諸位評論評論[9]

姊妹講話（一二）
中權初稿

（1909年第十八期第1—2頁）

開端　惠興女學報事務所　於八月十幾裡的一天　接着了一封信　是責備本報爲什麼不用官話　使女學生可以人人看得明白　本主人看了這封信　實在感情的狠　所以從本期報起　添上官話一門　每期刊出兩頁　以報投信人的美意　但是本主人　事情狠忙　見識又有限　看報的人　要是有不中意的去處　不妨也做一篇官話來　反對本報的官話　本報必定登出來　請大家批評批評　但是有兩椿事情　先要同　衆位講明白（責備同罵人）是狠有分別的　責備人　是說人家辦的事不妥當　必須要怎麼樣辦纔妥當　那是本報歡迎的　罵人是專罵他不好　罵完就算完事了　那是本報不能歡迎的（反對同破壞）也大有分別　反對是反對本館的學說　另外伸說一個道理來　也是本館狠歡迎的　破壞是不喜歡這樣事情　推倒就等完事了　也是本館不能夠歡迎的

這兩件事情既然講明白了　請　大家只管按着本報的辦法學說　有知道不妥當的去處　寫信來責備　本館必定一件一件的登出報來　請　大家評論評論　開端的意思說完了　我可要編造姊妹講話的小說了

　　第一章　三姊妹草地講話

卓兒搬了一把椅子　放在草地上坐下　高聲喊大妹妹二妹妹來呀來呀　我講古兒給你們聽　一陣脚步响　德兒搬了一張凳子　能兒跟在後頭　一齊跑到草地上　同坐在凳子上　德兒同能兒說　姊姊姊姊快些講呀　卓兒說你們兩個人　愛聽什麼古兒呢　德兒說我愛聽妖怪鬼神狐仙的古兒　或是大忠大孝的古兒　能兒說我愛聽俠客殺人救人的古兒　或是拐子拐人騙人的古兒　卓兒說好我全能講　我先講一個活見鬼的古兒　給你們聽聽　德兒能兒同說好啊好啊　你快些講罷　卓兒說我有一點口乾拉　能兒說我倒茶去　就飛步跑了去　倒了一碗茶　遞給卓兒喝　卓兒喝了茶　將茶碗放在草地上說道

●從前有一個地方　出了一个最兇惡的人　常常在地方上　強兇霸道　無所不爲　因此地方上的老實人　多受他的欺負　那時候該地方上　又有一個最慈善的富人　有一天那人同他一個親戚商量　要把那個[1]兇人滅

掉　又怕他兇惡來同他拚命　不敢出首　他那親戚說　不害事的　只要有錢　就可以辦的乾乾淨淨拉　那富人說　我願意出三百吊錢　只要你辦的乾淨　可以替地方上出一大害　他親戚說　有錢就好辦了　富人說你怎麼樣的辦法呢　他親戚說　我拿這一筆錢　買出一個人來　約他出門作買賣去　等他走到萬山之中　把他推在山崖下　叫他死一個不明不白　您說好不好　富人說那是好極拉　因此就拿出三百吊錢　交給他親戚　他親戚拿了這一筆錢回家　就把那個惡人叫到家中來　告訴他說　本地方受你的害　也不少拉　現在大家公同商量　要辦你呢　我預先告訴你　你早點打算一個主意　那惡人說我是不怕的　我兩肩扛一頭　毫沒拉罣　不拘是誰要找我　我就同他拚命　總是拚得過的　某親戚問他　倘然你有了錢　你還這們兇嗎　那人說我沒有得飯吃　所以纔找人放論拚命的　我要是有了錢　我也樂得做好人拉　某親戚說　我也不瞞你拉　本地方上公同商量　湊出了三百吊錢　交給我　請我想法子弄死你　我現在將這三百吊錢　都給了你　你肯從今以後　改悔做好人嗎　那人說只怕沒有那一回事　你同我說頑笑罷　某親戚說　你不信嗎　你進屋子裏來看　是不是有三百吊錢　你要是聽了我的話　就將這筆錢　給你去做本錢　你要是不聽我的話　我就用這筆錢辦掉你　你趕快打個主思罷　我不是同你開頑笑的　說到這個時候　就對他正言厲色的說　你快些拿個主意啊　那人看見這個光景　不知不覺的　兩隻腿就跪下去拉　說先生救我的命　某親戚說　你既然知道好歹　就好說拉　我把這三百吊錢給你　你要依我三件事　那人說那三件事呢　某親戚說

　　一　你拿了這筆錢　本日就離開本地　以後永遠不許回本地來
　　二　你以後改惡行善　要知道臨死得救　是可一不可再的事
　　三　你拿了這筆錢　永遠不許說是我給你的①
說完了話　就將這三百吊錢點交那人　那人又磕了十幾個頭　流下眼淚說　我從今日起　活在世上　都是先生賞的壽命　我再再也不敢做一點壞事了　垂頭喪氣將這一筆錢取去　離開本地安分營生去了　過了十年的光景　那出錢的富人　生起病來　活看見有鬼來同他索命　他怕極拉　去請他的親戚來　向他說不好了　我同你做的事發做拉[2]

---

　　①　原文中以上三句無空格，這裏是編者所加。

姊妹講話（三四）
中權初稿
（1909年第十九期第2—3頁）

第一章　三姊妹草地講話

某親戚說　什麼事發做拉　那富人說　我同你前十年所做的事發做拉　我面前現有一鬼　頭破肢殘　週身是血　向我索命　他說我敲人竹扛① 與你什麼相干　你何以暗中使人將我推落山崖下　我死的狠苦　今日好容易找著你拉　你還我命來　某親戚說　沒有那一回事　我拿了你三百吊錢　是將那個惡人叫來　勸說了一番　他願意改惡守分　我就將那一筆錢給他拉　現在那個人並沒死掉　那裡會有鬼呢　那富人說　明明這屋裏有鬼　有人進來　他閃在旁邊　一沒有人　他就站在我面前索命呢　某親戚說　那個人的的確確沒有死　現在離本地幾百里的地方　開了一間豆腐店　已生有好幾個孩子　我馬上差人去叫他來　那富人說　是真沒死　能叫他來那是好極拉　某親戚說　我就去差人叫他去　那富人自從聽了這番話　就見那個惡鬼　不敢進身　遠遠的站之哭　過了兩天　那兇人果然來了　帶只一妻二子一女　進屋一齊跪倒在地　口稱恩人　原來那三百吊錢　是恩人賜的　小人今日有家有業有兒有女　都是恩人賞　沒什麼報答你老人家　惟願恩人添福添壽　那富人聽他一番說話　見他本本等等的　那一團老實的樣子　就好像做夢一股　那個病也就好拉　那個鬼也不見拉　德兒聽完了　點頭嚌嘴的只是笑　能兒說姊姊　那個人沒有死　那個鬼是從那裏來的呢　卓兒說這就是俗語說的疑心生暗鬼　能兒說姊姊才說的話　不是暗鬼　是活見鬼啊　卓兒聽了能兒追問的話狠有理由　心裏狠以喜歡　就對他說　妹妹呀狠以聰明　等到明年我送你進女學堂去讀書　將來必定能成大器　能兒笑了一笑說　送我進女學堂去　我是狠願意的　現在你再講一個古兒給我們聽　卓兒說我再講一个活做夢的古兒給你們聽

●從前有一個人做了一個夢　夢見在山中　見人放一羣羊　他暗暗的將他的羊　趕出一隻進入山洞裏頭去　用石頭亂樹枝堵塞　趕緊回家　等到晚上　好去牽他回來　等回了家　天還不晚　心裏狠以焦躁　忽然醒了　乃

---

① "扛"應為"杠"。

以一個夢　因此自己責備自己說　要知道是做夢　何必貪這個便易呢　這真是小人枉自爲小人拉　說完了　無精無神的上街走[2]　走　遇見了幾個街坊隣舍　大家問他什麼緣故這樣的煩悶　他就告訴他們說　我方才做了一夢　偷了別人的一隻羊　我所以煩悶的　大家問他　是怎樣的一個偷法呢　他說彷彿在某處山中　我將一隻羊　趕進山洞用石頭同柴堵塞洞口　說過了就回家去了　不多一回　聽見有許多人吵鬧　走出去一看　原來是方權同他講話的那幾個街隣　牽了一隻羊　大家爭鬧著說　這隻羊是某人做夢的時候偷的　我們照着他說的話　去到山中一找　果然有一隻羊在山洞裏　所以我們這幾個聽見的人　都應該有分的　他聽見了這一番話　也就上前去說　既然是我從夢中偷來的羊　應當是我的　你們不能分　大家正在分不均勻的時候　又聽見他說要獨自牽去　因此就打起架來　打的皮破血流　正在不能開交的時候　忽然醒來　仍就是又做了一個夢　因此他又自己怨恨自己說　方才做了一夢是做賊　如今又做一夢是打架　我這是何苦來呢　這是小人枉自爲小人的一段事　我再說一個假道學的故事給你們聽

●明朝當魏忠賢專權的時候　有兩個舉人　一姓陳一姓魏　他兩個人自負不凡　正當遇著會試的年分　兩個人商量進京去會試　因嫌魏忠賢在朝專權　彼此商定　若是會試高中以後　須同心合力糸他一本　商量妥當後　一同進京　那一日將將進入京城　行李尚未搬定　忽然間有一貴人來拜會　等到一見面　那個人帶了兩分厚禮兩分帖子　乃是奉魏忠賢的命令　來送禮的　並言敝上久仰大名①　請次日到府　千萬惠臨示教　那一種誠敬客氣的樣子　實在過意不去　他二人各自收下了一色禮物　對來人說　初次到京　路途略受感冒　過幾天必到府第請安　來人又謙遜了一回才去　等那個人去了以後　他二人商議　魏舉人先說　我二人進京會試　本是爲高中以後　參劾魏奸的　他如今到先來連絡我們拉　我打算不考拉　畧在京中玩三五天就回去　陳舉人說　那是好極拉　我們二人就這麼辦　第二日大清早晨　魏舉人喊著陳舉人說　我想起一件要緊事來　是一位親戚託我帶的一封信　方才問店家　據說離此處狠遠　須得大早去　晚上才能回來　所以我告訴你　我先出門了　今天晚上再見　說完了話　就一直去拉　陳舉人聽了那一番話　趕緊起來坐在店裏　自己想一想[3]

---

① 原文中"並言"前無空格，這裏是編者所加。

姊妹講話（五六）
中權初稿

（1909年第二十期第11—12頁）

第一章　三姊妹草地講話

今天魏先生一天不在家　昨天魏忠賢差人來送禮　那一種客氣的樣子　無論他是眞是假　依道理說總當去謝他一謝　好在我總是不考拉　何必得罪大有權勢的魏忠賢呢　幸而有今天的好機會　我何不瞞著魏先生　去見他一遍去　越想越有理　就趕忙換了衣裳　一直往魏府而去　在路上一陣一陣的熱血上潮　狠有些對不起魏先生　比至到了魏府　將名片投進　只聽得裏面一聲喊請　中門大開　一名管家高舉名帖引道　魏忠賢親身迎至階下　手捧茶盃　送上首座　陳舉人略一遜讓　亦不客氣一屁股就在首座坐下　猛抬頭看見魏舉人坐在下首　大吃一驚　趕忙招呼謙讓　魏忠賢說　這位先生　方才兄弟已同他謙讓了半天　他簡直的不依　却說了一大篇同宗的輩分　他應小兄弟兩輩　所以一定要坐在下首　兄弟是讓了好一回　手都拉酸了　嘴都說乾了　無奈只好對坐了　這眞只好算俗語說的話　恭敬不如從命拉　陳舉人聽了這一篇話　心中實在難受　只得敷衍了幾句話回店　次日卽收拾行李　向魏先生說了一聲對不住　一個人回里去了　德兒聽了一味的抿只嘴笑　能兒聽了大罵之說　世上有這樣不要臉的人嗎　姊姊呀這件事是眞的是假的　卓兒說這件事却是眞的　我方才說的這三件事雖然有趣　却與我們女子不甚有關係　我如今說兩件與我們女子極有關係的事情　給你們聽　能兒說好極拉　就趕緊的倒了一碗茶遞給他姊姊喝　卓兒喝了茶又說道

● 昔有兄弟二人　極和睦友愛　哥哥勤儉當家　兄弟雖亦勤快　惟喜歡交接朋友　每天晚上必去找朋友交談入夜方回　習以爲常　後來哥哥取了親　他的妻子也極賢德　有時候他的哥哥管教他兄弟　他嫂子必婉言勸他　後來他哥哥接交了兩個朋友　常常聽朋友的話語說　你兄弟每天晚上同人家吃酒遊蕩　恐怕你後來要受他的累　不如乘這個時候　同他分家　將來可以不致受累　他哥哥聽了朋友的話　回家同他妻子商量　他妻子說　譬如你生的兒子　要是沒什麼大壞處　必定要慈愛他的　況且小叔叔也沒什麼大錯處　只不過每天同朋友吃兩盃酒　人却是狠爭氣狠正派

的　我們趕緊替他討上一房親　我看就可以[11]拘束他拉　他哥哥聽了妻子的話　先前到還耐的住　架不住他那兩個朋友　天天的唆弄　他哥哥有一天回家　同他妻子說　一定要同兄弟分家　他妻子才勸了一句話　就被他埋怨了一頓　立刻走到街上　把兄弟叫回來　同他說你終日遊蕩　交接匪人　我要同你分家　他兄弟說　哥哥的責備　是應當的　但是兄弟的朋友　未必都是匪人　而且兄弟也是有主意的人　未必肯甘心下流　哥哥一定要分家　兄弟是無話可說　但憑哥哥分咐　他哥哥說　你既然願意拉　就好說拉　現在爸爸　只遺下了幾畝菜田　我二人各分一半　又留下三間正房兩間厨房　我二人各分兩間　中間一間　作爲公用　尚有一切日用器具　我二人拿出公分　他兄弟說　田分一半　我自己去種　正房分一間　我自己住　餘外的東西　我一概不要　他哥哥又說了半天　他兄弟說　等我後來安了家再說罷　於是寫下分家的約書　他兄弟把自己分下來的一間屋子　用鎖鎖了　就出外邊去了　他嫂子看只他們分家　實在的傷心不已　過了幾天　他嫂子想出一個法子　試探他哥哥的朋友　等天將黑的時候　用刀砍死一條狗　拿草荐包上　放在後門口　等他丈夫回家　他對他說　了不得拉　不曉得我們與誰有仇　後門口有一个死尸　用草荐包之呢　他丈夫拿燈在後門口一看　只見血肉模糊的一個草荐包在地下　於是魂不在身　只說怎麼了怎麼了　他妻子說　快些找你的兩個好朋友去　他丈夫一聽這個話　如夢方醒　趕緊跑到外邊　找著了那兩個朋友　同他們一五一十的說明　他兩個朋友也狠以著急　商量怎麼辦法　商量半天　主張將那死尸連夜埋了　以爲了事　於是就邀他兩個朋友幫忙去埋　忽然間有一個朋友說幫同去埋　是狠可以的　但是後來不犯案便罷　要是一犯案　我二人也有一行大罪　那一個朋友也接著說是呀　這一行罪是眞不小呢　他哥哥說　我們的交情　可爲不薄　這件事辦完　我必定重重的道謝　那兩個朋友說　你說說看是如何的道謝呢　他哥哥說　我謝二位一百吊制錢　那兩個朋友說　我們一個人只置得五十吊制錢嗎　他哥哥一聽了這個話就呆了一呆說　二位打算是怎麼樣呢　那兩個朋友說　每人只少須得一百五十吊制錢　他哥哥一聽了這番的話　就說我的家私　二人是知道的　就連田地房子　一齊賣完　也置不了三百吊錢[12]

姊妹講話（七八）
中權初稿
（1909年第二十二期第11—12頁）

第一章　三姊妹草地講話

那兩個朋友一齊說　這也說不得拉　事情與事情不同　有三百吊錢　我們就去幫同你了事　沒有三百吊錢　只好對不起拉　他哥哥急的沒法　只是發呆　那兩個朋友又說　你回家同我們嫂子商量去　他或者有錢幫你　這一句話把他提醒　趕緊回頭就走　那兩個朋友又說　快些來呀　我們在此等信　他哥哥回到家中　嘆氣愁眉　將兩個朋友方才索要三百吊錢的話　告訴他妻子　他妻子說　一定要朋友幫助的嗎　何不叫你兄弟去呢　他丈夫聽了這一句話　如夢方醒　立刻跑到街上　找他兄弟　見他兄弟　同著幾個朋友喝酒　他進店叫了一聲　他兄弟連忙走到店外　問什麼事　他哥哥告明死尸的事　他兄弟說　哥哥你先回去　我馬上就來　歇了一回　他兄弟回家　叫他哥哥嫂子　悄悄的把死尸預備用繩子捆緊　他自己拿了一把鋤頭就走　不多一時　滿頭大汗回來　輕脚輕手同他哥哥　把死尸扛起就走　走到背靜的一個地方　已經跑①了一個大坑　隨將死尸推下　用土掩埋　回家後囑付他哥哥嫂子　把地下的血迹打掃乾淨　他却一言不發　進了自己的房子去睡覺拉　他哥哥嫂子兩個人　在屋裏嘆息說話　他哥哥說古人言　打虎親兄弟　上陣父子兵　果然是兄弟好啊　我從前不聽你的話　只知道朋友好　把兄弟硬分出去　今日這一樁事出後　我眞是後悔不及　我明日就要同那兩個朋友絕交拉　他嫂子說　我家出了這樣人命官司　你那兩個朋友　已經是知道的了　他同你要的三百吊錢　你一文不給他　只怕他不肯干休呢　你還敢同他絕交嗎　他哥哥一聽這句話　就挫手頓足的說　是啊是啊　這怎麼了呢　他嫂子說　據我說今日已夜深了　明日你去我他二人②　他哥哥說就這們辦拉　兩個人講至夜深　實在是疲乏已極　就不覺昏昏睡去　忽聽見有人打門　打的狠急　他嫂子將他哥哥推醒　只聽得門外有好幾個人　大聲叫喊快開門　他哥哥嚇

---

① "跑"當爲"刨"。
② "我"疑爲"找"。

了一驚　趕緊披衣開門　只見四個縣差　手拿火籤鎖鏈　不問青紅皂白　將他哥哥就上鎖　拖了就走　他哥哥說什麼事鎖我　差人說　有人告你謀死人命　你還裝糊塗嗎　他哥哥嚇的魂不附體　只得隨著差人拖去　他的兄弟正在田中做活　忽然聞聽見人說　他的[11]哥哥被縣差拿去了　他兄弟也嚇的了不得　趕緊回家　見他嫂子　他嫂子說　小叔啊不要緊　我同你趕到縣裏去　於是叔嫂飛跑往縣衙門而去　只見縣太爺已坐大堂　他的丈夫跪在堂上　只是發愣打戰　他叔嫂二人　分開衆人　一齊跪下　知縣問道　你二人是兇手的什麼人　他嫂子說小婦人　是他的妻子　這件案子　只要問小婦人　就明白了　但不知是什麼人來告的　知縣說是那邊兩個人來告的　他嫂子回頭一看　正是他丈夫好朋友　於是回禀太爺說　這兩個人是小婦人丈夫的好朋友　他常常的桃咬小婦人的丈夫①　同他兄弟分家　小婦人勸說丈夫　丈夫不聽　硬把小叔分掉　昨日小婦人想了一個方法　試探那兩個朋友　小婦人打死了一條狗　用蘆蓆包裹　放在後門口　假說是人死屍　告訴丈夫邀他朋友來幫忙　誰知他兩個人問小婦人的丈夫　索要三百吊錢　後來叶小叔幫忙②　小叔趕緊同他哥哥埋掉了　若還不相信　可以立刻去相驗的　知縣聽了這一翻話　就叫把那兩個來告的人　先與我鎖起來　把他丈夫的鎖開了　立刻同他弟兄相屍　果然跑出來是一條死狗　這是一件事[12]

競業旬報③

賣辮
价
（1909年第四十期第29—32頁）

小子是冶遊慣了　耐不得久坐　你把我悶閉在這裏　竟是說不出的苦

---

① "桃"當爲"挑"。
② "叶"疑爲"叫"。
③ 簡介見291頁。

處　心頭小鹿　骨冬骨冬的跳個不住　趁着空兒　我便大踏步的走出來了　踱踱黃浦灘　走走四馬路　好遊玩　咳　來得好　不枉你走　一件夜談的材料　被你拾得了

上海的四馬路　四馬路的清蓮閣　清蓮閣是拉雜攤　離奇古怪　都有都有　什麼東西　都可以供供夜談的　你道什麼　却是紅紙白字　高高的貼着一塊招牌　招牌上寫著好辮兒出賣五個大字　咦　奇呀　難道是代留學生裝假辮的　也是做好的假辮賣把留學生的　我的心中　委實放他不下　拚命的推過去一看　恰好打個照面　只見一位光頭滑臉的少年　雙手拉著自己的辮子　在那兒招呼　他見我走過去　便順口兒喊一句道　你要買辮子[29]嗎　我想我也是個窮措大　買他則甚　卽便買來　却也沒有用處　也不保他　一溜烟跑囘來了　心中想想　也覺得好笑　正是上海的地方　無奇不有　料不到　三五天功夫　趁著遊興　走過去一看　這塊招牌撕得粉碎了　這位少年　也不知何處去了　我想那麼是什麼騙鈔的法子　或是做把戲　不打緊　也無暇管怎些閒賬　不料　這一日　碰著一位好白相的朋友　無意兒把這句話去問問他　那裏曉得是眞的　並不是騙局　因其中有個原委　講給列位聽聽　才曉得我們中國海上奇聞呢

這位少年的阿爹　是上海有名的一位洋場買辦　姓唐　名叫尚義　原是個西崽出身　因誦得滿口的愛皮西提　柏馬屁①　吹牛庇　拉皮條　件件精通　後來隨升了買辦　年近花甲　才容易得著這個兒子　簡直是同寶貝一般　就把他取名寶貝　等到這寶貝長大　這位洋買辦已是一命嗚呼　家中雖有幾位奶奶太太　都是唐子裏出身　一見主子死了　也都各幹各事去了　所遺的家產　少算算有十余萬銀子　這位寶貝　是嬌養慣的　有了錢　又沒[30]有人約束　便曉得外間的排場　終日裏修飾得花明柳媚　美女一盤似的②　至於這條辮　更覺得精光滑亮　每日間頂上的香髮油　要用到一瓶　那些娘姨們　見他有的是錢　身材又出挑　自然是憐愛得了不得　這位寶貝　就死心蹋地去巴結他們　什麼珠花皮襖　大半是他的摺子　今日雙馬車　明日雙檯面　不是張園　便是愚園　麻雀搖攤　廣膏大土　不上三五年功夫　把那些積下的產業　什麼布帳茶壺　一古惱兒買得

---

① "柏"當爲"拍"。
② "盤"當爲"般"。

精光　出去的時候　就招人白眼了　這位寶貝　才曉得風色不好　要想去幹件衣飯的勾當　認不得字　又沒學過藝　夥計呢　不董銀筆算　帮工呢　又沒氣力　想來想去　幾要嘔出心肝來了　却順手摸著這條辮兒　他就嘆一口氣道　咳　你是我一生最愛惜的　今朝也顧不得許多了　只好拿你去度日子罷　趁這天氣晴明　正好賣買　放開脚步　一口氣　走到三馬路的小巷里　脫出裝體面的洋緞馬掛　押了三五角小洋　買張紅梅　倩出一位小學先生　寫起五個大字　就是好辮兒出賣　就是這寶貝的招牌了[31]小子來得湊巧　不先不後　恰恰走到那裏　就被我撞見　便放他不下論起這寶貝的根脚來呢　不弱　十餘萬的家事　正是千家選一　只因嫖賭吃著　便把他敗得精光　今朝出這個賣辮的想頭　也算無賴極了　有甚人拿錢買辮去耍頑嗎　這位寶貝　眼見得要做乞丐了　正是俗語兩句說得好　『天上沒有滴落星　地下沒有餓死人』　千載一遇　斗然來了一個日本國人　說什麼本年四月　要開博覽大會　特地到我們中國來　蒐羅奇異　驀地裏見到好辮兒出賣五個大招牌　也有自覺得有點詫異　便趕開衆人　走過去一看　不看則已　只這一看　那寶貝的運氣　正是從天上滴落來了　也不愁夜飯了　　　　　　　　　　　　　未完[32]

賣辮（續前號）

价

（1909年第四十一期第13—15頁）

當年不知棄了多少頭顱　才掉換這條辮兒來　任你走遍世界萬國　也抓不出這樣一條辮兒　只是到我們中國來　看見慣了　所以不覺得什麼希罕　今兒見寶貝的辮兒　不怕他不連聲喝彩　那東洋人果然叫道　好呀　好呀　果實是好　把他買到我們的博覽會裏去　呈上我明治皇帝一瞧　自然要賞給我的銀牌子　忙的揷口問道　要賣多少銀子　那寶貝見有了主顧　又是個外國人　便歡歡喜喜的答道　不說虛價　一百二十兩　這裏日本人　也不同他說長說短　轉頭一想　只管在那裏發癡　似乎買又不好　不買又捨不得的樣子　那寶貝便接口道　你要少嗎　那日本人答道　少却不要你少　只是我把這辮買了去　原是供博覽會的美品　你若把這辮兒剪下來給我　不是你也變了我們日本人了　這一層是萬萬使不得的　且不去管他[13]　我便把你這辮帶到日本國去　我那明治皇帝說你們

中國人帶來的東西　大半是假的　在我國的留學生　聽說一到中國　忽然就有條辮子長出來　這不是確實的証據嗎　你這辮雖是美滿絕倫　見所罕見　却又恐說我把多數的假辮　撮成來騙賞　那却如何處置呢　不買了　不買了　那寶貝忙的接口道　只要你買我的辮子　別的都好商量　我便連身子買把你罷　那日本人便道　你的辮子　尙且要賣一百二十兩　再加上你的身價　可不是太重了　那寶貝歪著頭兒　撲嗤的一聲笑道　你不要錯想了　我的辮子　本來是貴重的東西　找的身價却①　只值銀四兩　統共一百二十四兩罷　那日本人聽說　忙將皮包打開　取出匯豐銀行的鈔票一張　給他的辮價　幷摸出五元多的洋錢　找他的身價　這寶貝也便向身上摸出一張預備寫的賣辮文契　盖了指印　跟着日本人　出了靑蓮閣　走過四馬路　來到黃埔灘　順便趁着船　投到日本國去了　將來日本國的博覽會裏　一定多著我們中國寶貝的辮子了　我是最留心他的　已發信到日本國去了　如有回信來　再[14]告訴諸君罷　　　　　已完

莞爾看見這篇小說　好笑的了不得　兄弟一發再說幾句笑話　給諸君聽聽

（一）寶貝的辮子　每日要用香髮油一瓶　所以寶貝的辮子　足足值一百二十兩銀子　幷不曾賺得一錢

（二）辮價比身價大　中國人不肯割辮子　大約就是這個緣故　因爲沒有辮子　就不值大錢了

（三）寶貝的辮子　固然可以供入博覽會　以我看起來　最好連頭代腦　統通供入博覽會　爲什麼呢　因爲是個中國的寶貝

（四）我們二萬萬男同胞　有辮子的狠多　如其全行賣了　不是一筆巨欵嗎　他們常會騙我們　我們何不也騙騙他呢[15]

---

① "找"當爲"我"。

申報①

敬告諮議局初選選舉人②
（金山黃端履稿）
（1909 年 02 月 22 日第 18 版）

恭喜恭喜　列位從今年起要享著一種最大的幸福了　幸福在那裡呢　就是這各省諮議局選舉一事　諮議局有什麼關係　選舉是什麼解説　我想列位中懂得的却不少　但選舉是向來沒有的事　其中不大明白的也很多　在下不嫌累贅　説給列位聽聽　要勸列位看這選舉的事　同家中切己的事一般　到了投票時候　無論什麼要事　都暫擱一邊　大家到投票所　投一張票　這確是眞正的權利　萬萬不可放過的

我們中國的百姓　但知有家　不知有國　關於一國的事情　都推在皇帝身上　這是什麼緣故呢　中國的政治叫做專制政治　四千年來　朝代雖換了不少　政治大權操諸少數人之手　倒是前後一樣的　或大或小　或難或易　百姓絲毫沒得干與　在京朝裡頭　不過幾個有權的宰相　和那各部大臣　擬就草稿　請皇帝批准　發下各省　就叫各省的百姓服從了　外省的事體　只要督撫行一公文　發下各州縣　也就叫各州縣的百姓服從了　加税呢　借債呢　割地送外國人呢　眞正做主的皇帝　祇有二分　官倒有八分　官要什麼　百姓誰敢駁他　誰敢抗他　一年又一年　習慣成自然　到了如今　民氣越弄越弱　國勢越弄越壞　列位啊　試想今日的世界　還有專制國的立足地麼　俄羅斯定憲法了　土耳其開國會了　單是我們中國　依然上下隔膜　百姓的知識　依然得過且過　唉　苟不惺悟轉來　再隔十年　怕不容易翻身了　去年六月二十四日　我　孝欽顯皇后　德宗景皇帝　特下諭旨一道　叫各省設立諮議局　以後一省應辦事件　均歸局中議決　督撫方能公布施行　做中國人民的　從此可參預政治　自己看本省

---

① 簡介見 326 頁。
② 原文中，本篇以及下篇沒有空格，這裏是編者所加。

地方　那一件應興辦的　那一件應革除的　切切實實整頓起來　非但一身受益　那子孫也享用不盡　各省諮議局旣一律辦齊　將來合攏來　開個國會也弗憂措手不及　我想貪官劣董是省省有的　向日欺壓小民　橫行無忌　以致百姓吃種種的虧　自諮議局設立後　則斷斷乎沒有了　　（未完）

敬告諮議局初選選舉人（續）

（金山黃端履稿）

（1909年02月23日第18版）

獨是一省的百姓　不知有幾千萬　諮議局只有一處　不能個個來議事的　不得不定一額數　其名目曰議員　議員是百姓公舉的　非官府私派的　列位有選舉他人的特權　心中有一著實可靠　平日所信得過的　不妨寫將出來　他日開票後　得數最多之人　果爲我所選舉的　這不是快活的事麼　但在下有一句話要告訴明白　列位所舉的並非諮議局議員　却仍是選舉議員的選舉人　外國有一種選舉法　稱爲複選　一名間接選舉　又名兩段選舉　先敎普通選舉人選出若干名　再由被選的若干人選出議員　這又什麼緣故　大約初行選舉的時候　國民辨識力很弱　儘有選出不正當之人濫竽充數　於是用兩段選舉法　就是說第一次被選的資格稍高　叫他選舉議員　自不致茫無頭緒　然現今東西各國　除掉瑞典　丹麥　搭德聯邦中幾個小國　沒有用間接選舉的　因全國的百姓對於選舉這件事　已如布帛菽粟一般　沒有不愼重的　即沒有選出不正當之人的　我們中國諮議局　旣採取外國制度　用選舉法舉出議員　爲什麼要從複選呢　據政府的意思說　人民程度不到　這句話亦早已聽慣了　倘程度不到　驟然行直接選舉　人家說有兩種弊病　一則受人運動　一則選舉不當　這兩句話　列位相信不相信呢　依在下想起來　如第一說　列位是斷不犯的　古人說得好　君子自重　列位要做君子　那有受人運動的道理　況被選的人　爲公衆盡義務　自己毫無權利　這運動二字　豈不是白費工夫麼　如第二說　中國敎育未普及　智識缺乏　固無須爲列位隱瞞　卽在下自問　也怕有這種缺點　然事前能預備預備　放開眼光　仔細的認了一回　那一位有才識的　那一位有學問的　提起筆來直寫下去　斷不致惹出許多笑話　故在下又有一句話請列位注意　到了初選那一天　雖非直選議員　却不可推著有事　自甘放棄　更不可張三李四隨便寫寫　果是有才識有學問的　雖是我的仇家　也不妨舉他　若並無才識學

问　無論至親好友　是萬不能寫上的　列位啊　果能選舉得人　那程度不到的寃枉話　可洗滌淨盡了　挨到宣統四年　諮議局更換議員時　政府或逤許國民直接選舉　亦未可知　若朦朦朧朧　看做無關緊要的事　將來選出的選舉人　仍是尋常人物　或係舊日媚官欺民的董事　恐程度不到的話　列位已自己供實　在下卽生有百舌　還能替列位辨護麼

再有一說　經書上講的　同聲相應　同氣相求　可見世界上的好人　纔能夠引出好人　列位所舉的選舉人　假使才識學問一點也沒有　要叫他舉好好的人　來做諮議局議員　這如何辦得到呢　一省的重大擔子　不得好好的議員挑起來　列位想想　將來所議的事件　斷不會體貼人情的　把這種議員所議的施行出來　種種苦痛　仍是百姓受著　列位到此地位　只怕啞子吃黃連　有口沒處說呢　列位要曉得　國是人人有份的　一省的政治　人人該望他進步的　快快提起腦兒　想一個才學兩全的人　寫在票紙上　他日的好處眞說不盡呢　至於投票的方法　屆時可問管理員監察員　自然明白　在下也不必多說罷

衣冠影（一）

（1909 年 01 月 05 日第 26 版）

　　第一回　戰强人砲台失守　奉朝命大將出師

四萬銀子的賞格　四萬銀子的賞格我們不要管他三七二十一四七二十八拚着性命去碰他一碰：旌旗捲地鼓角喧天鎗砲如林戈矛照日一隊整整齊齊的兵士排齊了隊伍好像要出隊開戰的一般電捲星飛的向前奔走在那兵士的前面有一大隊橫七竪八的人旣沒有軍服又沒有旗幟三三五五前前後後的也不成個隊伍也有拿着小手鎗的也有拿着鳥鎗的①也有沒有軍器手裡拿着一根扁担一根棍子的②這些人走在兵隊的前面奮勇當先身上穿的衣服拖一塊挂一片就像叫化子的一般七張八嘴的嚷四萬銀子的賞格四萬銀子的賞格我們不要管他三七二十一四七二十八拼着性命去碰他一碰看官你道這是怎麼的一回事情爲什麻這一班整整齊齊的軍隊要和着這些人混在一起這四萬銀子的賞格究竟又是什麻事兒諸公靜聽待在下做書的慢慢的講來只說我們中國

---

①　原文中"也"下有點，這裏是編者所改。
②　原文中"的"下無點，這裏是編者所加。

廣西地方游匪最多前幾年政府特地派了高秋蓮制軍做兩廣總督叫他到西路督師自從高制軍破了柳州的叛勇又攻破了四十八洞以來廣西的匪黨就去掉了十分之七八但是廣西地方和法國越南省接界每每有革命黨裏頭的人從法國潛入內地想要佔據廣西所以廣西的偵緝革命黨人比別省更加嚴密那廣西全省最要緊的隘口就是龍州府鎮南關關口有一座極大的砲台上面架着十幾尊大砲形式上倒也十分威武論起來這座砲台既然在這樣要緊的地方至不濟也得派個統領帶上兩營人馬看守這個砲台纔是誰知非但沒有重兵鎮省連砲台統領也不派一個通共只有一員游擊帶着八十名疲癃殘廢的老卒看守這個砲台這班老弱的軍士要是當眞遇着了敵人要來奪起這個砲台來不要說不敢開砲迎擊就是快快的叫他逃走還恐怕腿上嚇彎了筋逃走不來

衣冠影（二）

（1909年01月06日第26版）

第一回　戰强人砲台失守　奉朝命大將出師

這一天鎮南關前面哈哈的有一班私販洋藥的商人結了大隊人馬在鎮南關外走過剛剛碰着了一隊大幫的强匪從斜刺裏直撞出來正和這班商人撞個正着這些强匪看見這班人行李沈重料想有些油水要想搶掠他們的東西就有兩個爲首的强匪兩匹馬潑風也似的冲過來口中大喝道你們這班人留下銀錢衣服放你們好好的過去如若不然說着把手中的九嚮手鎗對着他們一揚做一個要開放的樣兒不料這些寶貝都是久慣漏稅的劣商一個個都是亡命之徒那裡怕什麼强盜這個盜首一句話兒還沒有說完早聽得轟的一聲一陣白烟一顆鎗子呼的從空氣中直飛過來憑你再是怎樣的眼明手快也是躲閃不及早打中一個盜首的左肩在馬上晃了一晃沒有跌下馬來接着就是一陣排鎗早打死了幾個强匪兩個匪首也都身受彈傷這班强匪見打死了他們的夥計不由得一個個心中大怒一聲呼哨四面圍裹上來只聽得鎗聲轟然如連珠撒空一般兩下拼命的惡戰約有一個時辰究竟那班商人的人少衆寡不敵便一步步的退過來這班强匪那裏肯放也一步一步的逼過去漸漸的退到砲台左近那班商人的意思以爲砲台裏頭的兵弁聽了外面這般擾攘一定要出來幫助他們那知等了多時鬼也不見一個出來那些强匪又死命的向前冲突冲得這班商人立脚不住就有幾個商人想出一個主意來趁着强匪一個不留心大家掉轉身來飛也似的奔上砲台去指望見了看守砲台的兵弁好求着他們出來拔刀相助料想這班强匪一定不敢

追赶的果然這班强匪見他們逃進砲台便也不敢追赶大家慢慢的退去那曉得那些商人到了砲台裏面非但没有一個人攔阻他而且連人影兒都没有看見一個憑着這些人一直走到第三層台上看看十幾尊大砲都好好的架在那裏那些看守的人都不知躲到那裡去了這班人看了這樣情形十分詫異要想走下砲台時恐怕又遇着了那班强匪便大家商量就在砲台過夜再仔細去看那大砲時原來有幾個是預先裝好藥彈的商人裏頭有兩個胆大的便對着那强匪的去路轟的開了一砲只聽得驚天動地的一聲響嗃一個砲子直飛出去有五六里遠近方才落下

揚子江白話報[①]

做揚子江白話的缘故

漢蛇

（1909 年第一期第 1—4 頁）

列位可曉得　要明白天下的事情　非看報不可麼　這句話總該常聽見說的了　但是列位的意思　以爲這些事　總是他們做官的人　讀書的人問的事　與我們何干呢　列位錯了　聖人常言道　天下是天下人的天下　不是一个人的天下　你道那個没有責任呢　外國的人　就是女人家　同那些下等的人　總曉得買幾種報看看　我們中國讀書識字的人不多　就是有幾種報　上等人買得來看　也就算得識時務的　一百个之中　不曉得能有幾个呢　還要想個個人能彀看報麼　從前上海安徽漢口各處的念書人　刻出幾種白話報來　把天下的事情　演成明明白白的話把大家看看　眞個叫人一看就懂　現在已經行消了　我們也是中國的人　深恨我們中國又窮又弱　被人家欺到極頂的田地　實在是無法可想　不得已在鎮江開了一個報館了　名叫揚子江　這揚子[1]江的名子　怎麼講呢　這個道理　說出來狠長　他們談學問的人　常言道　我們中國的地勢　最好是這條揚子江　爲什麼緣故呢　靠着水的地方　生意興旺些　人也秀麗些　種種的事

---

① 1904 年 12 月創辦於江蘇鎮江，初爲月刊，每月陰曆十五日出版，後改爲半月刊。發行人兼主編爲杜課園。1905 年出至第 9 期時停刊。1909 年 1 月淩探原、成覺民等發起續出"中興"第一、二期。主要作者多用筆名，如破園、君勘、丹斧、局外閒人等。主要欄目有"社說""新聞""小說""戲曲""學問""閒談""來文"等。

情　總比別處來得便當些　我們大家住的地方　總靠着揚子江不遠　這揚子江狠長的呢　一共有三千多里　說出來大家都曉得的　就是我們從上海坐輪船　走的這條江　叫做揚子江　我們的報　爲什麼叫這個名子呢　因爲揚子江的在近地方　事情狠多　要緊得狠　少不得要有一種報　所以我們開個報館　就叫個揚子江罷　現在揚子江　已刻了四五本了　前兩天有幾位朋友　寫了幾封信來　都說是你們的報　實在好得狠　但有一件　還有那些生意場中的人　同那些女子們　不識多字的人　看你們的報也不懂　你們豈不白費苦心麼　我勸你們　還是印兩本白話報賣賣　把他們大家看　一來是盡你們的道理　二來好叫大家曉得些事情　我們一想　這個道理　也不錯　大家商議商議　每月印一本白話報　把大家看　現在是纔印頭一本①　恐怕列位不曉得什麼叫个揚子江　所以不得不把我們的意[2]思　告訴列位

第一件是　英國現在一心要想我們的揚子江　他看我們的揚子江　生意也好　地勢也好　想這個心思　也不是一年了　列位可曉得　我們的地方　能彀被人家想去麼　但有一件　也說不起這句話　現在我們中國的地方　已經多少送把人家了　不過是從前的話不談　現在我們還要想想法則保全呢　列位你道空口說說白話　就可以保全了麼　這也不是　總要大家曉得這些道理　各盡各的心　各做各的事　還怕什麼英國不英國呢　我們辦報的第一樁大事　是爲的這個

第二件　我們中國的菁華　全在揚子江左近的地方　若是什麼事都不通氣　什麼道理都不曉得　你道可不可呢　不但這個　我們辦報的意思　還要把那皇上家的事情　學問上的話　外國的事　以及各處的新聞　都寫在這個裏面　俗說秀才不出門　能知天下事　列位買一本頑頑　不過一角錢　就能彀曉得多少緣故　你道便宜不便宜　快樂不快樂呢　我們辦報又是爲的這個[3]　這樣說起來　這些道理　已經千言萬語說不盡了　再要追本窮源的　問我們中國怎麼　就能不窮　怎麼就能不弱　怎么就能不被外國人欺　他外國人究竟有些什麼好處　我們中國人究竟有些什麼壞處　說起來更不是一天兩天的事了　列位若不嫌煩　請列位安心定意　等我們一本一本的　也顧不得絮絮滔滔的　把這些話　清清楚楚說出來　謾謾兒的告訴列位聽聽[4]

---

①　原文中"現在"前無空格，這裏是編者所加。

揚子江白話報的格式
破園
（1909年第一期第4—8頁）

現在中國的報館　比較各國尚差得多　但是在中國看起來　也就不少了　這兩年有些人　曉得報上所說的話全是些文話兒　那僅僅乎認得兩個字的　看了都是不懂　看了無益　所以就不看了　他的心中既然存了一個不看的念頭　你就不要他的錢　白白送他看　他也是不看的　若是一定要叫這些只認得字不會文理的人都來看報　祇有拿淺近的白話演了出來　叫他們看了好頑　而且一看就懂　你就是不叫他看　他也要來看看了　因爲白話報有這許多好處　所以這些有志之士　不惜把全身的功夫　用在這白話上頭　總不過是要[4]普及文明的意思　現在各處白語報館就開得不少　將來的效驗　則怕還要比以前所出的各報大些呢　我們這揚子江　從古以來　開化是最早的　差不多要算是文明的娘家　就應該樣樣被人家出色些　那曉得大大不然　一切地方上的銀錢　兵馬刑法教化的事　都在人家手裡出氣　比方人家說道　我要銀子用呢　急忙應道是是是　又道　我要衣服穿呢　急忙應道有有有　人家一想這个人光景是个獸子　索性欺他一欺　就說道　你把你的老婆　借與我罷　諸位聽聽　人家說出這種話來　可能答應他　不能答應他　在我看起來　世上無論甚麼慷慨的人則怕都是不肯　我怎麼曉得諸位不肯呢　因爲第一个就是我不肯　不肯又怎麼樣　祇好回他　不行就打　到了打的這个時候　就懊悔從前何不趁他要銀子要衣服的時候　就與他打呢　當時以爲含含糊糊得過且過　誰知他是得步進步　遲早些仍不免要打　望着他用的我的銀子　穿的我的衣服　來與我打　我何不就用這个銀子　就穿這个衣服　先與他打呢　諸位諸位　現在已經遲了　銀子衣服已經被人要了去了　已經要來要老婆[5]了　懊悔也來不及了　大家快快抖擻精神　保住未失的老婆　慢慢再去挽回已失的銀子衣服　將來能彀如了我們的心願　這就是揚子江白話報的效
做報的緣故　已經說明　不妨再把報上的大略說說
第一樣叫做論說　譬如現在中國　或是外國　出了一椿事情　這椿事情　關繫滋事情狠大　張是這麼說　李是那么說　張說李不是　李說張不是　叫看報的人無所適從　本舘就把他這件事　從頭至尾　統觀全局　照

公理議論他一番　好叫看報的看了　曉得究竟是怎麼樣好　究竟是那個不是　這就叫做論說

第二樣叫做學問　上自天文地理　下至種田做工　無一樣不是學問　幷沒有貴賤可分的　近來新理是愈過愈多　愈想愈精　就是吃飯睡覺　這些飲食男女瑣碎猥鄙的事　都是學問　我們頭也是圓的　脚也是方的　人家能學　難道我們不能學嗎　本舘用極精確的學理　極淺近的語句演說出來　被那深文曲筆　似乎有趣　這就叫做學問[6]

第三樣叫做要緊的新聞　我們坐在家理　就是出門　也走不多遠　這世界上的事情　如何曉得呢　這要緊的新聞　就是世界上　不論那一國　本國內　不論那一省　有了甚麼事性　但是有關繫的　總要明明白白的登載出來　好叫諸位曉得　這就叫做要緊的新聞

第四樣叫做揚子江的新聞　這個揚子江　發源於西藏　直流到上海爲止　地方是大極了　一天到晚　可紀的事情也就不少　本舘揀那有關繫的　細細演說　好叫諸位認得自己的本相　這就叫做揚子江的新聞

第五樣叫做小說　小說在今日是最要緊的　將來要中國富強　則怕小說的功勞要居十分之九　同人冷眼看出中國的景象　現身說法　描摹種種的奇形怪狀　無非要喚醒痴聾　直要等大夢齊醒　便是功成圓滿了　這就叫做小說

第六樣叫做閒談　中外大儒的格言　古今名人的軼事　但凡可以爲後人榜樣的　都一樣一樣的寫了出來　做個紀念　這就叫做閒談[7]

第七樣叫做唱歌　聲音一道　是最能感動人的　本舘不嫌鄙俚　特地的專設此門　要鼓吹國民愛國之思想　振起國民尚武之精神　這就叫做唱歌

第八樣叫做要件　各處章程的說帖　但是明白淺顯的　一一登戴出來①　諸君可以不時查看查看　好取法於人　這就叫做要件②[8]

說中國之民族

丹斧

（1909 年第一期第 23—26 頁）

大指

列位　你看今日要新中國的那班人　那一個不說民族主義嗎　試問這個民

---

① "戴"當爲"載"。
② 原文中"這"前無空格，這裏是編者所加。

族主義作甚麼講呢　不過教我們中國人　要曉得中國是我們的中國　住在中國的　是我們的民族　我們的民族　是與別的民族不同的　各人的民族　不能混雜的　別的民族　混入我的民族　就要把我們最完全的民族　反弄得不完全了　不但如此　只怕還要把我們的民族　弄得乾乾净净的呢　你看那歐洲各國的民族嗎　那個不是強的吞弱的　優的并劣的呢　便是我們漢族　初從[23]崑崙山遷居到黄河　由黄河遷到揚子江的時候　那時中國揚子江地方何嘗不是苗民的宅居麽　何以漢族一勝　苗民就絶了種呢　足見一族同居　不能容他族混入的　古人不是說過「臥榻之旁　不容他人酣睡」①又不嘗說「非我族類　其心必異」　古人爲甚麼要說這兩句話呢　不是怕別的民族混入　怕甚麼呢　中國聖賢　傳心法給與後世　不是有攘狄攘夷的大訓言麽　就是這個意思了　照此看來　民族主義　能慤一時一刻的妄嗎②　列位你們看中國當日也算是強國　到底是何以強的呢　今日中國人人知道是弱極了　到底又是何以弱的呢　我敢斗胆大言對你們說　當日強↑因有民族思想↑↑今日弱↑因無民族思想↑↑列位你們看秦始皇　漢武帝　何以稱爲中國的英雄主呢　不是因他築長城擋胡人嗎　不是因他城朔方阻匈奴嗎　到得晉室內亂　五胡十六國　一齊鬧到中國　把我們漢族逼得無處安身　僅僅偏安了江左一塊地方　不幾幾乎滅種嗎　幸虧了隋文帝　殺退異族　統一中國　也算是難得了　唐太宗是何等英雄　連四鎮以制外族　真個是東征西討　那一方不服　照當日看起來[24]　總不能　說無民族思想了　到了殘唐　又大亂　黄巢朱溫革命不成　反爲外族李克用奪去　以後石敬瑭劉智遠相繼做皇帝　中國又要淪滅了　幸虧郭威又光復一次　及到宋朝　中國似乎稍有轉機　不料安安穩穩過了幾代　遼金又起事了　宋朝被元滅亡　中國遂非漢族之國了　咦　上天不忍漢族滅亡　忽然生了一位大英雄　姓朱名元璋　竟能把已去的山河　盡行恢後③　你們看這個功勞大呢不大　那知到了明末　張獻忠李闖子　又謀革命　無端的吳三桂把清兵請來　自殘同種　算算已是三百年了　漢族到了今日　衰微已極　中國各處地方　被各色種族佔滿了　財產性命　皆拿在外人手裡　我們漢族呻吟痛苦無人問你　恐怕還要把我們

---

① 原文中"古人"前無空格，這裏是編者所加。
② "妄"後疑有漏字。
③ "後"應爲"復"。

漢種滅亡了　咳難道我們漢族四百兆人數　就甘心待死嗎　竟沒有一個大英雄出現嗎　我寫到此手也酸了　我說到此舌也焦了　我哭到此淚也枯了　雖然如此　難道我就不寫嗎　就不說嗎　我哭哭　就算完嗎　我這番白話　是告訴我們同胞　曉得我們民族的來歷　與別的民族的關係　要辦甚麼事　才好下手　不致亂無分別的　這一段就叫[25]個大指　全書在後面　聽我漫漫的細細說　列位不可嫌我勞叨　那就可辜負我的意思了[26]

海島奇譚

□蓀

（1909年第一期第35—38頁）

第一回　賞花

歐洲美洲中間　有一島嶼孤懸海中　名叫友斯郎達島　本來是些火山　無人居住　後來地殼越過越硬　火氣便漸漸的熄了　歐美兩洲的人漸漸也來此居住　到近來　這個地方十分熱鬧起來了　歐美的人　是最講究衛行的①　所以這個地方　屋子都是高廠的　街市道路都是極整齊極寬大的　這些閒話都不說　且說其中有個極大的公園　是歐美各國的人造的　爲他們閒暇時候　做一個游玩的去處　這裏頭收拾得非常美麗　周圍約有八九十英里　裏面除樓閣池塘甬道外　處處都是栽的各種名花異草　每逢春季　紅紫斑斕　濃陰滿地　一陣一陣的香氣撲鼻　這個時候　真個是車如流馬如游龍②　來來往往　也不曉得有多少有名的人在裏面頑耍　歐美的風俗　是男女平權的　越是有名人家婦女　沒有個不到各處游玩的　這個公園裏花草又美　景致又雅　是衣斯郎達島　最出名的一個大游玩地方　所有巴黎敦華盛頓各國貴官的夫人女公子③　到春秋佳日④　都來個這園裏游玩　這一天風日和暖　游人最多　歐美的婦女皆有武藝的　只見那人山人海的裏頭　有打毬的　有跳舞的　有閒話的　游玩的人看來看去　比看花還要緊些　這都是閒話　却說其中有一个十七八歲的少年公

---

① 本句疑有訛誤。
② "流"後疑漏"水"。
③ "敦"前漏"倫"。
④ "佳"疑爲"佳"。

子　生得十分後秀① 他叫做斯克多　他本法國人　十一歲就在巴黎大學堂畢業　領了頭等文憑　就到英美各國游歷了幾年　交接了許多的好友　這一天因他有兩个同學的女朋友[35] 一个叫朗齊　一个叫亞利斯　要到公園去游玩　約他同行　他們來到公園　也打了一會毬　跳舞了一　正在跳舞那時候② 斯克多謂朗齊道　朗妹妹你看那邊來了一个女子　生的很標緻呢　不曉得他會跳舞麼　朗齊道你認得他麼　斯克多道我不認得　朗齊道你既不認得問他怎的　亞利斯在旁笑道朗姐姐　你不曉道　必定是斯克多愛他了　你何不向前問問去　免得斯哥在這兒發獃　斯克多道亞姐呀　你不要這般疑心　我不過因爲看了這一天　沒看見這樣出色的人　所以要和你們評論評論他罷　有個什麽愛不愛呢　若論我所愛的　早已有了人了　那裏還有工夫去愛他呢　亞利斯笑道喔唷　我們和斯哥哥交好了這些時　還不曉得斯哥是个好評論人家的　不好呀　不要那天評論起我們來　且罷　你把你心愛的人　說給我們聽聽　也讓我們評論評論看呢　斯克多道不要說罷　若是說出來　恐怕你們是不肯評論的　朗齊道我怎見得我們不肯評論呢　斯克多道　人那有自家肯評論自家的呢　朗齊呸着道亞姐姐我們回去罷　不要與這个輕薄人說話了　亞利斯含羞要說　說不出來　斯克多又道說甚麽回去　恐怕這時俟就有人來請你③ 你還不舍得去呢　這一句說得朗齊也滿腮紅起來了　斯克多反覺不好意思　連忙又說道是我不好　我剛纔失口了　姐姐妹妹都不要怪我　我們再到那花叢裏玩玩去罷　說著就攪起郎齊和亞利斯的手來　往前走了　亞利斯道走就走了　又要這般三个人攪着手怎的　斯克多道我怕你們要跌壞了　沒得現在標緻　豈不可惜了麽　着也就丟下手來④ 同往那花多的地方走　正走時忽見路旁跕着一个很很的大漢　迎[36]着喊道斯克多　那裏去　好久不會了　斯克多也急忙迎上一步　答道我的阿哥麽　今日怎得到此來游玩　好想煞我了　那人道你往那裏去　何不到我那坐處談談　斯克多因指着朗齊等道　這兩位是我的好朋友　你們何不見見　又對着朗齊等道　這一位是我早年在巴黎武備學校的　同學的阿美伯老哥　他現在已做提督了　所以許久不會　朗齊等聞說便向阿美伯作禮　原來阿美伯像雖惡

---

① "後"當爲"俊"。
② "一"後疑漏"會"，原文中"正在"前無空格，這裏是編者所加。
③ "俟"當爲"候"。
④ "着"前疑漏"說"。

很　性極和平　笑嘻嘻的答道　二位姐姐好麽　彼此閒話數句　斯克多向亞利斯等道　亞姐姐你們在這裏玩一會子　我到阿哥那裏去一刻　就來和你們一同回去　千萬等我　亞利斯道也好　我們也在這裏面尋一个座兒坐下　慢慢玩花等你就是了　說着就走進一間屋子　二人一同坐下不提　那阿美伯就同斯克多一路去了　走過了許多花陰曲徑　看騙了無數的游人①　纔走到一處　高閣凌空　連頂是个五層　阿美伯邀斯克多上去　到頂上一層　却有許多人在那裏等候　斯克多遂一同坐下正欲叙話　忽聽得天崩地裂的一聲響　大家都跕起來憑欄一望　只見那綠陰裏有許多人擁擠　又聞得有人聲叫喊　斯克多道不好了　想是游玩的人擠死人了麽　阿美伯道恐怕又是虛無黨裏的人報讎了　斯克多道怎見得　阿美伯道前日　說未了早有多人道我們且去看看　這一會莫談故事了　說着大家就走　原來相去沒多遠　就是一座七層的樓　樓上四圍都是虛檐　虛檐底下地步很寬　因此四邊壓力就大了　這一天游人着實的多　因爲樓上有一个絕美的女子　在上面游玩　人都要上去看看　所以一時壓力驟增　就倒下來了　斯克多等看見　不覺大驚道不好了　這一[37]回不曉得打傷多少人　正觀看時只聽得　有人說道　這樓上是二百五十一號男客　三十四號女客　一面着人查票（按泰西風俗游玩人到一處總要寫票的所以人數可以查票就得了）　一面着人扒開倒樓尋找　查了一會　又聽得說道男客傷了二百零一號　死了五號　還有四十五號人未傷　女客傷了二十一號　死了一號　還有十二號未傷　斯克多暗想道　不曉剛纔所傳說的那一个絕美的女子怎樣了　正想時只見抬出多少死人來了　其中一个女死　另外攔住　斯克多註眼觀看　見那女子生得十分美麗　現雖已死　却未曾打壞　好似悶死了一般　亞美伯向斯克多道　你看這般一个女子　白白打死　豈不可惜　斯克多嘆道②　唉—死了還這般美麗　若是不死還要美麗呢　亞美伯道我聞得你曾學道醤法③　何不替他醫治醫治　斯克多道說得到有理　但恐我的本事不行　又不曉他的姓名　是个什麼人家　可要醫治不要　亞美伯道你果能醫　他豈有不要的　我們且少等一會子　看有什麼人來理會再着罷了　咦　這正是④

---

① "騙"疑爲"徧"。
② 原文中"斯克多"前無空格，這裏是編者所加。
③ "醤"應為"醫"。
④ 原文中"咦"、"這"前無空格，這裏是編者所加。

　　　　火世界變着花世界
　　　　死美人還是活美人
　不知這女子究竟是什麽姓名　斯克多有何法醫治　且聽下回①[38]

---

① 原文中这句话无空格，這裏是编者所加。

1910 年

北洋官報①

京師內外城巡警總廳白話告示
（1910 年第二千四百十三期第 9 頁）

爲明白曉諭事　照得調查戶口在警察行政中　是最要緊的一件事情　保護公共安寗　鑑別人民善惡全在這件事上　現在各戶門牌　早經接次編釘　你們各戶　所有遷移生死婚嫁承繼出入等事　就應當隨時呈報　以備稽查　但是讓你們呈報　你們不知道怎樣報法　亦多不便　所以本廳明白告訴你們　自四月初一日起　按戶調查　發給你們查口票　按式填寫　務要填寫實在數目　不得故爲增減　巡警向不時按數點查②　倘巡警點查時　與原填數目不符　及有不服巡警調查之時　本廳定行按照奏定章程懲辦　至各式呈報書　均由區存儲　以備呈報　所有左開的事項　卽可到區領取呈報書　切實填記　如有不明白的地方　也可以向巡警詢問　倘查有潛匿不報　或擅行捏報　亦定照違警律從嚴懲辦　其各懍遵勿違　切切特諭　計　開　一遷移須到區呈報　遷移就是搬家　如由舊住的地方　搬到別處　在未搬之前三日呈報區署　好領取遷移證　要不呈報　無論搬到那區地面　都是違警　一經查出　就要受罰了　一生與死須到區呈報　生就是生了子女　死

---
① 簡介見259頁。
② 原文中"巡警"前無空格，這裏是編者所加。

就是死了人口　這兩件事情　都得趕緊呈報　要是不報　巡警調查時　人口數目　就不能對啦　數目要是不對　就要受違警罪的處罰　須切切記住　一男婚女嫁須赴區呈報　男婚就是娶媳婦　女嫁就是出聘　這兩件事情　也都得趕緊呈報　要不呈報　巡警調查時　數目不對　就要照違警律罰辦　一承繼及收養棄兒須到區呈報　承繼就是過繼子女　收養棄兒　就是檢拾無主小孩　這兩件事情　也要趕緊呈報　要不呈報　承繼的人　究竟應繼不應繼　衙門無從知道　日後就要鬧麻煩　收養的棄兒　究竟他家裏有人沒有　要不呈報　也就許鬧出事情來　以上各節　切要遵守　不可違犯　免得由巡警查出　致干罰辦

長沙地方自治白話報①

緣起
（1910年第一期第1—3頁）

列位　如今世界上　出了許多報紙　有甚麼農學報　工學報　商學報　以及關於政治的　關於時事的　等等項項　無不有報
這是甚麼緣故呢　因爲想使人家看了那項報紙　就曉得那項事的原委　假如那項事的中間　有不好的處所　就可以大家設法子把他改好　這個意思是狠好的　但是辦一種報紙　定有一種主見　於今我們這個報　就是專講地方自治的　要使列位看了　都曉得自治的道理　自治的好處　日後辦起自治來　大家對於地方的事件　有利益的　就把他興起來　有弊病的　就把他除了去　使我們都安安穩穩的　豈不甚好嗎[1.1]
但是怎麼叫做地方自治呢　就是用本地方的人　辦本地方的事　就叫做地方自治呵　于今我說了這句話　我曉得列位定要生兩種疑心的　第一種咧　就要疑心我們既然說辦地方自治　將來就不要官了　第二種咧　就是

---

① 1910年8月創刊於湖南長沙，月刊，由長沙籌辦自治公所編輯發行。主要欄目有"上諭""奏牘""論說""法理解釋""本地方應興應革事宜""關於農工商事件""紀事"等，爲研究清末地方自治運動的參考史料之一。停刊日期不詳。

說我們從前已經辦了都團保甲　冒一件不是地方自治的事　于今何必又要辦地方自治呢　唉列位若是這樣想　那就大錯特錯了

大凡做官有官的事　做百姓有做百姓的事　若是一切事情　官都能夠做得好　那我們就不必辦地方自治　因爲做官的　都是一些外省的人　既然不曉得我們本地方的情形　幷且他管的事項又多地方又大　已經萬難周到呀　況且外省人在這裏做官的　今日才來　明日又去了　甚至于位子還冒有坐得熱咧　那裏能夠把一切[1.2]事情　都替我們辦好嗎　所以我們定要辦地方自治呀　如果這辦地方自治的事情　有人從中作梗　那就要借官的力去碾消他呵　況且一國的地方大得狠　一國的人民多得狠　那應辦事項和地方自治一樣要緊的也就狠多　那些事情　都要靠官去辦　所以我們雖辦地方自治　幷不是可以連官都不要了

我們中國從前所辦的都團保甲　並不是冒得好處　不過他那好處比辦地方自治的好處少一點咧　所以我們就要辦地方自治呀　至于地方自治的好處　一時也說不盡　等我慢慢再詳細告訴列位呵　假使我們的地方自治辦好了　我們這地方就安安靜靜的　那我們所得的好處就多得很呀　一處的地方自治辦得好　百處千處萬處的地方自治都辦得好　那我們這疲癃殘疾的中國　自然會富强起[2.1]來　豈不是一件大大的幸事嗎　唉列位想想　我們中國怎麼弄得這樣疲癃殘疾的　因爲我們中國的人　大概有見識有學問的少　無論做甚麼事情　比外國人都要差些　我們中國的皇帝　曉得這個緣故　到了光緒三十四年　就下了一道最要緊的上諭　那上諭中間　是說那預備立憲的事情呵　怎麼叫做立憲咧　就是造成一種最好的法律　使我們中國　無論甚麼人　都要遵守　就是那皇帝　都不能違背這種法律的　何況官吏紳士及以下的人咧　但是我們要用那種最好的法律　就有許多的事情要打起精神先去做好　這就叫做預備立憲呵　那要打起精神先去做好的　是一些甚麼事情咧　說起來雖多　究竟冒得比地方自治再要緊的　當時的上諭已經限定九年　從光緒三十四年算起　如今是第三年　恰恰到了[2.2]要辦地方自治的時候了　我們何不事事提前　件件趕辦　以謀國家和人民的幸福咧　就現在的情形說起來　這地方自治四個字　列位大概都知道了　但是遮自治的道理狠長① 　自治的事件狠多　將來的辦法也就狠複雜　於今曉得的人雖不少　不曉得的人必然更多　若不

---

① "遮"當爲"這"。

細爲說明　那不曉得的人　或者心生疑惑　或者造作謠言　將來這個地方自治　就不好辦了　所以我們不得不把自治的道理　自治的事件　以及將來辦理的次序　編成這種白話報　印起出來　把得列位來看　但願從今以後　列位細看遮報①　個個曉得自治的好處　大家齊心合力辦起來　務必使這件事情　早早辦好　庶幾上不至違背　上諭　下可以共得利益　豈不一舉兩得嗎　這篇議論　不過說明本報緣起的情由　至於其中詳細的道理　以[3.1]及各種的方法　後面再層層推說　列位細心看了　才曉得地方自治　是與我們人民狠有益處的　又有那個不願意趕緊舉辦呵[3.2]

本地方應興應革事件

（1910 年第一期第 24—27 頁）

　　地方宜設貧民學堂

設立學堂　原以教導子弟　外國把這教育一項　最爲看得要緊　國家之所以存立　人民之所以生活　都是注重這裏　這個緣故　因爲人生在世　隨便做那一件事情　定要有些知識　才能做到　若是毫無一点知識的人　世界上所謂蠢人　試問列位　蠢人如何能做事咧　蠢人不能做事　固不待說　然除蠢人以外　世界上尚有殘疾的人　比如瞎子雙目不見　啞子口不能言　這樣情形　好樣全然不能做事　然照外國看來　他的學堂狠多　就是啞子瞎子也有學堂　也有法子　叫導他做些事業②　至於中國　所謂蠢人不能做事　外國並沒有這說　這個緣故　並不是外國人的聰明　比[24.1]中國人好些　因爲是外國的學堂　比中國人多些　我們中國　現在人數狠多　百人之中　其不識字跡的　不懂文義的　定有六七十個　這六七十個人③　定然是沒有進過學堂的人　這就太可惜了　列位想想　如今的世界　用度比前大些　東西比前貴些　那不懂文義的人　不講做別的頂大事業　就是在外賺錢　自然也是少些　那連字跡都不認得的　更發不待說了　譬如一家舖子　那管賬的人　自必會寫會算　賺錢定是多些　那寫算不頂好的　只能够招扶生意　賺錢自然少些　那全然不曉得寫算的　不

---

　①　"遮"當爲"這"。
　②　"叫"應爲"教"。
　③　原文中"這"前無空格，這裏是編者所加。

是運送貨物就是打掃櫃房　賺錢不多　更不待説　照這樣看來　人人都有子弟　那個不想子弟賺錢養家　然而賺錢之多少　總以寫算之高低爲憑據　列位想想　凡有子弟　總要都進學堂　凡一地方　總要[24.2]多設學堂　這層道理　豈不彰明較著嗎

現在我們長沙　鄉裏學堂　尤其狠少　自從科舉一停　那起館教書的先生　也是自然少了　貧寒之家　無力延師　若不多設幾個學堂　眞是想要讀書　都不能够　這就太可惜了　小時既沒有讀過書　長大便不能認個字　一切事件　都不能做　就同那蠢人一樣　中國所謂蠢人　並不是生來蠢的　都是由於未曾讀書　不能識字　沒有一些知識的緣故　現在地方自治　頭一件要緊的事就是學務　京裏學部　也定了幾種法子　就是叫做簡易識字學塾　半日學堂　貧民學堂　這幾種學堂　都是爲着教導貧民起見　就是年紀大了　沒有進過學堂的人　也可以到簡易識字學塾　多多認識几個字跡　這些學堂　若是辦了起來　不要好多經費　又有[25.1]好多益處　這層意思　原是極好　列位對於本處地方　定要把這几項學堂　早早開辦越多越好　這好處是無窮盡的

　　　地方宜設戒烟會

列位現在的鴉片烟

皇帝下了上諭　官府出了告示　烟館盡都閉歇　凡屬上瘾的人　發了牌照　定了期限　從此以後　把人民喪身的根本　國家致弱的根原　一概除盡　這却狠是好的　然而自我看來　戒烟有了几年　吃的還歸是吃　這個緣故　並不是吃烟的人不想戒　也不是吃烟的人不能戒　都由戒烟沒有好法子的緣故　就是街上所買的丸葯　也是沒有功效　這吃烟的人　不知不覺　心中就疲玩了　事情就拖長了　俗話説得好　鴉片易戒心難死　可見這戒烟的事[25.2]情不能專靠着吃烟的人　定要我們地方　多設几個戒烟會　多製几種戒烟丸　有錢出的買與他　沒錢出的送得他　在平常時候　又把那鴉片如何要戒　不戒如何不得了　連那戒烟的法子一並告訴他們　能够這樣推行　斷然是有些効驗的　自從鴉片盛行的時候　毒我們中國　害我們人民　就是吃烟的人　也未必不曉得　也未必不想戒　其所以不能戒的緣故　好樣一人跌在水中心中雖想起來① 　力量不能掙起　假若有人站在上面　用別的東西將他救起　他心中豈不喜歡嗎　現在吃鴉片的

---

① "樣"當爲"像"。

人　就樣跌在水中一般①　把戒烟會立了　就像有人站在上面　要想救他一般　施送戒烟丸　就樣上面的人②　用東西救起他一般　如今戒烟禁令　甚爲緊嚴因勢利導　事半功倍　我所以勸地方多多設立戒烟會　就是這個[26.1]意思

設立戒烟會的道理　已經略爲說明　然或者尚有不相信的　以爲禁的禁　吃的吃　告示雖嚴　他也從那裏查起咧　縱然查着　也可以用錢解脫的　況且中國禁烟　不止一次　如今也未必能夠禁絕　就是從前兩廣制台林大人　他把英國的鴉片　燒了幾千萬箱　當時且鬧成大大的交涉　講起戒烟二字　都是狠不容易的　這等說法　我所以定要極力辨清　列位要曉得今日的事情　是比從前大不相同的　現在禁烟　已經限定年數　到了年數已滿　就無處有土買了　如今雖然有買　全是寓禁於徵的法子　土稅日日加抽③　將來如烟一錢　加到制錢一串　此刻情形④　沒說窮人　吃他不起　就是富人也難支持　就說富人有錢　可以多買些洋土　多煮[26.2]些烟膏　然而禁令森嚴　設或有人查着的　照私藏軍火私鑄制錢一樣的治罪　試問列位　這種罪名　如何能夠當得起咧　況且此刻禁烟　外國都是贊成的　中國與英國　已經訂了特別條約　尤其不能放鬆一步　照這樣看來可見中國禁烟　是毫無一點更改的　地方戒烟會　更是要趕緊設立的　我們人民　更無庸別生疑慮了[27]

紀事

（1910年第一期第29—32頁）

　　本縣

（籌辦詳志）　本縣地方自治　在城裏學宮街　設了一個籌辦自治公所　這籌辦的意思⑤　就是預備將來怎麼辦法　怎麼成立的　格外又附設一個自治研究所　於去年八月開學　招取本縣有選民資格的士紳　入所練習自治的辦法　照着章程　扣足八個月畢業　到了今年四月　已經期

---

① "樣"當爲"像"。
② "樣"當爲"像"。
③ 原文中"土稅"前無空格，這裏是編者所加。
④ 原文中"此刻"前無空格，這裏是編者所加。
⑤ 原文中"這"前無空格，這裏是編者所加。

滿　這一班都畢了業　現在辦理自治　期限甚爲緊嚴　長沙爲湖南首縣　更要早先舉辦　本縣籌辦公所　開頭從城裏辦起　已經派了士紳　分途宣講　四處調查　其所以要宣講調查的道理　再與列位過細說清怎麼定要宣講咧　因爲地方自治　本是初回舉辦　其中道理　恐[29.1]怕列位不能個個曉得　所以要將其中情形　與地方大有益處的道理　說與列位聽聽　列位聽了　個個都曉得了　以後辦事① 必不至再生疑慮了　其中道理　本報也難一刻說清　列位或者往宣講所聽聽或者將本報按月所出的　過細看看也都是一樣的

至於怎麼定要調查　其中分兩層道理　一層定鎭鄉的名稱　怎樣叫做鎭鄉　照章程上說　人口滿五萬以上者爲鎭　人口不滿五萬者爲鄉　是鎭鄉的名色　都要看人口的多少爲定　若不調查清楚　這又怎麼曉得　一層定議員的額數　自治章程載的　城鎭議事會議員　以二十名爲定額　倘若人口滿了五萬五千　加添議員一個　由此以上　人口加五千　議員加一名　就是鄉議事會的議員　也是以人口的多少爲加減　凡人口不滿二千五百者　議員六名　人[29.2]口二千五百以上不滿五千者　議員八名　人口五千以上不滿一萬者　議員十名　人口一萬以上不滿二萬者　議員十二名　人口二萬以上不滿三萬者　議員十四名　人口三萬以上不滿四萬者　議員十六名　人口四萬以上者　議員十八名　這樣看來　議員的額數　也是以人口定的　這就是現在開辦自治　不能不調查戶口的道理　列位要曉得各處調查　是奉了

上諭的　是定了章程的　也同早年辦保甲造門牌的意思差不多　不過關係緊要　比從前的調查認眞些　並不是要人捐錢　也不是向人抽稅　至于所以要調查各位納稅的額數　這更是有道理的　因爲地方的事雖是地方人辦理　然必要辦理的人　對于地方有格外的關係　辦事方才盡心　如今調查那納稅額數[30.1]　就是注重那地方格外有關係的人　納稅旣多　財產自多　所以章程上分爲兩級　凡年納正稅或公益捐較多者　以若干名歸入甲級　其餘的人歸入乙級　凡列入甲級的人　選舉議員　比乙級自然易些　所以甲級選的人　和乙級選舉人比較　甲級自然是好些　譬如我們城裏　共有六百個選民　應該舉二十個議員　甲級裏有一百個選民　就應該舉十個議員　乙級裏雖有五百個人　也只能够舉十個議員　照這樣看來　豈不甲

---

① 原文中"個個""以後"前無空格，這裏是編者所加。

級人的少數　可以抵得乙級人的多數嗎　奉勸各位　到了調查的時候　務必把家裏的人口年歲籍貫職業住所納稅多少　件件從實說明　以好詳細記載　切不可聽信道路上的謠言　疑惑隱瞞　不說眞話　這就是自己吃虧了　這篇議論　只說所以要調查的緣故　至於調查戶口　將來有益於[30.2]人民的好處　尤其最多　且俟下期再說

　　善化

（抽收土捐）善化籌辦自治公所　已經設立　因爲經費缺少　經所中紳董　大家商議　安排在省城　各處土庄膏店　抽收特捐　分爲上中下三等　以走班土庄爲上等　以搭班土庄爲中等　以零售膏店爲下等　按月分別抽收　大約上等　每月捐洋百六十元　中等每月捐洋八十元　下等每月捐洋廿元　已經具禀巡警道衙門　如批准了即由警務公所　分飭巡警各區　按月代收　以作自治經費　這樣抽捐①　並不是格外苛派　因爲現在禁烟　極爲嚴緊　數年以後　將來沒有土買　假若吃烟的人　不趕急戒斷　到那時候　越發更不得了　現在開辦自治　甚爲要緊　抽了這項錢　可以做[31.1]得用　雖是烟土漸漸貴些　然吃烟的人　看見這等情形　自己都是要戒的　這意思豈不好嗎

　　外省

（釐訂地方稅）自治經費　應該支用地方稅　本是各國通行的法子　湖北近來稅捐繁雜　朦混的狠多　制台瑞大人　和藩台王大人　議定在本省地方　專設一個釐訂地方稅調查處　選些通曉學理　熟悉地方情形的人　派他往調查處辦事　這種意思　因爲辦理自治　旣該支用地方稅　就應該把地方稅早日分清　湖北辦理自治　先從此處下手　這覺很是好的②

（蘇州自治）　蘇州城裏地方自治議事會　已經成立　開了幾次會　提了許多議案　因爲議長屢次不到　辦理未見得十分有效　列位[31.2]　這地方自治議事會　是我們人民的參政權　議長是議員中間選出來的　議員是人民有選舉資格中選出來的　因爲是從前官吏　替百姓做事　恐怕不親切　不周到　好容易奉了

上諭　把這參豫行政的權利　給了我們人民　我們遇了這好機會　大家要齊心合力　把中國習氣丟開　好好來替百姓做事　替地方興利　才是正

---

①　原文中"這樣"前無空格，這裏是編者所加。
②　原文中"這"前無空格，這裏是編者所加。"覺"疑有誤。

辦　假若任意放棄　這就是狠不好的　我們湖南始行舉辦　願大家注意這點　設立農務分會　浙江嘉興秀水兩縣　連年遭了虫灾水灾　農務一天一天敗壞　去年該地紳士盛良　聯合同志的人　設了一個農務研究所　後來遵照部章　正名爲農務分會　就是考究這耕田的道理　水旱要怎麼防備　虫傷宜如何招扶　以及栽種一切法子　都[32.1]大家過細講求　列位　這耕田的事業　本來蟲傷水旱　都是有法子可以免除的　並不是專門靠着天時　其中道理　不能一氣說出　到了以後　再層層說淸　如今浙江地方　設立農務分會　大家互相講究　彼此增些見識　這却是狠有益處
　　北京
（自治限期成立）京裏民政部肅王　見得地方自治　最爲關係緊要　恐怕各省辦理　有那疲玩延緩的情弊　決定通告各省　所有關於各級自治機關　總共限定宣統五年　一律成立　不准稍有一点遲緩　限期以前　籌辦的次序　研究的方法　仍要按照章程　隨時報告部裏[32.2]

大公報①

學堂宜戒紙烟

（萬國改良會代表員丁義良演說）

（1910年01月06日第6版）

兄弟讀中國的聖賢書　知道中國最重的　就是五倫　君臣　父子　夫婦　昆弟　朋友　但是兄弟再三思想　看我們人在世上　還當多添上一倫　就是師生之倫　因爲現今的世代　是學務發達的世代　差不多人人都要入學讀書　所以學生與先生的交際　是多的很繁的很啦　學生與先生所起的衝突交涉　也是多的很繁的很啦　兄弟現在說　當添上一倫　也無非要維持師生倫理的意思　中国雖是有句師徒如父子的話　究竟因爲沒有特立這一倫　所以也無甚麼很大的效力　再者學生是四民之首　俗語說士農工商　總是把讀書的人擱在前頭　自然這讀書的人　也應當作出個完美的樣子來　好做別人的標榜　爲此這師生一倫　實當竭力講求　凡作學生

---

① 簡介見80頁。

的　都要虛心受教　順從先生一切的吩咐　比方先生吩咐學生不可吃烟　學生就當聽從先生的話　不去喫烟纔是　若頑疲不聽　不但辜負先生的一番好心　更是損壞自己的精神腦力　這師生之倫　也算缺而不全了　兄弟說這話　無非將小比大　舉一概百　此外一切關係師生之間的事情　都有這關切的道理　兄弟今天演說　是勸我們大家　抵制烟捲　論這烟捲　在學堂裏頭　爲害甚多　若說別的事情　甚麼吃欸啦　嫖賭啦　抽大烟啦　這幾樣大病　學堂裏的人　是不容易犯的　一則因爲凡學界的人　都知道名譽要緊　爲保守自己的名譽起見　自必不敢輕易去做　二則是學界的人讀書明理　知道立身作人的大道　於一切傷身敗德的事　亦萬不肯冒昧去做　三則這吃欸嫖賭抽大烟　必得遊手好閑的人　方有工夫　若是學堂裏的人　一點鐘一上班　兩點鐘一搖鈴　整天家沒有閑工　並且出入都要請假掛號　按着時候有人巡查　在這吃欸嫖賭抽大烟的事情上　是沒得工夫去做的　可是惟獨有一樣事情　學界的人可以做到　並且做的人很不少　差不多人人都要做的　是甚麼事呢　就是抽烟捲

（未完）

學堂宜戒紙烟（續）

（萬國改良會代表員丁義良演說）

（1910年01月07日第5版）

要論烟捲這一種東西　人吸他是很省事的　不像抽鴉片那麼麻煩　必得烟鎗烟燈烟盤子　又得有水　又得找個地方躺下　簡直的費事的很　這烟捲兒就不然啦　只有根洋火一擦　點着就可以抽　要不抽立時可以滅　也不用躺着　也不用坐着　隨便站着走着　都可以抽　再者東西也不甚大　人人的兜裏　都可以裝着一盒　說起來抽烟捲是極省事　極方便的　故此學堂裏　抽烟捲兒的人是很多很多　並且現在的人　也都講究抽烟捲　以爲如此　方纔算是應酬　算是體面　走在街上　若不嘴裏銜着個烟捲　人看着彷彿不是時道　總要銜着個烟捲兒　這纔算是講究　算是開通　人看見了朋友不拿出盒烟捲兒來　人要說他落場　說他不會酬應　慢待朋友　因爲社會上　有一個抽烟捲兒的習尚　故此學界的人　也不免受了影響　這烟捲兒在學界裏頭　也就大行其道了　又加上烟捲兒　有一種絕大的能力　就是叫人上癮　所以行來行去　竟將人束縛得很緊　想不抽

也不行了　噯　烟捲兒的權力　旣如此的發達　這學界裏的人　可就大受其損了　前幾天的時候　有一位西國大夫　從保定府來　兄弟與他領教　烟捲在中國學界的勢力怎麼樣　他說噯呀　可怕的很　烟捲兒的勢力　在青年學界人的身上很大　曾記得一天　有一個青年體面的學生　來到我的醫院求醫　我說你得的甚麼病啊　他說頭疼頭暈　難受的很啦　我一摸他的脈　敢情他有一個抽煙捲的重病　脈跳的很快　每分鐘足有一百二十多次　按平常人的脈　不過每分鐘跳七十多次　他跳一百二十多次　是因爲他抽煙捲過度的緣故　所以我說　你抽煙吧　他說不錯　我是抽的　我說你的病　是從抽煙得的　沒有甚麼藥能以醫治　獨有個至好的法子　就是你別要再抽烟　或者慢慢的能好　若還是任性的抽　恐怕你的命難保　那個青年人　倒是個剛強有志的男子　一聽我的話　就說好啦　我一定往後不再抽烟　我要脫離這種毒東西的轄制　要救我的性命

（未完）

學堂宜戒紙烟（續）

（萬國改良會代表員丁義良演說）

（1910 年 01 月 08 日第 6 版）

我說很好很好　你可以天天到我這裏來　我要看看你的脈　瞧瞧你的病勢如何　於是他就天天到醫院裏來　過了不多幾天　我看他的脈　此從前慢了些個　每分鐘跳一百一十來次　後來一天減似一天　慢慢的同平常沒有病的人　脈跳的一樣了　我問他說　你的頭還疼不疼　他說不疼了　還暈不暈　他說不暈了　從此他的病也就好了　我們在這一件事情上　就可以見得烟的毒力　是多麼利害　人抽烟的害處　是多麼重大　孝經有句話說　身體髮膚受之父母　不敢毀傷　曾子因爲善保父母的遺體　到臨死的時候　對他門人說　看看我的脚　看看我的手　爲的是教他門人　也要一樣的小心　保守自己的身體　我們從此可以知道　保守身體　是爲人子所當注重的了　人若抽烟捲兒　損傷了各人的身體　就於孝道上也有所虧了　還有一樣　人在爲學的時候抽烟　旣傷損腦力　又耽悞課程　容易使自己一生　不能作高尚的人材　於自己祖國　無甚大的幫助　試想一個國　立在世界上　總須出些有能幹的人　治理他　維持他　這個國纔能富強　纔能堅固　若是人因爲抽烟　傷損了自己　使自己不得作才能的

人　帮助國家　空受國家覆庇之恩　不能報答國家一點兒好處　這就在爲國一面上說　也算不忠的了　既然爲國不忠　你還說你有愛國的心　有誰信呢　兄弟看新聞紙上說　政府有意派王公大臣　到全國各處　演說人當有愛國的心　我想他們於保守身體一層　是絕不能忽畧不提的吧　（未完）

學堂宜戒紙烟（續）

（萬國改良會代表員丁義良演說）

（1910年01月09日第6版）

兄弟久聞天津學界的人　愛國的程度是最高的　諸位也都是明見人　我們中國爲烟捲兒這種東西　蹧踏了多少個錢啦　人時常看見　各處所貼烟捲兒的招牌　城裏　四鄉　内地　沿河　不知有幾百萬張啦　看見的人　都說烟捲公司的買賣　有多麼大呀　看人家光爲這些紙招牌　每年得多少萬銀子呀　豈不知那些個銀子　都是賺的中國人的　人家在這宗銀子以外　不知還賺了多少呢　諸君哪　我們不是講保守權利麼　我們每年爲這種無實用有眞害的東西　耗費了無數的銀子　我們不該趕緊的想法子　抵制抵制麼　抵制法子是甚麼呢　是把賣烟捲兒的外國人　都鬪出去麼　不是　是與他們本國動國際交涉麼　不是　有一個頂好絕妙的法子　就是不買不抽　這個法子　不用鬪他們　他們就都走啦　不用與他們起交涉　他們自然也不來賣了　所以兄弟今天願意同大家商議　我們要定個主意　不抽烟捲兒　又省錢　又保身　又愛國　又盡孝　自己也落個剛强健壯　精神爽快的身子　作一個敏捷能幹　有學問　有用處的人　豈不是很好麼　盼望我們大家　都要從此立定個主意　彼此組織一個會社　以戒除烟捲兒　爲至要之目　將來的幸福　必是無窮的了　　　　（已完）

公共花園論

（萬國改良會代表丁義華君稿）

（1910年06月08日第6版）

兄弟今天演說的題目　是我們北京城裏　應當立一個公共花園　衆位知道　人住在鄉村裏　與住在城市裏不同　住鄉村的　房屋暢亮　空氣潔淨　人又每日勞動　或耕或種　或收或藏　所以身體强健　精神爽快　少

有各樣災病　住城市的　房屋稠密　空氣混濁　人每日困在斗室之內　以至身體發頓　精神疲乏　容易受病生災　所以泰西各國　爲衛生起見　在人民衆多的城鎮　設立公共花園　爲的是叫一總的人　雖然住在城內　仍可領略鄉間的風味　換換空氣　提提精神　雖不能如鄉下人　日作勞動生活　在清潔新鮮的空氣裡　卻也可以借着公共花園　洗刷人胸中的濁悶　增長人活潑的精神　這就是城市立公共花園的理由　兄弟周遊西方各國　凡是人民衆多的城市地方　沒有不立公共花園的　及至來到大清帝國的京師　首善之地　竟沒有個公共花園　這眞是奇事怪事　而且是最可惜的事　按說中國現在正是改良的時候　北京又是一國的都城　原應當在一切維新變法的事情上　立個榜樣　作個領袖　好提倡着叫各行省　也效法改良　現今像這樣的京師帝王之家　竟沒有一個公共花園　不能爲各行省立個規模　豈不是一件恨事　再者花園兩個字　在中國也不是甚麼新名詞　自古來帝王之家　官宦之府　以及大紳衿　大財主　都講究在自己宅院裏　立個花園　爲的是遊玩散心　消愁解悶　也含着有講究衛生的意思　惟獨貧窮人可不然　落鄉下的呢　櫛風沐雨　戴月披星　住幾間八面透風的房屋　吃兩頓粗淡無味的粥飯　然而在這勞動寒苦的裏頭　能得一種天然的衛生　這也是大造格外的恩惠　至於住城市的窮苦人　可就難以爲情了　所以爲一切的窮苦人起見　應當設立公共的花園　庶幾能使窮苦人　也沾點時惠　諸君不記得孟子見梁惠王　對他講的那篇與民同樂的大道理麼　兄弟盼望現今有錢有位的人　也要存個與民同樂的心纔好　自從早二三年　我朝庭在京西　立了個萬牲園　任人買票入看　總算是朝廷一番與民同樂的盛意　無奈離城過遠　票費太多　有錢有工夫的人　倒還能去得　至於一切窮苦的百姓們　仍然是難得其門而入　　　　（未完）

公共花園論（續）

（萬國改良會代表丁義華君稿）

（1910年06月09日第6版）

因此兄弟纔說　應當在北京城裏　立四個公共花園　設在東西南北四城　任人隨意遊覽　不取資費　叫那一班囚居困處　窮苦的男婦老幼們　也得見見天日　這不算一件功德事麼　或者說　中國處這維新過渡的時代　一切當改當革　當興當舉的事很多　總應當先其所急　後其所

緩　舍其小者　志其大者　公園一事　總算是小節目　暫且不作未爲不可　誰知此說　大謬不然　因公園與民生有莫大之關係　更有莫大之利益　如今且聽我同大家研究研究　（一）公園有益於衛生　想那些窮苦人們　整天家堆聚在兩間小房子裏　雖不能說是坐監　卻也跟坐監差不多　地勢不好　不能多得日光　空氣不好　內中多含混濁　不是枯坐　就是死躺　一輩子不能活動活動身子　常說中國人好靜不好動　其實依兄弟看來　中國人並非是一生下來就好靜不好動　不過是形勢所迫　窮困所逼　漸漸養成一種好靜不好動的懶習氣就是了　試看中國的小孩子　也都是願意父母抱着他上外邊去玩耍　不喜歡老在屋裏　中國人的性情　又何嘗好靜不好動呢　設如有個公園　叫人隨便進去　也可以換換空氣　長長精神　活動活動身體　疏通疏通血脈　免得生一切的病災　這豈不是與衛生大有益處麼　（二）有益於民智　貧窮人困守家門　一生所見所知的有限　設若有個公園　裏頭有好些個珍禽異獸　栽種些樹木　陳列些品物　使進去的人　能見所未見　聞所未聞　知所未知　使人的眼界得以擴充　心思得以舒展　於開通民智上　豈不大有裨益麼　（三）有益於民德　人生在世　無論是那種那族的人　都有個求樂的心　貧窮人困坐一室　也是要求個快樂　於是乎賭錢啦　抽煙啦　閒談啦　作戲啦　甚至於傷風敗德的事　也作出來　設若有個公園　人可以在無事的時候　進去觀觀景　開開心　長點普通的學問　也就省得作那有損無益的事了　這不是有益於民德麼　現在文明的國民　講究三育　就是體育　智育　德育　三育缺一　即不能爲完全國民　如今公共花園　旣然與民的體育　智育　德育　皆有幫助　皆有益處　有改良責任的人　豈可把公園一事　置於腦後麼　所以這立公園的事情　是當今的要務哇　然而這公園裏　要怎樣的佈置呢　　　　　（未完）

公共花園論（續）

萬國改良會代表丁義華君稿

（1910年06月10日第6版）

論到佈置的法子　雖無一定　但也有個普通的格式　全不外乎諸君所知道的　（一）是修築道路　公共花園以內　來往的人數甚多　其中道路要分寬窄兩類　有的是長驅馬路　有的是灣轉曲徑　可以走馬車　可以走人力車　可以走自行車　可以散步　叫一切的行人　沒有磕足揚塵之歎　（二）要作遊藝場　可分兩等　一等爲青年人　如踢球　打球　賽跑　各類場地　一等爲

幼童　如拍球　抛綫球　各類塲地　使各色人等　都可以得操練身體的益處　（三）立陳列館　將本國的珍品古物　與諸般製造　陳列其中　使觀覽的人　得師法樂成的益處　（四）設音樂所　叫音樂界的人　按部就班　入所習練　既可以增人的技藝　又可以助人的精神　（五）作池沼以養魚族　在西國有許多小孩子　喜歡帶食物　往公園裡去喂魚　彷彿挈着當本分似的　這裏頭能以練達人愛物的心　養成人慈善的性質　並且也可以省得小孩子們　整天家東跑西奔　學下流招是非去了　不但與小孩子有這樣的好處　就是大人們①　遊走到池沼以上　也能悅性陶情　生一番特別的觀感啊　（六）作小河　引活水行舟船　使人取駕駛之樂　（七）作樓台亭閣　以供人縱覽暢談之樂　（八）多裁樹木②　令人得以乘蔭納涼　尋幽避囂　（九）豢養各種禽獸　以供人博物之樂　此外還當佈置之事　一時難以盡述　總括大意　就是體貼人心　造成各樣形勢　以使人見景生情　因情受益　論我們北京　現下有好些地方　已經粗具公園的體格　各處稍加修改　卽可作爲公共花園　如先農壇　地壇　日月壇　以及別的大廟宇地方　我朝廷只要稍施不費之惠　在小民一方面　卻就受福不淺了　中國目下改良　北京爲各省領袖　如馬路　自來水　電燈等事　都已應有皆有　其中所缺者　就是公共花園　若能再立了這公共花園　爲各行省作個榜樣　北京城倡之在先　各省城效之在後　中國必另有一番精神　於一切籌備立憲　自治進行上　定然大加速率　將來的效果　是我們萬想也想不到的　衆位請想想　立公花園③　可不是北京城最緊要的問題麼　　　　　（已完）

湖南地方自治白話報④

湖南地方自治白話報緣起

（1910年第一期第1—6頁）

列位　如今世界何以興出百十餘種的報紙　無非是使人看了　便曉得世上

---

① 原文中"就是"前無空格，這裏是編者所加。
② "裁"應爲"栽"。
③ "公"後應補"共"。
④ 1910年創刊於湖南長沙，月刊，湖南地方自治籌辦處編述發行。同年停刊。主要欄目有"籌辦方法""公私文牘""法理解釋""農工商業事件""紀事""論說""奏摺"等。

的事　是個什麼樣的情形　列位　現今世界上的情形　究竟是如何咧　仔細看來　比從前大不同了　外國一天一天的強　中國一天一天的弱　國家的事情　比從前分外難些　人民的生計　比從前分外窘迫些　不看報不曉得的則止　假若看報　便曉得中國危弱的根原　這不是天做成的　那是通國的人　自己不能振作所致　所以我中國近年力求變法　預備立憲　無非想要自強　好等我大眾多享點福　少受點苦楚　然而講了這幾年　未見得中國十分強了　這是什麼緣故咧[1.1]

各國所以稱強　皆因實實在在的講求立憲　這立憲的道理　一言難盡　立憲的事務　不止一端　而立憲的總訣　不外於把一國的事務　都弄得好好的　試想一國之大　有多少的人　有多少寬的地方　各地方的人　有多少的事務咧　必要事事辦好　豈是幾個人做得到的嗎　國家設些官員　不過代人民總其大綱　至於各地方的事務　除應歸官辦的外　其餘一切　都應各地方人民自己料理　並且要本地人民齊心努力大眾辦理　國事纔能辦好　立憲庶幾可期　這個道理　因為一國的政事很多　各地方的情形又不一　地方的事　官長有勢難兼顧的　有情難通達的　假設事事專靠官去做　事事都要官操心　而這些人民　或袖手旁觀　或從中力阻　你想地方的事　能夠辦得好嗎　地[1.2]方事辦不好　國事又能夠好嗎　就是講變法立憲　也不過是空名罷了　照這樣講來　中國若要實行立憲　真正自強　除非先講自治不可

中國本無自治名目　不曉得的　說是自己檢點自己的事　沒得話把他人說　也算是自治　這樣解說　中國人是早已講了自治的　何以見得咧　俗語說　各人打掃門前雪　休管他人瓦上霜　凡一個人　只管自己的事　他人的可以不管　至於地方的閒事　更屬與己無干　不必過問　纔是個安分的好人　這等道理　雖是不錯　然止算得一個人的自治　算不得地方的自治　中國人專講個人的自治　因說不管閒事　連公共有益的事都不管了　所以地方應辦的事　都奄奄無起色　地方辦事的人　都冷[2.1]淡沒有精神　這都是把自治二字　太看偏了　立憲時候所講的　不但要個人自治　並要各地方自治

原來國家所以成為完全國家　必有土地人民政事　全國的土地　就是一塊一塊的地方積成的　全國的人民　就是一個一個的人積成的　全國的政事　無非各地各人的事務　所以立憲國家　必把地方自治做個根本　試看西洋各強國　立憲最早的　就是英國　而自治精神發達最早的　也是英

國　當西曆一千零六十二年以前　英王沙遜在位的時候　那地方自治的法
子　已經完全　人民自治的精神　很覺發達　到西曆一千二百一十五
年　英國那些執掌朝綱國政的有權力的人　和那些百姓　不服英王壓
制　起來要挾　英王不得已　纔發出一種條例　叫做大憲章[2.2]　許百
姓裏辦國家的政事　從此人民的思想　更見發達　把一國一地方的事　都
辦得好好的　所以至今稱爲世界第一強國　再把日本強盛的原因　說得列位
聽聽　日本從明治皇帝起　講求變法　便把從前不好的制度廢去　並把一國
地方　分設某府某縣　而某府某縣之中　又分設某郡某市某町某村　舉一些
有家產的同有學問的人　在地方上辦事　各處地方　把一切事辦得好好
的　所以一國的事都能辦好　這就是日本強盛的緣故　以外立憲各強國　地
方自治的事　無不辦得好好的　無不首先講究的　因他是立憲的根本　自強
的基礎噃　列位看來　中國想要立憲稱強　這辦理地方自治　豈可緩嗎
中國立憲　已經限定在九年之內　要預備完全　怎麼叫做預備[3.1]咧　就
是要把立憲國應辦的事　在九年之內辦好　光緒三十四年　是預備立憲的
第一年　今年是預備立憲的第三年了　地方自治　旣是立憲應辦的事　自
應早早舉辦纔是　從前
光緒皇帝的上諭①　把城廂地方叫做城　滿了五萬人的地方叫做鎮　不滿
五萬人的地方叫做鄉　這些城鎮鄉地方自治　限第六年（就是宣統五年）
辦好　廳州縣地方自治　限第七年（就是宣統六年）辦好　目下已經過了
兩三年　到欽限的期很快　我看各地方的人民　還不早早出來大家辦理　到
了欽限的期　又如何得了咧
從來地方事務　辦事的雖止幾個人　然必要本地人都曉得這事的原委　這
事的好處　然後辦事人纔好行事　又必要辦事人都知道辦事的法子　辦的
都妥當　然後這事纔能通行　不然　就[3.2]有些好人出來辦事　或辦法
不好　或大衆不以爲然　這事也是辦不成氣　地方自治　在中國從前也有
的　譬如牌頭甲長　同各處的團規鄉約　就是自治的模樣　那有益於地
方　早已人人知道　如今止把各目稍爲變動　法子更比從前好些　怎麼做
來反有滯礙　推究這個緣故　有說因官紳辦理不力的　有說因籌欵爲難
的　我看這些說都不是　止怪得風氣不開　知識不廣　風氣不開　知識不

---

① 原文中採用擡頭的格式，除了換行外，"光緒"二字還擡高了兩個字符。爲排版方便，採
用了左对齊的格式。

廣　是辦理自治的一個大碍處　就是百般事務難行的一個大原因　我想同是山明水秀的地方　都有聰明材力的人　如何風氣有開有不開　知識有廣有不廣咧　這其中定有緣故　就講地方自治　這四字是人人聽得說的　然怎麽叫做自治　自治是甚麽事件　便有略略懂得的　也有全然不懂的[4.1]　所以將這有益的事　壓落不辦　中國風氣知識所以如此　都是人民不曾看報的緣故

外洋各國人民　無不讀書認字　不論農夫俗子　都是愛看報　而報紙上所載的事　又復色色齊備　人人看了　都曉得世界各國的大勢　對於本國生出一種忠愛的意思　於是乎各人把各地方上應興應革的事　件件都辦好　所以能成爲立憲的强國　今日中國想要辦地方自治　做個立憲稱强的地步　少不得要出些報紙　使人人都曉得這事重要　纔好去辦　雖說中國現出的報紙　似覺不少　不必再出　然而各報上都是載的各項事件　沒有專講自治的　自治一類　散見各報　我們看了　不得門徑　若不將這些道理　出一種專講的報紙　究難望人人通曉　事事[4.2]振興　今日自治報所以特特的出版

或者以爲中國新出的書　專講自治的也多　肯去翻閱　自能通曉　何用這自治報咧　殊不知能看這種書籍的人　自然是讀書人　而不專讀書僅止認得幾個字的人　究竟不少　原來地方的事　是人人有份的　自治的事　是人人應做的　將這些不讀書人看去自然不懂　將這些不能看書人去辦事　自然不行　況且自治的書　道理狠高　文法很深　不是讀書人　本難通曉　就是各種報紙　有文法的　也是如此　如今要使一般人都曉得　自治報所以定要用白話

地方自治　是奉

旨要辦的①　又因創辦開初　奉[5.1]

旨設立籌辦處②　想些法子　去辦地方自治的事件　但是湖南全省　地方六十萬里　人口二千萬丁　風氣不十分開通　曉這道理的又少　籌辦自治事件　必要人人知道自治道理　要人人知道自治道理　除非口講指畫　斷難明白　但湖南有這多人　那能對個個人來講　就是設有宣講所　而聽的人數有限　講的人也有限　終不能使人人皆知　若不將自治的道理　自治的事務　辦理的路數　籌辦的法子　一一編成白話　印出報來　又何能引

---

① 原文中"旨"擡高一個字符。
② 原文中"旨"擡高一個字符。

起一般人出來辦事咧　本處因此緣故　所以出這一種白話報　這個報不用文語　就是要使人人能看　但恐道理深的處所　列位看了　或有不懂　所以報中設有質疑一類　如有不懂的　儘可寫信來問本處　本處於第二回出報時候　就把所對答的登載[5.2] 上頭　這種意思　無非想地方自治早早辦好　不至誤了欽限　而立憲的預備　強盛的預兆　都在這裏了　這便是本處出這自治白話報的緣起[6]

說明農工商要振興的緣故

（1910 年第二期第 1—6 頁）

列位　如今我們中國　無論城市鄉村甚麼地方　試問那處說是富厚呢　無論富貴貧賤甚麼人家　試問那家說是寬闊呢　貨物一天一天的貴　謀生一天一天的難　譬如往日有銀百兩　可過一年　如今加倍　還嫌不夠　往日隨意弄點事業　便可養活身家　如今發憤去謀　還難得點事業　就是有財產有職業　也多是入不敷出　年不敷年　那些閑居無事的　懶惰不做的　更不用說　你看那發積了的　總共數來　有幾個呢　我們從外面去看　也是花花世界　殊不知那中間却有多少說不出的苦處　譬如燈[1.1] 油將盡　更見光明　世界越窮①　轉見奢耗　細細算來　富家也漸漸虧累了　貧家也漸漸湮沒了　地方也漸漸空虛　說來真是痛心刺骨　真是窮得了不得　把往日比如今　是如此的　把如今比日後　也可以想見　從人民看地方　是如此的　從地方看國家　也是一樣　因此國家有多少愛民的事業　一時也不能辦　地方有種種公共的利益　一時也不能興　雖然有好法子　有好人才　總不中用　俗說巧媳婦熬不出無米飯　沒有錢　真萬事皆休了

如今講辦地方自治　原是謀地方公共的利益　那自治事件　本應該一件一件的早早辦好　因得地方窮苦　經費不足　所以還在那裡籌辦　但是地方貧苦　難道就束手無策　坐以待斃不成[1.2]　也曾考究那貧苦的緣故嗎　也曾想個挽救的方法嗎

大凡世界上的國家　無論是大是小　農工商業若不發達　沒有能夠強盛的　我們中國的農業　向來說是興旺的　但是作農的一切法子　沒有專門的書籍載着　也沒有專門的人去講求　純靠父老子弟　轉相傳授　所以弄

---

① "畀"當爲"界"。

到如今　農民的心意懶散　不單止不能夠學些新新法子　連舊來的老法子　都有些失弔了　還有一層說法　農業一道　本來不止作田一項　然而中國的人民　只曉得照例種些穀麥　以為每年有了收成　就盡了農家的職分　以外如種樹蠶桑喂養牲畜栽種雜糧水利漁業等事　都不留心去做　以致每年出產　不能十分充足　說是向來興旺的農業　到今日也就不興旺了　至於工業一項　也不發達　何以見[2.1]得咧　中國的土貨　可以行銷於外國的　只有紅茶一項　這種紅茶　算是他買去喫了的　其餘如生絲牛皮毛貨棉花等類　多半他買去製造一道　仍復運到中國來買錢　生絲他就織成洋緞洋綢　牛皮他就製成紅皮　毛貨他就織成氈氈　棉花他就製成洋紗洋布　比我們自己製造的　又好看　又便宜　我們不單止不能想個新新法子　製造一種貨物　去買他的錢　而且靠着他製造現成的來用　這真是我們的工業不發達了　中國商人肯出外洋貿易的　止有廣東福建浙江兩三省份　那所做的生意　也多半是洋貨　不是中國貨物　就是畧畧有点中國貨物　也止供本國人在那地方的用　其餘各些出洋的　多半是白手去做苦工　如挖鑛築路洗衣製糖種樹捲烟等事　便是中國人賺外國的錢[2.2]的職業　還有兩種好生意　一醫藥店　也同外國人在中國開醫院一樣　一酒席館　又叫做雜碎店　也同外國人在中國開番菜館的一樣　這兩種生意　還算賺幾個錢　但是這些小小經營和白手求財　能弄得幾個錢呢　然而比那不去賺外國錢的人　還算是好的　現今中國人經營海外的　共有九百多萬人　每年寄錢回家的　共有二千多萬元　因這一項入欵　也畧可賠補那出欵　至於福建廣東等處以外的人　多有種不好的性格　止要畧有飯吃　便守着田園妻子的快樂　怕着路途奔走的辛苦　說甚麼在家千日好　出外一時難　這真是困守荊州了　所以做生意的　多在國內營運　並且多是獨自營謀　不能像外國人做生意　結合千萬人的本錢　立個公司　去到海外貿易　所以中國商[3.1]人氣魄極小　眼光極近　賺錢極少了　雖說山西人本錢大　江西人脚跡寬　也就不能到海外去爭勝　並且我國商人　還有一種大大的弊病　說是真財主假客人　凡做生意的　不拿出十分真本錢　做起生意來　又每每各止顧各　你羼我奪　圖一時的交易　久久歸一　弄到個個都折本　目前是做茶時候　就講做茶一節　這些商人　多半措些錢來做本　不說是自己把紅茶運到外國去賣　就是運到漢口上海　也是聽憑外國人看了貨色　定一個價　並不能和他爭高較低　便各人搶先賣了　所以賺錢的固有　折本的更多　你想外貨來到中國　可由我看貨

定價來買嗎　這個弊病　是沒有大大的眞本錢　立個公司　又不講究公益　結個幫口　所以賣貨的主人　反受買貨的客人播弄了[3.2]　把紅茶一事看來　就可曉得我國商人的大概　這種情形　去和外國人爭較　又何得不敗咧　這吃虧的處所　不怪着我國商業不發達　又怪着什麼咧

照上面講來　我國農工商業不發達　就是個貧苦的根原　看來應該如何想些法子　切切寔寔的去振興　使我國的出產　又多又好　製造的貨物　又便宜又精巧　行銷的地方　又寬又遠　又還不止供本國人的用　並且可以買外國人的錢　我國地方纔得富原　人民纔得寬闊　國家纔得興旺呢　這都是今日講地方自治中應有的責成　然而有種不懂世事的人　說是如今貨物一天一天的貴　是洋人收買貴了的　這話說來　眞是大錯特錯　你想他買了你的貨　原是你賺了他的錢　難道止許他來賺你的[4.1]錢　反到不肯去賺他的錢嗎　並且有無相通　本是世界的大道理　我們止怕沒有貨物買它的錢　淨淨的被他運些貨物來賺了錢去　那就貧苦了唦　如今反說他把我們的貨物收買貴了　你說這話通不通　如今又有種說話不過想的人　說是我們總不要買洋貨　殊不知這話也是大錯　試想世間的貨物　原是供人類的用　我們取來備用　都是圖自己的便利　譬如洋油一種　比桐油茶油菜油棉油点起來　又光明　又便宜　要你莫点洋油　你做得到嗎　又如洋布　比土布穿起來　又細緻　又合算　要你不穿洋布　你做得到嗎　可見各種貨物　要止用動便利　不能分土貨洋貨了　你看天天說不買洋貨　却是人人不能不買洋貨　豈不把点銀錢都被外人的弄去了麼　仔細想來　如果自己能[4.2]夠照樣造出　自然可抵洋貨的用　並且把那剩下的　還可賺外人的錢　方纔所說洋油一事　陝西延安府延長縣地方　也出得多　只因不通鉄路輪船　所以銷行不廣　又洋布一事　湖北織布局　也有一種叫做官布　止因不頂精工　所以也不十分暢銷　若是我們講究製造　那洋油洋布　自然不須借重外國　足足的夠自己用了　這兩件貨物　是舉一概百的話　我們應該曉得的　應該不要空談　要切實去做的　這些事業　若是在外國人　想必多久辦好了　何以見得咧　你看他要吃紅茶　他想起這筆錢　被我們賺了　實在不值　他就弄着茶子回去　加意栽種　自己採取來吃　如今印度日本茶　比我們的好多了　所以他也不須買得我們的茶　我們的茶　就不大行銷　不大值價了[5.1]　這是一件　又如江蘇浙江一帶　出絲最好　他想起常常來買　眞不合算　不如把蠶種桑種□回去　自己栽桑養蠶　又設些學堂會社　過細考究那栽桑養蠶

的法子　大家去學習　如今法國意國日本國的絲　竟比我國的絲好多了　我們止守着舊規矩　不講究新法子　所以反不及他　他有他那處絲來用　又把那有多的製成貨物　來買中國的錢　因此我們的絲　也不大行銷了　這又是一件　這兩件是個大概　其餘的可以類推　可見外來的貨物　不必說不要買　止要自己加勁去做　不要說自己的是　他人的非　止要取他所長　補我所短　這纔是正當的辦法　列位果能如此　還怕貧苦難得謀生嗎　還怕事業不興地方不富嗎[5.2]

如今要振興農工商業　正是個切要救貧的方法　辦理地方自治　就是個振興的規模　這個道理　前次的報　也曾畧畧說過　如今我把地方人民貧苦的根原　和挽救的方法　業已說明　等我再把農工商不發達的緣故　一項一項分條說出　列位看了　就恍然大悟　好對症下藥了　那振興的方法　可一望而知了[6]

華商聯合會報①

演勸華商業瓷者研究熱學重學翻翻形式研究化學光學換換顏色白話

<small>南洋</small>酒臣稿

（1910年第三四合期第258—259頁）

咳　我們中國貨物　能夠賺得外洋幾個錢的　除却那絲茶荳穀　棉蔴漆革數項外　算起來就狠不多哩　只有這磁器　外洋尚看得貴重　往年洋人曾在市場上着意的挑選　每每不惜大價錢購買　好似識寶回子收骨董的一般　近年洋人開博覽會　又將壘泰窰磁器　列作優等　大家喝采　可見中國磁器　是外洋狠稀罕的　我們果能把各樣磁器　運到外洋去　不就能夠

---

① 1909年11月創刊於上海，華商聯合會報館發行，半月刊。主要欄目有"上諭""海内外圖畫影片""海内外時事言""海内外紀聞""海内外商會紀事""海内外半月大事表""海内外要電""海内外通信""海内外公牘""海内外學務""海内外學務表""海内外商情""海内外實業""海内外調查叢錄""海内外比較雜誌""海内外社會小說""華洋交涉案卷""官場種種之怪現狀"等。1910年7月停刊。

購外洋一宗錢嗎　那曉得中國的磁器　尚沒有銷行到外洋　外洋的磁器　倒早已銷行到中國　儼然有反客爲主的光景　你瞧那些洋行裏　運來的各樣磁器　碟兒盌兒　瓶兒壺兒　杯兒勺兒　盞兒盤兒　缸兒盆兒　好不件件俱全　有方式的　有圓式的　有斜式的　有曲式的　有長式的　有短式的　有凸式的　有凹式的　那形式幾幾乎千靈百怪　有紅色的　有綠色的　有藍色的　有白色的　有黃色的　有紫色的　有黑色的　有翠色的　那顏色又幾幾乎千嬌百媚　叫什麼東洋磁器　西洋磁器　弄得中國人眼花撩亂　不管大家小戶　都爭先購買　這筆金錢　年年流到外洋去　恐怕什麼億呀　兆[258.1]呀　京呀　垓呀　都算不清楚咧　我們中國磁器　受這東西洋二面夾攻　你說將來生計　還靠得住嗎　磁業的生計靠不住不打緊　久而久之　碟兒都用外洋碟兒　盌兒都用外洋盌兒　瓶兒都用外洋瓶兒　壺兒都用外洋壺兒　杯兒都用外洋杯兒　勺兒都用外洋勺兒　盞兒都用外洋盞兒　盤兒都用外洋盤兒　缸兒都用外洋缸兒　盆兒都用外洋盆兒　恐怕一般窰戶　那生計也要劃盡哩　將來需用的物件越多　劃定的價目越貴　這利權被外洋操着　是眞正可惜咧　咳　是眞正可惜咧　要論起正理來　中國磁器　何嘗不勝似外洋　比外洋還好多着咧　只不過這形式上顏色上　有兩層毛病　宜趕緊改良纔好　中國無論什麼磁器　都仿那一定的形式　犯了個千手雷同的病　模型是方的圓的　斜的曲的　長的短的　凸的凹的　一百年仍是原樣　從不更變　所以那磁器燒出來　便不顯得新奇　外洋各樣的磁器　今日想出法子來翻這個形式　明日想出法子來翻那個形式　越會翻　越新奇　那燒的時候　估量什麼磁器　就配什麼火力　所以那磁器不但新奇　並且勻勻整整　這是外洋善於研究熱學重學的緣故　中國無論什麼磁器　都仿那一定的顏色　犯了個數見不鮮的病　胚質是紅的綠的　藍的白的　黃的紫的　黑的翠的[258.2]　一百年仍是原樣　從不更變　所以那磁器塗出來　便不顯得艷麗　外洋各樣的磁器　今日想出法子來換這個顏色　明日想出法子來換那個顏色　越換　越艷麗　那塗的時候　估量什麼磁器　就加什麼采料　所以那磁器不但艷麗　並且漂漂亮亮　這是外洋善於研究化學光學的緣故　近來外洋又發明一種燙磁的法子　差不多碟兒盌兒　瓶兒壺兒　杯兒勺兒　盞兒盤兒　缸兒盆兒　都用燙磁的了　既不笨重　又難破碎　形式也一般新奇　顏色也一般艷麗　越銷越廣　將來中國磁業家　恐怕步步退讓　弄得沒立足地哩　果能把形式翻翻　顏色換換　那磁業沒有不起色的

理　再能游學外洋　把那燙磁的法子　細細研究　安見不青出於藍而勝於藍嗎　就是不相上下　也能夠抵制抵制　況中國磁器　本有兩種好處　中國的土性　比外國土性純良　中國的畫工　比外國畫工精巧　中國磁器的聲音　敲起來鏗鏗鏘鏘　狠好聽咧　中國磁器的丹青　繪起來活活潑潑　狠好看咧　要不是土性純良　畫工精巧　怎麼到這地位　所以我說磁業家　要趕緊研究些熱學重學　翻翻形式　要趕緊研究些化學光學　換換顏色　不要再抱着那從前膠柱鼓瑟的成見　形式翻得新奇　顏色換得艷麗　加以者般土性　者般畫工　別說抵制［259.1］　恐怕還要突過外洋哩　那些什麽东洋磁器　西洋磁器　便不知不覺的退避三舍　這磁器不是靠得住的一件正經營業嗎　這磁器不但在内地行銷　並可往外洋貿易　政府若能提倡提倡　把現在磁器出口的半稅都免了　將來全世界都用中國磁器　這磁器的生意　要抵得上美孚煤油的生意　利權獨握哩　但吃緊關頭　總要改良　目下雖開辦磁業學堂　組織磁業公司　不過略有頭緒　幷未實業擴充　我替磁業想想　狠可以轟轟烈烈　築起個大舞臺哩［259.2］

教育今語雜誌①

庚戌會衍說錄
獨角
（1910年第四期第1—19頁）

做一件事　說一句話　最怕的別人要問甚麼緣故　現在問諸君在這邊留學　是甚麼緣故　又問回家去教育子弟　是甚麼緣故　大概總說求學是要使自己成有用之材　教育是要他人成有用之材　這句話　原是老生常談　但看起來　有幾分不對　致用本來不全靠學問　學問也不專爲致用　何以見得呢　儞看別國的政治學者　並不能做成政治家　那個政治上

---

① 1910年1月錢玄同和章太炎創刊於日本東京，月刊，教育今語雜誌社編輯發行，同年停刊。撰稿人多用筆名，如獨角、渾然、良史、一龍、天樂鄉人等。主要欄目有"中國文字學""中國歷史學""中國地理學""中國教育學""群經學""諸子學""社説""附錄""算學""答問""紀事"等。

的英雄偉人　也不見他專講究政治學　政治本來從閱歷上得來的多　靠書籍上得來的少　就像中國現在　袁世凱不過會寫幾行信札　岑春煊幷且不大識字　所辦的事　倒比滿口講政治的人好一點兒　又向實業一邊看來　日本農科大學的學問　頗還好了　也該有幾分[1]行到民間　但民間農業仍舊不好　請到日本田邊一看　秋收以後　椿子還在　並不知道收後要耕一次　直到來年下種　方才去耕　所以每年收穫　不過同中國山東一樣　中國江蘇浙江江西的農人　兩隻黃耳朵　並沒有聽人說過甚麽農學　收穫倒比日本加倍　固然幾分靠着地質　到底是農人勤耕美糞的力居多　可見在致用上　第一要緊是閱歷　第二要緊是勤勞　書本子上的學問　不過幫助一點兒　那裏有專靠幫助的　學問本來是求智慧　也不專爲致用　中國古代的學問　都趨重致用一邊　因爲當時的人　只有看外邊的眼光　沒有看裏邊的眼光　覺得學了無用　不如不學　但到戰國時候　已經漸漸打破　近來分科越多　理解也越明　自己爲自己求智識的心　比爲世界求實用的心　要強幾倍　就曉得學問的眞際　不專爲致用了　況且致用的學問　未必眞能合用　就使眞能合用　還有一件致用的致用　倒不得不碰機會　機會不[2]巧　講致用的還是無用　專求智慧　只要靠着自己　並不靠甚麽機會　假如致用不成　回去著書立說　那件致用的方法　又是各時各代不同　近幾代有用的　將來又變成沒用　這書也就廢了　不是枉廢精神麽　至于專求智慧　見得幾分眞理　將來總不能泯沒　就有一點兒漏洞　總不會全局都翻　這書倒還可以傳到後來　照這兩樣看起來　講學問的　又何苦專向致用一路呢　在政府設許多學校　原只望成就幾個致用的人　至於學生求學　以及教人求學　就不該專向致用一面　大概諸君心裏　自己都曉得有自己　也曉得他人都有自己　未必是專向外邊去馳逐的

還有人說　求學是爲修養道德　教人是爲使人修養道德　兄弟看起來　德育　智育　體育　這三句話　原是該應並重　不過學校裏邊的教育　倒底與道德不相干　兄弟這句話　並不是像教士的話　說道德都在禮拜[3]堂裏　但道德是從感情發生　不從思想發生　學校裏邊　只有開人思想的路　沒有開人感情的路　且看農工商販　有道德的儘多　可見道德是由社會熏染來　不從說話講解來　學校裏邊　修身的教訓　不過是幾句腐話　並不能使人感動　再高了　講到倫理學　這不過是研究道德的根原　總是在思想上　與感情全不相關　怎麽能夠發生道德出來　況且講倫

理講修身的教習　自己也沒有甚麼道德　上堂厚了面皮　講幾句大話　退堂還是吃酒狎妓　本來他爲自己的飯碗　不得不虛應故事　去講幾句　俗語說的　做一日和尙撞一日鐘　這個就是倫理學教師的職分　說話與感情本沒相干　自己的道德　又不能爲學生做表儀　要想學生相觀而善　不是齎沙成飯麼　不單是這樣說　先生就果然有道德　也未必能成就學生　何以見得呢　中國的孔夫子　道德就不算極高　總比近來講倫理學的博士要高一點　教出來的學生　德行[4]科也只有四個　其餘像宰我就想短喪　冉有就帮季氏聚歛　公伯寮還要害自己同學的人　有甚麼道德　鄭康成的道德　能夠感化黃巾　倒是及門的郗慮　害了孔融　又害了伏后　始終不能受鄭康成的感化　後來幾位理學先生　像二程的道德　也算可以了　教出來的學生　有一個邢恕　和蔡京　章惇一黨　名字列在宋史姦臣傳裏　孔子　鄭康成　二程　道德是本來高的　所設的又是學會　不是學校　先生學生的親切　總不像學校裏頭　見面日久　還不識學生的姓名　尙且有一般學生　反背道德的　何況入廣大無邊的學校　從空口大話的教習　於道德有甚麼益處　兄弟看來　大凡一處地方　人聚得越多　道德就越腐敗　像軍營寺院學校都是一樣　寺院裏邊的人　滿口高談道德　還有許多戒律約束他　道德尙且不好　軍營裏邊　有極嚴厲的軍法　偪得軍人一步不得自由　也不過勉强把面子糊了去　學校裏邊　規則本來較寬[5]　實在也不能用嚴厲的法子硬去偪束　空空的聚了許多人　道德自然難得好的　就有幾個好的　或者天資本來醇厚　或者是從他的家教得來　或者所交的朋友　都還是品行端方　所以不很走作　並不是學校能夠養成他的道德　但一切講教育的人　總要把德育的話敷衍門面　不過因爲道德是人間必不可少的東西　若開口說我這個學校裏不講道德　面子有點兒過不去　所以只好撑這個虛架子　究竟學校裏面所講的　在智育一面多　在德育一面少　就有幾句修身倫理的話　只像唱戲　先要天官出場　到底看戲的　並不要看天官　跳天官的也不是有名脚色　學生聽講的　並不要聽倫理修身的話　講倫理修身的　也不見得是有道德的人　諸君不要說兄弟的話太刻薄　只要自己問一問自己的心　再向上看一看那個教習　一定要說兄弟的話是先得我心了　如果揭開簾子　說幾句亮話　只要說學校本來是爲智育　並不是爲德育[6]　道德固然不可缺乏　却並不是學校的教育所能成就　諸君果然道德完具　也不能在學校裏頭　把道德送給他人　以後從事學校的教育　可以拏定主意　向智育一方去　不必再裝門面　向德育

一方去

照以上的話　求學不過開自己的智　施教不過開別人的智　是最大的坦途了　既然求智　就應該把迷信打破　迷信不是專指宗教一項　但凡不曉得那邊的實際　隨風逐潮　胡亂去相信那邊　就叫做迷信　中國十幾年前　相信歐洲的學問　沒有路去求　求着教士　就覺得教士是無所不知無所不能　後來聽得福建<u>嚴幾道</u>的話　漸漸把迷信教士的心破了　又覺得<u>嚴幾道</u>無所不知無所不能　後來有游學日本的風氣　漸漸把迷信<u>嚴幾道</u>的心又破了　又覺得日本的博士學士　無所不知無所不能　及到日本來了　曉得分科　也知道一個人不能無所不知無所不能　但看日本全體的學者　依然覺得無所不知無所不能　不是一邊的迷[7]信破了　一邊的迷信又起麼　歐洲所有各科的學問　日本人學了一科　到底能否登峯造極　沒有歐洲的學者來對質　總不能破　就有歐洲的學者要來對質　不識得日本字　也難得破　至於中國的各種學問　日本的深淺　兄弟已經略略看得明白了　現在也不必揭他人的短處　只說諸君回去施教　若信了日本的語　就要防防學生的伏兵　且看中歷史一項國①　一部綱鑑易知錄　向來中國畧讀書的人　是看得最淺陋的　但到這邊來聽的歷史　一部支那通史　翻來復去　繚繞了許多　比易知錄更加淺陋　學校以外　就有幾個講歷史的人　只記得一點兒事蹟　許多正史的書志　早已拋在九霄雲外　並不是專忘記細碎　連大端也實在不講　萬一學生看過資治通鑑　或者又看過幾卷志　問出一句話來　先生不曉得　恐怕只好說　你在圖書集成冊府元龜裏頭翻來的僻事　我那裏能夠記得許多　過了一會　學生就拏這部原書　折[8]了一隻角　放在先生案上　豈不是遇着伏兵　沒有處躲閃麽　中國的地理　本來有許多沿革　有一位甚麼博士　把湖北<u>楊惺吾</u>做的沿革圖鈔去　改頭換面　變爲自己的著作　稱爲支那疆域沿革圖　已經好笑了　還有那邊畫的中國地圖　一省裏頭　臚列了許多府　却是缺了一兩府　一府裏頭臚列了許多縣　却是缺了一兩縣　所缺的府縣　並不是於形勢上無關緊要　所列的府縣　又不是於形勢上最關緊要　不過那邊畫圖的人　精神錯亂　偶然忘了　萬一學生來問　某省的某府　某府的某縣　現在在甚麼方位　古來叫甚麼名字　請問怎麽樣答對呢　只好說恐怕沒有這一府這一縣　是你隨口編造　那個時候　學生取出中國自造的地圖來對

---

① "國"當移至"中"後。

質　不是又遇了伏兵　到轍亂旗靡的地位麽　中國的哲學　近的是宋明理學　遠的是周末九流　近來那邊人　也略略把周末九流隨口講講　有一位甚麼博士　做一部支那哲學史　把九流的話　隨[9]意敷衍幾句　只像西游記說的豬八戒吃人參果　沒有嚼着味　就囫圇吞下去　那邊的人　自己有一句掩飾的話　說我們看漢土的書籍　只求他的義　不求他的文　這句話只好騙騙小孩兒　子細說來　讀別國的書　不董他的文　斷不能董他的義　假如有人不董德國文字　說我深董得康德的哲學　這句話還入耳麽　說是這樣說　到底掩飾不過去　那位博士　不知不覺把史記裏頭"士爲知己死"一句話　引做論語的話了　若是相信了這位博士的話　回去施教　學生隨便舉一句古書　問先生在那一部書　先生就不免對錯　到後來學生取出史記論語來對校　說這句話　果在史記上　並不在論語上　我想先生只好說日本的古本論語　還在漢石經唐石經以前　有這句話　豈不是又遇着一路伏兵　把先生的脚都陷了下去麽　中國的文法　本來句句順的　那邊的文法　是顛倒的居多　所以那邊幾個大儒　做了幾百年的漢文　文理總[10]不很通　宋朝以後的文章　還勉強看得下去　唐朝以前的文章　就看不下去　他自己說　只求義不求文　到也罷了　却有一個什麽學士　自出心裁　做了一冊漢文典　硬用那邊的文法來強派中國的文法　有一大半不通　本來中國有一部馬氏文通　做得頗好　近來有人說馬氏的書舊了　到是這位學士的好　唉　眞是好笑　別的有新舊　文字的通不通　也有新舊麽　中國沿海的人　已經迷信了　只望內地的人和日本留學生救正幾分　假如不能救正　反用了那學士的書做文法參攷書　自己的文章也必定變做不通　何況去教學生　萬一學生看了先生的文章　在牆背後指天畫地的笑　先生怎麼能够自己解說　恐怕只好說　現在的新文法　要不通財算通　豈不是又遇了一路伏兵　使先生進退無門麽　唉　眞是苦　學生的伏兵狠多　先生的軍備狠少　在中國做先生　不像日本做先生的容易　一邊是學生程度已經整齊　一[11]邊是學生程度還沒有整齊　入京師大學的　或者只有入得小學校的程度　入小學中學的　或者也有入得大學校高等學校的程度　先生的智識　要百倍於教科書　十倍於學生　方財支持得下　（爲甚麼比教科書要高百倍　比學生只要高十倍呢　因爲學生的智識　頗有在教科書之上的）　不然　就一生要吃苦了　（這句話也並不專爲應對學生起見　其實自己本來應該要有這種智識）　問這個苦是誰給你吃的　也怪不得日本教習　只怪自己迷信　兄弟

近來有幾句話　使許多人解一解迷信　甚麼話呢　說日本人學歐洲的學問　第一是從歐洲人那邊直接受來的　第二是董得語言文字以後　再去研究的　第三是分科學習　不混在一起的　所以破綻還少　對着中國學問就不然　一向是不從中國學者親受　也不學中國語言文字　也不知分科去求　所以做了一千多年的大夢　至今沒有醒悟　還有許多自己不董　向橫濱長崎的商人去問（這[12]是二十年以前的事）　還有幾個江湖遊客　捏造許多古事古跡來　有意誆騙他們　以前是這邊騙那邊人　現在那邊受了這邊人的騙　又轉來騙這邊人　假如諸君見着幾個商人遊客　想來總不把學問的話去請教他　現在轉了一個小灣　到不知不覺入其玄中　自己想想　好笑不好笑　得了這一聲笑　迷信自然瓦解冰消了　以上單說關於中國的學問　若關於歐洲的學問　想來必有破綻　且等歐洲人來破

各種的迷信都破了　在求學上也有益　在施教上也有益　不過學問既然爲求智慧　得了前人已成的學問　不可將就歇手　將就歇手　自己仍沒有自己的心得　要知道智識與道德　原是不同　道德或者有止境　智識總是沒有止境　以前的人　積了幾千年的智識　後人得了這個現成　又發出自己的智識來　就比前人進了一級　現在看當時的後人　又是前人　應該要比他更進一級　學問財得新新不已　兄弟這句話[13]　不是教人捨舊謀新　只是教人溫故知新　大概看前人已成的書　仿佛是借錢一樣　借了來　會做買賣　贏得許多利息　本錢雖則要還債主　贏利是自己所有　若不會做買賣　把借來的錢　死屯在窖子裏頭　後來錢還是要還債主　自己都沒有一個贏餘　那麼就求了一千年的學　施了一千年的教　一千年後的見解　還是和一千年前一樣　終究是向別人借來的　何曾有一分自己的呢　如果說自己沒有　只好向別國去求　別國的學問　或者可以向別國去求　本國的學問　也能向別國去求麼　就是別國的學問　得了來　還是借來的錢　必要想法子去求贏利　財得歸自己享用　若只是向別國去求呢　中國人沒有進境　去問歐洲人　歐洲人沒有進境　又去問甚麼洲的人呢　諸君現在所駐的這一國　他本來自己沒有學問　所以只向別國去求　求得了以後　也不想再比那國的人更高　原是這一國的舊習使然　所以歐洲人好[14]比寫信的人　這一國的學生　好比接信的人　這一國的博士學士　好比郵便局送信的人　到學生成就了　學生又做第二個送信的人　總是在送信的地位　沒有在寫信的地位　中國就不然　自己本來有自己的學問　只見一天精密一天　就是采取別國　也都能夠轉進一層　且看

中國得歐洲的學問　以前只有算法一項　徐光啟送信以後　梅定九又能夠自己寫信　李壬叔華若汀先做送信的人　後來又能夠做寫信的人　只望將來各項學問　都到寫信的地位　那個求學施教的事　財得圓滿呢

臨了還要說一句話　書籍不過是學問的一項　眞求學的　還要靠書籍以外的經驗　學校不過是教育的一部　眞施教的　還要靠學問以外的灌輸　現在只論施教的事　假如諸君知識　果然極高　在近來學校裏頭　能夠不能夠施展呢　恐怕不能　因爲學校不論在公在私　都受學[15]部管轄　硬要依着學部的章程　在外又還要受提學使的監督　學部和提學使　果然自己有一件專長的學問　到也罷了　但現在學部是甚麼人　看來不過是幾個八股先生　各省的提學使是甚麼人　看來不過是幾個斗方名士　章程也不能定得好　監督也不能得當　不過使有知識的教習不能施展　反便宜了無智識的教習　去誤一班學生　況且現在教習　對着提學使　隱隱約約有上司下屬的名分　可不是和老教官一樣麼　別國雖然也有這一個風氣　原不能說是好制度　中國向來教官只是個虛名　實在施教的　還是書院裏頭的掌教　掌教一來不歸禮部管轄　二來不是學政和地方官的屬員　體統略高一點　所以有學問的人　還肯去做　如果照現在的制度　智識高的人　反做智識短淺的人的屬員　看甘心不甘心呢　或者爲了飯碗　也甘心了　但臨了必有許多後悔　且看四川有位廖季平　經學是很有獨得的（廖季平的經學[16]　荒謬處非常多　獨得也很不少　在兄弟可以批評他　別人恐怕沒有批評他的資格）　屈意去做高等學校的教習　偶然精神錯亂　說了幾句荒謬的話　那個提學使和他向來有恨　就把他趕走了　外邊頗說提學使不是　兄弟看來　誰教這位季平先生　屈意去做提學使的屬員　直到趕走　悔之無及　到是這位季平先生　自取其咎　假如諸君有一科的學問　和廖季平的經學　有一樣的程度　願諸君再不要蹈廖季平的覆轍罷　諸君如果說　師範學生　受了官費　不得不盡義務　就不是師範學生　要尋飯碗　又怎麼樣呢　兄弟替諸君想一個法子　一面不妨充當教習　一面可以設個學會　學會不受學部的管轄　也不受提學使的監督　可以把最高的智識　灌輸進去　後來有高深智識的愈多　又可以再灌輸到學校去　這句話　並不是兄弟有意看輕學校　不過看中國幾千年的歷史　在官所教的　總是不好　民間自己所教的　卻總是好[17]　又向傍邊去看歐洲各國　雖然立了學校　高深的智識　總在學校以外　漸漸灌輸進去　學校也就帶幾分學會的性質　方得有好結果　大概學校彷彿是個陂塘　專靠

陂塘　水總不免要乾　必得外邊有長江大河　展轉灌輸　陂塘財可以永久不涸　所以說學校不過是教育的一部　求學校的進步　必定靠着學校以外的東西　假如諸君又專去迷信學校　兄弟的話　也就無可說了

這一篇社說　本是中國各省留學日本高等師範學校學生　請獨角先生去演說　所錄下來的演說稿　本是爲中國留日本學生　下一鍼砭　開一個學問入手的門徑　立一個施教的方準　至於海外華僑學生　方財略識國文　怎能組織學會　到這樣高深地步　所以衆華僑學生　如果有志本國學問　還須從學校入手　若論一班施教的教員　正該設立學會　研究研究施教的方法　使一班學生　知本國有學問[18]　并知本國學問的可貴　就便可以振起學生愛國的精神　這也是一班施教的人　責無傍貸的了　庭堅附識[19]

甯鄉地方自治白話報①

關於農工商業事件

（1910年第一期第42—46頁）

概說

列位　如今要辦地方自治　究竟爲的是甚麼事　究竟要如何纔辦得好咧　這個大大題目　中間雖然有無數層道理　而實實在在歸一的處所　覺也止一宗　待我就這個上面講一講②　試問世界上的人　都是茫匕碌碌的　爲著何事　想必都是謀生活　試問要如何纔能生活　想必都說是要有職業　試問謀生的　是些甚麼職業　靠著他生活[42.1]的　又是些甚麼職業　這就怕沒有人留意了　原來天地的生物　沒有止息　人類的嗜慾　沒有限量　人類必要的物品　便是穿的衣　喫的食　住的屋　而人類應用的物品　却不止這三項　凡目所要看的　耳所要聽得　鼻所要嗅的　口所要

---

① 1910年8月創辦於湖南甯鄉，月刊，甯鄉籌辦自治公所編輯發行。主要欄目有"章程""論説""諭旨""奏牘""法理解釋""籌辦方法""農工商事件""公私文牘""紀事"等。停刊時間不詳。

② 原文中"待"前無空格，這裏是編者所加。

喫的　身體手足所要用的　各種物品　都是少不得一樣　所以人生世上　除了要王法保護之外　定要這些物品　纔能生活　除了讀書之外都在這些物品上謀生活　這些物品上[42.2]的生活職業　不外作農作工作商三種　農工商三項職業　本各有專門的妙用　而從生活上看來　却不可少那一項　你看那盤古時候　沒有農工商業　人所喫的是血　所穿的是皮　所住的是土崗　幾至同畜生一樣　直到伏羲皇帝出世　教民打魚打獵　神農皇帝出世　教民種穀種樹　世界上纔有種農桑　但是農家所出的　都是些原料貨物　倘若不加製造　還不足供人類的用　所以軒轅黃帝　又教民工作　造器用　製[43.1]衣裳　將這些土產原料　造成各種適用的物品　又因得要用的物品很多　不能人人都造　處處全有　若不是有無相通　也還不得便利　神農皇帝　知道這個原故　就教民立市場　招致這些人民　聚積這些貨物　彼此交易　於是農業工業以外　又生出一種商業　有這三種職業　而生活的物品　纔覺完全人類的生活　纔覺便利　古人說　農以生之　工以成之　商以通之　這三句話　正是形容那三種不可缺一的妙[43.2]用咊　特是古時的農工商業　比如今不同　當日事情簡少　人口不多　人類要用的物品　不過粗衣淡飯　小小房屋　就夠了　並不要甚麼精巧的物件　所以農家出有米麥　足以養活這些人　工家製有粗器　商家就近地運到市場　也足以供這些人的用　大衆沒有甚麼好尚　所以生業也就狹小　因之作農作工作商的人　猶如一盤散沙　各守各業　利害不相顧　聲息不相通　止顧目前小利　不顧將來大局　各自照例做[44.1]去　以爲有這樣子　雖不相團結　去求發達　也就可以生活　到如今人口天天多　好尚天天雜　銀錢百物　非常昂貴　生計很覺艱難　若不在農工商業上想個方法　使各業的人　同心合力　去謀本業的興旺　將來人類的生活　更無處可謀了　更有可危的事　現在外處人到本國的很多　他看見我們這些人　喜歡精巧物件　自己又不能製造販賣　他就把那有剩的材料　製出新奇貨物　運到本國出售　收得本國銀錢[44.2]到他那裡去　因此他　那處的財源充足①　生活便天天容易　本國的財源枯澁　生活便天天困苦了　倘若本國人能夠整頓農工商業　使土產原料　出得很多　又把來製出些新鮮物品　放在市場上　同外來的貨物　去爭高賽勝　那外貨自

---

① "他"當移至"那"前。

然不能銷行① 而本地的銀錢 又何得被他賺去咧 但是整頓農工商的事 不是一個人能夠做到的 必要大衆團結起來 各就各業 或是立個會場 或是設個公司 或是興個學堂 或[45.1]是出些書報 彼此講求些本業的利弊 大家去營謀本業的利益 纔可以和外處人爭勝敗 纔可以圖自己的生活 今日籌辦地方自治 正是個講團結的規模 集合地方的人民 來謀地方的公益 雖說自治的事務 不止這農工商業一項 然這項却是辦理自治第一要緊的了 大凡地方的事務 能辦不能辦 地方的氣象 能振作不能振作 都看地方的財力如何 地方的財力 怎麽樣纔能充足 定要把農工商業 弄到十分[45.2]發達 列位你看那農工商振興的地方 人口幾多繁盛 銀錢幾多活動 想辦甚麽公益事件 眞是容易成功 若是那農工商衰敗的地方 人口也稀少 氣象也冷落 無論何種事件 都辦不好 還能夠辦好地方自治嗎 這樣看來 今日想要地方自治 辦有效驗 不是先從農工商業上著手不可 （未完）[46]

關於農工商業事件（續）

（1910 年第 2 期第 33—36 頁）

概說續

剛纔所說的 是要振興農工商業 便要講地方自治 要講自治 先要提倡農工商業這些道理 已經說明 我再把幾件故事 說給列位聽聽 日本地方自治 全國中辦得最好 可以拿來做榜樣的 止有三村 就是源村稻取村生出村 這三村地方自治的好處 便是農工商業能夠發達 其餘那[33.1]些村數 難道連沒有幹些自治事務 止因農工商業不發達 那自治也就不能十分辦好 再斟過一句話來說 農工商業發達的地方 那自治沒有不好的 試看英國地方自治 本是比各國最早的 沒有那個比得他上 何以到了近年 倒被德國賽過了咧 因爲英國人的性格 多不耐勞苦 受住在都市繁華的地方② 鄉間那些養牛喂雞耕田種菜的事 不願做的很多 所以農業漸匕荒廢了 至於工業 也沒有實在的能力[33.2] 守

---

① 原文中"那"前無空格，這裏是編者所加。
② "受"當爲"愛"。

著舊日的法子　不能推陳出新　手伎也不老練圓活①　出的貨物　不能合一般人的意思　那些做生意的船上　所用的水手舵工多是外國人　因此商業上不免吃虧　德國就沒有這等弊病　他辦理自治事件　就把農工商業做個主腦　所以農工商業一天一天的發達　那地方自治　也一天一天的有起色　到如今德國的自治　竟在英國之上　其餘各國自治制度　雖各有不同　而注重的處所　却都在這件上　你看這農工商業[34.1]在地方自治上　是何等重要　還不加緊去辦嗎

並且農工商業　不單止是辦地方自治的重要　還是個強國的根基　何以見得咧　昔日周朝時候　有個衛國　那國勢已經衰弱不堪　到文公登位　便教訓農民　開通商業　惠愛工人　這樣辦理　不到一年　兵馬就加了十倍　全國大治　當日還有個齊國　也是禍亂不息　國勢不振　齊桓公掌政　用管仲爲宰相　管仲便把齊國地段[34.2]　分成二十一鄉　設些鄉長　管理本鄉事務　並使各鄉的人民　講究農工商業　而齊因此稱雄稱霸　列位　你看這兩件古事　可曉得這農工商業　在國家上　是確實有效驗的　國家因此緣故　所以設些官員　專來管理這個事項　譬如古時候的遂人遂大夫草人司稼　都是些管農務的官　冬官是管工業的　司市是管商務的　各守各職　無非求各業的發達　就是現在外洋各國　也就如此　如美國有農部　英國有商部[35.1]　意國有農商部工部　法國有農工商部　日本有農商務省　這都是專管這事的衙門

　　我光緒
先皇帝想起人民生活艱難②　農工商業的重要　也就在京裡設一個農工商部　並要各省設一個勸業道　好來提倡這幾種職業　又怕官員力量難得周到　所以把農工商事業　訂在地方自治章程上　好等地方上這些人民大家出來料理　你看這個佈置的法子　提倡的心思　眞是至矣盡矣　我們這些人[35.2]　應該如何自愛　如何努力　早匕辦好這地方自治　發達這農工商業　以仰慰聖懷咧③

總而言之　如今世界上　凡是所謀的　所爭的　無非爲自己的生活　生活事業　無非靠著農工商三種　農工商業發達　生活便容易　百事都可振

---

① 原文中"手伎"前無空格，這裏是編者所加。
② 原文中，"先皇帝"擡高三個字符，爲方便排版，這裏採用左對齊的格式。
③ 原文中，"聖懷"擡高兩個字符。

興　若是不發達　生活便艱難　百事也都荒廢　這樣說來　這地方自治　是如何的事業　農商工業　是如何的重要　地方自治　要如何纔辦得好[36.1]　要如何纔得發達　想列位必定明白了　至於這個中間　還有種種的道理　種匕的方法　下次再和列位說罷[36.2]

仁錢教育會勸學所宣講稿①

中國人的聰明

講員　葉兆鯤編

（1910 年第十期第 1—2 頁）

幾千里路外要通個信息　就有電報　幾十里路外要談天　就有德律風　陸路上有火車　水路上有輪船　打仗起來更有後膛槍開化砲　更有什麼機器織布　機器織呢　以及肉骨頭造洋燭洋肥皂　破布頭造紙　啊喲你看泰西人爲什麼這般的聰明　我們中國人爲什麼這般的呆笨　眞眞我們中國人及不來泰西人了

列位要曉得泰西各國　二百年前　也是同我們中國現在一樣的　他那裡種種的巧妙器具發現出來　還是學我們中國人的法子呢　並不是我們中國人自己說大話　卻是有憑有據的　原來泰西各國的文明起來　都根[1.1]原於三大發明　這麼叫三大發明呢　第一件是印刷　印刷的法子　本是我中國後五代時有個馮道想出來的　後來流傳到泰西　便有現在的石印鉛印　第二件是羅盤針　羅盤針裡要緊物件　便是指南針　這指南針的原由　說起來還是中國五千年前黃帝破蚩尤用的　元朝時候　流到泰西　有了指南針　纔能辨出東西南北來　泰西人用了這個法　纔敢渡洋過海　第三件是火藥　火藥也是元朝時候造砲用的　泰西人得了火藥　便造出洋槍洋礮來　泰西有了這三件物事　纔有今日的文明　所以泰西史上　叫作三大發明　那一樣不是從我中國偷去的秘決嗎　不過泰西人能考究　中國[1.2]人不肯考究　所以泰西人越學越精　中國人一點沒有進步　要不是中國人的聰明　敵不過外國人呢

---

① 1910 年創刊於浙江杭州，刊期不詳，仁錢教育會勸學所出版發行，葉兆鯤任編輯，爲杭州仁錢教育會勸學所的宣講稿，停刊於 1911 年。

現在單說一種飛行船　這總飛船　將來還能空中走路　所以現在各國非凡考究　無論行軍行商都能制勝　這種巧妙器具的製造　我們中國人眞是再也想不出了　那裡曉得這種飛船的製造　我們中國人有個馮如　他在美國　曾經造過飛船　各國人都稱贊他　眞是製造飛行船的大家呢　本年二月初二日　這位馮如還同了一位留美學生名叫朱林的　並且帶了帮手數人　並他自製的飛行機三具　從美國到檀香山地方　先到日本去試驗　還欲囘到中國試驗　這位馮如　世界上没[2.1]有一人不曉得他　没有一人不佩服他　原是中國製造飛船的第一人　至這位朱林　今年纔只有廿三歲　十一歲時便到美洲留學　到了現在　也成一位製造飛船的一位名家了　列位　依此看來　我們中國人的聰明　並不是及不來泰西人　不過没處去學罷了　或是不肯去學罷了[2.2]

黃石公園
講員葉兆鯤編

（1910年第三十期第5—6頁）

天下第一個頂大的公園　要算是美洲地方的黃石公園　黃石公園有多少大呢　想想看頂多不過數十里　或是數百里　豈知這黃石公園　共有四千九百九十方里大　比方起來　總要比我們杭州一府的地方還要大　有了計算這黃石公園的地方　六個黃石公園的地方　可以抵得山東一省　列位想想看這公園大不大麼　所以游人到黃石公園　若說十日半個月　祇好看了一個黃石公園的外面　若要盡興游玩　不是一年兩年也游玩不盡呢　這公園在美國地方　便在落機山上一塊大大平地上　園中的景致　做一部書也說不完　且說一[5.1]個大畧　這黃石山石色天生是黃的　所以稱爲黃石　園中的花卉樹木　異鳥奇獸　大都是叫不出名目來的　譬如看西洋景兒一樣罷了　園中有温泉　有沸井　温泉大約有五百個　温泉的水　有黃的　有青的　有白的　皮膚上有病的人　下去洗浴便能去病　有一温泉　从山隙中噴出水來　有二十丈高　遠望如同一條綫掛在空中　還有一種綠泉　臭不可耐　嗅之要嘔吐出來　眞是無奇不有　還有一個瀑布　從三十尺的石壁上　直瀉下來　宛如一匹白布　山邊的石頭　都變作怪狀　瀑布一瀉而下　便成一河　河邊的石岸　有數百丈高　望至河中　如一條白蛇在地下亂竄　更可[5.2]怪的瀑布兩旁的山石　紅的如臙脂一

樣　綠的如翡翠一樣　五色皆備　眞要看得來頭暈眼花哩　園中的景致　一時說不得許多　單說一件故事　起初有一位牧師　從美國游黃石公園回去　大家問他園中景致　牧師約署說了一番　大家伸舌稱奇　牧師說得高興　便對衆人道　有一日沿了小路　走上一塊大石上　忽然看見大石左邊　有一個大湖　却好帶有釣竿　便尋了一個小虫　作爲魚餌　居然釣了一尾大魚　這時候肚裡餓極　活魚又吃不下去　四面一望　石下就是一個沸泉　便將釣竿掉轉　放入溫泉　不到一刻　魚已爛熟　才得吃飽　話未說還　聽的人都走開道　這話欺[6.1]人　只好騙騙小孩子的　於是這牧師的話　大家都不相信　等到後來　當時聽牧師說話的人　也去游黃石公園　及到囬家　告訴大衆　說牧師話　一點不錯並沒有一句謊話　列位想想看　這黃石公園　有趣没趣嗎[6.2]

四川官報①

四川巡警道禁烟白話告示

（1910年第四期第85—86頁）

爲剴切曉諭事　照得禁煙功令　一年緊似一年　我們四川　去年秋間　業已禁種煙苗　本年六月　又要定期裁撤煙土分行　這本是　制台大人　縮短期限　實行禁絕　望你們早離苦海的意思　須知煙土分行　稅釐攸關　本是　國家大宗進欵　如今都不要了　另行設法　籌款抵補　你看禁煙這起事　還能夠不頂眞嗎　況且禁種以後　煙土來源　便已斷絕　加以裁撤土行　禁止煙土出口入口　更不怕私土浸灌　就有吸煙的人　也沒處去尋煙土　這都是實行禁絕　逐層逼緊的辦法　本道現在遵照部章　詳准　制台大人　重訂禁煙章程　一要嚴查煙籍　二要實發煙牌　却不是爲的抽捐　是專爲催促吸煙的人　趕緊去戒的意思　爲甚麼要查煙籍呢　因爲私煙舘早經禁止　現在吸煙的人　必須領有牌照　始准向官膏店　買煙吸食　本年發的煙牌　通以一年爲限　滿限一年　便要將牌繳銷　官膏店也要停歇　茲當核發煙牌之際　自然要先將通省吸煙的人　逐

---

① 簡介見196頁。

一查明　并查明每一箇人[85.1]　每日吸煙多少　其人是男是女　是何姓名年歲　住居何處　責成吸煙的人　自行報明本管地方官　及本管巡警署　彙報來道　以便通盤打算　估計吸煙人數　實有若干　定限之內　應籌備官膏若干　以足敷限內購買吸食之用爲度　如此按名備膏　剛剛足用　必須報明煙籍　領有煙牌的人　纔能買食　若未報明煙籍　領取煙牌　便沒有他的食料　這便是嚴查煙籍的意思　本道遵照部章　爲調查戶口總監督　現在通省戶口　已將調查完竣　此項煙籍　係屬特別調查　本不難按册而稽　如果你們吸煙的人　能夠發奮自雄　趕緊戒絕　本道已在省城　設立善會施藥所　并飭各屬一律仿設　只要你肯去求戒　立刻斷癮　不就出了煙籍麼　這回嚴查煙籍　是要令出惟行的　無論何人　都不能隱瞞抗阻　到得煙籍查明以後　具報來道　就要實行煙牌　查從前警察總局　所發的甲乙牌照　各屬多未實行　固由地方官警　奉行不力　也因限制太嚴　轉難稽查　此次重定新章　無論在家旅行　都用一樣煙牌　并以本省境內爲斷　此項煙牌　限兩月一換　但須將每日購膏數目　都在煙牌內註明　以便稽考　旅行的人　如果素有烟癖[85.2]　未在本籍領取牌照　准由店主代呈給領　已領牌照者　准其按日接算　倘逾限不請換牌　希圖朦混買膏　即照違警律　第三十八條處罰　並勒令戒斷　以上二條　本道均先從省區辦起　做個榜樣　然後推行各屬　須知烟土分行　指日便要裁撤　各處官膏局　日前也在請撤　因爲你們有癮的人　尚未一律戒淨　是以格外體恤　官膏局暫准設立　一面實發烟牌　限期戒斷　到得此次限滿之日　却要一定裁去　不能再設了　須知土行裁撤以後　查出烟土　概是私土　官膏店裁撤以後　查出烟膏　概是私膏　比這時　吸食私膏挾帶私土的罪名更大　你們吸烟的人　既受種種限制　何不趁這時機　趕緊戒絕　若立刻未能痛戒　就得遵報烟籍　纔好領牌買膏　倘其因循自誤　不能立戒　又不註籍領牌　希圖含混　購膏吸食　本道言出法隨　一經查出　定卽按律究辦　決不姑寬　其各凜遵　切切毋違　特示[86]

夔州府禁種煙苗白話告示

（1910年第二十七期第87—88頁）

爲示諭嚴禁事　照得禁煙的事　一天比一天加緊　你們是曉得的了　鴉片

煙的害處　官府屢次告示　說得明明白白　你們也是早看見的了①　既禁得這樣利害　又說得這樣明白　生怕你們犯禁　生怕你們戒不斷根　你們試想　朝廷還不決意禁革的嗎　官府還肯寬限不辦的嗎　俗語說得好不怕輸得苦　只怕斷了賭　如今禁煙　就是這個主意　不愁煙不戒　只要沒煙賣　朝廷要禁他們吃煙　必先要禁你們種煙　煙能絕根斷苗　自然癮客就絕望了　所以禁種鴉片的事　比那禁吃煙　還要認眞十倍　現在普天下的土稅　每年要收數千百萬　朝廷都叫停止不收　把天大的利息都不要了　豈能容你們貪圖這點小利　破壞號令　你們須知事與事不同　時與時不同　從前沒禁煙的時候　種煙賣土　原不犯法　如今通國皆在禁煙　屢次告示　不准百姓種煙　原與你[87.1]們交結得清楚　你們再要私種　就是種毒藥　賣毒藥　只圖利己　不管害人　明明自犯王法　把良民變成奸民　官府也就不愛惜了　這還是就道理上講　若照事情上說　在你們的主意　以爲偏僻鄉壩　背靜山坡　點種幾畝煙苗　官府未必就查得到　只要與團保首人進點財喜　託個人情　瞞上不瞞下　就可了事　殊不知　大憲認眞這件事　飭住縣官　縣官認眞這件事　飭住首人　又自己親身出來看視　處處皆在稽查　人人都許告發　罐子口封得住　人口封不住　應酬得團保　應酬不得許多旁人　就算你敷得好　都不開腔　擔驚受怕　花費許多寃錢　偷種這點私煙　連使費本錢替你算來　種煙的利息也就有限了　何況還有那與團保沒交情　害怕告發不敢種煙的人　見你們偷種得利　他不分氣　安心戳穿大家種不成　有一個出來告發　那煙苗在土　又不是懷包紙裏　可以遮掩得倒的東西　官府一見　登時全行拔了　還要受罰　種煙的地土　還要照章充公　只怕當初種點雜糧菜蔬[87.2]　賺錢雖少　還不得吃這樣大虧　如今　制台大人又派大員　督住各處縣官　認眞禁種　縣官首人　更是不敢欺瞞了　現在已交秋節　又是種煙的時候　本府念你們鄉間愚民　不知利害　怕你們又貪這箇利息　私種犯法　與其等你們下了種　出了苗　那時拔得可憐　丟得心痛　不如趁這未種以前　再三與你們說明　出這一張告示　苦勸你們　趁這時候　斷了貪心　萬不可再下煙種　自己害自己　況種煙地肥　假如改種別樣粮食　不愁沒收成　也免得出土時　被人告發　吃虧折本　悔後遲了　本府向來不欺哄百姓　說了的話　就照這樣行　出了這張告示　就要隨時派員　密查你

---

① 原文中"你們"前無空格，這裡是編者所加。

們　一面就要飭住縣官　認真照辦　一到煙苗出土的時候　就要派人查看　你們若不遵我告示　再欲私種煙苗　這回查倒　不管紳糧百姓　一概把煙苗拔盡　並把那故意犯禁的本人　容隱不報的首人　疎忽不查的縣官　定行分別懲治稟撤　決不絲毫寬恕　那時你們失業受刑　都是自取　本府有言在先　你們[88.1]再要犯禁　就莫怪王法無情了　其各凜遵勿違　切切特示[88.2]

1911 年

北洋官報[①]

保定防疫會白話演說[②]
（1911年第二千六百八十二册第10頁）

世界有一種極利害的病　叫做鼠疫　就是老鼠瘟　從老鼠身上鬧起　傳到人身上　死的最快　人再傳人　那就更多了　就說印度鬧這病　前後死過三萬多人　眞是可怕　今聞關東吉林鬧這個病　一天死一百多人　漫漫傳入山海關　聞又傳到天津　北京　臘月二十以後　滿城湯村有一個人從吉林來　患這個病死了　三兩日著了三十多人　都死了　還有病了的若干　現在第一件要緊的是　死人要深深埋了　他那屋子的東西　都有病蟲　頂省事的法子　是把他燒了　他家裏人自然是不願意　可是大家性命要緊　就想個法子　賠他幾個錢　那到是小事　另外還有法子　滿院洒石灰水或藥水　或竟用硫磺點著　薰一兩點鐘　似乎也好　然仍不如燒了放心　第二件是染過病的人　要他們單住一個地方　不要再與別人來往　再連累別人　所有用的東西都要分開　無病的人不可同他近著　第三件是同病人鄰近的人　雖說沒有生病　難免身上　或房子內　或東西上　沒有這病蟲　這個萬不能不多疑的　這些人亦要另住一個地方　不要向外邊出

[①] 簡介見259頁。
[②] 本篇沒有任何形式的斷句，這裏的空格斷句是編者所加。

去　如果五天以後無病　那就放他出外　不至再傳染人　也就不管他了　至於離病人房舍遠的　就是斷絕他往來　自然無事　這個病要不傳染　他不會自己生出來的　現在藩台吩咐湯村人　照這樣辦法各自分開居住　不可混出來找人　外邊的人亦不可要去找他門　外派巡警或兵把守　這也是無法子的　總而言之　大家性命要緊　這都是好意　大家不要多疑　倘別處有這個事　也是照這樣辦的

天津衛生局勸種避瘟漿告示

（1911年第二千六百九十四册第8頁）

爲白話曉諭事　照得上年十一月間　關外哈爾濱地方　有一種鼠瘟　鬧得很利害　一天總得死一百多人　後來漸漸傳到奉天　以至關內永平府　亦是死了好些人　我們　皇上愛民如子　看見這個可怕的情形　就下了一道　旨意　叫地方官於津京一帶　趕緊防範　真是防疫甚於防火　怎麼講啊　因爲這種瘟疫　要是一傳染到身上　先發燒　腦袋疼　後來咳嗽　一吐血沫子臉上發白　十二點鐘之內　即能喪命　一時比一時緊　吃藥請醫生　全來不及　咱們天津城鄉有由東邊來的人　傳染死的　亦好多人　各人全是一條命　你們想想可怕不可怕　怎麼樣呢　總得想個法子　叫他不能傳染纔好　然而可沒有別的法子　就是個人在左胳膊上種避瘟漿　最爲妥當　種過之後　亦不用忌口　不用喫發腥　准能保險　不會傳染瘟疫　這個法子　就同小孩種痘一樣　從前中國不明白這個法子　小孩出天花死的多少人　自後得了西法種痘　保全小孩性命　真是很多　這個種避瘟漿　是一樣道理　你們大家不必懷疑　本總辦現在分別男女　立種漿所兩處　男種漿所在城內鼓樓東戒煙總所　女種漿所在南門內第三戒煙分所　男用男醫　女用女醫　雖是西法　可全是中國醫生給種　准於正月十二日早晨九點鐘起施種　無論貧富　不取分文　本總辦以身作則　自己已經種了　局內同人並巡捕們亦都種了　爲此用白話告示勸諭　盼望城裏關外　你們大家老老少少　勸告趕緊快種避瘟漿　以防瘟疫傳染　須知人生先保住性命　纔能爭名奪利啦　你們大家想想是不是　本總辦不勝盼望之至　特示

清苑初級審判檢察廳告示

（1911年第二千七百十四册第8—9頁）

爲出具淺說剴切曉諭事　照得現在　國家豫備立憲　把司法行政分開　各自獨立　不惜巨款　設立各級審判廳　爲的是外求世界和平　内整人民秩序　又恐怕有受意外寃屈的　特頒　諭旨不用刑訊　於保護人民的方法　可謂周到極了罷　然而可保護好人　可不保護壞人　因爲人生在世　既是國民　就應當守國法　必守國法　纔受法律的保護　倘若是不守國法　不顧公益　隨憑自己的私心　一味胡作非爲　或是竊盜　或是欺詐　或是鬥毆　或是賭博　或是覇產不還　或是欠債不給　已就不是了　甚至於到了法堂　又狡供不認　心想着我不招認　橫豎沒法子辦我　或是作出假憑據來　以圖抵賴　還自己以爲靈巧能幹　也不想想這樣心術　還當得起國民麽　還夠得上人格麽　但凡有點人心的　仔細一想　愧也愧死了　何以呢　大忠大孝也是人　大仁大義也是人　自己就不能大忠大孝大仁大義　難道說連安分守法都不能　並且還要做出壞事來　自推乾凈　假充良善　要跟那大忠大孝大仁大義的一塊也稱人　咳　漫說天地鬼神有個算盤　你就自己問問對的住自己麽　對的住妻兒子女麽　我想都是人　怎麼有好有壞呢　總是自己不明白　沒聽好話　所以做出壞事來　要知　國家立憲　一天比一天文明　自己不拿定主意　做個有人格的好人　將來幹甚麼事呢　不要就因爲貧窮沒路纔竊盜　因爲閑着沒事纔賭博　倘若沒錢學點本事　或是賣點力氣　甚麼開墾了　開礦了　修路了　種地了　拉車了　不久教養局再一多設　那樣不可以吃飯呢　有錢出些資本興商業　做買賣　怎麼會閑著　總而言之　無論怎麼樣　也不做犯法的事　那纔是眞正好人呢　從此以後　務必互相勸勉　大家都做個立憲的好國民　就是本廳也不分富貧貴賤　一樣的拿法律保護你們　倘若做出犯法的事　或是有人告　或是本廳檢察出來　到了法庭　不問你認不認　只要是證據確實　就照法律辦你們的罪　一點也不從寬　若是設計誣告好人　可也必加等治罪[8]　爲的是懲罰壞人　纔能保護好人　一面叫壞人悔過自新　也做個好人　這就是司法獨立設審判廳的意思　你們務要自己尊重保全人格　就算是本廳所盼望的事了　切切特諭[9]

大公報①

中國人這纔算全明白過來
順直國民禁煙會會員沈祜宸稿
（1911 年 01 月 03 日第 3 版）

在下說這句中國人全明白過來的話　由何處看出來的呢　就由順直禁煙會中考驗出來的　禁煙會開第一次演說會　到會有千餘人　農工商學　各界皆有　惟有一樁最想不及　最可欣慕　最可欽佩的事　諸位猜是甚麼事　就是有一位作小買賣（賣切糕）的張寶山　手持姓名單一張　約有五十餘人　全是小本營業的人　均贊成本會　並言情願擔任會中經費　諸位看看這些人　全是下級生活　能如此發熱力　如此負責任　在下當時看見這樁事　實在覺着很慚愧　轉而一想　又很歡喜　較比前數年的中國人　程度高到數十倍不止　下級生活的人　也知道愛羣除害　我想中國人　萬不能像從前散沙一般　不止對於鴉片惡毒　立時就要除盡　就是關於公益的事　一定是一呼百諾了　到了開禁煙成立會那一天　有一位通州紳士潘君幼耕　不遠數百里　也來赴會　宣言通州全體的人　對於禁煙會十分熱心　所以潘君來赴這個成立會　在下想這個潘君由通州來天津　往返旅費可也不少啦　由此觀中國人的禁烟熱度　可也算達到極點了　那天禁煙局總辦袁道台靜菴　也赴成立會　並演說鴉片毒物　可以亡國滅種　若不禁絕　中國就不能保存啦　後慨助會費二百元　從前全說中國官民交怨　今日一看　不但不交怨　而且能和衷共濟　如此民助官力　官扶民氣　不止鴉片能禁絕　就是中國富強也能預卜了　到了上星期開禁烟職員會　不想到徐華清道台也到會中　並願認職員的義務　研究良好戒烟的方藥　使我們受鴉片害的同胞　脫離苦海　我一見此種景象　簡直的中國官民　就化成了一體了　又有一位法國儀興公司總理趙君仲三　自認職員的義務　設法請法國提督領事　將天津法國租界裏開烟館的　私設烟燈

---

① 簡介見 83 頁。

的　一律驅除　實行禁絕　又有一位德國郵政局華總理盧君子衡　願任職員的義務　所有關於寄往外國的禁烟信件　保管一律寄到　絕無遺誤　諸位看看　現在中國禁烟力量是很大的　中國禁煙範圍是很寬的　然而提醒中國禁烟的見解　感動中國禁烟的意思　可不是中國人的能力　是人家英國人的道德　請諸位等下次　聽鄙人詳細說說　此篇意思專注打消印人所言中國禁煙乃少數學生之言　祐宸附誌

說預防鼠疫的方法

天津官醫院來稿

（1911 年 01 月 25 日第 6 版）

諸位呀　請看看東三省的瘟疫　是何等的利害呀　初一起時　不過在哈爾濱一埠　沒過了幾天　吉林見了　奉天亦見了　百人受病　生不得一　比水災火災刀兵災　不更加十倍利害嗎　還怕不止嘍　這種瘟疫　究竟是怎麼有的呢　原來是由於一種病菌　發生來的　這種病菌　叫作皮私脫菌　這種病所以叫作皮私脫病　病菌的形體　極其細小　非眼目所能看得見的　專在黑暗潮濕的地方生活繁殖　所以鼠之一物　最容易受這種瘟疫　受了以後　必死無疑　一鼠受之　漸及羣鼠　於是這種病菌的發生力　非常加增　一天的工夫　不定要發生幾千百萬出來　或散在空氣裏邊　或沾染什物上邊　或混入飲食裏邊　稍不留神就要傳到人的身上　所以住房內有死鼠　人纔能容易得這種瘟疫啦　這種瘟疫　所以又叫作鼠瘟　這病初起時候　是什麼樣子呢　是身上有點發冷　或者是打寒戰　慢慢的就發燒起來　越燒越利害　頭亦痛啦　精神亦昏瞶啦　渾身亦沒有力氣啦　以後呼吸不順　咳嗽不止　咯血便血　一切要命的症候　全跟着來了　又有渾身起疙疸的　人到了這般時候　不死亦就差不多了　從病至死　要用多們大工夫呢　不過是一兩天的工夫　諸位看是有多們快呀　亦可就知到這種瘟疫的利害啦　天津離東三省雖遠　究竟是跟鄰居一樣　坐在火車上　用不上兩三天就能到的　那邊瘟疫鬧得既是這樣利害　我們這邊不想法子預防預防　那還了得嗎　所以想出來幾個人所辦得到的法子　說給諸位聽聽　諸位要留點神纔好啦　其預防方法如下　（一）這種瘟疫純乎由鼠傳染　所以驅鼠是第一要著　驅鼠的方法　要查看屋中各處　有無鼠的出入孔穴　若是有時　就用薄鐵板　或是薄銅板　將他釘

住　尋著死鼠　或是拿著活鼠的時候　用器皿盛着封嚴　送到附近巡警局備驗　（二）全身要勤洗的　手足亦要勤洗　不可叫汚垢蒙蔽着　要是手足上有破裂鷄眼等病　務要求醫調理　因爲這種瘟疫　從人身上最微小的創口　亦能傳得進去的　（三）衣服要乾淨　如裏衣襪子等物　要按時更換洗淨　被褥等要時常用日光晒過數點鐘纔好　（四）住房務要乾淨　每天要按時掃除　塵土穢物　一時不可堆積　屋內廚房厠所　更要留神　凡有黑暗潮濕地方　多用石灰末撒布撒布　是很有益處的　（五）飲食潔淨　是不用說的了　腐敗及不熟的食物　及破裂菓品　一槪不可入口　水以自來水爲上　若用河水　必須先用明礬攪入水中　將水混合的泥垢沈到水底　然後煑沸飲用　（六）戲園以及卑隘不潔的地方宜莫入　（七）若有受感冒病發冷發熱的人　須快請醫生調治　（八）親戚朋友　要是有從奉省來的　總以少近爲妙　居津人民　非有緊要的事情　永不必赴東　（九）有從東省送來信件等物　應先用藥水消毒　或是用日光晒過九點鐘的工夫　再爲拆閱　閱後就將他焚燬　若有要事　只將信皮焚燬亦可以的　（十）家中老幼　要是有得這種病的　立時就要報告衛生局　不可隱瞞　省得傳及他人

新年頌辭

耐久

（1911年02月04日第5版）

諸位　一轉眼間　又是宣統三年的新正月初六了　眞是光陰似箭呀　今天是鄙人初次在報紙上合諸位見面　理當先說些箇讚頌吉祥的客套話　方合乎咱們的俗例　無奈我們全國國民　處到如今這步天地　眞如同在水裏淹着　火裏燒着的一樣　但凡有人心的人　痛哭還哭不及咧　還有什麼心腸再虛恭維假讚頌呢　并非我是矯情古怪　無病呻吟　一開口就招惹得諸位不痛快　請諸位平心靜氣的細想想　我們國民這幾年所遭的境遇　是那一件可賀　那一件可喜呢　除了一本萬利的官吏　咱們不用計較　大槪宣統二年年終這箇難　我們國民全須有點不好過罷　大槪比前幾年難的還須烈害些　諸位想想　年景不好　糧米是貴的　閒人太多　謀食路是窄的　我們官府　又不知變什麼方法　巧立些箇名目　加捐增稅　還直是搜羅　怎麼會不難呢　噯　雖說是難　我們直隸　總算是蒙着上天的福祐了　諸位不記得舊年南幾省的水災嗎　文水萊陽的饑民變亂嗎　東三省的瘟疫

嗎　災民死於水災的不知多少　饑民死於砲火的不知多少　人民死於疫病的又不知多少　看起來我們直隸　無論怎麼難　還算是得一箇平安哪　我們總該知足　不但該知足　我們大家從此還該洗心革面　振刷精神　互相勸勉　彼此扶助　纔能毅保住我們這條生命　不必說外國人日日侵佔我們的土地　時時謀奪我們的利權　久而久之就能置我們於死地　就看現在的政府　這一番設施　各省官吏　這一番對待　我們若再昏天黑地的胡喫悶睡　不知道振作精神　結合團體　不出三年　我們全國國民的生命　就許全被現在的這個政治　給斷送淨絕了　我幷非怕死也不是怕餓　我所日夜焦灼愁慮的　是我們國民太不知爭強要好　難道大家　就聽天任運的　等着死等着當亡國奴不成嗎　古人說過　人定勝天　諸位想　人力旣能勝天　難道我們大家果然齊心努力　結成團體　不能保全我們的生命嗎　不能保護我們的國土嗎　諸位須知道　凡是強盛國的根源　全是由國民先強盛了　然後國家才能強盛　我從來沒聽見說過　全國自上至下的人　自私自利　不安好良心　苟且將就　不知道要強　這個國能毅在世界上　永遠存立着不滅亡的　我們國家旣不發揚民氣　利用民氣　我們若再自暴自棄　不知道振作　那只可是等着死就完了　我今天薰沐叩首　所盼望我們國民的　共分五項

第一是盼望紳界的先生們　有財力的拿出錢來　開一開礦山　辦一辦工廠　不但生利　又能養活多少的窮人　以工代賑　却是一舉兩得　凡是關於公益的事慈善的事　沒有資本的　給他入點資本　沒有經費的　給他助點經費　那纔是財不虛用　名利雙收啦

第二是盼望學界的先生們　在教育上多用一點心　那個應更改的　趁早更改　那個應提倡的　趁早提倡　什麼農學會　商學會　以及那工藝研究會　要是已經開辦的呢　再往大處擴充　要是未曾創設的呢　趁早創設　自古念書的居於四民之首　到如今仍是尊敬念書老夫子的多　凡是於風俗人心有關的事　全仗着你們諸位維持了

第三是盼望農界的同胞們　我勸你們不要一個勁的守着老法子　不肯更改啦　有水的地　不許種點不怕水的粮米嗎　乾旱的地　不許種點不怕旱的菜蔬嗎　靠山挨道的地　不許種點樹本菓品嗎　用人力合式的就用人力　用騾馬合式的就用騾馬　要是地畝多　錢財厚的　那一宗人家　也可以用點機器耕種　自己不懂的怎麼個種法耕法　不許請教明白人嗎　再不然有那迎神唱戲的錢　不許請教習教導教導嗎　爲什麼守着地挨糊塗餓呢

第四是盼望工界的同胞們　俗語說　歉年餓不死手藝人　然而處到如今這個年月　規規矩矩的　還恐怕弄不上喫的咧　要再胡作非爲　還會不受窮嗎　我勸你們閒着沒事的時候　也可以把同業的約會約會　聚在一處　討論討論　那個應當改良的趁早改革　不要總是在外國工藝的後邊　趕着提鞋　雖說人家受過專門的教育　然而據我想　只要我們的工堅料實　件件往好處做　咱們本國的人　還是愛用本國的罷呌的人多　閒着工夫　打聽打聽　那裡有工藝的演說　也可以去聽聽　開開心竅　不比三五成羣的　喫花茶跑瞎腿强嗎

第五是盼望商界的同胞們　俗語說　要得富　開久鋪　不但把買賣籌運長久了　東家掌櫃的發財致富　就連作同事的　要是在一個鋪子幹長久了　也可以養活家口　你看這幾年　市面很緊　買賣全賠錢　雖說是年月不好　大半也由於開銷過大　掌櫃的同事們　又拿着東家不心疼的錢　一個勁的揮霍　所以聲名一壞　銀錢緊跟着就周轉不靈　你想還會不歇業嗎　這二年商界中的人　爲欠債在審判廳押着的還少嗎　也有還沒破綻　硬着頭皮往前鬼混的　也有手脚大　膽量小　弄出虧空　不辭而別　逃之夭夭的　我勸你們　把那喫酒打牌的技藝　趕緊收拾起來罷　還是抱本守拙　賺錢養活父母妻子要緊呀

以上鄙人所盼望各界的意思　無非是先由我們國民　互相扶持　互相保守　我們這條生命　中國的官府　是萬萬依賴不得的　至於中國政治　應當改良　是根本上的要事　然而據我想　總要我們國民先有了獨立的精神　然後纔能有剷除不良政治的能力　一旦大家結成團體　要求政府　實行召集國會　改良政治　那不是極其容易的事嗎　所謂無入不得　攸往咸宜　到那時候　也能得着國會的好效果了　決不能像去年資政院　那麼七亂八糟的　我今天沒有別的恭維諸位　我把安蹇先生　所寫的那一副對聯寫出來　作爲新年的頌辭罷　民愚深痛難爲國　人定何憂不勝天

中國寃
來稿
（1911 年 08 月 06 日第 6 版）

　　寃哉中國之土地　寃哉中國之人民　寃哉中國之官吏　天下的事　全有個幸不幸　寃不寃　平常人就說是時運好歹　比方一個

人　生在富貴人家　從小的時候　就吃好的　穿好的　花錢也隨便　人就說　此人的命好呵　走父母運　這雖是幸　其實可就叫作命　比方又有一個人　生在貧窮之家　穿吃為難　花錢更不能隨便　種種苦惱　這雖叫是不幸　卻也不能說冤　這總算是命　故此人常說　我的命不好　生來就受窮　從沒有人說　我纔冤咧　因為生在窮人之家裏不能算冤　冤是能到好處　該當到好處　他可沒有到了好處　那纔是冤呢　比方吧　有一個人　從小念書　後來工夫用的不錯　花錢也不少　到了考的時節　本來就該進學中舉　到底他可沒有進學中舉　那就是有點冤了

怎麼說是冤哉中國之土地呢　因為論中國之土地　又廣大　又富厚　提起來　就該把外國人嚇一跳那纔對　你看中國之土地　大小不用說　就說這形勢半面是山　半面是海　是養陸軍不行呢　是養海軍不行呢　中國之出產　別的不用提　就說金礦　銀礦　鐵礦　銅礦　煤礦　不但是中國修鐵路　製機器　立軍械廠　造火輪船　及不論什麼大工廠亦用不了　據外國人說　足夠普世上用個兩三千年的　這不是中國無窮的富貴　莫大的威風麼　再說中國的磁器　棉花　各種皮毛　樣樣利權　全可自己把持着　不該把中國修理的像花園那麼好　保守的像鐵桶那麼堅固麼　大家看看中國　現時是什麼光景呢　從前因為大煙打仗　香港給了英國　以後同法國打了仗　越南給了法國　和日本打了一仗　台灣給了日本　高麗也出了手　旅順口也就不屬中國了　因為殺害了兩個德國教士　膠洲可又屬了德國　後來威海又租與英國　以外那些損國權的事　載在條約的可就多啦　這是從前的事　不用過於責備　按這些條　中國就該想法自強　豁着全國的財力養兵　立大軍械廠　再多多開礦　修鐵路　立學堂　選拔人才　有人想出新法子來　或是槍砲　或是機器　結實靈巧的　就該獎賞他們　中國人有與外國人一樣有本事的　就給大大的薪水　何況又加上庚子的這一番懲創　大家一賭氣子　中國還能不強麼　　　　　　（未完）

中國冤（一續）
來稿

（1911 年 08 月 07 日第 6 版）

　　冤哉中國之土地　冤哉中國之人民　冤哉中國之官吏誰知道呢　居然還是白費　就說天津一處罷　工程局　衛生局　每年也花

上百八十萬銀子　可也不知是修理了什麼　衛生局的宗旨　我也不甚懂　大概總是爲街道乾淨　與人民衛生有益　是要緊的　怎麼各處還是那麼不乾淨　那麼污穢呢　什麼南門外　西門外　還是照舊的那麼髒呢　三不管那個地方　從前有人說叫三不管　真不好聽　像在王化以外似的　所以纔立上牌坊　叫南市大街　廣益大街　近日我看那個地方　簡直的是一個大猪圈　在那裏隨隨便便不管有人沒有　就隨便出大小恭　洒髒水　經太陽一晒　就起白花黃沫　並沒有人問　人也不以爲恥　這不是猪圈是什麼呢　前時中國沒有衛生局　是不知道衛生　近來旣花這份錢　就不看看人家租界裏　是怎麼按排的麼　工程局的職分　我也不甚懂　大概除去修造衙門　就該當修理街道　以外有與民有益的事　也可以辦辦　怎麼天津的臭溝　每日裏黃花綠沫的　就不想開道大溝　通了河水　叫他疏通疏通呢　沿河兩岸　傾倒髒土　旣然往河裏倒　就該倒在水裏　爲的是可以順水流下去　不知河岸存着那些臭污的東西　有什麼好處　天津通商最早　維新的人才也最多　各樣的局所也全有　好幾十年的工夫　纔治了個這麼樣　叫外國人看着　怎麼能不笑中國呢　天津租界的地方　也不知到什麼地方爲止　比方英法租界吧　那小河子以西　可是中國的呀　還是外國的呢　若說是中國地　外國人可有巡捕在那裏看守　從此就可知什麼澳門咧　什麼片馬咧　什麼東省的那些地界咧　也就是這個樣子了　平日無事的時候　是外國人看守　趕到認真的時候　中國明知是自己的東西　可就沒法子了　鬧的進不能戰　退不能守　中國的土地　跟着中國人受罪　你說寃不寃呢　中國人也有想着收回外人佔去的地方的　我想中國人將來管理中國的地方　若不想法子在外人以上　光這麼醉生夢死鬼混的　就要收回來　可就難上加難了　中國的土地倘若能說話　他必說外人佔去的那地方　就算得其所哉了　其餘的不知犯了什麼罪　仍然在中國人手裏　跟着受罪　不能出頭露臉　寃哉寃哉　　　（仍未完）

中國寃（二續）
來稿

（1911 年 08 月 08 日第 6 版）

　　寃哉中國之人民
怎麼說是寃哉中國之人民呢　按當時而論　天下萬國大勢　沒有再比中國

民人寃的了　中國之事無論在外國在中國　吃虧受罪　總是民人當先　國家安下官　蓋下衙門　捐稅全是民人拿出來的　這却是該當的　因爲朝廷安官　就是爲管民人的事　這麼算起來　是民人出錢養着他們　請他們做公道人　判斷曲直　所以說是官斷民服哇　這官們可也眞得有點良心　學點本事　愛惜保護民人　給他們辦點事　所以外國作官的　自己稱是民人的公僕　這就是拿着民人當主家的意思　外國的情形　我們沒有見過　我們只知道各國的領事官　見了外國的商人　全是平起平坐　朋友相待　有打官司的　也是坐着講理的時候多　除了那個高等的審判　問話是立着　不問是坐着　絕然不是如同我們中國民人　花錢請來的老爺們　無論是什麼事　他們先吹鬍子　瞪眼睛　嚇呼人一回　若是賊盜案子也可　若是民事案子　拿着錢往那裏受辱去　你們說寃不寃

若是明鏡高懸　是非不曲　也算不錯　平常總是有錢的　有勢力的　有門子的　打上風官司　那有理的窮百姓　還不屈死麼　再說衙門口的事　從前的不用說　就說現在是改良審判的年頭兒　票頭巡警的差帳　還是逃不過去　到了衙門裏　仍然是有錢的舒服　沒有錢的受罪　所以纔有屈死不告狀的這個俗話呀

再說中國與外國交涉的事　更不用說咧　中國人同外國人打官司　大概有理的時候很少　外國人打中國人是官的　誰敢說話　中國人若打了外國人　你看亂子不亂子　在外國衙門裏　外國人判案　還許有給中國人斷點理的時候　若是送在中國衙門　無論是非曲直　中國官是要罰中國人的　好給外國人作點面子　中國人也打死過外國人　可是每次打死一個　不定給人家幾萬銀子　要不然也得給人家點土地　或者是改改條約　若是外國人打死中國人呢　不過賞你幾十塊錢就是了　罰兇手幾月的黑屋子　就算完事了　中國人是大氣兒不敢喘　中國官什麼海關道咧　什麼交涉使咧　洋務局咧　可不知爲國家爲民人得的什麼利權　那就不是民人所能知道的了　再說中國人給外國人作事的　吃虧的也不少　比方給洋人包工的　洋人不支給錢　中國人有什麼法子呢　給他們作苦的　沒有錢給工錢　反說苦力偷了他的東西　就得送衙門罰苦力　若再說中國人在外國的　也是叫人家隨便欺辱　東三省　美國　近來的墨國　毀壞中國人無數的性命財產　那還不是個明證麼　中國人與外國人比較起來　大大的不如外國人的狗　你若不信　你打死一個外國狗　準比外國人打死一個中國人鬧的亂子大　因爲打死外國狗　準有人出頭追問　是爲什麼打死的　是

怎麼個辦法　打死個中國人　誰敢去問問呢　　　（仍未完）

法政淺說報[①]

羣魔舞
窺園著
（1911年第二十一期第47—48頁）

　　第三囘　賈秀才名冠師範生　甄貢生榮膺學堂長
話說知縣的這張榜示剛一發出去早驚動了城鄉一般考試的生員一個個都跑去看榜有那沒取上的就破口大罵起來說縣尊跟學師全都瞎了眼睛拿我那樣的文章居然不取叫他打聽打聽我在某某學台的手裏曾考過一等我在某某學台的手裏曾取過案首難道他們那看文章的眼力比我學台老師還強不成就有說是知縣重了人情學師受了賄賂胡嚷嚷一陣都是些個沒價值的話也不用細說單表那考取中了的每人二十兩銀子川費二十兩銀子安家白花花的四十兩眼看就要到手一個個都眉開眼笑仿彿小孩子拜新年得了幾串菓子錢眞是快樂已極內中有成德林的三位全都高高取上賈斯文取在第三齊强取在第九杜撰取在二十四第一的名叫孟廣羣別人倒還罷了惟獨賈斯文分外的覺着高興因爲他在鄰村敎書每月才掙兩吊五百老錢簡直不彀家裏的用度更兼他那位尊夫人比母老虎還烈害終日吵鬧不是吃不飽就是穿不煖老嫌他不能掙錢白天敎一天書跟小孩子嘔一[47]天氣到晚上囘家來還不得心靜得忍氣吞聲的聽閑話受骯髒氣心裏是眞膩了打算躲開又躲不開如今得取了師範生有這二十兩安家銀子足彀家裏大小三口一年的嚼用自己可以躲靜求安遠遠的忍個一年半載將來派出敎習去每月就是二十兩縱然拉下點虧空將來也可以彌補的上心裏越想越喜歡不覺高一脚低一脚的跑囘家來一進了大門只見他那娘子正在院裏洗衣裳賈斯文搖幌着腦袋說這些破的爛的扔掉他就得了還有工

---

　　①　1911年創刊於北京，旬刊，編輯兼發行人是白鋆，愛國報館與京都日報館聯合發行。主要欄目有"社說""憲法""法學通論""行政法""警察""法令""平時國際公法""財政學""法政名辭解釋""談叢""雜俎"等。停刊時間不詳。

夫兒去洗快沏茶來我喝娘子一聽說哦怎麼變了聲兒啦好大的口氣呀你叫扔破爛新的在那裏啦你要喝茶誰買過茶葉呀賈斯文笑嘻嘻的說你還不知道啦我如今發了財啦娘子說甚麼發財發甚麼財我倒要聽聽賈斯文隨把考師範取中了的話詳細說了一遍娘子半信半疑的忙去從街坊家裏借了點海末兒茶葉燒了點開水沏了一瓦壺茶親手斟了一杯送到賈斯文的跟前這真是從開闢以來未有的榮寵賈斯文忙站起來接直道勞駕娘子說你這四十兩銀子現在那裏快拿出來我看看賈斯文說今天二十得後天才能領到手你先不要心急娘子聽了不覺臉又沉下來說好好這叫寸地謊冤自己的妻子你也不害[48]

羣魔舞（續）

（1911年第二十二期第43—48頁）

臊我早就知道是瞎話誰有四十兩銀子給你說着一甩袖子就走出去了①嘴裏還嘟嘟囔囔的說個不完賈斯文忙追出來說你不信我起誓給你聽我要有半個字的虛言叫我不得好死娘子微微一笑說呸紅口白牙的起得甚麼誓我何曾不信你來着十數年的夫妻你還不知道嗎我是天生的性子急你別怪我就得啦我還敢說你甚麼夫妻二人又進了屋子商量要成做衣裳收拾行李娘子說你通共四十兩銀子除去盤費還要做衣服難道我們孩子大人在家裏喝西北風嗎依我勸你把家裏的破爛衣服漿洗漿洗成做起來自要能夠搪寒就得啦穿新的給誰瞧去賈斯文一想也對只可百衣百隨一宿晚景無話第二天早起出去尋找齊強恰好杜撰也在齊強家裏商量赴考的事一見賈斯文到了又想起大衫兒的案來心裏有些不悅臉上未免又沉下來倒是齊強的心快早看出這宗形景來了連忙讓坐讓茶又用話來岔說喒們從今以後都是同硯的朋友了朝夕相聚總要推誠相待別鬧客氣才好賈斯文還未答言杜撰就先搶着說偺們同硯自管同硯可就是別同席才好這一句話早把賈斯文說得滿臉飛紅帶着氣兒答道甚麼同硯同席誰也沒有把握等到省城考掉了[43]還得回家來吃飯要準能夠同席就是髒一件大衫兒還算值啦杜撰一聽說好我也沒說你呀你答的是甚麼碴兒你要挂這個火就這時候賠我大衫兒還不算晚賈斯文說陪你坐着都沒有工夫大衫兒得現做（音奏）去齊強一見兩人吵起來連忙把賈斯文讓到裏院去兩個人隔着院子還嘵嘵的不休正在吵的高興忽聽一聲打門原來是門斗李進財前來送

---

① 原文中"話""你"下無點，"誰""説"下有點，這裏是編者所改。

信說縣裏把銀子發到學署去學裏老爺傳諭每人扣四兩銀子作爲老師送考的川費再扣二兩銀子是學書門斗的酬勞三個人一聽心裏好不願意因爲衆人都依了自己也扭不過來只好捏着頭皮兒答應了齊强家裏很過得當日晚上粗粗的預備了幾樣菜蔬一來給杜賈二人拿和兒二來欵待門斗始而兩個人還不肯同坐後來有李進財帮着勸解這才勉强入座吃完了飯杜賈二人各自回家去李門斗便住在齊强家裏第二天一同進城去領了銀子二十四個生員全在學署裏會了面大家商量着二十五日在城裏聚齊二十六日結伴同行所有店飯盤川大家公攤爲的是節省經費閑話休題再說二十六這天早起大家把行李打好了有學裏老師帶着李進財也隨着作一個伺候衆人的公僕曉行夜宿飢餐渴[44]飲不幾天的工夫早已來到濟南省城在城裏邊東大街上找了一個羣仙客棧這客棧是三層樓房不但屋子很多而且非常的乾净每一間樓房一天是二毛洋錢足可以住兩個人茶飯燈火在外有不樂意在本棧吃飯的也可以隨便大家把行李卸了統共佔了十三間樓房傅學師同李門斗佔了一間其餘也都是兩個人一間當天晚上自好叫棧裏預備晚飯是六個人一棹共預備了四棹半每整棹的都是四盤兩碗半棹是四碟一碗暈素相間①白米飯管飽也還到可以吃得其中有家道殷實的除去三十四兩之外還要帶點兒富餘自然吃的是舒心飯也不打聽每棹多少錢至於賈斯文一流除去安家費不過帶個十頭八兩的這一路的盤費已經去了一半還剩了五六兩銀子不知多噆考完考完了只留二十人還有四個孫山外的不知落到誰人身上只怕連回去的盤費都沒有不能不揪着心吃這碗飯沒等吃完了就先問店裏的夥計這飯是多少錢一桌夥計說一棹一塊半棹五毛一個人每頓是二毛這些問的主兒一聽都嚇了個亡魂失胃先是賈斯文早噯呀一聲說要命呀要命我臨行的時候死說活說的算是央給着帶了十兩銀子盤費這一頓飯就是二毛一天連房錢[45]火錢算上就得六毛大洋十天就是六大塊現在連攤出去的已經剩了不足五兩銀子將來還不定取得上取不上取不上還得有回去的盤費這不是害活人嗎早知道這樣還不如在家裏教窮書這不是自尋苦惱嗎他這一嚷嚷不要緊那跟他表同情的全都贊成他這話大家一起閙這些位有錢的老先生們全都暗暗的心裏暗暗的打鼓說早知道是這個事爲甚麽當初跟他們結伴這要在一處住着將來店飯錢全得替他們候碰巧了臨走還要借盤川誰有那些富餘供給這羣窮鬼莫若趁早兒打主意把他們擠對出去倒是正理内中有一位姓石的名叫石立規他先跕起來對衆宣言說衆位朋友可別怨

---

① "暈"當爲"葷"。

我說儕們是窮家富路個人得量個人的身分要是將來短截住了誰可也不能接濟誰莫若趁早兒來一個各自管各自省得日後爲難着急還瞞怨有錢的把沒錢的帶累了賈大哥方才說的話實在是一點兒也不錯儕們今天從全一夜明天把店飯錢算清了大家攤出來以後各奔前程是最好不過的石立規這一宣言那些有錢的全都贊成說好這些沒錢的心裏也明白了只可就是如此吧第二天把店飯算清有個十幾位沒錢的全都搬出棧房去賈斯文同着一位姓楊的[46]找了個起火小店住下暫且不提單言儒學傅老師自己帶着公文先到師範學堂報到把公文同自己的履歷遞進去不大工夫就聽回事的喊一聲請原來這學堂的總辦是個候補道員姓胡名敎南後來叫白了都管他叫胡攪亂是個捐班兒出身任甚麼不懂因爲他是撫台姪少爺的大舅子所以才派了這個差使自到差以來已竟三個月了因爲各處送來的學生還都未齊所以不曾開學有考進去的先搬在堂裏吃飯住宿現已有了二百多學生了如今見着曲阜的公文同學師的履歷心裏十分歡喜連忙說聲傳見不大的工夫早有執帖人將傅學師引到總辦室來跟班的將簾子打起胡觀察從裏面迎出來是行裝打扮穿一件藍呢袷袍天青緞子對襟方馬褂脚蹬半官半快的緞靴頭戴袷呢大帽二品起花的紅頂花翎在帽後飄擺年紀就在三十五六還未留鬚臉上的顏色是青中透黃黃中透青說白了就是青黃二色高鼻樑大眼睛眼珠子是隉溜溜的亂轉從裏面慢慢的迎出來含春帶笑的往屋裏讓傅學師不敢抬頭低着腦袋一步一蹭的踱到屋裏來便要跪下行庭參禮胡觀察一把揪住說你老哥遠來不易快不要行這大禮我兄弟在宦海多年是向不講求這個的胡[47]觀察一邊說一邊揪傅學師還是一死兒的要跪下勉强着算是行了一禮剛站起來早有跟班沏過茶來胡觀察接在手中在上首一個椅子上安坐傅學師顫顫巍巍的在椅子上側着坐下胡觀察說貴學送來的學生竟有如此之多足見你老哥木鐸聲宏化同時兩兄弟實在佩服的很傅學師連說不敢不敢這都是大人熱心敎育感動全省的人所以才不遠千里前來受敎卑職何功之有胡觀察說你老哥太客氣了現在本堂的學生已達三百之數依兄弟意思須凑足七百人才能開學你老哥同來學諸君尙宜少安勿躁俟再有投考的兄弟急行牌示你老哥暫囘貴寓靜候就是啦說罷把茶端起來一讓學師趕緊立起身來告辭跟班的喊一聲送客外邊也一齊答應一聲胡觀察送出總辦室又送過屛門學師轉過身形擋駕胡觀察又鞠了鞠躬這才抹頭囘去學師囘到寓中對衆人一說大家又發起愁來說這得候到多怎去眞有點不體下情一邊說一邊罵說罵了半日也究竟無可如何只好候着去吧不言別人單言石立規本是個嗇刻不過的人一見這宗情形恐怕大家跟他借錢獨自一人把行李收拾好了也搬

出棧去找了一間民房自己躲靜求安心裡倒很快活直等了有半[48]

羣魔舞（續）

(1911年第二十三期第41—48頁)

個月的工夫天天到學堂去瞧牌示這一天才看見牌示寫的是九月二十一日所有曲阜惠民湯穀蓬萊四縣生員於黎明來堂扃試毋得自誤大家見了牌示這才預備預備第二天一清早起齊集學堂胡觀察點名計四縣共來了七十九名生員一個沒落都點進去這才發出題目來頭題是溫故而知新可以爲師矣義二題是商鞅王安石合論衆人見題目下來頭一道是很容易的把些腐爛八股的套子堆砌成篇這第二道題沒看過歷史的居多大半不知道出處查又沒地方查去只好胡謅八咧順着筆瞎寫一陣到晚上淨場足有掌燈時候第二天等了一天第三天發了一張四屬合取的長案通共取錄七十名賈斯文高高的列在第一計曲阜縣二十四個生員共取了二十二個人就把杜撰同石立規扔掉了放榜之後取中的一個個興高彩烈都預備着搬進堂去惟有杜石二人心裏着實難受杜撰也是個窮酸盤費已竟耗光了借又沒地方借去只可來找石立規或者同病相憐還許幫湊着同囘故里誰知剛一進店門就聽見石立規又是哭又是喊杜撰連忙三步兩步的跑進屋去卻見兩三個人拉着石立規在那裏解勸石立規是一死兒的要往牆上撞頭趕緊過去叫着石立規[41]的號說過方兄因何動此大氣有話慢慢的講石立規一見杜撰進來如同見了親人一般越發的放聲大哭起來杜撰只得問勸他的人說石先生倒是因爲甚麼這般悲痛內中一位年輕的忙過來讓坐說在下是本店的店東方才在門前站着見石先生無精打彩的囘來知道今天放榜忙問石先生高列石先生也不囘答只是搖頭不語直眉瞪眼的奔他屋裏去我在後面跟着也來到他屋裏他問我這幾天店飯是多少錢我說也就在四五塊錢他伸囘手去就往懷裏掏掏了半天忽然把脚一跳說要了我的命嘍一邊說一邊就哭起來一邊就要撞頭我一個人也拉他不住又叫了兩個夥計來他還是不結不完大概總是丟了銀錢票啦要不然爲甚麼着此大急您再細細的問問他吧杜撰一聽心裏早凉了半截兒只可又問石立規說銀錢是倘來之物人死了不能再活你倒是丟了甚麼說出來也可以想法子再找去爲甚麼尋死覓活呢石立規才止住了哭聲還是哽咽噎塞的冲着杜撰說杜四哥你我老遠的來到省城學堂也沒考上本來就沒臉回家去我心裏一難過走道兒都辨不出東南西北來糊裡糊塗的進了店一摸懷裏把五十七塊錢的洋錢票不知被那個短命鬼沒良心[42]的小

繼給吃了去了如今店飯錢也還不清啦曲阜縣也回不去啦除去死也沒有別的主意啦你也救不了我我也顧不了你啦數數唠唠的還是哭個不了杜撰說我自當丟了幾千幾萬原來才幾十塊錢這也直當得尋死嗎偺們明天找幾個朋友借上三二十塊錢你囘到家去還怕還不了嗎石立規說一言難盡我當初把話說滿了朋友都得罪的艮苦冰凉如今還有甚麼臉子再找他們去再說他們手裏也未必準有富餘呀杜撰說好辦好辦喒們先在店裏過一宵明天我找他們去借好了你立個字據還不行嗎石立規到這時候也只好百依百隨第二天一早杜撰到東大街找那幾個朋友去已竟搬進學堂去了只好又找到學堂大家一見他面知道他是來借盤川到都願意幫湊他後來提起石立規的話來大家都拍手趁願說要借給他也成一塊也得寫十塊借給他二十塊錢叫他寫二百塊錢的借約還是五分行息不願意叫他另想法子你的盤川我們也不借了你先把這件事辦好了再說吧杜撰央告了半天大家都不肯應允只好同去跟石立規商量石立規如何肯吃這大虧杜撰往返跑了十幾盪老也說不妥當後來算是孟廣羣給出了個主意叫石立規自己到學堂來跟[43]大家說幾句哀憐話每人拿了一塊錢共湊了二十二塊錢給他兩個人當盤川彼此這才心平氣和不說賈斯文一般人在學堂肄業再言傅學師見衆人考完自己收拾行李也囘曲阜縣去先到縣衙把此次赴考的事對縣尊說了一遍縣尊一面道勞一面叫預備酒席給傅學師接風彼此盃酒之間又談起開辦小學堂的事來縣尊說籌欵的法子兄弟已竟預有打算了只是這位堂長實難其人總得聘一位品學兼優鄉望素孚的然後招募學生才覺着容易要不然學堂開辦了沒有學生來學這件公事仍舊是難以交代縱然暫時敷衍過去將來查學的來了一看沒有學生在省憲處據實一禀你我的面子上都不大好看所以堂長的事還得你老先生分心學師說這件事前次治晚已經說過除非把甄道學請出來才可以壓衆但是請他很難還須父台想個變通法子叫他樂從才好縣尊沈吟了半晌說明天仍請你老先生辛苦一盪先到成德林去跟他會一面言語之間述及我兄弟如何仰慕他只因爲公事太忙老不得過去拜會先請老師去爲之先容俟等三兩日兄弟必要親身下鄉去拜謁高賢看他的意思怎樣他要樂意同我相交這事就容易辦了他要故示清高不肯親近官府[44]我也有法子牢籠他反正堂長一席總要扣到他的身上不過請你老先生作一個媒介以後對待他的手段就全在兄弟身上了學師應允了吃過飯囘到自己衙門去第二天老早的起來同門斗李進財坐了一輛轎車兒一直往成德林去進了村子來到甄道學門前恰有個龍鐘白髮的老媽媽在那裏買線門斗忙過去動問說借光老太太甄先生可在家嗎這位老太太白瞪着兩雙眼說甚麼針線在家嗎家裏要是有

針線我爲嗎又買呀李進財見他是個聾子也不問他了在門前高聲一喊說甄先生請出來外邊有人訪喊了幾聲老不見人出來一回頭却見甄道學提着一罐水穿着一件短棉襖從那邊一步三搖的慢慢走來李進財一見連說好了好了老爺請下車吧甄先生來了傅學師連忙下車李進財又趕向前去說這罐水我替您提着吧您快把我們老爺讓進家去等了好半天啦誰知甄道學始而看見李門斗還倒沒解其意後來看見傅學師下車又聽見李門斗稱呼老爺叫他往家裏讓知道是學裏老師來拜他他也不過來謙讓把水罐往地下一墩抹頭就跑李進財在後面就追直追出一箭多地去到底甄學究是上了年紀的人腿眼都不甚靈便跑着跑着不想脚底下有塊[45]磚頭拌了一個跟頭急切爬不起來李進財緊跑兩步過去把甄道學攙起來說你老先生跑的是甚麼摔壞了可怎麼好甄道學起來直瞞怨李門斗說你這不明禮的蠢奴你們老爺是一邑之師我身穿着短衣怎能與他相見你不叫他下車我還有更衣的工夫你把他叫下車來叫我藏沒處藏躲沒處躲我焉得不奔北而逃也李進財說我只當因爲甚麼原來是爲衣裳這個好辦說着把自己的大棉袍脫下來雙手遞過去說請您穿這件暫時屈尊屈尊就不用更衣啦甄道學接過來穿了半天老穿不上說不成不成你這棉袍腰抬只有八寸我這棉襖腰抬倒夠一尺一穿不得穿不得直麻煩了半天後來還是李進財有主意叫他把棉襖脫下來就穿了件空心棉袍兒這才跐跐躧躧的一同來見傅學師把學師讓到家去沏過一碗棗葉兒茶來學師喝了兩口說許久未來晋謁想老先生著述名山永垂不朽將來兩廡配享一定要與程朱王陸輝映後先了甄道學說非分之獎實在愧不敢當身後之名但得附在張曉樓路閏生兩先生列傳中願斯足矣學師知道他是個八股兒魔也不往下再套就把縣尊囑託的話慢慢的對他學說一囘只見他縐了縐眉說吾何畏彼哉吾何畏彼哉彼以[46]其富我以吾仁彼以其爵我以吾義吾何畏彼哉學師說這也用不着畏不畏虛己求賢原是他們地方官分內的事總求你老先生不棄才好道學沈吟了會子說然哉然哉苟以是心至斯受之而已矣學師見他心裏已竟活動了也不便過於饒舌便告辭進城去對縣尊說知縣尊過了兩天果然備了兩疋錦緞封了二十兩白金作爲贄見之禮親身坐轎下鄉去拜會甄道學甄道學躱着不肯出來相見縣尊也不勉强把禮物給留在家裏隨又傳請本村的首事村正副及讀書的生員在廟裏會見託他們代爲勸駕請甄道學進城到縣衙去一談好遂我禮賢下士的誠心併無他意縣尊盼附完了打轎進城這裏衆人全到甄道學家來極力相勸甄道學一者扭不過衆人的意思去二者受了縣尊的厚禮只得應允了明日進城回拜第二天由學生家裏借了一乘轎車兒先到學署去會見傅學師學師見他到了如獲奇珍異寶一面應

· 488 ·

酬着一面派人給縣裏送信去不大的工夫縣尊也來到學署一見了甄道學的面先說了許多仰慕的話後來由縣衙送了一桌席來官紳三人同桌而飲慢慢的談到堂長的事甄道學是執意不肯說晚生此生此世要以八股殉身豈能半途改節縣尊正顏厲色的[47]說八股就是學堂學堂就是八股兄弟請你老先生出來仍是以八股設教的意思豈可如此固執甄道學聽了這才點頭應允要知後事如何且聽下回分解[48]

少年①

假狗案

（1911 年第一期第 29—48 頁）

第一章　孫華與柳龍卿胡子傳結義

北宋時代河南開封府城外有一人家兄弟二人哥哥名喚孫華兄弟名喚孫榮守着祖父遺產家道狠可過得孫華年長主持家務只是懶讀詩書喜的是鬬雞走狗愛的是鮮衣美食人家知他有錢見面之時那個不來趨奉終日拏出大捧銀子送與他心愛的朋友人家見他如此濫用便變盡法子與他親近單表里中有二個破落子弟一名柳龍卿一名胡子傳爲人姦詐狡猾孫華與他相親相愛如同手足
一日孫華對孫榮道
　　世上難得的是好朋友我家好友自然是龍卿子傳了爲兄的要與他拜爲弟兄
　　一來家中百事有個依靠二來你也好常與他們往來通些世務
原來孫榮年紀還小成日自在書房讀書家中百事儘着哥哥調遣他一些也[29]不敢違拗但今聽孫華之話太覺離奇便道
　　哥哥在上容小弟一言古人結交惟重道義柳胡二人是市井之徒諂諛之輩有甚道義可交此輩小人還該疏遠他纔是怎麼倒去親熱他哥哥要與結義小弟決不敢從命

---

①　1911 年 3 月創刊於上海，月刊，英文名爲"The Youth's Magazine"。主編早年爲無錫孫毓修，後則改爲殷佩斯、朱天民等。無專門固定的欄目，按照"緣起"，其主要內容有"修身""文學""歷史""地理""算學""衛生""動物""植物""手工""習字""圖畫""體操""音樂""遊戲""時事"等二十多個門類。停刊時間不詳。

孫華聽了好生不悅他自去吩咐家人大排酒席與柳胡二人會飲中堂拜爲弟兄論起年歲來皆推孫華爲長兩人從此口口聲聲呼爲大哥孫華覺得同胞弟兄還沒有這樣親熟其歡喜自不必言柳胡又[30]道

  當初劉關張三人在桃園結義白馬祭天烏牛祭地不願同日而生但願同日而死自今日爲始大哥有事都是我兩個兄弟擔當火裏火裏去水裏水裏去大哥若是打殺人也是我每替你償命

孫華也道

  難得二位賢弟如此眞心相待今後如若宅上欠缺都在愚兄身上

  第二章 柳胡進讒

從此孫華與柳胡朝歡暮樂醉酒狂言從無虛日孫榮仍是念他的書哥哥所做的事一毫也不去問聞到是孫華之妻楊氏見丈夫不以小叔爲念已見得爲兄的不是近又與柳胡結義把嫡親兄弟當作陌路之人整日勸諫孫華終不見聽

柳胡二人見孫華雖則與他情逾骨肉却也知道楊氏賢慧怕楊氏見孫華疏[31]遠了孫榮必然勸諫萬一孫華醒悟過來他們親者自親豈不要將結義兄弟拋在腦後因此二人必要想個計策弄得孫華斷絕了孫榮方保得自己衣飯長久柳龍卿對胡子傅道

  我和你今日到孫華家去只說眼見孫榮買了毒藥要治死兄長孫華於我二人之話沒有不聽的趁他動氣之時再用言語去撩撥他不怕他不把孫榮趕出門去

胡子傅聽了忙贊好計兩人便到孫華處去覷孫榮不在左右如此這般說了一徧孫華初還不信柳龍卿道[32]

  哥哥若不信兄弟有個故事在此比與大哥聽古之虞舜尚被傲弟所迫一日與瞽叟設計令舜上屋修倉廩弟移去其梯放火燒倉舜挾兩笠而下幸而不死又一日使舜掘井弟以石蓋之幸舜早見及此預掘成一穴以便逃生故得不死大舜尚且如此何况於你

  第三章 孫榮被逐

孫華當時信了兩人之話便喚孫榮上來發話道

  我家全賴祖宗勤勞積趲家業我占居長子合管顧應當門戶汝合往外州經營求取利息免致坐食山崩

孫榮一聽孫華口氣更不如前忙道

  兄弟年幼正當讀書求學貿易之事兄弟素未習過恐難勝任

孫華也不思兄弟的話有理無理但一臉怒氣的罵道

還敢挺撞兄長自今日爲始你也不是我的兄弟我也不是你的哥哥便走[33]出去不許再上門來

孫榮還要求情柳胡止住他道

官人你便少說了些你哥哥是盛怒之下且權順他便好

可憐孫榮自小但知念書那曾離過家門如今身沒半分無依無靠如何度日幸有鄰居王公指個破屋與他安身楊氏聞知此事便力勸孫華道

夫子經目之事猶恐難信背後之言豈可認眞叔叔是讀書之人只有敬長之心那有害兄之意望夫子自盡家督之道轉念同胞之親莫信外人[34]搬弄容叔叔依舊回家是妾之願也昔漢文帝遷徙淮南王不從而死民作歌曰一尺布尚可縫一斗粟尚可舂兄弟二人不相容觀此便知你逐弟之非

孫華此時正在執迷之際那會省悟良言自從孫榮出門之後便如眼中拔去了釘成日與柳胡酒食徵逐那顧孫榮在外忍飢挨餓

孫榮自從被逐之後書也念不成了心想今我年歲叫小也不小了難道竟沒有個自立之策坐以待死不成遂懇求王公替他謀個衣食之計王公道

舍下缺少一家僮若不嫌棄願以此相煩

孫榮大喜自此日則在王家掃地抹桌遞信傳書夜則回到破屋溫習舊書竟是一個苦學生的樣子

第四章　雪中救兄

孫榮在王公家一住轉眼將近年終暮冬天氣北風緊吹空中的雪如撒鹽飛[35]絮一般人家孩子正忙着捏雪人雕雪燈爲戲孫榮趁着黃昏沒事也開門出去玩賞一番脚下蹈的好像瓊瑤頭上飄的好像玉屑想道今我衝空冒雪怎如我哥哥在家圍爐飲酒唱歌陶情獨我在此悽悽惶惶不知何日能得重敍天倫之樂也心中如此胡想不提防脚下有件東西絆了一交低頭一看是個醉漢倒在雪裏你想這般寒天睡在雪裏怕不要凍死孫榮不免動了惻隱之心便想叫醒他催他歸去叫了半天醉漢依舊不醒抱又抱他不動意欲將他扶到房簷之下躲些風雪或可免得凍死

孫榮彎身下去看得親切方知就是他哥哥孫華自己兄長豈可眼看他凍死在街頭便拼命上去連抱帶扶送回家中楊氏出來見小叔與丈夫同歸以爲弟兄已和好了不勝心慰孫榮道

非也因見哥哥醉倒雪中怕他受凍所以扶之而歸

說罷起身告辭楊氏留他孫榮知孫華性行暴躁酒醒之後定不相容決計仍[36]回到他的破屋去住

明日孫華醒來醉中之事一些也不知楊氏便把孫榮搭救之事詳細說了又道

  患難之中方見交情難得小叔不記舊惡奮身相救今我等在家安富尊榮小叔
  在外受飢忍凍豈非人倫之大變乎

孫華不聽則已聽了之後反說我身上帶的銀子如今不見定被孫榮偷去了幸虧孫榮已不在眼前不然又難免一頓打罵原來孫華昨夜與柳胡飲酒兩[37]人見他醉倒便撇他在雪裏拏了他身邊銀子大家分用孫華那裏知道反把兄弟的美意想成歹意

  第五章　殺狗正文

語云當局者迷旁觀者清斯言誠然孫華日夜與小人作緣驅逐兄弟街坊上人那一個不背後議他親戚故舊雖明知孫華所爲不合情理各人照顧自家還來不及更有那個去管他家務事只有楊氏寬一句緊一句朝夕進諫無奈孫華總不見聽楊氏爲着此事終日沉思後來思得一計素知隔壁張婆家裏有隻瘦長黃狗悄悄的買來央他殺了把衣帽與狗穿戴扮作人形放在後門首却把前門牢牢拴住孫華酒醉回來打前門不開必從後門而來看見死狗醉後只道是人必然去央浼兩個結義兄弟移屍他每斷不肯來①我再教他去央浼小叔他一定肯來那時親疏立辨不怕丈夫不感悔[38]

不言楊氏安排計策單說孫華那日又同柳胡兩人聚飲夜色已深孫華兀自痛飲直到得酩酊大醉方纔罷休兩人假作殷勤定要護送孫華回家安息過了他們纔肯回家孫華辭謝不迭三人各自散了孫華獨自一人趔趔趄趄走到前門敲了一回沒人答應只得轉到後門去踹着了死狗脚下一軟幾乎跌下此時醉眼矇矓那去細辨看他衣冠各備以爲定是個人便自言自語道此必妻子不見我回來着人在此候門不知在那裏喫醉了就躺在這裏便伸手去拉他剛剛摸着一淌血陡時一驚把酒也嚇退了一半連忙敲門見了楊氏嚷道

  娘子不好了我飲酒回來叫前門不應打從後門來一個漢子鮮血淋漓的在後
  門首不知是那個殺了人却把屍首移來陷害我

楊氏道

  趁天未曉暗地擡屍去僻靜所在埋了豈不了事但妾不能相助家中奴僕[39]
  又不可使他知曉員外獨自一人怎能做得

孫華想楊氏這話甚有計較我結義弟兄柳龍卿胡子傳常說我殺了人也是他每承當水裏火裏俱可去得今只消去說知莫說一個就是十個也必替我擡去埋了

---

①　原文中"來"下無點，這裏是編者所加。

楊氏也急急的攛掇他去來

　第六章　兄弟重好

孫華那時趕到柳家連叫開門龍卿見了忙要拉他喝酒孫華道

　不喝酒

龍卿道

　哥哥且喝酒不妨天大的事有我在此替哥哥

孫華告道

　好教兄弟得知夜來兄弟送我到家前門閉了從後門進去不知什麼人殺死一人在後門[40]

龍卿聽說便問哥哥今要如何孫華道

　相煩兄弟把死人擡去埋了

龍卿卽假意道

　哥哥我小時犯了驚心病若是驚了就發作起來如今聽大哥殺了人又疼起來了

說罷陡時叫苦連天越裝越像孫華眼見得一個不濟事只得再去胡家央他終不成他也不去誰知到了胡子傅處也說腰疼去不得孫華出門連連歎氣暗道指望這兩個結義弟兄與我爭口氣誰想這等忘恩負義如今怎麼教我去見娘子楊氏在家等候多時見孫華一人歸來不見柳胡之面便問他怎麼了孫華道他每都不肯來天快亮了沒奈何憑你怎生商量一計楊氏見孫華急了此時不說出孫榮來更待何時便道如今只有到王公破屋裏去央求小叔他是讀[41]書君子君子不念舊惡況他素有孝弟之行必赴長兄之急自古道河狹水緊人急心清孫華不覺友愛之心重新發現自知平日所爲實在對不住兄弟如今事急求他不知他肯否搭救但今也沒奈何只得依着娘子之言向王公破屋而來

孫榮此時冷清清的睡在破絮之中忽然半夜三更聽得打門之聲倒嚇了一跳聽那人高喊道

　兄弟開門

孫榮方辨得孫華口氣心上詫異難道[42]哥哥還是恨我趕來打我不成忙起來開了只見孫華慌慌張張一進門來撲的跪下孫榮連忙扶起孫華道

　好教兄弟得知我後門首殺死一人今夜特央兄弟擡一擡屍首

孫榮毫不推辭起身就走楊氏望見孫榮喜不自勝對孫華道

　員外千勸萬勸都不肯聽今日方知手足之親

孫華聽了滿面慚愧

第七章　爲好成仇

這弟兄兩人齊把假死人擡起埋在城南沙土之中且喜一路沒有撞見巡夜官軍安然回去楊氏却暗暗好笑嘴裏不住的感謝孫榮叫他把破衣脫下另換好的孫華忽道

　　婦人家曉得什麼又來多說

楊氏聽了以爲孫華又變了心忙道[43]

　　叔叔天大的事替你幹了一領衣服值得什麼就着惱

孫華知楊氏錯會意了遂道

　　不是這樣說從今以後不要說衣服家私都是賢弟的了

便對孫榮說道

　　兄弟我與你是同氣之親只爲向來聽信讒言有屈賢弟今日不必歸怨從此以後把家私盡付你收管倘若那兩個無義之徒再來不要理他

次日柳胡聽得孫華夜間央浼他們不動就去求孫榮如今弟兄和睦兩人自知不合難中棄友今日有些羞見孫華胡子傅先推柳龍卿進去龍卿一見孫華撒謊道

　　哥哥夜來有事兄弟因爲心疼不曾効勞足足的牽掛了一夜今日稍愈聞得二哥回來特備一杯水酒接風

孫華不保他胡子傅進來也如此說了孫華也不保兩人沒趣而去[44]

柳胡見孫華一朝疏遠了他不覺轉羞爲怒兩人便在門外商量道

　　我每再去問他到底結義不結義若是結義時照舊相待萬事全休若還不保你我就去當官告他哥哥殺人兄弟埋屍

這兩個人正是說得出做得到入見孫華孫華仍不保他果然反起面來扯着孫華孫榮當官去了[45]

第八章　府尹判案

開封是宋朝建都之所這開封府府尹歷來最多精明廉潔之人當目①那府尹准了柳胡狀子卽叫帶上孫華問他怎麼殺人孫華道

　　爺爺小人並不曾殺人只因那日酒醉歸家敲門之時見有一人睡於泥中小人待去喚他知是一個被殺的屍首便同兄弟擡去埋了只此是實

府尹不信更叫帶上孫榮來孫榮不知楊氏用計眞以爲哥哥殺人想古來有弟兄爭死的今我孑然一身幷無家累就替哥哥擔下罪名亦無不可便道爺爺不干哥哥之事是孫榮殺的柳胡聽孫榮認了凶手自己便卸去誣告的罪好不得意

---

①　"目"當爲"日"。

府尹問孫榮道

你因何殺人從實說來

孫榮假道因哥哥與柳龍卿胡子傳結義把我趕出門外因而故殺平人在哥[46]哥門首陷害哥哥孫華聽了知兄弟此話明明是替我開脫一時感激也不知是眞是假忙道

兄弟你怎麼招了不是兄弟殺的是小人殺的

府尹看他弟兄兩人互相承任一時判斷不下只見衙役來報外邊有一女人手抱狀子說是來訴冤的原來楊氏見丈夫與小叔被柳胡扯去開封府誣告人命萬一屈打成招豈不害了一家因此寫好狀子隨後趕來差人把他帶上公堂府尹見他狀子上說的是

妾姓楊氏嫁與孫華因丈夫與柳龍卿胡子傳二人結義聽信讒言將同胞兄弟無故趕出可憐小叔孤身無棲廢學失業妾勸夫不從因此將錢一貫問隔壁張婆家買黃狗一隻央張婆殺了頭戴巾帽身穿衣服扮狗爲人丟在後門却叫丈夫叫那兩個結義兄弟移屍兩個不肯又教丈夫再去叫小叔移屍小叔存仁存義卽來移屍去城南埋訖方纔勸得丈夫回心兄弟和[47]睦如初因此上是將狗裝人並無殺人

府尹念完道雖然如此尚難憑信問孫榮拏屍首埋在那裏孫榮說在城南沙土之中府尹叫差役依着所說地方掘出屍首送來驗看少停果見差人擡來一隻死狗府尹把孫華孫榮楊氏三人釋放回家柳龍卿胡子傳見利忘義誣告平人把他加等治罪　　　　　　　　　　　　　　　　　（完）[48]

世界新語

（1911年第二期第35—40頁）

▲麥餅印的報紙

西班牙國內新行一種報紙名叫「止饑報」是把新聞印在薄餅上的所用的墨也提煉潔淨以防有礙衛生貧人本不願意買報因爲看過了一遍便沒有用處如今橫豎要買餅喫的不如買這有新聞的餅可以一舉兩得了

▲不許生病的同盟會

英國現在起了一個同盟會這[35]同盟會的意思是專門共那患病的人反對他說大凡患病的緣故都是因爲自己不曉得講究衛生所以纔會生病如今他這會裏的人數已經有幾百人要入這會都要立個誓說從此以後情願專心保養身體

纔肯給他當會員入會以後倘然患了病到三天還沒有好就要照章罰錢倘然患了很久的病症兩回就要照章除名不許再當會員這立會的意思只因爲要人人都曉得講究衛生練得體子結結實實纔能够成個偉大的國民

　　▲西國婦女的奇浴

外國女人家很講究洗澡那洗澡所用的水不一定是用着熱湯也有用油洗澡的也有用奶洗澡的據說用油洗澡身體會得光豔用奶洗澡身體會得雪白從前英國有個皇后喜歡用驢馬的奶洗澡所以他碰着旅行的時候一定要帶數百頭的驢馬隨行其餘各國婦人也有用葡萄酒洗澡的那一筆洗澡費也算頂大了法國有個醫生說有病的人應該要用鮮血洗澡所以牛場裏[36]頭有許多婦女都要買那牛血回去洗澡近來洗澡方法更多有的用電氣法有的用化學法大家都講究得很

　　▲攻打飛船的礮

現在德國克虜伯廠裏新發明了攻打飛船的礮把礮裝在摩託車上的此種摩託車製造得極堅固速力亦極快不論平地山地都可走得

　　▲世界頂大的鐘頂小的表

美國有一條河每天來往的船很多因此河邊置一只大鐘給那來往的船人可以曉得時辰那一只鐘直徑有四十三尺短針長十一尺長針長十五尺重量有六百四十四磅長針三十秒一動每一動就走過一尺五寸長針一天所行的路程算起來約合中國里六里夜裏頭兩條長短針都裝上四十支燭光的電光針走五分要費去三十支燭光的電氣每一點鐘要費去九十支燭光的電氣那個擺子有六尺長是用銅製的重三百六十磅當先用十六個有[37]力氣的人扛着安放在鐘裏面

上年日本開博覽會會裏頭有一個錶那是頂小的這錶裝在一粒指環上面直徑只有三分錶的價錢是二千五百元

　　▲十二點鐘可以建三層的高樓

現在美國人發明一種建築的方法在十二點鐘內可以建成三層的高樓他的方法是豫先做成各種大小房子的模型人家要建房子先看模型指定一個樣子他就將一種的黏土名叫康苦里特用壓搾空氣的方法從那模型的烟筒裏頭灌進去灌滿以後把模型拆開便成一座房子了據說這等房子永遠不要火災保險所費的工夫不過十二點鐘那房子就做成功了但是這康苦里特土要等六天纔能乾燥第七天便可以搬進去住了

▲靈魂的重量

美國有醫學專門大家五個人費了六年的功夫考究人身的靈魂到底是有[38]沒有這靈魂在人身上怎麼樣進出現在已經考究清楚他說人身上確有個靈魂這魂靈的重量約有一兩他考驗的方法是揀那差不多要死的人先把他放在天秤上秤一秤到了死後一分鐘再把那屍體放在天秤上秤一秤據說一分鐘前後屍體減去一兩的重量可見這一兩重量就是靈魂了但這話還未必十分靠得住因爲人死了之後身體一定會收縮或者這輕去一兩就是收縮的緣故也未可知所以各國醫生還要着實考究這事

▲紙的應用

意大利有一個技師考究多年能夠用紙製成舢板放在水裏也不會溼透也不怕浪翻可以坐得許多人在大海上行走這舢板長六邁當從桅杆到尾舵一切器具沒有一樣不是紙做的據說做這舢板要用三十萬張以上的報紙德國有一個技師發明一種織品是用紙共獸毛木棉製的可以做衣服這種衣服也可以用水洗的價錢很便宜大概每件不過兩三塊錢[39]那威國有個紙製的禮拜堂堂裏頭可以容得一千人而且很耐久不怕風雨

▲巧式的鐘

法國巴黎地方有個大博物院院裏頭有一個鐘價錢値一萬幾千元這鐘是法國一個有名的技師製的這位技師因爲要做這一個鐘花了七年工夫纔做成功鐘裏頭的機器共總有九百七十五件這鐘除指報時刻以外還能夠指出年月日共閏年的月四時節氣以及世界上一百二十五地方彼此不同的時刻又能指出太陽出沒的方向此外還有寒暑表晴雨表還有一個天球圖裝成六百五十金點合着天上六百五十大星人家只要看球圖運動就可以曉得各星在天空上運動的緯度這也算得頂稀罕的東西了　　　　　　　　　　（未完）[40]

環球歸來之一夕談

（1911年第二期第41—54頁）

海鹽張菊生先生名元濟上年二月間到外國去遊歷從上海動身歷覽南洋各島卽到歐洲在英國上岸再由英到歐洲大陸至比利時荷蘭德意志奧地利亞匈牙利瑞士意大利法蘭西等國共五月有餘在歐洲游畢然後渡大西洋而入美洲由東而西又閱月餘在舊金山乘舟渡太平洋經過日本又在日本住半月歸至上海適環遊地球一週張君之朋友開會而歡迎之幷公宴之於一品香記者亦預會聽

其演說頗有感觸歸來用筆記之以供未遊者之一讀[41]

▲遊歷總綱

我自宣統二年二月初七日從上海起程經廈門過了香港和新嘉坡等處便進馬來海峽船沿馬來半島海岸向西而去途中又經過了丁司活南檳榔嶼兩個埠頭入印度洋經過錫蘭島的通商埠頭可倫坡便是亞丁進了紅海接連又是人工開通的蘇彝士運河河的東岸還是亞洲地界西岸就是韭洲地界了走完了運河有一口岸名叫波特塞得過此便是歐洲了進了地中海沿着南面行去過直布羅陀船又進了大西洋沿著海岸向北直行到了英國的都城倫敦然後棄船上岸住了一月有餘又到愛爾蘭至都伯林貝爾法斯德兩處一游再回倫敦從多汶地方渡過英倫海峽到了比利時的海口俄斯坦德即前往不魯舍拉一遊不魯舍拉是比國的都城比國的外省亦到了好幾處由比利時到荷蘭住在海邊地名叫什文甯根所到過的地方為他的京城海牙和什戴姆鹿特丹亞摩斯德登三個大城過後[42]又向德國去先到他的京城柏林以後又到勒不士格德勒斯登兩處更向東南方走即入奧地利亞國在巴拉加遊覽一過就望他的京城維也納去於是順著歐洲中央的一條大河名叫多瑙的到了匈牙利國的京城布達佩斯我在歐洲東遊的路程從此而止又從布達佩斯回轉重到維也納往西到音斯不羅各又入德國境在慕尼克遊了一回更向南行去便是瑞[43]士國了瑞士國的湖光山色歐洲所重我到過他的蘇黎世盧蘇爾拿兩處又到意大利國去經過米蘭威內薩佛羅稜薩三處然後到他的京城羅馬又從羅馬折向北方只到熱那亞從此出了意大利進了法蘭西的國境到了法國不過在他京城巴黎住下幾天即從加來斯渡了英倫海峽仍到倫敦在蘇當波敦海口上船渡大西洋到北[44]亞美利加洲在美國紐約上岸他的京城華盛頓和支克哥薩克蘭緬多等處也都經過最後到了舊金山便在那處搭船渡太平洋過哈瓦連島的都城和諾魯魯在太平洋走了十餘日到了日本到東京一游又到奈良神戶等處仍走海路回到上海從東半球起繞到西半球盡頭處回來恰好走了一周其時已是十二月十八日了[45]

▲我國出洋的苦工

我經過福建省口岸廈門的時節見有一千多名中國的窮苦人也來搭船說是到新嘉坡去的上船時英國的領事官也在碼頭上查問他們是否願往人人齊聲應道是情願的但據我看來這班人既不是商也不是工恐怕竟是被人賣做豬仔去的（記者按什麼叫豬仔呢是中國人被拐到外國去充當極苦的苦工不以人類相待竟是當作個小豬看待廣東土話稱這種人為豬仔看了這個道路永遠不得生還了）問船主船主不肯實說問管機器的他道恐怕不免但是無[46]法可救

後來我到艙裏去親問他們設法挽回他們說的多是福建話我又不懂更用筆寫給他們看似乎有人在旁邊監察大約是不許他們把實情告訴的意是我只得罷休了

到了新嘉坡逢見一個本國人他道此等猪仔一年中也不知好多大家見慣了倒也不以爲奇了廣東人開設猪仔館的多在廣東廈門香港等處亦有他的經理人他去誘拐人家時把到外國去營生的事說得如何美滿鄉下人謀生不易見識也短被他說動了心自然一心一意跟他走了及至到了做工地方眼看得種種苦處所見的遠不如所聞的心上懊悔要想趕回來照猪仔館的規矩如要半途退回須還他盤川銀十六元他來是一個光身能交得出這筆錢麼只好忍氣吞聲叫他做什麼就做什麼了後來總是死了完結家中父母妻子還盼望他寄錢轉來怎知他早做了他鄉之鬼你道可慘不可慘啊[47]

▲新嘉坡的華僑

新嘉坡是屬於英國的一個海島中國人在該處經商做工的實在不少街道上盡與本國的風俗無異有時走了幾里路並不見一所洋房所見的無非中國的器物所聞的無非中國的言語有人說南洋羣島盡是中國人的世界我看起新嘉坡來這話眞一點不錯倘我僑民有自治的能力再加以國家的保護何至膏腴之地盡成了白種人的殖民地呢[48]

▲柔佛國的蘇丹

我從新嘉坡坐火車又換船渡過海峽到柔佛國柔佛向來是自主的新嘉坡還是他的屬地當我國嘉慶時候就被英國人佔據了他的國王號稱蘇丹是馬來人種也曾在英國留學過也算得一個極開通的人了蘇丹的宮殿離我所住的客店不過二里多路我到彼處一游見他門前亦有洋操的兵肩着洋鎗算是守護宮門的所有他的飯室客座和蘇丹辦事之室無一不是洋式離宮之外[49]有一座極大的花園柔佛地處熱帶四時皆春加以人工的栽培但見細草成茵綠陰似幄洋式的樓閣更弄影於晴光麗日之下實在有趣園中有大殿一所中爲高壇前安了一張長桌桌旁置下十把椅道是蘇丹和他大臣議事的地方了殿上掛着華文的匾額和對聯看他的題款盡是蘇丹登位之時新嘉坡的華僑送他賀他的

▲華僑的賭興

新嘉坡地方賭禁很嚴有喜歡賭錢的都到柔佛國來最奇怪的賭客中別國人很少差不多盡是中國人市上賭場林立晝夜不停新嘉坡的華商閑了沒事都來趁賭我看見一所最大的賭館收拾得很精緻房屋寬大容得好幾百人聽說本年三個月內已經抽得頭錢幾三萬多圓每月要繳納八千五百圓與柔佛國以作稅餉

此外如煙館妓院酒館徧地皆是都係我華僑開的自己騙自己的錢眞是可憐

　　▲檳榔嶼

從新嘉坡開船走了一日光景便是檳榔嶼此地亦是英國管理的中國人在此的也不少有一個大公園景致極好各種草木無所不有故人人稱他爲植物園中國人造的廟宇祠堂觸目皆是此等迷信的風俗人人甚深倘要開通他們還得要好好的教育

海島上的淡水常是難得的獨檳榔嶼上所飲的水旣是清潔又是便當我見了很羡慕原來此島多山半山上飛泉下注終年不停就地流下之處開個池子把水留住了水自一層一層的放下去池自一層一層的留住他池底鋪着細沙水從第一個池重重濾去流到着末一個自然濾得很清潔了到了平地然後引入管中分布全市我國有山的地方山上也多有澗水仿着這個辦法極不費事而有益於地方不小

　　▲可倫坡的茶葉[51]

可倫坡是錫蘭島的埠頭在南洋羣島處處見中國人到了可倫坡竟沒有了西洋人之外只見印度人和巫來人錫蘭向來是著名產咖啡的地方近來改種了茶樹出數甚多有條[52]鐵路從產茶地方通到可倫坡我國茶葉的買賣很被他佔去不少

　　▲蘇彝士運河

將進紅海之時經過一個埠頭名叫亞丁本是屬亞剌伯國的現在被英國人佔住在此駐兵屯煤扼住紅海之口過了紅海接連就是蘇彝士河河身闊狹不齊但大段是狹的最闊處不過三十來丈此河雖在埃及國界內却是歸英人管理來往船隻都要納船鈔大約每載重一千噸要收船鈔五百磅（約合龍銀五千元之數）也算貴[53]極了輪船走得極慢故土人亦可在岸上跟着船走向船客乞錢這是非洲的黑種光着身子不以爲恥地當熱帶文化又低他們有生以來並不知衣服爲何物我眞到了裸壤之國了

　　▲波特塞得

波特塞得是蘇彝士河與地中海中間的口岸名爲埃及的地方實則主權久已不屬我到岸上游行一周牆上標的地名有英文有法文和我們上海的地方一般街道汙穢沙塵蔽目甚是不堪海口造了一個雷賽的石像雷賽是第一個開鑿蘇彝士河的工程家是個法國人　　　　　　（未完）[54]

仁錢教育會勸學所宣講稿①

說義塾及私塾與簡易學塾

（1911年第十七期第1—5頁）

古時節有家塾　有里塾　何以見得呢　禮經學記這一篇　說道古之教者　黨有庠　家有塾　家既各有一塾　教訓子弟　合五百家爲一黨　開一學堂　就謂之庠　庠是鄉學　後來縣學　亦通稱爲庠　從前報單上寫撥入仁庠　就是仁和學　撥入錢庠　就是錢塘學　可見總要先在塾裏讀起的　又漢書上說道　里胥坐於右塾　鄰長坐於左塾　〔里胥鄰長　都是當時的鄉官〕　雖則說督率一里的人　出去耕田　但里門兩邊　各有讀書的地方可知　諸位要曉得二十五家爲里　里門左右有兩塾　是合里都要在此讀書的　並非務了農　就可[1.1]以不讀書

何以謂之義塾呢　因爲古制變過　没有公共的里塾　有急公好義的人　捐助銀錢　聘請先生　教寒苦的人　凡世家舊族　景況艱難　都可以到塾讀書　我們杭州　亂前有普濟堂義塾　宗文義塾　蒙泉義塾　元善義塾　亂後祇有皮市巷宗文義塾　佑聖觀巷及普濟堂正蒙義塾　正蒙兩字　是吳學台取的　從前雖有吳曉帆先生　開的輔仁義塾　後因經費不敷　分歸宗文正蒙兩處　現在宗文義塾　改爲中學　尚有三十箇内額　正蒙義塾　改爲兩等小學　尚有百四十名内額　凡額内的　都不收飯錢學費[1.2]

我且將創辦宗文的　周補年先生　說與諸位聽聽　先生名士漣　嘉興人　先在嘉興創辦平林義塾　後到杭率領他的兒子恆旦　敲銅鉦募化　風雨寒暑　從未間斷　開塾後　同兩箇兒子親自教讀　不支薪水　經費不敷　改三餐爲一粥一飯　連自己積蓄娶媳婦的銀錢　亦復用去　仍苦不敷　改爲兩粥　而先生病矣　朱先生蒙泉爲看脈　說無病　獨心家何鬱結到此地步　先生以實告　朱先生爲商諸徐硯農朱蔭槐兩先生　合力籌助　宗文遂不至中廢

---

① 簡介見466頁。

我更將創辦普濟義塾的　高伯陽先生　說與諸位聽聽　先生名宗元　與雙陳巷高家是一家人　本有家貲[2.1]　因　雍正皇上有上諭　叫普天下辦普濟堂　到嘉慶年間　杭州尚未辦　遂削髮進京　求吳穀人先生　做一篇募化銀錢的文章　向京中大官化緣　當時朱文正公珪　笑向他說　這是讀書人做的事　何不蓄髮還俗　我爲爾想法子　先生回杭後　即捐桐井巷地　買中正橋地　造普濟堂　收養四樣窮民　孤寒子弟　即在普濟堂對面　開辦義塾　今牆上磚字尚存　堂中尚有　嘉慶皇上賞賜的樂善好施扁　及阮撫台送他的孝義可風的扁

周先生子孫在嘉興　我不清楚　高家子孫　富貴長久　諸位是曉得的　俗話說得好　皇天不負苦心人　人[2.2]　總要存好心　做好事　是眞的　他們兩位的好處　我也說不了　諸位請看從前宗文義塾　及同善堂　上的扁　發科甲做官的　有多少人　現在當校長教習的　又有多少人　這都是家境艱難　在塾中用苦功來的　假使當時家屬　不送到塾裏讀書　那裏能殼如此　可見文昌宮裏　有一副對聯　說世間數百年舊家　無非積德　天下第一等好事　還是讀書　是眞不錯的

然而有人說　這兩處地方　我們是萬補不進的　論到缺少人多　要補誠非易事　但各處私塾　改良者尚多　凡改得好的私塾　國文講得明白　兼習算學　已經照　部定章程　定爲初等私塾　可以照尋常初等小學[3.1]　升入高等小學　而且地方自治會成立　如果籌有的欵　照直隸的辦法　由官酌定補助塾師　將來可以不要束脩　何妨先籌畫幾塊洋錢　先把他讀一二年　日後進步較易

況且讀書方能明理　人能明理　處處便宜　碰到事體出來　明理的人　曉得這事做得　這事做不得　自己有見識　有主意　不至闖禍　懊悔恨遲　而且人能識字　各樣新法令的告示章程　都能看得懂　更不至自投羅網　即不能升到高等小學　在改良的私塾中　講究幾年　可以寫算一席　不必仰面求人　究竟比目不識丁的人　便宜許多[3.2]

我更將入簡易學塾的人說一箇與諸位聽聽　九曲巷中戴公館　有箇裁縫作頭　從前不讀書　逢時過節開帳　要求神拜佛　去年每黃昏時候　到簡易識字學塾裏讀書　學算盤　到年邊送帳　自寫自算　一點不錯　這不是讀書的好處麽

我又在火車見一箇人　買一張票　向車站上說要到拱宸橋　不知到那里一轉　錯坐了到筧橋的火車　未到筧橋時　問拱宸橋尚有多少路　大家問

他　你上火車時　可見車上的字　伊云我不識得　花了冤錢　還要走回頭路　這不是未曾入塾讀書的害處麼
現在城內城外鄉間　簡易識字學堂　開了百把箇　私[4.1]塾要束脩　簡易學堂　不要束脩　並且書亦奉送　祇要每日偷空　去讀兩點鐘　通年可識一千多字　字在我心中　火也燒不了　強盜也搶不去　而且用不完的　讀了一年半載　考過後　各人有一張證書　最優等優等中等次等　也有一張榜發出來　年長未學的人　何不帶領子弟　大家到學塾去學學呢
現在非但男人家　可以入塾讀書　並且開了許多女塾　如有女小孩子　儘可就近到女塾報名　聽見勸學所中說　將來籌有經費　補助女師　亦可以不送束脩　女人家能彀識字明理　將來可以自教子孫　奉勸諸位　轉相節告　無論義塾　改良私塾　簡易識字學塾[4.2]　都是有益無損的　切勿謂我們窮苦人家　不想讀書上進　須要曉得爲子孫計算　無一人不當讀書的　古人云開卷有益　又云讀書便佳　這兩句話　試想想看　錯也不錯[5]

星期小說①

賣花女

筆俠編著

（1911年第九十四期第9—16頁）

近來風俗日下　人心日見浮華　奢侈養成尚虛假　到了年節坐臘
花天酒地去樂　竟爲貪戀女娃　一旦蕩產破了家　又把洋車來拉
我勸世人改過　簡直這叫廢話　誰有洋錢誰去花　嘗嘗酸甜苦辣
要想真正消遣　偵探小說可誇　我說大話找挨罵　只好我就裝傻
幾句閒話兒念叨完了　這就算是交代開場的玩藝兒　前邊兒要沒有這麼兩句引頭兒　就顯着禿頭兒似的　總得有這麼幾句　就是一個引子　我記得

---

① 創刊和停刊時間不詳，出版地爲天津，周刊，天津晚報社發行。主要刊登一些白話小說，包括"社會小說""醒世小說""歷史小說""俠義小說""長篇小說""短篇小說"等。另有其他欄目，如"演說""文壇雜錄""劇本""戲詞""諧談"等。

作小說　有一種開場詩　我是一個笨人　詩詞歌賦　我是一概不會　那麼只可是胡謅幾句　這亦就叫聊塞其責　閒話表過　這回我要說一段兒俠義偵探小說賣花女　偵探小說最難說　因爲這種小說的穿挿　是得要有一種教人不可思議的地方　更得教人看着醒眼　不然平鋪其叙　剛一說頭兒　就教人家料到怎樣一個結果　那一來人家就不看小說兒了　何必多費這種精神兒呢　再說人家要是高了興　亦[9]許拿起筆來作一段兒　倒許比我的好　那麼我可就得喝西北風兒去了　所以作這種小說　是非常的費心思　這是單就着偵探一種說　再要是加上俠義　那麼可是更要難上加難　我把這個話說明白了　您可別看我說的好聽　這麼出奇　那麼費心思　其實我的腦海裏是極有限　我所會說的　你們諸位大概亦全會說　因爲您不屑於說　所以我說出來　教您在茶餘酒後　看一看我說的對您的心思不對　說的好不好的　還得您多包涵　我把話交代明白了　這就書歸正傳　諸位壓言　聽我慢慢的學演一段　話說大明崇禎年間　那個時候兒　正是太平時代　四民安業　鼓腹謳歌　雖說不算得風調雨順　要說比現在年頭强的極多　單表河南洛陽縣城裏　有一家姓朱的　家裏老兩口子　一位少爺　家裏是廣有財產　算得起是洛陽的首戶　要提起舖子來　那個時候兒　還沒有現在開通　還不懂得甚麼十八省二十二省　反正往北說　凡是大鎭店　沒有不設立一個分號的　合計起來　總有八九十處大買賣　至於那個田地　千頃牌就掛過兩回　有人說他是大明皇帝的本[10]家　這個事亦沒有考較　咱們亦不便去提他　總而言之　就是個闊字　老頭兒名叫光宗　老婆兒娘家姓孟　少爺名叫繼良　家裏的親戚　全是些個仕宦　洛陽縣知縣要是一到任　先得到朱家拜訪拜訪　朱光宗的爲人還是極客氣　沒有跟他說不上來的　本省的大吏　巡撫道府　差不多全跟朱光宗不是親戚　就是朋友　眞算得起是聲威煊赫　不止於一個河南聞名　差不多隣省全知道河南有這麼一位朱光宗　朱光宗的爲人極好　那一帶的窮人　差不多全得過他的實惠　冬天立粥場　夏天捨茶水　他這個立粥場　並不是立一處就完　他是一個城裏　就得要有十幾處　要是有名的鎭店　他亦要立一處　就是家裏養活這些辦事的人們　就有好幾百口子　是多少粥場　恁就可想而知了　捨棉衣服　在自己家裏立一個工塲　招些個人　成年的那麼做　夏天捨茶水　較比粥場的地方還多　朱光宗因爲辦事的人心不齊　一年總得要查幾回　除了查這些事之外　一年還得要把有買賣的地方　全得要巡視一遍　老頭兒頂到六十多歲　就是那份

兒精神兒　真是比不了[11]　老頭兒長的像貌亦好　所以那一帶的人　就給朱光宗起了一個外號兒　叫作活財神爺　這位活財神爺年幼的時候兒　在家裏請過一位老綠林的豪傑　姓王名叫如海　外號兒叫坐山鵰　水陸的本領　沒有一樣兒不好的　朱光宗因爲慕他的名　於是出了重金　把王如海聘請到家裏頭教給他的武藝　朱光宗還是真上心學　把王如海的本領　完完全全的學會　後來王如海死了　朱光宗拿出許多的錢來　把王如海發喪了　朱光宗有了這一身的武藝　所以他無論到那裏去　總是自己單身一個人兒去　碰巧了自己來回的帶銀子　真比雇保鏢的還穩當　因爲朱光宗的爲人亦正　人緣兒又好　向例亦沒遇見過一個劫他的　五十多歲上才有了朱繼良　孟氏的娘家　亦是個極有錢的人家　有個兄弟名叫孟廣義　在朝廷作官　朱繼良長到了八歲　光宗就給他請了一位飽學的先生　是城裏一位舉人　姓孫名科第　亦是洛陽有名的才子　跟朱光宗相好　他看見朱繼良是個極聰明的孩子　他就跟朱光宗說道　你這位少爺　總得找一位好先生教他　不然怕把一個極好的孩子就[12]誤了　朱光宗當時說道　我早就打算過　我們這個孩子極淘氣　非得老弟你教他不行　孫科第說　不行　我的學問有限　你總是找一位飽學才好　那不我幫着呢　朱光宗當時說道　你盼你的姪兒好　還是盼你的姪兒不好　孫科第說　你瞧你說的這句話　我怎麼還盼姪兒不好嗎　朱光宗說　對呀　你要是盼你的姪兒好　非得老弟你成全他不可　孫科第是無話可說啦　擇了個日子　朱光宗先封了二百兩銀子　煩人送過去　算是贄敬　孫科第不要　後來朱光宗自己去了直賭誓發願的　孫科第這才留下　從此孫科第就在家裏教書　繼良還是真聰明　頂多孫科第教上兩遍兒　立時就全會了　這個事不表　單說陝西邊界　跟河南靠近的有個華陰縣　由洛陽要是到華陰縣　有許多的山道　難走極啦　綠林的人極多　差不多走在那一帶的地方　要是沒有一點兒名氣的人　不用打算過去　華陰縣城裏　亦有朱家的一個買賣　朱光宗因爲那一帶的道兒難去　所以他是隔幾年才去一次　那知道這年華陰縣舖子忽然教土匪給搶了　掌櫃的王義孤身一個人跑了回來　當時[13]一報告朱光宗　朱光宗一想　一個買賣教他們搶了就搶了吧　亦算不得怎麼回事　這個王掌櫃的還極力央求　教朱光宗再拿些股本　還把那個買賣支持起來　朱光宗的心思　打算就不幹了　這個王掌櫃的說　咱們那兒欠內外極多　要合起來　欠咱們的比欠外的多上好幾倍　沒有那個買賣　要賬亦不好要　莫若再添些錢　把買賣支持起來　還

可以把那點兒損失賺回來　朱光宗因爲掌櫃的極力的說　說道　那麼我再給你三千銀子　你回去再把買賣支持起來吧　王掌櫃的說　要是我一個人兒帶着三千兩銀子往那麼去　那可實在的走不過去　朱光宗一時的高興　說道　那麼我跟你去一盪　就勢兒我亦看看他們搶了個甚麼樣子　這個王掌櫃的說　您要是去　那就好極啦　頭一樣在道兒上頭不就心　第二樣是亦明明我的心　朱光宗說　明心不明心的　我亦沒疑惑你　我就是爲看看他們這些土匪　爲甚麼不打聽打聽　掌櫃的說　這些土匪　還是單搶咱們這一家兒　要看那個意思　反正他們是有心要搶咱們　朱光宗一聽更火兒啦　說道　這羣東西眞可惡[14]　我總得見見他們　出了這口氣才算完　於是當天這就打點行裝　這工夫兒有個老家人朱福　看見主人要走　當時勸道　老當家的不必跟他們嘔氣　您偌大的年紀　萬金之體　就是糟蹋些個銀子　那亦算不了甚麼　您出這一盪外　比不了早先年青的時候兒　還有可說　朱光宗是不服老　一聽朱福說他上了年紀　他反倒生了氣　他是非要去不可　孟氏又勸了一回　亦是不聽　孫科第勸了一回　亦是不聽　就誤了一天的工夫　轉天這就要起身　朱福一看這個情形　知道是一定得走啦　於是說道　老當家的既是非去不可　我想老當家的這麼大的年紀　在家裏是多少人侍候　這一出外　沒有人侍候　老奴打算要隨主人前去　爲的是在道兒上侍候主人　朱光宗一聽說道　你這不是廢話嗎　我一恍這麼些年　向例不帶一個人　向例你亦沒說跟着我　獨到這一回出外　你就先勸我不去　這又要跟着我　你別看我上了幾歲年紀　我還用不着人侍候　再說你不跟着我　我一個人兒清清靜靜　倒是很好　你要是一跟着我　我倒顯着累贅了　朱福亦不敢言語啦　於是[15]偷着跑到孟氏屋裏去　跟孟氏一說要跟着主人前去的志願　孟氏一想　道兒上亦是眞得有個人侍候着好　當時答應了　等到朱光宗到了後院　孟氏又一勸　朱光宗因爲夫人說着　再要是不答應　那不是顯着怪不好的嗎　只可答應了帶着朱福一同前去　閒事不表　單說朱福跟着主人起身之後　在路兒上眞是侍候的週週到到　朱光宗一看　心說　倒是帶一個人　比用外人侍候的好　在道兒上沒話　這天三個人坐着一輛大車　走到一個小小的村莊　名叫華家岩　這個村子三面全是山　只有一面兒是靠着大道　這工夫天氣已竟要黑　朱福問趕車的　是住這個村子　還往前趕路　趕車的說　要是住在這個村子呢　這個村子裏沒有客店　要是再往前趕　還有二十多里地　才能有個鎭店　朱福的意思　是恨不能住在這個村子　省的上前趕

路　再說這一帶全是山道　萬有個舛錯呢　就是主人不怕他們　亦是有不如無　剛要說就在這兒住　不想朱光宗說了話　跟趕車的說道　把式你就趕你的吧　這兒旣是沒有大店　在這兒住着亦是不行　莫若趕這二十來里地[16]

賣花女（續）
筆俠編著

（1911年第九十五期第9—16頁）

找個寬闊的店住下　倒是舒服　趕車的說道　趕道兒倒是好趕　就怕道兒上不靖　朱光宗一聽　當時得突了兩聲說道　道路上不靖　這又能算的了甚麼呢　我這一輩子　甚麼樣兒的道兒沒走過　這麼一個小小的不靖　就能夠不走　眞眞可笑　朱光宗說完了話又笑了兩聲　朱福說　依奴才的主意　前邊兒旣是不靖　就莫若住在那兒　多趕幾里地　亦沒有甚麼大意思　就是老當家的不怕他們　還是有事不如無事強的多　朱光宗一聽朱福這套話　要擱在尋常　就許聽了　亦許不言語　那知道這回就不然　當時大怒起來　把眼一瞪說道　大胆的奴才　有你的甚麼事　你敢來管我　快快的給我滾　朱福一看主人火兒啦　吓的別提　心說主人不是這宗人哪　怎麼現在改了脾氣　早先無論是甚麼　多咱亦沒着過急　今天雖然爲這麼兩句話着急　實在敎人猜不透這是怎麼一個原故　想罷只可說道　老當家的您別着急　就算是我沒說　王掌櫃亦直勸　朱光宗這才稍稍的息怒　說道　以後不准你多嘴多舌　朱福只可是唯唯聽命　趕車的一看這個神氣　知道這是一[9]定得往前趕　這個趕車的　亦不是甚麼好人　早先他給這一帶的賊人們採盤子　他趕着大車　竟往賊人嘴裏送食　後來因爲分贓不均　跟賊人們分了手　他自己一想　作這宗事沒有甚麼益處　莫若就老老實實的趕車倒好　那知道他今天一聽朱光宗叫字號　有許多的不含糊　又把他的惡念勾了上來　本來這條道有兩條道可走　一條竟是小道　道兒上不好走　可是總省六七里地　有一條大道　道兒上倒是好走一點兒　就是多走六七里地　他於是把車往小道兒上頭趕　他心裏說　頭一宗我先省幾里地的路程　再要是遇見老夥友兒們　我亦作一個人情　給他們送一檔子買賣　我亦得點兒分潤　主意打定了　他就往小道兒裏頭走　王掌櫃的知道這條道　說道　趕車的你別走這條路啊　這條道上又不

好走　還是劫道兒的最多　趕車的說　大爺您不知道　您看看這時候兒到了甚麼時候兒啦　再要不繞着道兒走　得多咱走到了呢　這條道比大道上總近八九里地　一展眼的工夫就可以到啦　不然一走那條道　總得走到半夜　我這個牲口亦吃不住勁呀　王掌櫃的[10]說道　你就多繞點兒道走　其實亦不算回事　已竟走到這條道上來啦　你就走吧　走道兒你可千萬多留點兒神　趕車的說道　您放心吧　我這個牲口最快　加上兩鞭子　就夠他們趕的　說着話兒　已竟又進一道山口　這工夫天氣已竟黑了　趕車的說　要是闖過這個山口　前邊就沒有甚麼了　朱光宗聽趕車的這麼說　當時他是兩隻眼睛留了神　朱光宗是個練工夫的人　他們眼神最足　雖然是天黑了　他總比別人看的眞一點兒　車正走着　就見山上頭有個旌子一幌　朱光宗就知道不好　於是把自己帶的軟練抓掏了出來　原來這宗兵器　前邊兒好像一個鷄爪　全是活的　要是抓住了人　不動還好　要是一動　這個抓越往裏走　後邊有個極細的練子　這個練子是純鋼做的　別看練子細　可是那頭兒極大　這宗兵器要是團起來　通共亦沒有多少東西　腰裏有個口袋兒　就可以收的起來　要說是一掏出來　甚麼樣兒的兵器　還是全不如他　朱光宗因爲這宗兵器好帶　所以他就帶出這麼一樣兒來　閒話表過　單說朱光宗把兵器拿在手內　正在隄防着　就聽[11]見一捧鑼響　當時有二十多人　全是年青力壯的小夥子　在路前邊兒一字排開　有一個爲首的賊人　手裏拿着明恍恍的鋼刀　說道　別走啦　趕車的一看　把韁繩一鬆　就跑到旁邊兒去了　這是趕車的應當的事　因爲劫道的有個規矩　劫人不劫車　把車上的東西跟人劫下來　放趕大車的一走　不然要是連趕車的一劫　那麼趕車的就不敢走這宗道了　這一來豈不是把買賣丟了嗎　可是這個趕車的　亦有不是這個樣子　因爲他是跟賊人通氣的　他要是看見好吃的主兒　他也跟着一塊兒下手　他看見這位朱爺不好惹　所以他才躲在一旁　他這一躲　賊人們亦就知道這個車上扎手　格外的就得留神　這些事情表過　却說這個賊頭兒一看車打住了　就見由車裏頭出來一個人　黑地裏看　兩眼有神　就知道是個有工夫的人　朱光宗就跳到地下　說道　你們是急早兒躲開　你們要曉得朱光宗的名字　那算你們是識時務　要是不知道朱光宗的名字　那麼你們就前來受死　本來這個賊頭兒　他能夠有甚麼見識　當時把單刀一擺說　我亦不管你們朱光宗朱光祖的[12]　大太爺的這把刀　就認得是金銀財寶　你要是留下　饒你一條性命　你要是說出一個不字來　今天就要你的命　朱光

宗當時氣冲牛斗　說道　好你一個不識抬舉的小輩　今天要不要了你的命　你亦不認識朱爺是誰　說着把抓往外一掄　打算要抓這個小賊頭兒的腦袋　這個賊一看來的兇猛　不敢用刀去搪　趕緊往前一進步　用刀就扎朱光宗　朱光宗一看　當時把抓往回下裏一收　往旁邊兒一閃　這個抓迎面打去　這個賊頭兒正往前進步　不隄防朱光宗這個抓收的這麼快　當時有點兒抓瞎　有心要躲已竟來不及　只可是用刀去撥　那知道這個練子是軟的　往外一撥沒撥成　倒把刀給繞住了　朱光宗用力往懷裏一帶　這個賊人把刀鬆了手　回頭就跑　朱光宗又把練子一抖　刀落在地下　趕上幾步　照着賊人的後心就是一抓　可憐這抓正抓在後背　賊人往前跑　朱光宗是用力往後拉　就聽見嘩啦的一聲　這個雞爪　已竟把賊人的後心抓透　當時倒在地下　死於非命　這些小嘍囉們一看　頭兒教人家抓死啦　當時來了個開步走　跑回山去　朱光宗亦[13]沒追他們　這工夫趕車的一看　吓的直吐舌頭　心說莫怪人家說大話　敢情是眞有兩下子　只可是站起來跟朱光宗說　您上車咱們走吧　朱光宗說亦好　於是又上車　趕車的把鞭兒一搖　剛走了沒有幾步兒　就見由前邊又來了一夥子人　趕車的又把車打住　這些人們說道　二寨主　這個殺人的就在這個車裏頭呢　朱光宗趕緊的一看　原來不是別人　正是早先手下的敗將　姓劉名懷　外號兒叫夜叉　因爲他長的個頭兒大　還是極黑　要說武藝　倒是有兩下子　可是要跟朱光宗較量　倒是差的多了　早先他在沿道兒上頭劫道兒　朱光宗看見他長的個頭兒大　打算要把他收下　給自己作個幫手　那知道一見面兒跟他一說話　劉懷這小子是甚麼不懂　朱光宗當時火兒啦　把劉懷打了個望影而逃　如今又在這兒遇見　朱光宗下了車　劉懷還沒看清了是誰　及至一細看　原來是朱光宗　朱光宗這陣兒正是肝氣旺　一見劉懷　不由的無名大起　不容分說　把雞爪抓一掄　劉懷一看是朱光宗　心裏就有點兒害怕　朱光宗一掄抓　吓的他是抹頭而逃　嘍囉們[14]一看二寨主更不中用　大夥兒四散而逃　朱光宗一看這宗神氣　當時哈哈一笑說道　原來是這麼一羣廢物東西　這個樣子的人　亦敢佔山爲王　眞是教他現盡了世　趕車的說　大爺您快上車吧　咱們快快離開這個地方要緊　朱光宗上了車　趕車的趕着車走　眼看着就要出了這個山口　就聽見後面有人說道　朱爺往那裏去　趕車的一聽後邊兒有人說話　就要把車打住　朱福說　你就快快的把車趕出了山口　他們後邊兒說話　咱們就裝作聽不見　朱福還沒說完　朱光宗說道　後邊兒是誰說

話　趕車的說　我亦不知道　這工夫後邊嚷朱爺的聲音　越來越近　朱光宗說　你先把車打住　我看一看是誰　朱福亦不敢再說話啦　趕車把車打住　朱光宗下了車一看　一個人騎着馬　看那個樣子　是一個極矮的人　跑到了跟前　趕緊的下了馬　抱拳帶笑說道　您一向可好　朱光宗細看了看　原來是小諸葛孫勝　亦是早先手下敗將　後來這小子見了面兒總恭維　所以跟朱光宗很好　於是說道　你這是由那兒來　孫勝說　不瞞您說　我在這個山上尋碗飯吃　方才[15]他們不知道是朱爺　多多的冒犯您老　朱光宗說　嘔　原來是你在這兒　早知道我就先關照一聲兒了　實在對不住　孫勝說　那亦是他們自找　您這是由那兒來　朱光宗就把話說了　孫勝說　您既是不常往這麼來　今天路過這兒　我是總得要作一個東道　朱光宗說　等着我回來再擾你吧　孫勝說　不能不能　您輕易亦走不着這兒　再說回來亦不准走這條路　今天既是天已竟這時候兒啦　就在我們這個山上住一夜　明天早早的一走　這夠多們好呢　朱光宗一想孫勝的爲人雖然奸詐　他亦決不敢怎麼樣　莫若就住在他的山上　明天早晨一走　倒是極好　於是說道　你既誠心誠意　我亦不便駁你　那麼就在這兒住一夜吧　孫勝一聽　當時回頭說道　那一匹馬呢　你們給朱爺拉過來　請朱爺乘坐　說完了就有人拉過一匹馬來　朱光宗亦沒謙讓　上了馬　孫勝讓朱光宗頭前走　有幾個小嘍囉前邊兒領路　道路雖說看不甚真　朱光宗是久走江湖的人　倒是不覺怎麼樣　惟獨朱福跟王掌櫃的兩個人　是不嘗走這宗道兒的人　一看前邊兒漆黑　坐在大車裏頭[16]

賣花女（續）
筆俠編著

（1911年第九十六期第9—16頁）

兩□人就直啾啾咕咕　把車趕到了山上　一看山上倒是有些個燈亮兒　兩個人下了車　就有人把他們領着往前走　朱福再往前一看　老主人跟這個寨主　已竟不知道走在那向去了　朱福走着道兒問嘍囉們道　我們老當家的往那兒去啦　嘍囉們說道　跟我們寨主在大廳上喝酒去了　朱福一聽　雖說有些放心不下　可是主人的脾氣極旺　真要是自己找到那兒去　又怕主人生氣　要是不找到那兒去　知道他們是怎麼回事　一邊兒走着　一邊兒尋思　後來一想　亦不要緊　老當家的是久在外邊兒的人　甚

麼事沒見過　亦不易有個失閃　這麼一想　心裏這才稍鬆點兒心　跟着嘍囉們到了一個地方　沉了不會兒　有人端了酒飯菜來　朱福跟王掌櫃的是大吃一氣　朱福吃完了之後　跟嘍囉們說道　我們老當家的在那兒睡覺　我去看看去　問問有甚麼事沒有　這個嘍囉說　我亦不知道在那兒睡　好在我們這兒人多　自有人侍候　要眞有甚麼事　亦就打發人來找你了　您就睡覺吧　朱福一聽　心裏總是不放心　心說你看他們攔的邪乎　別是有毛病　朱福這麼[9]一想　坐在那兒直犯毛咕　那個意思　打算是自己要去　又不認的道兒　要是敎他們領着去　他們必然是不去　立時就坐亦不是　站亦不是　趕車的一看朱福這個情形　當時說道　您別是心裏有事吧　有甚麼事您可以對我說　我跟他們說一說去　朱福一聽說　我們老當家的性子暴　素常我侍候着　還恐怕有不週的地方　這一敎他們侍候　更不週到了　爲甚麼敎我們老當家的着急呢　趕車的聽了　點了點頭說道　這個事亦是情實　等着我給您說一說去　說着走到嘍囉的面前說道　老總我求您一件事　方才這位跟我說了半天　他因爲他們老當家的性子暴　怕別人侍候的不週到　打算要到他們老當家的那兒看一看　您可以行個方便兒嗎　這個嘍囉說道　這個事情亦不在我　我要是管的了　這有甚麼難處　我這是受我們寨主的吩咐　一到夜内　閒雜的人　一概不准亂跑　您說寨主旣有這個令　我怎麼辦呢　趕車的一聽　當時點了點頭說道　這個事亦難怪您　寨主這麼吩咐　您亦主不了　說完了又回頭跟朱福說　朱福亦沒有法子　自己坐在那兒乾着急[10]　沉了不會兒　趕車的跟王掌櫃　全倒下睡了　朱福亦睡不着　倒一會兒又坐起來　坐一會兒又倒下　這麼一折騰　整整的折騰了一夜　天剛亮了　朱福起來　正跟嘍囉說話　打算要去看一看　正在這個工夫　就聽見一聲大號　嘍囉說　我們齊隊啦　你先等一等吧　這個嘍囉說着話就走了　朱福一看四下裏沒有人　於是自己慢慢的往前溜　朱福亦不知那兒對那兒　就這麼瞎走　走了不遠的出去　就見幾個嘍囉手裏全拿着刀槍　一直的就往這麼飛跑　朱福不知道甚麼事　打算要躲　就聽見有人說　他在這兒啦　這一句話沒說完　過來幾個嘍囉　把朱福的手抓住　就有幾個嘍囉另往別處去了　朱福說　你們這是怎麼回事　嘍囉說　你往前邊兒去吧　到了那兒你就知道了　朱福一聽　就知道要有毛病　不敢多言　只可隨着他們走　到了分金廳　一看人是很多　再往近前一走　一看地下倒着一個血人兒一般的一個人　朱福不知道是誰　亦不敢往前去看　就聽正廳當中坐着的人說

道　他們的車呢　把他們拉下山去　這一聲令下　就見把趕車的跟王[11]掌櫃的全抓來了　就有幾個嘍囉把車套好　把這個血人兒往車上一搭　這工夫朱福一看　大概是他的老當家的　自己打算奔到前邊兒去看　無奈有兩個嘍囉架着自己　這工夫就聽當中的人說道　朱家的人們要聽着　朱光宗傷了我們綠林的人　實在是不少　今天亦是他惡貫滿盈　落在我們的手裏頭　我們因爲是慈悲心的人　沒廢了他的命　你們下山趕緊去治　朱福一聽這個話　當時是破口大罵　就□拚命　怎奈人家嘍囉們多　好幾個人把朱福架下來　其餘王掌櫃的跟趕車的　亦全趕下山來　到了山下　嘍囉們把朱福扔下　人家回山不提　這工夫朱福先跑到車裏一看　老當家的那兒已竟是氣息奄奄　朱福當時大哭　趕車的過來說道　我說事情已竟到了這個樣兒　您就是哭會子亦是白饒　咱們是趕緊的找個地方去治　要是能治呢　那不是更好　要是不能治　您再慢慢的想法子報仇　朱福一聽　說道　這兒的道兒　我是不熟　總得您給想法子　趕車的說好辦　說着把車一趕　王掌櫃的跟朱福　就在後邊兒跑　朱福這工夫亦不知道家了　隨着車跑了足[12]有一里多地　到了一個小小的鎮店　趕車的跟朱福說　這兒叫作毛家鎮　這兒有好醫生　咱們先找店住下　然後咱們就請先生治　朱福說　就這麼辦吧　找了一個店住下　店裏的人問是怎麼回事　朱福說　是被前邊兒山賊害的　趕車的於是這就給請先生　把先生請了來　先把朱光宗身上全看了看　先生說　傷倒是沒多少　亦不是致命的傷　無非就是大腿的筋　教他們給割斷了　因爲流血過多　所以人是昏迷不醒　朱福說　您看這個人可以治不可以治呢　先生說道　這個人可以治　無非是得多養些日子　就可以好了　朱福一聽先生這個話　喜歡的別提　當時說道　先生您就多出力吧　好了之後　您點個甚麼樣兒　我就辦個甚麼樣　先生點了點頭　這就開個方子　朱福一看這總是不錯　這一住店總得用錢哪　心說那三千銀子還在車上呢　把他拿下來吧　那知道到了車上一找　是一兩亦沒有了　當時把朱福嚇了一楞　趕車的問朱福說道　你找甚麼呀　朱福說道　我找銀子　趕車的又說道　您是眞傻呀　您想車上要有銀子　他們全是窮瘋了的人[13]　還能夠不拿了去嗎　後來朱福又想了想　心說老當家的還有帶着的路費哪　瞧一瞧丟了沒有　於是在褥套裏一找　這點兒路費銀子居然沒丟　朱福拿出來　先給了先生幾兩　又教王掌櫃的出去買了點兒衣裳來　給老當家的換上　簡斷捷說　朱光宗就在這兒　教先生治了兩天　居然人亦明白過來了　朱福這才細問朱

光宗是怎麼回事　朱光宗說　咳　別提了　這亦是我一時的大意　誰知道他們居然就下了這樣的狠手　我要是有好了的那一天　我要不把他們一個一個兒的全害了　我就不姓朱　朱福看主人着急　又沒法子解勸　朱光宗倒亦安心養病　朱光宗一看挑費挺大　給了趕車的幾兩銀子　先把趕車的打發走了　王掌櫃的一看朱光宗這宗情形　知道亦沒有甚麼想望　自己先辭去了　這兒就剩下朱福一個人　朱福看見銀子有限　只可是處處兒儉省　朱光宗在這兒養了一個多月的病　好在朱光宗是個結實的身子股兒　居然漸漸的復原兒　可就有一樣兒　大腿的筋教他們給挑斷了　兩隻腿算是不吃力了　走道兒是一瘸一點　不是廢人　亦成了廢人[14]　起先朱光宗還盼着有好了的時候兒　及至後來全治好了　腿亦就是那個樣兒了　朱光宗是眞着急　朱福恐怕老當家的再受了急　於是又百般的開導　過了幾天　朱福一看盤費錢已竟花完　又不敢告訴朱光宗　朱光宗亦看出這個情形來啦　跟朱福說道　要是盤川錢缺少　就把我帶來的東西跟衣裳　折變折變　咱們就趕緊的走　走出三五百地去　大約着就可以有熟地方啦　朱福一想也對　就把自己的東西　連老當家的東西　全斂在一處　折變了折變　倒是夠了路費　趕緊這就雇車　在路上沒有話　走了不少的日子　這才到了家　到了家裏　家裏人一看這主僕兩個人　臉上的氣色　是非常的難看　細一問情由　這才知道是在路兒上遇險　孟氏聽見丈夫遇見這樣的險　掉了半天眼淚　這才是婦人的長情　許的是各廟燒香　這些閑事不提　朱光宗在家裏又養了些日子　因爲自己不能出外　於是教各處的掌櫃們　全是齊帳收市　光陰似箭　一恍二三年的工夫　有一天朱光宗把繼良教到跟前說道　兒呀　你現在年歲已竟不小　學業亦是很好　爲父要囑咐你[15]兩件事　第一是要你光宗耀祖　第二是要立定志向　替爲父報仇　繼良一聽他父親所說的話　當時說道　考取功名的事　那在其次　替父報仇一節　兒子早有打算　無非是在父親面前不敢說　如今旣是父親囑咐　兒子就可以放心大胆的去作　朱光宗一聽　當時哈哈大笑　剛把大拇指頭挑出來　似呼要說話①　不想這一笑震傷了內部　當時就倒在椅子上　及至繼良一摸他父親　敢情是已竟氣絕身亡　繼良當時大哭起來　孟氏亦哭了一個死去活來　朱福一看老主人死了　這就張羅辦白事　把白事辦完了之後　繼良就打算要去　跟孟老太太一說　孟

---

①　"呼"當爲"乎"。

氏說　朱家就是你這麼一條根　你到那兒　爲娘的跟到那兒　繼良是立定了志向　非得給他父親報仇不可　又一聽孟老太太這個話　心中很□爲了半天的難　心中尋思說　我要是不去吧　我又焉能對的過我已死的父親　我要是去吧　我母親又說出這宗話來　這可怎麼辦　後來把這個意思　跟朱福說了　朱福說道　少爺你的心思　實在是好　可是老太太這麼攔阻　那亦是應當的　等着我勸勸孟老太太去吧[16]

後　記

　　我第一次接觸清末民初的白話報刊是在 2014 年，當時正在爲申報國家社科項目尋找選題。一個偶然的機會我無意中看到了《杭州白話報》上的幾段文字，裏面的特殊詞彙現象和語法現象與我印象中的清末民初白話漢語是如此的不同，以至於當時就讓我很是震驚。接下來的一段時間裏，我對清末民初的白話報刊做了大量的搜索、查找工作，發現文學界、史學界、新聞傳媒學界等已經對該時期的白話報刊多有研究，且已取得豐碩成果，但同時也發現了另一個事實，即語言學界對這部分語料却還沒有涉及。因此，最終我以"基於百種白話報刊的清末民初白話詞彙研究（1897—1918）"爲題申報了國家社科項目，而且幸運的是當年就獲批立項。在接下來完成項目的五年裏，我想方設法，通過多種渠道搜集到大量的白話報刊（包括文言報刊的白話附張、專欄以及淺説報、女學報、白話小説等）的原始材料，對這部分材料的語料價值也有了更深刻的認識。

　　受肇始於清末的白話文運動與西學東漸引發的中西語言接觸的影響，漢語發展到清末民初時期發生了明顯的轉向與劇變，從而也具有了很高的漢語史研究價值。但是，由於種種原因，該時期漢語的研究却一直是學界的一個薄弱環節。造成這種局面的一個重要原因是該時期的語料過於繁雜，而且對於一般研究者而言也都十分陌生。刁晏斌《清末民初的語言研究》一文認爲，該時期的研究語料主要有報刊語料、翻譯文本、遊記及考察記録、文學作品以及各類時文等；而且，各類語料數量衆多，在語體特點、用語風格上也都存在着很大的差異。因此，在語料的使用上就需要下大氣力去甄别整理。更爲主要的是，與其他傳世文獻比如四大白話小説不同，該時期各種語料在流傳方面並不是很廣，除非專門的研究者，一般讀者見到這些語料的機會並不是太多，比如報刊語料，無論是文言報刊，還是白話報刊，紙質文本只能在國内各大圖書館或數據庫中有償查閲，十分不便。這種現狀就導致大部分語料迄今爲止還未能成爲語言研究的對象，由此造成的一個直接的後果就是，至今還没有出現一種既具可靠性又具典型性的語料可以直接拿來供漢語研究使用。可見，該時期漢語研究的資料建設工作仍然十分滯後。

但是，完備的資料建設是漢語史研究的基礎。吕叔湘先生就一直强調"做好資料工作"的重要性。因此，要想做好清末民初漢語的研究工作，就必須首先做好其資料工作。有鑒於此，我們採用當時的白話報刊編寫了一套讀本：《清末白話報刊語料選校》和《民國白話報刊語料選校》。這裏是清末部分。之所以選擇白話報刊，是因爲此種語料具有兩個特點。一是量大。據統計，該時期共有370多種白話報刊，明顯能夠爲當時的漢語研究提供數量充足的語料。一是質優。這些白話報刊大多採用官話，"我手寫我口"，言文合一，口語性强，十分典型。而且，報刊文章的時間至少可以準確到年份，大部分還可以精確到日期，語料的真實性程度很高。與同時期的其他語料相比，白話報刊可以説是研究當時漢語不可替代的"同時資料"寶庫。陳寅恪先生在《陳垣〈敦煌劫餘録〉序》中有言："一時代之學術，必有其新材料與新問題。取用此材料，以研求問題，則爲此時代學術之新潮流。""新材料"在學術研究中的重要性由此可見一斑。我們認爲，白話報刊就是研究清末民初漢語的一種"新材料"，應該好好加以利用。

本書的具體做法是以年份爲綱，選録了從1900年到1911年共12年的白話報刊語料，其中，每個年份都在三萬字左右。書中對白話報刊做了必要的校勘整理工作，主要包括文字錯訛、斷句空格的脱漏、標點符號的衍脱等。另外還對涉及的白話報刊均以腳注的形式進行簡要的介紹，內容主要是白話報刊的創刊及停刊日期、出版周期、出版地、發行人及編輯者、主要欄目等。總之，本書能夠爲清末漢語的研究提供真實性程度高的充分語料，能够加深人們對該時期漢語的了解與認識。另外，選文除把當時報刊的竪行排版改爲横行排版外，其他一律保持原貌，未作其他改動。從此角度説，本書還有助於加强對漢語行文格式發展演變的了解。

在此，我首先要感謝恩師林仲湘先生在百忙之中能爲本書賜序。1987年我考入廣西大學攻讀碩士學位，林老師是我的導師。在三年的學習生活中，林老師淵博的知識、紮實的學風、寬廣的待人胸懷、淡泊的處世態度，無一不給我留下了深刻的印象，對我之後的人生和治學之路都產生了

後 記

很大的影響。林老師現又以八十多歲的高齡爲本書賜序，也使我尤爲感動，備受鼓舞。作爲學生，我只能在以後的工作中加倍努力，爭取多出成果，出好成果，以回報恩師的培養和關心。另外，我還要感謝研究生馬雅琦、張政、王崢杰、孫淑婷、王美桐、張欣冉、王雪等幾位同學，諸位同學對書稿進行了全面認真的校對，減少了書中的許多文字錯誤。中國社會科學出版社的郭曉鴻女士也爲本書的順利出版付出了大量的辛勤勞動，在此一並表示衷心的感謝。

需要說明的是，清末民初的白話報刊在每個年份上的分佈是不均衡的。個別年份如1900年、1901年，無論是新創報刊，還是存世舊報，都比較少，而1902年之後情況發生了變化，各類報刊都出現了很多。因此，受白話報刊數量不足的限制，1900年和1901年兩個年份只好酌情收錄了部分摻有少量文言成分的通俗文，在某種程度上影響了全書語料性質的一致性。而且，即使語料全部採自白話報刊，但限於時間、精力和水平，書中的所選篇目有些也不一定十分典型。因此，在後續工作中，我們也會根據白話報刊的蒐集情況對書中的篇目做進一步的增刪、調整和修正，以期爲清末漢語的研究提供一個更加完善的讀本。

張文國

2020年12月28日